AF316781

בסיעתא דשמיא

ספר

שבט מיהודה

בירורי הלכות ומחקרים

חלק ד'

מהדורה מצומצמת

כתבתיו וערכתיו בחסד ה' הגדול עלי

יהודה לביא בלאאמו"ר דרור זצ"ל בן-דוד

פעיה"ק ירושת"ו, סיון ה'תשפ"ב

הובא לדפוס על ידי:

wiederpress.com

info@wiederpress.com

הכתובת:

רח׳ הקבלן 63/6 הר–נוף ירושלים 9387461

טל. 02-6527758 054-8435980

דואר אלקטרוני (לא ישיר, רק לדברים דחופים, ולוודא שזה הגיע:) g0548435930@gmail.com

כל הערה תתקבל בברכה בעזהשי״ת

ספר

שבט מיהודה

חלק ד'

ג

ול"ו זכר שר המסכ"ם

הסכמות הגאונים נדפסו בספרי בלי השלחן וכרע רבז, ולא הטרלחתים שוב
והודפסו שמותם לעיל ריש חלקים א—ג

אודה ה' בכל לבב, בסוד ישרים ועדה. אודה ה' כצדקו, ואזמרה שם ה' עליון. אודה ה' בכל לבי, אספרה כל נפלאותיך. אודה שמך ה' כי טוב. אודה ה' מאד בפי, ובתוך רבים אהללנו.

במה אקדם ה', אכף לא-להי מרום, האקדמנו בעולות, בעגלים בני שנה. מה אשיב לה' כל תגמולוהי עלי, שנטעני שורק עם חובשי בית המדרש, וקסת הסופר במתני, ובאמתחתי נצטברו שוב כמה ענינים אשר חקרתים בחסד ה' עלי, ועדיין לא שזפתן עין הדפוס, וגם המפורסמות כבר נוסף עליהן נופך רב, עד שכמעט פנים חדשות באו להן.

והנה בחסדו הגדול עלי זיכני השי"ת לגדל ולטפח תלמידים יקרים וחשובים ולהרביץ תורה ברבים, בישיבה לצעירים מצוינים 'אמרי תורה' קרית גת, ללמד תלמידים מקשיבים בשבת תחכמוני. הנני תפילה שחפץ ה' בידי יצלח, לגדל צעירי הצאן להיות אילני רברבי בישראל, ונצליח בכל מעשינו, ונראה דור ישרים מבורך על אדני התורה והיראה עד בוא ינון מהרה. ורוב ככל הענינים הכתובים בספר הזה אמרתי בס"ד בשיעורים הכלליים בכל שבוע, ונתחדשו בהם כמה ענינים.

זכור אזכור ותשוח עלי נפשי בהלקח מעל ראשי אאמו"ר רבי דרור בן-דוד זצ"ל, ביום המר והנמהר ב' במרחשון תש"פ, בן שמונים לגבורה, הוא הגבר שהקים עולו של זמן הנץ החמה הנראה בכל הארץ, וטרח ויגע שנים רבות בבדיקות ומדידות, וזו רק דוגמא קטנה ממסירות נפשו לקיום מצוות ה' בדקדוק ובהידור רב הכל שיהיה לכתחילה שבלכתחילה. וקצת מהנהגותיו הקדושות הדפסנו בקובץ 'מור דרור' (ח"א) וכן נדפסו ב'אוסף גליונות'. כמו כן דברי תורתו ומחקריו נדפסו בקבצי 'ביכורי יוסף' ו'נטפי מור דרור'. ויה"ר שיהיה גם חיבור זה לעילוי נשמתו, תנצב"ה. ובורא עולם ישמור על מרת אמי תחי' שתאריך ימים ושנים בטוב ובנעימים, ואשתי תחי' אשר מוסרת נפשה לקיום ביתינו ברוחניות וגשמיות, וכל זרעי אחריי, כן ירבו, אתה ה' תשמרם תנצרם מן הדור זו לעולם.

אנא ה' הקשיבה לקול שועי מלכי וא-להי כי אליך אתפלל, ופתח לנו שערי אורה, ושלח לנו משיחך שיגאלנו מגלות הנוראה, ושם נעבדך ביראה כימי עולם וכשנים קדמוניות.

הכותב וחותם בגיל ורעדה, פעיה"ק ירושלים תובב"א
יהודה לביא בן-דוד

תוכן מפורט

סימן ה — הגהות הב"ח   עמ' רסו

סימן ו — 'ציצית' גימטריא תרי"ג (והמסתעף לענין גימטריא בכתיב מלא)   עמ' שטז

סימן ז — ליקוטים על פרשות השבוע והמועדים   עמ' שלד

סימן ח

לא תאכלו על הדם

הלאוין מדאורייתא ומדרבנן הכלולים בו

פתיחה

פירוט האיסורים

כתוב בתורה (ויקרא יט כו) "לא תאכלו על הדם."

ומצינו שלמדו כמה[1] איסורים[2] מפסוק זה[3].

---

[1] וכתב היראים (סי' עז [קמה]) דהא דדרשינן איסורים רבים ממקרא זה, ולא מקשינן הא אפיקתיה וכו', הוא משום דכל הדרשות שקולות ואין להכריע באיזה איסור מדבר הפסוק יותר, וכיון ששקולים הם יבואו שניהם, כדאמרינן במקום אחר [ב"ק ג ע"א]. והיינו טעמא דלהכי אפקיה בלשון שנשמעים כולם, ללמד שתדרוש מהם את כולם. עכ"ד. והובא בדינא דחיי (לאוין רכ).

[2] והנה יש עי' להלן בדברינו בס"ד באריכות, דבכל אחד מהלאוין דלהלן יש דעות שהוא מדרבנן או שלא נלמד מהפסוק הזה. עי' להלן (פרק א) על איסור האכילה לפני התפילה, דדעת רבינו יונה והמאירי והריטב"א ורבינו מנוח והב"י שהוא מדרבנן וקרא אסמכתא בעלמא. ולהלן (פרק ב) על איסור אכילת הסנהדרין לאחר שהרגו את הנפש, דדעת הריטב"א (מו"ק יד ע"ב) שהוא מדרבנן. ולהלן (פרק ג) על איסור אכילה מהבהמה לפני שתצא נפשה, דדעת רש"י (חולין קכא ע"א-ב) דהוא מדרבנן. ולהלן (פרק ד) על איסור אכילת בשר קדשים לפני זריקת הדם, דדעת התורא"ש והמאירי (סנהדרין סג ע"א) דלוקין עליו מטעם לאו אחר, ד"לא תוכל לאכול בשעריך... ונדבותיך". ולהלן (פרק ה) על איסור ההבראה לקרובי הרוגי בית דין, דלכאורה צ"ל דהוי מדרבנן דהרי כל דין סעודת ההבראה הוא מדרבנן. ולהלן (פרק ו) אזהרה לבן סורר ומורה, דראשונים רבים כתבו דלוקין עליו מטעם "ויסרו אותו". וראיתי בספר לב בנים (על הלכות בן סורר ומורה, סי' א עמ' ז-ח) דמחמת הנ"ל רוצה לבאר בתחילה לבאר שם בשיטת הרמב"ן, דלא למד דין מלקות בבן סורר ומורה מ"ויסרו אותו", שהוא סובר דכוונת הגמרא (סנהדרין שם) דאינו לוקה על כל שאר הלאוין הנ"ל מטעם דהוי לאו שבכללות, אין כוונתו דוקא ללאו שבכללות הרגיל, אלא כוונתו דכל שאר האיסורים הן רק נרמזים באסמכתא מהפסוק הנ"ל, ובאמת כוונת הפסוק רק אזהרה לבן סורר ומורה, ולכן לוקה, ושאר כל האיסורים רק נרמזו מפסוק זה, וזו כוונת הגמרא **דכלפיהם** הוא לאו שבכללות. עכ"ד בתחילתם. ולענ"ד אין דבריו נראים כלל. **א.** רוב הדעות הנ"ל (בפרט בפרקים ב-ג) הן דעות יחיד, ודוחק לומר דגם הרמב"ן ס"ל כך. **ב.** מה בכך דיש סוברים (בפרק ד) דאיכא התם לאו אחר דלוקין עליו, מ"מ מלאו זה ד"לא תאכלו על הדם" הוי מדאורייתא. **ג.** לגבי סעודת ההבראה (פרק ה) כתבנו דאפשר שפיר לומר דבודאי היא עצמה נתקנה לעשותה מדרבנן, אך מדאורייתא אסור להברות אף מי שירצה את קרובי הרוגי בית דין. **ד.** משי"כ שם דלגבי איסור אכילה לפני התפילה ודאי הרמב"ן אזיל לשיטתיה דחיוב תפילה מדרבנן, א"כ איך יהיה איסור האכילה לפני התפילה מדאורייתא. עי' לעיל (פרק א) דאמנם סברא זו נאמרה ע"י כמה אחרונים, אך אחרונים אחרים יישבו קושיא זו, דהרי בשעת צרה גם לדעת הרמב"ן הוי התפילה חיוב מדאורייתא, ואי"כ י"ל דאז הוי איסור האכילה לפניה מדאורייתא. ועוד אפשר לומר דשורש האיסור הוא להתפלל אחרי אכילה, כלומר אם הוא מתפלל זה צריך להיות לפני האכילה, עיי"ש. ודו"ק היטב בכל הנ"ל. אמנם גם בספר לב בנים (שם עמ' ט) מסיים דאחר כותבו

א. בגמרא (ברכות י ע״ב) איתא: ואמר ריב״ח משום ראב״י, מאי דכתיב ״לא תאכלו על הדם״, לא תאכלו קודם שתתפללו על דמכם.

ב. בגמרא (מו״ק יד ע״ב, סנהדרין סג ע״א) איתא: תניא רבי עקיבא אומר, מנין לסנהדרין שהרגו את הנפש, שאין טועמין כל אותו היום, ת״ל ״לא תאכלו על הדם״.

ג. בגמרא (סנהדרין שם) איתא: תניא, מנין לאוכל מן הבהמה קודם שתצא נפשה, שהוא בלא תעשה, ת״ל ״לא תאכלו על הדם״.

ד. שם (המשך הברייתא): דבר אחר, ״לא תאכלו על הדם״, לא תאכלו בשר ועדיין דם במזרק.

ה. שם (המשך הברייתא): רבי דוסא אומר, מניין שאין מברין על הרוגי בית דין, ת״ל ״לא תאכלו על הדם״.

ו. שם (בגמרא): רבי יוחנן אומר, אזהרה לבן סורר ומורה מנין, ת״ל ״לא תאכלו על הדם״.

כל זאת ראה בפירוש הרמב״ן עה״ת (ויקרא יט כו) דכתב להדיא דכל הלאוין הנ״ל הם מן התורה, שכלל כל אכילות הדם בלאו אחד, וזה סותר לכל מה שהבין לעיל בתחילה, ועוד עיי״ש.

[3] וכתבו הרשב״א (פירושי האגדות ברכות י ע״ב) והמהרש״א (שם) דמהא דהתורה לא אמרה ״לא תאכלו הדם״, אלא ״לא תאכלו **על** הדם״, משמע דלא באה לאסור אכילת הדם עצמו, אלא איסורים אחרים. עכ״ד. אמנם לא נתבאר בפרוטרוט איך למדו כל איסור ואיסור מלשון הפסוק. והמלבי״ם (ויקרא שם) ביאר דכל האיסורים נלמדים מפירוש תיבת ׳על׳, וכדלהלן [נמשש כדבריו כמעט תיבה בתיבה כתב בתורה תמימה (ויקרא יט כו אות רג-רז), וניכר שלקח מהמלבי״ם]. **א.** שייך לפרש תיבת ׳על׳ כמו ׳עם׳, כמו ״ולא שתם על צאן לבן״ (בראשית ל מ) ״ויבואו האנשים על הנשים״ (שמות לה כב), ומכאן למדו איסור האוכל מן הבהמה עד שלא תצא נפשה, פי׳ שלא תאכל הבשר עם הדם. **[ב.]** כנ״ל כשנפרש תיבת ׳על׳ כמו ׳עם׳, הנה מלת ׳על׳ זו באה כשבטל הטפל אל העיקר, כמו ״ויבואו האנשים על הנשים״, שהנשים קדמו בנדבה זו והאנשים נטפלו אליהן. ומכאן למדו לאיסור עשייה כחוקות הגויים שמחבבים אכילת הדם עד שהבשר כטפל אל הדם. **ג.** שייך לפרש תיבת ׳על׳ כמו ׳אצל׳, כמו ״והוא עומד עליהם״ (בראשית יח ח) ״וזבחת עליו את עולותיך״ (שמות כ כא) ״וישיגו אותם חונים על הים״ (שמות יד ט). ומכאן למדו האיסור לאכול מן בשר קדשים והדם עדיין אצלו קיים במזרק. **ד.** שייך לפרש תיבת ׳על׳ כמפרשת את הסיבה, כמו ״הנך מת על האשה״ (בראשית כ ג), ״ויוסיפו עוד שנוא אותו על חלומותיו״ (בראשית לז ח). ומכאן למדו האיסור שלא להברות על הרוגי בית דין, פי׳ לא תאכלו סעודת הברא׳ה בסיבת הדם ובעבורו. **ה.** שייך לפרש תיבת ׳על׳ כמו ׳אחרי׳, כמו ״על עולת התמיד״ (במדבר כח י), ומכאן למדו האיסור לאכול אחרי אחרי הדם [פי׳ אחרי שהרגו סנהדרין את הנפש]. **ו.** שייך לפרש תיבת ׳על׳ כמו ׳אלי׳, כמו ״וילך אלקנה הרמתה על ביתו״ (ש״א א יא) ״ויתפלל חנה על ה׳ ״ (שם א). וכן שייך לפרש תיבת ׳על׳ כמו ׳עדי׳, כמו ״יהוא ינהגנו על מות״ (תהלים מח טו) ״ירדפו אחריהם דרך חירדן על המעברות״ (יהושע ב ז), ומכאן למדו אזהרה לבן סורר ומורה, פי׳ לא תאכלו באופן שיביא אל הדם והרצח, כלומר עד שיגיע לידי כך. עכת״ד. ודפח״ח. [ולא ביאר איך למדו איסור אכילה לפני התפילה. ואולי משום דזה מפורש בגמרא (ברכות שם) ׳לא תאכלו קודם שתתפללו על דמכם׳. או משום דאיסור זה כמעט לכו״ע חוא מדרבנן ואסמכתא בעלמא, וכדלהלן].

׳

ז. **הרמב״ם** (מורה הנבוכים ח״ג פמ״ו) **והרמב״ן** (ויקרא יז ז-יא; שם יט כו; דברים יב כב) **ועוד** הרבה ראשונים (יובאו בפירוט להלן פרק ז) כתבו, דעל דרך הפשט הוא מין ממיני הכשוף או הקסמים, שהיו שופכים הדם ומאספים אותו בגומא והשדים מתקבצים שם כפי דעתם, ואוכלין על שולחנם סביבות הגומא עם השדים כדי שיגידו להם העתידות. עכ״ד. וע״ע באריכות ובדעה החולקת להלן (פרק ז).

וכעת נבאר שבעה איסורים אלו (אותיות א-ז הנ״ל) בעזהשי״ת דבר דבור על אופניו (פרקים א-ז), מדברי חז״ל והפוסקים עד גמירא. ועוד כמה איסורים שכתבו בספרים שנכללים בלאו זה וכדלהלן (פרק ח). וזה החלי בעזרת ה׳ צור חילי.

פרק א

דין אכילה לפני התפילה

והמסתעף לענין אכילה לפני עלות השחר, ואכילה לפני קידוש

‑ א ‑

מקור הדין

איתא בגמרא (ברכות י ע״ב) : אמר רבי יצחק אמר רבי יוחנן[4] אמר רבי יוסי ברבי חנינא משום רבי אליעזר בן יעקב, מאי דכתיב ״לא תאכלו על[5]

---

[4] **החכמת מנוח** (דפו״ר, פראג שע״ה) מחק תיבות ׳אי״ר יצחק אי״ר יוחנן׳ [ועפ״ז בדפוס וילנא שמו תיבות אלו בסוגריים עגולים], והוסיף אות ו׳ ׳ואמר רבי יוסי...׳. [כנראה משום המימרא הקודמת שם בגמרא דהיא ׳אי״ר יוסי ב״ר חנינא אמר ראב״יי׳. ולא הודפסה הגהתו זו בחידושיו שבגמרות. וכתיקונו כ״ה בגמרא כתי״י מינכן (שנת ק״ג), ועל פיה הגיה הדקדוקי סופרים (אות פ). ובצילום דפו״ר של הש״ס (שונצינו פיזרו) שלפנינו חסר עמוד זה. אך בדפוס ויניציאה איתא ׳אי״ר יצחק אי״ר יוחנן׳ בפשטות. ובבה״ג (ברכות פ״ה עמ׳ נח), סדר רב עמרם גאון (סי׳ מח), רי״ף (ה ע״א בדפיו, סי׳ יח-יט), סידור רש״יי (סי׳ מד [ותוקן שם בטעות], ובסדרים סי׳ ל), מחזור ויטרי (סי׳ לג [ח״א עמ׳ לז]), ראב״ין (סי׳ קלח), חידושי הרא״יה (ברכות שם), צרור החיים (דרך א סי׳ יא), נמוק״יי (ברכות שם), האבודרהם (סדר שחרית [פ״ה סעי׳ ג]), מנורת המאור (נר ג סי׳ צא), עין יעקב (סי׳ נ) וכס״ים (הל׳ תפילה פ״ו ח״יד) הגירסא ככתי״י מינכן הנ״ל ותיקון החכמת מנוח. ובמימרא השניה גרסו [רובם] ׳אי״ר יצחק אי״ר יוחנן אי״ר אליעזר בן יעקב׳, ולא גרסו ׳אי״ר יוסי ב״ר חנינא׳ [אך העין יעקב כן גרס. ובהגהות חב״ח ברי״ף ציין דבגמרא איתא. ועי׳ דקדוקי סופרים אות צ]. וכן הגירסא בילקוט שמעוני (מלכים רמז רב. והעיר בזה היפה עינים כאן) ובשושן סודות (ב ע״א). וכן הגירסא ברא״יש (סי׳ י) במימרא השניה, אך במימרא הראשונה גם לא גורס ׳אמר ראב״יי׳, אלא רק ׳וא״יר יוסי ברבי חנינא׳. והעיר בזה המעדני יו״ט (שם אות כ). [ובפסקי הרי״יד גרס את כל ארבעת השמות בלי שום השמטה, ושני המאמרים מחוברים כאחד, עיי״ש. וכן האור זרוע (סי׳ קח) העתיק רק את המימרא השניה, וכל ארבעת השמות בה]. ובהגהות וציונים עוז והדר (אות א) כתבו דהחכמת מנוח תיקן דרבי יוחנן היה רבו של רבי יוסי ברבי חנינא, ואיך יאמר שמועה משמו, ולפי״ז ג״יכ יש למחוק במימרא השניה כנ״יל. אמנם לפמש״יכ

הדם"[6], לא תאכלו קודם שתתפללו על דמכם'. איכא דאמרי[8], אמר רבי
יצחק אמר רבי יוחנן אמר רבי יוסי ברבי חנינא משום רבי אליעזר בן יעקב,
כל האוכל ושותה ואחר כך מתפלל, עליו הכתוב אומר (מ"א יד ט)[9] "ואותי

___

תוספות (נזיר כט ע"א ד"ה ח"ג [ועי' מסורת הש"ס שם]) שהיו שני רבי יוסי ב"ר חנינא, ואחד מהם תנא, יש
ליישב הגירסא שלפנינו, לגרוס את שמו בשני המאמרים. עכ"ד [וע"פ הגהות הגרי"פ. וע"ע בשער נפתלי
(על האבודרהם עמ' סב אות ד) וכרם יעקב (סי' ג אות ד עמ' לא) שהאריכו בזה]. אמנם לפי מה שהבאנו בס"ד מגירסת
רוב ככל הראשונים וכתי"י של הגמרא מתבאר דבלאו הכי כך היא הגירסא המקורית, וא"כ א"צ
טעם לתיקון החכמת מנוח. ודו"ק. וע"ע להלן (פרק ה) בדבר הגירסא על אזהרה לבן סורר ומורה.

[5] כתבו בעטרות שמואל ובמשנת ברוך (ברכות שם) דצ"ל דהיינו כמש"כ רש"י (שם ד ע"א ד"ה וכן הוא אומר)
על הפסוק "ובניהו בן יהוידע על הכרתי ועל הפלתי", ראשון וקודם להם. עכ"ל רש"י. חזינן דלשון
'על' משמעותו יקודם', וא"כ היה הכא. עכ"ד, ועי"ש שהאריך שיש עוד משמעויות לתיבת 'על'.
וע"ע טיול בפרדס (תנינא, אות א סי"ק יג).

[6] כתב בספר כרם שלמה (טובייאנה, ברכות שם) דסופי תיבות "לא תאכלו על הדם" הן 'אולם', ללמדנו
דעיקר מקום התפילה הוא בביהמ"ק או בביהכ"נ, ולא יאכל לפני כן.

[7] פירש רבינו מנוח (הל' תפילה פי"ד ח"ד) בשם רש"י (ולא נמצא לפנינו) : על נפשותיכם. עכ"ל. וכ"כ הנמוק"י
(ברכות שם), והוסיף : ויש מפרשים בעוד שאין בכם אלא הדם, שעדיין לא התפלל. עכ"ל. ופירושו זה
נפלא בדמיונו לדברי הזוהר (יובא להלן) דכשהאדם ישן נפרדת ממנו הנשמה, ונשאר בו רק חלק הנפש
שהוא הדם, ואין הנשמה חוזרת אלא בתפילה, וא"כ נמצא שהוא אוכל כשיש בו רק חלק הדם,
וכמש"כ הנמוק"י. וכ"כ בספר לשמוע בלימודים (לנדא, שם). ועי' בזה בהרחבה להלן בס"ד. ועוד פירש
בלשמוע בלימודים, דקרא התפילה 'דמכם' מלשון 'דמדומי חמה', דהיא שעת התפילה (עי' לקמן כט
ע"ב). ועוד פירש [דלא כהזוהר חנ"ל] על פי הפסוק "כי הדם הוא הנפש", א"כ בלילה נלקח חלק הנפש
וחוזר בבוקר עם תפילתו. עי"כ. ובצרור החיים (קצבי, שם) ביאר עוד, ד'דמכם' רומז שמתפלל על עוונו
שגורם שישפך דמו. ועוד 'דמים' לשון 'ממות', כלומר קודם שיתפלל על הממעות שנותן הקב"ה
לפרנסתו. והתורה תמימה (ויקרא יט כו אות רב) כתב דאיסור זה מתאים לעוד איסור שהגמרא
(סנהדרין סג ע"א) למדה מפסוק זה, דאסור לאכול בשר קדשים לפני שנזרק הדם, משום דעיקר הזבח
וכפרתו הוא זריקת הדם, ותפילה היא במקום קרבן כלומר במקום זריקת הדם, לכן אסור לאכול
לפני התפילה, דהוי כאוכל בשר קדשים לפני זריקת הדם. עכ"ד. והגרי"ח בבן יהוידע (ברכות
שם) רומז רמז נחמד, דאיתא בגמרא (מגילה כז ע"א) על הפסוק (מ"ב כה ט, ירמיה נב יג) "ואת כל בית גדול
שרף באש", שהוא ביהמ"ק מקום שמגדלים בו תפילה [לר' יוחנן], כדכתיב (מ"ב ח ד) "ספרה נא לי את
כל הגדולות אשר עשה אלישע", ואלישע עשה הכל בתפילה. עכ"ד הגמרא. נמצא שהתפילה נקראת
'גדל', וככתוב (דברים לב ג) "הבו גדל לאלהינו", והאותיות שאחרי 'גדל' הן 'הדם', וזו כוונת הפסוק
"לא תאכלו על הדם", כלומר אל תאכלו לפני האותיות הקודמות ל'הדם', שהן 'גדל', דתחילה
תתפללו תפילה הנקראת 'גדל', ואח"כ תאכלו, כי אותיות 'הדם' הן אחריה. ועוד עיי"ש.

[8] תיבות 'אי"ד' ליתא בכתי"י ובראשונים דלעיל. ובגמרא דפוס ויניציאה מופיע 'איכא דאמרי'
לפני המימרא הראשונה, ובדפוסים המאוחרים יותר [מדפוס פפד"ימ] הועבר אל לפני המימרא השניה,
ובדפוס וילנא הכניסום בסוגריים עגולים. ועי' השערת הדקדוקי סופרים (אות פ) איך נכנסה הגירסא
שלפנינו. והשערה אחרת בהשלמות להגהות וציונים (עוז והדר). וא"צ לא לזה ולא לזה, כיון דבלאו
הכי הגירסא המקורית היא בלא זה כלל, וכדלעיל. וכן סיימו בהשלמות הנ"ל. [ולכן גם א"צ לביאורו
של המאורי אור (ווירמש, ח"ד ברכות שם) ושל שו"ת בית נפתלי (שווארץ, סי' כא), עיי"ש]. ועי' מעון הברכות (ברכות שם)
וברכת אברהם (ארלנגר, שם אות ה).

[9] האור זרוע (סי' קסח) הוסיף : פסוק זה במלכים (שם) גבי ירבעם. עכ"ל. וצע"ק מה מטרתו בהדגשה זו.
ועי' היטב במהרש"א (ברכות שם), ובספר קורא באמת (לרי"ד במברגר, ברכות שם). ודו"ק.

הִשְׁלַכְתָּ אַחֲרֵי גַוֶּךָ"[10], אל תקרי 'גַוֶּךָ'[11] אלא 'גֵאֶךָ'[12]. אמר הקדוש ברוך הוא,
לאחר שנתגאה זה[13], קיבל עליו מלכות שמים[14].

[10] פירש הרד"ק: שלא פנית אלי לא כך ולא כך, כאדם המשליך הדבר אחר גוו, שלא יפנה אליו.
ותרגם יונתן, ופולחני אחיקתך מקבל עינך. עכ"ל.

[11] הקשה החיד"א (חסדי אבות עמ"ס אבות פ"ג מי"א) מדוע הוצרכו לומר 'אל תקרי גוך', כלומר אל תקרא
כמו שכתוב, אלא רק תקרא 'גאך', מדוע לא יכולים לדרוש תיבת 'גוך' ל'גאך' בלי לומר לנו שלא
נקרא 'גוך'. וזו קושיא לכל מקום שאומרים חז"ל 'אל תקרי', דלא שייך לומר 'אל תקרי' שהרי
במציאות כל בר יודע שכן קורין כך. ותירץ בעניננו, דבאמת חייבים לומר 'אל תקרי גוך', כי
איך יתכן לקרוא כפשוטו "ואותי השלכת אחרי גוך", וכי מי משליך חי"ו אותו יתברך אחרי גופו.
אלא על כרחך צריך לקרוא 'גאך', שרק מי שמתגאה יכול להשליכו אחרי גופו. ודו"ק. [והיוקח נא (סי'
פט סי"ק ו) במחכ"ת לא הבין קושית החיד"א, וכותב דהקושיא היתה דכאן הי'אל תקרי' אינה כשאר 'אל תקרי', כי
כאן הקריאה והכתיבה שוים, משא"כ שאר דרשות 'אל תקרי' הן כשאין קריאה וכתיבה שוים. עכ"ד. ואנא
עבדא לא זכיתי להבין דבריו כלל, ופירוש דברי החיד"א פשוטים וכמש"כ בס"ד]. ומהרי"ש אלגאזי
(לי"מ כאן) פירש דממש"כ 'גוך' לבד היינו אומרים שאם התחיל צריך להפסיק, לכן דרשוהו לשון
גאוה, וכשהתחיל בהיתר אינו דרך גאוה ואי"צ להפסיק [עי' להלן הדינים בזה]. ובאמרי בינה
(גראמיזאן, ברכות שם) פירש כיון דבכל מקום כתוב גוף עם ציריה, כגון (ישעיה נ ו) "גֵּוִי נָתַתִּי לְמַכִּים", וכן
(משלי כו ג) "וְשֵׁבֶט לְגֵו כְּסִילִים", [וכן (ישעיה לח יז) "כִּי הִשְׁלַכְתָּ אַחֲרֵי גֵוְךָ כָּל חֲטָאָי", וכן (שם נא כג)
"וַתָּשִׂימִי כָאָרֶץ גֵּוֵךְ", וכן (משלי י יג) "וְשֵׁבֶט לְגֵו חֲסַר לֵב", וכאן כתוב "אַחֲרֵי גַוֶּךָ" בפת"ח, שי"מ
לדרשא. [אך צע"ק מהפסוק (יחזקאל כג לה) שהוא ג"כ בפת"ח "וַתַּשְׁלִיכִי אוֹתִי אַחֲרֵי גַוֵּךְ"]. וכ"כ לקח
יעקב (ברכות שם). ובקדושה וברכה (ברכות שם, למהרי"ץ כ"ץ מח"ס סמיכות חכמים) כתב דהאוכל ושותה
לפני התפילה סובר כמ"ד (סנהדרין צא ע"ב) דקודם כל נברא הגוף ואח"כ ניתנה בו הנשמה, א"כ איך
הבשר עומד לבד, והא קחזינן דבשר בלא נשמה מסריח (כדאיתא בגמרא שם), אלא הוא מתגאה ואינו
משים עצמו כבשר, ואיתא בגמרא (סוטה ח ע"א) דמי שאינו משים עצמו כבשר אין תפילתו נשמעת
וכו', עיי"ש.

[12] כתב האבודרהם (הל' ברכות השחר [פ"ה אות ג]): פירוש, שאותיות אהו"י מתחלפות. עכ"ל. וכתב
המהדיר (שם הערה 11): לע"ע לא מצאתי עוד במקום אחר פירוש זה. עכ"ל. ואולי כוונתו דלא מצא
עוד מי שיכתוב הטעם הזה על הגמרא הזו, אך עצם הכלל דאותיות אהו"י מתחלפות הוא כבר נודע
וכתבוהו האבן עזרא (שמות א טז, שם יב ט, במדבר טו ו, איכה א ב), הרד"ק (בראשית לב לא, ובעוד טי"ו מקומות),
רבינו יהודה אבן בלעם (טעמי המקרא עמ' 51), רבינו יהודה אבן חיוג' (אותיות הנח והנמשך עמ' 15), רבינו בחיי
(בראשית מא מג, שם מז מז ג), המנחת שי (שי"ב ג יח), הגהות ריעב"ץ (ערבי"ץ לח ע"ב) ועוד רבים ועצומים.
ובאמת בשער נפתלי (על האבודרהם שם, עמ' סג אות ז) הביא קצת מקורות לזה, וכתב דלפי"ז מיושבת
קושית המהרש"א (ברכות שם) דרש"י (ערבי"ד יא ע"א) ביאר דרשת הגמרא (שם) 'שני גוים בבטנך' אל
תקרי 'גוים' אלא 'גאים', רק מחמת שכתוב 'גוים' בשני יודי"ן, משמע דהכא לא שייך לדרוש לשון
גאוה, עיי"ש. והנה ע"פ האבודרהם מיושב, דהדרשא גם כאן וגם שם היא מחמת דאותיות אהו"י
מתחלפות, וא"כ אין הבדל בין 'גוים' עם יו"ד לבין 'גוך' עם וי"ו, שתיהן מתחלפות לשורש 'גאה'
שהוא עם אלי"ף. וע"ע קרוב לזה באדמת יהודה (טאנוגי, ברכות שם).

[13] וכתבו מהרע"ח ריקי באדרת אליהו (ברכות שם) ומהרי"ץ ענגיל בגליוני הש"ס (שם) רמז בדבר: ואותי
השלכת אחרי גוך, ראשי תיבות 'גאוה'. ובפני חיים (לוריא, שם) דרש סמוכין מהמאמר בגמרא לפני כן
שם 'אל יעמוד אדם במקום גבוה ויתפלל אלא במקום נמוך ויתפלל וכי' לפי שאין גבהות לפני
המקום', שזהו ג"כ ענין גאוה. וכן המאמר הסמוך שם 'יכוין את רגליו' הוא להדמות למלאכים,
שאינם אוכלים ושותים.

[14] ובפנים יפות (עה"ת לבעל חהפלאה, דברים יא יג) כתב ג"כ לדרוש הפסוק 'ולעבדו בכל לבבכם',
ודרשו חז"ל (תענית ב ע"א) איזוהי עבודה שהיא בלב הוי אומר זו תפילה, והרי אמרו גם (נ"ב יב ע"ב)
שלפני שאדם אוכל יש לו שתי לבבות, א"כ מובן שבזמן התפילה נקרא 'ולעבדו בכל לבבכם' ולא
'לבבכם'. עכ"ד. וע"ע בספר בונה ירושלים (יט ע"א) דכתב ג"כ לדרוש שרק אחרי 'ולעבדו בכל
לבבכם' כתוב "ואכלת ושבעת", עיי"ש עוד. עוד כתבו בהרבה ספרי חסידות (עי' בת עין פרשת צו, צמח

- ב -
האיסור לפני קריאת שמע או לפני התפילה

הנה מלשון הגמרא (שם) 'לא תאכלו קודם **שתתפללו** על דמכם... ואח"כ **מתפלל**...', משמע דהאיסור לפני התפילה. אך מלשון הגמרא (שם) 'לאחר שנתגאה זה, **קיבל עליו מלכות שמים**', משמע דהאיסור לפני קבלת עול מלכות שמים, שהיא בקריאת שמע [אמנם עי' גמרא (ברכות יד סוע"ב) דקבלת עול מלכות שמים שלמה היא בקרי"ש ותפילה[15]. ודו"ק. גם מצינו שקריאת שמע נקראת 'תפילה', עיין תוספות (שבת יא ע"א ד"ה כגון רשב"י) וגליון הש"ס (שם) וגליוני הש"ס (ברכות י ע"ב)].

והנה סתימת רוב הראשונים משמע דהאיסור לפני התפילה[16]. אך הבה"ג (ברכות פ"ה עמ' נה), מחזור ויטרי (סי' לג), סמ"ג (עשין יח), הבתים (ח"ג שער קרי"ש שער ו סעי' ו), ארחות חיים (הל' תפילה סעי' יא, טו) וכל בו (סי' י) כתבו להדיא 'וקורא קריאת שמע'. וכן משמע בלשון המאירי (ב"מ קטו ע"א) שכתב 'או שלא ייחד את השם'[17]. ועי' אשל אברהם (מבוטשאטש, סוס"י פט) ומעון הברכות (ברכות י ע"ב). גם המשנ"ב (סי' פט ס"ק כב, ובביאור הלכה שם ד"ה ולא) כתב בגוונא שהותרה טעימה לחולה וכדו', דטוב שיקרא לפני כן עכ"פ קריאת שמע. [עי"ש בביאור הלכה דתלה בשני טעמי הגמרא. וכן התורה תמימה (ויקרא יט כו אות רב) ג"כ תלה כנ"ל בטעמי הגמרא[18], ונשאר בצ"ע מדוע הפוסקים הביאו רק את הפסוק השני. אך באורח נאמן (ס"ק יב) תמה על תליית הביאור הלכה והתורה תמימה הנ"ל, עי"ש[19]]. ובספרו נדחי ישראל (פ"ח סעי' א) כתב דחייב לקרוא קרי"ש עם תפילין, אם לא שהוא חולה אז אין להחמיר בזה. ועי' שיח הלכה (שם אות כ) שהאריך בזה, האם יקרא כל ג'

צדיק פרשת קדושים, מגיד דבריו ליעקב אות קסב, ייטב לב פרשת ויקרא, ועוד) [בשם המגיד ממעזריטש] דשם 'אדם' נקרא על שם הדם שבו, והאל"ף היא אלופו של עולם שנותן לו חיות, והחיבור ביניהם בא בשעת התפילה, לכן לפני התפילה שעדיין לא נתחבר אליו אלופו של עולם, אסור לו לאכול.

[15] וכן הקשה בספר מקור הלכה (זילבר, שבת ח"ב סי' א, ה ע"ד) על הביאור הלכה דלהלן בסמוך (למעלה). אך בביכורי ארץ (טוקר, ברכות פ"א סי' נח) חיזק דברי הביאור הלכה מכמה מקומות דקבלת עול מלכות שמים היא בקריא"ש ולא בתפילה, עיי"ש.

[16] ובספר מעשה כהן (ברכות שם) כתב בשם הגר"ח קנייבסקי זצ"ל דאחרי תפילת הלחש עדיין אסור עד אחרי חזרת הש"ץ, כיון שהש"ץ שלוחו לזה, אמנם לקולא לא נתיר בשבת לשתות מים אחרי הלחש לפני החזרה על סמך שעדיין לא חלה חובת קידוש. ודו"ק.

[17] ולכאורה כל ראשונים אלו נעלמו לברכת אברהם (ארלנגר, ברכות י ע"ב אות ז) דכתב דרק המשנ"ב חידש דהאיסור משום קריאת שמע, עיי"ש.

[18] וכן האדר"ת בעיני בנימין (ברכות שם).

[19] עיי"ש (בהערה י) דגם תמה עמש"כ התורה תמימה שהפוסקים הביאו רק את הטעם השני, והרי הרי"ף והרא"ש הביאו את שני הטעמים, והרמב"ם ושו"ע לא הביאו שום טעם.

פרשות קריא"ש, או רק פרשה ראשונה, והאם הנחת תפילין חייב גם כשרק
טועם, עי"ש עוד דיכוין שלא לצאת י"ח מ"ע דקריא"ש בקריאה זו אלא רק
לקבל עליו עול מלכות שמים. וכ"כ בבית ברוך (על חיי אדם כלל טז ס"ק כד),
בירורי הלכה (שטרן, ברכות י ע"ב) ומשמרת מועד (קארפ, ברכות שם עמ' צט). [ולא הבנתי
מש"כ בתשובות והנהגות (ח"א סי' עג) דיקרא הקריא"ש 'על תנאי אם לא יוצא אח"כ', מה
שייך כאן תנאי הרי ודאי יוצא אח"כ[20]. ובפניני תפילה (קוק, עמ' נח) כתב בשם הגריש"א
דודאי דצריך לכוין לצאת י"ח קריא"ש, דקבלת עול מלכות שמים היא בקריא"ש שיוצא
בה יד"ח. ובההערות שם (אות ז) ביאר דהקפידא של חז"ל היא על זה שממתין עם מצות
קבלת עול מלכות שמים, א"כ צריך לקיים את המצוה. עכ"ד. והנה כעת נוכל לקיים דברי
התשובות והנהגות הנ"ל, לעשות תנאי, אך לומר בתנאי שאם הלכה כהגריש"א שצריך
לצאת בקריאה זו יד"ח מ"ע דקריא"ש, הריני מתכוין לצאת, ואם הלכה כהבית ברוך ושיח
הלכה ועוד דאין לצאת בקריא"ש זו, הריני מתכוין שלא לצאת[21]. וכ"מ בשו"ע הגר"ז
(סי' ע סוסע"י ה ובקונ"א שם). ומהר"ץ הכהן מלובלין (דברי סופרים אות יא) כתב דאפילו
אם שותה מים עדיף שיאמר לפני כן פסוק ראשון של קריא"ש ועוד פסוק
דרחמי. ומעין זה כתב מאורי אור (ווירמש, ח"ד על שו"ע סי' פט, כז ע"ב) כתב שאפילו
כשטועם לפני עלות השחר יאמר פסוק ראשון של ק"ש, וכן איזו תפילה
קצרה כמו יה"ר הראשון [צ"ע מה כוונתו] או פסוק כגון "אתה סתר לי...".
עכ"ד. והובא בארחות חיים (מספינקא, סי' פט ס"ק י) ומשם באלף המגן (על מטה
אפרים סי' תקפא ס"ק צד). גם בהליכות שלמה (הל' תפילה פ"ב סעי' ב) כתב שיתכן שנכון
לומר דבר בקשה, כגון "שמע ה' וחנני" וגו'. וע"ע להלן בשם ספר היראה
לרבינו יונה, ועוד להלן בשם הביאור הלכה. [ובזהר חי (מקאמארנא, ח"ב קצד ע"א)
שיטה מחודשת, דלפני שאמר שום תפילה או ברכות אסור לטעום כלום מן התורה אפילו
מים, ואחרי שאמר קריא"ש ותפילה קצרה וברכות יכול לשתות קפה או תה וכו', עי'
להלן].

— ג —

האיסור מדאורייתא או מדרבנן

כתב רבינו יונה[22] (על הרי"ף שם, ה ע"א בדפיו, סי' יח) : וזה אסמכתא בעלמא הוא,
דפשטיה דקרא על אבר מן החי נאמר, שלא יאכל הבשר בעוד שדמו בתוכו

---

[20] וע"י לבעל תשובות והנהגות דידיה בספרו פשט ועיון (ברכות שם) דכתב בפשיטות דיכול לקרוא
קריא"ש זו גם בכוונה שלא לצאת יי"ח, דכיון שקוראה כעת לקבלת עול מלכות שמים, מהני.

[21] וברשימות שיעורים (סולוביי'ציק, עמ' צח ובהערה 75) מסתפק באדם שקם בבוקר והתפלל תפילת נדבה
לא לשם שחרית, האם זה מתיר לו לאכול, או שרק תפילת חיוב מתירה. עי"ש דפילפל קצת בזה.

[22] וע"ע לרבינו יונה באגרת התשובה (אות ו, יום א אות ח) דכתב : ואסור לטעום כלום קודם שיתפלל,
שנאמר (שמות כג כה) "ועבדתם את ה' אלהיכם וברך את לחמך ואת מימיך" וגו', עבודה זו היא
תפילה. עכ"ל. וצ"ע דשביק טעמייהו דהגמרא והביא פסוק אחר. ובגמרא (ב"ק צב ע"ב, ב"מ קז ע"ב) למדו
מפסוק זה דיש לאכול פת שחרית. ועי' יפה ללב (קונ"א שס, קפז ע"א) דדייק מהגמרא (שם) דכתבה

[סנהדרין שם]23. וכ״כ המאירי24 והריטב״א (ברכות י ע״ב). וכ״כ רבינו מנוח (הל' תפילה
פ״ו ח״ד)25 'וסמכו ליה רבנן אקרא'. ומעין זה כתב הרא״ש (ברכות פ״א סי' י)
'דאסמכוה אקרא ואיכא לאו'26. וכ״כ מרן הב״י (סי' פט) 'שזה שאסור
לאכול... אינו מדאורייתא אלא חכמים אסרוהו'27.

ועי' היטב לשון הרמב״ן (ויקרא יט כו) דכתב: "לא תאכלו על הדם", להרבה
פנים נדרש בסנהדרין (סג ע״א), והעולה משם לפי הסוגיא שהם כולם מן
התורה, שכלל הכתוב כל אכילת הדם בלאו אחד וכו'. עכ״ל. אמנם אולי
קאי רק על האיסורים המובאים בסנהדרין שם, ואיסור אכילה לפני התפילה
לא הובא שם אלא בברכות28. ודו״ק. וכ״כ בעמק יהושע (הלוי, סי' לא).

'ועבדתם את ה' אלהיכם" זו ק״ש ותפילה, "וברך את לחמך ואת מימיך" זו פת במלח וקיתון של
מים. עי״כ. משמע דוקא כסדר הזה, חרי דגם מים אין לשתות לפני התפילה [ועי' לחלן דיון ארוך בזה]. [ועי'
שו״ת יביע אומר (ח״ד סי' יא סוף אות ז)]. ועי' למהרי״י פאלאגי הנ״ל דכתב בספרו חלק יפה (פרשת משפטים
אות ח) לדרוש הפסוק הנ״ל, דכתבה הגמרא (שם) "ועבדתם את ה' אלהיכם" זו ק״ש ותפילה, ואחר כך
יאכל דכתיב "וברך את לחמך ואת מימיך", ולא תהיה הצמא והרעב שהותר להם לאכול לפני
התפילה לפי שהם בכלל החולים [כדלהלן], אלא "והסירותי מחלה מקרבך" ולא תצטרך לזה.

23 ולהלן (פרק ג) נאריך בזה בס״ד.

24 אמנם המאירי (ב״מ קטו ע״א) כתב : כגון לא תאכלו על הדם שיש בו אזהרה להרבה דברים כמו
שיתבאר במסכת סנהדרין, אינו לוקה על אחת מהן כלל, המשל בזה וכו' וכן אחת מאזהרותיו שלא
לאכול שחרית עד שיתפללו כמו שדרשו לא תאכלו קודם שתתפללו על דמכם, אם עשה כן אפילו
לדעת האומר תפלה מן התורה או שלא ייחד את השם אין כאן מלקות וכו'. עכ״ל. ומתבאר דס״ל
דהוי מדאורייתא. ועי' לרב היח״יס נר״ו בכרם יעקב (סי' ג אות ד עמ' לה), ולשיטתו אזיל, עי' להלן.
ולדידן יי״ל דסירכא דגמרא נקט דהסמיכה איסור זה על הפסוק, ודו״ק. ומעין זה כתב בשו״ת יביע
אומר (ח״ד סי' ו אות ב) והוסיף דסוגיא בדוכתא [דברי המאירי בברכות] עדיפא. ובשו״ת ויען הכהן (ח״א סי' ח
סוף אות ב) דקדק בלשון המאירי הנ״ל דכתב "אפילו לדעת האומר תפילה מן התורה', כלומר דלדעתם
הוי מדאורייתא, אך לדעת הסוברים דתפילה מדרבנן, ה״ה איסור האכילה לפני התפילה, וכנראה
כך ס״ל להמאירי, ולכן כתב (בברכות שם) דאיסור האכילה הוי אסמכתא.

25 ורב היח״יס נר״ו בכרם יעקב (סי' ג) האריך מאד והרחיב להוכיח שרוב ככל הראשונים סוברים
דהוא איסור מדאורייתא, ולענ״ד נכנס בכמה דחוקים לזה, כגון משי״כ (שם אות ב) דלשון רבינו יונה
והריטב״יא והמאירי הנ״ל [ואישתמיטתיה רבינו מנוח הנ״ל] 'אסמכתא' או 'סמך' אינו מחייב שזה
מדרבנן ויתכן שזה מדאורייתא, רק שלא כתוב במפורש בפסוק אלא הסמיכוהו עליו. ודו״ק,
ואכמ״ל, ולהלן במהלך הדברים נזכיר פה ושם מדבריו ואת אשר נלע״ד.

26 לשון הרא״ש צ״יב קצת, ויותר מתפרשת עי״י לשון הלבוש (סי' פט סעי' ח) דכתב: משום דאסמכוה
אקרא דאותי השלכת וגו', ועוד יש בו אסמכתא לאיסור לאו דלא תאכלו על הדם. עכ״ל. וברור.

27 ויובא לשונו בהרחבה לחלן בס״ד.

28 ועי' גם רש״יי (ויקרא שם) דכתב: לא תאכלו על הדם, להרבה פנים נדרש בסנהדרין (שם), אזהרה
שלא יאכל מבשר קדשים לפני זריקת דמים, ואזהרה לאוכל מבהמת חולין טרם שתצא נפשה, ועוד
הרבה. עכ״ל. ולא ציין שגם בגמרא בברכות הובא עוד איסור כנ״ל. והעיר בזה בפני חיים (לוריא,
ברכות שם). ועי' רש״יי (חולין קכא ע״יא-ב) דגם על איסור המובא בגמרא בסנהדרין שם כתב דהוא
אסמכתא, ונתבארה שיטת רש״יי במפרשים, ונאריך בזה להלן (פרק ג) בס״ד.

והמנחת חינוך (מצוה רמ"ח אות ה [נח]) הביא את דברי רבינו יונה הנ"ל, וכתב דמשמע ממנו ומשאר האחרונים דאינו איסור דאורייתא אלא דרבנן, אך מדברי החינוך משמע דהוי דאורייתא, מדהעתיקו יחד עם שאר האיסורים דאורייתא הנכללים בלאו הזה. ובאמת לשיטת הסוברים דחיוב תפילה עצמה הוא רק מדרבנן, א"כ כ"ש איסור האכילה לפניה. אך לשיטת הרמב"ם (הל' תפילה פ"א ה"א) דחיוב תפילה הוא מן התורה, אפשר לומר דגם איסור האכילה לפניה הוא מן התורה ולא אסמכתא. אך הרמב"ם עצמו (שם פ"ו ה"ד) לא הזכיר כלל את הפסוק "לא תאכלו על הדם", ומשמע דגם הוא סובר דהוי מדרבנן. עכ"ד[29].

והשאילתות דרב אחאי (פרשת נח, שאילתא ו) לא הביא את איסור אכילה לפני התפילה בתוך שאר האיסורים הנלמדים מ"לא תאכלו על הדם", ומשמע דהוי מדרבנן. אך גם לא הביא דילפינן מכאן אזהרה לבן סורר ומורה, ועי' להלן (פרק ו).

גם היראים (מצוה עז/קמה) לא הביא איסור אכילה לפני התפילה בתוך שאר האיסורים הנלמדים מ"לא תאכלו על הדם", וכתבו בפירושים סביב ליראיו ותועפות ראם (שם או' ב-ד) משום דס"ל דאינה אלא אסמכתא, וכן בתורת כהנים (קדושים פ"ו סי' א) לא הובא איסור זה על הפסוק הנ"ל, עי"ש[30]. וע"ע בפמ"ג (סי' קסז א"א ס"ק יז, ובספרו ראש יוסף ברכות שם) דכתב דאף לרמב"ם דחיוב תפילה מדאורייתא, איסור אכילה לפני התפילה הוי אסמכתא.

והריעב"ץ במור וקציעה (סי' פט) כתב דהוי מדאורייתא, והתורת חיים (סופר, ס"ק י) פליג עליו, עי"ש. וכ"כ דינא דחיי (לאוין רכ, קצה ע"ג ובדפו"ח עמ' 979) דהוי מדרבנן, ומבאר הטעם דהא זמני התפילות לכו"ע מדרבנן, ואיך יהיה אסור מדאורייתא לאכול לפני תפילה. וכן השדי חמד (ח"א כללים מערכת האל"ף סי' שמא, ח"ג כללים מע' הסמ"ך סי' נג [קד ע"ד/תרי]) דחה דברי האומרים דהוי מדאורייתא. וע"ע שו"ת מהר"ש ענגיל (ח"ה סי' לא), ביאורי הגרי"פ פערלא על רס"ג (עשה ב, ע סוע"א), שו"ת יביע אומר (ח"ד ר"ס יא, וח"י סי' ו), ברכת אברהם (ארלנגר, ברכות י ע"ב או' א-ד) וכרם יעקב (סי' ג-ד). [ועי' להלן מדוע הוצרכה הגמרא להוסיף דרשת "ואותי השלכת אחרי גוך" בנוסף לפסוק מן התורה "לא תאכלו על הדם".]

---

[29] ועי"ע ברית משה (על הסמ"ג לאוין רכ, קצה ע"ג) דג"כ נוטה בדעת הסמ"ג דהוי מדאורייתא, עי"ש, אך ציין לדברי המנחת חינוך הנ"ל שמבואר יפה איזה מהחמש דרשות הנ"ל דאורייתא ואיזה דרבנן.

[30] ועי' בפירוש שם חדש (על היראים שם) דהעיר ולא תירץ. ועי"ע לרב היח"ס נר"ו בכרם יעקב (סי' ג עמי כח בהערה ב), וכתב דאין שם חדש וסביב ליראיו תחייי. ויש לציין שהסמ"ג (לאוין רכ) כשכתב את כל הלאוין הנכללים ב"לא תאכלו על הדם" דמהאי טעמא נחשב לאו שבכללות, מנה בפשיטות גם את האיסור שלא יאכל אדם קודם שיתפלל על דמו.

אך בספר עינים למשפט (ברכות שם) כתב דמהרמב"ם בספר המצוות (שורש ט [עמ' קסד-קסה]) משמע דהוי מדאורייתא, מדמנה איסור זה בסתמא בתוך כל הנכללים בלאו שם, ורק אינו לוקה עליהם משום דהוי לאו שבכללות[31]. וכן מתבאר בלשון הרא"ה בפקודת הלויים (ברכות שם) דעל הגמרא הזו כתב:

---

[31] אמנם בספר המצוות בתרגום חדש מערבית (מוה"ק תשל"א, עמ' לז) ליתא למשפט זה [ועוד אמרו מנין שלא יטעום אדם ... על דמכס']. וכן חזינן בהעתקת הלשון הערבית שם (בטור השמאלי). והעירו בזה רבי חיים העליר במהדורת ספר המצוות שהוציא (מוה"ק תשי"ח, מהדו"ח תשכ"ד) ובשו"ת יביע אומר (ח"ד סי' יא אות א, ח"ו סי' ו ואות ב) ובציונים שבספר המצוות (מהדורת ר"ש פרנקל). [אמנם יש לחעיר דאינו כת"י של הרמב"ם עצמו, אלא העתקות. ודו"ק]. ובלאו הכי כתבו הגרי"א ספקטור בשו"ת עין יצחק (סי' ח אות יט), שו"ת בית שלמה (או"ח סי' כח ד"ה רק שמלשון) ושו"ת קרן לדוד (סי' לד ד"ה שו"ר) שדרך הרמב"ם לכלול בדבריו בספר המצוות גם מה שלמדו חז"ל דרך אסמכתא על הפסוק ההוא, עיי"ש. ובשו"ת אלישיב הכהן (ח"א סי' א אות ח עמ' ז) ושו"ת שמחת יהודה (אזולאי, ח"א סי' ב אות ד) גם דייקו מלשון הרמב"ם שם אחרי שהביא את הלאוין המוזכרים בסנהדרין 'הנה אלו חמשה ענינים כולם מוזהר מהם, והם כולם נכללין תחת זה הלאו, ועוד אמרו מנין שלא יטעום אדם כלום עד שיתפלל...', הרי שכתב דיש חמשה ענינים שנכללים תחת זה הלאו, חמשה דייקא, ואז הוסיף 'ועוד אמרו...' משמע דהוא לא מכלל חמישתם, ועל כרחך הוא מדרבנן. ובספר עטרת תפארת (עובדיה, סי' א) אמר ראיה זו לרב היח"ס נר"ו (מוח"ס כרם יעקב חנ"ל דס"ל דדעת הרמב"ם דהאיסור מדאוריתא), וענה לו דכוונת הרמב"ם דבמסכת סנהדרין מוזכרים החמשה יחד, אך יש ששי במסכת ברכות והוא הנ"ל. עכ"ד. וזה דוחק, דהרי הרמב"ם לא הזכיר עד עתה היכן נכתבו החמשה בגמרא (רק אח"כ כותב על כולם 'ובביאור אמרו בגמרא סנהדרין...'), ועוד מה העניו למנות כמה כתובים בגמרא אחת ולא בסך חכללי. ודו"ק. והנה בשו"ת יביע אומר (שם) וציונים שבספר המצוות (מהדורת רש"פ שם) הוסיפו דגם בפיהמ"ש לרמב"ם (מכות רפ"ג, החלק השישי) מונה הלאוין הכלולין בלאו זה, ולא מונה איסור אכילה לפני התפילה. אמנם עיי במשנה עם פירוש הרמב"ם (מוה"ק תשכ"ח) עם המקור בערבית, דכתב בהערה שם דבכת"יי אחד נוסף 'ולמדנו גם לא תאכלו קודם שתתפללו על דמכס'. וכ"כ בציונים (מהדורת רש"פ חנ"ל). [וכבר כתבנו בס"ד עיקר הערתנו זו בהערות לפיהמ"ש (מכות שם מהדורת מכון המאויר)]. ורב היח"ס נר"ו בכרם יעקב (סי' ג עמ' כא) כתב דגם אפשר לומר תנא ושייר, דהרי הרמב"ם בפיהמ"ש גם לא מנה הא דאכילת בן סורר ומורה, עייש. אמנם משי"כ שם דראה הוצאת פיהמ"ש להרמב"ם הנדמ"ח מכת"יי [ולפי ציונו לעמ' קנט מוכח דכוונתו על מוה"ק חנ"ל], ונוספה שם הערה דבכתה"יי נוסף 'ולא תאכלו קודם שתתפללו על דמכס', ומבין שזה כת"יי הרמבב"ם, - אינו נכון, דבמחכ"ת נשמטה מעינו הבדולח אות אחת מהחערה, דבהערה שם כתוב דבכת"יי ק' איתא כן (עי' אודות כת"יי זה בהקדמה לפיהמ"ש מוה"ק שם, ואינו כת"יי הרמב"ם אלא העתקה בסביבות מאתים שנה אחריו), אך בכת"יי המקורי של הרמב"ם אינו כן, וגם אנחנו ראינו תצלום כת"יי המקורי של הרמב"ם (על סדרי מועד, נשים, נזיקין וקדשים), ועל פיו הו"יל בס"ד את פיהמ"ש מכון המאויר, ואין שם את המשפט הזה. עוד משי"כ שם דלשון הרמב"ם שהובאה בספר החינוך ובזוהר הרקיע להרשב"ץ (דלהלן) נאמנים יותר מכתבי יד, לא זכיתי להבין היכן ראה שהחינוך והרשב"ץ העתיקו את לשון הרמב"ם בזה. וצ"ע.   ובברכת אברהם (ארלנגר, ברכות שם) כתב להוכיח דהרמב"ם ס"ל דהוי מדרבנן, מדצירף באותה הלכה איסור עשיית מלאכה לפני התפילה ואמירת שלום ויציאה לדרך וכו'. ובקובץ ויברך יהודה (ח"ב עמ' כד ענף ח או"י ב-ה) הביא רבי יעקב עדס דמלשון הרמב"ם בהלכותיו יש לכאורה לדקדק דס"ל דאין זה איסור מן התורה, דהנה על כל שאר האיסורים שנדרשו בגמרא מהפסוק הביא הרמב"ם בהלכותיו את הפסוק (עי' חל' שחיטה פי"א ח"ב, חל' סנהדרין פי"ג ח"ד, שם פי"ח ח"ג, חל' ממרים פי"ז ח"א, ובחל' מעשה הקרבנות פי"א ח"ד אמנם חבא פסוק אחר, אך עכ"פ חבא פסוק), אך לגבי אכילה לפני התפילה (חל' תפילה פי"ו ח"ד) לא הביא את הפסוק, משמע דהוי מדרבנן [וכבר ידוע דראוי ונכון לדייק בלשון הרמב"ם, ואכמ"ל]. וא"כ אף אי נימא דבספר המצוות משמע מלשונו בתר איפכא, עכ"פ חוי סתירה בלשונו בהלכותיו. עכ"ד. וראיה זו חובאה בקצרה גם בשו"ת ישיב יצחק (ח"ג רסי"י ח).

ותפילה ודאי דאורייתא וכו' אבל אין לוקין על לאו זה וכו'. עכ"ל[32]. מבואר דעכ"פ הוי לאו מדאורייתא. וכן מתבאר בזוהר הרקיע לרשב"ץ על אזהרות ר"ש בן גבירול (אות מ, מצוות קי"ח-קכ"ב)[33].

ואנא עבדא יודע שיש עוד אריכות בזה, וראיתי הרבה אחרונים שמתנצחים בהבאת יותר ראשונים לכאן או לכאן, ולא הארכתי בזה יותר, כי לענ"ד אין להביא ראיות אלא ממי שיכתוב להדיא דהוי 'מדאורייתא' או 'מדרבנן' וכדומה, אך מי שמביא הדין בתוך הלימודים על הפסוק, ואפילו אם יאמר 'אזהרה' וכדומה, אין ראיה, כי גם הגמרא דרשה כן מהפסוק ואין ראיה מלשון הגמרא, כי לא ברור אם הוא דרך לימוד גמור או אסמכתא. ואכמ"ל יותר.

ובעיקר התלייה של מחלוקת זו במחלוקת האם עיקר חיוב תפילה הוא מדאורייתא או מדרבנן [כדמבואר בשדי חמד (ח"א כללים מע' א סי' שמא, ח"ג כללים מע' ס סי' נג [קד ע"ד/תרי])], לכאורה י"ל דלא תליא זב"ז, דיתכן דאף למ"ד דעיקר חיוב תפילה הוא מדרבנן, אך בעת צרה הוי חיוב מן התורה [כשיטת הרמב"ן (ספר המצוות עשין ה)] ואז נאסר לאכול לפני התפילה. א"נ י"ל ששורש האיסור הוא להתפלל אחרי אכילה, כלומר אם הוא מתפלל זה צריך להיות לפני האכילה, כן כתבו הגר"י צייטלש בהגהות חדשות על הסמ"ק (עמודי גולה דפוס קאפוסט תק"ס יום ה יז ע"ב, מצוה ריח ס"ק א), הגרי"פ פערלא על רס"ג (עשה ב, ע סוע"א) ועינים למשפט (שם). וע"ע ברכת אברהם (ארלנגר, ברכות י ע"ב או' ג-ד).

---

[32] אלא דמש"ייכ העינים למשפט דפקודת הלויים הוא ספרו של בעל החינוך, - כבר נודע שאין שום ידיעה בזה, כי ספר החינוך לא נודע שם מחברו, רק ידוע שהיה לוי מהעיר ברצלונא, אך אין שום בריירות שהוא רבינו אהרן הלוי מברצלונא, וכבר פקפק בזה החיד"א (שם הגדולים מע"ג מע' א סי' קלב ומע"יס מע' ח סי' פ, שו"ת חיים שאל ח"ב סי' כז, ברכ"יי סי' יד סי"ק ב), רא"יז מרגליות (ראש אפרים ח"ב קונטרס חראיות סי' לט אות ג, שו"ית בית אפרים אה"יע ח"יא סי' א), וע"יי אריכות בזה בהקדמת ר"יד מצגר המהדיר למנחת חינוך (מכון י-ס). וכן העירו על העינים למשפט הנ"יל רב היח"יס נר"יו בכרם יעקב (סי' ג עמ' כב) ושו"ית ויען הכהן (סי' ח אות ד). ואכמ"יל.

[33] דלשון ר"יש בן גבירול שם יולא תאכל על דם, תמידי הנקדמי. וביאר הרשב"יץ דודאי אין כוונתו דאסור לאכול לפני קרבן התמיד, וגם בקרבן התמיד עצמו אין אכילה דנאסרה לפני זריקת דמו. ואולי רמז לאיסור אכילה לפני התפילה, וכינה התפילה יתמידי כי תפילות כנגד תמידין תקנום, ומה שאמר יתמידי הנקדמי, כלומר שקרבן התמיד הוא הקרבן הקודם כל יום לכל הקרבנות. עכ"יד. גם בפירוש נר מצוה (פיזאנטי, על אזהרות הנ"יל) פירש בפשיטות דכוונתו על איסור אכילה לפני התפילה, שהיא כנגד תמיד של שחר, שהוא יעקדמי מכל הקרבנות. וכ"יכ בפירוש פתיל תכלת (לרבי יעקב חאגיז, על אזהרות הנ"יל) ובסכר נתיב מצוותיך (לרבי שאול הכהן, קנא ע"יא). הרי שהחחשיב איסור האכילה לפני התפילה לדאורייתא. אמנם יש פירושים אחרים לכוונת ר"יש בן גבירול הנ"יל, עי' להלן (סוף פרק ד), וא"יכ לא מוכח מר"יש עצמו דהוי מדאורייתא, אלא רק לפי פירוש הרשב"יץ. ודו"ייק. ועוד משמע בנתיב מצוותיך (שם) דיתכן דר"יש בן גבירול מונה גם איסורים מדרבנן, כדמצינו לפעמים במנין הבה"יג.

ואנכי הרואה בספר דעת נוטה (ח"א הל' תפילה תשובה יז עמ' רמה) שנשאל הגר"ח
קניבסקי זצ"ל, שאם נאמר שאיסור האכילה לפני התפילה הוא משום
דחיוב תפילה הוא מן התורה, א"כ הרי חיוב תפילה מן התורה הוא רק
בתפילה אחת ביום, וא"כ שיהיה האיסור לפני תפילת ערבית, שהיא
התפילה הראשונה ביום, או עכ"פ אם כבר התפלל ערבית לא יהיה איסור
אכילה לפני תפילת שחרית[34]. וענה: היום מתחיל מהבוקר לענין זה. עכ"ל.
ובהערות המו"ל שם (הערה 17) כתב דשמע מפיו בע"פ שביאר יותר, דאיסור
"לא תאכלו על הדם" שייך רק בבוקר שהוא זמן אכילה אחרי שלא אכל כל
הלילה. [ועי' להלן דברי רבינו יונה בספר היראה לגבי אכילה לפני תפילת ערבית]. עוד
הפנה המו"ל שם לספר אשר לשלמה (כרמן, מועד סי' ב אות ב) שג"כ הוכיח מחמת
קושיא זו דהמצות עשה להתפלל כל יום מַתחילה מהבוקר. וכן דייק
הגרש"מ דיסקין זצ"ל בקובץ צוהר (אהל ברוך עמ' קנה) מלשון הקרית ספר (הל'
תפילה פ"א ה"א) מדכתב דתפילת מנחה מדאורייתא אם לא התפלל שחרית, ולא
כתב דגם ערבית לא התפלל. אך מדברי הפמ"ג (בפתיחה להל' תפילה, נדפס בשו"ע מכון
י-ם רס"י פט) לא משמע כן[35], וכן מדברי האדר"ת בספר הר המוריה (בקונטרס הלכות
גדולות שבסוף הספר עמ' רג [ועי' להמהדיר שם הערה 43]). עכ"ד המו"ל.

ועי' בשו"ת שואל ומשיב (תליתאה ח"ב ריש סי' ג) דכתב דבימות החול לענין
תפילה דאורייתא הלילה הולך אחר היום כבקרבנות, וא"כ התפילה
דאורייתא היא שחרית. אך בשבת ויו"ט מגו דהיום הולך אחר הלילה לענין
איסור מלאכה, גם לענין תפילה דאורייתא הוא כך, והתפילה דאורייתא
היא ערבית[36]. והג"ר אליהו ראם (ראב"ד ירושלים, נפ' תשי"ט) כתב בפשיטות (במאמר
שנדפס במוריה שנה ז חי"א-יב עמ' כו אות ב, וכ"ה בספר הזכרון אדרת אליהו סי' א)
דלעניין חיוב
תפילה מדאורייתא הלילה הולך אחר היום כבקרבנות, ודמות ראיה לזה
מלשון החינוך (מצוה תלג) דביטול מצות עשה דתפילה היא מי ש'עמד יום
ולילה בלא תפילה כלל', לשון 'יום ולילה' משמע קצת דהלילה הולך אחר

---

[34] ובאמת ראיתי בשו"ת עמודי אש (אייזנשטיין, סי' ב מעון הברכות אות לב) דכתב בפשיטות: וגם לרמב"ם
דס"ל דתפילה דאורייתא, מ"מ סגי בחד זימנא ביום, וא"כ התפילה שיתפלל בבוקר הוא מדרבנן
שכבר התפלל בלילה ערבית, וגם האיסור ד"לא תאכלו על הדם" הוא רק אסמכתא בעלמא וכו'.
עכ"ל. וכ"כ בטהרת המים (שיורי טהרה מע' ב אות מ) ורב היחי"ס נרי"ו בכרם יעקב (סי' ד עמ' לט) [וכ"ה בלשון
רוב המשיגים על משכ בספר ברכת ח', עיין בהערה להלן].

[35] עי"ש דמשמע דנוקט דהחיוב תפילה דאורייתא מתחיל מהלילה. ועי' היטב בפמ"ג (סי' ד משי"ז ס"ק א
באמצע הדיבור) דמשמעותו דבזמן חז"ל כשהיתה תפילת ערבית רשות, אז באמת היתה תפילת שחרית
מדאורייתא, וגם אחרי שקבלו על עצמם תפילת ערבית כחובה, נשארה תפילת שחרית כדאורייתא.
ועוד עי"ש (ס"ק טז באמצע הדיבור) דכתב בסתם: ובזה יי"ל מנחה דרבנן ושחרית דין תורה וערבית
רשות, ומש"ה בשחרית החמיר יותר. עכ"ל. ודו"ק.

[36] ועי' להחיד"א במחב"ר (סי' רסח ס"ק ח) דכך הוא לפי סודן של דברים, דתפילת ערבית בליל שבת
היא חובה אף למ"ד תפילת ערבית רשות. והובא בשערי תשובה (שם ס"ק יג). ודו"ק.

היום. וכ״מ בלחם משנה (על הרמב״ם שם) שהביא מהמבי״ט (קרית ספר שם) דלומדים חיוב תפילה מהפסוק "ועבדתם את ה׳ אלהיכם וברך את לחמך", כיון שאוכלים בכל יום צריכים להתפלל בכל יום, והרי הפסוק הנ״ל נדרש בגמרא (ב״ק צב ע״ב, ב״מ קז ע״ב) על פת שחרית, משמע החיוב מתחיל בשחרית, ועי׳ פר״ח (סי׳ פט ס״ק א). עכ״ד.[37]

- ד -

טעם האיסור

ביאר הרשב״א (חידושי אגדות ברכות שם) את טעם האיסור, כי האדם נברא לעבוד בוראו ולהודות לפניו שהוא בראו. ואילו לא התפלל והודה לפניו בכל יום, נמצא חוטא על דמו, שגורם מיתתו. והאכילה והשתיה הן סיבות להטריד המחשבות ולבטלן מחיובן, מחמת שכרות, גסות וגאות האכילה. לכן צריך להקדים התפילה שלא ייטרד בהן. ומה שאמרו ׳אל תקרי׳, אינו כפשוטו, שהם לא החליפו מלת ׳גוף׳ במלת ׳גאך׳, אלא פירשו שהאכילה גורמת להשליך התפילה אחרי הגוף[38], כלומר שלא יתפלל, ואם יתפלל תהיה התפילה מתוך גאות הטבע בלא כוונה[39]. ולכן גם ציותה התורה שביום הכיפורים נמנע עצמנו מאכילה ושתיה לגמרי[40]. עכת״ד, עי״ש. וע״ע בעיון יעקב (על עין יעקב שם) ובנפש החיים (שער ב פרקים ח-ט).[41]

---

[37] ובקובץ ויברך יהודה (ח״ב עמי כה) כתב רבי יעקב עדס [אחרי שהביא את דברי הג״ר אליהו ראם הנ״ל] דכן מתבאר בביאור הלכה (סי׳ ת סעי׳ א ד״ה ישכים) דחיוב התפילה דאורייתא להרמב״ם רובץ על האדם בבוקר כשקם לתפילת שחרית, עיי״ש. וע״ע בקובץ אור ישראל (מאנסי, חל״א שנה ח חוברת ג עמי צח-קא) [ואחת הוכחותיו מלשון הגאון ממונקאטש בדברי תורה (ח״א סי׳ טז) ׳לענין ברכות השחר וברכת התורה **והתפילות** חשבינן תחילת היום בשחרית, והלילה נחשב לאחריו עד קומו יום מחר בבקר׳. ודו״יק].

[38] מעין זה כתב המהרש״א (ברכות שם): ׳גוף׳ נמי נדרש הכי, אחרי שאכלת ושתית בעסק גופף וגוך השלכתני, ולאו דוקא קאמר ׳אל תקרי׳, אלא משום גאוה נגעו בה, כדכתיב (דברים ח יב-יד) ׳פן תאכל ושבעת וגו׳ ורם לבבך ושכחת וגו׳ ׳׳. עכ״ל. והריי״ד במברגר בספרו קורא באמת (ברכות שם) ביאר עי״פ הדקדוק, דתיבת ׳גוי׳ פירשוה הרד״יק (ספר השרשים שורש גו) והמכלל יופי (נחמיה ט כה) מלשון ׳גוף׳, וכשכתוב ׳גֵּוֵךְ׳ פירושו ׳גופך׳ ונבלעה הפי׳ הנחח בדגש שבאות ו׳. אמנם יש מפרשים ׳גוי מלשון ׳גב׳, וכן פירשו חז״ל כאן ד׳גבי׳ פירושו גם עליונו וגובהו של הדבר, [כמו ׳גב המזבח׳ (יחזקאל מג יג) ׳גב הידי׳ (ברכות ח ע״ב) ׳גב הנהר׳ (שם כב ע״א) ׳גב האצטבא׳ (פסחים יא ע״ב) ועוד] א״כ הוא מורה גם על גבהות הרוח שהיא הגאוה. עכ״ד, ועעי״ש ביאור בסוגי הגאוה, מה נקרא ׳גאה׳ ומה נקרא ׳גוה׳.

[39] ובשו״ת בית נפתלי (שווארץ סי׳ ט, וכ״ה בספרו שער נפתלי על האבודרהם עמי סד אות ח) כתב דיתכן דלכן השמיט הטור טעמא ד׳לא תאכלו על הדם׳, וכתב רק הא ד׳יאותי השלכת אחרי גוך׳, כי סייל כנ״ל דכל הטעם של ׳לא תאכלו על הדם׳ הוא משום גאוה. אך שוב כתב דיתכן טעם אחר, דהטור סייל ד׳לא תאכלו על הדם׳ אוסר רק אכילה ממש, והוא רצה לאסור גם טעימה, לכן הביא את הפסוק ׳יאותי השלכת אחרי גוך׳ שזה אוסר גם טעימה, עי׳ להלן שכן כתבו כמה אחרונים.

[40] כסיום דבריו אלו לגבי יום הכיפורים, כתב ג״כ רבינו בחיי (ויקרא שם), יובא להלן (פרק ב) לגבי אכילת הדיינים לפני שדנים.

[41] בשו״ת כנף רננה (סי׳ א) כתב דאפשר לרמוז האיסור בפסוקים (תהלים נא טז-יז) ״הצילני מדמים [שלא אעבור על ״לא תאכלו על הדם״] אלהים אלהי תשועתי, תרנן לשוני צדקתך [ואתפלל כראוי], אדני שפתי תפתח

כא

- ה -
שיעור האכילה

כתב הנמוק״י (ברכות שם) : ונראה דאכילת כזית אסור[42]. עכ״ל. משמע פחות
מכזית שרי בכל גוונא. וכ״כ המקור חיים (לבעל החות יאיר, סי׳ פט סעי׳ ג) : לרפואה,
ונראה לי דה״ה פחות מכזית, דאין זה משום גאוה ולא משום "לא תאכלו
על הדם", דקיי״ל דאין אכילה פחות מכזית, ואף דחצי שיעור אסור מן
התורה, מ״מ כאן הוי רק אסמכתא[43]. עכ״ל. וכ״כ במנחת יהודה (אפשטיין,
ברכות שם) דטעימה מותרת. וכ״מ בשו״ת קרן לדוד (גרינוולד, סי׳ כא אות ב).

אך הריעב״ץ במור וקציעה (סי׳ פט [פ ע״ב / עמ׳ קכד]) כתב דזה הוסיף האיסור
"ואותי השלכת" טפי מ"לא תאכלו על הדם", דאף טעימה אסורה[44].
[ולכאורה סותר ד״ע שכתב בשאילת יעב״ץ (ח״א סי׳ מ) דטעימה לפני התפילה שרי[45].

[ ] ופי יגיד תהלתך [כמ״ל], כי לא תחפץ זבח ואתנה עולה לא תרצה [אם אוכל לפני התפילה לא תתקבל התפילה],
זבחי אלהים רוח נשברה לב נשבר ונדכה אלהים לא תבזה [כי מי שלא אוכל לפני התפילה יש בו רוח נשברה לב
נשבר ונדכה, משא״כ האוכל הוא דרך גאוה)".

[42] והמשך לשונו : אבל אכילה ושתיה הוא גבהות. עכ״ל. וצריך ביאור מה כוונתו. וראיתי בספר
מאיר עוז (ח״ד סי׳ פט סעי׳ ג סי״ק ב עמי יט) שביאר דהנמוק״י בא לומר דאע״פ שכתב דאכילה היא בכזית,
אך אכילה עם שתיה ביחד אסור אפי׳ בפחות מכזית. אי״נ בא לומר דעיקר האיסור הוא בכזית, אך
מצד מידות מגונות וגבהות לפני המקום יש לאסור אף בפחות מכזית. עכ״יד. ובשו״ית אלישיב הכהן
(ח״א סי׳ א אות כו עמי כא) דפירש דכוונת הנמוק״י לתלות בטעמי הגמרא, דלטעם הדורש מהפסוק "לא
תאכלו על הדם" הוא רק בכזית, דאכילה בכזית, ולטעם הדורש מהפסוק "ואותי השלכת אחרי
גוך" הוא גם בפחות מכזית, דהוי גבהות וגאוה. עכ״יד. ולענ״ד כל הביאורים הנ״ל דחוקים, ורק בא
לבאר טעם האיסור כמו שביארוהו הראשונים דהוי דרך גאוה [ועי׳ בגמרא (ברכות י ע״ב) דהמאמר הסמוך
קצת לפני איסור אכילה קודם התפילה הוא שיש להתפלל במקום נמוך לפי שאין 'גבהות' לפני המקום], אמנם
תיבת 'אבלי צ״ב קצת.

[43] משמע דבאיסור דרבנן לא שייך לומר דחצי שיעור אסור. והאחרונים האריכו בזה הרבה, עכ״פ
איהו לשיטתיה בשו״ית חות יאיר (סי׳ טו בסניף הרביעי), עיי״ש דבאיסור שאין עיקרו מן התורה לא שייך
לאסור חצי שיעור. כ״כ בדעתו בשו״ית יביע אומר (ח״יג סי׳ ו אות ה). ועי״ע במנחת חינוך (מצוה רמח סי״ק ג).

[44] ועי׳ תורת חיים (סופר, סי״ק י) שפקפק בדבריו. ובברכת אהרן (לוין, ברכות שם אות עד) כתב להיפך, ד"לא
תאכלו על הדם" משמע כל אכילה, אפילו טעימה בעלמא, אך "אחרי גוך" משמע דוקא אכילה
שהיא דרך גאוה, עיי״ש.

[45] אמנם מסיים שם : ואינו אלא ממדת חסידות ליזהר בה, ודבר ראוי להגון הוא לאדם הבריא.
עכ״ל. ודו״יק. ועי׳ בספר משנה שלמה (גראס, סי׳ כט אות ח) דעל זה סמכו בחסידות בעלזא לצוות על
הבחורים החלושים לטעום משהו לפני התפילה, ולאו קולא היא, אלא חומרא שיוכלו להתפלל
כראוי. ואין ללמוד מזה אלא לחלושים, עיי״ש. [אמנם ידוע שאצל הרבה מקהילות החסידים התירו כה״ג,
ואלו דברים המסורים ללב האם נקרא חלוש שלא יכול להתפלל וכוי, ועי׳ להלן לשון המעשה רוקח (על הרמב״ם פ״ה
חיב) : ופשוט דזה חוי דבר המסור ללב שנאמר בו "יראת מאלהיך", והכל לפי מה שהוא אדם. עכ״ל. וכ״כ במנחת
שמואל (מדולהינוב, ברכות שם). והאדמו״יר ממונקאטש בספרו בספרו דברי תורה (ח״א סי׳ יח) כותב דברים קשים כגידין
וכדרבנות נגד האוכלים ושותים לפני התפילה, עיי״ש. ומעין זה בספר תורת נתן (קעניג, ברכות שם אות קסא), עיי״ש.
אמנם ראיתי פתגם חסידי (יגדיל תורה שניאורסון סי׳ יט) 'מוטב לאכול כדי להתפלל, מאשר להתפלל כדי לאכול'
[ובקונטרס צדיק אוכל לשובע נפשו (עמי 29-42) מאריך 'לבאר' לפתגם זה]. עוד פתגם חסידי (הדרת קודש עמי מט/56, חובא במנהג
ישראל תורה סי׳ פט סעי׳ ג עמי קפא) אומר : קאווע [=קפה] עם חלב לפני התפילה הוא במקום מקוה, ד'חלב' גימטריא
מ', ועם אותיות 'קוה' הרי 'מקוה', ולכן גם יניח בכוס בסדר חזה, קודם חלב ואח״כ קפה. עכ״ד, ומעמיס כן

וצ"ע]. וכ"כ בפירושים סביב ליראיו ותועפות ראם (על היראים מצוה עז/קמה אר' ג/ב. וע"ע בפירוש שם חדש) ובפני חיים (לוריא, ברכות שם). וכ"כ בשו"ת השיב משה (טייטלבוים, סי' ה) דמסתבר שאסור אפילו כל שהוא[46], כלשון הרמב"ם (הל' תפילה פ"ו ה"ד, ומעין זה בספר המצוות שרש תשיעי [עמ' קסו]) 'ואסור לו לאדם שיטעום כלום' [וכן לשון הזוהר (ח"ג רמא ע"ב), האשכול (אלבק עמ' 91, אויערבך עמ' 59[47]), החינוך (מצוה רמח)[48] וזוהר הרקיע להרשב"ץ (על אזהרות לר"ש אבן גבירול, אות מח עמ' 165). ולשון הבה"ג (סי' א פ"ה עמ' נה), סדר רב עמרם גאון (סי' מח), סידור רש"י (סי' מד, ובסדרים סי' ל) ומחזור ויטרי (סי' לג) 'אסור למיטעם מידי'[49]. ובסידור רב סעדיה גאון (עמ' ל) כתוב 'אינו רשאי לאכול דבר'. ודו"ק[50], ומבאר הסברא דגם בכלשהו יש גאוה, וגם הוא נותן כח לחילא דדמא [עי' להלן][51].

בדברי הגמרא (ברכות טו ע"א) 'כל הנפנה... ומתפלל... כאילו טבל', דפירושו ששתה קפה כדי שיצטרך להיפנות והוי כאילו טבל, עיי"ש. ואע"פ שכתב שהוא דרך הלצה, נלע"ד שהוא אפילו לא הלצה, ודו"ל. והמקור שציין לספר זכות ישראל (עשר אורות, מע' ג אות לב) עיי"ש דלא כתב ח"יו שהוא במקום מקוה, רק כתב להניח בכוס בסדר הנ"ל משום הכוונה הנ"ל. ודו"ק. ואכמ"ל. ונדבר בזה עוד קצת להלן בדין 'הצמא והרעב'].

[46] וכתב שם דכל מקום שכתוב 'לא יאכל' אפשר לומר דטעימה שריא, אך כשכתוב 'לא יאכל ולא ישתה' גם טעימה אסורה. [וכאן כתוב (ברכות שם) 'כל האוכל ושותה ואח"כ מתפלל]. ובשו"ת בית נפתלי (סי' ח, וכ"ה בספרו שער נפתלי על האבודרהם עמי נח אות א) ושו"ת כנף רננה (סי' א) הקשו דהא לשון 'כל האוכל ושותה' אפשר לפרש דאוכל וגם שותה, ואינו דומה ללשון 'לא יאכל ולא ישתה'. ומהדיר שו"ת השיב משה (שם אות יט) תירץ דכוונתו לדייק מלשון השו"ע 'ולא לאכול ולא לשתות', ובפרט שכתב 'אבל מים מותר לשתות', משמע דמידי אחרינא אסור. וכ"כ בפני חיים (לוריא, ברכות שם) דכאן 'האוכל ושותה' פירושו האוכל **או** שותה, דשתיה אסורה כל מה שלא מים, וגם טעימה אסורה.

[47] ועי' נחל אשכול (שם אות ד) דביאר דהרמב"ים למד כן מהגמרא (ברכות כח ע"ב) 'אסור לו לאדם שיטעום כלום קודם שיתפלל תפלת המוספין', ואף דלא קיי"ל הכי, מ"מ בשחרית דסמכוהו אלאו מדאורייתא ד'לא תאכלו על הדם', טעימה בכלל. ועי' בהערה להלן.

[48] והעיר המנחת חינוך (שם אות ה [ח]) דבגמרא הלשון אסור 'לאכול' ולא בלשון 'טעימה', אמנם החינוך לקח לשון זו מהרמב"ים וכנ"ל, וצ"ע קצת. עכ"ד. ובקומץ המנחה (שם) כתב כמה מקורות לענין טעימה בענינים אחרים, וסיים: ושם הבאתי מחלוקת אם טעימה אסור קודם התפילה או לא, אך אם נאמר שהוא דאורייתא ממילא כל טעימה אסורה מטעם חצי שיעור. עכ"ל. [וכ"כ מהר"ים שיק (על תרי"ג מצוות, מצוה רמט אות ד), ועיי"ש דתמה על המנחת חינוך, ולא ראה דבריו הנ"ל שבקומץ המנחה]. והובא בשו"ית בית נפתלי (סי' ח, ובספרו שער נפתלי על האבודרהם עמי נט), עיי"ש דפלפל בזה. ועיע בפירוש יראה ואהבה (על ספר היראים מצוה קמה, תוספות אהבה סי"ק ב). גם הברכת אברהם (ארלנגר, ברכות י ע"ב אות ו) כתב דאם נאמר דעיקר האיסור אף מדאורייתא הוא משום גאוה, יתכן דבחצי שיעור ליכא גאוה כלל, ולא שייך כאן חצי שיעור אסור מן התורח, ונשאר בצ"יע.

[49] ובשער נפתלי (על האבודרהס, עמי נח אות א) ועינים למשפט (ברכות שם אות ג) כתבו דיתכן דלכל הראשונים הנ"ל היתה כך הגירסא לפניהם בגמרא [אע"פ שבפנינו אין גירסא כזו בכל מלקטי הגירסאות. וכן משמע לשון הרמב"ים בספר המצוות שם 'ועוד **אמרו** מנין שלא יטעום...'].

[50] וכן משמע בבית אלהים להמבי"ט (שער התפילה פי"ג) דכתב: התפלה בתענית היא מועילה הרבה, גם כי תהיה תפלה קודם אכילה, כי כל תפלת שחרית הוא בתענית, שאסור לו לאדם לאכול קודם שיתפלל וכו'. עכ"ל, עיי"ש. ומדכתב שהיא בתענית משמע דאפי' טעימה אסורה. וכן דייק בשו"ית ויען הכהן (ח"א סי' ט אות יב).

[51] ועוד דאלי"כ מאי שנא לפני שחרית מלפני שאר התפילות דג"יכ נאסרה סעודה, ועל כרחך לפניהם שרי טעימה ולפני שחרית אסורה גם טעימה. וכ"כ בשו"ית קרן לדוד (סי' כא אות ב) והוסיף דלמ"יד דלפני תפילת שחרית אם התחיל פוסק, א"יכ אזלא לה ראיה זו, דיי"ל דזה ההבדל בין לפני שחרית

וכ"כ הבית מאיר (או"ח סי' ע) היפה ללב (סי' פט ס"ק ו) דאסור אפילו טעימה
בעלמא, וכמש"כ הרמב"ם (הנ"ל). וכ"כ המשנ"ב (סוס"ק כא) וכה"ח (ס"ק כט),
ובשער הציון (שם אות כח) ציין: רמב"ם. ונראה דכוונתו ללשון הרמב"ם
הנ"ל.[52]

והגרש"ז אויערבאך (שמירת שבת כהלכתה ח"ב פנ"ב העי' לז,לט) הסתפק באדם שמותר
לו לאכול לפני התפילה מחמת הטעמים המבוארים בפוסקים, האם עדיף
שיאכל פת או מזונות דדי בהם פחות מכזית, ולא פירות שצריך לאכול יותר
מכזית. וכן האם כשאוכל יש לו להדר לאכול לאט לאט פחות משיעור כדי
אכילת פרס. עכ"ד. [ועי' ביאור ספיקו בשיח הלכה (סי' פט אות כג)]. וכ"כ בשו"ת
מהר"ש ענגיל (ח"ה סוס"י לא) דישתדל לאכול פחות מכזית או פחות פחות
מכשיעור. והובא בלקט הקמח החדש (ס"ק נד). אך בספר דעת נוטה (ח"א הל'
תפילה תשובה יט עמ' רמו) כתבו דהגר"ח קנייבסקי זצ"ל ענה על זה דאין צריך.

דפוסק ללפני שאר תפילות דאינו פוסק, ועי"ש שהאריך בזה אם שייך לומר 'אינו פוסק' על טעימה,
דכל כזית וכזית הוי התחלה בפני עצמה, ואכמ"ל.

[52] ובשו"ת בית נפתלי (סי' ח, ובספרו שער נפתלי על האבודרהם עמ' ס) הסתפק מה יהיה הדין בטועם ופולט,
עיי"ש. [וכן הסתפק בספר צבא מרום (קבץ, רסי"י פט)]. ובשו"ת אבני צדק (טייטלבוים, סי' סט) ענה לו דשרי כיון
דאינו דרך גאוה [וכ"כ בספר חלקת מאיר (כהן, על הרמב"ם שם)]. ושוב בבית נפתלי (שם סי' ט) מבאר מדוע
עדיין יש להסתפק בזה, עיי"ש. ועי' ספר חסידים (סי' רנג) דכתב דהחרוצה למנוע צורך לירוק תדיר
בביהכ"נ, ילעס קודם כניסתו שורש מתוק שקורין לאקריץ, והובא במג"א (סי' צ ס"ק כז). וכתב
הפמ"ג (שם אי"א) : ואף בבוקר שרי דלא שייך בזה גאוה, וגם אין מכניס לגופו. עכ"ל. והובא במשנ"ב
(ס"ק מח) ובכה"ח (ס"ק צד). ובשו"ת אבני ישפה (ח"ה סי' יד ענף יא) כתב דלפי"ז מותר ללעוס מסטיק לפני
התפילה, כי רק המתיקות נכנסת לגופו ולא בולע, אמנם בסוכריה יש להסתפק משום דמתמעטת
והולכת, א"כ גוף הדבר נבלע. וצ"ע. עכ"ד. ולענ"ד לעיסת מסטיק אין לך גאוה גדולה מזו כנודע,
ולא דמי ללעיסת שורש מתוק הנ"ל, ובפרט דהתם עושה למעט את רוקו, אך מסטיק מה יתן לו
ומה יוסיף לו לשון רמיה. כנלע"ד. והראי"ח פנחסי בחוברת אור תורה (תלב-תמד סי' יג תשס"ד עמ' פה)
כתב להתיר במסטיק רק כשאין בו סוכר אלא טעם מנטה וכדו' ואדם לועסם כדי שיהיה ריח טוב
נודף מפיו. וכ"כ בחזון אליהו (אביטן, ח"א סי' ט אות ב עמ' נח). ולענ"ד אכתי כיון שבולע ממשות של טעם,
עדיף שישתמש במי-פה, שעושה את אותה הפעולה בפיו אך בלי בליעה.   ובספר ברכת ה' (הלוי,
חי"ב פי"א סעי' כז ובמקור הברכה שם הערה 102) [והחזיק אחריו תלמידו בשו"ת אשבח בתחלתך (סי' יט) כתב שאפילו
אם בירך בטעות על דבר מאכל לפני התפילה, לא יטעם, ושתהיה ברכתו לבטלה [ויאמר בשכמל"ו].
וחלקו עליו בשו"ת יביע אומר (חי"י סי' ו אות ה), הגר"ח קנייבסקי (כפי שהובא בשמו בספר מאיר עוז סי' פט סעי' ג
ס"ק ו עמ' כד), הערות הנאמ"ן (ברכת ח' חי"ח עמ' 64-65), ובאריכות גדולה בילקו"יי (סי' פט סעי' מד) והלכה
ברורה (חי"ח סי' פט סעי' כו ובבירור הלכה שם אות כד), דודאי יש לו לטעום מעט כדי שלא תהיה ברכתו
לבטלה, וכך בודאי גם אינו דרך גאוה להאסר. ועי"ע בשו"ת ויען הכהן (חי"א סי' ח או' ח-ח) ובשו"ת
אלישיב הכהן (סי' א או' כד וחלאת, ובהסכמת הגרש"מ עמאר שם), ובשו"ת שמחת יהודה (אזולאי, חי"ב
סי' ב).   מיהו מה שהתיר בשו"ת ויען הכהן (שם סי' י אות ג) לשתות קפה ותה עם סוכר לפני
התפילה רק לצורך לצאת מספק של ברכה אחרונה [כגון ששתה לפני"כ מים לצמאו, או שאכל ושתה כדרכו
לפני עלות השחר, ומסופק האם בירך בורא נפשות, וכל כיו"ב], והגדיל לעשות להתיר כן למי שתמיד
מחמיר שלא לשתות קפה ותה עם סוכר לפני התפילה. עכ"ד. לענ"ד אינו נראה כלל, דאין לנו
להתיר היתירים נוספים מה שלא נזכר בפוסקים קדומים, ועי' להלן בדין שתיית קפה ותה עם
סוכר שנרחיב בזה בהערה בס"ד.

~ ו ~
הפסקה אם התחיל

עוד כתב רבינו יונה (שם) בשם ר"י הזקן[53], שאם היה אוכל לפני שעלה עמוד השחר, חייב להפסיק מיד כשיעלה עמוד השחר[54], דהא איכא לאו[55]. ומה שאמרו[56] (שבת ט ע"ב) שאינו חייב להפסיק, זהו רק באכילה לפני תפילת מנחה[57]. עכ"ד. והובא ברא"ש (סי' י), וברבינו ירוחם (נ"ג ח"ג כד ע"ג) ובטור (סי'

---

[53] ברבינו יונה שלפנינו כתוב 'ריה"ז', ובשו"ת יביע אומר (ח"ד סי' יא אות א) העתיק 'ריי"ה' וכתב דצ"ל 'רבינו יונה', כלומר דתלמיד רבינו יונה הביא כן בשם רבו רבינו יונה [ועוד ציין לדפוס ורשה דאיתא שם 'ריי"ז' והוא ט"ס]. ורב היחי"ס נר"ו בכרם יעקב (סי' ג סוף אות ב בהערה א עמ' כז) העיר לנכון דפשוט דהוא ר"י הזקן, דמעולם לא הביא תלמיד רבינו יונה שם רבו בחיבורו רק כותב 'ומורי הרב נר"ו', וגם חב"י (שם) הביא את הרא"ש בשם ר"י כנ"ל, והוסיף: וכ"כ ה"ר יונה ז"ל. עכ"ל. ועל כרחך דהר"י שהביא הרא"ש אינו רבינו יונה, דא"כ היא היא, ומה הוסיף הב"י. עכ"ד. וכן העירו על היבי"א בקצרה [בן אחיו] בשו"ת עטרת תפארת (סי' א ענף ו) ובשו"ת אלישיב הכהן (ח"א סי' א אות ו עמי').

[54] ועי' ביאורו בפמ"ג (מש"ז סי"ק ד).

[55] כוונתו מעין לאו, דהא לעיל בסמוך כתב דהוי רק אסמכתא. וכ"כ הרא"ש (שם) להדיא: ומצאתי כתוב בשם ר"י ז"ל וכו' שאני הכא דאסמכוה אקרא, ואיכא לאו דלא תאכלו על הדם. עכ"ל. והובא בשלטי הגבורים (אות א). וביארו במעדני יו"ט (על הרא"ש שם אות מ) ובמקור חיים (לחתות יאיר, סי' פט סעי' ה) כוונתם, כיון דהסמיכו דין זה דוקא על לאו. וכן מתבאר להדיא בלשון הלבוש (סי' פט סעי' ה) דהעתיק קרוב ללשון הרא"ש בתוספת ביאור, וז"ל: דאסמכוה אקרא דאותי השלכת וגו' ועוד יש בו אסמכתא לאיסור לאו דלא תאכלו על הדם. עכ"ל. וכ"מ בלשון שו"ת כנף רננה (סי' א ד"ה אכן), עיי"ש. ועי' בפתיחת הפמ"ג (ח"א או' כ-כא) דאיסור מדרבנן שיש בו אסמכתא מחמירין בספיקו כמו באיסור מדאורייתא. ועיין לעיל (ריש הסימן) דברי הראשונים בזה. ורב היחי"ס נר"ו בכרם יעקב (סי' ג אות ב) כתב בפשיטות דדעת ר"י הזקן הנ"ל דהוי איסור דאורייתא, ולא הזכיר [באות ב שם, רק באות ד בהקשר אחר קצת] את ביאור הרא"ש ומעדני יו"ט הנ"ל דהוי להדיא בדבריו [ולפי"ז גם נדחו כמה מהוכחות חכרם יעקב מלשונות ראשונים 'דהוי לאו', דיש לפרש כמש"כ הרא"ש דהוי אסמכתא, ואין הוכחה אלא כשיכתבו להדיא דהוי 'מדאורייתא', ומעין משכ' הוא נר"ו דאין הוכחה מלשונות ראשונים דכתבו דהוי אסמכתא עד שיכתבו להדיא דהוי 'מדרבנן'. וכל אריכותו שם בכלל 'סתמו כפירושו' וכך הולך ומונה עוד ועוד ראשונים הסוברים דהוי מדאורייתא, לענ"ד הוא קלוש. ועי"ש משכ' ע"ז בשו"ת ויען הכהן (ח"א סי' ח)]. ועיין בקובץ ויברך יהודה (ח"ב עמ' כב ענף ג או' ג-ה) במאמר רבי יעקב עדס, דכתב בפשיטות דעי"פ ביאור הרא"ש מובנים דברי ר"י הזקן דהוי אסמכתא.

[56] הנה לשון רבינו יונה: דהא דאמרינן דדוקא להתחיל אסור אבל אם קודם שהגיע זמן תפלה התחיל לאכול אינו פוסק, היינו במנחה, אבל בשחרית וכו'. עכ"ל. ולשון הרא"ש כשהביאו: אע"ג דאמרינן בתפלת המנחה אם התחילו אין מפסיקין, שאני הכא וכו'. עכ"ל. ומהרי"ץ שפירא במגלה עמוקות (על רבינו יונה שם) תמה על לשון רבינו יונה דלא חידש לנו כלום כשאמר 'דהא דאמרינן דדוקא להתחיל אסור... היינו במנחה', שהרי כך מפורש בגמרא (שבת ט ע"ב) שאסור להתחיל לפני תפילת המנחה. ולכן כתב דנראה להגיה ברבינו יונה 'דמה שאמרו דדוקא להתחיל' כעין לשון הרא"ש, דאז מובן החידוש, דמה שאמרו בגמרא שם דדוקא להתחיל אסור לפני תפילת המנחה, זהו דוקא במנחה, אבל לפני שחרית וכו'. ודו"ק.

[57] ולאפוקי משיטת ר"ש פרחון במחברת הערוך (שורש מנח ושורש ערב) שאסר אפילו לפני תפילת מנחה, עיי"ש. ועי' שו"ת עמודי אש (אייזנשטיין, סי' ג קונטרס בית תפילה אות לג) שהשיג עליו. ובספר הבתים (ח"ג שערי קריא"ש שער ו סעי' ה) אסר לפני קריא"ש של ערבית. ועי"ע מגדים חדשים (ברכות שם סוף עמי' קמא). [ומה שציינו גם לפסקי הרי"ד (ברכות י ע"ב), לענ"ד אינה ראיה, לענ"ד כתב דשם רק כתב שאסור 'לקבוע עצמו במאכל ובמשתה',

פט. **אלא שהטור** (שם) כתב דהרמב"ם כתב שאינו צריך להפסיק. והב"י (שם) תמה על זה דנראה דספר הרמב"ם מוטעה נזדמן להטור, דהרי הרמב"ם (הל' תפילה פ"ד ה"ה) כתב כן רק לגבי תפילת מנחה דא"צ להפסיק, ולא לגבי תפילת שחרית[58]. ואפשר דנתחלף להטור 'רמב"ם' ב'רשב"א', כי הרשב"א מתיר (וכדלהלן). עכ"ד הב"י[59]. [וערוה"ש (שם סעי' כו), ארץ החיים (למחבר סידורו של שבת, ברכות שם) ובני ציון (ליכטמן, שם ס"ק יב) מייישבים מקור הטור מהרמב"ם, עי"ש, אך שאר אחרונים לא ביארו כן. אמנם בשלחן לחם הפנים (שם ס"ק א) העיר דגם האגור (סי' קלד) כתב דהרמב"ם כתב דא"צ להפסיק. ואיך יזדמן גם להאגור אותו ספר המוטעה כהטור. עכ"ד. ואולי י"ל דהאגור העתיק מהטור. ודו"ק].

אך **הרשב"א, הריטב"א והנמוק"י** (ברכות י ע"ב) **והאהל מועד** (ני"א, סח ע"ב)[60], כתבו בשם התוספות[61] שאינו צריך להפסיק. והובאו [הרשב"א בשם התוספות] בב"י[62] (שם). **וכתב המג"א** (ס"ק טו) דגם לשיטתם א"צ להפסיק רק משום

משמע דוקא סעודה וכדו', וזה ודאי מצינו, ואכמ"ל. אמנם עי' מקור חיים (להחוות יאיר, סי' פט סעי' ח) דכתב דלאו דוקא שחרית אלא ח"ח כל התפילות. ועי' מלא הרועים (ברכות שם) ד"ולא תאכלו על הדם" הוא איסור אלפני שחרית, ו"ואותי השלכת אחרי גוך" הוא אלפני תפילת מנחה]. אך עי' בספר היראה לרבינו יונה (אות רפו) שכתב: ואם תוכל, לא תאכל לא בימות החמה ולא בימות הגשמים עד לאחר תפלת הערב, כמו שדרשו חז"ל "ואותי השלכת אחרי גוך" כו'. אך מותר לאכול [ני"ג: ואם לא, תאכל] בעוד היום גדול שיעור שלש פרסאות. עכ"ל. ובביאורים והערות (נאטאן, על ספר היראה שם) תמה מנ"ל לרבינו יונה כן. ובפירוש מקור היראה (על ספר היראה שם, ועי"ש בספרו מקור הלכה שבת י ע"א עמ' ח) כתב דאולי יצא כן לרבינו יונה כי הבין שהאיסור לפני תפילת שחרית הוא משום מצות קריא"ש דאורייתא [עי' לעיל כמה ראשונים דכתבו כן להדיא], א"כ יש לאסור גם לפני ערבית. ועי' בספר בירור הלכה (ח"ד סי' רלה עמי קצג).

[58] ובבאר הגולה (על סתם השו"ע שם דצריך להפסיק) כתב מקורו: רמב"ם לגירסת הב"י. ושם (על היש אומרים דא"צ להפסיק) כתב מקורו: רא"ש בשם רבינו יונה. עכ"ל. וכתב הפמ"ג (א"א ס"ק טו) דצריך להפוך המקורות, דהסוברים דצריך להפסיק הוא רא"ש בשם רבינו יונה, והסוברים דא"צ להפסיק הוא הרשב"א לגירסת הב"י, כלומר דצריך גם למחוק תיבת 'רמב"ם' ולגרוס במקומה 'רשב"א', כמו שכתב הב"י. ובלבושי שרד (ס"ק יג) מתבאר דאפשר גם לגרוס בבאר הגולה (על היש אומרים דא"צ להפסיק) 'רמב"ם לגירסת הטור'. כי כך כתב הטור בשמו, וכדלעיל. ומעין זה העיר המאמ"ר (ס"ק ח) גם על העולת תמיד (ס"ק טו) דמשייך על המצריכים להפסיק שהם הרמב"ם והרא"ש, אינו נכון שהרמב"ם פסק כן, דלפי הטור הרמב"ם פסק להיפך, ולפי הב"י אין ברמב"ם שום משמעות. וכן משייך העולת תמיד (ס"ק טז) דהסוברים דא"צ להפסיק הם התוספות ורבינו יונה, אינו נכון שרבינו יונה פסק כן, דאדרבה רבינו יונה פסק דצריך להפסיק.

[59] ועי' יוקח נא (סוס"ק יא) דתמה והרי לא מצינו שיזכיר הטור את דברי הרשב"א בחידושיו או בתשובותיו, רק ביורה דעה מזכירו רבות מספרו תורת הבית, וכמש"כ החיד"א ביוסף אומץ (סי' פב ס"ק ד). וא"כ איך יתכן לומר כאן דהטור נתכוין לרשב"א.

[60] ומשייך העולת תמיד (ס"ק טז) דכן דעת רבינו יונה, צ"ע דהא רבינו יונה כתב להדיא דצריך להפסיק, וכן הביא הרא"ש בשמו וכדלעיל.

[61] לא מצאנו התוספות. וכ"כ שלחן לחם הפנים (סי' פט ס"ק א) דבתוספות שלפנינו ליתא.

[62] ובשו"ת כנף רננה (סי' א) תלה המחלוקת הזו בטעמי הגמרא, אם מטעם הפסוק "לא תאכלו על הדם", צריך להפסיק, שהרי אוכל עכשו לפני שמתפלל על דמו. אך אם מטעם הפסוק "ואותי השלכת אחרי גוך" ודרשינן 'גאה', יש לומר דדרך גאוה הוי רק כשמתחיל בזמן תפילה, אך אם זה רק המשך מלפני כן אינו דרך גאוה.

תפילה, כי היא מדרבנן, אך לקריאת שמע צריך להפסיק אם התחיל באיסור[63], ויקרא קריא"ש בלא ברכותיה. עוד כתב, דאם עוסק בשתיה לכו"ע צריך להפסיק. והובאו כל דבריו במשנ"ב (ס"ק כט).

ובשו"ע (שם סעי' ה) פסק: אם התחיל לאכול קודם עלות השחר, צריך להפסיק, ויש אומרים שאינו צריך להפסיק. עכ"ל. והמקור חיים (לבעל החות יאיר, שם) פסק כדעה האחרונה, דא"צ להפסיק. וכן נטה ערוה"ש (סעי' כו), ובפרט בסעודת מצוה[64], וכתב דכן המנהג בחתונות בימי הקיץ. אך הפר"ח (שם ס"ק ה) כתב שאע"פ שנראה עיקר לדינא דא"צ להפסיק, ואפילו התחיל באיסור[65], יש להחמיר כסברא ראשונה ולהפסיק. וכ"פ מטה משה (סי' קח), ב"ח (אות ז)[66], ט"ז (סי' תרנב ס"ק ד), ער"ת (ס"ק טז), א"ר (ס"ק יא, ובא"ז ס"ק י) בשם פסקי תוס', בית עובד (פ ע"ב, הל' שמו"ע אות סד), חיי אדם (כלל טז סעי' א) ומשנ"ב (ס"ק כט, ובספרו נדחי ישראל פ"ח סעי' א).

---

[63] עי' בהערה להלן.

[64] וכ"כ בשו"ת התעוררות תשובה (ח"א סי' רסט) דלכן מי שלא הספיק לשתות כוס רביעי בליל הסדר לפני עלות השחר, מותר לשתותו אחרי עלות השחר, ולסמוך על דעה שניה בשו"ע שאין כאן שאי"צ להפסיק, כיון דהוי כוס של מצוה, ולא שייך בזה ששותה כדי להתגאות לפני שקיבל עליו עול מלכות שמים, דאדרבה בשתיית כוס זו לשם מצוה מקבל בזה גופא עול מלכות שמים. עכ"ד. אך חידוש הוא, דהרי בשתיה זו כבר אינו מקיים מצוה, עיי"ש בפרט דהוי יין והוא משקה המשכר דאסור מעיקר הדין, עי' להלן. וצ"ב. [ובפסקי תשובות (סי' פט הערה 211) הביא את טעם ההתעוררות תשובה הנ"ל רק משום דבשתייתו מקבל עול מלכות שמים, והחסיר את העיקר דהטעם משום דסמכינן על דעה בתרא בשו"ע דאינו חייב להפסיק. ודו"ק]. אמנם להתחיל לאכול לפני התפילה אסור אפילו לסעודת חיוב, כ"כ בשו"ת בצל החכמה (ח"ד סי' קסא) ובשו"ת משנה הלכות (ח"ח סי' קצז) ובשו"ת קנין תורה בהלכה (ח"ג סי' קה אות א), כגון בערב פסח שחל בשבת, וקם מאוחר סמוך לסוף זמן אכילת חמץ, דאע"פ שסעודת שבת היא חיוב, אין להתיר לו לאכול לפני תפילה מחמת כן, עיי"ש. ובספר מאיר עוז (סי' פט סעי' ג ס"ק ג ו עמי כד) שכתב ששאל את הגרי"ח קנייבסקי זצ"ל וענה לו שיאכל קצת, ובפרט אם אמר ברכות וכו'.

[65] וכ"כ המג"א (ס"ק טו) לדעה זו, ועי' מחצה"ש, בית מאיר (סי' ע) ותורת חיים (סופר, ס"ק יב) דביארו דעתו. אך בלבוש (שם סעי' ג) מבואר לדעה זו שאי"צ להפסיק רק אם התחיל בהיתר, לפני שהגיע זמן תפילה. וכ"כ הנחלת צבי (עטרת צבי ס"ק יב), הפמ"ג (א"א ס"ק טו) ונהר שלום (וינטורה, ס"ק ג). וביאר הנהר שלום דאע"פ שמצינו איסורים דרבנן דאף אם התחיל באיסור אי"צ להפסיק, שאני הכא דנחשב שהאכילה אסורה מצד עצמו, שהיא דרך גאוה. ועיי"ע לבושי שרד (ס"ק יג) דביאר המחלוקת. והמשנ"ב (ס"ק כט) הביא את דעת המג"א, ובשעה"צ (שם ס"ק לה) הביא את הפמ"ג ונהר שלום החולקים.

[66] אך מה שתמה הב"ח על השו"ע שהביא את שתי הדיעות, כתב המאמ"ר (ס"ק ט) דלא קשיא מידי, דהרי השו"ע הביא סתם וי"א, וקיי"ל דכשכותב כן דעתו לפסוק כהסתם, ואינו מביא את הדעה השניה אלא לחלוק לה כבוד, וכ"כ הב"ח גופיה (בקו"א ביו"ד בפסק הנהגת איסור והיתר). ושמא יי"ל דכוונת הב"ח לפי הסוברים דהשו"ע מביא יש אומרים כדי שיוכלו לסמוך עליו בשעת הדחק, ועל זה משיג הב"ח דכאן אין לסמוך על היש אומרים אפי' בשעת הדחק. אך גם בזה יש לתמוה על הב"ח, כיון שהיש אומרים הם הרשב"א שכתב כן בשם התוספות, וכ"כ הטור בשם הרמב"ם, אי אפשר לתמוה על הבאתם בלשון יש אומרים. עכ"ד. ועי' יוקח נא (ס"ק יא) שהאריך הרבה לחלוק על המאמ"ר בזה, ומסקנתו דבזמן הב"ח עדיין לא נודע הכלל דבשו"ע סתם וי"א הלכה כי"א, לכן תמה מדוע הביא את שתי הדיעות, עיי"ש.

וכתב המג"א (ס"ק יד) דיתכן דגם אסור להתחיל לאכול בלילה סעודה גדולה כשיודע שתמשך הסעודה עד שיעלה עמוד השחר. אך סיים: מיהו אינו מוכרח כל כך. עכ"ל. והבגדי ישע (שם) כתב דאינו עולה על הדעת כלל לאסור להתחיל בהיתר, דדי שיפסיק כשיגיע עלות השחר.

- ז -
לא מעכב התפילה

וכתבו המכתם (ברכות י ע"ב), ארחות חיים (הל' תפילה סעי' יב) והרשב"ץ[67] (בפירושו לברכות שם), דאע"פ שאכל באיסור, חייב להתפלל אח"כ. [ומעין זה כתב המאירי (שם) דאע"פ"כ יצא ידי תפילה]. וביארו, שלא תאמר 'מי שאכל שום וריחו נודף, לא יחזור ויאכל שום אחר ויהיה עוד ריחו נודף' (ברכות נא ע"א). כלומר כיון שאמרה הגמרא דהוי גאוה שאחרי שאכל ושתה מקבל על עצמו עול מלכות שמים, א"כ הו"א דאם כבר אכל באיסור עכ"פ שלא יקבל על עצמו כעת עול מלכות שמים ויוסיף חטא על פשע, קמ"ל דאינו פטור[68].

---

[67] לשון הרשב"ץ: מיהו אע"פ שחטא, חוזר ומתפלל. וכי מי שאכל שום וריחו נודף, יאכל שום אחר כדי שיהא ריחו עוד נודף. עכ"ל. ובברורה כוונתו דאע"פ שאכל, צריך להתפלל, ולא משום האכילה נאסור עליו כעת להתפלל. ולשונו 'חוזר ומתפלל' אין פירושו חוזר פעם שניה, אלא חוזר לחיובו להתפלל. ודלא כמו שראיתי בספר ברכת שמעון (ממן, ברכות י ע"ב) דכתב דשיטת הרשב"ץ דאם אכל ואח"כ התפלל, אין תפילתו תפילה וחייב להתפלל שנית. עכ"ד. דליתא, וכנ"ל.

[68] וכתב מהדיר הארחות חיים (שם אות נב) דלשאר הפוסקים היה פשיטא כל כך, ולא הוצרכו לכותבו. אמנם עי' בעניינים למשפט (ברכות שם) דיתכן דאם יש שהות לסוף זמן התפילה, עדיף שימתין מעט מלהתפלל עד שירעב קצת, שלא יתפלל מתוך הגאוה, עיי"ש ודו"ק. וכן נסתפק בספר ברכת שמעון (ממן, ברכות שם). ובספר בין המשפתים (פיין, ברכות סי' יג) ובשו"ת להורות נתן (נשטטנר, ח"א סי' ח אות ג) כתבו דתליא בטעמי הגמרא, דלטעמא ד"לא תאכלו על הדם" האיסור הוא על האכילה, אך לטעמא ד"ראותי השלכת אחרי גוד" האיסור הוא על התפילה שאחרי אכילה. [והוסיף בלהורות נתן (שם אות ד) דלטעם זה יתכן דלא יצא אם התפלל אחרי האכילה, דהיא מצוה הבאה בעבירה. ושם (אות ה) הביא את דברי המאירי הנ"ל דכתב להדיא דיצא יי"ח, וא"כ צ"ל דלא שייך מצוה הבאה בעבירה כיון שהמצוה לא באה מחמת העבירה. ועוד שם (אות ו-ז) ביאר מדוע לא שייך כאן לפסול את התפילה מטעם "זבח רשעים תועבה".] ועי"ע בספר צבא מרום (קבץ, רסי"י פט אות ח) דנסתפק באדם שהיה טרוד בטירדא דמצוה בתחילת זמן תפילת שחרית, דפטור מלהתפלל, האם מותר לו לאכול ולשתות כאילו עדיין לא הגיע זמן תפילה. עכ"ד. ולכאורה אין כאן מקום להסתפק כלל, דכיון שפטור מן התפילה מדוע שייאסר עליו לאכול. וכ"כ בספר מעשה כהן (ברכות שם) בשם הגרי"ח קנייבסקי זצ"ל דמי שיודע שיהיה אנוס מלהתפלל עד חצות, מותר לו מיד בבוקר לאכול, כיון שפטור מתפילה. אמנם בספר ברכת שי (ברמן, ברכות י ע"ב עמ' לג) הסתפק כנ"ל כשעבר זמן תפילת שחרית **ועברה הטירדא** והגיע זמן תפילת מנחה ונתחייב בה, ותולה זאת בטעמים, דאי משום "לא תאכלו על הדם" אסור כי עדיין לא התפלל על דמו, אך אי משום גאוה שלא יתכן דלא תקנו אלא לפני שחרית, עיי"ש. ולכאורה אישתמיטתיה דברי המשנ"ב (סי' ע ס"ק כ) דכתב להדיא דאסור לו לאכול, עיי"ש. ועוד נלע"ד דלפי הזוהר דלהלן דאסור לאכול אפילו לפני עלות השחר, ה"ה כאן יש לאסור. ואפילו לפי הפשט דלפני עלות השחר מותר, י"ל דהתם לאו זמן תפילה הוא כלל, משא"כ כאן לעלמא הוא זמן תפילה, רק הוא עצמו פטור כרגע, וברגע שיתפנה מטירדת המצוה יתחייב, א"כ איך יאכל כעת. ואולי יש לתלות זו גם בחקירה דלעיל דלעיל האם האיסור על האכילה לפני התפילה, או על התפילה שאחרי האכילה, ודו"ק. ועוד יתכן לתלות זאת האם בטוח שטירדת המצוה תתפסנו עד סיום זמן תפילה לגמרי, לבין כשיתכן שיסיימנה לפני סיום זמן תפילה ויתחייב להתפלל. ודו"ק.

כח

- ח -
שתיית מים וכדומה

וכתב הראבי״ה (ברכות סי׳ ל) שמלימוד הגמרא מהפסוק ״ואותי השלכת אחרי גויך״ משמע דוקא אם שותה דברים המשכרים, דשייך בהם גיאות, אך מותר לשתות מים[69] בבוקר לפני התפילה[70], דלא שייך במים[71] גאוה[72]. עכ״ד[73]. והביאוהו האור זרוע (ח״א סי׳ קח)[74], הרא״ש (שם סי׳ י), רבינו ירוחם (נ״ג

---

[69] עי׳ לקט הקמח החדש (סי׳ פט סי״ק מח*) דאף מותר לשתות מים ממעייני הרפואה, כי עכ״פ מים המה, וכן ראינו מצדיקים וגדולי תורה, ודלא כמש״כ בספר שלחן אש [לי״מ] דאסור משום דהוי עונג ורק מים פשוטים התירו. דהפריז על המדה בזה. עכ״ד.

[70] ובשו״ת הרמ״ז (סי׳ א/נט, ובאגרותיו סי׳ ג) כתב להוכיח דמים שרי, דהא הגמרא למדה האיסור מ״לא תאכלו על הדם״, ומשם גם למדו איסור לדיינים לאכול ביום שפוסקים בו דיני נפשות, ולא מסתבר שייאסרו הדיינים אפילו בשתיית מים, עיי״ש. והובא בשלמי צבור (כא עי״ד ובדפו״ח עמי׳ נד).

[71] וביאר הלבוש (שם סעי׳ ג) : שאין אדם מתגאה מפני שתייתן.

[72] הראביי״ה סיים : וכן משמע בפרק הדר. עכ״ל [וסיום דבריו אלו לא הובאו בכל הראשונים דלהלן שהביאוהו, חוץ מההגהמ״יי]. וביאור כוונתו (כ״כ המחדיר שם אות כב, ובשו״ת יביע אומר דלהלן) דבגמרא בעירובין (סח ע״א) איתא : כל המפיק מגן בשעת גאוה. ופרש״יי, בשעת שכרות אינו מתפלל. אלמא דגאוה שייכא במידי דמשכר. ובשו״ת יביע אומר (ח״ד סי׳ יא אות ח) העיר דהתם איירי דוקא בשכרות מיין, והכא נאסרה אף אכילה, משמע דגדרי הגאוה שונים. וסיים : וייל. ודויק. וכן העיר בשו״ת ישיב יצחק (ח״ז סי׳ ח עמי׳ לה). אמנם עי׳ מהרש״א (עירובין שם) דהשווה הסוגיא דהתם לסוגיא דהכא.

[73] וביאר מהרי״י אבוהב (על הטור שם) דאם היינו לומדים ממשמעות הפסוק ״ואותי השלכת אחרי גויך״, היה אסור אף לשתות מים, דהוי התעסקות בצרכי הגוף לפני צרכי הנפש, אך כיון שהגמרא דרשה ׳אל תקרי גויך אלא גאיך׳, כלומר דרך גאוה אסור, למדתנו שמותר מים דלא שייך בהו גאוה. עכ״ד. והבי״י (שם) הוסיף ביאור שהטעם שהיה כח ביד חכמים לשנות הפסוק ממשמעותו, זה מפני שהאיסור לאכול לפני התפילה הוא מדרבנן [עי׳ לעיל], ולא היה נראה להם לגזור אלא במידי דהוי דרך גאוה דוקא, לכן כשבאו להסמיך האיסור מפסוק, ראו שלפי פשטו משמע לאסור אף במים, לכך הוצרכו לומר ׳אל תקרא גויך אלא גאיך׳. עכ״ד. [ומעין זה כתבו הלבוש (שם סעי׳ ג), פירוש הריא״ף (על עין יעקב), קול משה (לרבי כלפון משה הכהן, ברכות שם), ברכת אברהם (הכהן, שם) וכסא רחמים (חורי, שם)]. אך הפרישה (שם סי״ק ה) כתב דאינו מחוור, שהרי הטור אדרבה בא ללמדנו איסור אכילה ושתיה, ולא היתר שתיית מים. לכן נראה דאם לא היו דורשים ׳גוי׳ ׳גאך׳, לא היינו אוסרים כלל אכילה ושתיה, אלא היינו מבארים הפסוק על לשון שפלות בעלמא, כמו ״ואחוריהם אל היכל ה ״ (יחזקאל ח טז) [שעשו מעשה מבוזה ושפל]. אך כעת דלמדנו ללשון גאוה, משמע שפיר דבא הפסוק להשמיענו איסור אכילה ושתיה. והבי״ח (שם אות ח) ביאר דהההכרח שהיה לחכמים לדרוש ׳אל תקרי׳ הוא דאל״כ לכתוב רחמנא ״ואותי השלכת אחריך״, ולשתוק, מאי ״אחרי גוך״, על כרחך למידרש ׳גאך׳. עכ״ד. והובא בעולת תמיד (שם סי״ק יג). ועי׳ מאמ״ר (סי״ק ה) דתמה על תמיהת הפרישה על הבי״י, וכתב דלא קשיא מידי, עיי״ש. וע״ע שער נפתלי (על האבודרהם עמי׳ סה סוף אות י). ועי׳ במלבי״ם (בחידושיו לברכות שם) דביאר דאם נפרש כפשט הפסוק ״אחרי גוך״, מה רע בזה, הרי זה כולל גם את הכנת הגוף לתפילה, וזה טוב, לכן דרשו חז״ל ׳אל תקרי גוך אלא גאך׳, שזהו רק אכילה ושתיה, דזה הוי דרך גאוה ואסור.   עוד ביאר מהרי״י אבוהב (שם) דלדעת רבינו פרץ דאסור אפילו מים [נו״א דאפילו לצורך רפואה, עי׳ לחלן] נצטרך לבאר דמש״כ הגמרא ׳אל תקרי גויך אלא גאיך׳ אינו בא להתיר מים ורפואה שאינם גאוה, אלא בא להתיר מי שהוא אומן שיש לו מקום לעסוק באומנתו או הסוחר בסחורתו [ועושה כן לפני התפילה מחמת ההכרח, שאינו דרך גאוה (כנלע״ד לפרש כוונת מהרי״י אבוהב)], וסיים דשכך כתב הרשב״א, אבל לא נהירא, ואין זו סברת הטור [שכתב להדיא דמים מותר]. עכ״ד.   וחביאור הלכה (שם ד״ה ולא לאכול) כתב דמהפסוק ״לא תאכלו על הדם״ לומדים איסור לאכול לפני התפילה, ומהפסוק ״ואותי השלכת אחרי גוך״ לומדים איסור אכילה לפני קריאת שמע. [ועי׳ לעיל מה שהבאנו

ח"ג כד ע"ג), **המרדכי** (שם רמז כג), **הגהמ"י** (הל' תפילה פ"ו ס"ק ד)[75], **התשב"ץ** (הקטן'
לרבינו שמשון בן צדוק, סי' רג), **פסקי הריקאנטי** (סי' טו)[76], **הארחות חיים** (הל' תפילה סעי'
טו), **הכל בו** (ריש סי' י), **הטור** (סי' פט), **האגור** (סי' קלד), **האבודרהם** (הל' ברכות השחר
פ"ה אות ג) **והאגודה** (ברכות פ"א סי' כב). וכ"כ בפירוש הרשב"ץ (הגדול' לרבינו שמעון בן
צמח דוראן, ברכות שם) **בשם מהר"ם מרוטנבורג**[77]. [וכתב הב"י (סי' פט) דכתב הגהמ"י
(קושטא הל' תפילה פ"ו ה"ד) בשם ספר המצוות [הקטן] (סמ"ק מצורף סי' יב אות קכו)], שאם הוא צמא
הרבה, טוב יותר שישתה מים משיצטער בתפילתו].

אך בהגהות רבינו פרץ (על התשב"ץ שם) כתב: מיהו נראה דאפילו מים אסור,
דכיון דממלא נפשו ממה שצריך, 'אחרי שנתגאה' קרינן ביה. עכ"ל. והובא
[בדעה שניה] **בארחות חיים ובכל בו ובאבודרהם**[78] (שם). ולשון הבה"ג (סי' א
פ"ו עמ' נה), **סדר רב עמרם גאון** (סי' מה), **סידור רש"י** (סי' מד, ובסדדים סי' ל) **ומחזור
ויטרי** (סי' לג) 'אסור למיטעם מידי'. וכן לשון האשכול (אלבק עמ' 91, אויערבך עמ'
59), **הרמב"ם** (הל' תפילה פ"ו ה"ד), **ספר חסידים** (סי' יח)[79] **ואהל מועד** (ני"א סח ע"ב)

לענין קריאת שמע]. וכ"כ במילי דברכות (ברכות שם). וכ"כ בשו"ת קרן לדוד (סי' כא אות א), וביאר דלכן
לשון הגמרא על הפסוק השני 'כל האוכל ושותה', כי מדין קרי"אש אסורה רק אכילה קבע שהיא
עם שתיה שזהו דרך גאוה, ועוד לשון הגמרא שם 'לפני שיתפלל' ולא 'לפני התפילה', כי אינו מדין
התפילה אלא מדין קרי"אש, רק שחייב לסמוך גאולה לתפילה וממילא הוא עד שיתפלל. עוד כתב
בקרן לדוד (שם) דייל דהפסוק 'ואותי השלכת אחרי גוך' בא לאסור גם שתיה ולא רק אכילה [וכ"כ
אורח נאמן (סי"ק יב בהערה ז) והאדרי"ת בעיני בנימין (ברכות שם) וברכת אהרן (לוין, ברכות שם אות עד)]. ומה שהותר
לצמא ורעב (עי' לחלן) אף הלאו ד'לא תאכלו על הדם' הוא משום דאלי"ה לא יוכל להתפלל. ומה
שהותר לשתות מים, משום דהפסוק אומר 'לא תאכלו' דוקא, וכאן לא שייך לומר שתיה בכלל
אכילה, עייי"ש [אמנם עי' לחרמ"ע מפאנו באלפסי זוטא (ברכות שם) דכתב על הפסוק הזה דשתיה בכלל אכילה],
אך מהפסוק 'ואותי השלכת אחרי גוך' נאסרה אף שתיה, כשהיא דרך גאוה. עכ"ד. ומעין זה כתב
מהרי"י רקח בשלחן לחם הפנים (סי"ק א).

[74] האור זרוע לא הביא את הראבי"ה מספרו, אלא כתב: ודוקא יין ודבש ושכר שיש בהם גאות,
אבל מים שאין בהם גאות לית לן בה, וכן ראיתי מורי ראבי"ה ששתה מים בשחר קודם התפילה.
עכ"ל. ומעין זה בפסקי ריקאנטי (סי' טו). ומה שהוסיפו האור זרוע והריקאנטי 'דבש', צ"ל דדבש ג"כ
משכר, וכדאיתא בגמרא (כריתות יג ע"ב). וכ"כ בשו"ית תשורת שי (ח"א סי' שסז).

[75] ומשייך מהדיר ספר הכל בו (שם הערה 7) דההגהמ"י דייק על מי פירות ושאר משקין וכו', עייי"ש,
אינו בהגהמ"יי כלל, וניכר שהמהדיר העתיק כן משו"ית יביע אומר (ח"ד סי' יא אות ה) שכתב משפט זה
אחרי שציטט את ההגהמ"יי, עייי"ש. [וכן בספר שדה צופים (ברכות שם עמ' קב) מעתיק כל הקטע תיבה מתיבה
מיביע אומר בלי להזכירו].

[76] עיי בהערה לעיל על האור זרוע.

[77] המקור הראשון הוא ראבי"ה, וכדלעיל, אמנם משמעות הארחות חיים ותשב"ץ קטן שהביאוהו
בשם מהרי"ם שהוא כתב כן בשם ראבי"ה. ודוייק. והעיר בזה מהדיר פירוש הרשב"ץ (שם הערה 259).

[78] ומשייך שם 'רייא'פי' או 'ריא'פי', הוא ט'יס נפוצה, וצ'ל יר'יפי, כלומר 'רבינו פרץ' (עי' יפה ללב סי"ק ז,
שלחן לחם חפנים סי"ק ב, יוקח נא סוס'סי"ק ו, שער נפתלי על האבודרהם עמ' סח סוס'סי"ק יא, עיניים למשפט ברכות שם. והמחב"ר
ושי"ץ וחסיי'ל דלהלן לא נחתי לזה במחכ"ת).

[79] אמנם כל הסימן שם העתקה מתוך הרמב"ם בהלכות תפילה, עם דילוגים. כ"כ החיד"א בברית
עולם (שם).

'ואסור לו לאדם שיטעום כלום'. וצ"ע אם אפשר לדייק מלשונם דכל טעימה אסורה, כולל מים. [ובסידור רב סעדיה גאון (עמ' ל) כתוב 'אינו רשאי לאכול דבר'].

ובדעת הרמב"ם, כתב מהר"י אבוהב (שם) דמשמעות דבריו דמתיר מים, שהרי כתב (שם ה"ב): הצמֵא והרעֵב, אם יכולין לכוין יקראו ויתפללו, ואם לאו אל יתפללו עד שיאכלו וישתו. עכ"ל. הרי שאם יש לו הכרח לאכול ולשתות שלא מרצונו, אין בכאן גאוה ויכול לעשותו. עכ"ד[80]. וכן נראה דעת הכס"מ (על הרמב"ם שם) שהביא את היתר הראבי"ה, ולא כתב שהרמב"ם חולק. וכן בב"י (סי' פט) הביא בסתם את דעת מהר"י אבוהב הנ"ל. וכ"כ הפמ"ג (שם א"א ס"ק יא) בדעת הרמב"ם. אך המעשה רוקח[81] ובן ידיד (על הרמב"ם שם), פרי חדש (שם ס"ק ג), חסד לאלפים (סעי' ז), תורת חיים (סופר, ס"ק י), מילי דברכות (ברכות שם) וערוה"ש (שם סעי' כג) כתבו שהרמב"ם אוסר, מדכתב בסתם 'אסור לאדם שיטעום כלום'[82], וכן מדכתב היתר 'הצמא' לאדם משמע דאף בשביל מים צריך היתר[83] מיוחד[84]. וביאר בבן ידיד (שם) דסברת הרמב"ם

<hr>

[80] ונראה כוונתו כמש"כ היפה ללב (ס"ק ז) דבדרך כלל אדם שותה מים לצמאו, וזה מה שהתיר הרמב"ם לצמא. ודו"ק.

[81] ובשו"ת השיב משה (סי' ח) ושו"ת בית נפתלי (סי' ט) השיגו על המעשה רוקח, עיי"ש. וע"י מש"כ עליהם בשו"ת כנף רננה (סי' א). ובעינים למשפט (ברכות שם אות ג) רק כתב על המעשה רוקח ואינו ברור.

[82] ובדעת תורה (למהרש"ם, סעי' ג) דוחה ראיה זו ממש"כ הגמרא (פסחים קה ע"א) דאסור לטעום כלום לפני הבדלה, ואעפ"כ מים מותר כדאיתא התם, וכתבו התוספות (שם ד"ה לא קפדי) ד'כל הטועם' לא קאי על מים. והיוקח נא (ס"ק ה) כתב דמים לא נחשב טעימה, ממילא אין הוכחה מלשון הרמב"ם 'אסור לאדם שיטעום', עיי"ש. וכן בשו"ת כנף רננה (סי' א) מציין לכמה מקומות דמוכח בהו דטעימה אסור ושתיית מים מותר, עיי"ש.

[83] ובשו"ת כנף רננה (סי' א) כתב דאיירי שיש רק מים קרים, והמים קרים מזיקים לו, ורוצה לשתות שאר משקין, לכן צריך היתר של 'הצמא' שרק אם לא יכול בלעדי זה מותר לו. ומעין זה כתב בשו"ת שיח כהן (ח"א סי' א). ובאורח נאמן (ס"ק ט) דחה הראיה דאיירי בצמא שלא יוכל לכוין אם ישתה רק מים, וצריך דוקא שאר משקין.

[84] והקשה הפרי"ח (שם ס"ק ג,ד) אי"כ מדוע כתב השו"ע (שם סעי' ד) דין 'הצמא', והרי לעיל (שם סעי' ג) כתב דמים מותר. ותירץ דהשו"ע לשיטניה דהרמב"ם נקיט ואזיל, והעתיק לשונו 'הצמא' אגב 'הרעב'. אי"נ אתא לאשמועינן דאע"פ שאינו רעב, אלא צריך משהו לאכול כדי שלא תהיה השתיה אליבא ריקנייא, מותר לאכול שלא יעשה לו היזק. עכ"ד. והובא תירוצו השני בפמ"ג (א"א אות יא), מטה יהודה (סי' תקפא ס"ק ז), ביאור הלכה (ד"ה הצמא) וכה"ח (ס"ק לח). והחיד"א (מחבר שם ס"ק ג) כתב דלפי"ז נדחית ראית הפרי"ח מהרמב"ם, דהא י"ל דגם הרמב"ם נקט 'הצמא' רק משום הכי. ודו"ק. וכ"כ בשו"ת השיב משה (סי' ח) ושער נפתלי (על האבודרהם עמ' סו אות יא). ובמעיני הישועה (הכהן, סי' פט) וידיו של משה (פריסקו, שם) דחו ראית הפרי"ח מהרמב"ם, כיון שהרמב"ם לא נחית כאן לומר את איסור האכילה, אלא את הכרח הצמא והרעב לאכול ושתות כדי שיכוונו לבם בתפילתם. ובשו"ת שואל ונשאל (ח"ג סי' צז) הוסיף דכן מוכח מדכתב הרמב"ם דין זה בפרק ה, בו איירי בדיני חכוונה בתפילה וכדומה, ולא עם דין איסור אכילה לפני התפילה דכתבה לקמיה בפרק ו. ועיי' להלן בדין 'הצמא והרעב' עוד שני טעמים מדוע כתבו הרמב"ם בפרק ה ולא בפרק ו. ודו"ק. ומש"כ היוקח נא (ס"ק ה) דמשטחיות לשון

דאע"פ שלא שייך במים גאוה, ואין בזה "ואותי השלכת אחרי גוך", אך יש בזה איסור "לא תאכלו על הדם", ולכן הגמרא הביאה שני פסוקים, כי הם שני דינים[85]. וסיים שם דראוי לחוש לדעת הרמב"ם. עכ"ד. וכ"כ החיד"א (ברכ"י שם ס"ק ד) דהמחמיר שלא לשתות אפילו מים תבוא עליו ברכה, דאיכא מאן דאסר, ומה גם שכתב הפר"ח שזו דעת הרמב"ם[86]. עכ"ד[87]. וכ"כ שלמי ציבור (כב ע"א ובדפו"ח עמ' נה), קמח סלת (דיני קימת המיטה סי' מא, ב ע"א ובדפו"ח עמ' ד) וחסד לאלפים (סעי' ז) דראוי להחמיר[88], והביאם כה"ח (ס"ק לד). וכ"כ מגן גבורים (אלף המגן ס"ק יד), משפט כתוב (פינסו, סי' פט)[89] ואפיקי מגינים (ס"ק כג). וכ"פ הבן איש חי (ש"א יתרו סעי' יח) דאפילו במים בלבד יש להחמיר, אם לא משום ישוב הדעת[90].

הארחות חיים שהביא את לשון הרמב"ם מוכח דהבין בדעת הרמב"ם דסובר כרבינו פרץ לאסור מים אפילו בשאר ימים. עכ"ד. לא זכיתי להבין איך ראה כן בלשון הארחות חיים, והי' יאיר עיני).

[85] עיי שו"ת בית יהודה (עייאש, סי' כ) דסבר בתחילה לומר כן לגבי מידי דרפואה, דלפי הטעם ד"לא תאכלו על הדם" ליתסר, אך שוב דחה כיון דאינו אלא אסמכתא יי"ל דהפסוק ד"ואותי השלכת אחרי גוך" בא לפרושי דלא נאסר אלא במידי דגאוה.

[86] אבל במחבי"ר דחה אידיה את ראיית הפר"ח מהרמב"ם, וכדהבאנו בהערה לעיל.

[87] ואומר אני הקטן דהכל ענין הרגל, ורוב האנשים חושבים דהם חייבים לשתות משהו לפני התפילה, ובלי זה לא יוכלו לכוין כראוי, והאמת היא דזה מחמת שהורגלו לזה. ואומר אנכי עד אעבור, דמשום מה הורגלתי מקטנות לא לשתות כלום לפני התפילה, אפילו לא מים, וכבר עשרות שנים אין הדבר מציק לי כלל, כי ההרגל לכל דבר שלטון (שעי"ת לרבינו יונה שער ב אות ל, חיבור התשובה להמאירי משיב נפש מאמר א פ"יג, מחיר יין לרמ"א אסתר ב) וההרגל נעשה טבע (שבילי אמונה נתיב ד, סדר היום על 'בן שלשים לכח', שו"ת הרמ"א סי' צז). ורק בראש השנה וכדו' לפעמים כשיש לי חשש שהתפילה תגמר סמוך לחצות, אני שותה מעט מים אחרי עלות השחר כדי שלא לצום ביו"ט עד חצות, או כשאיני חש בטוב. ועיי' בהערה להלן.

[88] ובאורח נאמן (ס"ק יג) כתב דאם ירא שיימשכו התפילה או הלימוד עד אחרי חצות, לא יחמיר, וישתה מים לפני התפילה, לא מיבעיא בשבת דאסור להתענות עד חצות, אלא אף בחול משום דהוי כזורק אבן לחמת (שבת י ע"א, פסחים יב ע"ב), ואין להחמיר בזה ולא הוי מדת חסידות, אפי' כשנוהג תמיד להחמיר. ואף אוכלים ומשקין שייך להתיר בכהאי גונא, דחשיב רפואה שלא יזרוק אבן לחמת, אך לא נראה לחדש עד כדי כך נגד סתימת הפוסקים. עכ"ד.

[89] ועיי' בספר אור התורה (לגי"ר שלום תאומים [בן אחי הפמ"ג, תלמיד גדולי החסידות רבי ברוך ממזיבוז', המגיד מקוזניץ', החוזה מלובלין והמגיד מזלוטשוב], מנהיג ק"ק קולקוב, יגאלניצא ושטעפנשט, נדמ"ח ירושלים תשנ"ט, עמ' רח] שכתב: התפילה נקראת יום השבת' כי וכו' והנה המתפלל צריך שיהיה לו הבערת אש של מעלה וכו' של קדושה, ולא יתערב בהבערה גופנית כמו חי"ו לאכול קודם התפילה או לשתות, וזמשי"כ "לא תבערו אש בכל מושבותיכם" כלומר לא תבערו אש בכל מושבותיכם שהוא הגוף, שמהבערה זו [דאכילה ושתיה] לא יתלהב אלא הגוף, לא כן הנפש שאין מתלהבת אלא מאש של מעלה וכו', וה' יזכנו לעבוד עבודתו באמת באש של מעלה כדרכנו תמיד לעבוד עבו"ז **אפילו בשתיית תה וקפה אם לא באונס גדול**. עכ"יל.

[90] אמנם בעוד יוסף חי (ס"פ וישלח סעי' ג) כתב : בענין שתיית הקפה קודם עמוד השחר למי שאין דעתו מיושבת בלעדה, והוא חלוש המזג, ובפרט כשהוא יום תענית והוא חלוש ולכן רוצה לשתות אחר שינה כשניעור קודם עלות השחר, נראה דשרי ליה לשתות. ואם הוא מלומד לשתות הקפה בסוכר, וקשה לו בלא סוכר, נראה דיכול לשתות בסוכר, דאין זה דרך גאוה אלא בכלל רפואה שתתיישב דעתו בה, ויתחזק לבו. ואע"פ שהפר"ח והחיד"א לא התירו לשתותה אלא רק בלא סוכר, הנה

אמנם השו"ע (שם סעי' ג) פסק דמותר לשתות מים. וכ"פ רוב כל האחרונים בעקבותיו[91], וגם הממליצים להחמיר כנ"ל מודו דמעיקר הדין שרי. וכ"כ ערוה"ש (שם סעי' כג) דכ"פ רוב רבותינו, וכן המנהג פשוט וכו'. עכ"ד[92].

- ט -

שתיית בירה (=שכר) ויי"ש

הנה פשטות לשון כל הראשונים הנ"ל דכל משקאות המשכרים אסורים, וא"כ יש לאסור גם שֶכָר ויי"ש. וכ"כ להדיא בשו"ת מהרי"ט צהלון החדשות (ח"ב סוס"י קלו) דאסור לשתות 'מים שרופים' לפני התפילה, דשייך בהו גאוה. ע"כ. ובשו"ת חינוך בית יהודה (סי' ב) כתב דאסור לשתות שֶכָר הנקרא ביר'ה לפני התפילה, אפילו פחות מרביעית, כי דינו כיין, ועל יין איתא בגמרא (פסחים קח ע"א) דמיסעד סעיד[93]. אך יי"ש דאינו סועד, מותר לשתות מעט קודם התפילה לצורך קצת, אבל רביעית אסור דמשַכר יותר מיין. עכ"ד. והובא בפסקי תשובה (סי' רסא). ובתורת חיים (סופר, סי' פט ס"ק יא) תמה דאי איירי לרפואה, מותר כל מיני מאכל ומשקה כמש"כ להלן, ואי לא איירי לרפואה, איך התיר יי"ש שהוא משקה המשַכר [וכמפורש בראבי"ה והראשונים דלעיל דכל משקה המשַכר אסור] ובודאי אפילו שותה פורתא יש בו משום גאוה, ומה ענין לכאן דהא דאינו מסעד סעיד. עכ"ד [והובא גם בלקט הקמח החדש (סי' פט ס"ק מא)]. גם הג"ר שריה דבליצקי בשו"ת שמחת כהן (ח"א סי' ב) כתב על דברי החינוך בית יהודה (שהובאו שם לעיל מיניה סי' א) שֶזֶר תמיהה גדולה בעיניו להתיר, ופשיטא דאסור. וכן בשו"ת מעין חיים (זריהן, ח"ד סוס"י ו) פליג על החינוך בית יהודה.

ובשו"ת מנחת דוד (רוזנברג, ח"א סי' סד אות צה) הביא את תמיהת התורת חיים על החינוך בית יהודה, והוסיף : ותמוה על בעל פסקי תשובה שהכניס לספרו היתר לשתות יי"ש קודם התפילה, אשר כל העובר עליו ישתומם. ובתשובה אחת ביארתי כוונת החינוך בית יהודה, ואכמ"ל. עכ"ל. ואכן שם (ח"ב סי' פ אות ד) ביאר דכוונת החינוך בית יהודה למי שהותר לו לשתות לפני התפילה,

---

בזה"ז שהחלישות מצויה וגוברת אצל רוב בני אדם, יש להתיר גם בסוכר, כי מה שמניח בה סוכר הוא דרך רפואה, כי בלא סוכר תעשה יובש באדם מצד טבעה, והמלומד לשתותה בסוכר אינו יכול לשתותה בלא סוכר, ויש לסמוך על המתירים בסוכר וכו'. עכ"ל. ועי' להלן בענין שתיית קפה ותה וכו'.

[91] ואדם שאינו טועם את טעם המאכלים (שיש לו מחלה וכדו'), ראיתי בספר אמרי שפר (צדוק, ברכות שם) שמותר לו לאכול לפני התפילה, דהוו כמו מים. עכ"ד, עיי"ש. ולדידי אינו פשוט כלל, שהרי עכ"פ הם משביעים, והוי גאוה.

[92] ובשו"ת יביע אומר (ח"ד סי' יא אות ה-ז) מאריך בזה, וכותב דהעיקר כהשו"ע ואין מקום להוסיף חומרות בכיו"ב, אך מסיים : ומימ המחמיר על עצמו תע"ב. עכ"ל. ודו"ק. ועי' בהערות לעיל.

[93] עד כאן דברי האב הגר"ר יהודה לייב מפפרשי, ומכאן דברי הבן הגר"ר חנוך העניך.

כגון החולה או הצמא שאינו יכול לכוין וכו' [כמבואר להלן], דמותר לו לשתות יי"ש ולא חיישינן לשכרות לאסור עליו להתפלל אח"כ [כמבואר בשו"ע סי' צט] דסמכינן על הרמ"א [שם סעי' ג] דיינות שלנו אינם חזקים וכו', ובזה איירי החינוך בית יהודה כמוכח מדבריו שם, עי"ש, ולא התיר לבריא שתיית יי"ש כמובן. עכ"ד.

והנה החיד"א (ברכ"י שם ס"ק ג, ובמחב"ר קונ"א ס"ק ד), שלמי ציבור (כב ע"א בדברי המגיה), קמח סלת (דיני קימת המיטה סעי' מא, ב ע"א ובדפו"ח עמ' ד), שערי תשובה (שם ס"ק ג) ובן פורת יוסף (קובץ, חל' תפילה אות עז) ציינו לדברי החינוך בית יהודה הנ"ל רק לגבי איסור שתיית שכר הבירה [והובא בכה"ח (שם ס"ק לג). וכ"ה בלי מקור במשנ"ב (ס"ק כב)], אך לא כתבו כלום על שתיית יי"ש. וא"כ אין ראיה שהסכימו עמו בהיתר זה. ועי' פקודת אלעזר (סי' פט, קב ע"א) דהעיר על הפוסקים דהעתיקו דברי [האב][94] שאסר הבירה, ולא דברי [הבן] שהתיר היי"ש. ולדברינו אתי שפיר, דכמובן לא הסכימו עם היתר היי"ש, לכן השמיטו דבריו בזה. וכ"כ בשו"ת אלישיב הכהן (ח"א סי' א אות כ).

וכן בנוה שלום (שולאל, סי' פט ס"ק ד) הביא דכד הויא טליא שמע מחד צורבא מרבנן שהתיר לשתות מים שרופים שעושים מתאנים קודם תפילה, דאינו מוסיף דם[95], ושונה מבירה דמוסיף דם. וחלק עליו, דכיון שמטרידות המחשבה, אסור. אך אם יש לו קצת חולי ושותה כדי לכוין בתפילה, מותר. ועכ"פ ישתדל לשתותם רק לפני עלות השחר אם יכול. עכ"ד. והובאו כל הנ"ל בשלחן לחם הפנים (סי' פט סוס"ק ו).

אמנם היוקח נא (סי' פט סוס"ק ו) הביא בפשיטות את היתר החינוך בית יהודה לטעום יי"ש בסתמא. וכן בשו"ת אבני ישפה (ח"ה סי' יד ענף ה-ו,ט). וצ"ע.

—————

שאר משקין שאינם משכרים

והנה יש לדון בדעת הראבי"ה ואור זרוע וסיעתם, מה הדין בשאר משקין שאינם משכרים ואינם מים, דמתחילת דבריהם דדוקא משקים המשכרים אסורים, משמע שאר משקין שאינם משכרים כגון מי פירות וכדו' מותרים. אך מסיום דבריהם דמים מותר, משמע דוקא מים, אך שאר משקים

---

94 כמו שכתבנו לעיל דחצי הראשון של התשובה, באיסור הבירה, נכתב ע"י האב הג"ר יהודה לייב, והחצי השני לענין היתר היי"ש, כתב הבן הג"ר חנוך הענינך.

95 על המושג 'מוסיף דם' עיין להלן בענין שתיית קפה, וכתבתי שם דאיני יודע מהו 'מוסיף דם' (ויש קורין לו 'מרבה דם'), ומנין החליטו הפוסקים איזה משקה מרבה דם ואיזה אינו מרבה דם. וחי' יאיר עיני.

אסורים. ונמצאו תרי דיוקי דסתרי אהדדי. וכ״כ מעשה בצלאל (על פסקי ריקאנטי שם). וגם בשו״ת תשורת שי (ח״א סי׳ שסז) העיר שהב״י [ובשו״ע[96]] השמיט תחילת דברי הראבי״ה, עי״ש[97].

והנה הרדב״ז (שו״ת ח״ד סי׳ אלף שט) כתב דאסור לשתות מים עם סוכר, דאין לך גאוה גדולה מזו. והביאוהו כנה״ג (הגהב״י שם), באר היטב (ס״ק יא), מעשה רוקח (על הרמב״ם שם), א״ר (שם ס״ק ט, ובא״ז ס״ק ח) ושכן כתב העולת תמיד (ס״ק יג). וכ״כ הפר״ח (שם ס״ק ג) והוסיף שגם קפה מותר[98] רק בלא סוכר, ובפרט בארץ מצרים שאין הדעת מתיישבת בלא קפה[99]. אך אסור לאכול מעט מיני תרגימא כדי שלא לשתות הקפה אליבא ריקנייא. עכ״ד. וכ״פ לאסור קפה עם סוכר, בשו״ת אדני פז (אלטונא תק״ג, סי׳ לב), אדרת אליהו (ריקי, ברכות שם)[100], אור לו בציון (ברכות י ע״ב)[101], הפמ״ג (א״א אות יא)[102], נוהג כצאן יוסף (דיני הנהגת כל יום סעי׳ יא, עמ׳ יט ובדפו״ח עמ׳ יד)[103], מעשה רוקח ובן ידיד (דלעיל), החיד״א (ברכ״י ס״ק

---

[96] דכתב (שם סעי׳ ג) : ולא לאכול ולא לשתות, אבל מים מותר לשתות קודם תפלה. עכ״ל. הרי דלא העתיק רישא דהראבי״ה דדוקא מידי דמשכֵּר אסור, אלא העתיק רק סיפא דהראבי״ה דמים מותר. וכבר תמיהה רבתי בעיני על הרבה אחרונים דמדייקים בפשיטות מרישא דהראבי״ה דרק מילי דמשכֵּר אסור, וכל השאר מותר, ולא עלה על לבם דילמא דיוקא דסיפא עיקר [ולהלום ראיתי בס״ד בספר מאיר עוז (סי׳ פט סעי׳ ג אות ג עמי׳ כ טור ב) דכתב כוותי]. ועי׳ הערה הבאה. [ועיי׳ שו״ת ויען הכהן (ח״א סי׳ ט אות יא סוף עמי׳ עא) דכתב כל כך בפשיטות : אך מ״מ נראה דנקטינן עיקר כדעת ראבי״ה שמים מותר, ולא אסרינן אלא מידי דמשכר. שהרי הוא מרבותינו הראשונים, וכן דבריו הועתקו ע״י רבים מהראשונים וכנ״ל, וכ״פ מרן בבית יוסף ׳והכי נקטינן׳, וכ״פ בשולחנו הטהור (סעי׳ ג). עכ״ל. וכמו שנתבאר משי״כ דכ״פ מרן בב״י ובשו״ע גם על הא ד׳לא אסרינן אלא מידי דמשכר׳ אינו נכון, אלא רק על הא ׳שמים מותר[.]

[97] אך מאי דפשיטא ליה דעיקר הדיוק מהרישא דדוקא מידי דמשכר אסור, וכ״כ בשו״ת קרן לדוד (סי׳ כא אות ד), לדידי לא פשיטא לי, דאדרבה מדהעתיק השו״ע רק סיפא דהראבי״ה ולא הרישא, משמע דסי״ל דהסיפא היא העיקר. ואפילו את״ל דאינה ראיה, לא יהיה אלא ספק, ועיין משני״כ להלן בהערה על דברי הבירור הלכה לגבי שתיית קפה עם סוכר.

[98] הכותבים לראשונה במפורש היתר שתיית הקפה, הם שו״ית הרמ״ז (סי׳ א/נט, ובאגרותיו סי׳ ג) והחמדת ימים (ימים נוראים פ״ד [קכא]), ולא חילקו בין עם סוכר לבלי. וכתבו שם דאף לדעת הזוהר (דלהלן) דמשמע דאסר כל שהוא, יי״ל דזהו רק מאכל ויין שמרבים דם [וכדמשמע לשון הזוהר (עי׳ להלן) דנותן ׳כח לחילא דדמא׳], ולא מים וכיוו״ב. עכ״ד. [ובחמדת ימים שם סיים ׳וכן נראה פשוט אם יסכימו עמי חביריי]. [ואנכי איש צעיר אינני יודע מה זה ׳מרבים דם׳, ומנא להו דקפה אינו ׳מרבה דם׳. והי יאיר עיני].

[99] וכתב המעשה רוקח (על הרמב״ם שם) : ופשוט דזה הוי דבר המסור ללב שנאמר בו ׳ייראת מאלהיך׳, והכל לפי מה שהוא אדם.

[100] שם אוסר בסתם שתיית קפה לפני התפילה, ולא מחלק בין עם או בלי סוכר.

[101] שם אוסר בסתם שתיית קפה או תה לפני התפילה, ולא מחלק בין עם או בלי סוכר.

[102] עי׳ בפמ״ג שם דכתב דתה עם סוכר אסור, וקפה בלי סוכר מותר. וצ״ע מדוע נקטו כאן תה וכאן קפה.

[103] ובתוספת ׳צאן אובדות׳ שם משמע דקקאו אסור אפילו בלא סוכר, משום שהוא מיסעד סעיד.

א-ב, מורה באצבע סי' ט אות רנח, קשר גודל סי' א אות יא, נצוצי אורות לזוהר ח"ב רטו ע"ב][104, **זכור לאברהם** (אלקלעי, ח"א ערך תפילה, קלא ע"ב [נע"ע בספרו שו"ת חסד לאברהם סי' ו]), **מחצה"ש** (שם אות יא), **בית עובד** (דיני שמו"ע אות סג)[105], **מנחת אהרן** (כלל ו סי' ח)[106], **שמן המאור** (סי' פט סעי' ג)[107], **זכרון משה** (לנכד החיד"א, סי' פט), **דרך החיים** (סי' כו סעי' ו), **ארחות חיים** (לוינגר, תלמיד החת"ס, סי' פט סעי' ג)[108], **כסא אליהו** (ישראל, ס"ק ד, וכ"ה בדרשותיו שני אליהו דרוש יא לשבת הגדול לח ע"ב), **חיי אדם** (כלל טז סעי' א), **קצש"ע** (סי' ח סעי' ב), **מגן גבורים** (אלף המגן ס"ק יד), **מטה אפרים** (סי' תקפא סעי' מו), **שו"ת לב חיים** (פלאג'י, ח"א סי' סט, ובמועד לכל חי סי' יב סעי' ט)[109], **שיח יצחק** (מני, שער האהבה סעי' סב עמ' רסא)[110], **יוקח נא** (סי' פט ס"ק ז)[111], **כה"ח** (ס"ק לא) **ושו"ת אור לציון** (ח"ב פ"ז סי' ז). וכ"פ **המשנ"ב** (ס"ק כב) כהאחרונים הנ"ל[112], וכתב דהעולם נוהגין להקל לשתות עם סוכר. ומבאר דהאוסרים התכוונו רק כשנותן הסוכר בתוך התה או הקפה למתקו, אבל אם לוקח מעט סוכר[113] בפיו[114] בעת השתייה ובלי זה אין יכול לשתות

---

[104] והוסיף: וכל שכן שלא לטעום מידי מפירות או מתיקה כדי שלא לשתות הקפה אליבא ריקנייא.

[105] כותב כך: וכן מותר לשתות קפה בלא סוכר, אבל עם סוכר אסור. ברכ"י. ולמי שאין דעתו מיושבת עליו בתפילתו אם לא ישתה קפה, ואינו יכול לשתות קפה בלי סוכר, מותר. אחרונים ז"ל. עכ"ל. אם כן מתיר רק למי שאין דעתו מיושבת עליו, וא"כ זהו היתר לכו"ע של הצמא והרעב, ולא נחשב שהוא מתיר לשתות קפה עם סוכר. ודלא כהמונים אותו עם המתירים.

[106] אמנם התיר שם לחלוש המזג ואינו יכול לכוין בתפילתו וחייב קפה בשביל לעוררו, ואי אפשר לו לשתותו מחמת מרירותו, ובפרט אם יש לו חולי החזה וכדו'. דחשיב חולה ולצורך רפואה, וכמו שהתירו הפוסקים. [והועתק בפקודת אלעזר (סעי' ג)].

[107] וגם אוסר להוסיף חלב, ושכך שמע מאביו [מחיי"ס מראה יחזקאל עמיי"ס חולין].

[108] וכתב: וכן נוהגים בכל ארץ אשכנז ופיהם, וכן יש לנהוג.

[109] ועיי' להלן דלכאורה סותר ד"ע בכה"ח (סי' יא סעי' ד), ומשני"כ שם.

[110] הוא מעתיק ההלכות מבית עובד, וכן גם כאן [ונחמרתי על זה בשבט מיהודה (ח"א סי' כו עמי רנג)].

[111] עיי"ש דכתב: אלא דמודה אני דאם יבוא אדם ויאמר דאם יאסרו עליו לשתות קפה עם סוכר הוא לא ישתה קפה בלא סוכר דאינו ערב לו, ואם לא ישתה קפה כלל אינו מתיישב דעתו כדי להתפלל ודעתו בל עמו, כגון דא שרי לו לשתות קפה עם סוכר כמש"כ הרמב"ים והשו"ע הצמא והרעב שלא יכול לכוין דעתו וכו'. עכ"ל בקירוב.

[112] לשון המשנ"ב: ותה וקפה מותר לשתותן קודם תפילה, כדי שיוכל לכוין דעתו ולהתפלל, ובפרט בהמקומות שרגילין בהם ואין מתיישב הדעת בלתם. עכ"ל. ותמה הברכת אברהם (ארלנגר, ברכות י ע"ב אות ח) דהמשני"ב חידש בזה את התנאי שההיתר תלוי בצורך לכוונת התפילה, ולא כן נמצא באחרונים שלא התנו שום תנאי, אלא דלא הוי דרך גאוה, עי' דרך החיים, חיי אדם, קצש"ע וערוהי"ש. ומקורו של המשני"ב בלשון הפרי"ח המובא במחצה"ש, וצי"ע. עכ"יד. ולא זכיתי להבין מה התמיהה, הרי מתרץ בעצמו דכ"כ הפרי"ח ומחצה"יש, וכי המה אחרונים שכתב ולא כן נמצא באחרונים!? ולא רק הם המה, גם הפמ"ג וברכ"יי ומגן גבורים [שרגיל המשני"ב להביאם, ועוד אחרונים שאמנם אינו רגיל להביאם] שהזכרנו למעלה, כולם ציינו לדברי הפרי"ח, וא"כ סבירא להו כוותיה דהההיתר כדי שיוכל לכוין דעתו.

[113] ובשו"ת אז נדברו (חי"א סי' מו, חי"ב סי' לד אות ג) כתב דמי שאינו אוכל סוכר מטעמי בריאות וכדו', יכול גם להכניס תמר או צימוק או תאנה וכדו' לפיו כדי למתק התה או הקפה בשתייתו, ויזהר

התה או הקפה, אין זה בכלל גאוה ומותר[113]. אך לולא זה אין שום צד להקל בזה אלא למי שיש לו חולשת הלב והוא צריך זה לרפואה. עכ"ד[113]. וכ"פ באלף המגן (על מטה אפרים סי' תקפא ס"ק צח) ושנה זאת בספרו תוספות חיים (על החיי אדם כלל טז ס"ק ד), ושם העיד דכן נהוג עלמא כהמשנ"ב.

אמנם בעיקרי הד"ט (סי' א סעי' ו) כתב: ומ"מ נלע"ד דיש להבדיל בין מים למים, דקפה אף עם סוכר יש להתיר, דאם לא כן אינו ראוי לשתיה למי שאינו רגיל, וכל שכן שלדעת הרופאים ראוי לשים בו מעט סוכר לתקן מעט מרירות הקפה. עכ"ל. ועוד עי"ש (סי' יז סעי' לא) דהשיב למשיג עליו בזה, ומחזק שוב דעתו, וכותב דגם הפר"ח יודה דבמקום שאין רגילים לשתותו בלא סוכר כלל, יש להתיר עם סוכר כדי להפיג מרירותו, כיון שאינו דבר המשכר ולא מידי דזיין כלל וכלל, רק ליתובי דעתא קא בעינן. אמנם חלב

שלא לאכול רק בצמצום כדי למתק השתיה, ופטור מברכה על הפרי משום דהוא טפל לקפה, ולכן גם לא מיקרי אכילה להאסר לפני התפילה.

[114] יתכן דהיתר זה שייך רק בקובית סוכר, שלפעמים רק עם שתיית המשקה הרי עם הנתינה לפיו ימס מיד בפיו והרי זה כאוכל סוכר בפני עצמו, ובודאי יש בזה גאוה. ושמא גם בגרגירי סוכר ניכרת פעולתו לצורך השתיה שתבוא מיד, ושרי. וצ"ע. [ועי' הערה הבאה].

[115] ואע"פ שלכאורה יש מתיקות יותר בפיו כשנותן הסוכר ישר לפיו, עכ"פ הכא מדין גאוה קאתינן, וכיון שעושה דרך שינוי, לא חשיב גאוה. כן נראה לבאר בס"ד. [ועי' הערה הקודמת. ודלא כנתיבי עם (סי' פט) ושו"ת שיח כהן (ח"א סי' א) דכתבו דדברי המשנ"ב תמוהים וקלושים. דהם לא הבינו סברת המשנ"ב]. וכן נראה שהבין בשו"ת אז נדברו (ח"ו סי' מג אות ב), וכתב לפי"ז דיתכן דסגי אם ישים בכוס סוכר מעט מהמכמות שרוצה ואת השאר יתן בפיו, ולא צריך ליתן הכל בתוך פיו. עכ"ד. ומעין זה כתב במשמרת מועד (קארף, ברכות שם) דאף המשנ"ב יודה שאם פוחת מכמות הסוכר הרגילה אצלו בכוס, סגי ושרי. אך לענ"ד אינו מוכרח, דיתכן דהשינוי הצריך הוא דוקא שהשתיה עצמה תהיה בלי סוכר כלל. ודו"ק. וראיתי בשלחן מלכים על קצש"ע (סי' ח הלכה למשה ס"ק יז) שהביא את דברי המשנ"ב, וכתב: ויש אומרים דכשלקחו לתוך פיו הוא דאסור, אבל ליתן הסוכר בקפה או תה אין להחמיר. שו"ית תשורת שי סי' שסז. עכ"ל. והובא בשערים המצוינים בהלכה (על קצש"יע שם ס"ק א) ובשו"ית שיח כהן (ח"א סי' ב) בדברי הגרי"ש דבליצקי, ובבית ברוך (על חיי אדם כלל טז ס"ק כד) דהוי איפכא מהמשנ"ב, דלתוך הפה אסור, ולכוס מותר. עכ"ד. ובמחכ"ת אינו נכון, דבשו"ית תשורת שי שם רק כתב דחלב ודבש בעין אסור דמחמת המתיקות משבש דעתו, אך קפה ותה עם חלב וסוכר מותר משום דאין החלב והסוכר בעין רק באים לדחות המרירות. עכ"ד (עי' לחלן). הרי שכתב לחלק בין חלב ודבש בעין לבין קפה ותה עם חלב וסוכר בתוכם. אך לא דיבר כלל על שימת סוכר בפה כדי לשתות עמו קפה או תה בלי סוכר, דמשום שינוי קא אתי המשנ"ב וכנ"ל. [ועי' בהערה לחלן מהליכות שלמה].

[116] ונראה לדקדק בלשון המשנ"ב דאם העולם היו נוהגים היתר נגד האחרונים, לא היה שום מקום להקל, שהרי האחרונים אסרו, ומה אכפת לי ממנהג העולם. אך כיון שאיישב המשנ"ב דהאחרונים אסרו רק לתת את הסוכר בתוך תה או הקפה, יי"ל דיודו דלהניח הסוכר בפיו מותר. וזהו יישוב מנהג העולם, אם אכן נותנים הסוכר בפיהם. אך אם נותנים הסוכר בתוך תה או הקפה אין שום יישוב למנהגם ואסור לעשות כן.

לכל הדעות אסור, דהוא ג״כ חשיב משכר[117]. עכ״ד. והובא בקצרה במנחת שמואל (מדוולהינוב, ברכות שם) ובכה״ח (ס״ק לא)[118]. וכ״פ שלחן לחם הפנים (ס״ק ו).

אך בשו״ת לב חיים (פלאג׳י, ח״ב סי׳ סט) תמה על עיקרי הד״ט הנ״ל, ושרוב האחרונים אסרו עם סוכר, וכדלעיל. [וצ״ע ממש״כ הוא דידיה בכה״ח (סי׳ יא סעי׳ ד) ׳דבקושי התירו קפה עם סוכר בשביל הבדיקה לטהר גופו׳[119]. והעיד בזה בשלחן לחם הפנים (ס״ק ו). ואולי היא ט״ס וצ״ל ׳בלי סוכר׳. א״נ כוונתו למי שלא יכול לכוין בתפילתו בלי זה. וה׳ יאיר עיני[120]].

וערוה״ש (שם סעי׳ כג) הביא די״ש שאסרו לשתות עם סוכר, וכתב: ואיני יודע הטעם, דאטו שם אכילה יש בזה, והרי אינה אלא להטעים את החמין קצת. ויש שהתירו לשתות עם סוכר כשהסוכר בפיו, אבל להטילה בהחמים ולעשות מים מתוקים אסור. ואינו עיקר. אבל עם חלב נ״ל דאסור, דהלב משביע. ועוד דבא מדם, דדם נעכר ונעשה חלב, ושייך בזה קודם שתתפללו על דמכם. והעולם נוהגים היתר גם בחלב [שמוסיף למים], לפי שאינו בא אלא להטעים המים. ויש להסתפק אם מותר לשתות מימי סודה או לימונדה וכו׳[121], ונראה שאין חילוק בין סתם מים למים אלו. עכ״ל. גם בתורת חיים (סופר, ס״ק יא) התיר קפה עם סוכר, ואפי׳ עם חלב. וכ״כ בזהר חי (מקאמארנא, ח״ב קצד ע״א) אחרי אמירת קריא״ש ותפילה קצרה וברכות.

ובמאה ועשרים שנים האחרונות נתמעטו הלבבות ונתפנקו הגופות, ומצינו לפוסקים שכתבו דכולם רגילים בתה וקפה עם סוכר, ולא שייך לאסור הסוכר ולהצריך שתייתם בלא סוכר. כ״כ הגרי״ח בעוד יוסף חי (סו״פ וישלח סעי׳ ג)[122], שער נפתלי (על האבודרהם עמ׳ סה)[123], שדי חמד (ח״ו/יב מערכת ר״ה סי׳ א אות

---

[117] וכ״כ בשו״ית תשורת שי (ח״א סוס״י שסז) דהלב חשיב משכר, וכמש״כ הרמב״ם (הל׳ ביאת המקדש פ״א ה״ב) ואסור. אך בשו״ית שם משמעון (פולק, סי׳ יד, לד רע״א) כתב דהחלב של עתה אנו רואים שאינו משכר. ועי׳ שו״ית יביע אומר (ח״ד סי׳ יב אות יג/א).

[118] בתוך כל הדעות דלעיל האוסרים סוכר. ומריהטת לשון כה״ח לא משמע דהכריע כוותיה, ודו״ק.

[119] ועי׳ היטב בשו״ית יביע אומר (ח״ד סי׳ יא אות י) דרמז לזה.

[120] ועי״ע בספר גנזי חיים (פלאג׳י, קונטרס תשובה מחיים סי׳ סה) דהאוכל לפני התפילה, כתוב בספר משפט צדק (ח״ב אות עא) שיתגלגל בבהמה טריפה ויאכלוה הגויים. ומי שעבר על זה יקבל על עצמו שלא לשתות לפני התפילה אפי׳ קפה.

[121] צי״ע האם מסתפק אפילו על לימונדה מתוקה עם סוכר, ודו״ק. ולענין סודה הסתפק גם בשו״ית שיח כהן (ח״א סי׳ א). ובלקט הקמח החדש (סי׳ פט ס״ק מח) אוסר סודה, כי היא שתיית עונג כמו מיץ. והובא בשו״ית ישיב יצחק (ח״ז סי׳ ח עמ׳ מא) [ומש״כ שם עמ׳ מב) בשמו ד׳אוסר סודה עם מיץ׳, נראה דט״ס, וצ״ל ׳סודה או מיץ׳].

[122] אמנם אינו מתיר בשופי, אלא מבאר דזהו למי שאין דעתו מיושבת בלעדיה, והוא חלוש המזג, משום דזה כמו רפואה, עי׳ לעיל שהבאנו לשונו. וגם ציינו דלכאורה הוי קצת סתירה למש״כ בבן

א)[124] **ילקוט הגרשוני** (או"ח קונ"א סי' פט ס"ק כד, מז ע"א)‏, **נהר מצרים** (הל' תפילה סעי'
ה)[125]‏, **מנהגי מצרים** (סעי' ד)[126]‏, **נוה שלום** (חזן, הל' תפילה סעי' יב)‏, **שו"ת תשורת שי**
(ח"א סי' שסז)‏, **הלכתא רבתא לשבתא** (ווייס, ענין קפה סי' יג עמ' קמו)‏, **שו"ת קרן לדוד**
(גרינוולד, ח"א סי' כא אות ד)[127]‏, **שלחן מלכים** (על קצש"ע, סי' ח הלכה למשה ס"ק יז-יח)[128]‏, **דעת
תורה** (למהרש"ם, סעי' ג)[129]‏, **קצה המטה** (על מטה אפרים סי' תקפא ס"ק פז/ק)‏, **קצות השלחן**

איש חי (ש"א יתרו סעי' יח) דאפילו במים בלבד יש להחמיר אם לא משום ישוב הדעת. ואמנם יש
ליישב, אך אכתי אינו מרווח לענ"ד, דכל כה"ג הו"ל לפרש טפי. והנה לשונו בעוד יוסף חי (שם) 'בענין
שתיית הקפה קודם עמוד השחר... כשיעור קודם עלות השחרי, ומשום כך רצה בשו"ת ויען הכהן
(ח"א סי' ט אות יז עמ' עה) ליישב הסתירה הנ"ל, דבבן איש חי איירי אחרי עה"ש, ובעוי"ח איירי לפני
עה"ש (ומצד הזוהר והמקובלים)‏. ולענ"ד אינו נכון, דפשוט דנקט כן רק משום מה שכותב שם יובפרט
כשהוא יום תעניתי, לכן כתב דהוא קודם עה"ש, וכן בסיום דבריו שם כתב 'אך יעשה תנאי על
שתיית הקפה בסוכר קודם שינה בפירושי, ועשיית תנאי נצרכת רק בערב צום, ועל כרחך איירי
בהכי, אך ה"ה אחרי עה"ש ביום רגיל. וכן מוכח מדציין שם לפרי"ח והברכ"י שאסרו סוכר, ולמנחת
אהרן שהתיר, ואינהו איירי התם בעיקר דינא שהוא אחרי עה"ש, עיי"ש [הפרי"ח לא הביא כלל את
חומרת הזוהר והמקובלים, והברכ"י והמנחת אהרן אף שעירבו גם איסור הזוהר, אך לא חילקו ביניהם בדין,
וכתבו דין אחד על שניהם לענין הקפה, עיי"ש].

[123] עיי"ש דמתיר מדין רפואה, ועוד דאם שותים אותו רותח מעט הוי כטעימה דיש צד בלאו
הכי להתיר.

[124] אך אוסר לגמרי לערב חלב, וכותב דזה לכו"ע אסור. ועי"י להלן דנעתיק לשונו על השותים עם
חלב. ועי"ע בשדי חמד (מערכת ראש השנה סי' ב אות לא) דחילק בין קפה לתה, דקפה שייך לשתותו בלי
סוכר, אך תה אין דרכו כלל לשתותו בלי סוכר ומותר גם עם סוכר. עכ"ד. ולא זכיתי להבין ההבדל,
ואדרבה לפי ראות עיני מסביבי רבים יותר השותים תה בלי סוכר מאשר קפה בלי סוכר.

[125] אמנם אינו מתיר בשופי, אלא מבאר משום דזה כמו רפואה, שהחוש והנסיון עדים שמי שרגיל
בשתייתו לא תפקחנה עיניו ויפסקו מהם חבלי שינה ותתיישב דעתו עליו בלתי שתיית הקפה,
והסוכר אשר בו אינו כי אם למתק מרירות המרובה שבקפה, ורוב אנשי מדע **אין מניחים בו סוכר
הרבה, שיורגש בפה מרירותו**, שמרירות הקפה תהיה תמיד מרובה על הסוכר שבו, וזהו טעם
הקפה. אמנם לכל האמירות והדברות **אסור לערב בו חלב** קודם התפילה, כי החלב מזון זיין, וזה
אסור, שאין זה רפואה אלא תענוג. עכ"ל.

[126] טעם היתרו שם דבימים האלה ובזמן הזה הוי כשותה זאת לרפואה.

[127] אמנם הוכיח כן מלשון ראבי"ה ואור זרוע דלעיל, ועי"י בהערתנו להלן בסמוך (על הבירור הלכה)
דנלע"ד דאינה ראיה. ועיי"ש בקרן לדוד דהתיר רק אם יאמר תחילה מקצת ברכות ותפילות ויקרא
קריא"ש. ובתחילה גם התנה כהמשני"ב דיתן מעט סוכר לתוך פיו ולא לתוך הכוס, אך סיים דכבר
נהגו העולם היתר בזה ויש להם על מה שיסמוכו.

[128] שם כתב דבמקום צורך גם חלב לבד מותר. [ועיי"ש (ס"ק יח) עוד היתר משונה, ובטעם הצבי (ס"ק ב)
סיפור משונה לענ"ד, ואכמ"יל].

[129] והתיר שם אף עם חלב, דבטל ברוב, כמש"כ הפמ"ג (סי' תרח אי"א ס"ק ה) לגבי חלב בעריוה"כ, ואף
שהניח שם בצי"ע, הכא דהאיסור משום גאוה יי"ל דבטל ברוב ולא נחשב גאוה. ולא ייחשב גאוה כאן
אלא כששותות בכלי כסף הערוכים לזה כדרך העשירים המתנהגים בגדולות. עכ"ד. ונכדו המגיה
הגרי"ש שבדרון שם ביאר כוונתו דאין כוונתו דהחלב עצמו הוא הגאוה וצריך שיתבטל ברוב,
דאדרבה חלב בעצמו אינו גאוה, דהוא יותר לרפואה, והגאוה הוי העירבוב בקפה, אלא עיקר כוונתו
כיון שרגילים תמיד לערבב עם חלב זה כבר לא הוי גאוה. עכ"ד. ומאי דנקיט בפשיטות דחלב לבדו קיל
טפי, עי' לעיל דעיקרי הד"יט כתב דחלב חמיר טפי כי הוא משכר [וכ"כ בשו"ת תשורת שי (ח"א סוסי' שטו)
עי"פ הרמב"ם (הל' ביאת המקדש פ"א הי"ב)]‏, וערוה"ש כתב דחלב חמיר טפי כי הוא משביע והוא עשוי מדם.
ועי"יל דגם זה אינו הכרחי כמו קפה עצמו.

(ח"א סי' יא סעי' ב)[130], **אפיקי מגינים** (ס"ק כג), **מים חיים** (משאש, ח"א סי' פד)[131], **שערים המצוינים בהלכה** (על קצש"ע סי' ח סעי' ב ס"ק א), **ארחות רבינו** (ח"א עמ' נז אות קפא, ובדפו"ח עמ' קו אות ג)[132], **הערות הגריש"א** (ברכות י ע"ב)[133], **הליכות שלמה** (תפלה פ"ב סעי' ב)[134], **שו"ת רבבות אפרים** (ח"ח סי' כב אות ב)[135], **שו"ת אז נדברו** (חי"ב סי' כז[136]),

---

[130] שם הביא בתחילה את דברי הפוסקים האוסרים, ואז כתב דהעולם נוהגים לשתות עם סוכר ויש להם על מה שיסמוכו [וציין לעיקרי הד"ט דלעיל], ואח"כ כתב דהאידנא רבים נוהגים לתת גם מעט חלב בתוכו, ועושים כן משום יישוב הדעת והתחזקות חלב לתפילה, אך מי שאפשר לו בלא זה יש לו להחמיר. עכ"ד [ולא הביא מקור].

[131] אך אוסר בתוקף להוסיף חלב, וכותב דדיינו קולא זו של סוכר, אבל להוסיף עוד בה תערובת חלב זה ודאי אסור גמור, כי החלב הוא מוסיף דם ומיסעד סעיד טובא, ויש בו משום גאוה גסה שמקדים להחברות גופו קודם עול מלכות שמים, ומה שטוענים השותים השוטים שבזה מוסיפים לכוון דעתם לתפילה, מרמה בפיהם ועולה בשפתם, שהקפה לחוד יש בו די והותר לכוון את הדעת, ורק תואנה הם מבקשים. עכ"ל.

[132] כך מוסר בשמו מחחי"ס הגרי"א חורביץ. אך בנו מו"ר הגרי"ח קנייבסקי נשאל [בספר דעת נוטה חי"א חל' תפילה תשובה כ] האם מותר לשתות קפה עם סוכר לפני התפילה, והשיב "המשני"ב אוסר". והמו"ל שם [הערה 20] כתב דשמע ממנו בע"פ שאמנם שמע את השמועה בשם אביו, אך לא רצה לכתוב זאת כי לא ברור לו שהשמועה נכונה, ולכן גם דייק בלשונו וענה "המשני"ב אוסרי". ודו"ק. ובמכתב אחר [ספר שאלת רב חי"ב פי"ו אות מב] ענה על שאלה זו "ראוי ליזהר". וכי"כ בספר מאיר עוז [עמ' כא] דדיבר עם הגרח"ק וראה שאין הדבר פשוט בעיניו וכו', עיי"ש. וע"ע בספר דולה ומשקה [שצינל, עמ' 75] שנשאל הגרח"ק האם נכונה השמועה שמי שלומד לימוד של קביעות לפני התפילה מותר לפני כן לשתות קפה עם סוכר. וענה "לא שמעני".

[133] וכי"כ בשמו בספר התפילה כהלכתה [פ"ו סעי' יג הערה כז], **דולה ומשקה** [עמ' 75 הערה 182] ופניני תפילה [קוק, עמ' נז]. ובפניני תפילה שם כתב עוד דאמר לו דמותר גם לשתות משקאות קלים ומוגזים כשיש לו צורך בזה שיעזור לו להתפלל יותר טוב, ומים מותר גם בלי צורך (או כשזה כדי שלא לצום עד חצות כגון בשבת וי"ט). והאיסור הוא רק יין ובירה [והמלקט שם כתב דלדעת הגריש"א דאפשר להבדיל גם על מיץ תפוזים או אשכוליות טבעי, א"כ אסורים לנידון דידן ג"כ כיין ובירה]. עכ"ד. והובא בספר אשרי האיש [פי"ט סעי' ח-ו עמ' צז]. ומעין זה גם בשו"ת אבני ישפה [ח"ח סי' יד ענף ה-ז] מתיר לשתות פטל לפני התפילה לכו"ע, ומשקאות מוגזים ובירה שחורה מחלק בין מי שמרגיש שזה משביע אותו, שאסור, לבין מי שמרגיש שלא משביע אותו, שמותר. ומיץ תפוזים או תפוחים טבעי וכדו' מסקנתו לאסור. עכ"ד. ולא זכיתי להבין איך מההיתר לשתות קפה ותה עם סוכר כי היום לא רגילים כלל לשתותם בלא סוכר, כבר הגענו להיתר שתיית משקאות קלים ומוגזים שלא שייך בהם כלל הטעם הזה. [ואבאר דברי: היתר קפה ותה התחיל ותה הוא אבקת הקפה והתה עצמם הם לצורך התפילה, וסוברים המתירים שהם כמים שאין בהם גאוה, ואחרי שהוא כמים והוא היתר גמור לשיטתם, אמרו שכיון שאי אפשר לשתותם בלא סוכר, הרי הסוכר בא רק להטעימם ובטל בהם ולכן התירוהו. אך משקאות קלים ומוגזים שהם מים עם צבע וסוכר, איך יתחיל ההיתר, הרי את המים אפשר לשתות גם בלעדם, א"כ שישתה מים! ודו"ק]. ודוחק עצום לומר שהיום גם לא רגילים בשתיית מים לבד אלא ממותקים כמשקאות קלים ומוגזים. ואם היו מתירים סודה בלבד, שאין בו טעם, החרשתי, אך משקאות קלים ומוגזים עם טעם מנלן להתיר. וצע"ע. ותי' יאיר עיני. והלום ראיתי בשו"ת ישיב יצחק [חי"ז סי' ח עמ' לח,מא] וכן הפנוני לספר תורת הדרך [להגרי"מ גרוס, פי"י סעי' מא] דאוסרים שתיית פטל ומשקאות קלים ותוססים ומיצים בין טבעיים ובין אינם טבעיים. וכן פשוט. וכי"כ בספר מאיר עוז [סי' פט סעי' ג ס"ק ג עמ' כא].

[134] וכי"כ בשמו גיסו הגרי"א חורביץ בספר ארחות רבינו [דלעיל]. וע"י הליכות שלמה [שם הערה 7] דכתבו בשם הגרשז"א עמש"כ המשני"ב לתת הסוכר בפיו, דבזמננו נשתנה הדבר ואדרבה יי"ל דכשאוחז את חתיכת הסוכר בידו הוי דרך חשיבות טפי, והכל לפי הענין. עכ"ד. [וכי"כ בפניני תפילה ואשרי האיש דלעיל]. ולפי מה שביארנו לעיל דעת המשני"ב משום דהוי שינוי, יי"ל דגם היום הוי שינוי, ואדרבה יתכן דהוי שינוי טפי מאז.

מנחת דוד (רוזנברג, ח״א סי׳ קו וח״ב סי׳ פ)[137], **שו״ת יביע אומר** (ח״ד סי׳ יא-יב וח״ט סי׳ קח אות מו, הליכות עולם ח״א עמ׳ קנא)[138], **תשובות והנהגות** (ח״א סי׳ עג)[139], **תורת הדרך** (גרוס, פ״ו סעי׳ א הערה ד), **אבני ישפה** (ח״ה סי׳ יד ענף ד)[140], **בירור הלכה** (זילבר, תנינא או״ח ח״א עמ׳ רלב)[141], **שו״ת ישיב יצחק** (ח״ז סי׳ ה עמ׳ לח)[142], **מקור נאמ״ן** (ח״א סי׳ קיא-קיג)[143] ועוד[144]. [שים לב לכל ההגבלות שהבאנו בהערות כמעט על כל אחד ואחד[145]].

---

[135] שם התיר אף קוקה קולה למי שצריך. [ושו״ת למדני חוקיך שצוין שם, לא מצאתי].

[136] וכן מתבאר בדבריו בבית ברוך (על חיי אדם כלל טז ס״ק כד). וכן הביא בשמו בפסקי תשובות (סי׳ פט הערה 213). אך בארבעה מקומות אחרים באו נדברו (שם סי׳ לד אות ג, חי״ו סי׳ מג אות ב, חי״א סי׳ מו) **סתם** כהמשני״ב וביאר סברתו. וצ״ע. ויתכן דשם (חי״ב סי׳ כז) רק ביאר את דעת השואל, עיי״ש היטב, וכן מתבאר בתשובה (שם חי״ב סי׳ לד אות ג) דכך עיקר דעתו, כהמשני״ב.

[137] מתיר להוסיף חלב לקפה, אך אוסר לשתות חלב לבד.

[138] עיי״ש דמתיר להוסיף מעט חלב רק לאדם חלש אם רגיל בכך, אך חלב לבד ראוי להחמיר שלא לשתותו. ועכ״פ ראוי שיברך קודם את כל ברכות השחר, ברכות התורה, ויאמר פרשת העקדה וקצת מסדר הקרבנות. עכ״ד. [ומכאן קריאה למסתמכים על היתר זה, שלפחות יעשוהו כמקורו, ויאמרו קודם כל הברכות ופרשת העקדה וקצת מסדר הקרבנות, ודי לחכימא ברמיזא]. עוד יש להעיר דדייק מלשון הראבי״ה והראשונים דדוקא דמשכר מידי דמשכר אסור אבל שאר משקין מותר. ולענ״ד אינו דיוק מוכרח כלל וכמו שביארנו לעיל [וכן יש להעיר על עינים למשפט (ברכות שם אות ג) דמחמת דפשיטא ליה הדיוק הנ״ל נשאר בצ״ע על המשני״ב, ולדברינו אינו צ״ע כלל], עי׳ בהערה להלן על הבירור הלכה. עוד יש להעיר, דבחזון עובדיה (שבת חי״ב עמ׳ קמז) כתב : ולשתות תה או קפה לפני תפילת שחרית מותר, מפני שעדיין לא הגיע זמן הקידוש. הרא״ש וכ״פ מרן סי׳ רפט. עכ״ל. ולענ״ד הדל ואביון בדעת, אינו מדוייק לכתוב כן, כי הרא״ש והשו״ע לא התירו לשתות תה וקפה, אלא התירו לשתות מים, וצריך הגהמ״ח להוסיף מדידיה דנראה לו [ע״פ פוסקים דלעיל] דהיינו תה וקפה. ודו״יק.

[139] כתב שם דזהו כשהיעדרו מפריע לו לתפילה ומכוון לתועלת, ובתנאי שיאמר ברכות השחר וקריא״ש. וסיים דהמחמיר תע״ב.

[140] מתיר להוסיף חלב או לימון לקפה, אך אוסר לשתות חלב לבד.

[141] אך לא שידד עמקים והראה כוחו המופלא כדרכו, אלא כתב בקצרה דמלשון הראבי״ה והראשונים דדוקא מידי דמשכר אסור, מיושב מנהג העולם לשתות תה וקפה עם סוכר, ובפרט דהרדבי״ז דהוא האוסר לא הביא שום ראיה לדבריו. עכ״ד. ולא זכיתי להבין כלל, דכבר הבאנו לשון ראבי״ה וכל הראשונים בשמו ׳דדוקא אם שותה דברים המשכרים דשייך בהם גיאות, אך מותר לשתות מים...׳, הרי דמרישא יש לדייק דדוקא משקה המשכר אסור, וכל שאר המשקין מותרים. אך מהסיפא דכתב דמותר לשתות מים, משמע דוקא מים מותר, וכל שאר המשקין אסורים. ונמצא דהוו תרי דיוקי דסתרי אהדדי, וצ״ל כמו שאומרת הגמרא בכ״מ ׳אלא מהא ליכא למישמע מינה׳ [וכן מצאתי בס״ד שכתב בספר מאיר עוז (סי׳ פט סעי׳ ג אות ג עמי׳ כ טור ב)], או כמו שאומרת בכ״מ ׳נעשה כ...׳. ובא הרדבי״ז ומבין דעם סוכר ׳אין לך גאוה גדולה מזו׳, וא״כ ׳נעשו כמשקה המשכרים, והיא גופא כוונת הראבי״ה והראשונים שכתבו דדוקא משקין משייך בהם גיאות, כלומר כל המשקין, ולא התירו אלא מים בלבד. ומה צריך להביא ראיה לזה, דסברא גדולה מראיה, ובפרט דכתב הרמ״ע מפאנו (באלפסי זוטא, עי׳ לעיל) על זה ישתיה בכלל אכילה׳, א״כ כל שתיה צריכה להיות אסורה לבד ממים, כמו שראינו ברוב חלקי התורה דמים אין להם דיני שאר משקין (כגון לגבי ברכות הנהנין כשאינו צמא, ולגבי שתיה אחרי ארבע כוסות, ועוד ועוד). וא״כ לבוא בקצרה ולדייק רק מרישא דהראבי״ה, ולומר דהרדבי״ז לא הביא ראיה, וכל שלש מאות שנה של אחרונים אחריו שהביאוהו הכל כביכול טעות, לענ״ד ישתקע הדבר ולא ייאמר במחכ״ת, והי׳ יאיר עיני.

ולענ"ד כמש"כ כמה ראשונים, וגדולי האחרונים הקדומים (דלעיל), שהמחמיר לא לשתות אפי' מים תבוא עליו ברכה, ה"ה הכא אשרי המתרגל לא לשתות גם בזה"ז קפה ותה עם סוכר לפני התפילה[146]. ובעיני קא חזינא דהמתרגל לזה, לא מרגיש שום חסרון בהעדרו[147]. וב"ה שלא השבית גואל

---

[142] התיר (שם עמי מ) מעיקר הדין גם לשתות קקאו עם סוכר וחלב, וכתב דירא שמים יחוש לעצמו אא"כ הוא אדם חלש שזקוק לכך.

[143] מקצר ועולה רק מציין לעיקרי הד"ט (דלעיל) שהתיר משום שקפה בלי סוכר מזיק, ולכן יש להתיר לחלשים. ומסיים דאביו הגרי"מ מזוז היה נוהג להחמיר בזה.

[144] כ"כ הרב יוסף שוב שליט"א בספר דולה ומשקה (שציגל, עמי 75 הערה 182) בשם הגרח"פ שיינברג והגרי"ן קרליץ זצ"ל.

[145] ולכן גם אינו נראה כלל מה שהתיר בשו"ת ויען הכהן (שם סי' י אות ג) לשתות קפה ותה עם סוכר לפני התפילה רק לצורך לצאת מספק של ברכה אחרונה [כגון ששתה לפני"כ מים לצמאו, או שאכל ושתה כדרכו לפני עלות השחר, ומסופק אם בירך בורא נפשות, וכל כיו"ב], והגדיל לעשות להתיר כן גם למי שתמיד מחמיר שלא לשתות קפה ותה עם סוכר לפני התפילה. עכ"ד. ולענ"ד אינו נראה כלל, דאין לנו להתיר היתרים חדשים שלא כתבום הפוסקים. דהנה כל מה שיש שהתירו שתיית קפה ותה עם סוכר כי עוזר לו לכוין בתפילה ורגיל בכך, אך לא כדי לצאת ידי איזה שהוא ספק וכדו'. ובפרט אם תמיד חושש לדעת האוסרים [שהם רוב מנין ובנין עד לפני מאה ועשרים שנה כמעט כל הפוסקים ממש, כמש"כ למעלה], אא"כ איך יהיה מתיר איסורים כדי לצאת יי"ח ספק שגרם לעצמו. וברור. וסברת הטוענים שקפה ותה הוא היתר גמור כמים, ותוספת הסוכר היא רק כדי שיצליח לשתות הקפה והתה, ואי"כ יכול לשתותם גם ללא סיבה כלל, - נדחית קרו לה, וכפי שנבאר להלן בס"ד. וגם פשיטא דלא שייכת כאן סברא דכיון שעושה כן רק כדי לצאת ידי ספק הרי אין כאן דרך גאוה ושרי, דאין להמציא סברות כאלו מדעתנו, וכנ"ל. ולכן העיקר להלכה לענ"ד דאם הוא צמא יכול לשתות מים כדי לצאת מהספק הנ"ל, אך דבר אחר חוץ ממים אסור לו לשתות לפני התפילה לצורך הנ"ל, אף להמתירים שתיית קפה ותה עם סוכר לצורך הכוונה בתפילה. ועוד יותר אומר אני, שאם הוא תמיד מחמיר שלא לשתות מים לפני התפילה, כסברת כמה ראשונים וכמו שהמליצו האחרונים דלעיל, לא משום כך יקל לשתות מים כדי לצאת מספק שגרם לעצמו, וכיון שעל הספק הזה נאמר ספק ברכות להקל ופטור הוא מלשתות עוד, למה שיחמיר ויבוא עי"ז לקולא של שתיית מים לפני התפילה, ושב ואל תעשה עדיף. כנלע"ד. [ואינו דומה לטעימה מעט מן המעט כשבירך על מאכל, שהתירו האחרונים לעיל, דשאני הכא בתלת. א' חתם אינו ספק אלא ודאי, והכא הוי ספק. ב' חתם רוצה לינצל מאיסור ברכה לבטלה החמור לכו"ע טפי, והכא יש לו רק ספק אם בירך ברכה אחרונה דהוי מדרבנן, ונפסק עליו שספק ברכות להקל ופטור. ג' חתם הוי טעימה בעלמא, והכא צריך לאכול או לשתות כשיעור ברכה אחרונה דוקא. ופשוט]. ולענין חומרת הזוהר והמקובלים אף לפני עלות השחר, עי' להלן.

[146] כלומר אמנם לשתות קפה בלא סוכר אף אחד כמעט אינו רגיל בזה היום, אך להתרגל שלא לשתות כלל הוא קל הרבה יותר. וכבר כתבתי לעיל דמשום מה הורגלתי מקטנות לא לשתות כלום לפני התפילה, ועל פי רוב עוברות כארבע שעות מהקימה בבוקר עד הגיע משקה לפי, וב"ה לא חסרתי דבר, וה' יהיה בעזרנו תמיד. והמציאות מראה דהרגילים מאד לשתות לפני התפילה מתעסקים בכך הרבה, ולפעמים קמים מאוחר וסוזק"יש קרוב ועדיין משתהים בהכנת הקפה וכו', ואכמ"ל בזה [ועיי' הערה הבאה].

[147] ולאחרונה רואים פה ושם גם כאלו שאומרים שחייבים לטעום משהו לפני התפילה, ולאט לאט יתרגלו לכך עוד ועוד, כך שתוך שנים מועטות גם כבר תהיה עובדה מוגמרת שאי אפשר לאסור לסעוד לפני התפילה, כדי להחזיב את נפשו שיהיה לו כח להתפלל, כמו דאומרים כעת על שתיית הקפה עם סוכר. וכך הוא בכל פתיחת פתח באפשרויות קולות חדשות. ואכמ"ל בזה. והנלע"ד כתבתי. ונכראיה לכיוון חזה ראיתי חזה חלום בשו"ת ויאמר משה (ירדני, ח"ע סי' ה) דכבר מתיר לשתות לפני התפילה קפה ותה עם סוכר לתענוג בעלמא גם כשאינו לצורך התפילה, דכמ"ה שווינהו האחרונים (הנ"ל), עיי"ש במהלכו,

לדורנו, ובשו"ת אור לציון (ח"ב פ"ז סי' ז) פסק כפשטות כל האחרונים הקדומים דלעיל דאין לשתות קפה ותה אלא בלי[148] סוכר[149] ובלי חלב, אפילו לא מעט.

- יא -

דברי רפואה

והנה הארחות חיים (שם) כשהביא את הראבי"ה (דלעיל) שהתיר לשתות מים, כתב: ויש אומרים דהוא הדין לאותן אוכלין ומשקין שאוכלין ושותין לרפואה, דמותר לאכלן ולשתותן קודם תפילה מהאי טעמא. עכ"ל. וכ"כ מהר"י אבוהב (על הטור שם)[150], אלא שכתב דמשמעות הארחות חיים דלדעת

וחלומד כל הסימן כאן יראה שלא דיבר נכונה ואכמ"ל. ובס"ד ראיתי בשדי חמד (ח"ו/יב מע' ר"ח סי' א אות א) דהביא את דברי עיקרי הד"ט (דלעיל) שהתיר לשתות קפה עם סוכר וחלקו עליו גדולי דורו, וגם הוא אסר למוחלו בחלב, וכותב השד"ח: ורואה אנכי שכמו נבואה נזרקה מפי חכמי ורבני דורו של הרב עיקרי הד"ט שקראו עליו ערער במה שהתיר בסי' א חני"ל שתיית הקפה עם סוכר ואין רוח חכמתם נוחה הימנו מפני שיש לחוש שיבואו להתיר לשתותו עם חלב עיי"ש, והרי נתקיימה נבואתם בימים האלה דעינא חזי מדמה מילתא למילתא דלא דמי ליה וחזן רבים עתה שהתירו לעצמם שתייתו עם חלב עפ"י דברי הרב עיקרי הד"ט שבסי' א, ולא ידעו ולא ראו דבריו שבסי' יז דקרי בחיל דאסור וכו' אבל חלב הרי יש בו משום מרבה דם ומביא לידי גאוה, ודאי אין לו שום היתר קודם התפילה כלל כמו שמפורש בדברי הרב עיקרי הד"ט דלשתותו עם חלב לכו"ע אסור וכו' וזו דעת איזה מחכמי ורבני דורו של הרב עיקרי הד"ט וכו', הא למדת דהנוהגים לשתות קפה או תה עם חלב על סמך ההיתר של הרב עיקרי הד"ט לשתותו עם סוכר, אין להם על מה לסמוך, כי הפה שהתיר (הסוכר) הוא הפה שאסר (החלב) כאמור. עכ"ל השד"ח. ועתה רואה איך היום פשתה המספחת וכבר מתירים לשתות הכל ונתקיים בנו 'כל המשקין שותה אדם...'. ולא שייך כאן מש"כ הפוסקים דאין לגזור גזירות מדעתנו אחרי חתימת התלמוד, כפי שראיתי שהביאו כמה אחרונים בענייננו, דהרי ודאי אין אנו באים לגזור גזירה חדשה, אלא יש כאן נושא שיש בו מחלוקת בפוסקים, ובאים כמה אחרונים ואומרים אנו לא רוצים להקל בו כי אנו יודעים שקולא זו תביא אחריה קולא נוספת ואפי' שרשרת קולות נוספות, כדחזינן, לכן מראש אין אנו מקילים במחלוקת זו הראשונה. ודו"ק היטב].

148 ולא הבנתי השגת חיבוע יומר (ח"ט סי' קח אות מו) דהביא את דברי האחרונים המתירים לשתות גם עם סוכר [והובאו לעיל], ותמה על האור לציון שהחמיר בזה ונראה שלא ראה את דברי האחרונים הנ"ל. עכ"ד. ולא הבנתי, וכי מי שפוסק כהאוסרים סימן שלא ראה את המתירים?! הרי סברתו כהאוסרים. וכ"כ לענות נכד האור לציון בקונטרס תשובת ציון (עמי' יד אות מ). ומה שדוחהו בקונטרס מענה יוסף (עמי' נב אות מט) שהיביע אומר הביא (בח"ד סי' יא) גם את האוסרים, אינה דחיה, דמה בכך, הלא עכ"פ אין מה להשיג על מי שפוסק כהאוסרים. ולענ"ד כאן יד האוסר על העליונה, וכמש"כ למעלה, ובפרט שרוב מנין ובנין של חכמי הספרדים, שהיביע אומר הולך על פיהם לרוב, אסרו, הלא המה מרן החיד"א, מהרי"ח פלאג'י, בן איש חי וכה"ח, וקדמום הרדב"ז, הרמ"ז, כנה"ג ופר"ח, כולם מגדולי פוסקי הספרדים היושבים ראשונה במלכות, וכי מי שפוסק כמותם לא ראה את המתירים?! והדברים פשוטים ואכמ"ל בזה.

149 אמנם כתב שם דמותר לשים בקפה או בתה 'סכרין' ['סוכרזית'], כי אינו מזין ואין בזה גאוה. עכ"ד. וכ"כ בשו"ת אבני ישפה (ח"ה סי' יד ענף ח). וכן ראיתי בשו"ת אז נדברו (חי"ב סי' כז) דמסתפק בזה, עיי"ש. ולענ"ד צ"ע ובדיקה מה ההבדל בין ממתיק מלאכותי לסוכר מזוקק. [וידוע שפעם חשבו שהסוכר מזין ובריא להמרצת הגוף, וחיום נודע כי מגרעותיו רבות על מעלותיו אם ישנן, ואכמ"ל, אמנם אכתי ודאי יש בשתייתו גאוה, אך לא מטעם שהוא מזין, אלא מחמת שהוא מתוק, וא"כ גם סוכרזית וכל ממתיק אחר. כנלע"ד].

150 צע"יק מדוע לא כתב מהרי"י אבוהב כן בשם הארחות חיים, שהרי הארחות חיים שגור על לשונו ומביא אותו כסדר, והיו בפניו דברי הארחות חיים האלו שבכתבי', כפי שמביא מהם במקומות

רבינו פרץ (דלעיל) אסור אף לרפואה[151], ושכך שמע דכתב הרשב"א, אך אינו נראה, וגם אין זו דעת הטור. עכ"ד, עי"ש. והובא בב"י (שם).

ומרן השו"ע (שם סעי' ג) פסק דאוכלין ומשקין לרפואה מותר. וכתב המג"א (שם ס"ק יב): משמע אפילו אוכל ושותה דבר דשייך בו גאוה, כיון שאינו עושה משום גאוה אלא לרפואה, אע"פ שאינו חולה שרי, וכן משמע בב"י בשם מהר"י אבוהב[152]. עכ"ל. [והובא בכה"ח (ס"ק לו)]. והפר"ח (שם ס"ק ג) כתב דמסתברא אע"פ שאינו מעלה ואינו מוריד לשתות הדבר רפואה לפני התפילה דוקא, ויכול לשתותו אחרי התפילה, מותר לשתותו לפני התפילה[153], כיון דלית ביה גאוה. עכ"ד[154]. והובא בפמ"ג (שם א"א אות יב), מחצה"ש (שם) משנ"ב (בביאור הלכה ד"ה וכן), ערוה"ש (סעי' כד) וכה"ח (ס"ק לו).

אמנם בשער נפתלי (על האבודרהם עמ' סג אות ח) כתב דמדברי שו"ת בית יהודה (יו"ש, סי' כ) משמע דפליג, דכתב שם דשאני היתר דברי רפואה מהיתר הצמא והרעב (דלהלן), דהצמא והרעב הותר להם רק אם לא יוכלו לכוין בתפילתם (וכדלהלן), וכאן מותר אף אם יכול לכוין בתפילתו היטב בלא זה, כיון שאינו יכול להמתין עד אחרי התפילה, כי מעלתם של הרפואות האלו לקחתם אליבא ריקנייא, וכל מה דקדים טפי מעלי ליה. עכ"ד. הרי דאם לא יהיה

<hr>

רבים [וציינתים בס"ד בהערות לפירוש מהר"י אבוהב על הטור הוצאת מכון המאויר], ובענין זה עצמו כותב אח"כ דנראה מהארחות חיים דלדעת רבינו פרץ (דלעיל) אסור אף לרפואה (עי' משנ"כ למעלה). עכ"פ בפני האחרונים לא היו דברי הארחות חיים הנדמ"ח ע"פ כת"י, ובשאר דפוסים לא נדפס קטע זה בארחות חיים, לכן הביאו דברים אלו בשם מהר"י אבוהב (כ"כ מהדיר הארחות חיים שם הערה סח).

[151] כנראה דיוקו ממשיך הארחות חיים דלרפואה מותר, ואח"כ הביא שכל ההיתר הוא בחול ולא בשבת ויו"ט (כדלהלן), ואז כותב: ולפי דעת רבינו פרץ אסור אפילו בשאר הימים וכו'. עכ"ל. משמע דקאי על רפואה דלדעת רבינו פרץ גם זה אסור. ודו"ק. ולכאורה לפמש"כ הרבה אחרונים לעיל דהמחמיר שלא לשתות מים מעייב, א"כ היה להחמיר שלא לקחת אפי' לרפואה לפני התפילה, ובפרט אם לא יזיק לו לקחתם אחרי התפילה. ודו"ק.

[152] וביאר מחצה"ש מדכתב מהר"י אבוהב 'מותר לאכול ולשתות אוכלין ומשקין לרפואה', ולכאורה תיבות 'אוכלין ומשקין' מיותרות, דכבר כתב 'לאכול ולשתות', אלא על כרחך כוונתו דאף אוכלין ומשקין גמורים שהם טובים לאכילה ושתיה, כיון דאוכלן לרפואה שרי.

[153] צע"ק דכיון דכיון שום הבדל בין קודם התפילה לאחר התפילה, למה שיעשנו לפני התפילה, הרי עכ"פ יש כאן משום עשיית צרכיו פורתא אפי' מעט שבמעט, ומה הלהיטות לעשותו לפני התפילה דוקא. ודוחק לומר שנחשב שאין כאן שום פעולה כלל שנדחנה. ודו"ק. וטפי נלע"ד דעכ"פ כיון דרפואה היא, יתכן דלקיחתה המוקדמת תועיל לו פורתא מעט שבמעט, ומשום הסיכוי הזה יכול לקחתו לפני התפילה. ועיי"ל דכאן איירי משורת הדין, דאין בזה סרך איסור כלל, אך ודאי דטוב להמנע מכך עכ"פ מדין הליכה בזריזות לתפילה. ודו"ק.

[154] כלומר וכיון דאין בו גאוה, אין בו מעיקרא שום איסור. [מעין 'יהותרה' ולא 'דחויה']. והקשה בשיח הלכה (שם אות כא) א"כ מדוע פסק הביאור הלכה (ד"ה ולא לאכול) שיאמר קריא"ש קודם, הרי אם זה לא נאסר כלל, א"כ שרי לגמרי אף בלי קריא"ש. ובהערה (שם אות א) תירץ לו הגרא"י זלזניק דתינח אם היה לוקח תרופה וכדוי, אך כאן שאוכל אוכלין ממש, רק שמטרתו לרפואה, עכ"פ מצד המאכל עצמו ששייך בו 'ואותי השלכת...' ראוי שיקרא קריא"ש לפני"כ. עכ"ד.

הבדל בין לקחת את הרפואה לפני התפילה או אחריה, לא נתיר לו לקחתה
לפניה[155].

ועל מש"כ המג"א (שם) 'אע"פ שאינו חולה שרי', ביאר ערוה"ש (שם)
דמילתא דפשיטא היא דלחולה שרי אפי' כשאין בו סכנה, אלא הכוונה
דלוקח לצורך רפואה כשאינו חולה, רק כדרך בעלי מיחושים, או אפי' אין
לו מיחוש כלל אלא כדי לחזק עצמו, כמו בימי האביב שלוקחים רפואות
לחזק הגוף והגידים. ולכן מי שיש לו חולשת הלב, יכול לאכול קודם
התפילה, שזהו לרפואה. עכ"ד.

ובשו"ת בית יהודה (דלעיל) כתב עוד, דמי שאוכל ושותה לפני התפילה
לרפואה, לא בעינן שיהיה על פי רופאים בקיאים דדבר זה מועיל
לרפואה, אלא אפילו על פי מי שאינם בקיאים. והובא ביד אהרן (ח"ב מהדו"ב
סי' פט ס"ק ד), שלמי ציבור (כא ע"ד ובדפו"ח עמ' נד) וכה"ח (ס"ק לו).

גם כתב הבית יהודה (שם) דמותר לשתות כוס חציו יין וחציו שמן לרפואה
לפני התפילה. והובא במחב"ר (סי' פט ס"ק ד), משפט כתוב (פינסו, סי' פט), שערי
תשובה (שם ס"ק ג) וזכרון משה (לנכד החיד"א, סי' פט). ובשלחן לחם הפנים (שם ס"ק ו)
התיר זאת גם לחזנים, דהוי כמו לרפואה.

ובקצות השלחן (סי' יא בבדה"ש ס"ק ו, וע"ע ח"ז סי' קלד בדה"ש אר' טו-טז) הסתפק אם מותר
לחזן לשתות שרפים או ביצה חיה וכדו' להנעים קולו, שאינה רפואה
(כדאיתא בשו"ע סי' שכח סעי' לח) אך יש בזה מצוה (ב"י וע"ט"ז סי' נג בשם פסיקתא) "כבד את
ה' מהונך" קרי ביה 'מגרונך'. ויותר יש להקל בביצה חיה כיון שאינה
אכילה כדרך (עי' שו"ע יו"ד סי' קיג סעי' יד), וגם לא שייך בה גאוה. רצ"ע. עכ"ד.
וכן נראה שהסתפק בזה מהר"ח פלאג"י בכף החיים (סי' ל סעי' פה) דכתב:
לצחצח את הקול דאין בו משום רפואה וכו', ולפ"ז צריך הלכה ברורה
למישרי קודם תפילה. עכ"ל.

ובמקור חיים (לבעל החות יאיר, סי' פט סעי' ג בקיצור ההלכות) מפורש להיתר, עי"ש דרק
בראש השנה לא יעשה כן. וכן התירו בשלחן מלכים (על קצש"ע סי' ח הלכה למשה
ס"ק כו)[156], שו"ת יביע אומר (ח"ד סי' יב או' טז-כ)[157], שו"ת ישיב יצחק (ח"ז סי' ה עמ' מ)

---

[155] אמנם כתב בשער נפתלי שם דמלשון המג"א דכתב דרפואה שרי אע"פ שאינו חולה, משמע דבכל
גוני שרי, ודלא כהצמא והרעב דבהם יש חילוק בין יכולים לכוין לאינם יכולים לכוין. ובילקוט יוסף
(אור"ח חי"ד סי' חע"ג חע' לח עמ' קיט-קכ) כתב דהבית יהודה אינו חולק על שאר פוסקים הנ"ל, רק נקט אורחא
דמילתא דהדבורי רפואה חשוב שיקחם אליבא ריקנייא. ודו"ק.

[156] וכדרכו השיג עליו בספר שלחן נגד צוררי (עמ' סו אות נב).

ושו״ת אבני ישפה (ח״ה סי׳ יד ענף יב)[158]. אך בשו״ת אור לציון (ח״ב פ״ז סי׳ ז) כתב לאסור, משום שמזינה ויש בזה גאוה.

- יב -

החולה, הצמא והרעב וכדומה

כתב הרמב״ם (הל׳ תפילה פ״ה ה״ב): הצמא והרעב[159] הרי הן בכלל חולים, אם יש בו יכולת לכוין את דעתו יתפלל, ואם לאו[160] אל יתפלל[161] עד שיאכל

---

[157] רק כתב דטוב לעשות כן אחרי אמירת ברכות השחר והתחלת התפילה עד שיאמר קצת תחינות ופסוק ראשון דקריאת שמע ובשכמל״ו.

[158] שם התיר מטעם דשיפור הקול הוי כרפואה. [וצ״ע ממש״כ המרדכי (שבת רמז שפד) ונפסק להלכה בשו״ע (סי׳ שכח סעי׳ לח). וע״י בקצות השלחן ויביע אומר הנ״ל שם דהאריכו בזה, וביביע אומר שם הביא ראיה משו״ת מהר״ח אור זרוע (סי׳ נג-נה) דהתיר לגומעה בשבת לפני התפילה, עיי״ש].

[159] הלבוש (שם סעי׳ ג) הוסיף: הרבה. [והועתק במשנ״ב (ס״ק כח)]. והמלבושי יו״ט (על חלבוש שם ס״ק ח, וכ״ה בספרים דברי חמודות על הרא״ש שם סוס״ק סב) העיר דאינו מלשון הרמב״ם, והוא ללא צורך, דכבר נכלל במש״כ הרמב״ם דאם לא יכול לכוין וכו׳. והיפה ללב (שם ס״ק ח) כתב: ואנכי לא ידעתי מה לו כי יצעק אליו, כי לבושיה כתלג חיור, שכן הוא בהדיא בלשון רבו מוריים ז״ל בספר דרכי משה, והיו עיניך רואות את מוריך. עכ״ל. ואנכי חפשתי בדרכי משה (גם הארוך) ולא ראיתי לשון זו כלל, וה׳ יאיר עיני.

[160] עי׳ בקובץ אור ישראל (מאנסי, חל״ב שנה ח חוברת ד עמ׳ נג-נד מאמר ממח״ס כפי חיים) דהוכיח דכוונת הרמב״ם [והפוסקים דלהלן] להתיר אכילה ושתיה רק אם בלעדם אינו יכול לכוין כלל בתפילתו, אך רק לשיפור הכוונה אין היתר אכילה ושתיה. ופשוט. [והוסיף שם לבאר, דלכן כתב הרמב״ם דין זה בפרק ח, בו איירי בדיני הכוונה בתפילה וכדומה, ולא עם דין איסור אכילה לפני התפילה דכתב לקמיה בפרק ו. ועי׳ לעיל (לגבי שתיית מים) עוד הסבר בזה]. אמנם מה שמביא אח״כ (עמ׳ נו-נח) את תשובת שב יעקב (סי׳ ח, דלהלן) ומבאר שיטתו דמותר לאכול ולשתות אפי׳ רק לשיפור הכוונה, דלא נאסר אלא באוכל לרעבתנות וכו׳ [ותעי״פ מאמר זה גם בני הקונטרס צדיק אוכל לשובע נפשו], - לענ״ד לאו שמיה מתיא כלל, דכל תשובת שב יעקב הנ״ל היא רק על ענין קפידת הזוהר שלא לאכול אף לפני עלות השחר (עי׳ לחלן בהרחבה), ועל זה אמר השב יעקב את סברתו הנ״ל, וגם בזה הרבה אחרונים חלקו עליו בזה (עי׳ לחלן), אך ודאי על אכילה אחרי עה״ש לא יאמר שאינו אסור אלא דרך רעבתנות, עיי״ש היטב [אף שהזכיר בתשובה קצת ענין דאיסור אחרי עה״ש, אך לא על זה אמר דבריו, עיי״ש]. ויהוכחתו המפורשת׳ של הרב הכותב שם מהפמ״ג (א״א ס״ק יג) אינה הוכחה כלל, דהפמ״ג איירי על היתר הצמא והרעב שלא יוכלו לכוין **כלל** בלי אכילה. וכן הוכחתו מלשון השו״ע ׳אם רצה׳ (עי׳ למעלה בסמוך) אינה הוכחה כלל, דהא השו״ע איירי כנ״ל בצמא ורעב שלא יוכלו לכוין כלל, אלא דהוי״א דהיום דממילא אין מכוונים יהיה אסור להם לאכול כדי לכוין אפי׳ פורתא, קמ״ל דשרי, אך לא בשביל שיפור כוונה אם היו מכוונים ממילא! וברור. וממילא כל מה שהמשיך הרח״כ שם (עמי נח-סא, וכן בקונטרס הנ״ל) לבאר את מנהג החסידים האוכלים ושותים לפני התפילה כדי **לשפר** כוונתם, ושמקורם בביאור תשובת שב יעקב הנ״ל את טעם האיסור, אינו נכון כלל, ואכמ״ל בזה [ועיי״ש עשרות סיפורים שבכיכול כבר מצוה וחובה לאכול לפני התפילה, וכבר כתבנו על זה מעט לעיל (בדברי חנמוק״יי והפוסקים לגבי ׳טעימה׳), ודי בזה].

[161] עי׳ בשו״ת כנף רננה (סי׳ א), שו״ת ארץ צבי (ח״ב סי׳ ב) ובשער נפתלי (על האבודרהם סוף עמי סג אות ח) דהקשו מאי שנא דהכא לא מתירים אלא אם אינו יכול לכוין מבלעדי זה, ולעיל ראינו דאוכל אדם מאכל לרפואה אפילו אם יכול לאוכלו אחרי התפילה, משום שאינו דרך גאוה. וצי״ע. עכ״ד. וכתב הארץ צבי (שם) דעל הרמב״ם ייל כיון דלא השמיענו כלל דין דברי רפואה, א״כ כאן כותב דשרי גם לחולה רק אם אינו יכול לכוין, אך על השו״ע (שהעתיק לשון הרמב״ם כאן וכדלהלן) קשה. ומתרץ הארץ צבי, דשאני צמא ורעב דטובעו של עולם הוא, לכן לא מקילינן בהו כולי האי כמו בשאר חולה [ונעיין שכתב המג״א (סי׳ של ס״ק ג) לגבי יולדת, עיי״ש], ובעינן דוקא אם אינו יכול לכוין. ואכתי צ״ע. עכ״ד.

וישתה. עכ"ל.[162] וכתב הב"י (סי' פט) : ולפמש"כ הטור (סי' צח) בשם הר"מ אהא דכל שאין דעתו מיושבת עליו לא יתפלל, שאין אנו נזהרים עתה בכל זה לפי שאין אנו מכוונים כל כך בתפילה, אפשר דהני נמי יתפללו ואח"כ יאכלו וישתו. ומיהו אם רצו הצמא והרעב לסמוך על דברי הרמב"ם ז"ל, הרשות בידם. עכ"ל. וכ"פ מרן בשו"ע (שם סעי' ד) בפשיטות, דהצמא והרעב הרי הם בכלל החולים,[163] ואם אין בהם יכולת לכוין בלא אכילה ושתיה, אם רצו, יאכלו וישתו.[164] עכ"ד. וביארו העו"ת (ס"ק יד) והמג"א (שם ס"ק יג) דמש"כ השו"ע 'אם רצה', הוא משום מש"כ בב"י דאם רצו לסמוך על הרמב"ם וכו'.[165] וכן ביאר הגר"א (שם ס"ק יט).[166] ומעין זה כתב בהגהות

ולכאורה עוי"ל דמ"ייל דמאכל לרפואה, המאכל עצמו הוא ההיתר, דהרי הוא לרפואה, משא"כ הכא דאין ההיתר בחפצא, אלא בגברא שהוא צריך, א"כ אין היתר אלא אם אינו יכול לכוין מבלעדי זה. ועוי"ל דהתם המאכל הוא לרפואה ודאי כבר אינו דרך גאוה, והכא אם יכול לכוין מבלעדי זה א"כ אין לו דין 'רעבי' כלל שנאמר דאינו דרך גאוה. ודוי"ק. וכן ראיתי שתירץ בספר מאיר עוז (סי' פט סעי' ד ס"ק א עמי כה).

[162] עי' אמת ליעקב (קמינצקי, ברכות י ע"ב) דהקשה מדוע כתב הרמב"ם הלכה זו סמוך לדין 'עמידה כיצד, אין מתפללין אלא מעומד...' (התחלת ההלכה שם), ולא כתב הלכה זו לעיל (פ"ד הט"ו) 'כוונת הלב כיצד, כל תפילה שאינה בכוונה...' [וכן הקשה בפירוש רבינו סעיד בן דוד אלעדני (על הרמב"ם פ"ה שם), ותירוצו צ"יב, עיי"ש]. ותירץ דהרמב"ם בא להשמיענו, דהיתר זה דהצמא והרעב הוא רק לצורך הכוונה, זהו שהדגיש בהלכה כאן 'אם יש בו יכולת לכוין...', ואין היתר זה לצורך ההלכה שלפני כן שהיא דין העמידה, דאם אין לו כח לעמוד אא"כ יאכל או ישתה, אין להתיר לו לאכול או לשתות, אלא יתפלל מיושב. וכן מוכח מהמשך ההלכה (שם) דאם היה רכוב על הבהמה, לא ירד אלא יושב במקומו ומתפלל כדי שתהא דעתו מיושבת עליו, אלמא כוונה עדיפא מעמידה. עכ"ד. עוד עיי"ש דביאר מה מקור הרמב"ם להלכה זו, משום דמי שלא יכול לכוין פטור מן התפילה [כמש"כ הרמב"ם הל' תפילה פ"ד ה"יא והט"ז], א"כ לא שייך לאסור עליו לאכול ולשתות לפני התפילה כי פטור ממנה, ועל כרחך מתירים לו לאכול כדי להתחייב בתפילה. עכ"ד. ובמילי דברכות (ברכות שם) ביאר דמקור הרמב"ם מדרשת הגמרא 'אל תקרי גוף אלא גאן', והצמא והרעב אינם אוכלים דרך גאוה, אלא כדי שיוכלו לכוין בתפילתם. וביד פשוטה (על הרמב"ם שם) ציין ללשון הרמב"ם (הל' תשובה פ"ט סוה"יא) 'שבזמן שאדם טרוד בעוה"ז בחולי ובמלחמה ורעבון, אינו מתעסק לא בחכמה ולא במצות שבהן', ועוד הפנה לפיהמ"ש (פסחים פ"ד מ"יד) דהשוה רעב לחולה, עיי"ש. ועיי"ש בשלחן לחם הפנים (סי' פט ס"ק א) דכתב דמשמעות רוב הראשונים שלא הביאו היתר זה דהצמא והרעב, דפליגי על הרמב"ם בזה ואוסרים, אך שוב חזר בו קצת, עיי"ש.

[163] הנה השו"ע העתיק בדין זה את לשון הרמב"ם [חוץ מתיבות 'אם רצו' דלהלן, עי' בסמוך דיבואר], וראיתי בקובץ אור ישראל (מאנסי, חלי"ב שנה ח חוברת ד עמי נב הערה 44 מאמר ממח"ס כפי חיים) דצ"יב משכ"ע 'הרי הם בכלל החולים', דבשלמא הרמב"ם דכתב לפני"כ 'חולה מתפלל אפילו שוכב על צדו והוא שיכול לכוין את דעתו', שייך שהמשיך מיד אח"כ גם לדין זה 'וכן הצמא והרעב הרי הן בכלל חולים אם יש בו יכולת לכוין את דעתו...'. אך השו"ע לא הביא כאן את דין חולה הנ"ל [אלא לקמיה (סי' צד סעי' ו)], לא מובן לשונו כאן 'הרי הוא בכלל החולים', דיחולים' מאן דכר שמייהו, הא לא א"יירי בהו לעיל בסמוך. ודוי"ק. ועיי בהערה להלן.

[164] בספר צבא מרום (קבץ, סי' פט סעי' ד) נסתפק אם יאכל רק עד כדי שיוכל לכוין דעתו להתפלל, ולא יותר מזה, או נימא דכיון דאשתרי אשתרי ויגמור סעודתו. עכ"ד. ובשו"ית בצל החכמה (ח"יד סי' קסא אות ה) כתב דנראה פשוט דאינו רשאי לאכול ולשתות אלא עד כדי שיוכל לכוין דעתו להתפלל, ולא יותר מזה.

[165] בספר משנת יעקב (רוזנטל, על הרמב"ם שם) ביאר דלכן דלכ"ן השו"ע הביא את דין הצמא והרעב כאן (סי' פט) לענין איסור אכילה, ולא כהרמב"ם שכתב דין זה בפרק ה לענין חיוב כוונה [ולא בפרק ו לענין איסור

הסמ"ע (שם, נדפסו מכת"י בשו"ע מהדורת מכון י-ם), וביאר דיש גם חידוש דאם רצה שלא לאכול, רשאי, אע"פ שיתפלל בלא כוונה מחמת זה[167]. אמנם מסיק דבכה"ג יאכל כדי להתפלל בכוונה[168]. וכ"כ הא"ר (שם ס"ק י, ובא"ז ס"ק ט) ממשמעות המטה משה (סי' קכז) ודברי חמודות (פ"א אות סב)[169] ופסקי תוספות[170], שאם לא יוכל לכוין, אסור להתפלל עד שיאכל וישתה, ואפילו אכילה ושתיה של קבע אם הוצרך לכך[171]. והובא בכה"ח (ס"ק לט)[172].

חאכילה], שהרי הב"יי ביאר דאע"פ שהיום לא מכוונים יש היתר זה. ויתכן דהטור פליג על הב"יי בזה, ולכן לא הביא את דין הצמא והרעב כלל.

[166] וכתב הפמ"ג (א"א ס"ק יג) דאין הכוונה דהתהירו איסור דרבנן כדי שיכוין בתפילה, אלא הכוונה כיון שעושה כן כדי לכוין בתפילה, לא נחשב גאוה ושרי. והובא בכה"ח (ס"ק מ).

[167] וכ"כ המשני"ב (ס"ק כז) בפשיטות, וסיים יעויין באליה רבה' (דלהלן למעלה).

[168] ועי' יוקח נא (ס"ק י).

[169] לא זכיתי להבין הראיה מהמטה משה והדברי חמודות, דהם רק העתיקו לשון הרמב"ים והב"יי.

[170] ידעו שהמא"ר מרבה להביא 'פסקי תוספות', ואין כוונתו לפסקי התוספות שלפנינו (בסוף הגמרא), אלא לספר של אחד האחרונים שהיה בפני הא"ר ולא נודע עדנה. כ"כ החחיד"א (שם הגדולים מע"ס מע' פ סי"ק קכא) ושערי תשובה (סי' קע ס"ק ד). ועי' הגהת מנחם ציון (על שם הגדולים שם). ובקובץ צפונות (שנה ח גליון ב [יח] עמי צט) וקובץ מוריה (גליון רט-רי עמי קיב) הוכיחו ששם הספר 'פסקי תוספת מנהגים', ושאינו נמצא בפנינו. ועי"ע שו"ת ויען הכהן (ח"א סי' ט עמ' פב).

[171] בבאר היטב (ס"ק יא) הביא בשם לקט הקמח דבכה"ג יתפלל בביתו ויאכל ואח"כ ילך לביהכנ"ס לכוין לבו עם הציבור, וזה טוב יותר מאשר ישתה הקפה או הקקאו בלא קבלת מלכות עול מלכות שמים תחילה, כי ודאי על זה נאמר "ואותי השלכת אחרי גוך". עכ"ד הבאר היטב בשם לקט הקמח. [וצוטט משם בשלמי ציבור (כב ע"א, ובדפו"ח עמ' נח) ובעוד אחרונים רבים, וכן בביאור הלכה (סעי' ג ד"ה וכן. ובספרנו נדחי ישראל פי"ח סעי' א) והוסיף דכ"ה פשוט מהגמרא (ברכות כח ע"ב) 'חליש לבאי', עיי"ש]. וצע"ג שהמבאר היטב לא העתיק המשפט האחרון בלקט הקמח שם, דכתב: אכן ע"פ האופן האמור, מאחר שהוא צריך לו, אין כאן חשש איסור. עכ"ל. וכן העתיקו כהוגן ביד אהרן (סי' פט), פחד יצחק (למפרנטי, ערך מים, צח ע"ב), קמח סלת (דיני קימת המיטה סעי' מד, ב סע"א ובדפו"ח עמ' ה) ושלחן לחם הפנים (ס"ק ח). וא"כ לכאורה נפל פיתא בבירא. ואולי המבאר היטב חלק על סיום דברי לקט הקמח, וס"ל דהדין בעינו עומד, לכן העתיק רק מה שמסכים לו. ודו"ק. והי' יאיר עיני. וראיתי בשו"ת אור לציון (ח"ב פ"ז סי' ז) שהביא את פסק הבאר היטב והמשני"ב הנ"ל לגבי חולה, וביאר הטעם כיון שתפילה בציבור אינה אלא השתדלות (וכלשון חשו"ע סי' צ סעי' ט ישתדל'), ואיסור אכילה לפני התפילה הוא איסור גמור וי"א שהוא מדאורייתא, עי' לעיל, לכן צריך להתפלל בביתו שלא יאכל לפני התפילה. עכ"ד. והנה על גוף סברא זו ענו ללקט הקמח והיד אהרן (במשפט שלא הובא בבאר היטב), דכיון שהוא חולה, והוא צריך לו, שרי כי כבר לא נקרא גאוה כלל, ומעין משי"כ המג"א (ס"ק יב) ושאר אחרונים על דברי רפואה, שאין בזה גאוה ושרי. וכי"פ בעניינינו להדיא בשו"ת מהר"יי שטייף (סי' מא), עיי"ש. וא"כ כבר לא שייך להשוות זה מול זה, דתפילה במנין אינה חיוב ואכילה לפני התפילה היא מדאורייתא, דכיון דהוא חולה אין באכילה כבר איסור כלל, דלא נאסרה אלא משום גאוה (כדלעיל) ונתינת כח לחילא דדמא (כדלהלן). ובשו"ת אבני ישפה (ח"ה סי' יד ענף א) נשאל מה שונה דין זה דהבאר היטב דלא התיר לו לאכול לפני התפילה, אלא יתפלל בביתו וכו', לדין הצמא והרעב דלעיל דאוכל ושותה לפני התפילה. ועיי"ש בחילוקו. ולדידי לא קשיא כלל, דשאני הצמא והרעב שאינו יכול לכוין בתפילתו גם אם יתפלל בביתו, משא"כ דינא דהבאר היטב אם יתפלל בביתו לפני שיאכל יכוין כיאות. ודו"ק. ושם (ענף ב) כותב עוד תירוץ, דדינא דהבאר היטב הוא ב'איש זקן וחלש שאינו יכול לעמוד על נפשו עד עת יציאת הצבור מביהכ"ני, משמע דכעת אינו מפריע לו עדיין, רק לא יוכל לעמוד עד גמר התפילה, לכן אי אפשר להתיר לו כבר כעת לפני התפילה. משא"כ הצמא והרעב שהם עכשו כבר מופרעים להתפלל, מתירים להם. עכ"ד [והנ"ל להביא תירוץ זה לעיל שם (ענף א) ישר על הקושיא. כי הוא

- יג -
לפני עלות השחר

וכתב האשכול (אלבק, עמ' 91) דכל האיסור הוא אחרי עלות השחר, אך טעימה לפני עלות השחר מותרת, ואין בכך כלום. והובא בארחות חיים (הנדמ"ח ע"פ כת"י, הל' תפילה סעי' טו). וצ"ב מה חידושו. ואולי כוונתו דאף בחצי שעה הסמוכה לעלות השחר מותר להתחיל. ודו"ק. עוד י"ל בדוחק דבא לאפוקי החוששים ע"פ הזוהר דלהלן, ויתכן דכבר בימיו נודעה חומרא כזו ובא לשלול ממנה. וה' יאיר עינינו.

והזוהר (ח"ב רטו ע"ב, ועע"ש ח"א רז ע"ב; ח"ג רמא ע"ב) דורש סמוכין "לא תאכלו על הדם, לא תנחשו ולא תעוננו", דמי שאוכל לפני התפילה כאילו הוא מעונן ומנחש. משום שהנשמה עולה למרומים בלילה לראות סודות כל אחד ואחד מה שראוי לו, ונשאר רק חלק הנפש[173] שהוא עם הדם ההכרחי, וכך טועם טעם מיתה, והוא טמא, ואין הנשמה מתיישבת היטב בחזרה בגוף עד שיתפלל, ואם אוכל לפני התפילה הרי הוא כעובד עבו"ז שמעונן ומנחש, כי חיזק את הסט"א צד הטומאה שהיה בו לפני שנתיישבה בו הנשמה וטיהרה אותו בחזרה, וכאילו עבד לאלהים אחרים. עכת"ד. [וזהו

תירוץ נכון ואמיתי, וקרוב למה שכתבנו בסי"ד לעיל]. ועוד עיי"ש (ענף ג) דכתב נפק"מ לאדם שלא יוכל לכוין בתפילת ערבית במוצאי צום אא"כ יאכל מקודם, דיאכל אפי' יפסיד עי"ז תפילה בציבור, כדי שיוכל לכוין כיאות. ועיי"ע בקובץ אור ישראל (מאנסי, חל"ב שנה ח חוברת ד עמי נד-נח). וראיתי במקראי קודש (להגרצפ"פ, ימים נוראים סי' כט עמי צז) דנראה דג"כ נתקשה בסתירה דומה, בין משיי"כ הבאר היטב והביאור הלכה הנ"ל דיתפלל בביתו, לבין משיי"כ הפרי"ח והפמ"ג (לעיל, והובא באותו דיבור בביאור הלכה) דדברי רפואה שרי לאכול לפני התפילה אף אם יכול לאוכלם אחרי התפילה, ומאי שנא, ומתרץ דדברי רפואה נצרך לטעימה בעלמא, משא"כ הבאר היטב והביאור הלכה איירי באכילה ממש, עיי"ש (ובהררי קודש שם העי 1). [ולענעי"ד חילוק זה צ"ע, דאיך יכתוב הביאור הלכה את שני הדינים באותו דיבור, ולא ירמוז דזה באכילה וזה בטעימה. ובשו"ת מחזה אליהו (חיא סיי לג או"י ב סוס"יק ט וסוס"יק יב) הגזים בהכנסת חילוק המקראי קודש בתוך דברי הביאור הלכה, עיי"ש ודו"יק]. ואנא עבדא לא הבנתי גם סתירה זו, דלענעי"ד פשיטא דלא קשיא מידי, דשאני כשהאכילה היא רפואה בעצמה לבין כשאוכל לשובע נפשו רק שאינו יכול לחכות לזה עד אחרי התפילה. ודו"יק.   ובדרך אגב אבוא העיריה, דבנוהג כצאן יוסף (דיני הנחגת כל יום סעיי יא, עמי יט ובדפריח עמי יד) העתיק את דברי הלקט הקמח הנ"ל וכתבו בשם הרדבי"ז, וזה אינו ברדבי"ז לפנינו, וניכר שראה בלקט הקמח הנ"ל שהעעתיק בתחילת דבריו את לשון תשובת הרדבי"ז דלעיל לגבי סוכר, ואחי"כ כתב לקט הקמח בסוגריים את דברי עצמו, ובסוף הקטע ציין 'רדבי"ז', וכוונתו על תחילת דבריו לפני הסוגריים, והנוהג כצאן יוסף הבין שכל הקטע מהרדבי"ז. וכן בקמח סלת (דיני קימת המיטה סעיי מד, ב סעיא ובדפריח עמי ה) כתב כן בשם 'כתב הרב לקט הקמח בשם הרדבי"ז זיל', ואינו נכון וכנ"ל. ועיי היטב בשלמי צבור (כב ע"א ובדפריח עמי נח) שהעתיק מעין זה, ומסופקני בלשונו אם סבר שהכל מהרדבי"ז או הבין שהחלק השני הוא מלקט הקמח, עיי"ש ודו"יק. ובפחד יצחק (למפרונטי, ערד מים, צח ע"יב) ניכר שהבחין בין לשון הרדבי"ז ללשון לקט הקמח, עיי"ש.

172 ובהגהות איש מצליח על משני"ב (סיי פט שם הערה 4, ובסוף הספר עמי צב) חלק על כהיח הנ"ל שהביא את דברי האחרונים הנ"ל, דהם נגד דברי מרן הבי"י דכתב דאין חיוב לאכול, אלא רק אם רצו, וכנ"ל.

173 עיי בפירוש אור יקר להרמ"ק (על הזוהר שם, חי"א עמי צח) דביאר באריכות מדוע הוזכרו כאן רק חלקי הנפש והנשמה, ולא חלק הרוח.

"לא תאכלו על הדם", כלומר לא תאכלו ותתנו כח לחלק הדם ('חילא דדמא'), שהוא הנפש בלי הנשמה[174]. והובא הזוהר בקצרה בעץ חיים (שמ"ט פ"ד, קיב ע"ב). ע"ע בזוהר חדש (מדרש רות צ ע"ד) שיש בשמים היכל מיוחד ל'כל אילין דלא אכלי כל יומיהון על דמהון'[175].

ועפ"[176]ז כתבו מהר"ן שפירא (מח"ס מצת שימורים, בספרו טוב הארץ ט ע"ב / עג ע"ב, ובדפו"ח עמ' רכז), מהר"י צמח (לחם מן השמים ד ע"ב), מהר"א אזולאי (אור החמה על הזוהר שם, קסח ע"א בדפי הספר) בשם מהרח"ו, דאף הקם בחצות הלילה, אסור לטעום לפני שמתפלל. עכ"ד. והובא במשנת חסידים (מסכת חצות פ"ז סעי' א)[177], מג"א (סוס"ק יד), יד אהרן (הגהב"י סוהס"י), באר היטב (ס"ק יא, וסי' תקפא ס"ק יב), א"ר (ס"ק יא), החיד"א (ברכ"י ס"ק ב ושיו"ב ס"ק א, נצוצי אורות על הזוהר שם)[178], שלמי ציבור (כא ע"ב

---

[174] והחמדת ימים (ח"ג ימים נוראים פ"ד [קכ]) מבאר דזה מה שדורש הזוהר "לא תנחשו", כלומר לא תתנו חלק לנחש הקדמוני, שהוא הסט"א. עוד רמז שם על דין זה "ואינו נאכל אלא צלי" [כלומר לא אוכלים אלא בתר צלותא].

[175] פי' לכל אלו שלא אכלו מימיהם על דמם, כלומר לפני התפילה. וע"י בפירוש אבן יקרה (בשו"ע הזוהר שם עמי' יט אות כח) דהההגשה שלא אכלו מימיהם, כלומר אע"פ שהיו יכולים להתיר מדין הצמא והרעב וכדו' (ע"י לעיל) דכתבת השו"ע 'אם רצו' (ע"י בזה לעיל), והם בחרו להשתדל בכל כוחם להתפלל כיאות בלי לאכול לפני כן [ובפרט למסקנת חב"י דאין איסור בדבר, ע"י לעיל].

[176] ראיתי הרבה בספרים בני זמננו דמאריכים כאן בדבר מחלוקת בין הפוסקים למקובלים, או בין התלמוד לזוהר, דאזלינן כהתלמוד והפוסקים וכו'. ואני אינני מאריך בזה מתרי טעמי. א. הבאנו את דברי הפוסקים כאן על נושא זה עצמו, מי כותב לחוש כאן ומי כותב שלא לחוש, וא"כ אינינו צריכים לדברי בעלי הכללים כשמפורש כאן באופן פרטי על דין זה [ומצאתי גם כאלו שכותבים את הכלל הנ"ל במקומות אחרים, וכאן חששו לדברי המקובלים (ורמז לזה היוסח"א ס"ק ה), ואל תתמה על זה, מחמת הטעם הבא]. ב. אמת אנו יוצאים מנקודת הנחה דאכן מעיקר הדין שרי, וכו"ע מודו בזה, ואין הדברים כתובים אלא למי שבא לחשוש לדברי המקובלים [ובפרט שרבים מבעלי הכללים הנ"ל כתבו דאם המקובלים אומרים להחמיר יש להחמיר כמותם], מתי יחשוש ומתי אי"צ לחשוש, ומתי לפי המקובלים עצמם אין חשש וכו'. וזה החלי בעזהשי"ת.

[177] וע"י נתיבות עולם (על קיצור סמ"ג, לאוין רכ, ס ע"א).

[178] עי' בהגהות ויוסף דוד (שם, מהדורת זכרון אהרן, הערה 5) שרוצה להוכיח כדעת הזוהר מהגמרא (תענית יב ע"א) דאם ישן בערב התענית נאסר מלאכול, עיי"ש. וצי"ע, דאדרבה התם איירי רק בערב תענית דעל דעת זה הלך לישון, משמע בשאר ימות השנה מותר לאכול. וכ"כ בשו"ת לב חיים (פלאג'י, ח"ב סי' נט, פו ע"ג) דמשם מוכח דמעיקר הדין מותר לאכול. ועי' להאדר"ית בספר הר המוריה (בקונטרס הלכות גדולות בסוף הספר עמי' רג) דהביא הראיה הנ"ל מהגמרא וכתב ליש לדחות'. ועי' בלב חיים שם דעוד הוכיח כן מהמשנה (פסחים קכ ע"א) לגבי קרבן פסח, דישנו כולם נאסרו מלאכול, ישנו מיעוטם מותרים, משמע דבשאר ימות השנה מותרים בכל גונא, וגם התם בישנו מיעוטם מותרים אף אלו שישנו. והשדי חמד בשו"ת מכתב מחזיקיהו (סי' ז) כתב דמשמע דהבין דלדעת המקובלים לא יהני סעודת מצוה להתיר האיסור, אך לשיטת השדי חמד [יבואר להלן] דלצורך סעודת מצוה אין איסור, א"כ אין ראיה מהא דקרבן פסח, די"ל דכהאי גונא בשאר ימות השנה לצורך סעודת מצוה היו מותרים. וכ"כ השד"ח (דלהלן) להדיא לדחות הראיה. [אמנם לגבי אכילה לפני תפילה אחרי עה"ש, כתבו האחרונים דאין להתיר אפילו לצורך סעודת חיוב, עי' מש"כ בהערה לעיל (בתוך ענין להפסיק בהגיע הזמן)]. ובספר מאורי אור (ווירמש, ח"ד ברכות י ע"ב) רוצה לתלות טעמי הגמרא שם (ע"י לעיל בריש פרקין) באיסור זה, דלטעמא די"לא תאכלו על הדם" אסור לאכול אפי' לפני עה"ש, כהזוהר, שהרי נותן כח לחילא דדמא, וכך היא א' בתלמוד, ולטעמא

ובדפו"ח עמ' נד), **חסד לאלפים** (סעי' ח), **יפה ללב** (ס"ק ו, וביושר לבב שם), **חיי אדם** (כלל טז סעי' א), **קצש"ע** (סי' ח סעי' ג), **הלכה ברורה** (אוירבאך, שם ס"ק ד) **וכה"ח** (שם ס"ק כח,מג, וסי' תקסד ס"ק ז). **וכ"פ המשנ"ב** (סי' פט ס"ק כח) **דנכון לכתחילה ליזהר בזה**[179] **אם אינו מוכרח**[180].

וכתב החסד לאלפים (שם) דאפילו ישן שינת קבע בתחילת הלילה שלא במתכוין, נאסר עליו לאכול ולשתות, ולא מהני תנאי וכו'. עכ"ד[181]. ומעין זה כתב כה"ח (שם) דאפילו קם לפני חצות, כל שישן שינת קבע על מיטתו, נאסר[182]. ובשו"ת לב חיים (פלאג'י, ח"א סי' סט) הביא צד אחד כנ"ל דאפילו ישן

ד"יאותי השלכת אחרי גוך" הוא רק אחרי עה"יש, דמתגאה לפני התפילה. [א"ה: ואינו מוכרח לעיי"ד. ובשו"ת להורות נתן (ח"א סי' ח אות ג) כתב להיפך דלטעמא די"לא תאכלו על הדם" האיסור רק בזמן תפילה כלומר אחרי עה"יש, ולטעמא די"ואותי השלכת אחרי גוך" הוא גם לפני עה"יש כיון דעכ"פ מתפלל בשובע וגאוה בקרבו]. עוד רוצה שם לדחות הראיה מהגמרא (תענית שם) דאיתא "עד מתי אוכל ושותה, עד שיעלה עמוד השחר", דיי"ל דאיירי בהיה ער כל הלילה [א"ה: צ"ע, דעכ"פ מהמשך הגמרא שם די"אבל ישן אינו אוכל" מוכח דרק בערב תענית אסור כשישן, משא"כ בשאר ימות השנה, וכמו שהוכיח מהרי"ח פלאג'י הנ"ל. וכן דחה דבריו באורח נאמן (ס"ק יז), עיי"ש]. או דאיירי בהתעורר לפני חצות [א"ה: וס"ל דבכהאי גונא ליכא איסור דהזוהר, אך עי' להלן דיש שכתבו דהוא גם אם התעורר לפני חצות]. או דרק בערב תענית מתירים, וכמש"כ הרמ"א לגבי ערב ר"ה [יובא להלן למעלה].

[179] וראיתי לנכון להעתיק כאן לשון של זהורי"ת מספר קב הישר (פס"א) שהביא קפידא זו של הזוהר, וכתב: והנה ראיתי שכמה אנשים במדינות האלו אשר הם להוטין אחר גרונם, ותיכף כשיעמדו קודם שיאור היום איזה שעות בהשכמה, מדמין בעצמן **שימותו** אם לא ישתו יין שרף, והיא להם כהיתר גמור למלאות תאוות ושרירות לבם הרע וכו', על כן הירא וחרד לדבר ה' ישמע לקול עצה הטובה, שיהיה לו [כמו] חתיכא דאיסורא לאכול או לטעום שום דבר קודם שהתפלל תפלת שחרית וכו'. עכ"ל, עיי"ש באורך.

[180] וכ"פ בקצות השלחן (סי' יא סעי' ג), ובבדי השלחן (שם אות ט) תמה מדוע לא שו"ע הגרי"ז לא הביא זהירות זו. והאדרי"ת בספרו הר המוריה (בקונטרס הלכתא גדולות שבסוף הספר עמ' רג) כתב דמנהגנו שלא לחוש לדברי הזוהר האלו, וכתב סברא דיתכן דבזמן הזוהר עדיין לא קיבלו עליהם את תפילת ערבית כחובה, וא"כ אכתי רובץ עליו חיוב תפילה מדאורייתא עד שיתפלל תפילת שחרית. משא"כ לדידן דשווינהו עלייהו ערבית כחובה, ומתפללים תמיד ערבית, קיימנו החיוב מדאורייתא ואפשר לאכול. עכ"ד. אך עי' לעיל (ריש הסימן) דרבים סוברים דחיוב תפילה מדאורייתא מתחיל מן הבוקר. וע"יע להמהדיר (על הר המוריה שם הערה 51) דהעיר דלפי"ז גם היה לאסור לפי הזוהר גם אם לא ישן, ומשמעות הזוהר וכל הפוסקים שהאיסור רק כשישן (עי' להלן).

[181] עוד הוסיף: וגם אם תראה רבים בתורה אנשי השם שמקילין בה, אין ראוי לסמוך עליהם בכגון דא, שיש דרכים להיתר וכל הדרכים בחזקת סכנה, ולא כל העיתים שוות, ולא כל אדם שוה, כי שמוכרח משום רפואה כדי להתפלל בכונה הוא דשרי, והמחמיר מחמת מורא שמים אפילו במקום מיחוש, רפואתו מהרה תמצא מן השמים. עכ"יל.

[182] עוד הוסיף כה"ח שם, דנכון ליזהר שלא לאכול ולשתות עד אחר גמר כל התפילה, דהיינו עד אחרי עלינו לשבח וכו', ורק מי שאנוס ביותר ואינו יכול להמתין עד אחר גמר התפילה, ילך למקום אחר ויאכל מעט ליישב לבו מפני חלישותו, עיי"ש. ובנזירות שמשון (שם) וארחות חיים (מספינקא, שם ס"ק י) כתבו דבשער הכוונות (ענין תפילת השחר דרוש א) משמע דוקא תפילת שמונה עשרה. עכ"יד. ובזוהר חדש (צ סתעי"ב - צא רעי"א) איתא דאין הנשמה מתיישבת חזרה בגוף עד עניית יברכו'. והובא בפרי עץ חיים (שער קריא"ש רפי"א, לח רע"ב) בשם האר"י [דאפילו מי שמשכים ללמוד ולעסוק בתורה, אינו חוזר בו נשמתו, עד שיתפלל ויענה ברוך ה' המבורך לעולם ועד, לכן יש בו ה' תיבות, נגד ה' שמות של נרנח"יי שיש לנשמה], ומשם ביפה ללב (סי' נז סי"ק א) ובכה"ח (שם סי"ק ג). וכתב מהרי"ש אלקבץ (מנות הלוי אסתר ג ד) לפי"ז יידע האדם דכפשע בינו ובין המות עד דיענה כנסיות (עי' עזרא, סי' נז). וע"יע ביאור בזה בשו"ת

ביום ונמשכה שינתו לתוך הלילה כמו חצי שעה[183], נאסר באכילה[184]. ועוד
הביא צד שאפילו ישן שינת עראי ולא קבע על מטתו, נאסר[185], ולא מהני
בזה תנאי כלל. אמנם מסתבר דזה רק אם ישן כשיעור שיתין נשמין [ועיי"ש
דיון כמה דקות הן, ואכמ"ל]. אך גם הביא צד אחר דאין הקפידא אלא כשישן
בנקודת חצות, דאז טעים טעמא דמותא, אך אם ישן בתחילת הלילה בלבד,
או בסוף הלילה בלבד, לא נאסר באכילה ובשתיה לפני עלות השחר. ולא
הכריע בזה, רק כתב דאם ישן פחות מחצי שעה יש להקל, והמחמיר בכל
זה תע"ב.

והיוקח נא (ס"ק יב) כותב בשם המקובל האלהי מהרי"ל[186] דכתב פסק ערוך
בזה, והכריע חד משמעית דאין להקפיד באיסור הזוהר הנ"ל אלא אם ישן
אחרי חצות, אך אם התעורר לפני חצות, כל בקי בחכמת האר"י והרש"ש
יודע דלא נאסר. עכ"ד. ובפירוש אבן יקרה (צינווירט, על שו"ע הזהר עמ' מז) כתב
דמשמעות מהרח"ו (שהובא באור החמה ועוד דלעיל) דלפני חצות מותר לו לאכול,
אך אחרי חצות אסור לאכול אפי' אם התעורר לפני חצות.

ועי' בחסד לאלפים (שם) דסיים דאפשר דבכה"ג סעודת חובה, כגון ליל
שבת, וכ"ש ליל פסח, מותר. עכ"ד. וכ"כ השדי חמד בשו"ת מכתב
לחזקיהו (סי' ז), דמי שנרדם בליל שבת לפני הסעודה, מותר לו לקדש
ולסעוד סעודת ליל שבת אף לפי המקובלים, ובפרט כשיתפלל ערבית

יגל יעקב (גוטליב, או"ח סי' א אות א). והרמ"ק באור יקר (על הזוהר הנ"ל, חי"א עמ' צה) כתב דאפשר דמש"כ
הזוהר כאן 'כד יצלי בר נש צלותא' הכוונה כשיענה 'ברכו'.

[183] וכתב שם (סוף התשובה) דאע"פ שלא התפלל עדיין תפילת ערבית יש לאסור. ודייק השדי חמד
בשו"ת מכתב לחזקיהו (סי' ז) מדבריו דגם אם יתפלל ערבית אחרי קומו לא יהני [וצע"ע דכמה שורות לפני"כ
כתב בכגון זה דתפילת מנחה תהני, עיי"ש]. ותמה על זה דמאי גרע תפילת ערבית מתפילת שחרית, וכשם
דמהני תפילת שחרית להתיר האכילה, כן יהני תפילת ערבית להתיר האכילה. [אמנם מחמת ענוותנותו
שם מלחלוק על מהרי"ח פלאגי, מסיים דכנלע"ד להלכה ולא למעשה עד שיסכימו עמו בעלי הוראה, עיי"ש
דמאריך בדברי ענוה, זיע"א].

[184] ובתוך דבריו (פט רע"א) הזכיר שם צד שאפילו ישן ביום לגמרי, היה מקום לומר כבר שרתה עליו
טעמא דמותא, וכמשי"כ הב"יי (סי' ד) עי"פ הזוהר לגבי נטי"י, ולא תחזור נשמתו לדמו, אולי עד
שיתפלל מנחה, עיי"ש.

[185] עיי"ש שציין לדברי הב"יי (סי' תקסד) דפליג על רבינו ירוחם (נתיב יח סי' א, קסג ע"ג) דכתב לגבי ליל
תענית דלא הוי היסח הדעת אלא בישן שינת קבע על מיטתו, אלא כתב הב"יי דודאי שלא על מטתו
נמי הוי היסח הדעת ואסור לאכול, ולא אמרינן דלא הוי היסח הדעת אלא במתנמנם או בישן תוך
סעודתו. עכ"ד. [אלא דמשי"כ בלב חיים שם דרבינו ירוחם איירי לגבי איסור "לא תאכלו על הדם", צ"ע, דלא
איירי חתם בהא, אלא באיסור אכילה בליל תענית אחרי היסח הדעת, וכמשי"כ לעיל.

[186] נראה שהוא רבי יעקב ישראליג"ה, דכך הוא מוזכר ביוקח נא (סוס"יי ק) שהוא חוציא לאור ספר
בתי אבות למוהרי"יד [רבי יוסף דוד מסלוניקי מח"ס בית דוד ועוד] והוסיף פירושי פיוטים בסוף הספר, וכן
מוזכר בשו"ית מעט מים (סי' יח, ותע"יש סי' יא,יג,יד,יז,יט,כח). חיבר ספר מעשה הצדקה (נדפס בסוף ספר ימי דוד
למוחרי"יד חנ"ל).

אחרי שינתו[187]. ועי' אריכות בהערה להלן לגבי סעודת מלוה מלכה לאדם
שישן במוצ"ש והתעורר אחרי חצות[188]. [ויש לחקור מדוע סעודת חובה מותר. צד
א', באמת אכתי איכא 'נותנים כח לחילא דדמא', אך אי אפשר מחמת כן להמנע מסעודת
חובה, שחיובה גובר. צד ב', בכה"ג דסעודה חובה לא גזרו [ונפק"מ בסעודת מצוה שאינה חובה].
צד ג', דאכילת המצוה מבטלת הסט"א ואדרבה מגבירה חלק הקדושה [ונפק"מ כנ"ל ועוד
דבמציאות לא נתן כח לחילא דדמא]. ודו"ק][189].

והנה ממש"כ הזוהר דאיסור האכילה הוא משום דהנשמה עולה בשינתו
של האדם וכו', מתבאר להדיא דהאיסור הוא דוקא כשישן, אבל אם היה
ניעור כל הלילה מותר לאכול עד עלות השחר. וכ"כ הפמ"ג (שם א"א ס"ק יד),
שלמי ציבור (חלבי השלמים יא ע"ב ובדפו"ח עמ' כח), נזירות שמשון (סי' פט), בן איש חי
(ש"א נצבים סעי' א), כה"ח (שם ס"ק מג), משנ"ב (שם ס"ק כח), שו"ת כנף רננה (סי' א)
וארחות חיים (מספינקא, סי' פט ס"ק י)[190].

והיד אהרן (שם) אחרי שהביא את דברי מהרח"ו כתב: ושמעתי שאחד מן
הגדולים התיר שתיית הקפה, דדוקא מידי דמרבה דם אסור[191]. עכ"ל. [והובא
בבאר היטב (ס"ק יא). וכ"כ בשו"ת הרמ"ז (סי' א/נט, ובאגרותיו סי' ג) והחמדת ימים (ימים נוראים פ"ד
[קכא]), והבאנום לעיל]. וכ"כ בן ידיד (על הרמב"ם הל' תפילה פ"ה ה"ב), דמותר לשתות

---

¹⁸⁷ ועי' בהערה לעיל בשיטת המכתב מחזקיהו לענין תועלת תפילת ערבית להוריד איסור האכילה.

¹⁸⁸ שנחלקו בזה החזון עובדיה והאור לציון, עי' להלן.

¹⁸⁹ מיהו כל זה לצורך סעודת חובה, אך כדי לצאת ידי ספק שהביא על עצמו, כגון מי שקם לפני
עלות השחר, ושתה מים לצמאו, כשיטת רוב הפוסקים דבזה גם הזוהר והמקובלים מתירים,
וכדלהלן, והסתפק האם בירך ברכה אחרונה, וכבר אינו יכול לברך ולשתות עוד מים כי אינו צמא,
נלעניד דאין להתיר לו לאכול או לשתות משקאות ממותקים וכדו' כדי לברך ברכה אחרונה. ודלא
כמש"כ בספר מעיני ישועה (הכהן, סוף או"ח, בית הספק אות ב, כח ע"ד) דאחר שנסתפק בזה התיר לעצמו
לאכול מעט פירות אף לדעת הזוהר. וכן העלה בשו"ת ויען הכהן (ח"א סי' י) ושכ"כ בשו"ת כה לחי
(חדאד, ח"א סי' טו). ולענ"ד אינו נראה וכנ"ל, דעל הספק הזה נאמר ספק ברכות להקל ופטור הוא
מברכה, ואיך 'יחמירי' לאכול כדי לצאת מהספק שפטור בו, ויקל בקום ועשה על איסור הזוהר
החמור, הוי חומרא דאתי לידי קולא ושב ואל תעשה עדיף. ואין לנו לחדש סברות מדעתנו דהוי כמו
רפואה ואינו דרך גאוה וכו' כמו שכתבו הם שם, וכל כהאי גונא. והי' יאיר עינינו שלא נבוא לידי
מכשול. [וכמובן זהו במי שמקפיד תמיד על איסור הזוהר הנ"ל, ולא סומך על שו"ת שב יעקב דלהלן דס"ל דלא
אסר הזוהר אלא דרך רעבתנות, ועל עוד כמה היתרים דלהלן, א"כ גם לא יסמוד על ההיתר הנ"ל. ואינו דומה
לטעימה מעט מן המעט כשבירך על מאכל, שהתירו האחרונים לעיל, דשאני הכא בתלת. א' התם אינו ספק אלא
ודאי, והכא הוי ספק. ב' התם רוצה לינצל מאיסור ברכה לבטלה דלרוב הפוסקים הוי מדאורייתא, והכא יש לו
רק ספק אם בירך ברכה אחרונה דהוי מדרבנן, ונפסק עליו שספק ברכות להקל ופטור. ג' התם הוי טעימה
בעלמא, והכא צריך לאכול או לשתות כשיעור ברכה אחרונה דוקא. ופשוט.]

¹⁹⁰ וזה דלא כהאורחה נאמן (ס"ק יז) דנטה דלפי הזוהר אפי' אם לא ישן והיה ער כל הלילה, אסור
לעשות סעודה אחרי חצות, ורק ליטעום מותר.

¹⁹¹ המושג 'מרבה דם' מובא באחרונים הנ"ל, ופשוט להם שהשקפה אינו מרבה דם. ואנכי איש צעיר
איני מבין מה זה 'מרבה דם', ומנא להו דקפה אינו מרבה דם. והי' יאיר עיני.

קפה לפני עלות השחר[192], דאינה אכילה ושתיה אלא רק לשכך האדם,
וכמש״כ בספר חמדת ימים ויד אהרן [הנ״ל]. עכ״ד. והחסד לאלפים (שם)
כתב דאסור אפילו קפה עם סוכר וכו'. עכ״ל. ואולי משמע דקפה בלי סוכר
מותר. ודו״ק. וכ״כ בשו״ת לב חיים (פלאג'י, ח״א סי' סט, פו ע״ד; פז ע״ד)[193] והבן איש
חי (ש״א נצבים סעי' א) דקפה מותר. ובפשטות היה נראה דהאיסור ע״פ הסוד
הוא רק כל מה שאסור לפי ההלכה אחרי עה״ש (עי' הרחבה בזה לעיל ע״פ הפוסקים),
דהרי הזוהר גם הביא את הפסוק "לא תאכלו על הדם". וכ״כ להדיא
בשו״ת לב חיים (שם פז ע״ב) ובשער נפתלי (על האבודרהם עמ' סא אות ב)[194]. אך
בנזירות שמשון (שם) כתב: אכן לדעת הזוהר הכל אסור, אפילו מים ואפילו
לרפואה, עי״ש מילתא בטעמא, ואליו תשמעון. עכ״ל. וכנראה פליגי בזה,
ומשמעות רוב האחרונים כנ״ל, דמה שנאסר לפי ההלכה אחרי עלות
השחר, נאסר לפי הקבלה גם לפני, אך מה שמותר לזה מותר לזה[195].

ובבאר היטב (ס״ק טו) כתב: ובבאר היטב אשר לפני[196] כתב דבסידור האר״י
(רבי שבתי סדר הלימוד עמ' עא ; רבי אשר עמ' לג ; שערי רחמים שערי רצון סט ע״ב ; עבודה ומורה דרך יד
ע״א)[197] כתב שמותר לטעום, וכן עשה מהרח״ו ז״ל. וצריך לחלק בין אכילה
לשתיה, דאכילה אסור ושתיה מותר. עכ״ל[198]. וחילוק זה הביאו השלמי

---

[192] משמע שאחרי עלות השחר סי״ל דגם זה אסור. ודו״ק.

[193] ועי' לעיל דלכאורה סותר ד״ע בכה״ח (סי' יא סעי' ד), ומש״כ שם.

[194] אך עיי״ש דכתב דיש להשוותם רק לגבי האיסור של "לא תאכלו על הדם", שמוזכר גם בזוהר
שם, אך לגבי הגאוה יתכן דיש הבדל, כי לפני עלות השחר לא שייך גאוה, דעדיין לא הגיע זמן
תפילה, עיי״ש.

[195] ולגבי ההיתר של 'הצמא והרעב', עיין בהערה להלן אם שייך גם על איסור הזוהר והמקובלים.

[196] הוא הבאר היטב הראשון (שנדפס באמשטרדם שנת תס״ח, חיברו רבי ישעיה ב״ר אברהם מצאצאי חט״ז), ולפנינו
הוא באר היטב השני (שנדפס באמשטרדם שנת תק״ב, חיברו רבי יהודה אשכנזי דיין טיקטין, ונוספו עליו עוד הערות רבות
מחכמים נוספים. ועי' הערתנו לחלן על דברי הבאח״ט סי' תקפא).

[197] וכ״כ באור הישר (למהרי״ם פאפריש, עמוד העבודה סי' א סדר הנהגת אדם בבוקר סעי' לד). ועי' בשו״ת שב יעקב
(דלהלן) שהבין שכביכול האר״י כתבו והעיד על מהרח״ו, והעירו עליו בשו״ת לב חיים (פלאג'י, ח״ב סי'
סט, פז ע״א) ושלחן לחם הפנים (סי' פט ס״ק א) דכמובן אינו יכול להיות, אלא הוא סידור שמסודר ע״פ
כוונות האר״י.

[198] ובשו״ת השיב משה (טייטלבוים, סי' ה) מחמת הקושיא הנ״ל מכריח דכוונת הזוהר על האיסור
הגדול של אכילה כמעון וכמנחש וכו' הוא רק אחרי עלות השחר, וכמו שמבואר בתלמוד
ובפוסקים, ואין כאן שום איסור נוסף. ועיי״ש שחיפש בספר טוב הארץ שהוא מקור המג״א ולא
מצא שם משייך המג״א בשמו. עכ״ד, והאריך בזה. [וצוין בדעת תורה (למהרש״ם, סעי' ח) ובנפש חיה (מרגליות,
ס״ק ז. וכ״ח בספרו שערי זוהר [ברכות י ע״ב])]. אך כיון דלפנינו מפורש כן בטוב הארץ, וכמו שהבאנו למעלה,
וכ״כ תלמידי האר״י, מהרי״י צמח ומהרי״א אזולאי בשם מהרח״ו, אין שום יסוד לדחות
דבריהם ולהשוות בין השונים ולחבר שמים לארץ. אלא יש כאן חומרא מיוחדת של הזוהר והאר״י,
וכתבו רוב האחרונים (ציינום למעלה) לחוש לזה לכתחילה. ועל הסתירה ממעשה מהרח״ו יישבו
האחרונים בטוב טעם וכמשנ״כ למעלה. ובפירוש אבן יקרה (על שו״ע חזחר, ח״ג עמי מו אוי פב) כתב דנראה

ציבור (כב ע״א ובדפו״ח עמ׳ נה), **פמ״ג** (א״א אות יד), **קמח סלת** (דיני קימת המיטה סעי׳ מ, ב ע״א ובדפו״ח עמ׳ ד), **תורת חיים** (סופר, ס״ק יא) **ומשנ״ב** (ס״ק כח). [ובנוה שלום (ס״ק ה) ושו״ת לב חיים (דלעיל שם פז ע״ג) פליגי על חילוק זה, דהא יש הרבה שתיה שנותנים כח לחילא דדמא, והוי בכלל איסור הזוהר]. ובשו״ת שב יעקב (ח״א סי׳ ח) כתב דמהרח״ו היה חלש לבו, ואכל ושתה לחזק גופו, ולא נאסר למי שיש לו חולי או חולשה אלא רק אכילה למלאות תאותו דרך רעבתנות ליהנות גופו בהנאה יתירה. עכ״ד. והובא במחצה״ש (סי׳ פט ס״ק יד), **אשל אברהם** (אופנהיים, שם), **קמח סלת** (דלעיל), **שערי תשובה** (שם ס״ק יא)[199], **משנ״ב** (ס״ק כח) **וערוה״ש** (סוסע״י כו).

והנה השב יעקב הנ״ל התיר כשחולה או חלש לבו, דלא אסור אלא למלאות תאותו דרך רעבתנות בהנאה יתירה וכו׳, וצ״ע דהרי בין חולה וחלש לבו לבין מילוי תאותו דרך הנאה יתירה איכא גווני טובא, ומה יהא הדין בזה. וע״י בשו״ת לב חיים (שם, פו ע״ד) שהשעיר בזה, ורמז דאכילה דרך רעבתנות בלאו הכי תמיד אסור. ובר מן דין מבואר בזוהר דנותן כח לחילא דדמא, וזה גם כשאינו אוכל ברעבתנות. ודו״ק. גם היוקח נא (שם ס״ק ה) האריך לתמוה על השב יעקב, דהשווה בין השונים, שלא החמיר הזוהר על התלמוד אלא כשאוכל דרך רעבתנות, ומשמע דס״ל דתרוייהו איירי מחצי שעה לפני עלות השחר, ולא הזכיר כלל את דברי המג״א שהעתיק את הזוהר על מי שקם אפילו בחצות הלילה.

והחיד״א (ברכ״י שם ס״ק ב, נצוצי אורות לזוהר ח״ב רטו ע״א, וע״ע קונ״א למחב״ר [בסוף אר״ח] על סי׳ פט ס״ק ד שרק ציין לשב יעקב הנ״ל) כתב: ואל תשגיח במה שכתבו קצת בשם מהרח״ו זצ״ל דבאשמורת היה אוכל מיני תרגימא, דאין לסמוך על זה, ופשוט דמהרח״ו זצ״ל לא עשה כזאת, דאיסור גמור הוא לדברי הזוהר. ואולי שהיה הרב חולה, וגברא דלאו שפיר העיד העד לפני חכמים וכתב בספר. עכ״ל. והביאוהו השלמי ציבור (כב ע״א ובדפו״ח עמ׳ נה), **קמח סלת** (דלעיל), **שו״ת לב חיים** (דלעיל) **וכה״ח** (סוס״ק לב)[200].

דהחשיב משה הנ״ל לא ראה דברי מהרי״א אזולאי בשם מהרח״ו שאסר להדיא, לכן סבר להשוות דברי מהרח״ו לדעת הגמרא, עייש.

[199] אלא שחלקם כתבו ישבות יעקב, והיא ט״ס, וצ״ל ׳שב יעקב׳ (והוא שו״ת לרבי יעקב כ״ץ, אמנם גם בשו״ת שבות יעקב לרבי יעקב ריישר דיבר קצת בענין זה, וכדלהלן, אך כאן היא תשובת שב יעקב), והעירו בזה שלחן לחם הפנים (סי׳ פט סוס״ק א) ושער נפתלי (על האבודרהם עמ׳ סא אות ב).

[200] וראיתי תשובה קצרה בשו״ת יצחק ירנן (נרדא, ח״ז סי׳ יח) דבמחי יד כתב דהזוהר גוזמא נקט, ודברי הזוהר נאמרו באופן כולל ושטחי ביותר [על פי לשונו], והעיקר כתלמודין, והפשט דמותר גמור לאכול ולשתות לפני עמוד השחר, בין לפי הפשט ובין לפי הקבלה. עכ״ד. ובמחכ״ת לענ״ד אין בכל התשובה שם שידוד עמקים ובירור הנושא כדרכה של ההלכה, עייש ואכמ״ל.

ובשו"ת כנף רננה (סי' א) כתב ליישב הסתירה דלא נאסר ע"פ הזוהר אלא אם לא אמר תיקון חצות, אך אחרי תיקון חצות שרי לאכול[201]. ולפ"ז מבאר שיטת הרמ"א (דלהלן) לגבי אכילה בערב ר"ה לפני עה"ש, דאיירי אחרי שאמר תיקון חצות. עכ"ד[202]. וכ"כ בלקט הקמח החדש (ס"ק מג). [וזהו דוחק עצום, דלא נרמז בזוהר ובמקובלים הנ"ל כלל שהאיסור משום דלא אמר תיקון חצות.] ובספר המעלות לדוד (חג השבועות פ"ו עמ' צו) כתב עוד ליישב הסתירה, דשמא זה שהעיד שראה את מהרח"ו אוכל באשמורת, היה זה בלילה שלא ישן מהרח"ו כלל, ונתבאר לעיל דגם ע"פ הזוהר אין שום איסור בזה כשלא ישן.

ובאשל אברהם (מבוטשאטש, סי' פט מהדו"ת) כתב דכל קפידת הזוהר ומהרח"ו זהו רק אם קם ע"מ שלא לישון עוד, אך אם קם ורוצה לישון עוד עד עלות השחר, עדיין שייך הלילה ליום שלפניו ומותר לאכול. והבא לפרש לשון מהרח"ו ז"ל להחמיר גם בכהאי גונא, עליו הראיה. עכ"ד. ולא זכיתי להבין חידושו, דכל הרואה טעם האיסור אין בו הבדל בין אם חוזר לישון או לאו, דהנשמה שעלתה בשינתו לא מתיישבת חזרה בגופו עד תפילת שחרית.

והנה המהרי"ל (הל' ימים נוראים סי' ט עמ' רסב [אות טז]) כתב: כשמתענים, יזהרו שלא יאכלו ולא ישתו הלילה דקודם התענית כי אם בהשכמה כל כך שברור לו שעדיין עמוד השחר לא עלה. וכן בערב ראש השנה שדרך הנערים והבתולות לאכול קודם עלות השחר[203], יזהרו במאד שיהא עדיין לילה. עכ"ל. והובא בדרכי משה (סי' תקפא ס"ק ד) וכתב: ואני ראיתי הרבה מדקדקים שאכלו מעט כדי שיצאו גם כן דברי ההגהמ"י (הל' שופר פ"א אות א, והובא בב"י שם) שכתב דיש נמנעים להתענות משום חוקות הגוים, לכן אוכלין מעט קודם עלות השחר. עכ"ל. וכ"כ הרמ"א בהגהת שו"ע (שם סוסע"י ב): ורבים נוהגים

---

[201] ולפי"ז כתב דהישן בתחילת הלילה וקם עוד לפני חצות, יכול לאכול עד חצות, ובחצות נאסר באכילה עד שיעשה תיקון חצות.

[202] והובא בשו"ת יביע אומר (חי"ח סי' כב סוף אות ו, ובהליכות עולם חי"ב עמ' רכ) ויישב לפי"ז מנהג הטועמים לפני עלות השחר כשקמים באשמורת יום השבת לשירת הבקשות וכדו', דהרי בשבת אין כל מקום לתיקון חצות אי"כ לא נאסר לטעום. אמנם סיים שם: ומ"מ אנו אין לנו עסק בנסתרות, לכן אנו נוהגים שלא לטעום וכו', ומקיימים דהצנועים מושכין את ידיהם', ולא נאמרו דברים הללו אלא למצניעיהם, אבל למחות במי שנוהג להקל בודאי שאין לנו לעשות כן. עכ"ל. ומעין זה כתב שם (חי"ד סי' יב אות יד) דירא שמים יחוש לעצמו לדברי הזוה"ק, אי"כ הוא אדם חלש שהוא זקוק לכך. ונמשי"כ בשו"ת ויען הכהן (חי"א סי' ט אות כה עמ' פ) דבילקוט יוסף (חי"א עמ' קמז סעי' יג, שנתחבר ע"י חגרי"ע דידיה) נסוג אחור קמעא וכותב שאין להקל בזה אלא לאדם חלש. עכ"ד. ולאו שמיה מתיא, דעי"ש בילקו"י דבסעיפים אלו (יב-טו) לא איירי על חומרת הזוהר, אלא על עיקר הדין אחרי עה"ש לפני תפילת שחרית, מה שיש מתירים להוסיף חלב לקפה, על זה כתב דיש להקל לאדם חלש. ואח"כ (סעי' טז) מביא את חומרת הזוהר וכותב כמש"כ ביבי"א שם דהצנועים מושכים את ידיהם וכו'.] ועי"ע להלן עוד בביאור שיטתו בזה.

[203] יש גירסא שנוסף בה: להקל עליהן צער התענית (עי' שינויי נוסחאות שם).

לאכול בערב ראש השנה קודם עלות השחר משום חוקות הגויים הנוהגים להתענות בערב חגיהם. עכ"ל. וכ"כ המטה משה (סי' תשפה). והלבוש (שם סעי' ב) כתב טעם אחר, משום דאסור להתענות בערב יום טוב. וכ"כ בהגהות מנהגים לרי"א טירנא (מנהגי ר"ה אות ק עמ' פה), והובאו במג"א (שם ס"ק יב). [ויש נוסחא כזו גם במהרי"ל עצמו (עי"ש שינויי נוסחאות אות ב): והמנהג ההוא משום דמנהג הגויים להתענות קודם יום אידם, ואנו אוכלין בשחר שלא יהא נראה ג"כ כ"כ תענית. עכ"ל. ובעיקר האיסור להתענות בסתם ערב יו"ט מפני כבוד יו"ט, עי' בפוסקים, ואכמ"ל בזה].

והבאר היטב (שם ס"ק יב) כתב: והמעיין בזוהר (דלעיל) ובכתבי האר"י ז"ל (עי' לעיל[204]) מהחטא הגדול ר"ל לאכול קודם אור היום, לא יעשה כן. עכ"ל. וכ"כ המטה אפרים (שם סעי' מו) דבעל נפש יחמיר שלא לאכול כלל[205]. וכ"כ אלף המגן (על מטה אפרים שם ס"ק צב) וקצה המטה (שם ס"ק פו/צט). והפמ"ג (א"א שם ס"ק יב) רק ציין לדברי המג"א (סי' פט דלעיל). וכנראה כוונתו דגם המג"א הביא את דברי הזוהר והאר"י, ומשמע דיש לחשוש להם אף בערב ראש השנה. [ומה שהביא המג"א את דברי רי"א טירנא והלבוש, י"ל דרק הוסיף כן לשיטת הרמ"א, אך ליה לא סבירא ליה. אך צ"ב דשאר אחרונים, כגון המשנ"ב דבסי' פט הביא את קפידת הזוהר והאר"י, לא העיר דבר על הרמ"א הנ"ל בסי' תקפא].

ובשו"ת שבות יעקב (ח"ג סי' מא) חיזק את דברי הרמ"א, שכן הסכמת כל האחרונים, ואל תשגיח כלל בדברי הבאר היטב (הנ"ל) ולא טוב דיבר בזה וכו'[206]. והמג"א דידיה (סי' פט) דהביא את דברי הזוהר לגבי כל השנה, כאן בערב ראש השנה פסק כהרמ"א בזה[207], כי בטעם כל שהוא מותר לאכול

---

[204] בשו"ע מהדורת מכון ירושלים ציינו כמקור: עץ חיים שער קליפות נגה [שער מט] פ"ד קיב ע"ב. עכ"ל. ואינו מדויק, דשם ליתא דזה גם קודם אור היום. וטפי הו"ל לציין לטוב הארץ, נגיד ומצוה ואור החמה (דלעיל) שכתבו כן בשם מהרח"ו להדיא על קודם עלות השחר.

[205] וכתב שם דגם הנוהגים לאכול, זהו רק אחרי סליחות, אך לפני סליחות אין נכון לאכול, אלא רק ישתה קפה בלא סוכר.

[206] אמנם מצטט לשון הבאר היטב, ואינו מתאים ללשון שלפנינו. וצ"ע. [והעיר בזה השדי חמד (ח"י/יב מערכת ר"ה סי' א אות א)]. וכן הציטוט שבספר מאורי אור (ווירמש, ח"ד ברכות י ע"ב) אינו כלפנינו. ודין גרמא משום דהם העתיקו מבאר היטב הראשון (שנדפס באמשטרדם שנת תס"ח), ולפנינו הוא באר היטב השני [עי' הערתנו לעיל על דברי הבאה"ט סי' פט]. ואף מכון ירושלים שהשלימו לרוב עי"פ הבאר היטב הראשון, כאן משום מה לא השלימו. כ"כ ריי"ש סופר בקובץ ירושתנו (ח"ז עמ' שפה הערה 8).

[207] השדי חמד (ח"י/יב מע' ר"ה סי' א אות א) כתב דמשיי"ך השבות יעקב דהמג"א 'כאן פסק כהרמ"א' אינו מדויק, דכאן לא פסק כהרמ"א, ואדרבה מגמגם על הטעמים [עיי"ש], אלא דמיימ כיון שלא חלק בהדיא מחמת דברי הזוהר, משמע דמודה לדינא דגם להזוהר שפיר דמי. עכ"יד השדי"ח. ואולי יי"ל דנמצאו דברי תורה עניים במקום אחד ועשירים במקום אחר, ויילמד סתום מן המפורש. ודוי"ק.

ולשתות אם הוא רעב או צמא[208] כמבואר שם (סי' פט), וכל שכן בערב ר"ה שישנן שני טעמים לשבח וכנ"ל. עכ"ד. וצוין בשערי תשובה (סי' תקפא ס"ק יב).

אך החיד"א (מחב"ר סי' תקפא ס"ק ה) כתב על הרמ"א: בגלילותינו לא נהגו כך כי הוא איסור חמור על פי הזוהר הקדוש. עכ"ל. ועוד כתב (שם קונ"א, ברכ"י סי' פט בשיו"ב אות א, יוסף אומץ סי' יז אות ב): הרב שבות יעקב וכו', ועם האדון הסליחה, דודאי לפי הזוהר איסור גמור ואין זה ענין לרעב וצמא[209], ועוד דיאכל קודם שינה. ובאיסור חמור כזה שאמרו בזוהר דהוי כעובד עבודה זרה אין להקל בטעמים חלושים, כי המנהג התפשט קודם שיצא לאור ספר הזוהר, וחס להו לרבוותא קמאי להתיר אם ידעו מספר הזוהר. אלא שהאחרונים נכנסים בעובי הקורה לקיים המנהג. וגם במדינות אשכנז, החושש לדברי הזוהר, קדוש יאמר לו. ומהר"ר ישראל שלמה לינגו בחיבורו כת"י האריך בזה לאסור איסר וצווח כי כרוכיא קול המצר לישראל על הנוהגים לאכול באשמורת ערב ראש השנה, ומאד התמרמר על זה וכו'. עכ"ד. גם השלחן גבוה (סי' תקפא ס"ק ז), מהר"ח פלאג'י במועד לכל חי (סי' יב סעי' ט) והשדי חמד (ח"ו/יב מע' ר"ה סי' א אות א) השיגו על השבות יעקב, דיש לחוש לדברי הזוהר והמקובלים, אם לא לאדם חלש[210].

ועי' מטה יהודה (עייאש, סי' תקפא ס"ק ו) דמאריך לבאר את המנהג שכתבו הרמ"א והלבוש הנ"ל, ולא רומז כלל לאיסור הזוהר והמקובלים, וצ"ע. וכן העיר בשו"ת יביע אומר (ח"ה סי' כב אות ו), וכתב דאפשר דס"ל דהעיקר כפשט הגמרא דאין איסור.

---

[208] לכאורה לא מובן, דאם הוא צמא ורעב באופן שהותר בסי' פט שם, א"כ גם כל ימות השנה מותר, ולא מתיישב מדוע המג"א שם הביא את הזוהר וכאן לא. ונראה כוונתו דכיון שהוא ערב תענית, נחשב מראש צמא ורעב שהותר בסי' פט שם. ולפי"ז ישתנה הפשט בתמיהת החיד"א עליו, עי' להלן.

[209] בפשטות כוונת החיד"א דאיסור הזוהר הוא גם על הצמא והרעב, ולא כמו שהתירו הפוסקים (סי' פט) לצמא ורעב שאינם יכולים לכוין בתפילתם לאכול לפני התפילה. ונבאר הטעם, דכשהוא אחרי עה"ש לפני התפילה התירו לצמא ורעב כדי שיכוונו, דבלי זה אינם יכולים לכוין. אך לפני עלות השחר, דלאו זמן תפילה הוא, מה בכך שהוא צמא ורעב, ילמד כפי יכולתו ודיו. ודו"ק. אמנם אם נבאר כוונת השבות יעקב (כדלעיל בהערה) דמחדש דבערב תענית כולם נקראים צמא ורעב, כי רוצים שיהיה להם כח לצום [ולמעין סברא זו ראיתי במאורי אור שווירמש, חי"ד ברכות יע"יב], א"כ יתכן דרק על חידוש זה פליג החיד"א, דאין זה ענין צמא ורעב שהותר, כיון שכרגע אינם צמאים ורעבים. וכן משמע קצת מהמשך לשונו יעוד דיאכל קודם שינה', משמע דלכן לא נחשב צמא ורעב משום דהוא ערב תענית, כי יכול לאכול לפני השינה ויהיה לו כח לצום. אמנם לעומת זאת פשטות לשון החיד"א לפני כן ידודאי לפי הזוהר איסור גמור ואין זה ענין...', משמע דמדגיש דלפי הזוהר אין כלל היתר של צמא ורעב. וצ"ע. והי יאיר עינינו במאור תורתו.

[210] וכתב השדי חמד, דאע"פ דמשמעות החיד"א דאין להתיר אלא לחולה ממש, יש לסמוך על המתירים גם לאדם שחלש לבו לשתות קפה וכדו' כדי שתהיה דעתו צלולה לעסוק בתורה.

ובשו"ת אור לציון (ח"ב פ"ז סי' ח) כתב דאדם חלש שרוצה לאכול בליל תענית ציבור כדי שלא תקשה עליו התענית, יש לו לסמוך על הפשט ועיקר הדין שאין איסור לאכול לפני עלות השחר, ויתנה לפני שהולך לישון שבדעתו לאכול ולשתות כשיקום (כמבואר בשו"ע סי' תקפ"ד סעי' א). עכ"ד. [וטעין זה פסק בשו"ת להורות נתן (ח"א סי' ה)]. וכנראה כוונתו בדוקא כמו שפתח 'אדם חלש', כלומר הוא אדם חלש בטבעו, ולכן התיר לו, וכדמצינו בעיקר איסור אכילה לפני התפילה דהתירו הפוסקים לאדם חלש וכדו', אך אם רק דואג שלא יהיה חלש מחמת התענית, לא התיר לו. ודו"ק.

אך בשו"ת יביע אומר (ח"ה סי' כב סוף אות ו, וכ"ה בהליכות עולם ח"ב עמ' רכ) כתב דהמתענים בערב ר"ה לא יאכלו אלא לפני שילכו לישון, ואם הם חלשים ואין דעתם מתקררת עד שיאכלו לפני עלות השחר, מוטב שיעשו התרה על מנהגם להתענות בערב ר"ה, שאין תענית זו אלא משנת חסידים ומנהג בעלמא, ועדיף טפי[211] שלא יצטרכו להכנס בעקולי ופשורי נגד דברי הזוהר. עכ"ד.[212]

---

[211] אמנם בחזון עובדיה (ימים נוראים עמ' מו סעי' ג) חזינן שינוי בדעתו, דבהלכה למעלה כתב בסתם ויש מהנוהגים להתענות שאוכלים קודם עלות השחר... ונכון שקודם שילכו לישון יעשו תנאי... יהיו רשאים לאכול ולשתות, וטוב להחמיר ולהמנע מאכילה לגמרי... שכן הוא על פי הזוהרי. ובהערה (שם עמ' נ) הלשון יותר מקילה דמי שאין הקפה בלבד מספיק לו... ורוצה דוקא לאכול... ומאידך הוא חושש לדברי הזוהר... יעשה התרה על מה שקיבל עליו להתענות בער"ה... כדי שלא יכנס במחלוקת הזוהר.... ודו"ק היטב. ובחזון עובדיה (ארבע תעניות [נדפס שנה אחרי הנ"ל] עמ' ו) כבר מיקל כמעט לגמרי, דלמעלה בהלכה לא מביא כלל את שיטת הזוהר, ולמטה בהערה כותב דאין לחוש לחומרת הזוהר וכו' וכמש"כ הרמ"א וכו', ומסיים רק 'אלא שהמחמיר קדוש יאמר לו', וציין ליבי"א וחזו"ע הנ"ל שהאריך בזה. ועי' בהערה הבאה.

[212] אמנם ממשיך שם דלגבי הקמים באשמורת בליל שבת לשירת הבקשות וכדו', שפיר יש מקום לנוהגים לאכול מיני תרגימא וכיו"ב לסמוך על המתירים וכו', עי"ש דאנו בעצמנו מושכים ידינו מזה, אך הנוהגים להתיר אין למחות בהם וכו'. עכ"ד [הבאנו דבריו בזה לעיל לגבי הסתירה במהרח"ו]. ואנא עבדא לא זכיתי להבין, יציבא בארעא וגיורא בשמי שמיא, בשביל שירת הבקשות שאין לה שום מקור בפוסקים מתיר לטעום, ובשביל תענית ערב ר"ה שעכ"פ הובא מנהג זה בפוסקים, וסמכוהו מהמדרש, אוסר לטעום עד כדי כך שעדיף לא להתענות כלל. והי' יאיר עיני. ועוד קשיא לי דביביע אומר (ח"ט סי' קח אות מז) משיג על האור לציון הנ"ל שאסר לבריא, דהרי מעיקר הדין מותר ורק המחמיר תע"ב. עכ"ד. וצע"ג דהרי גם ביביע אומר והזמיר בערב ר"ה לבריאים, וחעדיף לבטל התענית כדי שלא לעבור על דברי הזוהר, א"כ מה הטענה על האור לציון. וכן העיר נכד האור לציון בקונטרס תשובת ציון (עמ' יד אות מז). ודחיית קונטרס מענה מעונה יוסף (עמ' נג הערה מט) שציין לקולת היביע אומר לגבי שירת הבקשות, אינה דחייה, כיון דהעלים מחומרת היביע אומר בערב ר"ה, וגם לגבי שירת הבקשות כתב היביע אומר דהמחמיר תע"ב (והעיד על עצמו שהוא מהמחמירים), א"כ אין כאן אולי כחוט השערה הבדל, ועכ"פ ודאי שלא השגה. ודו"ק. שוב בינותי וחשבתי בס"ד שהציון ביביע אומר לאור לציון עמ' סג הוא ט"ס, והשגת היביע אומר היא על אור לציון עמ' ר [או אף אם נימא דאינו ט"ס, אך עיקר השגתו מחמת משש"כ באור לציון שם עמ' ר], דבאור לציון שם (פכ"ב סי' יג) כתב דהישן במוצ"ש לפני שאכל סעודה רביעית, והתעורר אחרי חצות, כבר לא יאכל, דאע"פ שיש דעה שעדיין זמנה של סעודה רביעית כל הלילה, אין ספק זה מוציא מידי ודאי של האיסור דהזוהר של אכילה אחרי שינת קבע, ולכן לא יאכל כלל. ורק אם התעורר לפני חצות, [דוחה חיוב סעודה רביעית את איסור הזוהר ו]יאכל סעודה רביעית ולא יבטלנה. עכ"ד. ובחזון עובדיה (שבת ח"ב עמ' תמט)

- יד -

לפני קידוש

והנה התשב"ץ (הקטן, סי' רג), הטור (סי' פט), האגור (סי' קלד) והכל בו (ריש סי' י) כשהביאו את הראבי"ה (ברכות סי' ל) שהתיר לשתות מים [כמבואר לעיל באריכות], כתבו[213]: ודוקא בחול, אבל בשבת ויו"ט אסור משום הקידוש. עכ"ד. והטור הוסיף: ואדוני אבי הרא"ש ז"ל היה שותה מים בשבת בבוקר קודם התפילה, שאין הקידוש אוסרו כיון שעדיין לא הגיע זמנו. עכ"ל [וכ"כ הטור (סי' רפט)][214]. וכ"כ האגור (שם). והב"י (סי' פט שם) כתב: זכורני שראיתי כתוב

פליג עליו, דכיון דלפי פשט התלמוד מותר לאכול, בודאי שלא נפסיד משום כך את סעודה רביעית שיש אומרים [הגרי"א (מעשה רב סי' לט), מקור חיים וחסד לאלפים (סי' ש)] שזמנה כל הלילה. ועוד יש לצרף דעות השבות יעקב והשב יעקב (דלעיל) וכו'. עכ"ד. וא"כ כנראה עיקר השגתו ביבי"א אומר הנ"ל היא על מה שחשש האור לציון לגבי סעודה רביעית בכהאי גונא לדעת הזוהר, והוא פליג עליו בזה. ודו"ק היטב.   ובעיקר פסק האור לציון הנ"ל, ע"י לתלמידי הגרי"י ברכה בברכת יצחק (או"ח סי' ש) נשאר בצ"ע, דלא גרע מהצמא והרעב שהותרה אכילתם לצורך, ועוד דבשער הכוונות [ס ע"ב, סא ע"א, וכן פי' חשמן ששון שם אות כח] כתוב דקדושת השבת נמשכת כל ליל מוצ"ש, וא"כ משמע דגם לפי הקבלה עדיין זמנה של סעודה רביעית. עכ"ד. [אמנם נלע"ד דעדיין אינו ברור, שהרי הצמא והרעב הותר להם לצורך התפילה עצמה, ושאני הכא דהוי לצורך אחר. ומה שהביא משעה"כ, אך ברור שלרוב הדברים אינו כן, כגון וידוי ותיקון חצות אמרינן אחרי חצות דמוצ"ש, וכבר האריכו בזה האחרונים, ואכמ"ל]. ובקובץ אליבא דהלכתא (חנ"ב סיון-תמוז תשע"א) הרב יעקב חי בן שמעון (עמ' יג שערי הלכות סי"ק ח) סתם כהאור לציון ולא הביא חולקים. אך הרב יוסף משדי (עמ' עז סעי' ח והערה 461) הביא את דברי האור לציון ופליג עליו מכח שעה"כ ושמן ששון הנ"ל, והגרי"א וחסד לאלפים הנ"ל. וע"י בספר מעדני איש (שושן, סי' ג סעי' טז עמ' שלח הערה 5) דכתב ד[גם למתירים] יאכל רק כזית או כביצה ולא יותר, כי יותר כבר אינו החיוב לכו"ע ונלכד באיסור הזוהר הנ"ל. ושכך אמר לו גם הרב שמשון שינה נר"ו, עיי"ש. ועי"ע שו"ת ויען הכהן (ח"א סי' י סוף אות א).

[213] ומשמע מריהטת לשונם דהוי המשך דברי הראבי"ה. אך בתשב"ץ אינו מוכרח כן, דיתכן דסיים לצטט את הראבי"ה ומתחיל לכתוב בסתם, שהם דברי רבו מהר"ם מרוטנבורג שכנודע כל הספר הם פסקיו. וכן מתבאר שהבין הארחות חיים (הל' תפילה סי' טו) שכתב דין זה בשם הר"ים. והובא בב"י. ובאמת משפט זה אינו מופיע בראבי"ה שלפנינו. ומהדיר התשב"ץ (שם אות ט) העלה השערה דהטור [והכל בו] לקחן] כל המשפט מהתשב"ץ. עכ"ד. ולפי"ז אכן אין שום ראיה דהטור מייחס דברים אלו לראבי"ה. אמנם משי"ך המהדיר (שם) דבב"י מבואר דקטע זה הוא למהר"ם, שהביא דין זה בשם הארחות חיים בשם הר"ים, - תלה כן רק בב"י משום דראה את הארחות חיים הנדפסים מלפנים, דבהם לא מפורש בארחות חיים דדין זה הוא מהר"ים, אך בארחות חיים הנדמ"ח עי"פ כת"י (אור עציון) כתוב להדיא שדין זה הוא מהר"ים, וכך פתח יכתב הר"ים ני"ע. [וכן המאמי"ר (סי"ק ז) העיר על הב"יי מדוע תלה מקור דברי הארחות חיים במהר"ים, בעוד שהארחות חיים כתב כן בשם ראבי"ה. עכ"ד. ולא ראה את הארחות חיים הנדמ"ח שעל דין זה כתב להדיא יכתב הר"ים ני"ע. וכבר מוכח בכ"מ שהשב"יי ראה את הארחות חיים מכתי"י הנ"ל, וכתבתי כן בס"ד כמה פעמים בהגהותי למהר"יי אבותב (מהדורת מכון המאיר)]. ונמצא אם כן דמפורש בראשונים דדין זה מקורו במהר"ים מרוטנבורג. [ונהעיר על זה בקצרה בבירור הלכה [זילבר, תנינא או"ח חי"ב עמ' רלא]. אמנם דא עקא דהבית יוסף (סי' רפט) על דברי הטור שם שהתיר מים לפני התפילה בשבת, כתב: כתבו רבינו בסימן פט, ושם כתב שאבי העזרי אוסר, ודבר פשוט הוא דכהראי"ש נקיטינן. עכ"ל. הרי שהב"יי כתב זאת להדיא בשם הראבי"ה. והעיר בזה הלחם הפנים (סי' פט סעי' ג), וכתב דדברי הב"יי הנ"ל נעלמו מהמאמ"יר (דלעיל). ועי' בבית יוסף שכתב ג"כ דמצא כתוב כן בשם רבינו טוביה.

[214] ובספר מאורי אור (ווירמש, ח"ה מהדו"ב לסי' פט, קנט ע"א) כתב דשיטת הרא"ש דחוקה לתלות חובת קידוש בתפילתו, ומסתברא טפי דהטור ראה את אביו הרא"ש פעם אחת ששתה מים בשבת לפני

בספר אחד שמתיר לשתות אפי׳ בשבת ויו״ט, ולא מיתסר מפני שלא קידש, משום דכל שלא התפלל אכתי לא מטי זמן קידוש. עכ״ל. [וכתב בשלחן לחם הפנים (סי׳ פט סעי׳ ג) דכנראה כוונת הב״י לספר שראה כן הוא ספר האגור הנ״ל]. והוסיף בבדק הבית דזמש״כ הטור שהיה נוהג הרא״ש[215]. וכ״פ מרן בשו״ע (סי׳ פט סעי׳ ג, וסי׳ רפט סוסעי״א) שמותר לשתות מים לפני התפילה אף בשבת ויו״ט.

אמנם כף החיים (סי׳ פט ס״ק לה) כתב: ומיהו יש אוסרין בשבת ויו״ט משום קידוש כמש״כ בטור וב׳[216], ועל כן יש להחמיר היכא דאפשר כגון שאינו צמא כל כך, ואפילו מי שאינו נזהר בחול. עכ״ל. וע״ע כה״ח (סי׳ רפט ס״ק טז) שהתשיר בפשיטות לבריאים הנוהגים לשתות קפה או תה קודם תפילה ליישב דעתם, דמותר לשתות גם בשבת קודם תפילה בלא קידוש, וכן המנהג פעיה״ק ירושלים ת״ו. עכ״ל. וצע״ק דלא הזכיר העניין להחמיר כמו שהזכיר לעיל (סי׳ פט ס״ק לה) הנ״ל.

ואחרי תפילת שחרית לפני תפילת מוסף, הנה בגמרא (ברכות כח ע״ב) איתא: רב אויא חלש, ולא אתא לפרקא דרב יוסף. למחר כי אתא, בעא אביי לאנוחי דעתיה דרב יוסף. אמר ליה, מאי טעמא לא אתא מר לפרקא. אמר ליה, דהוה חליש לבאי ולא מצינא. אמר ליה, אמאי לא טעמת מידי ואתית. אמר ליה, לא סבר לה מר להא דרב הונא, דאמר רב הונא אסור לו לאדם שיטעום כלום קודם שיתפלל תפלת המוספין וכו׳. ולית הלכתא כרב הונא. ע״כ. וכ״פ בה״ג (סי׳ א), הרי״ף (שם יט ע״א בדפיו, סי׳ ק), הרא״ש (שם פ״ד סי׳ יא), אור זרוע (ח״א סי׳ קט), מחזור ויטרי (סי׳ עו), סידור רש״י (סי׳ קכט), הרוקח (סי׳ שכ), תורי״ד (שבת ט ע״ב, ובפסקיו שם) והמאירי (ברכות כז ע״א) ועוד.

וכתב התורי״ד (שם) דדוקא טעימה בעלמא מותרת, אבל לאכול סעודת קבע אסור. וכ״כ המאירי (ברכות שם): טרעם אם חלש לבו אכילת עראי שיהא לבו נסעד בה וכו׳, אבל אכילת קבע כל שהגיע זמן איזו תפלה אסור. עכ״ל. וכ״כ רבינו יונה (על הרי״ף שם): ודוקא טעימה אינה אסורה, כגון אכילת פירות

התפילה, אך חזר בו, מדלא הביא כלום בחידושיו ופסקיו. וגם הספר שהביא הבית יוסף (עני למעלה להלן) הוא ע״יפ הרא״ש לפני שחזר בו. עכ״ד. ודבריו מחודשים לומר בלי שום מקור שהרא״ש חזר בו, והשו״ע וכל האחרונים פסקו כהרא״ש, עי׳ להלן. וכן העיר בבירור הלכה (תנינא או״ח ח״א עמי רלא), ואעי״פ שרבו של הרא״ש שהוא מהר״ם מרוטנבורג אסר [כמו שהרחבנו בהערה דלעיל [אך כבר חובה בב״י ואעפי״כ פסק להקל וכדלעיל, וגם בראבי״ה לא מפורש לאיסור [כדלעיל בהערה].

[215] והפרישה (ס״ק ו) לא ראה את בדק הבית [כמש״כ החיד״א (שם הגדולים מעי׳ ב סי׳ לא), שלחן לחם הפנים (סי׳ פט סעי׳ ג) וחיוקח נא (שם ס״ק ח)], לכן תמה מה כתב הב״י וזכורני...׳ בעוד שהם דברי הטור המפורשים. ונטה הפרישה (שם) דאולי הוא מלשון הארחות חיים, וא״כ גם כנראה לא ראה את הארחות חיים, כי אינו לשונו, אלא לשון הב״י וכנ״ל דתיקן אח״כ בבדק הבית. וע״ע במאמיר (ס״ק ז) וביוקח נא (ס״ק ח).

[216] דהיינו התשב״ץ והכל בו (דלעיל) ורבינו טוביה, שהובאו בבית יוסף שאוסרים בשבת לשתות מים לפני התפילה משום חובת קידוש.

או אכילת פת מועט וכו', אבל סעודה אסורה. עכ"ל. וכ"כ הרשב"א (ברכות שם) : וכתב הראב"ד ז"ל דיש אומרים דוקא טעימה, ולא אכילה, והוא ז"ל פירש דאפילו טעימה שיש בה כדי לסעוד את הלב [מותר[217], כי הא דרב אויא. עכ"ל. והועתק באהל מועד (שער התפילה דרך ג נתיב יא) ובנמוק"י (ברכות שם). וכ"פ ספר המאורות (ברכות שם)[218] ופסקי ריא"ז (פ"ד דברכות ה"ב את יב). וכ"כ הרא"ה (שם)[219] וביאר הטעם שמא אתי לאמשוכי ולשהויי תפילת מוסף אחרי שבע שעות ונקרא פושע.

והובאו חלק מהראשונים הנ"ל ביתה יוסף (סי' רפו) וכתב דדברי רבינו יונה מטין כדברי הראב"ד. ושנראה שכך הם דברי הטור (שם) דרק טעימה מותרת, אך אכילת סעודה אסורה[220], ממש"כ הטור (שם) דצריך להתפלל מוסף קודם 'אכילה', כדמבואר בגמרא (תענית כו ע"ב) דלא שכיחי שכרות במוסף, אלמא דאין דרך לאכול קודם[221]. עכ"ד[222]. [וכ"כ הדרישה (שם ס"ק ז)

---

[217] כן מוכח מהענין, ומהההוכחה דלהלן דלהל מרב אויא. ובספר צרור החיים (דרך א סי' יג עמ' יג, דרך ב סי' יז) כתב 'אסורי. וצ"ב.

[218] והוסיף : והמחמיר בזה [בטעימה] הרי זה משובח, וכן נהגו להחמיר על זה. עכ"ל.

[219] לשון הרא"ה שם : מסתברא ודאי דדוקא טעימה הוא דשריא, אבל סעודה גדולה ודאי אסור וכו'. עכ"ל. ולכאורה יש סתירה בין דיוקא דרישא לדיוקא דסיפא, דמרישא משמע דוקא טעימה מותר אך אכילה אסור, אפילו פת כביצה, ומסיפא משמע דדוקא סעודה גדולה אסור, אבל סעודה רגילה מותר. והמהדיר (על חידושי הרא"ה ירושלים תשס"ז, עמי צג הערה 310) פשיטא ליה דדיוקא מסיפא עיקר, וכתב דמוכח מהרא"ה כהב"ח (דלהלן) דגם אכילה שרי. וכ"כ בפשיטות בעניינים למשפט (ברכות שם אות ה, אך צ"ע דלא ציטט כלל את תחילת לשון הרא"ה, ודייק בפשיטות מסוף דבריו. אמנם המהדיר (על חידושי הרא"ה מאינץ תרל"ד, עמ' עא הערה לה) פשיטא ליה דדיוקא דרישא עיקר, וכתב דכוונת הסיפא 'סעודה גדולה' כלומר כל סעודה ממש. בשו"ת יביע אומר (ח"ח סי' כב אות א) פשיטא ליה דהדיוק מהרישא עיקר, ולא יחלוק על שאר הראשונים הנ"ל דהתירו רק טעימה. ועי"ש דציין ללשון פסקי התוספות (תענית אות נח) דכתבו : מותר לאכול ולשתות קודם תפילת מוסף ולא להשתכר. עכ"ל. משמע דאכילה בכל גונא שרי. אך יש לדחות קצת שסתם כל אכילת קבע יש בה חשש שכרות ואסורה. עכ"ד.

[220] וביאר הב"יי, דאין לפרש דברי הטור דמדינא מותר בין טעימה ובין אכילה, וכשאמרה הגמרא דלית הלכתא כרב הונא דאסר לטעום לפני מוסף, כוונתה דמותר אפילו לאכול, דאכילה נמי טעימה מיקריא. וכן כשאמר הטור דאין דרך לאכול לפני מוסף, כוונתו גם לא לטעום, דטעימה נמי אכילה מיקריא. דאי"כ מה אמר רבינו חננאל 'אין אדם רשאי לאכול', הרי מותר אפילו לאכול, ורק אין דרך העולם לאכול.

[221] וכתב הטור דכן כתב רבינו חננאל (תענית שם, הובא ברא"ש תענית פ"יד סי' לא) דשמעינן מכאן דאין אדם רשאי לאכול עד אחרי תפילת מוסף, הלכך לא שכיח בה שכרות. עכ"ל. וביאר הב"ח (שם אות ז) דמש"יכ רבינו חננאל 'אין אדם רשאי לאכול' כוונתו מחמת שאין דרך לאכול, וכמש"יכ הטור, לכן משום "אל תטוש תורת אמך" אין אדם רשאי לאכול, דהרי לא כתב רבינו חננאל 'אסור לאדם לאכול'. עכ"ד. [ויש לפלפל בראיה זו, וכנודע דדנו בשאר מקומות בלשון 'אין אדם רשאי, ואכמ"ל]. אך משמעות הב"יי (דלעיל) והדרישה (שם ס"ק ז) דכוונת רבינו חננאל כרבינו יונה והרשב"א, דאכילה אסורה מדינא.

[222] ומסיים הב"יי, דרבינו ירוחם כתב (ח"יט נ"יב, קא ע"יד) 'אסור לטעום כלומר לאכול קודם תפילת מוסף', ודבריו תמוהים דהא בהדיא אסיקנא דליתא הלכתא כרב הונא. ואפשר דכוונת רבינו ירוחם

והט"ז (ס"ק ב)]. וכ"פ בשו"ע (שם סעי' ד): מותר לטעום קודם תפלת המוספין, דהיינו אכילת פירות[223] או אפילו פת מועט אפילו טעימה שיש בה כדי לסעוד הלב, אבל סעודה אסור. עכ"ל.

ולשון הרמב"ם (הל' תפילה פ"ו ה"ד): אסור לו לאדם שיטעום כלום וכו' עד שיתפלל תפלת שחרית וכו', אבל טועם ועושה מלאכה קודם שיתפלל מוסף וקודם מנחה, אבל אינו סועד סמוך למנחה. עכ"ל. הנה מתחילת דבריו 'אבל טועם... קודם שיתפלל מוסף', משמע דוקא טעימה מותר, אך מסיום דבריו 'אבל אינו סועד סמוך למנחה' משמע דסמוך למוסף מותר אף לסעוד. והעיר בזה בשו"ת היכלי שן (ח"ב ר"ס ב) ונשאר בצ"ע. והדגול מרבבה (סי' רפו ס"ק ג) נטה דהדיוק מהסיפא עיקר, ועכ"פ אכילת עראי מותר לפני מוסף. [וכן דייקו מלשון הרמב"ם בשו"ת שערי ישועה (זיין, שער ה סי' ב עמ' נב) ושו"ת זכרון יהודה (גרינוואלד, סי' קה)]. וכן משמע בפסקי הרי"ד (ברכות שם) דכתב הא דלית הלכתא כרב הונא וכריב"ל, וסיים: ודוקא אכילת עראי מותר לאכול קודם תפילת המנחה, אבל אכילת קבע אסור משהגיע זמן המנחה, ואפילו מנחה גדולה. עכ"ל. משמע דלפני מוסף מותר.

אך הכסף משנה[224] (על הרמב"ם שם) כתב בפשיטות [כהדיוק מהרישא], וז"ל: ונראה שדעת רבינו דדוקא טעימה הוא דשרינן, אבל סעודה אפילו של עראי אסורה, כמו שכתב בסמוך. ונ"ל דאכילת פירות כביצה הוי טעימה, אבל יותר מכביצה או כזית מפת, אכילת עראי מקרי ואסור[225]. עכ"ל.

אמנם הב"ח (שם אות ב) כתב בדעת הטור דגם אכילה שרי מעיקר הדין, ורק משום מנהגא אסור, ולכן יש להתיר למאן דחליש ליביה. [וכן נוטה הדגול

___

דאסור לטעום טעימה גדולה כלומר אכילה, אך טעימה קטנה מותר. עכ"ד הב"יי. והא"ר (שם ס"ק ט) תמה על הב"יי דהא ברבינו ירוחם שם איתא **'אינו** אסור לטעום...', וא"כ לא קשיא מידי. וכ"כ החיד"א (ברכ"י ס"ק ה) דכן הוא בשני הדפוסים של רבינו ירוחם [דפו' קושטא רע"ז, ודפוס ויניציאה שי"ג].

[223] עיי' להלן על דברי הכסף משנה מהו שיעור אכילת פת ופירות.

[224] לשיטתו בבית יוסף (דלעיל) דפליג על הב"ח (דלהלן). וכ"כ אמת ליעקב (קמינצקי, ברכות כח ע"ב) דלכן כתב הכס"מ את הדיבור המתחיל 'אבל אינו סועד סמוך למנחה' דשייך להלכה הבאה ברמב"ם שם, דהיא בדיני תפילת מנחה, וא"כ כאילו סיים הרמב"ם הלכה זו 'אבל טועם הוא ועושה מלאכה קודם מוסף וקודם מנחה', משמע דין שניהם שוה דמותר רק בטעימה ולא בסעודה. ודו"ק.

[225] האחרונים תמהו דבשו"ע (הובא למעלה לעיל) לא הגביל כמות אכילת פירות כלל, וגם בפת כתב כביצה, וכאן הגביל אכילת הפירות לכביצה, ופת לכזית. ותמהו בזה הא"ר (סי' רלב ס"ק ז), מעשה רוקח (על הרמב"ם שם), מטה יהודה (סי' רפו ס"ק ז, ובלחם יהודה חל' תפילה שם) וערך השלחן (סי' רפו ס"ק א). והדגול מרבבה (סי' רלב שם) ושו"ת קרן לדוד (סי' כא אות ג) כתבו דהשו"ע חזר בו [אך נחלקו במה חזר בו, עיי"ש]. ומעין זה כתב החיד"א בברכ"י (סי' רלב ס"ק יא), דבכס"מ ביאר דעת הרמב"ם, ובשו"ע לא פסק כן, אך נשאר בצ"ע דהב"יי לא ביאר דיש פלוגתא בזה. ומעין זה כתבו מראה הפנים (על הירושלמי שבת פ"א ח"ב דיה ולא לאכול) ובן ידיד (על הרמב"ם שם). והמגן גיבורים (שם שלטי הג' ס"ק ה) האריך בזה, ועיי"ע בן ידיד (על הרמב"ם שם). ועיי' באר היטב (סי' רפו ס"ק ג) שנחלק בזה עם הבאר היטב אשר לפניו.

מרבבה (שם ס״ק ג), עי״ש]. אך הט״ז (שם ס״ק א) כתב דהעיקר כהשו״ע, וחלילה להקל בזה. וכ״כ העולת תמיד (עו״ש שם ס״ק ג), יד אהרן (שם הגהב״י), מטה יהודה (ס״ק ז), שאגת אריה (סי׳ יח) וערך השלחן (ס״ק ב). והמג״א (שם) ג״כ נטה כהשו״ע, רק הסיק להקל בצירוף הדעה [ברכות ל ע״א] דיחיד פטור מתפילת מוסף [ועי״ע היטב במג״א (סוס״י קנד), ודו״ק]. וכ״כ כה״ח (ס״ק לא) דאם הוא חלוש המזג ואם לא יאכל יותר מכביצה פת לא יוכל להתפלל בכוונה, יש להקל. וכ״פ ערוה״ש (סעי׳ יג). ועי״ע שו״ת חת״ס (או״ח סי׳ כט) דהיקל במקום צורך בסעודה קטנה. וכ״כ בשו״ת זכרון יהודה (גרינוולד, סי׳ קה).

והנה כתב מהרש״ל (בהגהותיו לטור סי׳ פט [מהדורת המאו״ר עמ׳ א][226]) דגם לפני תפילת מוסף מותר לשתות מים, כי לא הגיע עדיין זמן קידוש. עכ״ד. וכ״כ בשמו תלמידיו הפרישה (סי׳ פט ס״ק ו) ועטרת זקנים (על השו״ע שם ס״ק ד). כלומר אע״פ שהתפלל תפילת שחרית, לא חל חיוב קידוש עד אחרי שיתפלל תפילת מוסף. [ועצ״ב לשון הבאר היטב (ס״ק יב) 'ואחר תפילת מוסף אסור, כיון שהגיע זמן קידוש, רש״ל', דהא פשיטא היא, דוכי כולי האי שתי ואזיל?! ועי׳ להלן בהערה]. משמע דגם כל גווני דההיתירים דלעיל, יוכל לאכול בלי קידוש, כי עדיין לא הגיע זמן קידוש.

אך הב״ח (שם), מהר״א אזולאי (על הלבוש שם ס״ק ה), עולת תמיד (עו״ש שם ס״ק ג), מג״א (שם ס״ק א)[227], שערי ישועה (זיין, שער ה סי׳ ב-ד), ברכ״י (סי׳ רפו ס״ק ז), קמח סלת (סוף דינים שלאחר ההפטרה, פא ע״ב), תוספת שבת (ס״ק ד), זכור לאברהם (אלקלעי, ח״א אות ק, קי ע״ב / קלא ע״א [ועי״ע בספרו שו״ת חסד לאברהם סי׳ ו])[228], רעק״א (פסקים ותקנות סי׳ כ אות יב עמ׳ עג; שו״ת מכון המאו״ר ח״ד סי׳ עא ס״ק יט אות יב), מטה אפרים (סי׳ תקפח סעי׳ ב)[229],

<hr>

[226] וז״ל שם: כיון שעדיין לא הגיע זמנו [לשון הטור], ולפי״ז אפשר אף קודם תפילת המוספין, עיין לקמן בהגהתי בסימן רפו [ד״ה אסור לאדם]. עכ״ל. אך בסי׳ רפו לא הביאו במהדורת המאו״ר שום הגהה למהרש״ל. וצ״יע.

[227] וכתב המג״א דאין לומר דעדיין לא חלה חובת קידוש, דהרי התירו לאכול מעט פת. עכ״ד. כלומר ועל כרחך אם מותר לאכול מעט פת, ודאי דצריך לקדש לפני כן, וא״יכ כבר חלה עכשו חובת קידוש גם אם אינו רוצה לאכול פת.

[228] ומש״יכ בשו״ת מחזה אליהו (סי׳ לג אות ב ס״ק ח) דיש סתירה בזכור לאברהם, אנא עבדא עייָנתי שם וקראתי את שני הקטעים ולא ראיתי סתירה, והי׳ יאיר עיני.

[229] ובאלף המגן (שם ס״ק ב) כתב דמ״מ בראש השנה בהרבה מקומות נהגו שאנשים חלשים שותים תה או קפה לפני תקיעות שופר ואין עושין קידוש, ואף דכבר חל חובת קידוש, מ״מ כיון דחששו שלא לטרדו קודם התקיעות במשקה המשכר, אין למחות בידם ויש להם על מה שיסמוכו. וציין לעיקרי הד״יט בשם חרמ״יז [דלהלן] שכתבו דלא חל חובת קידוש לפני מוסף, ובצירוף הסוברים דשרי לטעום לפני קידוש של היום, עי״ש. ועי״ע קצה המטה (שם ס״ק ח), דרכי חיים ושלום (סי׳ תשטו) ושו״ית דברי ישראל (וועלץ, ח״א סי׳ קסח-קסט וח״ג סי׳ נא אות א). ומה שסמך על זה בשו״ית יביע אומר (ח״ה סי׳ כב אות ג) בכל שבת, לכאורה יש לדחות דאינהו איירי דוקא בראש השנה, בצירוף הא דלפני תקיעת שופר לא חלה חובת קידוש כי אסור לאכול, עי״ש בדבריהם [אלא דגם בלי דבריהם סמך שם להקל בספק

שערי תשובה (ס״ק ג), באר היטב (ס״ק א-ב), שלחן לחם הפנים (סעי׳ א), שו״ע
הגר״ז (סעי׳ ד), מנחת שבת (על קצש״ע סי׳ עז סעי׳ טו ס״ק לד), שו״ת יד הלוי (במברגר, ח״א
סי׳ נ), משנ״ב (ס״ק ז) וכה״ח (ס״ק כד) כתבו דפשיטא דצריך לקדש לפני טעימה
זו230. [וכ״כ לקט הקמח (ריש או״ח, הבאנוהו לעיל) לגבי מי שמתפלל שחרית בביתו כדי לאכול,
'שיקדש ויאכל' ואח״כ ילך לביהכ״נ להתפלל עם הציבור מוסף וכו'. והובא באחרונים
רבים, עי״ש. ומבואר דמקדש לפני האכילה שאוכל לפני מוסף231. וע״ע בשו״ת חת״ס
(או״ח סי׳ סט, יו״ד סי׳ ז אות ב)232].

והא״ר (שם ס״ק ט) כתב דאם אין לו יין233 ופת אלא פירות, וחלש ליביה,
יאכלם בלי קידוש234. דיש לצרף בזה דעת הראב״ד (הל׳ שבת פכ״ט ה״י) דאין
איסור לטעום לפני קידוש של יום, ועוד לצרף דעת הנחלת צבי (סי׳ רפד עטרת
צבי ס״ק ג, עי״ש) דלא חל חובת קידוש לפני מוסף. עכ״ד הא״ר. והביאוהו
הברכ״י (סי׳ רפו ס״ק ז), ערך השלחן (שם בהוספות), זכור לאברהם (דלעיל), סידור
בית מנוחה (קצז ע״א סעי׳ ה)235, קמח סלת (דלעיל), שערי תשובה (ס״ק ג), תהלה

ספיקא בצירוף הסוברים דגם בשבת לא חלה חובת קידוש לפני מוסף, עי׳ לעיל בשיטת מהרש״ל, ובצירוף
הסוברים שמותר לטעום לפני קידוש של יום. ועי׳ משנ״כ בזה בהערה להלן].

230 וכ״פ בפשיטות בשו״ת בצל החכמה (ח״ד סי׳ קמז), ספר מנהגי ארץ ישראל (גליס, עמ׳ תו הערה מט) בשם
הגרש״ז אוירבך, שו״ת שבט הלוי (ח״ד סי׳ נד אות ג) ושו״ת להורות נתן (ח״א סי׳ כט). ועי״ע שו״ת מנחת
יצחק (ח״ה סי׳ קיא אות א) ושו״ת קנין תורה בהלכה (ח״א סי׳ קכ אות א).

231 ובטהרת השלחן (נדפס בילקוט מפרשים סוף שו״ע פריעדמאן ח״ב עמ׳ תן) הקשה סתירה בבאר היטב,
דהעתיק (סי׳ פט ס״ק יא) את לקט הקמח הנ״ל 'ויקדש ויאכל' לפני מוסף, ובסמוך (שם ס״ק יב) העתיק
את המהרש״ל (דלמעלה לעיל) דאחרי תפילת מוסף אסור לטעום כיון שהגיע זמן קידוש. משמע דלפני
מוסף לא הגיע זמן קידוש. ואי״ז דבריו סותרים זא״ז מסייק לסייק. וגם להלן (סי׳ רפו ס״ק א-ב) כתב
הבאר היטב להדיא דצריך לקדש לפני מוסף. עכ״ד. ונלע״ד דעיקר דעת הבאר היטב כמו שכתב
שלש פעמים דצריך לקדש כשאוכל לפני מוסף, ומה שהביא את דברי מהרש״ל הם רק להזהיר
דאחרי מוסף אסור לאכול בלי קידוש. ודו״ק. ועי׳ היטב במאורי אור (וויירמש, ח״ה מהדו״ב, קנט ע״א לסי׳
פט) דרק כתב על הבאר היטב (ס״ק יב) [בהעתקת המהרש״ל הנ״ל] : 'אחר מוסף אסור', ליתא, רק אחרי
שחרית חובת קידוש גם להרא״ש, ובעצמו ליקטן ליקטן סי׳ רפו ס״ק ד מוכח כד. עכ״ל. ודו״ק [ומשי״כ ס״ק
ד, נראה דכוונתו לס״ק א-ב שם].

232 ולא חילק שם בין טעימה לאכילה. ועי״ע זכרון יהודה למהרי״ם א״ש (מנהגי ר״ה ע״א) דכתב דא״צ
לקדש, ועי׳ משי״כ על זה בשו״ת ה אפרקסתא דעניא (סי׳ סה).

233 כך לשון הא״ר וכל האחרונים דלהלן שהעתיקוהו, שאין לו יין. ובשו״ת יביע אומר (ח״ה סי׳ כב
אות ג-ד) היקל לש״ץ שקורא בתורה בשבתות בכמה מנינים זה אחר זה, וחלש ליביה, שיטעם לפני
מוסף פירות, ופת הבאה בכסנין פחות מכביצה, בלי קידוש, כי אי אפשר לו לקחת עמו יין לקדש
עליו. עכ״ד. [וצע״ק מדוע אי אפשר לו לדאוג שיהיה שם יין כמו שם שיש שם פירות ופת הבאה בכיסנין. ודו״ק].

234 אמנם באליה זוטא (שם ס״ק א) כתב בסתם שצריך לקדש קודם הטעימה.

235 ושניהם ציינו דגם דעת הרמ״ז (באגרות סי׳ ג) דלא חל חובת קידוש בין שחרית למוסף. והובא גם
בשלמי ציבור (כב ע״א, ובדפו״ח עמ׳ נח) ובחסד לאלפים (סי׳ רפד סעי׳ א בהגהה). אמנם משי״כ בעיקרי הד״ט
(סי׳ יג אות ג) בשם הרמ״ז שם דהטועם בין יוצר למוסף בלא קידוש 'יאי ויאי', לא ידעתי מהיכן לקח
הלשון יאי ויאי, דהרמ״ז רק כתב דאכתי לא מטא זימנא דקידושא רבא. עוד הביא בעיקרי הד״ט
שם מכמה חכמים דא״צ לקדש בין שחרית למוסף, ומאן דבעי להחמיר ולקדש אינו אלא מהדיוטות,

לדוד (סי׳ רפו ס״ק ב), שו״ת בית יצחק (יו״ד ח״ב קונ״א סי׳ יח), שו״ת יד הלוי (דלעיל), דעת תורה (למהרש״ם, סי׳ רפו סעי׳ ג), מנחת שבת (דלעיל) וגדולות אלישע (סי׳ רפו ס״ק ו). וכ״פ כה״ח (ס״ק כח) [והוסיף גם את דעת מהרש״ל (דלעיל). ואף דלא קיי״ל הכי כיון דרבו האוסרים, מ״מ יש לסמוך על זה בשעת הדחק כנ״ל].

ולענין הרעב והצמא, דנתבאר לעיל שמותר להם לאכול ולשתות לפני התפילה, האם צריכים לקדש בשבת לפני אכילתם הנ״ל שלפני שחרית. יש בזה כמה שיטות.

בשו״ת פרי הארץ[236] (ח״א סי׳ ח) כתב דהרעב והצמא שמותרים לאכול קודם תפילה, צריכים לקדש בתחילה, דדוקא לשותה מים שרי בלי קידוש, משום דאין קידוש אלא במקום סעודה ולבריא אסור לאכול קודם תפילה, אמנם לרעב ולצמא שדינם כחולים ומותרים לאכול לחם ג״כ, חייבים לקדש ג״כ קודם האכילה. עכ״ד[237]. והביאוהו הדברי מנחם (סי׳ רפו הגה״ט ס״ק א), בן פורת יוסף (קובו, הל׳ שבת סי׳ קנו), פתחי תשובה (שם סעי׳ א) ועוד (כדלהלן). אמנם הוא איירי בגונא שמותרים לאכול לחם, ויש להסתפק מה הדין כשהרעב והצמא אינם צריכים לאכול דוקא לחם ליישב דעתם, ודי להם בפירות וכדומה, האם נדונם כמים ופטורים מקידוש, או נחשבים כפת ויקדש וישתה רביעית יין. ואכן הזכור לאברהם (אלקלעי, ח״א אות ק, קי ע״ב / קל סע״ב)[ועי״ע בספרו שו״ת חסד לאברהם סי׳ ו] חילק דאם צריך לרפואתו פת וכדו׳, אז יעשה קידוש לפני כן כמש״כ פרי הארץ הנ״ל. אך אם צריך לרפואתו רק חלב וכדו׳, לא חל עליו חובת קידוש, כהיתר שתיית מים, וישתה בלי קידוש. והובא בפקודת

ועוד עיי״ש. [והובא בקיצור בדעת תורה (סי׳ רפו סעי׳ ג)]. והפתחי תשובה (סי׳ רפו סוסעי״י א) הביא את עיקרי הד״ט הנ״ל, וסיים : אבל המנהג פשוט דאין טועמין קודם מוסף בלא קידוש, ואין לשנות. עכ״ל. גם בשו״ת יביע אומר (ח״ח סי׳ כב אות ב, ובחזון עובדיה שבת ח״ב עמי קנב) כתב דהפריז על המדה לומר דהמחמיר בזה אינו אלא הדיוטות, שהרי פוסקים רבים אוסרים, וכדלעיל.

236 למהרי״ימ מזרחי, אחיו של הראשי״ל מהרנח״ימ מזרחי מחי״ס אדמת קודש, קושטנטינא שנת תפי״ז, בהסכמת המחנה אפרים, המשנה למלך ועוד.

237 וצעי״ג משיי״כ היד אהרן (סי׳ רפו בהגה״ט) ויקהיל שלמה (קמחי, סי׳ רפו סעי׳ א. וכ״ה בספרו מימי שלמה תנדמ״ח שם) בשם מהרי״ד צרפתי, דהכרעת פרי הארץ הנ״ל דחולה שחייב לאכול איזה דבר קודם התפילה יכול לאכול בלא קידוש. ע״כ. ובדוחק יי״ל דכוונתם כשאינו חייב לאכול פת, וכפי הצד בספק שנכתוב למעלה בסמוך. ובשו״ת חסד לאברהם (אלקלעי, סי׳ ח) ובשלחן לחם הפנים (סי׳ רפו סעי׳ א) והמגיה למימי שלמה (שם [אולי הוא בנו] כתבו דדין גרמא ליה להיד אהרן ומהרי״ד צרפתי שהסתכלו במפתחות של פרי הארץ, ושם (צג ע״א) אכן כתוב: הצמא והרעב שמותרין לאכול קודם תפילה, אם צריכין לקדש, והעלה דאין צריכין לקדש. עכ״ל. ובאמת מסתבר שהיא ט״ס שם. [ובשלחן לחם הפנים (שם) כיון דס״ל דאי״צ לקדש, כתב דהיד אהרן נזרקה נבואה מפיו. ובסידור בית מנוחה (ריב ע״א סעי׳ ב-ג) הרגיש בסתירה בין משיי״כ היד אהרן בשם פרי הארץ, לבין משי״כ עיקרי הד״ט בשמו [כיאות], וכותב שאין שו״ת פרי הארץ מצוי לפניו לראות דבריו, ואולי יש לחלק בין הצמא והרעב לבין החולה. עכי״ד. וכבר נתבאר מה גרם לסתירה הנ״ל, וכן העיר על הבית מנוחה הנ״ל המגיה על יקהיל שלמה (שם).

אלעזר (סי׳ רפ"ט סעי׳ א), במנחת שבת (על קצש"ע סי׳ עז סעי׳ טו ס"ק לה) ובכה"ח (שם ס"ק
טז)[239]. ועדיין צ"ב מה הדין פירות, שאינן פת ואינן חלב וכדו׳. ומהר"ח
פלאג׳י (כה"ח סי׳ כח סעי׳ סו) כתב דיכול לאכול מתיקה ולשתות קפה בלי קידוש,
רק לקבוע סעודה אסור. עכ"ד[240]. וכן בשו"ת מהרש"ג (ח"ב סי׳ נז) חילק בין
אם הוצרך רק לטעום לבין כשהוצרך לסעוד ממש, דאם הוצרך רק לטעום,
לא יקדש, ואם הוצרך לסעוד ממש, יקדש לפני כן[241].

והפתחי תשובה (שם) תמה על פרי הארץ הנ"ל, הרי כמו דבריא פטור
מקידוש משום דאסור לו לאכול, כן לחולה שלא הוצרך ליין אסור לשתות
יין מכוס של קידוש, דלא הותר אלא מים דלא שייך בהו גאוה [עי׳ לעיל].
עכ"ל. [ומעין זה כתב באבני יעקב (טרויבא, ח"א סי׳ צ)]. והובא בכה"ח (סי׳ פט ס"ק טו)
וכתב: ולא ידענא מה צ"ע שייך בזה, דמה שלא הותר אלא מים היינו
לבריא, אבל לחולה מגו שהותר בלחם הותר ג"כ ביין של קידוש. עכ"ל.
[והנה גם כה"ח כתב ׳מגו שהותר בלחם׳, כלומר הרגיש שסברת ה׳מגו׳ היא דוקא אם
הותר בלחם, ולא רק אם הוצרך לשתות חלב וכדו׳. ודו"ק]. ויש לבאר נקודת
המחלוקת בין הפתחי תשובה לכה"ח, דהפתחי תשובה ס"ל דהרעב והצמא
שהותר להם לאכול משום שנחשבים כחולים, הותר להם רק מה שצריכים
לצורך חוליים, אך מנלן להתיר להם לשתות יין לצורך הקידוש. וכה"ח
ס"ל דכיון שהותר להם לסעוד, א"כ הקידוש הוא הכרח בשביל סעודתם[242].
[ומעין זה יש לבאר מחלוקתם האם היתר הצמא והרעב הוא ׳דחויה׳ או ׳הותרה׳. ודו"ק].

---

[238] וכתב שם דיוכל גם לעשות קידוש על כוס קטן דיי"ש קודם מוסף, ויסמוך על הסוברים דמהני,
ואחרי מוסף יעשה קידוש על כוס רביעית כראוי. וכן יוכל לעשות קידוש לפני מוסף ולטעום רק
מעט מהכוס, ואחרי מוסף יעשה קידוש וישתה מלוא לוגמיו כראוי.

[239] ועי׳ שו"ת קרן לדוד (סי׳ פד) דנטה ברוב התשובה דהצמא והרעב אי"צ לקדש לפני אכילתם, אך
בסוף התשובה ממש הביא בהגהה את תשובת פרי הארץ וזכור לאברהם הנ"ל.

[240] ועדיין צ"ע מה הדין בדברים שאינם ׳מתיקה או קפה׳ אך גם אינם ׳סעודה׳. ועיי"ש שכתב
החיתר כגון ׳דחליש ליבא, או שהתפלל בביתו והולך לביהכ"נ לקריאת סי"ת ומוסף ויאריך הזמן
הרבה׳. ודו"ק.

[241] ובשו"ת מחזה אליהו (ח"א סי׳ לג אות ב ס"ק ט) הביא את דבריו, וביאר דטעימה היא עד כביצה [עי׳
לעיל עי"פ השוי"ע].

[242] ומעין זה תירץ בשו"ת מחזה אליהו (ח"א סי׳ לג אות ב ס"ק ח) את תמיהת הפתחי תשובה הנ"ל, דכל
שלא שותים אלא מהכרח, אינה כמתגאה ומותר, ושתיית הכוס של קידוש היא מהכרח כיון
שנתחייב בקידוש, וגנאי הוא לכוס של ברכה שלא ישתו אותו (עי׳ עירובין מ ע"ב ורש"י שם). אמנם סיים
שם המחזה אליהו דאם מחמת שנתחייב בקידוש יהא צריך לאכול כזית של מזונות או עוד רביעית
יין שלא היה אוכל או שותה בלאו הכי, בזה מסתברא לומר
דחשיב גאוה, שהרי תכלית האכילה היא לענג, כדי שיתקיים ׳וקראת לשבת עונג׳ [כדדרשו
הראשונים ׳במקום קריאה שם תהא עונג׳].

ובכה"ח (שם) אחרי שתמה על הפתחי תשובה הנ"ל, סיים, ומ"מ בעיקר הדין שכתב הרב פרי הארץ, יש מקילין, כמש"כ עיקרי הד"ט (סי' יג אות ג)[243]. עכ"ד כה"ח, עי"ש. וע"ע כה"י (סי' רפט ס"ק טז) דכתב: ולפי"ז ה"ה לבריאים הנוהגים לשתות קפה או תה קודם תפילה ליישב דעתם, דמותר כמש"כ לעיל (סי' פט ס"ק ל-לא), מותר לשתות גם בשבת קודם תפילה בלא קידוש, וכן המנהג פעיה"ק ירושלים ת"ו. עכ"ל. אך עי' כה"ח (סי' פט ס"ק לה) דכתב: ומידהו יש אוסרין בשבת ויו"ט משום קידוש כמש"כ בטור וב"י, ועל כן יש להחמיר היכא דאפשר כגון שאינו צמא כל כך, ואפילו מי שאינו נזהר בחול. עכ"ל. וצ"ע דכאן לא הזכיר להחמיר, והערנו בזה לעיל.

והתוספת שבת (סי' רפו ס"ק ד) הסתפק בזה, האם כשהתירו לאכול לרפואה לפני התפילה, צריך לקדש או לא. והובא בפקודת אלעזר (סי' רפט סעי' א). והתהלה לדוד (ס"ק ג) כתב דפשיטא דצריך לקדש, שהרי לא התירו משום רפואה אלא האכילה לפני התפילה דלא שייך בזה גאוה, אך כיון שהותר לו לאכול ממילא חל עליו חובת קידוש. ובביאורים (על התו"ש שם אות א) ובשו"ת מחזה אליהו (סי' לג אות ב ס"ק ו-ז,יב) ביארו ספיקו של התוספת שבת, עי"ש. אך המשנ"ב (סי' רפט בביאור הלכה ד"ה חובת קידוש) הכריע בפשיטות דחולה האוכל צריך לקדש לפני התפילה. וכ"פ בשו"ת חבלים בנעימים (ח"ב סי' ז אות א), שו"ת משיב הלכה (לוריא, ח"ב סי' קצג) ומעורר ישנים (פרידמן, סי' כו אות קיד עמ' צט)[244].

ובשו"ת אגרות משה (או"ח ח"ב סוס"י כח) כתב דלכאורה אינו פשוט כל כך, דיתכן דלא תקנו רבנן לקדש אלא כשהוא זמן סעודה לכל, ולא כשבעצם אינו עתה זמן סעודה כיון שהוא לפני התפילה ורק שהוא מותר מצד שהוא חולה וחלש, וכך היה מסתבר יותר, רצ"ע בפשיטותו, אך עכ"פ למעשה כבר הורה זקן ויש לקדש תחילה. עכ"ד. ושם לעיל מיניה (סוס"י כו, וניכר שהיא תשובה שנכתבה אחרי ההיא דסי' כח) הכריע דאם צריך לאכול פת אפי' הבאה בכיסנין, באופן דעולה לו לסעודה לדין קידוש במקום סעודה, יקדש, ואם א"צ אלא אפי' תבשיל של מזונות די"א דאינו נחשב לסעודה לענין הנ"ל, לא יקדש

---

[243] בפשטות כוונתו למה שהביא שם בעיקרי הד"ט בסוף דבריו את הגנת ורדים שציין לשיטת הראב"ד דביום מותר לטעום לפני קידוש. [נהוא כדברי האור דלעיל דצירף דעת הראב"ד במקום צורך]. ועי' היטב בבירור הלכה (קמא, ח"ג סוס"י רפז). ודו"ק.

[244] וכיו"פ בשו"ת ישכיל עבדי (ח"ז סי' כז אות א), שו"ת בצל החכמה (ח"ד סי' קמז), שו"ת שבט הלוי (ח"ד סי' נד אות ג) ושו"ת באר שרים (ח"ב סי' כט אות ד). ועי"ע אריכות בזה בשו"ת אז נדברו (ח"א סי' ח-ט). ובשו"ת מנחת יצחק (ח"ד סי' כח אות ג) כתב דצריך לקדש, והביא מהאחרונים דלעיל נוצ"ע דלא ציין לדברי המשנ"ב].

לפני כן. וכ"פ בשו"ת מחזה אליהו (ח"א סי' לג אות ב סוס"ק יד)[245]. אך הגרש"ז אוירבך (שמירת שבת כהלכתה פ"מ הערה קיא ופנ"ב הערות לז-לח) כתב דגם אם די לו בתבשיל של מזונות וכדו', עדיף שיקדש ויאכל כזית פת הבאה בכסנין, ורק אם די לו בפירות אפשר שלא חל עליו חובת קידוש. ולענין פירות כ"כ בספר שבת לישראל (עמ' תעו שאלה מא) בשם הגר"ח קנייבסקי זצ"ל. ובשו"ת יביע אומר (ח"ח סי' לא, וכ"ה בחזון עובדיה שבת ח"ב עמ' קמט-קנד) ואור לציון (ח"ב פ"כ סי' יד עמ' קפה) פסקו דא"צ לקדש[246], וכ"פ בשו"ת דברי יציב (ח"א סי' קלב אות ג)‑‑‑‑‑‑‑.

וכתב החיד"א (ברכ"י סי' רפו ס"ק ז) בשם מהר"י זיין בשו"ת שערי ישועה (או"ח שער ה סי' ב-ד) דמי שקידש ואכל לפני מוסף [בגווני דהותר, עי' לעיל], יקדש שוב אחרי מוסף כדי לצאת אליבא דכולי עלמא[247]. והובא בזכור לאברהם (אלקלעי ח"א אות ק, קי ע"ב / קלא ע"א), סידור בית מנוחה (קצז ע"א סעי' ה), פקודת אלעזר (סי' רפו סעי' ג), כה"ח (שם ס"ק כז, וסי' רפז סוס"ק טו), שו"ת ישכיל עבדי (ח"ז סי' כז אות א), שו"ת יביע אומר (ח"ה סי' כב אור' ב,ד. ומעין זה כתב שם ח"ח סי' לא אות ו, ובחזון עובדיה שבת ח"ב עמ' קמט,קנד) ואור לציון (ח"ב פ"כ סי' יג עמ' קפה). [ומעין זה פסקו בשו"ת שלמת חיים (ח"א סי' נט, ובמהדו"ח סי' רנה)[248] ושו"ת הד"ר (ח"א סי' כט אות צח ד"ה בשאלה, והובא בשדי חמד אסיפת דינים מע' ר"ה סי' ב ס"ק לא ד"ה ושמעתי)[249] ושו"ת אגרות משה (או"ח ח"ד סי' סג ענף ח ד"ה ולכן)]. וכ"פ בשמירת שבת כהלכתה (פנ"ב סעי' טז) וז"ל: המקדש לפני מוסף אחרי תפילת שחרית, טוב יעשה אם יהדר לחזור ולקדש לפני הסעודה שיסעד אחרי תפילת מוסף[250]. [ולא הבנתי מדוע בשו"ת אז נדברו (ח"א סוס"י י) לא ניחא ליה בזה, וכתב דהיא חומרא שיכולה להביא לקולא להקל בקידוש שחייבים מעיקר הדין, ובפרט שי"ל דאפי' אם נאמר דפטור מ"מ המקדש הקידוש חל. עכ"ד. וצ"ב].

---

[245] אמנם השאיר שם פתח למי שמנהגו מבית אביו לאכול אכילה ארעית כזו של פת הבאה בכסנין בלי לקדש, שאין למחות בידו שיש לו על מי לסמוך, עיי"ש. ועוד (שם אות ג ס"ק טו-טז) כתב דנשים ודאי תוכלנה לסמוך על המקילים ולטעום פת הבאה בכיסנין לפני התפילה ללא קידוש כלל.

[246] אך בחזון עובדיה (שם) כתב דאם הוא צריך לאכול פת או מזונות, טוב ונכון שיקדש קודם [וביביע אומר (שם) רק כתב 'אם רצה לקדש'], ורשאי לשתות מלוא לוגמיו יין אע"פ שאינו צריך לו לצורך חולשתו. ועי' אור לציון (שם) דפשיטא ליה טפי דא"צ כלל לקדש, ולכן אם קידש צריך לחזור ולקדש אחרי התפילה, משום דנראה שבקידוש שלפני התפילה לא יצא ידי קידוש.

[247] לשון השערי ישועה שם (סוס"י ב) יומי שלבו נוקפו עדיין, עיי"ש היטב.

[248] לגבי כשקידש בבוקר ואכל מזונות או שתה רביעית יין, דלרוה"פ נחשב קידוש במקום סעודה, כשיבוא לסעוד סעודת פת טוב לקדש שנית לצאת ידי חובת שיטת הגר"א (מעשה רב סי' קכב) דלא מהני מזונות או רביעית יין אלא סעודה ממש. [ועי"ע שו"ת בצל החכמה (ח"ד סי' קמז) דהיקל בכמה אופנים לנוהגים תמיד ע"פ הגר"א הנ"ל, כשצריכים לאכול מיני תרגימא וכדו' לפני שחרית או לפני מוסף, שיאכלו בלי קידוש כלל, כי לא נאמר להם לקדש ולאכול פת. ודו"ק].

[249] לגבי הסומך בדיעבד על קידוש שהיה במקום סעודה רק למקדש, ושתה על סמך זה תה וכדו', יקדש שוב לפני הסעודה.

[250] ובהערה (סב) שם ציין לאחרונים דלמעלה. אמנם סיים: ושמעתי מהגרש"ז אויערבך דהמנהג הוא שאין חוזרין ומקדשין, ולכן כתבתי לשון 'טוב... אם יהדר'.

- טו -
דין נשים וקטנים

בשו"ת חסד לאברהם (אלקלעי, סי' ו) דן באריכות האם לנשים יש איסור אכילה
לפני התפילה, עי"ש. והאשל אברהם (מבוטשאטש, סי' פט סעי' ד) כתב בפשיטות
דנשים דינן כגברים לענין אכילה לפני התפילה, ובפרט מי שרגילה
להתפלל תמיד. וכ"כ כה"ח (סי' רפט ס"ק ל). וכ"כ בספר דעת נוטה (ח"א הל' תפילה
תשובה יח עמ' רמה) בשם הגר"ח קניבסקי. וכ"כ בספר הליכות ביתה (פ"ו סעי' יב
ובהערה כה). וכ"כ בקובץ צהר (חי"א עמ' תט) בשם הגרח"פ שיינברג והגר"נ
קרליץ שיכולה רק להקל בשתיה וכדו' כהמקילים לעיל גם לגבי גברים.

אך בשו"ת מנחת יצחק (ח"ד סי' כח [ג]) ואגרות משה (או"ח ח"ד סי' קא [ד]) וישועת
משה (אהרונסון, ח"ג סי' יב) כתבו דבמקום הצורך יכולות הנשים לסמוך על
הפוסקים דסגי לומר דבר בקשה, או שבח בקשה והודאה, ויותר טוב
שתאמרנה ברכות השחר וקריאת שמע (ו"מזמור שיר חנוכת הבית" דכתיב
ביה "מה בצע בדמי ברדתי אל שחת..." שבזה מתפללת על דמה בטרם
תאכל), ואז מותר להן לאכול. והובא בהליכות בת ישראל (פ"ב הערה י) ואשי
ישראל (פי"ג סעי' ל). וכ"כ בהליכות שלמה[251] (פ"ב סעי' ד)[252].

וקטנים, כתב המג"א (סי' קו ס"ק ג) דמותרים לאכול לפני התפילה, כמו
שהתירו לפני קידוש. [וביאר המחצה"ש כיון דהמאכל מותר רק הזמן גורם. ולגבי
קידוש ביאר המג"א (סי' רסט ס"ק א) משום דהוי מצות עשה, א"נ משום דסמכינן על
המתירים לאכול לפני קידוש, א"נ משום דמידי דאכילה היינו רביתיה ואסור לענותו. וציון
בפמ"ג (א"א כאן). וכ"פ הגר"ז (שם סעי' ג) והמשנ"ב (שם ס"ק ה). אך הא"ר (סי' קו ס"ק ב)
כתב דגם קטנים אסורים [ונשאני קידוש דצירפו דעת הסוברים דאף לגדול מותרת
אכילה]. והובא בכה"ח (שם ס"ק יא) וכתב דנלע"ד עוד טעם אחר שלא ליתן
להם לאכול, כדי שלא יתרגלו לאכול לפני התפילה, כי ההרגל נעשה טבע.
עכ"ל. וכן משמע באשל אברהם (מבוטשאטש, מהדו"ת סי' פט סעי' ה) [שמצא ציור
להתיר בקטן שהגיע לגיל חינוך לענין ברכות, ועדיין לא יודע להתפלל, עי"ש].

אמנם המגן גבורים (סי' קו שלטי הגבורים ס"ק ג) כתב דהעיקר כהמג"א, דלא גרע
מהצמא והרעב דהותר, וגם לא שייך בהם דרך גאוה. ובדרך שיחה (עמ' פא)

---

[251] ובספר המאור הגדול (עמ' קיח) ועלהו לא יבול (עמ' עג) כתבו דכן נהג הגרשז"א גם בעצמו לומר
פסוקים אלו לפני שתיית כוס תה שקודם התפילה.

[252] ובספר פניני תפילה (קוק, עמ' נח הערה ז) פשיטא ליה דנשים אינן בכלל האיסור כלל, כי לא נצטוו
בקבלת עול מלכות שמים דקריאת שמע, עיי"ש. וצי"ע דתינח לראשונים דלעיל דסבירא להו
דהאיסור מחמת קריאת ש, אך לרוב הראשונים והאחרונים דהאיסור בעיקר מחמת התפילה, הלא
חייבות מן התורה בתפילה אחת ביום כמו האיש. וכ"פ כל הפוסקים הנ"ל בפשיטות דהאיסור גם
על הנשים. וכ"כ בפשיטות בשם הגרישז"א בספר אשרי האיש (פי"ט סעי' ח עמ' צז) ע"פ ספר דברי חכמים
(תשובה מח) דהנשים אסורות בזה כאנשים.

כתבו בשם הגר"ח קנייבסקי זצ"ל דאמנם אין בזה חיוב חינוך, אך דין להרגילו במצוות יש גם בזה. ומעין זה כתב בשו"ת יביע אומר (ח"ד סי' יב אות טו/ג) שנכון לחנך בזה גם את הקטן משנה לפני הבר מצוה.

סיכום ההלכות העולות מכל הפרק בס"ד בקיצור נמרץ:

או' א-ג

א. אסור לאכול ולשתות לפני תפילת שחרית. (י"א דהאיסור מן התורה, וי"א מדרבנן, וכן דעת רוב הפוסקים. ויש מחלקים בין אם התפלל כבר ערבית אמש, או לא). י"א שהאיסור משום התפילה, וי"א שהאיסור משום קריאת שמע. ולכן גם באופן שיש לו היתר לאכול או לשתות לפני התפילה, טוב שעכ"פ יקרא לפני כן קריאת שמע (י"א רק פסוק ראשון, וי"א פרשה ראשונה, וי"א שלש הפרשות). ונחלקו האחרונים האם יכוין בזה לצאת ידי חובת קריאת שמע, וטוב להתנות בפיו (שאם צריך לצאת בזה ידי חובה, הרי הוא יוצא בזה ידי חובה, ואם אין צריך לצאת ידי חובה, הרי הוא מכוין שלא לצאת ידי חובה). וי"א שיאמר גם ברכות השחר, וכמה פסוקי דרחמי (כגון "אתה סתר לי..." או "מה בצע בדמי... שמע ה' וחנני...", וי"א אף פרשת העקדה וקצת מסדר הקרבנות). ולכתחילה לא יאכל עד אחרי כל התפילה, ולפחות עד אחרי חזרת הש"ץ.

אות ה

ב. יש אומרים שהאיסור רק בכזית, אך רוב הפוסקים כתבו דכל טעימה אסורה. ובטועם ופולט יש להסתפק. וללעוס שורש מתוק טבעי למנוע ליחה בפיו בתפילה, מותר ובלבד שלא יבלע. אך בזמננו שיש מֵי פֶה וכדו' ישתמש בהם, לכן גם אין להתיר 'מסטיק' אף אם אין בו שום מתיקות (ועוד דנראה לאסור בו משום גאוה).

ג. מי שבירך בטעות על דבר מאכל לפני התפילה, יטעם ממנו משהו כדי שלא תהיה ברכתו לבטלה. אך לאכול או לשתות משהו כדי להוציא עצמו מספק (כגון שאכל לפני עלות השחר ולא זוכר האם בירך ברכה אחרונה), נראה דאסור.

ד. מי שהותר לו לאכול או לשתות לפני התפילה כדלהלן, יש להסתפק האם טוב שיעדיף מין מאכל שיספיק לו פחות מכזית. וכן יש להסתפק האם ישתדל לאכול לאט לאט פחות משיעור כדי אכילת פרס.

אות ו

ה. איסור האכילה הוא רק מעלות השחר (עי' להלן לגבי מי שישן בלילה), לפני תפילת שחרית. אך לפני תפילות מנחה וערבית לרוב הפוסקים אין איסור אלא בקביעת סעודה, עי' בהלכותיהם.

ו. אדם שהתחיל לאכול לפני עלות השחר, נחלקו הפוסקים האם צריך להפסיק כשיגיע עלות השחר, ולהלכה צריך להפסיק אלא אם כן לצורך גדול.

ז. איסור האכילה לפני התפילה הוא אף בסעודת מצוה או חובה, ויש מקילים לצורך סעודת חובה (כגון קם בערב פסח שחל בשבת סמוך לסוף זמן אכילת חמץ).

אות ז

ח. מי שאכל או שתה באיסור לפני התפילה, כמובן אינו מעכב את התפילה וחייב להתפלל. ויש אומרים דאם יש זמן, ימתין מעט ולא יתפלל מיד אחרי האכילה.

ט. מי שפטור מהתפילה (כגון אונס או טרוד במצוה וכדו'), מותר לו לאכול ולשתות כדרכו. אמנם מיד כשמסתיים הפטור ונתחייב, נאסר באכילה, ובפרט אם לא עבר עדיין חצות היום.

או' ח, י

י. נחלקו הראשונים האם מותר לשתות מים לפני התפילה, ולהלכה מותר, וטוב להחמיר. ושתיית קפה ותה וקקאו וכדו', נחלקו הפוסקים, ורובם התירו רק בלי סוכר וחלב (והמשנ"ב מתיר במקום צורך להכניס קודם סוכר לפיו ואז לשתות הקפה ללא סוכר, ועי' בפנים חקירות בזה, דאולי התיר רק בקובית סוכר. והאם יש להתיר בהפחתת כמות הסוכר בכוס). ובעשרות השנים האחרונות רבו הפוסקים המתירים גם עם סוכר, ויש שהפילו עם חלב, כיון שכולם רגילים בזה. והמיקל בזה יש לו על מה שיסמוך, אך כל ירא שמים טוב ונכון וראוי מאד שירגיל עצמו בלא לשתות לפני התפילה כלל (ואפי' מים אם יוכל להזהר), ויחולו לו ברכות רבות על ראשו מהפוסקים שאסרו. ומשקאות קלים ומוגזים וכדו' אין נראה להתיר כלל.

ורבים מהמתירים הנ"ל כתבו דדוקא אחרי אמירת ברכות השחר וקריאת שמע וכמה פסוקי דרחמי, עי' לעיל.

אות ט

יא. שתיית יינות, בירה ומשקאות חריפים אסורה.

אות יא

יב. מי שצריך לאכול או לשתות משהו לצורך רפואה, מותר לו גם לפני התפילה. וטוב שיאמר לפני כן ברכות וקריא"ש כדלעיל.

עב

יג. יש מתירים לחזן לשתות ביצה חיה וכדו' להנעים קולו, ויש אוסרים, וכן מסתבר.

אות יב

יד. מי שלא יוכל לכוין כלל בתפילתו אם לא יאכל או ישתה, מותר לו לאכול ולשתות עד שיוכל לכוין. ויש אומרים שבזמן הזה שאין אנו מכוונים כל כך, אין להתיר. ופָסַק השו"ע שאפשר להקל בזה כעיקר ההלכה, ויש אומרים אדרבה שכך נכון כדי שיתפלל בכוונה.

טו. יש אומרים שאם כשיתפלל בביתו לא יצטרך לאכול לפני התפילה, עדיף שיתפלל בביתו, ויאכל כדי צרכו אחרי התפילה, ואז ילך לביהכ"נ לשמוע קדיש וקדושה וכו'. ויש חולקים בזה.

אות יג

טז. מעיקר ההלכה כל האיסור הנ"ל הוא רק אחרי עלות השחר. אך בזוהר ובמקובלים מתבאר לאסור גם לפני עלות השחר, אם ישן שנת קבע על מטתו. ורוב הפוסקים כתבו לחוש לזה לכתחילה. ויש בזה כמה מחלוקות, האם גם כשקם לפני חצות הלילה, והאם גם כשישן שנת עראי, והאם גם בערב צום יחמיר בזה (שלא יועיל אפילו בתנאי). וטוב להחמיר בזה אם לא במקום צורך גדול, כגון בליל שבת ועדיין לא אכל הסעודה, או בערב תענית וחושש שלא יהיה לו כח להתענות (וגם בערב ראש השנה, אם הברירה בידו לאכול לפני עלות השחר ולהתענות, או לא לאכול לפני עלות השחר ולא להתענות, יאכל ויתענה. ועי' בהלכות תענית בעניין התנאי שצריך להתנות). ומי שנרדם במוצאי שבת לפני שאכל סעודה רביעית, והתעורר אחרי חצות הלילה, נחלקו האחרונים האם יחמיר כהזוהר ולא יאכל אף שיש דעות שעדיין זמן סעודה רביעית, או יקל ויאכל לצאת ידי הדעות שעדיין זמן סעודה רביעית. ונראה שיאכל כזית או כביצה ולא יותר.

ובפשטות כל מה שהותר לדעת הפוסקים אחרי עלות השחר, מותר לדעת המקובלים לפני עלות השחר (ולדברינו לעיל דיש להחמיר בכל שתיה אפילו במים, ה"ה כאן, ובמקום צורך ישתה מים).

אות יד

יז. בשבת ויו"ט לפני תפילת שחרית לא חלה חובת קידוש, ולכן מותר לשתות מים כמו בימות החול. ויש מחמירים לכתחילה. ואחרי תפילת שחרית לפני תפילת מוסף, לרוב הפוסקים מותר לטעום פחות מכביצה פת או מזונות או פירות אפילו הרבה (ויש מחמירים שגם בפירות לא יאכל יותר מכביצה, ובפת לא

יותר מכזית), אך חייב לקדש לפני כן. ומי שחלש לבו וכדו' יכול לאכול גם יותר מהשיעור הנ"ל, ואם אין לו יין יכול לאכול גם בלי קידוש.

יח. הרעב והצמא שאינם יכולים לכוין בתפילתם בלי לאכול והותרו לאכול לפני תפילת שחרית כל יום כדלעיל, בשבת ויו"ט לרוב הפוסקים צריכים לקדש לפני כן. ויש שחילקו שאם צריכים רק לשתות או לאכול פירות וכדומה, לא יקדשו (כדי שלא לשתות יין או לאכול מזונות שיחשב מקום סעודה, ולא הותרו בהם לפני התפילה), אך אם צריכים לחיזוקם לאכול פת או מזונות, יקדשו לפני כן. ויש שפטרום לגמרי מקידוש, ובשעת הדחק יש לסמוך על זה.

יט. בכל גוני דלעיל שעשה קידוש לפני תפילת שחרית או מוסף, טוב שיחזור ויקדש שוב אחרי תפילת מוסף לפני סעודתו. (והחולה שעשה קידוש לפני תפילת שחרית כדי לאכול, יש אומרים דמעיקר הדין צריך לעשות שוב קידוש אחרי התפילה).

אות טו

כ. אשה, טוב שתנהג בזה כהההלכות דלעיל. ובמקום צורך תאמר בקשה, או שבח בקשה והודאה (וטוב שתאמר ברכות השחר ופסוקי דרחמי וקריא"ש כדלעיל), ואז תאכל ותשתה מה שצריכה.

כא. קטנים, נחלקו הפוסקים האם מותרים באכילה לפני התפילה. ורוב הפוסקים התירו, אך טוב להרגילם לאט לאט להמנע מכך כגדולים.

פרק ב
איסור הסנהדרין לאכול ביום שהרגו את הנפש

איתא בגמרא (מו"ק יד ע"ב, סנהדרין סג ע"א): תניא רבי עקיבא אומר, מנין לסנהדרין שהרגו את הנפש, שאין טועמין כל אותו היום, ת"ל "לא תאכלו על הדם".

וכן איתא במסכת שמחות (אבל רבתי, פ"ב ה"ט): בית דין שהרג, לא היה טועם כל אותו היום. עכ"ל. וכן הוא בתרגום ירושלמי השלם (ויקרא יט כו): לא תיכלון עם דם קטילי סנהדרין.

וכ"פ הרמב"ם (הל' סנהדרין פי"ג ה"ד, ובספר המצוות בשורש התשיעי): כל בית דין שהרגו נפש אסורים לאכול[253] כל אותו היום, הרי זה בכלל "לא תאכלו על הדם". עכ"ל. וכ"כ הסמ"ג (לאוין קכד[254]) וספר החינוך (מצוה רמח).

עוד איתא בגמרא (מו"ק שם) דכשצריכים לדון דיני נפשות בחול המועד, כדי שלא להמנע משמחת החג באיסור אכילה[255], באים הדיינים בבוקר ומעיינים בדינו[256], והולכים לאכול ולשתות[257] כל היום[258], וסמוך[259] לשקיעת

---

[253] המנחת חינוך (מצוה רמח אות ד [ז]) הקשה דהרי לשון הגמרא 'טועמין' משמע דאסורה אפילו טעימה בעלמא, [וכן לשון הרמב"ם עצמו בספר המצוות (שורש ט) 'שאין טועמין כלום', והעיר בזה רבי חיים העליר בהגהתו שם], וכן לשון ספר החינוך (שם), ומדוע כתב הרמב"ם 'לאכול' דמשמע דוקא כזית אסור. ובאמת צ"ע על לשון הגמרא, דבפשטות צריך להיות איסור אכילה ככל התורה, דנאסר רק כזית. וצ"ע. עכ"ד המנחת חינוך. וכתב המהדיר (על המנחת חינוך שם אות ט) דיי"ל דפחות מכזית אסור מדין חצי שיעור, וכמש"כ המנחת חינוך דידיה (בקומץ המנחה שם) לענין איסור אכילה לפני התפילה [והבאנוהו לעיל פרק א]. ועי' בזה בשו"ת קול אריה (שווארץ, סי' עט בהגהה אות ב), שו"ת בית נפתלי (סי' ח, ט ע"א; ובספרו שער נפתלי על האבודרהם עמי' נח-נט), מרגליות הים (סנהדרין שם אות יז) ומגדים חדשים (מו"ק שם עמי' קיט). ועי"ע ידות נדרים (נתנזון, סי' רטו יד שאול סי"ק ד) דג"כ העיר על שינוי לשון הרמב"ם מהגמרא, ודן מה נאסר על הדיינים, לאכול פת או אפילו לטעום פירות. ועי' שדי חמד (ח"ב כללים מערכת ט סי' לב).   והנה בגמרא (מו"ק שם) הגירסא 'שאין טועמין', אך בגמרא (סנהדרין שם) הגירסא 'שאין טועמין כלום' [ומצינו שינויים בזה גם בלשונות הראשונים, ועי"ע דקדוקי סופרים (מו"ק וסנהדרין שם)], ובתועפות ראם (על ספר היראים סי' עז סי"ק א) כתב דזו תהיה נפק"מ בין שתי הגירסאות, האם אסור לטעום כלל, או שרק אכילה נאסרה. ודו"ק. אך בסביב ליראיו (על היראים סי' קמה סי"ק ג) כתב דגם הלשון שבכאן 'אסור לטעום' יש לפרש דוקא בכזית, שהרי למדו דין זה מהפסוק "לא תאכלו על הדם".   והרמ"ע מפאנו באלפסי זוטא (ברכות פי"א, ריש עמי' ד) הוסיף על לשון הגמרא: פירוש אפילו על מנת לפלוט. עכ"ל. וביאר המהדיר (שם 33) דהרמ"ע דימהו ללשון הגמרא לגבי דין טעימה בתענית (ברכות יד ע"א) דאיתא שם 'טועם ואין בכך כלום', ולרוה"י כוונת הגמרא לטעימה ופליטה [ובתענית יחיד דוקא]. אי"כ משם נלמד לכאן, דכשאסורה טעימה היינו אפילו פולט.

[254] ותמה בדינא דחיי (עשין סוף צח) מדוע לא כתב הסמ"ג שוב דין זה שם, כמו שכתב שוב הדין דאין מברין על ההרוגי בית דין מדכתיב "לא תאכלו על הדם". והובא בפני מבין (חי"ב סנהדרין סג ע"א, ר ע"ד). [ולא הבנתי מדוע צריך הסמ"ג לכופלו].

[255] עי"ש בגמרא דבתחילה הקשתה יוהא קא מימנעי משמחת יום טוב. והקשה התורא"ש (שם) מאי קשיא ליה, והרי הריגת מחויב מיתה דוחה עבודה (סנהדרין לה ע"ב), כדכתיב (שמות כא ע"ב) 'מעם מזבחי תקחנו למות', וגם שבת היתה דוחה (שם) אי לאו המיעוט ד"לא תבערו אש בכל מושבותיכם" (שמות לה ג), ואם כן פשיטא דדוחה שמחת יום טוב! ותירץ דהתם איירי כשנגמר דינו, והכא קושיית הגמרא דלא נדוננו כלל בחוה"מ כדי שלא ימנע משמחת יו"ט.

[256] כן לשון הגמרא 'ומעייני בדיניה'. וביאר המאירי: מעיינין בדין היאך יגמרוהו, עד שיסכימו בעצמם היאך הוא ראוי לגמור אחר שנשאו ונתנו בו וכו', וגומרין אותו בינם לבין עצמם שלא מדרך גמר דין, ואח"כ הולכין ואוכלין וכו'. עכ"ל.

[257] כן לשון הגמרא שם 'ואכלו ושתו'. וכתב הריטב"א (שם) דצריכים להמתין אח"כ עד שיפוג יינם ותתיישב דעתם, דאל"כ אסורים לדון (עי' עירובין סד ע"א). עכ"ד. והרשב"א (בתשו' חי"א סי' רמז) כתב דכיון דכבר עיינו בדיניה, וגמר הדין בזה אינה הוראה גמורה, לא קפדינן דשתו לפני כן. אמנם המאירי (שם) כתב: ומ"מ אין שותין באכילתם אלא מים, שהרי גמר דין שעתידין לעשות, הוראה היא, ושתוי אל יורה וכו'. וגדולי המחברים [הרמב"ם] כתבו בזו 'שתיה' בסתם, ושמא דעתם שמאחר שגמרו את הדין בדעתם, אין סיפור הגמר דין קרוי הוראה. ואין לדחות סוגיא זו שאמרה בפירוש יושתו מיאי. עכ"ל. קא חזינן מדברי המאירי תרתי, א' דגרס בגמרא להדיא יושתו מיא', ב' דלומד בדעת

החכמה[260] גומרים את דינו והורגים אותו.

וכ"פ הרמב"ם (הל' סנהדרין פי"ג ה"ה): מי שנתחייב מיתה בחולו של מועד, מעיינין בדינו, ואוכלין בית דין ושותין, ואחר כך גומרין את דינו סמוך לשקיעת החמה והורגין אותו. עכ"ל.

וכתב הרדב"ז (על הרמב"ם שם) דאיסור זה הוא מדאורייתא, דהא למדוהו מ"לא תאכלו על הדם", רק אין לוקין משום דהוי לאו שבכללות, כמש"כ הגמרא (סנהדרין שם). וכ"כ הלחם משנה (שם ה"ה), וסיים: ופשוט הוא.

אך הריטב"א (מו"ק שם) כתב: והיא נמי איסורא דרבנן הוא, וקרא אסמכתא בעלמא, דא"כ למה לי דאסר רחמנא הבערה דבת כהן בשבת (שבת קו ע"א) תיפוק ליה מהאי טעמא[261], אלא ודאי דמדאורייתא לא מיתסר לדון מהאי טעמא. עכ"ל.

אמנם השיטה (לתלמיד ר"י מפאריז, שם) כבר הקשה מהגמרא הנ"ל (שבת שם), ותירץ בשם רבינו יחיאל דבודאי לכתחילה לא יקבעו להרוג בשבת משום ביטול עונג שבת, והגמרא שם דנה במקרה דאיתרמי להו דנמשך מערב שבת, מנלן דאסורה עצם ההריגה בשבת.

גם החינא וחסדא (ח"א דף לז ע"ד) והקרן אורה (שם) דחו ראית הריטב"א די"ל דאתי ילפותא דהתם כגון דאכלו בצפרא וליכא ביטול עונג שבת, ואח"כ

<hr>

הרמב"ם דאף שלא פג יינם מותרים לגמור את הדין, כיון שהתחילוהו בבוקר לפני ששתו. וכן גירסת רש"יי מכת"יי (מהדורת מקיצי נרדמים, וכעת נדפס בשולי תלמוד בבלי מהדורת עוז והדר) 'ושתו מיא'.

[258] כן לשון הגמרא שם 'ואכלו ושתו כולי יומאי. וכתב הריטב"א (שם) דהוא לאו דוקא, שהרי כל שאכלו ושתו עד חצות, כבר קיימו מצות שמחת המועד, דקיימו 'חציו לכם', וכבר יכולים לדון ולהיאסר באכילה אח"כ.

[259] לשון הגמרא לפנינו 'ובשקיעת החמה'. אך הריטב"א (שם), הנמוק"יי (שם יז ע"ב בדפי הרי"ף, סי' אלף קפג), השיטה (לתלמיד ר"י מפאריז, שם) ור"יש בן היתום (שם) גרסו 'סמוך לשקיעת החמה', וכן מתבאר מלשון המאירי (שם) 'דאמנם כתב 'ולערב' אך ביאר משום דאין דנים אלא ביום [עי' סנהדרין לב ע"א]. וכן גירסת הגמרא בכת"יי מינכן (והובא בדקדוקי סופרים שם אות ו) 'סמוך לשקיעת החמה'.

[260] ועי' בריטב"א (שם) דכתב דכל התנידונין כך נידונין משום "לא תלין נבלתו על העץ" כדאיתא בסנהדרין (מו ע"ב) [דמשהין אותו עד סמוך לשקיעת החמה וגומרין את דינו וממיתין אותו ואח"כ תולין אותו, אחד קושר ואחד מתיר כדי לקיים מצות תליה. ופרש"יי דאין תולין אותו שחרית שמא יתרשלו בקבורתו ויבואו לידי שכחה. וכ"כ תפארת ישראל על המשנה (שם פי"ה מ"יה)]. ולפי"ז דין זה הוא בכל הממותים, שהרי "לא תלין" נוהג בכל המתים. אך משמעות היד רמה (סנהדרין שם) דהחשש הוא דוקא בנסקלים, שצריכים לתלותם, ואם יתלום בשחרית שיש שהות ביום להורידו, פעמים שיתרשלו ובאים לידי שכחה. ולהשחותו לאחר מיתה עד סמוך לשקיעה יש ג"כ לחוש שמא יתרשלו וישכחו לתלותו. ומשמע לדעתו דבשאר הממותים מותר לגמור דינם ולהורגם בשחרית. וכן משמע קצת מלשון המאירי (שם), עיי"ש. ועי' מגדים חדשים (מו"ק שם עמ' קכח).

[261] כלומר משום דאסור להתענות בשבת.

גומרים את דינו וכו'. ועוד הוסיף הקרן אורה, דהילפותא אתיא כהס"ד דהגמרא (יבמות ו ע"ב) דעשה ד"והומת" ידחה לא תעשה שיש בו כרת מלאכת שבת, וכל שכן שידחה מצות אכילה. עכ"ד. והחינא וחסדא הוסיף לבאר דיתכן דהריטב"א איירי רק להו"א של אביי (מו"ק שם), דהבין דהסנהדרין אסורים באכילה כל היום גם לפני שהרגוהו, על זה אמר הריטב"א דהוי מדרבנן, אך למסקנת הגמרא דלפני ההריגה מותרים לאכול, ודאי דאיסור האכילה אחרי ההריגה הוא מדאורייתא. אמנם סיים דמדברי הפני מבין (סנהדרין שם, רא רע"ב) שהקשה על הריטב"א מלשון הרמב"ם וספר החינוך, משמע דהבין את דברי הריטב"א כפשוטם.

עוד תמה בחינא וחסדא (שם) על הריטב"א, שהרי משמעות הגמרא (סנהדרין שם) דמנתה כל האיסורים הנלמדים מ"לא תאכלו על הדם", ובכללם זה, אם כן כולם מדאורייתא, רק לא לוקין עליהן משום דהוי לאו שבכללות. [וכן מפורש ברמב"ן (ויקרא יט כו) דכל האיסורים המנויים בגמרא הנ"ל הם מן התורה[262]]. וכן משמע לשון הרמב"ם (דלעיל) דכתב: וכל אלו הדברים אסורים ואין בהם מלקות. עכ"ל. וכן משמע בסמ"ג (לאוין רכ) ובדינא דחיי (על סמ"ג שם) וקרבן אהרן (על תו"כ קדושים רפ"י) ועוד. וכ"כ ערוה"ש העתיד (ח"ח הל' סנהדרין פנ"א סעי' ו) דמלשון הרמב"ם נראה דהוי מדאורייתא.

והמבי"ט בקרית ספר (שם) ג"כ נקט דהוי איסור דאורייתא, והקשה א"כ מה בכך שיתבטלו מחמת כן משמחת המועד, והלא נראה שאיסור עינוי בחוה"מ אינו אלא מדרבנן, ואתי דאורייתא ודחי דרבנן. ותירץ הלחם משנה (שם) דאין הכי נמי, אם עברו בית דין וגמרו דינו והרגוהו בחוה"מ יתענו כל אותו היום, אך כיון דלכתחילה אפשר לתקן שיתהן בכי האי גונא דיגמרו דינו סמוך לשקיעת החמה ויוכלו לאכול ולשתות כל היום, הכי עבדינן[263].

---

[262] ועי' לעיל (פרק א אות ג) שהארכנו הרבה בס"ד בדברי הראשונים והאחרונים שדנו האם האיסור לאכול לפני התפילה, שנלמד ג"כ מהפסוק "לא תאכלו על הדם", הוא מדאורייתא או מדרבנן. ומדברי רובם ככולם שם משמע דהדיון רק על איסור האכילה לפני התפילה, כיון שאינו מנוי בתוך שאר הלאוין דבגמרא (סנהדרין שם), אך איסור זה דאכילה הסנהדרין ביום הריגתם את הנידון משמע דלכו"ע הוא מדאורייתא, עיי"ש. והסוברים שם להדיא דהוי איסור מדאורייתא, כל שכן הכא הוי איסור מדאורייתא. ואכמ"ל בזה שוב.

[263] ועי' להמאירי (שם) דכתב: ויש לפקפק לדחות סוגיא זו מצד שאין עשה של "עצרת תהיה לכם" והוא האוסר בתענית, דוחה לאו של "לא תאכלו על הדם" האוסר באכילת סנהדרין. ולדעת זה דנין במועד ומתענים. ולא יראה כן. עכ"ל. והמהדיר שם תמה מה ההוי"א דעשה לא ידחה לא תעשה, וכתב דאולי כוונת המאירי כיון שאיסור תענית במועד הוא מדרבנן, לא ידחה לאו מדאורייתא, וכמו שהקשה חמביי"ט הנ"ל. ואולי זו כוונת המאירי ג"כ בתירוצו "ולא יראה כן", כתירוצו של לחם משנה. ודו"ק.   עוד המשיך המאירי שם: אלא שיש לי בה סעד מצד אחר לומר שתענית זה אינו תענית של מרירות ליאסר במועד, אלא לכונת תשובה והתעוררות על שמא מתוך

אמנם יש אומרים דאיסור עינוי בחוה"מ הוא מדאורייתא [עי' פמ"ג (סי' תקעב
ס"ק ג, וכ"ה בספרו ראש יוסף מגילה טו ע"א ד"ה שהעביר), רש"ש (שם), משנ"ב (סי' תקעב שעה"צ ס"ק ג)
ועוד], וא"כ לא קשיא מידי.

ובספר שיח התורה (ח"ג מו"ק שם סי' תטז) נשאל מו"ר הגר"ח קנייבסקי זצ"ל
מדוע לא נאמר דאתי עשה דעונג המועד ודחי לא תעשה ד"לא תאכלו על
הדם", ויוכלו הדיינים לאכול אחרי שהרגו. ותירץ: אפשר למנוע. עכ"ל.

והנה לשון הריטב"א (מו"ק שם) 'שאין טועמין אחרי שנגמר דינו'. משמע
לכאורה דאף לפני שנהרג, כל שגמרו את דינו נאסרו באכילה. וצ"ב מהיכן
למד כן. ועי' מגדים חדשים (שם עמ' קכ). ובשאר פוסקים לא משמע כן.

והאריך בזה הפני מבין (נאבארו, ח"ב סנהדרין שם, ר ע"ד) וזת"ד: דוקא כשהרגו שייך
"לא תאכלו על הדם", כי נשפך הדם על ידם, מן הראוי שלא יאכלו שום
דבר באותו היום. אבל אם גמרו את הדין ועלתה הסכמתם לומר דחייב
ונתנו רשות להרוג וברח אחרי שנגמר דינו, כיון דלפי האמת לא נהרג מדוע
שייאסרו לאכול ולשתות. וזה פשוט וברור כשמש וכן מתבאר מכל
הפוסקים. וכן לשון הרמב"ם (הל' סנהדרין פי"ג ה"ד) 'כל בית דין שהרגו את
הנפש'. וכן מוכח בתוספות (מו"ק יד ע"ב ד"ה נמצאת) ובריטב"א (שם ד"ה ת"ש דנין)
דמש"כ הגמרא 'לעיוני בדיניה' שמותר בחוה"מ, הוא גמר דין[264], ואעפ"כ
אינם נאסרים באכילה. וכן מוכח ממש"כ העיון יעקב (סנהדרין שם) דרבי
עקיבא שהוא מרא דשמעתא דדין זה שאסורים לאכול, אזיל לשיטתו (מכות ז
ע"א) שאמר אם הייתי בסנהדרין לא הייתי הורג וכו', נמצא דרבי עקיבא
קפיד אהריגה ולא אגמר דין. ולפי"ז יש לתמוה על מש"כ שרשי הי"ם (מאיר,
ח"ג שורש דין מיתת זקן ממרא ברגל, הל' ממרים פ"ג ה"ח, קפא ע"ד ובנדמ"ח עמ' 762) שעיקר איסור
האכילה הוא רק ביום שגמרו את דינו, ואדרבה ביום שהרגוהו לא נאסרים,
דגברא קטילא קטלו[265]. עכ"ד הפני מבין.

ובספר הזוהר (משפטים קכב סע"א) אוסר אכילת הדיינים גם לפני שיושבים
לדון, וז"ל: תָּאנָא רְבִּי אַבָּא, כְּתִיב (ירמיה כא יב) "דִּינוּ לַבֹּקֶר מִשְׁפָּט", וְכִי לַבֹּקֶר
וְלָאו בְּכָל יוֹמָא?! אֶלָּא לַבֹּקֶר, עַד לָא יֵיכְלוּן דַּיָּינִין וְלָא יִשְׁתּוּן, דְּכָל מָאן

התרשלותם וביטול תוכחתם נזקים רבים, וגדולה מזו שהרי תענית זה מצד מצות התורה הוא רצון
עליהם והיאך יאסרו בה. עכ"ל. ודו"יק.

[264] עיי"ש בריטב"א דהוכיח כן להדיא, ואי"כ חייבים לומר דמש"כ הריטב"א אח"כ (ד"ה חכי נמי
דקטליה) 'שאין טועמין אחר גמר דינו' [שבו פתחנו נושא זה למעלה], הוא לאו דוקא, וכוונתו אחר ביצוע
דינו. ועי' בפני מבין עצמו (שם רא סע"ב) שהביא תוך כדי דבריו את לשון הריטב"א (ד"ה חכי נמי דקטליה)
לענין אחר [כמש"כ הזוהר, עי' לחלן], ודו"יק.

[265] ועוד נסתפק שם במי שנגמר דינו למיתה ונאסרו הסנהדרין באכילה, ואח"כ ברח זה המחוייב
מיתה, האם הותרו באכילה או לא. וכעת אין הפנאי מסכים עמי לעמוד על זה. עכ"ד.

דְּדָאִין דִּינָא בָּתַר דְּאָכַל וְשָׁתָה, לָאו דִּינָא דְּקָשׁוֹט הוּא, דִּכְתִיב (ויקרא יט כו) "לֹא תֹאכְלוּ עַל הַדָּם", מַאי 'עַל הַדָּם', אַזְהָרָה לְדַיָּינֵי דְּלָא יֵיכְלוּן עַד דְּדַיְּינֵי דִּינָא, דְּכָל מַאן דְּדָאִין דִּינָא בָּתַר דְּאָכִיל וְשָׁתֵי, כְּאִילוּ חַיָּיב דָּמָא דְּחַבְרֵיהּ לְאַחֲרָא, דְּהָא דָּמֵיהּ מַמָּשׁ יָהִיב לְאַחֲרָא. הַאי בְּמָמוֹנָא, כָּל שֶׁכֵּן בְּדִינֵי נְפָשׁוֹת, דְּבָעוּ דַּיָּינֵי לְאִסְתַּמְּרָא דְּלָא לְמִידָן דִּינָא אֶלָּא קֹדֶם דְּאַכְלוּ וְשָׁתוּ, וְעַל דָּא כְּתִיב "דִּינוּ לַבֹּקֶר מִשְׁפָּט"[266]. עכ"ל.

וזה דלא כמתבאר בגמרא דידן (מו"ק שם) להדיא דאוכלים ושותים ומקיימים מצות שמחת חוה"מ[267] לפני הדין[268]. [וע" במשנה (סנהדרין מ ע"א) דמ"מ ממעטים במאכל ביום שדנים. ובתפארת ישראל (שם פ"ה מ"ה) ביאר דזהו ביום שגומרים את הדין, אך בתפארת יעקב (שם) פליג עליה דמדובר ביום שלפני כן, כשיושבים זוגות זוגות לשאת ולתת בדין, וכמשמעות הרמב"ם (הל' סנהדרין פי"ב ה"ג). וע" מגדים חדשים (מו"ק שם עמ' קכג)[269]. וכ"כ המאירי והריטב"א (מו"ק שם) להדיא, דלפני גמר הדין מותר לאכול. וכ"כ הלחם משנה (הל' סנהדרין פי"ג ה"ה).

ומעין דברי הזוהר כתב רבינו בחיי (ויקרא יט כו) וז"ל: ועוד דרשו בו, "לא תאכלו על הדם", אזהרה לדיינים שלא יהיו דנים דיני נפשות אלא בבוקר[270]. ואין צריך לומר בדיני נפשות אלא אף בדיני ממונות אמר כן,

---

[266] **ותרגומו**: שנה רבי אבא, כתוב "דינו לבוקר משפט", וכי לבוקר ולא בכל היום?! אלא לבוקר, טרם שיאכלו הדיינים ולא ישתו. שכל מי שדן דין אחרי שאכל ושתה, אינו דין אמת, שכתוב "לא תאכלו על הדם", מה זה 'על הדם', אזהרה לדיינים שלא יאכלו עד שדנים דין. שכל מי שדן דין אחרי שאכל ושתה, כאלו חייב את דם חבירו לאחר, שהרי דמו ממש נתן לאחר. זה בממון, כל שכן בדיני נפשות, שצריכים הדיינים להשמר שלא לדון דין אלא קודם שאכלו ושתו, ועל זה כתוב "דינו לבוקר משפט".

[267] **וע"** בפני מבין ושו"ת מעשה אברהם (דלהלן) דכתבו דאין לומר דהגמרא איירי דוקא בחוה"מ, לכן התירו משום שמחת המועד לאכול לפני הדין, אך ביום חול רגיל מודה תלמודא דידן לאיסור הזוהר הנ"ל דאין לדיינים לאכול לפני הדין. דאין כן משמעות הגמרא, אלא משמעותה דהוא היתר בעצמותו דשרי לאכול לפני הדין.

[268] **וע"** בשו"ת תשורת שי (דלהלן) דציין דתלמודא דידן (סנהדרין ז ע"ב) דרש את הפסוק "דינו לבוקר משפט" בענין אחר, וז"ל הגמרא: וכי בבוקר דנין וכל היום אין דנין, אלא אם ברור לך הדבר כבוקר אמרהו, ואם לאו אל תאמרהו. ע"כ.

[269] **ובתורת חיים** (על רבינו בחיי דלהלן) כתב דכוונת הזוהר דוקא לדרך אכילת סעודה שהיא עם שתיית יין, ולכן אסורים לדון (ע" בחגרה לחלן על רבינו בחיי), ולא נחלקו תלמודא דידן והזוהר בזה אלא לענין הלאו, דהזוהר צירף זאת ללאו של "לא תאכלו על הדם", ולתלמודא דידן אינו משום הכי. ומעין זה כתבו שו"ת מעשה אברהם ותשורת שי וכסף הקדשים (דלהלן). אך בשו"ת יביע אומר (ח"יד אריח סי' יא אות יא) תמה דכיון שהזוהר למד זאת מהפסוק "לא תאכלו על הדם", מוכח דלא איירי רק בשתיית יין, אלא בכל אכילה, וכמו דין זה התלמוד מפסוק זה שלא יאכלו הסנהדרין אחרי שהרגו את הנפש, שלא לאכול לפני התפילה. עכ"ד. [וטפי הו"ל לחביא דאיסור אכילה לפני התפילה גם מובא בזוהר עצמו (ח"א רז ע"ב, ח"ב רטו ע"ב), ומשמעותו דאוסר כל אכילה, ע" לעיל (פרק א)].

[270] **והמשיך שם רבינו בחיי**: ומטעם זה ציותה התורה להתענות ביום הכפורים שהוא יום הדין בדיני נפשות, כדי שלא תטרידנו אכילתו ממצוא חפצו בדרכי התשובה והסליחה, ואם בנפש אחר

משום שנאמר "דינו לבוקר משפט", ואמרו[271] 'אכל ושתה אל יורה'. עכ"ל.
[ומעין זה כתב בספריו כד הקמח (ערך כפורים [ב]) ושלחן של ארבע (שער ב [ה])]. וניכר
שלקח דברים אלו מהזוהר הנ"ל[272].

וכן המגלה עמוקות (על הנמוק"י מו"ק שם) הקשה מדוע לא תירצה הגמרא (מו"ק
שם) שכבר אכלו ושתו וקיימו שמחת חוה"מ, ואח"כ מעיינים בדינו
ויהרגוהו ולא יאכלו עד סוף היום. ותירץ משום דקיי"ל דאין דנים בפרט
דיני נפשות אלא קודם שאכלו ושתו, משום משמעות הכתוב (ירמיה כא יב)
"דינו לבוקר משפט". ומסיים: ואף שלא מצאתי דין זה מפורש, מ"מ
צריכין לומר דדינא הוי הכי, ומהכא נידוק ליה, וק"ל. עכ"ל. [וצע"ק שלא ציין
לספר הזוהר הנ"ל, והלא ספר הזוהר שגור על לשונו כדחזינן בספרו על התורה כמעט
בכל קטע].

אמנם הפני מבין (סנהדרין שם, רא ע"ב-ג) הביא את דברי הזוהר הנ"ל [שהראהו הג"ר
ניסים יצחק ארדיט (מח"ס נר יצחק ועמודי אהרן)] והאריך להוכיח דדעת הגמרא
והפוסקים אינה כן, וכדלעיל. וכן בשו"ת מעשה אברהם (חו"מ סי' יז) האריך
להוכיח מהגמרא והפוסקים דמותר לאכול לפני הדין, ואדרבה פת שחרית
תיישב את דעתם של הדיינים שיוכלו לדון לפי האמת, וכמש"כ בגמרא (ב"מ
קז ע"ב) דפת שחרית מחכימת פתי, ופרש"י (שם) שדעתו מיושבת עליו. ותמה
שם על הכנה"ג (אהע"ז סי' קכ הגהב"י אות מה) דכתב בשם ספר תומת ישרים (סי' ג)[273]
דיש חכמים המתענים ביום שנותנים גט, וכן הוא נוהג, עי"ש.

הוא מוזהר מהכתוב הזה, קי"ו שיש לו להזהר בנפש עצמו שלא יפשע, שאם פשע איהו דאפסיד
אנפשיה ומשחית נפשו הוא יעשנה. עכ"ל. וניכר מלשונו שקיבל דברים אלו מרבו הרשב"א, שכתב
(פירושי האגדות ברכות יב ע"א) בלשון דומה מאד, וז"ל: ולכוונה הזו ג"כ היתה סיבת מניעת האכילה ביום
דין הנפשות, אולי אכילתו תטריד מחשבתו וידון למות מי שאינו ראוי למיתה, ואם ליראת הפשיעה
בנפשות אחרים נמנע מלאכול כדי שלא תהיה האכילה סיבה לפשיעה ממנו, לירארת הפשיעה בנפש
עצמו לא כל שכן. עכ"ל. ומלשון רבינו בחיי מתבאר דגם כוונת הרשב"א שכתב 'ביום דין הנפשות'
כוונתו ליום הכיפורים, ומש"כ 'ידון למות מי שאינו ראוי למיתה' הכוונה על עצמו. ודוחק. אמנם
הקי"ו שכתבו שניהם 'ואם בנפש אחר הוא מוזהר מהכתוב הזה' או 'לירארת הפשיעה בנפשות
אחרים נמנע מלאכול' ברור שהכוונה על איסור האכילה של הדיינים, ומזה למדו גם ליום
הכפורים. ודויק. ואי"כ לכאורה חזינן גם ברשב"א שהבין שיש איסור לדיינים לאכול לפני הדין,
שלא תטרד מחשבתם. ועי' היטב בפירוש יראה ואהבה (על ספר חיראים מצוה קמה, תוספות אהבה סוס"ק ב).

[271] לא נמצא מקור למשפט זה 'אכל ושתה אל יורה', אלא איתא בגמרא (עירובין סד ע"א) 'שתה רביעית
יין אל יורה', ושם (ע"ב) 'שיכור אל יורה', ושם (סה ע"א) 'בצר אל יורה', ובגמרא (כתובות י ע"ב) 'אכל
תמרים אל יורה'. והעירו בזה במנחת סולת (על מנחת חינוך מצוה רמח סי"ק ה) וכמה מהדירים על פירושי
רבינו בחיי (שם). ועי' תורת חיים (לרבי חיים הכהן מטריפולי, על רבינו בחיי שם).

[272] וכ"כ בתורת חיים (הנ"ל שם), בעי חיי (לרבי יעקב שור, ויקרא שם), מנחת סולת (דלעיל) וכמה מהדירים על
פירושי רבינו בחיי (שם). ועי' תורת חיים (דלעיל).

[273] והובאו בבאר היטב (אהע"ז סי' קכא סי"ק ב), גט מקושר (בולה, סי' א סעי' ב) וקב נקי (לאוט, הערה למסדרי
גיטין סעי' א, ד ע"א). אמנם ביפה ללב (חי"ד אהע"ז סי' קנד סי"ק יד) הביא את דברי כנה"ג ובאח"ט הנ"ל, וכתב
דלא ראה נוהגים כן במקומינו וכו' משום דירדה חולשה לעולם וכו', ואולי גם הנוהגים כן היה

וכן בכסף הקדשים (מבוטשאטש, חו״מ סי׳ ה סעי׳ ג. וע״ע בפירושו תהלה לדוד על תהלים צד טו) הביא את דברי הזוהר הנ״ל, וביאר כוונתו דהאיסור רק מתחילת עיון הדין כשתלוי בשיקול הדעת בעומק, אך הדינים שבדורות הללו שהכל כבר נקבע בשו״ע או בסברות קלות אין חשש אכילה גם להזוהר, ובפרט כששני הצדדים שואלים ברצונם, וגם כוונת הזוהר רק לכתחילה אם אפשר במדת חסידות. עכ״ד, עי״ש. [ומעין זה כתבו בתורת חיים (הכהן, על רבינו בחיי דלעיל) ובשו״ת תשורת שי (ח״א סי׳ נד), הובאו לעיל בהערה]. גם ערוך השלחן (חו״מ סי׳ ה סעי׳ יא) כתב דדברי הזוהר חומרא בעלמא היא, ולא ראיתי עתה בבתי דינים שינהגו כן. עכ״ד.

אמנם בשו״ת משנה הלכות (חי״ב סי׳ שע) הבין את הזוהר כפשוטו והביא ראיה מהגמרא (שבת י ע״א) ורש״י (שם) בפירוש 'חליש ליבייהו', עי״ש. אך בשו״ת יביע אומר (ח״ד או״ח סי׳ יא אות יא) דחה הראיה, וביאר הגמרא שם דמחמת טירדתם לא טעמו, ולא מחמת איסור. ומסיק דנקטינן כתלמודא דידן, ושכך המנהג להקל שהדיינים אוכלים לפני הדין, ולית דחש להא דהזוהר להחמיר בזה[274]. עכ״ד.

וע״ע בספר ממזרח נועם (סנהדרין מ ע״א) דציין לזוהר מקור מהפסוק (מ״א כא ט,יב) "קראו צום והושיבו את נבות בראש העם", עי״ש.

סיכום ההלכות העולות מכל הפרק בס״ד בקיצור נמרץ:

א. אסור לסנהדרין לאכול אחרי שהרגו את החייב מיתה (בפשטות האיסור מדאורייתא, ויש מי שאומר שהוא מדרבנן). ויש מי שאומר שאסורים באכילה מיד אחרי שפסקו עליו מיתה, אף לפני שהרגוהו. ובספר הזוהר אוסר אכילתם כל אותו היום, גם לפני שדנו. ונחלקו האחרונים האם לחוש לחומרתו.

ב. נחלקו האחרונים האם אסורה אפילו טעימה קלה, או רק כזית פת. ויש אוסרים אפילו טעימה ופליטה.

ג. בחול המועד לא יגמרו הסנהדרין את דינו של החייב מיד בבוקר, אלא יעיינו קצת בדינו להכריעו, ואח״כ יסעדו סעודת המועד, ויגמרו את דינו סמוך לשקיעת החמה, או כבר מחצות היום אחרי שאכלו ושתו. וטוב שלא ישתו יין בסעודה שלפני גמר הדין.

במסדר גט יחידי, אך כיום שמסדרים בבית דין של שלשה, גדול כח בית דין ושכינה עמהם ואין למו מכשול ואי״צ להתענות, עי״ש. וכי״כ אחיו בספר יוסף את אחיו (מערכת ג ערך גט אות א), עי״ש.

[274] אך לא הזכיר את הרשב״א ורבינו בחיי ומגלה עמוקות הנ״ל.

פרק ג
דין האוכל מן הבהמה לפני שתצא נפשה

איתא בגמרא (סנהדרין סג ע"א): תניא, מנין לאוכל מן הבהמה[275] קודם שתצא נפשה[276], שהוא בלא תעשה[277], ת"ל "לא תאכלו על הדם"[278].

וכן שנינו בברייתא (חולין לג ע"א) דהרוצה לאכול מבהמה קודם שתצא נפשה[279], חותך כזית בשר מבית השחיטה ומולחו יפה ומדיחו יפה יפה, וממתין לה עד שתצא נפשה ואוכלו. וכן דעת רב אידי בר אבין בשם רבי יצחק בר אשיאן (שם), ודלא כרב אחא בר יעקב (שם) המתיר לישראל לאכול מיד אחרי השחיטה כי היא מתירה אע"פ שהבהמה עדיין חיה, משא"כ לגוי דצריך לחכות עד המיתה, עי"ש.

---

275 אע"פ דכך לשון הגמרא והרבה ראשונים והטושי"ע, כתב המנחת חינוך (מצוה רמח סי"ק ח) דלאו דוקא מבהמה, דהיה בעוף, כל דבר הטעון שחיטה. עכ"ד. וכ"כ הבכור שור (סי' כז סעי' א) בסתם יהנשחטי. וצ"ל דאורחא דמילתא נקטו 'בבהמ' כיון שממהר לחתוך מבשרה משום ריבוי המלאכה בה לאחר שחיטתה. וע"ע במנחת חינוך (שם) דתמה מדוע לא נאמר דאיסור זה הוא אף בדגים וחגבים אע"פ דלא שייכא בהו שחיטה. ובשלמא לרש"יי דלהלן דהוי איסור מדרבנן, י"ל דלא אסרו אלא כששייך איסור אבר מן החי, אבל לרמב"ם דלהלן דהוי איסור מדאורייתא, צ"ע. ונראה דקים להו לחז"ל דמן התורה לא נאמר לאו זה אלא היכי דשייך אבר מן החי. ובתבואות שור (סי' יג סי"ק ה) עמד בזה, וכתב דמותר משום דאין חיותם חשובה. ולפי"ז יש לדון אם איסור זה שייך בטמאה, האם עובר אף משום "לא תאכלו על הדם". עכ"יד המנחת חינוך.

276 והכוונה אחרי שחיטתה, וכדלהלן. ואע"פ שלשון רבינו יונה (על חרי"ף ברכות ח ע"א בדפיו, סי' יח) 'אבר מן החי', ותמהו בהגהות אי"י ודי"ת ורע"א כת"י (על רבינו יונה שם) והרי איסור אבר מן החי נפקא מילא תאכל הנפש עם הבשר" (דברים יב כג) ובשר מן החי לוקה משום "ובשר בשדה טרפה לא תאכלו" (שמות כב ל) [כ"ה בגמרא (חולין קב ע"ב)], כבר יישב בהגהות מעשה אלפס (על רבינו יונה שם) דאמנם לשון רבינו יונה 'אבר מן החי' היא לאו דוקא, אלא כוונתו לאכול מן הבהמה קודם שתצא נפשה וכדלהלן. וכ"כ היד רמה (סנהדרין שם) להדיא: אבל משום אבר מן החי לית ביה, דלאו חי הוא.

277 בספר מושב זקנים (לבעלי התוספות עה"ת, ויקרא יט כז) כתב: "שלש שנים יהיו לכם ערלים לא יאכל... לא תאכלו על הדם", הקשה הרא"ש מה ענין ערלה אצל לא תאכלו על הדם. ללמד מה ערלה צריכין אנו להמתין, כך בהמה אנו צריכין להמתין עד שתצא נפשה, וזהו דאמרינן בגמרא (ביצה כה ע"ב) חצובה מקטע רגליהן דרשיעייא וכוי'. פי' הקצבין שאינם ממתינים עד שתצא נפשה. עכ"יל. וכבר מצינו להדיא במדרש (ויק"ר פכ"ה סי' ח, במדב"ר פי' סי' א, שיהש"ר פ"ה סי' כב) דדורש הסמיכות בין ערלה ללא תאכלו על הדם לענין חסרון מתינות בקירבה לאשתו עד שתטהר מטומאתה ובענין חסרון מתינות העם בימי שאול, עי' לעיל (פרק ג) ולהלן (פרק ח אות א).

278 כתבו היד רמה (סנהדרין שם) ורבינו הלל (תורת כהנים, פרשת קדושים שם פרק ו [ב] סי"ק א): והאי דכתיב "על הדם", כענין שנאמר "כי הדם הוא הנפש" (דברים יב כג).

279 ביאר היד רמה (סנהדרין שם): והאי דקאמר 'הרוצה לאכול מבהמה קודם שתצא נפשי', הכי קאמר, הרוצה לאכול אבר שנחתך מן הבהמה קודם שתצא נפשה.

וכ״פ הרמב״ם (הל׳ שחיטה פ״א ה״ב): אסור לאכול מן השחוטה כל זמן שהיא מפרכסת, והאוכל ממנה קודם שתצא נפשה[280] עובר בלא תעשה, והרי הוא בכלל ״לא תאכלו על הדם״, ואינו לוקה[281].

וכ״פ הטוש״ע (יו״ד סי׳ כז סעי׳ א).

ומשמעות הגמרא ורוב הפוסקים דהוי איסור מדאורייתא, עי׳ באריכות לעיל (פרק א ופרק ב) לגבי שאר האיסורים הנלמדים מהפסוק. וכן בדברי

---

[280] עיין לחם משנה (שם) ד׳מפרכסת׳ ו׳קודם שתצא נפשה׳ הוא היינו הך, דלא כהההגהות [וכ״ה בהלכות שחיטה קושטנדינא בספר הליקוטים מהדורת ר״ש פרנקל] שפירשו ד׳מפרכסת׳ הוי אחרי שיצאה נפשה אך נשתייר בה מקצת נפש, ולכן קראה ׳שחוטה׳ [והיא אסורה רק מדרבנן], ו׳קודם שתצא נפשה׳ הוי כשהיא חיה ממש, ועליה עובר בלא תעשה. ואינו כן, אלא העיקר ד׳מפרכסת׳ ו׳קודם שתצא נפשה׳ היינו הך, ולכן הוצרך רש״י (דלהלן) לומר דאיסור ״לא תאכלו על הדם״ הוא מדרבנן בלבד [דאם לא כן, היה מעמיד המשנה (חולין קיז ע״ב) שכתבה ׳מפרכסת׳ דהוי איסור דרבנן, ואיסור ״לא תאכלו על הדם״ הוא מדאורייתא כשהבהמה עדיין חיה ממש. ודו״ק]. ובחידושי הר״י ערמאה (על הרמב״ם שם) מתבאר דהבין כהההגהות הנ״ל, דמפרכסת וקודם שתצא נפשה תרי מילי נינהו, דפירש דהרמב״ם כתב לא זו אף זו, כלומר לא מיבעיא כשהיא מפרכסת אסורה, אלא אפילו שכבר אינה מפרכסת אך עדיין לא יצאה נפשה ומתנועעת מעט, ג״כ אסורה.

[281] התבואות שור (סי׳ כז ס״ק א) כתב דמבואר מהרמב״ם כאן דהוי איסור דאורייתא, וכ״מ עוד להדיא מדבריו פי״ח מהלכות סנהדרין. עכ״ל. וכ״כ הפמ״ג (סי׳ כז משי״ז ס״ק א), וביאר דההוכחה מהרמב״ם שם מהא דמנה לאוין שאין לוקין עליהם, ומנה האוכל מבהמה קודם שתצא נפשה. עכ״ד. וצ״ב מה ראו ברמב״ם (הל׳ סנהדרין שם), דשם (ה״י״ג) רק כתב הרמב״ם: איזהו לאו שבכללות, זה לאו אחד שכולל עניינים הרבה, כגון לא תאכלו על הדם. עכ״ל. א״כ לא מנה כלל מה הם הלאוין, ולא הזכיר כלל את האוכל מבהמה קודם שתצא נפשה. ובדוחק צ״ל דהתבואות שור הפנה מהזכרון לפי״ח מהל׳ סנהדרין [והפמ״ג העתיקו, כדרכו מאות פעמים], אך כוונתו היתה להרמב״ם בספר המצוות (שורש ט) דכתב להדיא: אמנם כשיהיה לאו אחד כולל עניינים רבים הנה אז ימנה הלאו ההוא לבדו, לא כל ענין וענין מן העניינים שיכלול אותם הלאו ההוא, וזהו לאו שבכללות שאין לוקין עליו כמו שנבאר עתה, וזה כי אמרו ״לא תאכלו על הדם״, אמרו בפירושו מנין לאוכל מבהמה קודם שתצא נפשה שהוא בלא תעשה וכו׳. עכ״ל. והולך ומונה גם שאר האיסורים שנמנו בזה בגמרא כדלעיל וכדלהלן. וזהו בדיוק מה שכתבו התבואות שור והפמ״ג בשמו. עי״ל בדוחק דכוונתם לכס״מ (על הרמב״ם הל׳ סנהדרין שם ה״יב) שכתב: ועל לאו שבכללות וכו׳. סנהדרין (סג ע״א) דרשו מ״לא תאכלו על הדם״ שלא יאכל מהבהמה קודם שתצא נפשה וכו׳. והולך ומונה גם שאר האיסורים שנמנו בזה בגמרא כדלעיל וכדלהלן. וזהו בדיוק משי״כ התבוי״ש והפמי״ג בשם הרמב״ם. ודו״ק. אמנם כל זה דוחק וכתבנוהו רק כדי ליישב לשון התבוי״ש והפמי״ג, אך עי בפני מבין (סנהדרין שם, קצט סעי״ב - רעי״ג) דמכריח שיטת הרמב״ם דהוי מדאורייתא, ומציין רק למשי״כ הרמב״ם בהלכות שחיטה ובספר המצוות הנ״ל, ולא מזכיר את דברי הרמב״ם בהלכות סנהדרין. וזהו כמו שכתבנו דמשם אין שום הוכחה. ודו״ק. וע״ע בפני מבין (שם) דתמה על שו״ת מקום שמואל (סי׳ יד) דלמד בדעת הרמב״ם (הל׳ מלכים פי״ט הי״ב-יג) דהוי רק מדרבנן, עי״ש, וכשיטת רש״י הנ״ל [וכתב דכ״כ הרמב״ם להדיא בהלכות שחיטה הנ״ל, ועי״ש דסיים דכל מעיין בצדק ישפט שדבריו כנים, ומקום הניחו לו להתגדר בו]. וזה תימה דהא מבואר ברמב״ם בספר המצוות ובהלכות שחיטה דהוי מדאורייתא, וכ״כ הכס״מ והלחי״מ והאחרונים בדעתו, ואיך כתב המקום שמואל היפך דעתו, ודיינו שאנו מצטערים על פרש״י איך כתב היפך הפשט הפשוט, וצריך לדחוק ולתרץ דבריו ולמצוא לו מקום (עי׳ להלן), א״כ היכי נימא דהרמב״ם ג״כ קאי בסברא יחידאה היא ובפרט שלשונו אינו סובל כן. עכ״ד הפני מבין.

הרמב"ן (ויקרא יט כו, הבאנוהו שם) **מפורש על איסור זה להדיא דהוא מדאורייתא.[282]**

אך רש"י (חולין קכא ע"א ד"ה השוחט, ושם ע"ב ד"ה וממתין) **כתב דאיסור זה הוי מדרבנן[283], והפסוק אסמכתא[284] בעלמא[285]. וטעמו דמבואר במשנה** (שם קיז ע"ב) **דישראל השוחט בהמה טמאה לגוי, מטמאה טומאת אוכלין אע"פ**

---

[282] וזה לשון הרמב"ן: "לא תאכלו על הדם", להרבה פנים נדרש בסנהדרין, לשון רש"י, והעולה משם לפי הסוגיא שהם כולם מן התורה. עכ"ל. והפני מבין (דלעיל) תמה דנראה מלשון הרמב"ן דגם רש"י מודה דהם כולם מן התורה, וזה תימה, שהרי רש"י סובר דהאיסור שלא לאכול מהבהמה לפני שיצאה נפשה הוא מדרבנן, וכדלהלן [ועי' בהערתנו דלהלן].

[283] עי' לעיל שהבאנו מהפני מבין (סנהדרין סג ע"א, קצט ע"ד בדפי הספר) שתמה על לשון הרמב"ן בהבנת רש"י [עיי"ש]. ועוד הביא שם דמעין זה הקשה התועפות ראם (גאטינייני, ויקרא שם) על הרא"ם (שם) דעל פירוש רש"י (ויקרא שם) "לא תאכלו על הדם" להרבה פנים נדרש בסנהדרין (סג ע"א) אזהרה שלא יאכל מבשר קדשים לפני זריקת דמים, ואזהרה לאוכל מבהמת חולין טרם שתצא נפשה ועוד הרבה. [עכ"ל רש"י]. כתב הרא"ם: כדתניא בתורת כהנים, מניין לאוכל מן הבהמה עד שלא תצא נפשה שעובר בלא תעשה, תי"ל "לא תאכלו על הדם" וכו'. ומה שאמר האוכל מן הבהמה עד שלא תצא נפשה עובר בלא תעשה די"לא תאכלו על הדם", ולא בלא תעשה די"ולא תאכל הנפש עם הבשר", הוא מפני שהבהמה אע"פ שהיא מפרכסת ועדיין לא יצאה נפשה ממנה, מ"מ כיון ששחט בה שנים או רוב שנים, אין שם חי עליה, דכבישרא בדיקולא דמיא ואי"כ אין שם אבר מן החי עליה ואינו עובר בה משום "לא תאכל הנפש עם הבשר", דמיירי באבר מן החי, אלא משום "לא תאכלו על הדם" בלבד, דגזרת הכתוב היא שאע"פ שנשחטה הבהמה כהלכתה ובשרא כמנח בדיקולא דמיא, אעפ"כ אינו רשאי לאכול ממנה עד שתצא נפשה. [עכ"ל הרא"ם]. ותמה התועפות ראם (שם) דמדברי הרא"ם נראה דס"ל לדעת רש"י בפירוש החומש דדרשא גמורה היא ואיכא לאו ממש, והוא תימה דהא רש"י בפירוש הגמרא (חולין דלעיל) כתב להדיא דאין האיסור אלא מדרבנן, ומה שהביא רש"י בפירוש החומש צ"ל דלישנא דברייתא נקט כמנהגו אע"פ שהוא אסמכתא. [עכ"ד התועפות ראם]. וגם עליו תמה הפני מבין מדוע לא העיר דגם הרמב"ן הנ"ל ס"ל כן בפרש"י שם, וכדלעיל. ואדרבה יותר קשה על הרמב"ן דכתב להדיא 'מן התורה', משא"כ הרא"ם כתב 'גזרת הכתוב'. ודו"י. ואמנם יש ליישב דהרמב"ן והרא"ם באו לפרש דברי הגמרא, דמשמעותה דהוי מדאורייתא, ודעת רש"י דהוי מדרבנן היא המוקשה, ולא הזכירו את שיטת רש"י הנ"ל כי לא כתבה כאן אלא בפירוש הגמרא. אך ק"ק דעכ"פ הוה להו להזכירה ולא לכתוב בסתמא כנגדו. עכ"ד הפני מבין. ודו"ק. ועי' ברית משה (על חסמ"ג לאוין רכ, קצא ע"ג) דג"כ העיר על הסתירה לכאורה ברש"י בין מש"כ בחולין דהוי אסמכתא ובין מש"כ בפירושו לתורה הנ"ל דהוי אזהרה. ודו"ק.

[284] עי' מהרי"ץ חיות (חולין שם) דנשאר בצע"ג על רש"י, והרי הגמרא (סנהדרין שם) כתבה להדיא דהוי לאו שבכללות, ומחמת כן לא לוקה, ומשמע דלמ"ד לוקין על לאו שבכללות לוקה על זה, ואיך כתב רש"י דזה מדרבנן. עכ"ד. ולא הבנתי, הרי רש"י שפתיו ברור מללו דלא למדה הגמרא מהפסוק את איסור זה אלא דרך אסמכתא, ומש"כ הגמרא דהוי לאו שבכללות ממש קאי על שאר האיסורים הנלמדים ממנו. ועי' לעיל (פרק א) דלגבי האיסור של אכילה לפני התפילה כתבו כן רבים מהראשונים והאחרונים. ודו"ק.

[285] וכתב הפני מבין (סנהדרין שם, ר ע"א) דלשיטת רש"י יובנו דברי חז"ל (ב"ר פפ"ד סי' ז) שהובאו ברש"י עצמו (בראשית לז ב) שיוסף הוציא דבת אחיו רעה שאוכלים אבר מן החי. וביאר הרא"ם (שם) שיוסף סבר דגדרם כבני נח, ואסור להם לאכול אבר שנחתך מבהמה מפרכסת אחרי שחיטה אפילו אחרי שתמות, ואחיו סברו דגדרם כבני ישראל דמותר להם לאכול האברים אחרי שתמות. ועי' אריכות בזה במפרשים. עכ"פ לשיטת רש"י אתי שפיר דהיה מותר להם לאכול האברים אפילו לפני מיתת הבהמה, דהא שרי מדאורייתא, וכדלעיל. ויוסף סבר דדינם כבני נח דאסור להם לאכלה עכ"פ בעודה חיה, ויתיישבו קושיות המפרשים שם, עיי"ש. עכ"ד הפני מבין.

שעודה מפרכסת, כיון דלישראל השחיטה מתירה[286] ואינו צריך לחכות[287] למיתתה[288].

גם המאירי (חולין לג ע"א) כתב בפשיטות: שאסור לאכול מבהמה עד שתצא נפשה מדברי סופרים, כמו שהתבאר בסנהדרין מ"לא תאכלו על הדם". עכ"ל.

ואולי אף הסמ"ג (לאוין רכ) סבירא ליה כרש"י, דהעתיק מהגמרא דנכללו בלאו ד"לא תאכלו על הדם" אזהרה לבן סורר ומורה, וסנהדרין שהרגו את הנפש שלא יטעמו כלום כל אותו היום, ושאין מברין על הרוגי בית דין, ושלא יאכל אדם קודם שיתפלל על דמו. ולא הביא הא דאין אוכלים מן הבהמה קודם שתצא נפשה. אמנם גם לא הא דלא תאכלו בשר ועדיין דם במזרק. והעיר בזה הברית משה (על הסמ"ג שם, קצא ע"ג).

וכתב הלחם משנה (על הרמב"ם שם), דהרמב"ם שכתב להדיא 'עובר בלא תעשה' כלומר דהוי איסור דאורייתא, יתרץ את המשנה הנ"ל דהשחיטה רק מועילה להוריד את האיסור של אבר מן החי, וסגי בהכי שיטמא טומאת אוכלין, אך אכתי יש עליו איסור "לא תאכלו על הדם", ולכן לא מטמא טומאת נבילות. והוכיח הלחם משנה כשיטת הרמב"ם ודלא כרש"י מהגמרא (חולין ל ע"א) והתוספות (שם ד"ה והתנן) דמבואר שם דלמדינן מהמשנה דלעיל דמפרכסת אסורה מן התורה ואינה ראויה להעמדה והערכה, עיי"ש.

ובערך השלחן (סי' כז ס"ק ג) הביא בסתם את שתי הדיעות, הרמב"ם ורש"י. וכן הכרתי ופלתי (שם ס"ק א)[289] והמלבי"ם (ויקרא שם). והשמלה חדשה (סי' כז סעי'

---

[286] וביאר רש"י שם, דאע"פ דבטמאה לא שייכא שחיטה, אפי"ה מהני מחשבת ישראל שחישב להאכילה לגוי, לשווייה אוכלא בעודה מפרכסת. וכל שכן בטהורה, שאוכל גמור הוא בעודה מפרכסת, וא"צ לישראל אפי' מחשבה.

[287] עי' תפארת יעקב (חולין שם) דהביא את ראית רש"י, וכתב דנראה אי הוי איסורא דאורייתא, עכ"פ אין זה ענין לענין טומאת אוכלין. דדוקא מה שאסור לעולם לא מיקרי אוכלא (כגון שחתך אבר או בשר מן החי, וכן נכרי במפרכסת דאותו בשר נשאר באיסורו), אבל בישראל שיכול לחתוך ממנה בעודה מפרכסת, אף שצריך להמתין להיתר, לא נפיק מתורת אוכל בהא. ודו"ק.

[288] והקשה הפמ"ג (יו"ד סי' כז שפ"ד ומשי"ז ס"ק א) לרש"י מנ"ל דהשחיטה מתירה מיד את איסור אבר מן החי, דילמא היא מתירה רק אחרי מיתת הבהמה, עיי"ש דבשפ"ד נשאר בצ"ע, ובמש"ז כתב דיש ליישב.

[289] עיי"ש (בפלתי ס"ק א) דהקשה דצריך טעם מנליה לרש"י זה, וביאר דאפשר דס"ל לרש"י כיון דאמרינן (שם לג ע"א, קכא ע"ב) דחותכו מבית השחיטה תיכף קודם צאת נפשה, וממתין לה עד שתצא נפשה. קשיא ליה היך התירו חכמים לחתוך תיכף, והא דלמא משתלי ואכל קודם שתמות הבהמה וקעבר אאיסורא דאורייתא, אלא ודאי מדרבנן היא ולא חשו חכמים לכך כולי האי. עכ"ד הפלתי. וכתב הפמ"ג (שם מש"ז ס"ק א) דנראה דהיה לו בהעלם דבר דרש"י כבר ביאר הוכחתו להדיא, וכמו

א, ורע"ע בתבו"ש סי' יג ס"ק ה) הביא את שתי הדיעות: יש אומרים דהוי מדאורייתא, ויש אומרים דהוי מדרבנן. וסיים: ויש להחמיר. עכ"ל. וכן בתבואות שור (שם סי' כז סוס"ק א) סיים: אבל לדינא פשוט דיש להחמיר כדעת הרמב"ם ז"ל. עכ"ל[290]. ורע"ע צל"ח (פסחים כה ע"א על תוד"ה מה לחמץ).

וכתב הפמ"ג (שם משז"ז ס"ק א) דלכאורה נראה דאין נפק"מ לדינא אי הוי מן התורה או מדרבנן, דהא אם נפל לתבשיל בשר ממפרכסת וספק אם יש ששים או ספק אם נפל כלל, אפילו הוי רק מדרבנן אסור לאכול התבשיל עד שתמות הבהמה, דהוה דבר שיש לו מתירין להמתין כמעט רגע. ולענין פסול עדות ג"כ אין נפק"מ, דאף אי הוי איסור מדאורייתא לא נפסל האוכלו, כיון דליכא מלקות, עי' בשו"ע (חו"מ סי' לד סעי' ב-ג), וכאן אין מלקות דהוי לאו שבכללות. ומ"מ נפק"מ לנודר הנאה מדבר האסור באכילה מן התורה[291]. או נפק"מ לענין חשוד לדבר החמור חשוד לדבר הקל, עי' שו"ע (סי' קיט סעי' ה). ויש להחמיר דהוי מדאורייתא כהרמב"ם. עכ"ד הפמ"ג.

ובתבואות שור (דלעיל) כתב דנפק"מ לענין פסידא, עי"ש [ובהערה לעיל].

והנה איתא במדרש (ויק"ר פכ"ה סי' ח; במדב"ר פ"י סי' א; שיהש"ר פ"ה סי' כב): "שלש שנים יהיה לכם ערלים לא יאכל" (ויקרא יט כג), מה כתיב בתריה "לא תאכלו על הדם" (שם שם כו), וכי מה ענין זה לזה, אלא אמר הקב"ה, לערלה את ממתין שלש שנים, ולאשתך אין את ממתין עד שהיא מטהרת מנדתה

שהבאנו למעלה. [והובא בהגהות ברוך טעם שם]. וכן העיר הפמ"ג על התבו"ש דחיפש טעם לרש"י וכדלהלן.

[290] עיי"ש דהקשה מי הכריחו לרש"י ז"ל להוציא דברים מפשטן ולומר דאינו אסור מדאורייתא אלא מדרבנן וקרא אסמכתא בעלמא, וכתב דאפשר דיצא לו לרש"י ז"ל מדתנן (ביצה כה ע"א) בהמה מסוכנת לא ישחוט ביו"ט אא"כ יש שהות ביום לאכול ממנה כזית צלי, רבי עקיבא אומר אפי' כזית חי מבית טביחתה. וקשיא ליה לרש"י דמסוכנת היא מ"מ לפעמים היא שוחה למות, ואיך שרי בדאיכא שהות לחתוך מבית טביחתה ולאכול חי, היאך יודע מתי תמות הבהמה! ואין לומר שיקרב מיתתה בידיים, דרש"י לשיטתיה (חולין קיג ע"א ד"ה או דילמא) דס"ל דכל קרובי מיתה הו"יל כשובר מפרקתה דמספקא בגמרא אם דילמא אסורה שם כששוחט לעצמו משום דמבליע דם באברים ולא יצא ע"י מליחה או צלי, ולא רק משום שמכביד את הבשר ונמצא גוזל את הבריות. ואע"פ דכתב רש"י (שם לב ע"א ד"ה תיקו) דיכול להכותה על ראשה רק שלא יוסיף לשחטה במיעוט הסימנים, זה אינו אלא קירוב מיתה קצת (כמש"כ התבו"ש סי' כג ס"ק ו), ואינה מתה מיד עיי"ז. ולכן סובר רש"י דהאיסור לאכול לפני שיצאה נפשה אינו אלא מדרבנן שלא יהא נראה כראבתן, כמש"כ בגמרא שם דמהאי טעמא לא יאכל לפני שהפשיט את עור הבהמה, ובמקום פסידא שרי משום דדחי האי איסורא משום פסידא דידיה, או משום דאין נראה כראבתן כיון דידעי כו"ע דאכיל משום פסידא. וס"ל לרש"י דמה שאמר רבי אבין (סנהדרין שם) על **כולם** אינו לוקה משום דהו"יל לאו שבכללות, משמע דעכ"פ אסור מדאורייתא, לא קאי אאיסורא דאוכל קודם שתצא נפשה, או דלא סבירא ליה הספק הנ"ל (חולין שם) לגבי שובר מפרקתה. כן נראה לבאר דעת רש"י. עכ"ד התבו"ש. וכתב הפמ"ג (שם משז"ז ס"ק א) דנראה דהיה לו בהעלם דבר דרש"י כבר הוכחתו להדיא, וכמו שהבאנו למעלה. וכן העיר הפמ"ג על הפלתי דחיפש טעם לרש"י וכדלעיל.

[291] וכ"כ המנחת חינוך (מצוה רמח סוס"ק ה).

[בתמיהה]. לערלה את ממתין שלש שנים, ולבהמתך אין את ממתין עד
שתמצה דמיה [בתמיהה]. מי קיים מצות הדם, שאול קיים מצות הדם, שנאמר
(שמואל א יד לג) "[ויעט העם אל השלל וגו' וישחטו ארצה ויאכל העם על הדם,
ויגידו לשאול לאמר הנה העם חוטאים לה' לאכול על הדם וגו', ויאמר
שאול פוצו בעם ואמרתם להם וגו' [ואכלתם ולא תחטאו לה' לאכול אל
הדם]" וגו'. ע"כ.

ונחלקו המפרשים מה היה חטאם של העם אז. הרמב"ן (ויקרא יט כו) כתב
דחטאם היה שהיו אוכלים מן הבהמה קודם שתצא נפשה, כדכתיב שם
"ויעט העם אל השלל", שהוא כעיט הדורס ואוכל, גם הם מרוב השלל
בבהמות כשהיו שופכים דמם ארצה היו תולשים אבריהם ואוכלין קודם
שימותו. עכ"ד. וכ"כ בפירוש רבינו יוסף בכור שור (שם).

אך רש"י (שמואל שם) כתב: אומר אני דהיו עוברים על "אותו ואת בנו לא
תשחטו ביום אחד" (ויקרא כב כח), כמש"כ שם בפסוק "בקר ובני בקר".
ורבותינו אמרו בשחיטת קדשים (מסכת זבחים), שהיו מקדישים אותם שלמים
ואוכלים לפני זריקת הדם, כמש"כ שם "ויאכל העם על הדם", אוכלים
קדשים ועדיין דם במזרק. עכ"ד. וכדבריו בשם רבותינו כתבו ג"כ הרד"ק
והאלשיך (מראות הצובאות שם) בפירושם השלישי [ועי' להלן] והאברבנאל
והמלבי"ם בפירושם הראשון[292], והמהרש"א (ברכות י סוע"ב) והמצודת דוד
(שמואל שם) בסתם. וגם כל המפרשים הנ"ל כתבו להדיא דכך פירשו רז"ל[293].

---

[292] וכן משמעות תחילת לשון האבן עזרא (ויקרא שם), אך אח"כ המשיך כשיטת הרד"ק והרלב"ג
השניה שעשו כן כמנהג הזובחים לשדים וכו', עי' להלן (פרק ז).

[293] חלקם כתב בסתם 'רז"ל', וחלקם כתב 'בזבחים' (או 'בשחיטת קדשים', והיא היא),
ובמהרש"א שלפנינו כתוב 'במסכת זבחים, ובסוגריים צוין '(דף יא.)'. והנה כתב התקנת עזרא (הל'
מעילה פ"א ח"ג, ט ע"א בדפי הספר) : ואני מודיע צערי שחפשתי הרבה למצוא מאמר חז"ל הזה שחטא העם
בימי שאול היה שאכלו קדשים לפני זריקת דמים, שהביאו רש"י ורד"ק והאלשיך ומלבי"ם ז"ל,
וחפשתיו בבבלי ובירושלמי ובמדרשים אשר בידי ולא מצאתיו. וכאשר אמרתי זה לפני הגאון הבקי
הנפלא בכל חדרי תורה בש"ס ובמדרשים הגאון הגדול רבי יוסף שטרן זצ"ל אב"ד דק"ק
שאוויל [בעל זכר יהוסף], כתב לי אחר איזה זמן בזה"ל, כבר הרגיש בזה הגאון בשאול ומשיב (חמישאה,
יוסף דעת סי' נה, נא ע"ג בדפי הספר ד"ה שוב ודי"ה והנה) וכתב [ואף שלא נודע לי מקומו של הדרש בשחיטת
קדשים, בלי ספק שאמרו כן במדרש כמש"כ רש"י ורד"ק וכו'] חפשתי בילקוט שמואל וגם באגדת
שמואל ולא מצאתי דברים אלו [וכו'], ורש"י קורא תמיד ל[מסכת] זבחים 'שחיטת קדשים' ולא
מצאתי איזהו מקומן של זה בזבחים, [וצ"ע] [עכ"ל השו"מ]. ומצוה רבה למצוא מאמר זה שהביאוהו
הראשונים והאחרונים. עכ"ל התקנת עזרא. וצוטט בשו"ת בנין שלמה (מוילנא, ח"ב קדשים סי' ט).
והוזכר בקצרה במקור ברוך (גינצבורג, ח"א השמטות לסי' ב, סו ע"ג בדפי הספר), ועי' להלן (פרק ד). וכ"כ בקצרה
בספר פרי עץ הדר (אתרוג, תלמיד הרידב"ז מצפת, ח"א אוצר כללי התלמוד והפוסקים, קע ע"ד) ובמרגליות הים
(סנהדרין שם אות יד) דלא נמצא מקור רש"י [והראשונים] הנ"ל. ובספר משבצות זהב (שמואל שם)
כתב דאמנם מצינו בגמרא (זבחים קכ ע"א) דהיו שם בהמות קדשים [והביאם רש"י בפסוק חבא שם פסוק לג],
אך לא כתוב שם מה היה חטאם (ועי' חק נתן שם). ויתכן דרש"י ושאר מפרשים הנ"ל למדו מסברא,
כיון דאיירי בבהמות קדשים, והרי אחד מהלאוין הנלמדים מהפסוק "לא תאכלו על הדם" הוא

והרד"ק והאלשיך (שם) פירשו עוד שהיו מכינים את הבשר בחפזון כי היו רעבים, והיו שוחטים בארץ ולא היה הדם ניגר ומתמצה יפה והיה נבלע בבשר[294]. ומעין זה פירש רבינו ישעיה (שם) שמתוך שהיו שוחטים ארצה במקום נמוך היה מתלכלך הבשר בשם והיו אוכלים אותו מלוכלך בדמו וזה היה חטאם. וכ"כ היפה תואר (על ויק"ר שם צא ע"ד ושיהש"ר שם קמז ע"ג) כפירוש הרד"ק הנ"ל, ואע"פ שהפסוק "לא תאכלו על הדם" כולל כמה איסורים כדלעיל, וא"כ גם "חוטאים לה' לאכול על הדם" דשאול היה שייך לפרש בכמה גווני, אך זה היותר נראה שהיה החטא שע"י שהיו רעבים היו שוחטים בארץ ולא היה הדם ניגר ומתמצה, ולכן ציוה שאול לגלול אבן גדולה לשחוט עליה כדי שיהיה הדם ניגר ומתמצה היטב, וכדפירש הרד"ק, כי שאר הפירושים שנבאר שם אינן עולים יפה. עכ"ד. והתקנת עזרא (דלעיל) כתב דיתכן דזהו ג"כ פירוש הגמרא (סנהדרין שם) 'ועדיין דם במזרק', כלומר בוורידים שנקראים 'מזרקי הדם' (עי' חולין צג ע"ב ורש"י שם)[295].

ומהר"י קרא (שם) הביא בתחילה בפשיטות את פירוש רש"י [נקראו 'רבותינו פירשו']. ואח"כ כתב דמהתיקון שעשה שאול מזבח יש להבין שחטאם היה בכך שלא עשו מזבח מתחילה להעלותם עליו, וזמש"כ "וישחטו ארצה" כלומר בלא מזבח. עכ"ד. וכ"כ המלבי"ם בפי' ב'.

והכלי יקר (לניאדו, שמואל שם) כתב שחטאו בזה שלא בדקו הסכין מרוב חפזון, וכמו שדרשו חז"ל (מדרש רבה שם, חולין יז ע"ב) על המשך הפסוק "ושחטתם בזה", עיין שם. [וע"ע בחזקוני (ויקרא יט כו) בפירוש הראשון, ולהלן (פרק ח אות ב)].

שלא תאכלו בשר קדשים ועדיין דם במזרק, לכן הסתבר לרש"יי ולשאר מפרשים הנ"ל להעמיד שזה היה החטא שלהם. עכ"ד משבצות זהב. ולו יאתה הברכה שייישב דברי כל הראשונים הנ"ל דכתבו כן בשם רז"ל, אך גם דברי האחרונים הנ"ל שלא מצאו הגמרא במדויק צדקו. ודו"ק. [אמנם מש"כ משבצות זהב שם שם את כל דברי התקנת עזרא דלעיל בשם הבנין שלמה, במחכ"ת לא שם לב דכל התשובה בבנין שלמה שם אינה ממנו אלא חיא תשובת התקנת עזרא כתבה כתבה וכלשונה שענה זאת לשאלת הבנין שלמה בזה]. ומה שציין בהגהות על בנין שלמה (שם אות ה/קפף) למדרש לקח טוב (פסיקתא זוטרתי, פרשת קדושים שם) דכתב להדיא: "לא תאכלו על הדם", כעניין שנאמר בשאול "יהנה העם חוטאים לה' לאכול על הדם". כתב המשבצות זהב דלאו שמיה מתיא. [כיון דמחברו הוא רבינו טוביה ב"ר אליעזר שחי בזמן רש"יי, ואנו מחפשים למקור שכתב רש"יי (והראשונים דלעיל) בשם חז"ל].

[294] ועי' ברד"יק (שם) דאחרי הפירוש הזה כתב 'ואין זה פירוש "לא תאכלו על הדם", רק פירושו כמו שהוא חוק הזובחים לשדים...' [עי' להלן פרק ז, וכ"כ מושב זקנים ותוספות השלם עה"ת (ויקרא שם אות ד), הרלב"יג והאברבנאל (שם) במסקנתו, וכ"כ האבן עזרא (ויקרא שם), ומשמע דממאן בפירוש הראשון, ובסוף דבריו מקשה על פירוש רש"יי דלעיל דאכלו קדשים לפני זריקת דמים וכותב 'אבל אין משמעות פשטי הפסוקים אלא כמו שפירשנו כי החטא היה מפני שהדם היה נבלע בבשר ולא היה מתמצה'. וצ"ע שהרי דחה פירוש זה. וה' יאיר עיני.

[295] וכ"כ בספר הדרש והעיון (מאמר ריז אות ב), עיי"ש. אך התקנת עזרא שם סיים: ולענ"ד זה נעים בפירוש הברייתא (סנהדרין שם), דסיפא הוא מעין הרישא, אבל בטלים דברי רש"יי שם בגמרא ובפירוש החומש. עכ"ל. וע"ע בנתיבות עולם (על קיצור סמ"ג, לאוין רכ, ס רע"יג).

ורמ״ד וואלי (מושיע חוסים, שמואל שם) כתב : הנה רבותינו דרשו בזה מה שדרשו, וסודו נלע״ד שלא היו שוחטין שחיטה ראויה מפני פחזותם, ולא היה תיקון אל הנשמות המגולגלות באותן הבהמות שחזורות לשורשן ע״י מצות השחיטה בהיותה נעשית כראוי, ואם לאו נמצא שבוגדים באותן הנשמות שמחכות לתיקונן ובוטחות בזה ונכזבה תוחלתן וכו׳ לכן אמר שאול שם "בגדתם" דייקא. עכ״ל.

נמצינו למדים ח׳ פירושים מה היה חטא העם הנ״ל. א. אכלו מהבהמה לפני שיצאה נפשה (רמב״ן, ר״י בכור שור). ב. הקריבו אותו ואת בנו (רש״י פי׳ א). ג. אכלו קדשים לפני זריקת הדם (רש״י פי׳ ב, רד״ק פי׳ ג, האברבנאל והאלשיך והמלבי״ם פי׳ א, מהרש״א ומצודת דוד). ד. לא המתינו עד שהדם יתמצה וישפך החוצה אלא נבלע בבשר (רד״ק והאלשיך פי׳ א, רבינו ישעיה, יפה תואר). ה. אכלו בסמוך למקום השחיטה כמנהג הזובחים לשדים וכו׳ (רד״ק פי׳ ב, תוספות עה״ת, אבן עזרא, רלב״ג ואברבנאל למסקנה). ו. הקריבו בלי מזבח (מהר״י קרא, מלבי״ם בפי׳ ב). ז. לא בדקו הסכין כיאות (כלי יקר). ח. לא שחטו שחיטה ראויה (רמ״ד וואלי).

ואנכי הרוא׳ה להפני מבין (ח״ב סנהדרין סג ע״א, קצט ע״ג בדפי הספר) דפשיטא ליה דחטא העם הנ״ל היה כמש״כ הרמב״ן, עד שתמה על הרמב״ן שכתב ׳ואם כן מה שאמר הכתוב בשאול... שהיו חוטאים באחד מן השמות הנכללים בלאו הזה, כי היו אוכלים מן הבהמה קודם שתצא נפשה׳ [וע״י המשך לשונו לעיל] כאילו היה זה חידוש עצמי של הרמב״ן כאילו חדשות הוא מגיד טעם זה בשאול, והלא דבר זה הוא מפורש במדרש הנ״ל, וכמש״כ היפה תואר שם, ואיך לא אמר הרמב״ן ׳ורז״ל דרשו...׳. עכ״ד הפני מבין. ואנא עבדא לא הבנתי תמיהתו. דלענ״ד לא ראיתי משמעות ברמב״ן שהוא חידוש של עצמו, אלא כותב הכל בפשיטות, ושפיר י״ל דכוונתו דכך מבואר בחז״ל. ועוד דלא מפורש כלל במדרש להדיא מה היה חטאם, ואדרבה משמעות לשון המדרש ׳עד שתמצה דמיה׳ משמע כפירושו הראשון של הרד״ק, וכן פירש היפה תואר שם, ודלא כמש״כ הפני מבין דהיפה תואר פירש כהרמב״ן. וצ״ע. וה׳ יאיר עיני.

והנה, במושב זקנים (לבעלי התוספות, ויקרא יט כו) ובפירושים ופסקים לרבינו אביגדור צרפתי (מבעלי התוספות, פרשת קדושים פסק קצא-קצב) כתבו : "לא תאכלו על הדם", בגמרא מפרש אזהרה לאוכל מבהמה קודם שתצא נפשה. וכן פסק אסור לשבר מפרקת הכבשים בשעת שחיטה למהר יציאת נפשה, וכן אסור להכות הבהמה כנגד פדחתה, דמיבעיא ליה בפרק כל הבשר (חולין קיג ע״א) וסלקא בתיקו, וכל תיקו דאורייתא לחומרא. עכ״ל.

ולכאורה צע"ק דצירפו דין הגמרא (חולין קיג ע"א) הנ"ל דשובר מפרקתה של בהמה, שהוא ענין הבלעת דם באברים, עי"ש, להא דאכילת בהמה לפני שתצא נפשה שהוא איסור "לא תאכלו על הדם"[296].

ההלכה העולה מכל הפרק בס"ד בקיצור נמרץ:

א. אסור לאכול כל בעל חי אחרי שחיטתו לפני שיצאה נפשו לגמרי, כלומר כל זמן שהיא מפרכסת עדיין, אפילו מעט (לרוב הראשונים האיסור מדאורייתא, ולקצת ראשונים הוא מדרבנן).

פרק ד
אכילת בשר קדשים לפני זריקת הדם

עוד איתא בגמרא (סנהדרין שם סג ע"א): דבר אחר, "לא תאכלו על הדם", לא תאכלו בשר ועדיין דם במזרק[297]. ע"כ. ופרש"י: הקרבנות [ומהרש"ל תיקן: דקרבנות]. ע"כ. וכן הוא בתרגום המיוחס ליונתן (על הפסוק הנ"ל) בסתם: לא תיכלון מבשר כל נכסתא עד דאדמא קים במזרקא [פי' לא תאכלו מבשר כל זבח[298] בעוד שהדם קיים במזרק][299].

___

[296] ועי' להמהדיר (על פירושים ופסקים לרבינו אביגדור צרפתי, שם אוי' נא-נג).

[297] בספר מושב זקנים (לבעלי התוספות עה"ת, ויקרא יט כו) כתב: "שלש שנים יהיו לכם ערלים לא יאכל... לא תאכלו על הדם", הקשה הרא"ש מה ענין ערלה אצל לא תאכלו על הדם וכו'. ויש מפרשים, כשם שאסור לאכול הפרי עד שנה חמישית, אך אסור מן הבשר עד שנזרק הדם על המזבח אם הוא במקום קרוב. עכ"ל. וכבר מצינו להדיא במדרש (ויקיר פכ"ה סי' ח, במדבר פי"ד סי' א, שיחשי"ר פ"ה סי' כב) דדורש הסמיכות בין ערלה ללא תאכלו על הדם לענין חסרון מתינות בקירבה לאשתו עד שתטהר מטומאתה ובענין חסרון מתינות העם בימי שאול, עי' לעיל (פרק ג) ולהלן (פרק ח אות א).

[298] והקשה בספר הדרש והעיון (ח"ג מאמר ריז) דמשמעות 'כל נכסתא' משמע כל בהמה השחוטה, ומשמע דהוא האיסור של אכילת בהמה השחוטה לפני שתצא נפשה (עי' לעיל פרק ג), ומסיום הלשון 'עד דאדמא קיים במזרקא' מבואר שהוא רק בבהמת קדשים, והוא האיסור של אכילת קדשים לפני שנזרק דמם. ובספר משכן משה (סוכוצ'בסקי, סי' לז אות ב) כתב די'כל נכסתא' לא בא לרבות בהמת חולין, אלא אדרבה בא לרבות בהמת קדשי קדשים, עי"ש.

[299] ועי' לעיל (פ"ג) דלדעת רש"י, רד"ק, האברבנאל והמלבי"ם (שמואל א יד לג) [ע"פ הגמרא (זבחים קכ ע"א), עי"ש] זהו היה חטאם של העם בימי שאול שאכלו קדשים לפני זריקת הדם, עי"ש.

והקשו המאירי (סנהדרין שם, ב״מ קטו ע״א) והתוספות רא״ש (סנהדרין שם), דבגמרא (מכות יז ע״א) מפורש דהאוכל תודה ושלמים לפני זריקת הדם, לוקה, שנאמר (דברים יב יז) ״לא תוכל לאכול בשעריך... ונדבותיך״ [ומפרשינן לא תוכל לאכול נדבותיך בשעריך כלומר לפני זריקת הדם בשערי המקום (עי׳ רמב״ם דלהלן)]. ותירצו דכוונת הגמרא (סנהדרין שם) דאינו לוקה מחמת ״לא תאכלו על הדם״ כי הוא לאו שבכללות, אבל לוקה מחמת ״לא תוכל לאכול...״ כמש״כ הגמרא (מכות שם)[300].

והובא התורא״ש הנ״ל בחמרא וחיי (סנהדרין שם). וכן תירץ המנחת חינוך (מצוה רמח ס״ק (ג) [ו]), ושכ״פ הרמב״ם (הל׳ מעשה הקרבנות פי״א ה״ד) שלוקה[301], אע״פ שהביא בכמה מקומות [פיהמ״ש מכות פ״ג מ״א, ספר המצוות שורש ט, הל׳ שחיטה פ״א ה״ב, הל׳ סנהדרין פי״ג ה״ד ופי״ח ה״ג, ורע״ע הל׳ ממרים פ״ז ה״א] דאין לוקין על הלאו של ״לא תאכלו על הדם״. ומה שמבואר בגמרא (סנהדרין שם) דאינו לוקה, כוונתה משום הלאו ד״לא תאכלו על הדם״, אך משום הלאו המיוחד לו כנ״ל לוקין. ולכן הרמב״ם (הל׳ מעשה הקרבנות שם) לא ציין כלל ללאו הזה, כי אין נפק״מ בזה. עכ״ד המנח״ח. וצוין בקצרה בפירוש יראה ואהבה (על ספר היראים מצוה קמה, תוספות אהבה עמ׳ רסג).

אמנם אחרונים רבים כתבו חילוקים אחרים לתרץ, וכדלהלן. [ולא הזכירו את דברי התורא״ש והמאירי, כנראה שלא הודפסו בימיהם[302]. והעיר עליהם בספר משכן משה (סוכוטשובסקי, סי׳ לז אות א)].

המצפה איתן (סנהדרין שם), הבנין שלמה (מוילנא, ח״ב קדשים סי׳ ט, ומקורו בתקנת עזרא דלהלן) והצפנת פענח (סנהדרין שם) כתבו דבסנהדרין איירי שכבר נזרקו המתנות שעל המזבח, אלא שעדיין נשאר דם במזרק, שלא ניתנו השיריים אל היסוד[303], ובזה אינו לוקה[304]. ובמכות איירי לפני זריקת המזבח לגמרי,

---

[300] והוא כמש״יכ היד רמה (סנהדרין שם) לגבי אזהרה לבן סורר ומורה, דבמשנה ובגמרא (סנהדרין עא ע״א-ב) מפורש דלוקה, כדכתיב (דברים כא יח) ״ויסרו אותו״, והכא אמרינן מ״לא תאכלו על הדם״ שאינו לוקה. ותירץ כנ״ל דאכן אינו לוקה משום ״לא תאכלו על הדם״, אלא משום ״ויסרו אותו״. והבאנוהו להלן (פרק ה).

[301] והעיר המנחת חינוך (שם) על העין משפט (סנהדרין שם) דציין על הגמרא שכתבה דהוי לאו בכללות מחמת לאו ד״לא תאכלו על הדם״ לרמב״ם הנ״ל דכתב דאיכא מלקות מחמת הלאו ד״לא תוכל לאכול בשעריך״. ודו״יק. ועי׳ עינים למשפט (שם).

[302] אך עכ״פ צ״ב מדוע לא חשבו על תירוץ זה לבד, וכמש״יכ המנחת חינוך תירוץ זה אע״פ שלא ראה את התורא״יש והמאירי. אמנם כאן לא שייך כ״כ לומר ד׳לעבור עליו בשני לאוין׳, כיון שעל הלאו ד״לא תאכלו על הדם״ לא לוקין, לכן קשיא טפי למה לי האי לאו, עי׳ היטב בספר משכן משה (סוכוטשובסקי, ריש סי׳ לז). [אך לכאורה אכתי שייך ׳לעבור עליו בלי ללקות, ודו״יק].

[303] עי׳ חידושי הגרי״ז (זבחים יג סע״א) דתמה עמש״יכ הגמרא (שם) על שפיכת שיריים ׳המביאין לידי אכילה׳, דמהיכי תיתי דהבשר ייאסר באכילה לפני שפיכת שיריים, ונשאר בצי״ע. אך השפת אמת

דלוקה[305]. [וכתירוץ זה גם כתוב במשך חכמה (ויקרא יט כו; דברים יב כז) בשם חתנו, עי' להלן].

והמשך חכמה (ויקרא שם) תירץ דאולי במסכת מכות הנ"ל למדו לדברים שעיקרן בא לצורך גבוה, שנודר או נודב זבחי שלמים, והוא משולחן גבוה קא זכי, לכן אם נזרק הדם, הדם מתיר את הבשר. ובמסכת סנהדרין הנ"ל דרשו על זמן המדבר, שהיו אסורים בבשר תאוה [עי' חולין יז ע"א[306]], א"כ לא הביאו זבחי שלמים לצורך גבוה, רק לאכול הבשר, והיו להוטים אחרי הבשר, ולכן צוה "לא תאכלו על הדם", שלא יאכלו קודם זריקת הדם. ודו"ק. ועי"ל דאולי בא לאסור בבמה קטנה, שאסורים לאכול קודם שיזרק

(זבחים שם, פסחים עז ע"ב) דייק מהגמרא (שם) דאכן הבשר אסור באכילה לפני שפיכת שיריים כמו שאסור לפני הקטרת האימורים. ועי' מנחת אברהם (גרבוז, זבחים ח"א עמ' קנז) ומשנת חיים (שטיינברג, דברים סי' סט אות ב עמ' רצב; זבחים פ"ד עמ' 110).

[304] וכתב התקנת עזרא (דלהלן): ואנכי בעניי השבתי לו [לבנין שלמה הנ"ל], דהדבר מצד עצמו ודאי ניתן להאמר, ואף שרש"י ז"ל בפי' החומש כתב 'אזהרה שלא יאכל בשר קדשים לפני זריקת דמים', ולשון 'זריקת דמים' משמע ודאי זריקה ממש ולא שפיכת שיריים, אבל מ"מ יש לדחוק דגם כוונת רש"י אשיריים היא. אך יש לי דברים בגו. עכ"ל. ודוחה תירוצם שם מהמעשה דשאול והעם [דלעיל] דהיה בזמן היתר הבמות, וא"כ לא היה כלל יסוד ולא שפיכת דמים ליסוד, רק זריקה אחת על הבמה (עי' זבחים קכ ע"א), וא"כ על כרחך לומר ד"לא תאכלו על הדם" איירי בעיקר זריקה ולא על שפיכת השיריים. עכ"ד. ועי' להלן למעלה בעיקר דעתו. והנה לפמש"כ התקנת עזרא הנ"ל ליישב לשון רש"י 'לפני זריקת דמים', גם יש ליישב לשון הרמב"ם (בפיהמ"ש מכות פ"ג מ"א) 'קודם זריקת הדם על המזבח', ולא קשיא קושית הדברי יעקב (קלצקין, סנהדרין שם) והכותב בקובץ קול התורה (חנ"ג עמ' קס), עיי"ש דנקטו בפשיטות דתירוץ האחרונים הנ"ל [בדברי יעקב כתב רק 'ותירוצו', ובקול התורה הזכיר רק את חתן המשך חכמה דלהלן, ולא את המצפה איתן, בנין שלמה וצפנת פענח הנ"ל] לא אתי שפיר לשיטת הרמב"ם. ועוד הקשה הכותב (בקול התורה שם), דהרי אינה מעכבת אלא מתנה אחת [עי' גמרא (זבחים לו ע"ב, שם לח ע"א ורש"י שם), רמב"ם (הל' פסולי המוקדשין פ"ב הי"א)], וא"כ איך שייך לומר דאחרי כל נתינת המתנות עדיין אסור באכילה עד שפיכת השיריים. ולכל היותר היה שייך לתרץ דפסוק "לא תוכל" אוסר עד זריקת מתנה אחת, ופסוק "לא תאכלו" אוסר עד זריקת כל המתנות [ואכן כך תירץ הדברי יעקב שם, והובא גם במרגליות הים סנהדרין שם אות יד], אך לאסור עד שפיכת השיריים מנא להו. ואמנם לשון 'עדיין דם במזרק' מוכיח שלא שפכו השיריים עדיין, אך קשה מההלכה כנ"ל. ועיי"ש בהמשך דבריו דמיישב קושיא זו בסברא.

[305] אמנם בתחילה רמז המצפה איתן בלשונו את תירוץ התורא"ש והמאירי, שכתב: ונראה דהא דמסיק עלה דאינו לוקה משום דהוי לאו שבכללות היינו דמשום האי דלאו דלא תאכלו על הדם הוא דלא לקי, אבל מ"מ לוקה מבשר קדשים קודם זריקה משום קרא אחרינא וכדדריש רבי שמעון במכות וכו'. עכ"ל. מתבאר להדיא דשתי הסוגיות איירי באותו גוונא, רק בסנהדרין אמרו דמחמת "לא תאכלו על הדם" אינו לוקה, ובמכות אמרו דלוקה מחמת לאו אחר. אך אח"כ ממשיך המצפה איתן כנ"ל: ולכאורה הא דשמעתין פליג, דמשמע דלא לקי כלל, אך יי"ל וכו' [כשהבאנו למעלה]. וצ"ע.

[306] דזהו רק לדעת רבי ישמעאל שם, אך לרבי עקיבא שם הותר להם אפילו בשר נחירה, וא"כ אין חילוק בין המדבר לארץ ישראל וכל הקרבנות היו לצורך גבוה. והעיר בזה גם בספר משכן משה (סוכוצ'בסקי, סי' לז אות א).

הדם[307]. ובזה מבואר קראי דשמואל (א יד לג). [עי' לעיל]. וחתני [ספר זרע אברהם
(לופטביר) חו"ב סי' עט אות ג][308] פירש דקאי על שפיכת שיריים[309]. ודו"ק. עכ"ל.
וכתירוצו השני דבא לאסור בבמה, כן כתב גם התקנת עזרא (הל' מעילה פ"א ה"ג,
ט ע"א בדפי הספר).

אמנם המקור ברוך (גינצבורג, ח"א השמטות לסי' ב, סו ע"ג מדפי הספר) חלק על תירוץ
זה[310], רק תירץ דהדרשא מהפסוק "לא תוכל לאכול בשעריך" אמרה רבי
שמעון (מכות שם), ולא כל התנאים צריכים לסבור כרבי שמעון[311], ולכן
בברייתא (סנהדרין שם) הובאה דרשא אחרת, מ"לא תאכלו על הדם"[312].

ובמשכן משה (סוכוצ'בסקי, סי' לז אות ב) תירץ דהפסוק "לא תוכל לאכול" איירי
רק בשלמים, והפסוק "לא תאכלו על הדם" מרבה גם כל שאר הקרבנות,
עי"ש. עוד האריך שם דיש תרי דינים באיסור אכילת קדשים לפני זריקת
הדם, אחד משום עצם איסורם וזריקת הדם מתיר האיסור, וזה לומדים
מ"לא תוכל לאכול", והשני כיון שמוטלת עליו חובת זריקה ולא עשאה,

---

[307] כלומר הדרשא דבמסכת מכות ["לא תוכל לאכול בשעריך"] איירי באכילת הבשר לפני זריקת
דמים בביהמ"ק, והדרשא במסכת סנהדרין ["לא תאכלו על הדם"] איירי אף בזמן שהותרו הבמות,
דהו"א דבבמה זריקת הדם אינה מעכבת, שהרי אין מעכבים שם עוד דינים (עי' ויקרא ד ז). ומהפסוק
"לא תוכל לאכול בשעריך" אי אפשר ללמוד לזה היתר הבמות, שהרי מקריבים בכל מקום, ולא
שייך "בשעריך".

[308] וכ"כ שוב במשך חכמה (דברים יב כז) בשם חתנו הנ"ל.

[309] כתירוץ המצפה איתן ועוד (דלעיל).

[310] וטעמו דבזמן היתר הבמות אינו ברור כלל דאיכא חובת זריקת הדם, וגם אי איכא יש להסתפק
האם בעינן כלי, עי"ש. ובלאו הכי אי אפשר לומר שהלאו של "לא תאכלו על הדם" קאי על זמן
היתר הבמות, שהרי יש ג"כ עשה שלא יאכלו קדשים לפני זריקת הדם, והוא מהפסוק (דברים יב כז)
"ודם זבחיך ישפך והבשר תאכל", כדדרשה הגמרא (פסחים עז ע"א, ועי"ע רש"י מכות יז ע"א) ד"דם זבחיך
ישפך" זו זריקה, ורק אחר כך "והבשר תאכל". ועשה זה נוהג בין בזמן היתר הבמות ובין בזמן
איסורן, ומאי אהני להוסיף גם לאו ד"לא תאכלו על הדם" שהוא לאו שבכללות ואין לוקין עליו.
[א"ה: לא הבנתי, והא אהני לעבור עליו בעשה ובלאו. וצי"ע. ועי"ע בקובץ קול התורה (חני"ג עמ' קסא)]. ועוד
דהרמב"ם (פיהמ"ש מכות פ"ג מי"א) ובעל המאור (חולין כז ע"ב) כתבו להדיא דזריקת הדם מועילה להוציא
את הבשר מאיסור "לא תאכלו על הדם", הרי שפסוק זה נאמר גם בזמן איסור הבמות. עכ"ד, ועוד
עי"ש.

[311] כבר רמז על תירוץ זה המצפה איתן (דלעיל), ולכן הפנה לדברי הלחם משנה (הל' בכורות פ"א הט"ז)
דכתב דליכא התם מאן דפליג ארבי שמעון. אך סיים המצפה איתן שם "מיהו בפסחים (דף עז)
משמע דאיכא מאן דפליגי. ודו"ק.

[312] והוכיח שם דכפי הנראה מצינו גם את רבי אליעזר ורבי יהושע (פסחים עז ע"א) דלא סבירא להו
כרבי שמעון, עי"ש.

וזה לומדים מ״לא תאכלו על הדם״[313], ונפק״מ בזה״ז דליכא חובת זריקה, עי״ש שהאריך בזה[314].

והנה, בספר החינוך (מצוה תמח) כתב: שלא לאכול שום דבר מבשר קדשים קלים קודם זריקת דמים וכו', על זה נאמר (דברים יב יז) ״לא תוכל לאכול בשעריך״ וגו'. ונוהג איסור זה בכל מקום ובכל זמן, בזכרים ונקבות, שאפילו המקדיש בהמתו היום לקדשים קלים ועבר ואכל ממנה אחר כן כזית, חייב מלקות. עכ״ל. וכתב המנחת חינוך (שם ס״ק ג): והיינו אפילו בשחוטי חוץ, כיון דאין הזריקה מתרת, עוברים על לאו זה. ומש״כ 'קדשים קלים', איני מבין, דקדשי קדשים עוברים ג״כ בלאו זה, כמו שמבואר בגמרא (מכות יז ע״א) וברמב״ם (הל' מעשה הקרבנות פי״א ה״ד), עי״ש. עכ״ל. וכן העיר שם לקמיה (ס״ק א). אמנם גם הרמב״ם דידיה בספר המצוות (לאוין קמז) הזכיר רק קדשים קלים. [והעיר בזה מהדיר המנח״ח (שם אות ג)].

ובקובץ קול התורה (חנ״ג עמ' קסב) ביאר מש״כ החינוך דאיסור זה נוהג אף בזה״ז, עפמש״כ החזון איש (קדשים, ליקוטים כריתות אות ד, קצא ע״א ד״ה מכות יח ע״ב) דאיסור אכילה לפני זריקה חייל כבר מחיים אף שעדיין לא נשחט. ולפ״ז מובן דגם על שחוטי חוץ רובץ עדיין איסור זה, אף דלא שייכא בהו זריקה, דהרי נאסרו כבר מחיים.

ובאזהרות רבינו שלמה אבן גבירול (נדפס גם במחזורים לחג השבועות, לאוין אות מח [קיח-קכב]) כתב: וְלֹא תֹאכַל עַל דָּם, תְּמִידֵי הַנִּקְדָּם. עכ״ל. ונתחבטו המפרשים בביאורו.

בכתבי ר' משה אבן תיבון (עמ' 369) ביאר: שלא לאכול בשר קדשים קלים קודם זריקת דמים, שנאמר ״לא תוכל וגו' ונדבותיך״. ויש מפרשים שהוא אזהרה לכהנים שלא יאכלו מה שהוא מגיע אליהן מן הקרבנות, קודם זריקת דם התמיד של שחר, שנאמר ״לא תאכלו על הדם״. והיינו 'תמידי הנקדם', כמו שארז״ל (יומא לג ע״ב) מנין שלא יהיה דבר קודם לתמיד של שחר וכו'. ומפני שתפילות כנגד תמידין תקנום, ארז״ל לא תאכלו קודם שתתפללו על דמכם, גם אזהרה לבן סורר ומורה וכו'. עכ״ל.

---

[313] ובקובץ קול התורה (חנ״ג עמ' קסב) כתב להיפך, דהלאו של ״לא תוכלי״ איירי גם כשאין חיוב זריקה, והלאו של ״לא תאכלו״ איירי רק כשיש חיוב זריקה. והוכיח כן ממש״כ החינוך (מצוה רמח חבאנוחו למעלה לחלן בסמוד) דאיסור ״לא תוכלי״ נוהג אף בשחוטי חוץ, אף דלא שייכא בהו זריקה, עייש.

[314] ומעין זה גם כתב בספר ידי משה (בוצ'קובסקי, זבחים סי' נד ומנחות סי' ז), עייש.

ונראה שהתכוין לפרש כאן שלשה פירושים: א. כפשטות הלאו שהובא בגמרא, לא לאכול בשר קדשים לפני זריקת דמים. ב. אזהרה לכהנים שלא יאכלו מאף קרבן לפני זריקת דם התמיד[315]. ג. שלא לאכול לפני התפילה[316].

והרשב"ץ בפירוש זוהר הרקיע (על אזהרות הנ"ל) הביא את פירוש א' הנ"ל, וכתב שאין לו שורש כלל, שהרי איסור אכילת קדשים לפני זריקה אינו נכלל באיסור "לא תאכלו על הדם" אלא באיסור "לא תוכל לאכול בשעריך"[317]. ועוד מקשה מה שייך כאן 'תמידי הנקדם', הרי אין בקרבן התמיד שום אכילה, שהוא עולה כליל, ומה שייך לאסור אכילתו לפני זריקה. אלא מסיים דאולי כפירוש ג' הנ"ל[318]. עכ"ד.

גם בפירוש נר מצוה (פיזאנטי, על אזהרות הנ"ל) פירש בפשיטות דכוונתו על איסור אכילה לפני התפילה, שהיא כנגד תמיד של שחר, שהוא 'נקדם' מכל הקרבנות. וכ"כ בפירוש פתיל תכלת (על אזהרות הנ"ל, לרבי יעקב חאגיז) ובספר נתיב מצוותיך (לרבי שאול הכהן, קנא ע"א).

---

[315] צע"ק דלא מצאנו איסור כזה. ועי' בתרגום (קהלת י טז) על הפסוקים "אי לך ארץ שמלכך נער, ושרייך בבוקר יאכלו. אשריך ארץ שמלכך בן חורים, ושרייך בעת יאכלו" וגו', מתרגם: וי לֵיךּ ארעא דישראל, בזמן דימלוך עלך ירבעם חייבא, ויבטיל מניך תקרובתא דצפרא, ורברבניך עד דלא יקרבון תמידא דצפרא ייכלון לחמא. טב לֵיךּ ארעא דישראל בעידן דימלוך עלך חזקיה בר אחז וכו' ורברבניך בתר דמקרבין תמידא אכלין לחמא בזמן ארבע שעין וכו'. עכ"ל [ובאורו: אוי לך ארץ ישראל בזמן שימלוך עליך ירבעם החוטא ויבטל ממך קרבן הבוקר, ושרייך עד שלא יקריבו את התמיד של בוקר, יאכלו לחם. טוב לך ארץ ישראל בזמן שימלוך עליך חזקיה בן אחז וכו', ושרייך אחרי שמקריבים את התמיד אוכלים לחם בזמן ארבע שעות]. ובהגהות יונה דדהבא (על התרגום שם, אות נז) תמה מנליה איסור אכילה לפני הקרבת קרבן התמיד, וכתב דאולי זה מקור דר"ש בן גבירול הנ"ל דאסור לפני לאכול 'תמידי הנקדם' היינו לפני הקרבת התמיד. עכ"ד. וזהו כפירוש ב' דר"מ אבן תיבון, אלא שהוא כתב שהאיסור 'לכהנים שלא יאכלו מה שהוא מגיע אליהן מן הקרבנות', ובתרגום כתוב על כל אכילת לחם. ודו"ק. ובכמה אחרונים ראיתי דביארו התרגום הנ"ל דכוונתו שהיו אוכלים לפני זמן הקרבת התמיד, ודנים מכאן אימתי זמן סעודה בבוקר. ואכמ"ל.

[316] בספר אש דת (מאוז'רוב, ח"א פ"ג עמ' תקנא, ח"י עמ' רמו, חי"א עמ' רסד, וע"ייש חי"ו עמ' שסה ובבאר משה [דברים א עמ' שלז, מלכים עמ' רח]) ביאר דוח כנתאים לדרשת חז"ל (ברכות י ע"ב) דהאוכל לפני התפילה נאמר עליו "ואותי השלכת אחרי גוך" (מ"א יד ט), ופסוק זה נאמר על ירבעם, שהגאוה וגסות הרוח הכשילוהו כמבואר בכ"מ, וגם התרגום הנ"ל מבאר ענין האכילה לפני התפילה קשור לירבעם החוטא, וכדלעיל.

[317] ולכאורה צ"ע הרי מפורש בגמרא (סנהדרין דלעיל) דלומדים מפסוק זה איסור אכילת בשר בעוד הדם במזרק. והרשב"ץ דידיה הביא הגמרא לעיל מיניה (שם). ואולי סבירא ליה כאחד החילוקים דלעיל דלא קאי אאכילה לפני זריקה, אלא לפני שפיכת שיריים, או דאיירי רק בבמה וכו', עי' לעיל. ודו"ק. אך ראיתי בהקדמת הרשב"ץ לספרו הנ"ל (יא ע"ב, דפי"ח עמ' 28) דכתב להדיא ד"לא תאכלו על הדם" לאו שבכללות שכולל גם 'אוכל בשר קדשים קודם זריקה'.

[318] ולפי"ז לכאורה יהיה איסור אכילה לפני התפילה מדאורייתא. אך בנתיב מצוותיך (דלהלן למעלה) כתב דיתכן דר"ש בן גבירול מונה גם איסורים מדרבנן, כדמצינו לפעמים במנין הבה"ג.

סיכום ההלכות העולות מכל הפרק בס"ד בקיצור נמרץ:

א. אסור לאכול מבשר הקרבנות לפני זריקת הדם על המזבח כראוי, והעובר על לאו זה לוקה.

ב. יש אומרים שאם כבר נזרק הדם על המזבח, ונשאר דם במזרק שצריך ליתנו על היסוד, ואכל הקדשים לפני שעשה כן, אינו לוקה. ויש אומרים שלכהנים אסור לאכול מאף קרבן לפני זריקת דם התמיד. ויש אומרים שאיסור זה נוהג אף בבמה קטנה (בזמן היתר הבמות). ויש אומרים שעוברים על לאו זה גם כשאוכלים שחוטי חוץ, כיון שלא נזרק דמם.

פרק ה

שאין מברין על הרוגי בית דין

והמסתעף האם מברין על המאבד עצמו לדעת (לעיקר הדין דאין מתאבלים עליו)

איתא בהמשך הברייתא (סנהדרין סג ע"א) : רבי דוסא אומר, מניין שאין מברין על הרוגי בית דין, תלמוד לומר "לא תאכלו על הדם"[319].

וכן איתא במסכת שמחות (אבל רבתי, פ"ב ה"ז-ט) : הרוגי בית דין וכו' אין מברין עליהם, שנאמר "לא תאכלו על הדם"[320].

וכן הוא בתרגום ירושלמי השלם (ויקרא יט כו) על הפסוק הנ"ל, לחד גירסא: לא תיוורון על דם קטילי סנהדרין.

---

[319] עי' לעיל (פרק א, פרק ב ופרק ג) על כמה מן האיסורים שנלמדו מפסוק זה שנחלקו המפרשים האם האיסור מדאורייתא או מדרבנן והפסוק אסמכתא בעלמא. וכאן לא ראיתי מדברים מזה נחוץ מהשדי חמד דלהלן בסמוך], ומסתבר לומר דאע"פ שבודאי סעודת הבראה היא רק מדרבנן [או מדברי קבלה, כמו שלמדו (מו"ק כז ע"ב) מהפסוק ביחזקאל (כד יז)], כאן שייך לומר שהאיסור הוא מדאורייתא, כלומר דאף מי שרוצה להברות על הרוגי בית דין אסור. וכ"כ השדי חמד (ח"ג כללים מע' ס סי' ג, קד עי"ד/תרי) בסוף דבריו, אך כתב דהוא דוחק. ובתחילת דבריו כתב דיתכן דסעודת הבראה היא מדאורייתא, וצריך חיפוש. עכ"ד, עיי"ש (ובדבריו בח"יא כללים מע' א סי' לח).

[320] והרשב"ץ בזהר הרקיע (על אזהרות ר"ש אבן גבירול סי' מח [קי"ח-קכ"ב] עמ' 165) כתב דהדרשא היא כאילו כתוב "לא תאכילו על הדם". וכ"ה במדרש התבאור (לרבינו סעדיה אלמדארי, קדושים שם). וכ"ה לגירסא אחת בספר המצוות להרמב"ם (השורש התשיעי), עי' במהדורת הר"ח העליר (הערה 51) והר"י"ק (הערה 28).

וכ"פ הרמב"ם (הל' סנהדרין פי"ג ה"ד): ואין מברין הקרובים על הרוגי בית דין,
משום "לא תאכלו על הדם". עכ"ל. וכ"פ הטור (יו"ד סי' שמה): הרוגי בית דין
וכו' ולא היו מברין עליהם. עכ"ל.

וטעם האיסור פירש רש"י (שם): שאין מברין, את האבלים ברחבה, כדרך
שמברין את האבלים[321] בסעודה ראשונה משל אחרים, כדאמרינן במועד
קטן (כז ע"ב). "על הדם", על הנרצח, ומסברא מוקמינן לה אהרוגי בית דין
שנהרגין על עונש, שלא ינהגו בהם כבוד, משום כפרה. עכ"ל. והיד רמה
(סנהדרין סג ע"א) כתב טעם ראשון כרש"י, והוסיף עוד טעם, וז"ל: איבעי תימא
משום כפרה, איבעי תימא הבראת אבלים יקרא דחיי הוא, אלא היינו טעמא
משום דאין ראויין לכך, שהרי אין ראויין להתאבל עליהם, וליכא הכא
תורת אבילות כלל. עכ"ל.

והמנחת חינוך (מצוה רמח ס"ק ד [ז]) הסתפק, לפמש"כ רש"י (דלעיל) דהטעם כדי
שלא ינהג בהם מנהג כבוד, א"כ סעודת הבראה גופא אפשר דאין איסור
בביתו, ואף דאינו חייב, דבהרוגי בית דין אין נוהגים בהם אבילות (סנהדרין מו
ע"ב), עכ"פ צ"ע אי שרי. והרמב"ם לא כתב חילוק בין ברחוב לביתו. וצ"ע.
עכ"ד.

ועי' צפנת פענח (סנהדרין שם, הל' תרומות פ"א [יד ע"ג]) דהוכיח מדין זה שאין קשר
בין הבראה להלכות אבילות [שהרי הרוגי בית דין אין מתאבלים עליהם
(סנהדרין מו ע"ב), ואעפ"כ הוצרכנו לומר גם דאין מברין עליהם]. וציין
לתוספות (מו"ק כ ע"א ד"ה שכבר, כד ע"ב ד"ה אלא[322]) שהסתפקו בזה. ודו"ק. אך בספר
דברי יעקב (קלצקין, שם סג ע"א) כתב דאף לשיטת התוספות (מו"ק כ ע"א שם) דליכא
הבראה במקום דליכא אבילות, י"ל דאיצטריך קרא דיש איסור להברות
עליהם.

והנה, הפני מבין (סנהדרין שם, ד ע"ב בדפי הספר) כתב להוכיח מלשון רש"י (דלעיל)
'שלא ינהגו בהם כבוד, משום כפרה', חזינן דההבראה היא כבוד למתים,
ולכן לא עבדינן להו הבראה כדי שיהיה להם כפרה. והביא את דברי הבית
יוסף (יו"ד סוס"י שעה) בשם רבינו ירוחם (נכ"ח ח"ב, רלג ע"ב), הלבוש (שם סעי' א)
והשבט יהודה (עיי"ש, שם), דכתבו טעמים אחרים להבראה[323], ולדבריהם הוא

---

[321] וכתב העיון יעקב: מש"כ 'האבלים', לאו דוקא, דהא אין מתאבלים על הרוגי בית דין (סנהדרין מו
ע"ב), אלא כוונת רש"י אותם שהיו ראויים להתאבל אם היו מתים אחרים.

[322] כצ"ל לכאורה, כי מש"כ הצפנת פענח ידף כו', לא מצאתי. והמהדיר (על צפנת פענח שם) ציין לדף כז,
וגי"כ לא מצאתי, אלא כמו שציינתי למעלה.

[323] טעם רבינו ירוחם והב"י, דהאבל אינו רוצה לאכול ורוצה למות בעקבות מתו, וסעודת ההבראה
תחייהו. וטעם הלבוש, שהבאת הסעודה היא נחמה שמראים לו ששמים אותו על לבם. וטעם השבט

בשביל החיים. ותמה מדוע לא הזכירו את דברי רש"י. אמנם גם לטעמים דההבראה היא יקרא דחיי, ביאר היד רמה (דלעיל) דאין מברין על הרוגי בית דין משום דלא נוהגים עליהם שום דיני אבילות.

עוד כתב הפני מבין (שם) בתחילה, דנפק"מ האם מברין על המאבד עצמו לדעת, דאם ההבראה היא יקרא דחיי, מברין, ואם היא יקרא דשכבי, אין מברין. והביא דמהריק"ש (ערך לחם על השו"ע סי' שמה סעי' א) כתב דמברין על המאבד עצמו לדעת[324]. אך שוב תמה הפני מבין, דמסתבר דאין מברין כלל על המאבד עצמו לדעת. לא מבעיא לשיטת רש"י דהטעם דאין מברין על הרוגי בית דין הוא כדי שיהיה להם כפרה, אע"פ שכבר נהרגו על חטאם, א"כ כ"ש המאבד עצמו לדעת [דצריך כפרה טפי][325]. אלא אפילו לפי הטעם שכתב היד רמה (דלעיל) משום דלא נוהגים עליהם שום דיני אבלות, א"כ ה"ה במאבד עצמו לדעת[326]. וסיים דכך יש להורות הלכה למעשה, דאין מברין על המאבד עצמו לדעת, ושכן נעשה מעשה רב ע"י הרב שרשי הי"ם (מאיו). וכן העלה שוב הפני מבין (לקמיה שם, על סנהדרין סח ע"א, רלג ע"א בדפי הספר) על פי הנ"ל, ועל פי הרמב"ן (תורת האדם אות נ) בשם רב יהודאי גאון שכתבו דמנודה שמת, דינו כמאבד עצמו לדעת ואין נוהגים בו דיני אבלות, ועל ההבראה הסתפקו, האם הוא יקרא דחיי או יקרא דשכבי, עי"ש.

ובספר אהל ישרים (בונאן, קונטרס די השיב על סנהדרין סג ע"א, לימוד י) הביא את דברי הפני מבין הנ"ל, ופליג עליו דיש לחלק בין הרוגי בית דין דאנו רוצים לעשות להם כפרה, כמש"כ רש"י, לבין המאבד עצמו לדעת דאין אנו עושים לו כפרה, ולכן כיון דההבראה היא יקרא דחיי, מברין הקרובים עליו, ועוד עי"ש.

ובשו"ת צפיחת בדבש (סי' סט) הביא את דברי הפני מבין והאהל ישרים הנ"ל, וציין דכהפני מבין כבר כתב להדיא רבינו ירוחם (נכ"ח ח"ב רסז ע"א)

יהודה (עייאש, סי' שעח סי"ק א) בשם יש מי שאומר, דכיון דאיתרע מזליה של האבל, נחשבים כל המאכלים שבביתו כרוח רעה שורה עליהם ואין ראוי לו לאוכלם. [ולעיל גם הובא טעם היד רמה דכיון דלא נוהגים עליהם אבלות, לא שייכא הבראה, ועי' להלן]. אמנם השבט יהודה דידיה כותב דנראה לו הטעם המסתבר דצריך האבל שיהיה לו צער ומרירות ביום הראשון, ואם יאכל משלו הרי ישתכר וישתכח זכר המת, אבל כשאוכל משל אחרים מתבייש לאכול ולשתות יותר משיעורו. ולפי"ז טעם ההבראה הוא משום כבוד המת, כדעת רש"י הנ"ל [אך מטעם אחר].

[324] והובא המהריק"יש בפשיטות בנהר מצרים (הל' אבלות סעי' מו) ובהגהות מהר"ח מודעי על כנה"ג (הובאו בסוף ספר בירך משה, זכרון לראשונים קנט ע"ד סי' שמה).

[325] כך משמעות הפני מבין שם, וכ"כ להדיא בכוונתו בשו"ת צפיחת בדבש (סי' סט) דלהלן.

[326] וכן אם טעם ההבראה הוא כמש"כ השבט יהודה (דלעיל) כדי שלא ישתכר וישכח את מתו, א"כ לגבי מאבד עצמו לדעת אין לחוש על זה, דמה לי אכפת לן שישכח את מתו, הרי אינו נוהג עליו שום אבילות.

וז"ל : כל שאין מתאבלים עליו כגון הרוגי בית דין ומאבד עצמו לדעת
וכיו"ב, אין מברין עליהם, כדאיתא בפרק נגמר הדין. עכ"ל רבינו ירוחם.
ובודאי כוונתו דכיון דאיתא התם להדיא כך הדין על הרוגי בית דין, למד
מהא דה"ה המאבד עצמו לדעת, וכמש"כ הפני מבין. וא"כ יש לתמוה על
מהריק"ש והאהל ישרים שפסקו היפך רבינו ירוחם, ועל הפני מבין מדוע
לא נסתייע מדברי רבינו ירוחם הנ"ל. ועוד עי"ש שהאריך.

והשדי חמד (ח"ד-ה מערכת אבלות סי' קג) ציין לדברי האחרונים הנ"ל בקצרה,
ומשמע דפסק דאין מברין[327]. וכ"פ מהר"ח פלאג'י בשו"ת חיים ביד (סי' קי),
בנו היפה ללב (ח"ג סי' שמה ס"ק ה [ט], ח"ה סי' שמה אות א [יא]), מהרש"ם בדעת תורה
(סי' שעח סעי' א אות ד) והארחות חיים (מספינקא, ח"ב וערך הכהן הלכות פסוקות אות נה). כל
הנ"ל פסקו דהמאבד עצמו לדעת אין מברין את קרוביו. [וזהו לפי עיקר הדין
שאין מתאבלים על המאבד עצמו לדעת, ואיני נכנס כאן לדיונים בגווני דיש להתאבל
עליו, כי אין כאן מקומו, ועי' בפוסקים].

סיכום ההלכות העולות מכל הפרק בס"ד בקיצור נמרץ:

א. אין מביאים סעודת הבראה לקרובי מי שנהרג בחטאו ע"י בית דין.
(בפשטות האיסור מן התורה, וי"א שהוא מדרבנן).

ב. כמו כן אין מביאים סעודת הבראה לקרובי מי שאיבד את עצמו לדעת
(באופן שאין מתאבלים עליו).

פרק ו

אזהרה לבן סורר ומורה

עוד איתא בגמרא (שם סנהדרין סג ע"א) : אמר רבי יוחנן[328], אזהרה לבן סורר
ומורה מנין, ת"ל "לא תאכלו על הדם"[329]. [והראשונים מוני המצוות, הרמב"ם

---

[327] ומה שהפנה שם לשו"ת חיים ביד סי' קמ, נראה דצ"ל סי' קי, עיי"ש.

[328] כ"ה בגמרא שלפנינו. ובספו"א (תורת כהנים, קדושים פי"ו אות א), יד רמה (שם) והיראים (סי' עז/רינה) גרסו
רבי יוסי ברבי חנינא'. וכ"ה בדקדוקי סופרים (שם אות ן) על פי תלמוד בבלי כתיי מינכן (שנת היק"יג).
וכן הגיה המהרש"ל (חכמת שלמה שם) 'ורבי יוסי בר חנינא אמרי. ובמראה כהן (בילקוט מפרשים בסוף הגמרא)

וסמ"ג והחינוך והרשב"ץ ועוד, מנו בפשטות בלאו זה אזהרה לבן סורר ומורה, אע"פ
שבגמרא משמע דכל האיסורים דלעיל שוים בלימודם מפסוק זה. והעירו בזה ברית משה
(על הסמ"ג לאוין רכ, קצא ע"ג) [330] ונתיבות עולם (על קיצור הסמ"ג שם, ס ע"ב).

ופרש"י (שם): דלא ענש אלא אם כן הזהיר, והיכן הזהיר, "לא תאכלו על
הדם", לא תאכלו אכילה שתהרגנהו עליה. עכ"ל. וכ"כ היד רמה (שם): לא
תאכלו דבר שסופכם לבוא עליו לידי שפיכות דם[331]. עכ"ל. וכ"פ הרמב"ם
(הל' ממרים פ"ז ה"א, וספר המצוות לאוין קצה): והיכן הזהיר, "לא תאכלו על הדם", לא
תאכל אכילה המביאה לידי שפיכות דמים, וזו אכילת בן סורר ומורה
שאינו נהרג אלא על אכילה מכוערת שאכל וכו'. עכ"ל. וכ"כ הסמ"ג (לאוין
רכ) וספר החינוך (מצוה רמח).

ועל מש"כ הגמרא (שם) דאינו לוקה על הלאו הנ"ל כי הוא לאו שבכללות,
הקשו התוספות (שם ד"ה משום) הרי בן סורר ומורה כן לוקה, דתנן (שם עא ע"א)
מתרין בו בפני שלשה ומלקין אותו, ולמדוהו בגמרא (שם ע"ב) מדכתיב (דברים
כא יח) "ויסרו אותו".

ותירץ היד רמה (שם סג ע"א) דבן סורר ומורה אינו לוקה משום האזהרה הנ"ל,
אלא משום דכתוב בו להדיא מלקות כנ"ל. והראיה, שהרי אינו לוקה על
אכילתו הראשונה, אלא עד שיותרה אחריה ויאכל שוב[332], אז לוקה (כמבואר
במשנה וגמרא שם עא ע"א), ואם היה משום האזהרה הנ"ל, היה חייב מלקות גם על
האכילה הראשונה. ועל כרחך גזירת הכתוב היא, ולא משום האזהרה,

כתב דכן נראה, דהרי רבי יוחנן הוא זה שדרש (ברכות י ע"א) מפסוק זה איסור אכילה לפני התפילה.
[ועוד דרבי יוחנן הוא מרא דתלמוד ירושלמי, ועי' הערה הבאה לגבי דעת הירושלמי בזה].

[329] ובירושלמי (סנהדרין פ"ח ה"ג ופי"א ח"ב) למדו אזהרת בן סורר ומורה מהפסוקים "לא תגנובי" ו"לא
תגנובו", עיין שם. ובקרבן העדה ופני משה (שם) כתבו דהירושלמי פליג אבבלי, ולא יליף האזהרה
מ"לא תאכלו על הדם". ועי' בקרבן העדה שם דיתכן דאף הבבלי מודה לירושלמי לגבי האכילה
הראשונה, דאינה מביאה עדיין לחיוב מיתה. ובשיירי קרבן ומראה הפנים כתבו דיתכן דבאכילה
הראשונה הירושלמי לומר מלקות מ"ויסרו אותו". ועיין שם בנפקא מינה בזה. ועי' צפנת פענח
(סנהדרין שם, שו"ת חחנשות ח"ד גליונות לזוהר חרקיע עמ' תצד) וספר לב בנים (סי' א עמ' יג-יד), ואכמ"ל.

[330] ותירץ שם דרק על איסור זה מפורש בגמרא שם 'אזהרה'.

[331] המהדיר (שם חע' 483) הסתפק האם כוונת היד רמה דהבן סורר יתחייב מיתה על אותה אכילה, או
דכוונתו דסוף הבן סורר להרוג אנשים מכח אותה אכילה. ונפק"מ למה שנסתפק המנחת חינוך
(דלהלן) האם בזה"ז דליכא מיתה איכא אזהרה. ומסיק דכוונתו כהפירוש הראשון, כדברי רש"י
שכתב להדיא 'אכילה שתהרגנהו עליה', וכדברי הרמב"ם שכתב להדיא 'אכילת בן סורר ומורה
שאינו נהרג אלא על אכילה מכוערת שאכל'.

[332] כ"כ היד רמה גם לקמיה שם (עא ע"א), וכן משמעות המאירי (שם). וכ"כ מהר"יד פארדו בספרי דבי
רב (רע"פ כי תצא) ועמודי הארזים (על היראים מצוה נז אות ח). אך פשטות לשון הרמב"ם (הל' ממרים פ"ז ה"ז)
והסמ"ג (לאוין רכ) וסתימת שאר המפרשים, דבאכילה הראשונה חייב מלקות ובאכילה השניה
מתחייב מיתה. ועיין שיעורי הגרש"יז ברודנא (סנהדרין פ"ח סי' ג) ולב בנים (סי' כג סעי' ג עמ' שסז-שסח).

והיכא דגזר רחמנא גזר, היכא דלא גזר לא גזר. ומש״כ הגמרא 'על כולם אינו לוקה', כוונתה דאינו לוקה משום אזהרה זו[333]. עכ״ד.

וכדבריו משמע ברש״י (סנהדרין עא ע״א ד״ה מתרין) דהתראה דהתם אינה התראה גמורה כבשאר עבירות, אלא היא התראה הנלמדת מ״ויסרו אותו״, דבעי הוכחה שלא יתרגל, ואם לא שמע מלקין אותו. עכ״ד, עי״ש. וכן משמעות[334] הסמ״ג (לאוין רכ) והגהמ״י (הל' ממרים פ״ז ה״ז) והיראים (מצוה נז/רעה) דהמלקות הן מ״ויסרו אותו״ ולא מ״לא תאכלו על הדם״[335]. וכ״כ מהר״י בכר דוד בספר דברי אמת (קונ״א עמ' עט טור ג).

אך מקושית התוספות הנ״ל חזינן דלא סבירא להו הכי, וכ״כ החזו״א (ב״ק סי' יט אות ח) דמשמע מהתוספות הנ״ל שסוברים שלוקה משום הלאו ד״לא תאכלו על הדם״, אלא ד״ויסרו אותו״ מגלה שאפשר ללקות על הלאו הזה, אע״פ שאין בו מעשה[336]. ושכן מבואר ברמב״ם (הל' ממרים פ״ז ה״ז) [דכתב 'ומלקין אותו כשאר חייבי מלקות, שנאמר ״ויסרו אותו״ ']. ודו״ק.

ואמנם הרמב״ם והרמב״ן נחלקו בזה. דהרמב״ם (בספר המצוות שורש ט [וע״ע שורש יד] ובלאוין קצה) ביאר דאע״פ שהלאו ד״לא תאכלו על הדם״ הוא לאו שבכללות, מהני שפיר להיות אזהרה למיתת בן סורר ומורה, כיון שעכ״פ מפורש בו בפסוק עונש מיתה. והרמב״ן (שם בהשגות) חלק עליו, דלא מהני הא דמפורש בו עונש מיתה, דהרי על האכילה הראשונה אין עונש מיתה, אלא

<hr>

[333] והוא כמש״כ המאירי (סנהדרין שם, ב״מ קטו ע״א) והתוספות רא״ש (סנהדרין שם) לגבי אכילת בשר קדשים לפני שנזרק דמו, דבגמרא (מכות יז ע״א) מפורש דהאוכל תודה ושלמים לפני זריקת הדם, לוקה, והכא אמרינן מ״לא תאכלו על הדם״ שאינו לוקה. ותירצו כנ״ל דאכן אינו לוקה משום ״לא תאכלו על הדם״, אלא משום שנאמר (דברים יב יז) ״לא תוכל לאכול בשעריך... ונדבותיך״, כמבואר בגמרא (מכות שם). והבאנום לעיל (פרק ד).

[334] כ״כ בעמודי הארזים (על ספר היראים מצוה נז אות ב). אך בספר לב בנים (סי' א עמ' ח) כתב עליו דאינו מוכרח, דיתכן כוונתם ג״כ כהתוספות וסייעתם דלהלן דהפסוק ״ויסרו אותו״ מגלה שיש מלקות מדין ״לא תאכלו על הדם״ אף על פי שהוא לאו שבכללות.

[335] עי' להלן בשיטת היראים דלא הזכיר כלל אזהרת ״לא תאכלו על הדם״ למלקות בן סורר ומורה, אלא הזכיר לאו ד״לא תלכו בחוקות הגוי״.

[336] וכתב בעמודי הארזים (על ספר היראים מצוה נז אות ב) דהתוספות אזלי לשיטתם בכמה מקומות (מכות ד ע״ב ד״ה ורבנן, שבת קנד ע״א ד״ה בלאו, ב״ק עד ע״ב ד״ה הוה, סנהדרין י ע״א ד״ה משום) דהפסוק ״והצדיקו את הצדיק והרשיעו את הרשע״ והיה אם בן הכות הרשע״ מגלה שעדים זוממין לוקין מדין ״לא תענה״ אף על פי שהוא לאו שאין בו מעשה (עי' בגמרא מכות שם). וכן שיטת הרמב״ן והריטב״א (מכות ב ע״ב ע״א), רז״ה (סנהדרין פו ע״א), ראב״ד (בשטמ״ק ב״ק עד ע״ב), תורי״ף (סנהדרין פו ע״ב בחמרא וחיי שם). [וכן משמע מהגמרא (מכות ד ע״א) דרבנן לא פליגי אר״מ דלא לקי שמונים אלא משום ד״לא תענה״ הוי אזהרה לעדים זוממין, ועל כרחך ס״ל לרבנן דכשלוקין מ״כאשר זמם״ עולה גם ל״לא תענה״, וא״צ ל״לא תענה״ עוד ארבעים מלקות. אך כשלא מקבל על ״כאשר זמם״, לקי מ״לא תענה״. ודו״ק]. ודלא כשיטת רבינו יהונתן הכהן מלוניל והמאירי (מכות שם) ומשמעות רש״י (סנהדרין שם ד״ה אינחא) דהמלקות הוו מדין ״והצדיקו״. וכשיטתם יסבור היד רמה הנ״ל.

הטעם הוא כי מפורש בו עונש מלקות בפסוק "ויסרו אותו", וכדלעיל.
והקשה הרמב״ן דהו״ל להרמב״ם לשיטתו לחלקן ולמנותן לשני לאוין,
האכילה המביאתו לידי מלקות, והאכילה הבאה המביאתו לידי מיתה[337].
[והובאו דבריהם בספר החינוך (מצוה רמח)[338]]. ותירצו המגילת אסתר ולב שמח ויד
הלוי (על ספר המצוות שם), דינא דחיי (על סמ״ג לאוין רכ), דברי אמת (מקושטא, קונטרס ו עמ׳
רמג), מעין החכמה (פרשת קדושים שם) ושו״ת שואל ומשיב (מהדורו״ב ח״ג סי׳ ד) דכיון
שפשטות הפסוק "לא תאכלו על הדם" קאי על שתי האכילות, לא שייך
למנותן לשני לאוין. וגם הרמב״ן דידיה לא מנאן לשני לאוין[339]. וע״ע מנחת
סולת (על החינוך שם) ולבונת המנחה (שם) ולב בנים (סי׳ א עמ׳ ז).

והיראים (סי׳ עז/רעה) כתב דאזהרת בן סורר ומורה היא מדכתיב (ויקרא כ כג) "ולא
תלכו בחוקות הגוי". [והובא בפשיטות בספר חרדים (מל״ת התלויות בפה פכ״ו אות כט)].
והקשו מפרשי היראים (וי העמודים, עמודי הארזים, סביב ליראיו, שם חדש, תועפות ראם, יראה
ואהבה, וכן בברית משה על הסמ״ג לאוין נ [נט ע״א] רכ [קצא ע״ד]) מדוע השמיט היראים מש״כ
הגמרא (סנהדרין שם) להדיא דאזהרת בן סורר ומורה היא מ"לא תאכלו על
הדם". ועוד שהיראים עצמו (סי׳ קמה) הביא את הגמרא הזו. ותירצו רובם,
דהיראים סובר דהאזהרה מ"לא תאכלו על הדם" היא אזהרה למיתת בן
סורר ומורה, אך למלקות האזהרה היא מ"ולא תלכו בחוקות הגוי",
וכטענת הרמב״ן (דלעיל) על הרמב״ם דהו״ל למנות לשני לאוין[340].

---

[337] וכן נראה דעת בה״ג, שמנה במנין הלאוין שיש עליהן מלקות (לאו קכח/קצה, עמ׳ יב) את "לא תאכלו
על הדם", ובמנין הלאוין שנסקלים עליהם (לאו יח/קצה, עמ׳ ח) מנה את בן סורר ומורה. ועל כרחך דזה
לאו לאכילה וזה לאו למיתה. ודלא כמש״כ בפירוש הרא״ש טריב (על בה״ג שם עמ׳ יב הערה סד) דכתב
דמה שמנה הבה״ג את "לא תאכלו על הדם" הוי לשאר הלאוין הכלולים בו כמבואר בגמרא (סנהדרין
שם). וכבר תמה עליו בספר לב בנים. (סי׳ א סעי׳ ב עמ׳ טו סוס״ק יב) שהרי שאר הלאוין הכלולים בו אין
לוקין עליהם, כמבואר בגמרא שם משום דהוו לאו שבכללות, ואיך ימנה אותם הבה״ג במנין
הלאוין שיש עליהן מלקות.

[338] וכתב המנחת חינוך (שם): הרחמ״ח מביא כאן דברי הר״ימ והרמב״ן בספר המצוות, ואין הספר
תחת ידי כעת. עכ״ל.

[339] כן מתבאר בסוף השגות הרמב״ן שם, כשמנה המצוות שהסיר ממנין הרמב״ם והשלים מנינם
בל״א מצוות אחרות, לא הזכיר במצוות אלו אכילה ראשונה של בן סורר ומורה למצוה בפני עצמה.
וכתב הדינא דחיי (על הסמ״ג שם) דצ״ל דהרמב״ן חזר בו וסובר כהרמב״ם דיש למנות שתי האכילה
ללאו אחד. וכ״כ בחידושי מהרד״ם על ספר המצוות (לאוין קצה). והגרי״פ פערלא (על רס״ג לאוין סח) כתב
דהרמב״ן רק הקשה על הרמב״ם לשיטתו דמנה חמץ ותערובתו לשני לאוין כי סובר דחילוק
העונשים הוי סיבה לחלק הלאוין במנין המצוות, אך הרמב״ן דידיה סובר דחילוק העונשים אינו
סיבה לחלק הלאוין, ולכן לא מנה חמץ ותערובתו לשני לאוין, ולכן גם שתי אכילות הבן סורר
ומורה נמנים ללאו אחד אע״פ שעונשם חלוק. וכל זה דלא כמהרי״ם שיק (על ספר המצוות מצוה רמט)
ועמודי הארזים (על היראים מצוה כז אות א) דהבינו דהרמב״ן מונה לאו זה לשניים, וכמשמעות הרשב״ץ
(זוהר הרקיע, על האזהרות דלעיל אות מח).

[340] וכן מדוקדק בלשון היראים שכתב אח״כ "ויש בן סורר ומורה שחייבה תורה סקילה", ומשמע
דבריש דבריו מיירי רק לענין מלקות. ולפי״ז ג״כ תירץ בספר לב בנים (סי׳ א עמ׳ ב) את קושיית הרמב״ן
על הרמב״ם, דאכן הרמב״ם מנאם לשני לאוין, שהרי מנה לאו ד"לא תלכו בחוקות הגוי" בפני

פרק ז

דרך הגוים

כתבו **האבן עזרא** (ויקרא יז ז; שם יט כו), **הרמב"ם** (מורה הנבוכים ח"ג פמ"ו), **התוספות** (השלם עה"ת ויקרא יט כו [אות ד]), **הרלב"ג** (ריש ויקרא התועלת הי"ב והי"ג עמ' מח, ויקרא יז יג; שם יט כו, שמואל א יד לב), **הרד"ק** (שמואל שם), **הרמב"ן** (ויקרא יז ז-י"א; שם יט כו; דברים יב כב), **הרשב"א** (חידושי אגדות ברכות י ע"ב), **רבינו בחיי** (ויקרא יט שם), **הריטב"א** (ספר הזכרון פרשת אחרי מות), **הספורנו** (ויקרא יז ז, שם יט כו), **האברבנאל** (ויקרא יז א-טז, שמואל א יד לג), **המהר"ל** (גור אריה ויקרא יט שם) **והמלבי"ם** (ויקרא שם) דעל דרך הפשט "לא תאכלו על הדם" בא לאסור מנהג הגויים הקדמונים[341] שהיו עושים מין ממיני הכשוף או הקסמים, שהיו שוחטים בעל חי, ושופכים דמו לגומא, והיו מאמינים שהשדים מתקבצים שם, ואוכלין על שולחנם את בשר הבעל חי סביבות הגומא עם השדים כדי שיגידו להם העתידות[342]. עכ"ד.

ויתכן דזו כוונת המשנה (חולין מא ע"א) 'אין שוחטין לגומא כל עיקר... שלא יחקה את המינים'[343]. ועיין רש"י (שם) דפירש שהוא חוק המינים לעבודה זרה. והתוספות (שם) פירשו דנראה כמקבל את הדם לעבודה זרה. והרשב"א (תורת הבית הארוך, בית א שער ג, יז ע"ב) כתב לפי שנראה כמאסף שם הדם כדי לאכול עליו, שכן דרך המינים. ושם (תורת הבית הקצר) הוסיף: שעושין לשם עבודה זרה.

ואכן **הכרתי ופלתי** (סי' יב פלתי ס"ק א; כרתי ס"ק א,ז) קישר המשנה וגמרא הנ"ל למש"כ הרמב"ן [ושאר ראשונים דלעיל] על הפסוק "לא תאכלו על הדם" במנהגם של הגויים הקדמונים, וכתב הכו"פ דאין בזה חשש עבודה זרה, אלא ניחוש דרך קוסם ומנחש, שמקבץ השדים לדעתו ויחשוב שיגלו לו

עצמו (עשה ל). אמנם דוחק כיון דלא רמז שם הרמב"ם דכולל גם את אכילת בן סורר ומורה, ועוד דם (ובהל' עבו"ז פי"א ח"א) כתב הרמב"ם להדיא דלוקין על לאו זה ד"לא תלכו בחוקות הגויי". ועיי"ע בספר לב בנים (שם עמ' י אות ג, ולקמיח שם סי' כג סעי' ד) דדן האם לפי"ז צריכים את כל התנאים של בן סורר ומורה גם לענין מלקות, או שהם נאמרו רק לענין מיתה.

[341] האבן עזרא כתב שהמצרים היו עושים כן. והרמב"ם כתב דכת הצ'אבה' היו עושים כן.

[342] וביאר הריטב"א שם, שהשדים ניזונים מן הדם משום שהם נפשיים יותר, לא גופים עבים כמונו, ולכן ייחדו להם מה שהוא קרוב לנפש יותר.

[343] כן הגירסא בכתבי יד (מינכן ועוד, עי' דקדוקי סופרים אות ז) ובדפוסים שלפני הצנזורא (שונצינו-פיזרו [עמ' 105], ויניציאה [מא סע"א]), ועי"י הצנזורא (בדפוס בסיליא) שונה ל'צדוקים'.

העתידות, וזה מה שהיה בימי שאול [ע" לעיל פרק ד], ולא נחשדו אז על עבו"ז. עכ"ד.

אך הפמ"ג (יו"ד שם במש"ז ס"ק א) העיר על הפלתי[344], דהרי הרשב"א בתורת הבית הקצר (שם) כתב להדיא דהוא לשם עבודה זרה[345].

אמנם הכרתי ופלתי תמך שפיר יתידותיו בדברי הרמב"ן (עה"ת דלעיל), וכן כתבו להדיא עוד עשרה ראשונים (וכדלעיל וכדלהלן), והרשב"א בעצמו בכללם, וכמו שצוין לעיל. ודו"ק.

עוד תמה הפמ"ג (שם במש"ז) על השמלה חדשה (שם סעי' א) דכתב דרש"י פירש ששוחטים לתוך הגומא לשם עבודה זרה, [עכ"ד השמלה חדשה, ותמה הפמ"ג:] ראין לזה רמז ברש"י, שהרי רש"י רק כתב דהוא חוק לעבודה זרה, ויתכן דכוונתו כהרשב"א דעושים כן כדי לאכול אח"כ לשם עבו"ז [ולא שהשחיטה עצמה לשם עבו"ז].

אמנם הרשב"ם (ויקרא שם) כתב: לא תאכלו על הדם, לפי פשוטו דבר הלמד מענינו, לא תנחשו ולא תעוננו, אף זה יעשו בחקות הגוים שאוכלים על קבר ההרוג לשם מכשפות, שלא ינקום, או מכשפות אחר, כעין שאנו אומרים (שבת סז ע"א) במסמר מן הצלוב. ורבותינו דרשוהו בכמה ענינים במסכת סנהדרין. עכ"ל. וכ"כ הרוקח (בפירושו על התורה ויקרא שם, וכ"ה בתוספות השלם עה"ת שם אר' ז,יא. וכן בבראשית לז כה אר' א): כמו הרוצחים שאוכלים על ההרוג לחם[346], שלא ינקמו קרובי הנהרג, [כדכתיב] (תהלים יד ד) "אוכלי עמי אכלו לחם". עכ"ל. וכ"כ רבינו יוסף בכור שור (ויקרא שם): ואני ראיתי גוים כשרוצחים זה את זה, הולכים ואוכלים על קבר הנרצח אכילה ראשונה, שאוכלים ואומרים ששוב לא ינקם. עכ"ל. ומעין זה כתב החזקוני (ויקרא יט שם) [בפירוש השני]: אתם גואלי הדם[347] לא תנחשו לאכול על הדם, פירוש על קבר הרצוח כדי להנצל שלא להנקם מכם, שכן מנהג אמורי הוא. עכ"ל. וכן כתב בעל הטורים (ויקרא שם): שלא ינחשו באכילה כדרך שעושין הרוצחים, שאוכלים לחם על ההרוג שלא יינקמו גואלי ההרוג. עכ"ל.

---

344 עיקר דבריו הם בפלתי שם, ובקצרה בכרתי ס"ק ז, ורק רמז קל בכרתי ס"ק א. ולא ידעתי מדוע בשו"ע מכון י-ם (פריעדמאן, שם) ציינו רק לכרתי ס"ק א.

345 ועוד העיר הפמ"ג (שם שפי"ד ס"ק א) על השי"ד ואיני יודע למה עשה כן, דהעתיק רק מתורת הבית הארוך ולא את התוספת הנ"ל מהקצר.

346 בתוספות השלם על התורה (ויקרא יט טז [אר' יב,טז]) נוסף 'במלח'.

347 צ"ב הלשון 'אתם גואלי הדם', דהרי משמעות פירושו שהרוצחים היו אוכלים על הדם כדי להנצל מגואלי הדם, וכמו שמשמע ברשב"ם וברוקח דלעיל וכמש"כ בעל הטורים דלהלן להדיא, ולא שגואלי הדם אוכלים שם. וצ"ע.

העולה מדבריהם פירוש אחר למנהג הגויים שאסרה התורה, שהיו הרוצחים אוכלים לחם על קבר הנרצח, והיו אומרים שזה סימן שלא ינקמו בהם גואלי הדם שלו.

ובמדרש לקח טוב (פסיקתא זוטרתי, ויקרא שם) כתב בסתם: דבר אחר, לא תאכלו על הדם כענין שנאמר בשאול "הנה העם חוטאים לה׳ לאכול על הדם". עכ״ל. ולא ביאר מה היה חטאם (עי׳ לעיל פרק ד)[348].

פרק ח

דרשות נוספות

– א –

איתא במדרש (ויק״ר פכ״ה סי׳ ח; במדב״ר פ״י סי׳ א; שיהש״ר פ״ה סי׳ כב): "שלש שנים יהיה לכם ערלים לא יאכל" (ויקרא יט כג), מה כתיב בתריה "לא תאכלו על הדם" (שם שם כו), וכי מה ענין זה לזה, אלא אמר הקב״ה, לערלה את ממתין שלש שנים, ולאשתך אין את ממתין עד שהיא מטהרת מנדתה [בתמיהה]. עכ״ל. ומבאר היפה תואר (ויק״ר שם צא ע״ד, שיהש״ר שם קמז ע״ג) שהמדרש מפרש דאזהרת "לא תאכלו על הדם" הוי אזהרה נמי על הנדה, ופירש "לא תאכלו" כינוי לתשמיש כמו "אכלה ומחתה פיה" (משלי ל כ)[349]. ואין קושיא ממה שמוסיף לדרוש איסור זה מהפסוק, דהא בלאו הכי הוי לאו שבכללות שכולל הרבה איסורים. אלא שלא מצאתי בשום מקום שידרשוהו על דם נדה אלא כאן. עכ״ד. [והובא בקצרה בפני מבין (נאבארו, סנהדרין סג ע״א, רא ע״ג בדפי הספר)]. וצ״ע.

ובמשך חכמה (ויקרא יט כו) הביא את המדרש הנ״ל [והיפה תואר] וכתב: ויתכן דלפ״ז מרמז לן המקרא מה שהזהיר רבי ישמעאל ב״ר יוסי את רבי (פסחים קיב ע״ב) אשתך טבלה אל תזקק לה לילה ראשונה, אמר רב ובנדה דאורייתא הואיל והוחזקה מעינה פתוח. ע״כ. וזהו "לא תאכלו על הדם", שצריך להמתין לילה ראשונה. ודו״ק. עכ״ל.

---

[348] ולא זכיתי להבין מש״כ בברית משה (על הסמ״ג לאוין רכ, קצא ע״ג) דבפסיקתא זוטרתי פרשת קדושים מבואר כדברי הרמב״ן ורבינו בחיי ושאר ראשונים דלעיל.

[349] ופרש״י שם: ׳אכלה׳ לשון נקיה דיבר הכתוב. עכ״ל. ועי׳ רלב״ג שם דפירש ומחתה פיה שמקנחת הערוה ״ואמרה לא פעלתי און״ (כסיום הפסוק שם). וכ״ה במצודות שם. וגם תחילת הפסוק ״כן דרך אשה מנאפת״ מעיד על כך. ועי׳ היטב בגמרא (יומא עה ע״א, כתובות יג ע״א, שם סה ע״א) דג״כ דרשה פסוק זה על עריות.

— ב —

כתב החזקוני (ויקרא יט כו) בפירוש הראשון: לא תאכלו על הדם, בלא שחיטה,
וכן הוא אומר (שמואל א יד לא) "וישחטתם בזה ואכלתם, ולא תחטאו לה׳
לאכול על הדם"[350]. עכ"ל. משמע דמבאר האיסור לאכול בלי שחיטה. אך
המהדיר שם כתב: נראה שהכוונה שלא תאכלו מן הבהמה עד שתצא נפשה
ולא יחתוך ממנה חתיכה בעודה מפרכסת [עי׳ לעיל פרק ד], דאילו בלא שחיטה
כלל הלא נבלה היא וכבר הזהירנו. עכ"ל. אך לענ"ד אינו מוכרח, דאכתי
י"ל דנכתב כדי לעבור עליו בשני לאוין, עי׳ לעיל (ריש פרק ד).

— ג —

כתב הטור (יו"ד סי׳ שעח): רצה האבל שלא לקבל ההבראה, שלא רצה לאכול
אותו היום, הרשות בידו וכו׳. וכן כתב בספר המצוות (סמ"ק, מצוה צז) רבינו
נתנאל היה אבל וישב בתענית וכו׳. עכ"ל הטור. ובסמ"ק (שם) המשיך:
וסמך לדבר "לא תאכלו על הדם". עכ"ל. ובהגהות הסמ"ק מצוריך (שם אות
שנו) כתב: ושמע ה"ר אליקום בשם ה"ר אליעזר בן בנו של רבינו נתנאל,
דעל בניו קטנים היה עושה, משום דבעוון אבות בנים קטנים מתים [עי׳ שבת
לב ע"ב], והיינו "לא תאכלו על הדם"[351]. עכ"ל[352].

והובא הסמ"ק בהגהות מיימוניות (הל׳ אבל פ"ד ה"ט ס"ק ח), ארחות חיים (הל׳ אבל
סעי׳ יג עמ׳ 582), כל בו (סוס"י קיד עמ׳ רט)[353] וב"ח (סי׳ שעח אות ה) בשם הרוקח[354].

ובמושב זקנים (לבעלי התוספות עה"ת ויקרא יט כו) ובפירושים ופסקים לרבינו
אביגדור צרפתי (מבעלי התוספות, פרשת קדושים פסק קצא-קצב) כתב: "לא תאכלו על
הדם" וכו׳, והאשכנזים מפרשים הפסוק ונוהגין שלא לאכול בעוד שהמת
בעיר עד שיקבר. ולא מסתברא לן, דבגמרא (ברכות יז ע"ב, מו"ק כג ע"ב) אמרינן
דלפני המת נמי מהפכין פניהם ואוכלין. עכ"ל.

ומשמע בכל הראשונים הנ"ל דכוונתם שמנהג רבינו נתנאל הנ"ל היה שלא
לאכול מאומה, ולזה נתן רמז מהפסוק "לא תאכלו על הדם". ואם כן אינו

---

[350] עי׳ באריכות לעיל (פרק ד) בביאור המפרשים את חטא העם אז בימי שאול.

[351] צע"ק איך דורש ׳על הדם׳ דוקא על קטנים.

[352] ובפירוש קדמון על הסמ"ק (בצביון העמודים ח"ח עמ׳ נב) הוסיף: וסברא הוא, דאל"כ בטלת תורת
ההבראה. עכ"ל. כלומר לכן אין לעשות כן תמיד, אלא רק בבניו קטנים רי"ל.

[353] בארחות חיים שם קוראו ׳הקדוש רבינו נתנאל מקינון׳.

[354] ולא מצאנו ברוקח שלפנינו.

קשור למש"כ המהרש"ל (ים של שלמה ביצה פ"א סוס"י י) : דאיתא במדרש[355] "לא
תאכלו על הדם" שאין לאכול סעודות קבע קודם שנקבר המת. עכ"ל. דזה
איירי דוקא לאסור סעודת קבע לפני קבורת המת, וכעין האיסור לאכול
לפני תפילות מנחה וערבית ולפני כל מצוה שקבוע לה זמן. והובא
המהרש"ל הנ"ל בט"ז (או"ח סי' תקכו ס"ק ו) ובמג"א (שם ס"ק כא, וסי' תמג ס"ק ב), וגם
בדבריהם מתבאר דאיירי דוקא שלא לסעוד סעודת יום טוב דוקא, עי"ש[356].

— ד —

כתב הרוקח (בפירושו על התורה ויקרא יט כו, וכ"ה במושב זקנים ובתוספות השלם עה"ת שם אות יא) :
"[ערלים לא יאכל...] לא תאכלו [על הדם]", סמך איסור אכילת ערלה
לאכילה בלא ברכה[357]. "לא תאכלו על הדם, לא תנחשו", לגזול ולהרוג,
כמו ביחזקאל (יח טו) "על ההרים לא אכל", כמו מי שדעתו לגזול הולכים על
ההרים להורגם[358] וכו'[359]. [פירוש אחר:] לפי כי בשעת הקזה עושים ניחושים,
ואסרה תורה זה, אבל זה מותר[360], אין להניח חתול ללחוך בדם כדמשמע
בשבת (עה ע"ב), ומה שמזהיר בפרק מפנין (שבת קכט ע"ב) ובפרק הנודר ירק (נדרים
נד ע"ב). אין מקיזין לא על דגים ועופות גבינה ביצים ובשר מליח, אבל עוף
שלוק ובשר ויין הוא טוב. עכ"ל.

— ה,ו,ז,ח —

כתבו התוספות (מושב זקנים ותוספות השלם על התורה, ויקרא יט כו [או' ד,ה,רן]) : "לא תאכלו
על הדם", בלא נטילת ידים. "על הדם" [159] בגימטריא 'זה בלא נטילה'. דבר

---

[355] לא נמצא בפנינו, וכן העירו בשו"ע פריעדמאן (סי' תקכו דלחלן, אות נב).

[356] ודלא כמהדיר פירושים ופסקים לרבינו אביגדור (שם חערות נט,סא) דעירב שני הענינים, עיי"ש.

[357] וכ"כ בעל הטורים (ויקרא שם), והוסיף : כערלה בלא חילול [עי' ברכות לה ע"א]. עכ"ל. והעיר האדר"ת
בעטרות אד"ר (שם) : ערלה לא מצאנו לה בשום אופן שבעולם שום חילול, ורק נטע רבעי צריך חילול
וכמבואר בתורה, ואולי צ"ל 'כנטע רבעי' במקום 'כערלה'. ועוד דאינו שייך ללאו ד"לא תאכלו על
הדם" כלל, רק ללשון 'אכילה' דוקא. ואולי להא דלמדו מ"לא תאכלו על הדם" דאסור לאכול
קודם שמתפלל, א"כ קמ"ל דגם לאחר התפילה הוא ג"כ אסור בלא ברכה. עכ"ד. ומהדיר בעל
הטורים (שם חערה 38) כתב די"ל קושיא בתרא דהאדר"ת, דכוונת בעל הטורים דכמו שמצות ה'
להתגבר ולא לאכול את פירותיו הערלה שלש שנים [עי' במדרש דלעיל פ"ג ובפרקין אות א], כך יתגבר ולא
יאכל לפני ברכה, וכן יתגבר ולא יאכל לפני התפילה. עכ"ד. וקושית האדר"ת הראשונה נלע"ד לתרץ
לפי דרכו אך בלי לתקן, שכוונת בעל הטורים בכותבו 'ערלה' למצות ערלה הכללית הכוללת אי
אכילת הפרי לגמרי שלש שנים ובשנה הרביעית לפדותו וכו'. והא דלא נקט בסתם 'רבעי' כי דורש
סמיכות בין פרשת 'ערלה' הכללית לפרשת 'לא תאכלו על הדם'. ודו"ק.

[358] כאן הביא את הפירוש שאוכלים על ההרוג לחם (עי' לעיל פרק ז).

[359] ומעין זה כתב רבינו אפרים (ויקרא שם).

[360] צ"ע פירושו.

אחר, "לא תאכלו על הדם", [׳חדם׳ גימטריא 49] ארבעים ותשע ברכות מברך אדם שחרית קודם אכילה, א׳ נט"י לתפילה, מ"ו ברכות השחר, [ב׳] נט"י לאכילה וברכת המוציא, הרי ארבעים ותשע. ומי שאכל בלא הם, דמו בנפשו. דבר אחר, "לא תאכלו על הדם" [׳חדם׳ גימטריא 49], לא תאכלו בלא תלמוד תורה שנדרשת במ"ט פנים טהור ובמ"ט פנים טמא (תנחומא במדבר סי׳ י, חוקת סי׳ ד) וכו׳. דבר אחר, "לא תאכלו על הדם" כלומר בלא שתייה, כמו שאמרו חז"ל (שבת מא ע"א) אכל ולא שתה אכילתו דם, וחמירא סכנתא מאיסורא (חולין י ע"א) וכו׳. [דבר אחר], "לא תאכלו על הדם, לא תנחשו", רמז לאותם הרואים בדם ההקזה ואומרים, אם מראהו כך וכך יחיה וכו׳.

<h3 style="text-align:center">– ט –</h3>

בספר רביד הזהב (טריוויש, ויקרא יט כו, נג ע"א בדפי הספר) כתב: ובמדרש, שלא יאכל קודם קבורת המת. עכ"ל. והובא בתורה תמימה (ויקרא יט כו אות רו), וכתב: ויתכן שנסמך על לשון פסוק זה, ועיין ביורה דעה סי׳ שמא [שמפורש שם שמותר לאכול, רק צריך לעשות מחיצה וכו׳, עי"ש], רצ"ע. עכ"ד. והובא בפרדס יוסף (ויקרא שם).

ובס"ד מצאתי בספר בנאות דשא (לרבי שלמה אדהאן, פי"ד, דפו"ר אמסטרדם תצ"ה, ובשנית זיטאמיר תרי"ז, ובשלישית ירושלים תשל"ט)[361] שכתב: ועוד אמרו ופירשו חז"ל, "לא תאכלו על הדם", רוצה לומר בעוד שהמת מונח על הקרקע אסור לאכול עד שיקבר ויצא ממחניך, ואם אתה יכול לילך עם המטה עד שיקברו אותו בארצך, מה טוב חלקך, ואז תלך לאכול בשמחה לחמך, כי מצוה עליך לבקר חוליך ולקבור מתיך ולנחם אבליך וכו׳. עכ"ל. וניכר מלשונו שדרש הפסוק כאסמכתא בעלמא, שיזדרז אדם לקבור את המת ולא יתעסק באכילה עד שיקבר. ודו"ק.

---

361 וצוין בקובץ אוצרות ירושלים (חכ"ו סי׳ תטו אות ד עמ׳ תי), ושם העירו למשי"ך התורה תמימה.

סימן ב

עשיית מצוות במבואות המטונפים (ללא ברכה)

כגון ציצית, תפילין, נט"י, הכנות לשבת, תוספת שבת, נר שבת, המבדיל, בדיקת
וביעור חמץ, הגעלת כלים, אכילת מצה, ספירת העומר, שופר, אכילה בעריוה"כ,
וידוי, תשובה, סוכה, ד' מינים, נר חנוכה, משלוח מנות ומתנות לאביונים,
שחיטה, כיסוי הדם, תספורת, טבילה, כיבוד הורים, צדקה, שילוח הקן, תרו"מ
וחלה, הלואה, שמיטת כספים, מצוות שבין אדם לחבירו ועוד.
והמסתעף האם מותר שם להרהר בשש המצוות התמידיות

איתא בגמרא (ברכות כד ע"א, ר"ה לד ע"ב, סוכה כח ע"א, תענית כ ע"ב, מגילה כח ע"א) דאסור
לקרוא קריאת שמע במבואות המטונפים. וכן שאסור להרהר בדברי תורה
במבואות המטונפים. והקורא שם קריאת שמע עליו הכתוב אומר (יחזקאל כ
כה) "וְגַם אֲנִי נָתַתִּי לָהֶם חֻקִּים לֹא טוֹבִים וּמִשְׁפָּטִים לֹא יִחְיוּ בָּהֶם", וכן (ישעיה
ה יח) "הוֹי מֹשְׁכֵי הֶעָוֹן בְּחַבְלֵי הַשָּׁוְא", וכן (במדבר טו לא) "כִּי דְבַר ה' בָּזָה".
והנזהר בזה עליו הכתוב אומר (דברים לב מז) "וּבַדָּבָר הַזֶּה תַּאֲרִיכוּ יָמִים". עיין
שם.

וכן פסק הרמב"ם (הל' קריא"ש פ"ג ה"ד): ולא קריאת שמע בלבד, אלא כל ענין
שהוא מדברי הקודש, אסור לאומרו בבית המרחץ ובבית הכסא, ואפילו
אמרו בלשון חול, ולא לאמרו בלבד אלא אפילו להרהר בלבו בדברי תורה
בבית הכסא ובבית המרחץ ובמקום הטנופת והוא המקום שיש בו צואה ומי
רגלים אסור. עכ"ל. וכן פסק השו"ע (או"ח סי' פה סעי' ב, ובהגהה יו"ד סי' רמו סעי' כז וסי'
רפב סוסע"י יט).

ויש לדון בענין עשיית מצוות במבואות המטונפים, האם מותר או אסור.
והוא למעשה ממש, כגון בהפרשת תרו"מ וחלה ונתינת צדקה וכדומה
כשיש בקרבתו תינוק עם צואה, או לבישת ציצית בבית הכסא וכדומה,
ועוד רבים וכפי שיפורטו להלן.

הנה פסקו הרמב"ם (הל' ציצית פ"ג ה"ט) והטוש"ע (סי' כא סעי' ג) דמותר להכנס
בציצית לבית הכסא ולבית המרחץ. וכתב הב"י (שם) דכ"כ רבינו ירוחם (ני"ט
ח"ג קסט ע"ג) והנמוקי יוסף (הל' ציצית יב ע"א ד"ה ומותר) בשם גאון[362], והביא ראיה
מהגמ' (מנחות מג ע"א) דרב יהודה היה מברך 'להתעטף בציצית' כל בוקר ולא

---

[362] ועי' היטב בספר חסידים (סי' תשעה) ובמקור חסד שם (אות ב).

היה מוריד הטלית כל היום, שמע מינה שמותר לעשות צרכיו בטלית מצוייצת, דאם לא כן היה צריך לסלקה כשעושה צרכיו ונמצא שהיה מברך עליה כמה פעמים ביום. עכ"ד. [וסיים הנמוק"י: וכן המנהג פשוט].

ומבואר דמותר לקיים מצות ציצית במבואות המטונפים.

ומהר"ם חאגיז בשו"ת הלכות קטנות (ח"ב סי' נז) דן בזה, והביא מה שפסק הרמ"א בשו"ע (יו"ד סי' יט סעי' א) בשם האגודה (חולין פ"א סי' ט) דאם השחיטה במקום מטונף כגון בבית המטבחים[363], יברך בריחוק ארבע אמות במקום נקי, לפני שייכנס לשם[364], ולא ידבר עד אחר השחיטה. [עכ"ד האגודה והרמ"א][365].

משמע דעצם [מצות] השחיטה מותרת, אע"פ שאי אפשר שלא להרהר בדברי תורה בדיני שהייה ודריסה ובדיקת הריאה, בפרט אם יתעורר ספק, צריך להעלות בזכרונו הדיעות בזה וכדומה. וגם נכנסים בציצית לבית הכסא[366]. וכי נאמר שגם יטול שם לולב ויתקע שם בשופר, אתמהה. ודאי דלכתחילה אסור כדי שלא יהיו מצוות בזויות עליו, אא"כ בדיעבד שאין שם מקום אחר אלא הוא. והשוחט כבר בקי במלאכתו, ואינו מעלה בדעתו שום דבר הלכה, וכשיזדמן לו ספק שצריך הרהור יצא לחוץ ידבר, והציציות מכסין אותם. ודיבור אסור במקום שאינו נקי כל מקום שיבוא

---

[363] עי' בתשב"ץ (ח"ב סי' מג, דלהלן) דזהו דוקא כשיש שם טינופת מצואה ומי רגלים או ריח רע שמעכבים הברכה, אבל אם אין שם אלא דם לכלוך דם אינו מעכב את הברכה כלל, דהא אמרינן (פסחים סה ע"ב, זבחים לה ע"א) שבשעת שחיטת הפסח היו פוקקין את העזרה והיו הכהנים הולכים בדם עד ארכובותיהם, והרי היו קורין את ההלל בשעת שחיטת הפסח והיו מברכין על השחיטה וכו', עיי"ש. וכ"כ בכנפי יונה (סי' יט, יג ע"ג ובדפו"ח עמי' נד), וכן הביא הדרכי תשובה (סי' יט ס"ק כ) בשם ספר תואר משה (פנ"א אות ד), ועיי"ש עוד.

[364] תיבות 'לפני שייכנס לשם' הם לשון הרמ"א, וליתא באגודה. ונראה דמזה דייק המג"א (סי' קסו ס"ק ג) דהאגודה איירי שהכל בבית אחד, ונשאר בצ"ע על הרמ"א איך כתב שיעשה כן גם מבחוץ לתוך בית המטבחים. עכ"ד. אמנם באגודה כתב 'יברך חוץ לטבחים' [וליתא ברמ"א], ודוי"ק היטב. ועי' נתיב חיים (שם) דיישב קושיית המג"א דהרמ"א איירי ברואה את מקום השחיטה, והוי כמפינה לפינה. ובכרתי ופלתי (יו"ד שם פלתי ס"ק ה) נראה דמיישב דהרמ"א איירי מחדר לחדר בבית אחד, עיי"ש. וציין בהגהות מהרר"ים בנעט (אוי"ח שם). וכ"ימ בחיי אדם (נשמת אדם כלל ה סעי' י) ובדרכי תשובה (שם ס"ק כח, ועוד עיי"ש ס"ק כה-כז). ועיי"ש דרוב האחרונים פליגי על המג"א, והכריעו כהרמ"א. וכ"כ בדרך אמונה (הל' מעשר שני פ"ד ח"ג בביאור ההלכה ד"ה והפודה).

[365] אמנם גם התשב"ץ (הגדול, ח"ב סי' מג) נשאל בזה, והוא סובר דלא לעשות כן, דחושש שמא השוחט יימלך ולא ישחט, אלא עדיף טפי לשחוט ואח"כ מיד לצאת ולברך בחוץ, ונקרא שפיר עובר לעשייתן כיון דמברכים 'על השחיטה' [ולא 'לשחוט'], כדמצינו לגבי ברכת הטבילה. אמנם סיים שם שזה רק להלכה, אך למעשה הוא חושש, כי גם לגבי טבילה תליא באשלי רברבי, עיי"ש. והובא בפתחי תשובה (יו"ד שם ס"ק ה). ואכמ"ל. [ומהר"ח פלאגי בשו"ת לב חיים (ח"ב סי' קעג, דלהלן) ציין לתשב"ץ הנ"ל וכתב דיש לחלק בדבריו, וצ"ב כוונתו].

[366] עי' להלן (על דברי הביאור הלכה) דהרבה אחרונים דחו הראיה מציצית, ובאריכות בזה.

לידי הרהור, ולחשוב בשיעור אורך ורוחב או הכשר מצוה כפי התורה[367].
עכ"ד[368].

מבואר דסבירא ליה דעצם מעשה המצוה כשחיטה ולבישת ציצית מותרות,
רק שלא יהרהר בהן, אלא עושה מעשה השחיטה כהרגלו בסתמא וכו'.
אמנם יש לדקדק בלשונו שהאיסור 'כדי שלא יהיו מצוות בזויות עליו'.
[וצ"ל דס"ל דאע"פ שאין איסור בעצם קיום המצוה במקום מטונף, כתפילה ולימוד,
עכ"פ מבזה את המצוה. ודו"ק. וכן מתבאר בשו"ת לב חיים דלהלן, ומהטעם השני
שכתוב המשנ"ב דלהלן]. ועוד שפתח בלשון 'שאי אפשר שלא להרהר בדברי
תורה שלא לשהות ושלא לדרוס וכשבודק הריאה...', ומסיים דבמלאכתו
הוא עוסק ואינו מעלה בדעתו שום דבר הלכה, ורק כשיזדמן לו ספק
שצריך הרהור יצא לחוץ ידבר. ודו"ק.

והחיד"א בטוב עין (סי' יח אות לז, וכ"ה בשיו"ת או"ח סי' פה) גם כן דן בזה[369], וכתב:
נסתפק גדול אחד, ישראל שחבשו השר בבית האסורים והמקום מטונף,
האם יכול לקיים מצוה במעשה בלי שום הרהור, רק שהוא עושה מצוה
ולא עוד[370], ויעמיד על עצמו שלא להרהר עוד. וכגון אשר בעד חלון צר

---

[367] עי' במהדיר שו"ת הלק"ט שם (מהדורת זכרון אהרן) דכתב דהלק"ט ס"ל כהחיי אדם (כלל ג) והשאגת
אריה (סי' כד) דאיסור ההרהור במבואות המטונפים הוא מדאורייתא, לכן אסר מחמת הספק שמא
יהרהר. ודו"ק.

[368] והובא בקצרה בקצה המטה (על מטה אפרים סי' תרכד ס"ק כא), בית השואבה (בית מועד, ד ע"ב אות ד), שדי
חמד (כללים, מערכת מ סי' קצח) וכה"ח (סי' תרכה ס"ק יב) בזה"ל: כשמחשב ומהרהר בענין עסק עשיית
הסוכה, יזהר שלא יחשב ויהרהר בעסק ואופן עשייתה במקומות המטונפים. עכ"ל. ומעין זה כתב
הבן איש חי (שי"א ויצא סעי' טז): אסור להרהר בצרכי מצוה וכו' הן בצרכי סוכה ולולב ומצה וכיוצא.
עכ"ל [ויובא להלן למעלה, עי"ש]. וכ"כ הגר"ח קנייבסקי (מועדי הגרי"ח חי"א תשובה תפו) דאין להרהר בבית
הכסא איך לבנות הסוכה. [ובספר נר ציון (בן סניור, ברכות הנהנין פי"ב סעי' סא הערה 156 עמ' פז) כתב דלשון הלק"ט
'ולחשוב בשיעור אורך ורוחב או הכשר מצוה כפי התורה', כלומר שמהרהר בדיני סוכה ממש, אורך ורוחב
הכשר, אך אם רק חושב היכן לבנותה וכיצד, מותר. והעתקת הכה"ח [ושאר אחרונים] הנ"ל את הלק"ט היא
בקיצור, ובודאי שלא באו לאסור יותר ממנו. ודו"ק]. ובספר סוכת ציון (מוצפי, עמ' סה) כתב בשם
אביו שהוא מנהג חסידות, והוא לא היה מורה כן לאחרים, אך אמר שהוא מנהג טוב כשר ויפה.
ובשו"ת אבני ישפה (ח"ו סי' י אות ד) לא הביא שום פוסקים בזה, רק כתב מסברא 'מותר לתכנן בבית
הכסא קיום מצוה, אף שחושב על הדינים של המצוה'. וסוף דבריו צע"ג, ומה שמוכיח שם מקום
הלכות בית הכסא שחושב שם על הדינים, לכאורה לא דמי כלל, דשאני הני דהתם מקומם של
הדינים וחושב עליהם כדי לבצעם בזמנם. ודו"ק.

[369] והעיר בספר כנסת יחזקאל (רחמים עזרא, מערכת מ מצוה) דתשובה זו דהלק"ט נעלמה מעיני החיד"א.

[370] כד לשון החיד"א שם. ולא הבנתי מה שכתב בספר מעט מים (או"ח סי' צח) תימה רבתי על
החיד"א הרי מצוות צריכות כוונה, ואיך כתב החיד"א דאם שלא לכוין בקיום המצוה כלל
שפיר דמי, עיי"ש. וצ"ב מה תמיהתו, דהא שפתי החיד"א ברור מללו שכתב ילקיים המצוה במעשה
בלי שום הרהור רק שהוא עושה מצוה ולא עוד', ויעמיד על עצמו שלא להרהר **עוד'**. מפורש דכוונה
המעכבת שהוא עושה מצוה כן מכוין. וברור. [וכ"כ בקובץ בית התוראה (אחבת שלום חי"א עמ' 265-266) הרב
יוסף משדי נר"ו. ודלא כיביע אומר (ח"י יו"ד סי' כט אות ו) והרב שמואל זכאי נר"ו בקובץ אור תורה (סיון תשע"א סי'

וזעף יושיטו לו לולב ליטול. או דילמא גם מעשה המצוות אינו יכול לעשות כי אם במקום נקי. ולכאורה יש להביא ראיה מהגמרא (קידושין לב ע״ב) יכול יעמוד לפניו בבית הכסא ובבית המרחץ, תלמוד לומר ״תקום והדרת״, קימה שיש בה הידור. משמע אי לאו הכי[371] אין איסור בעצם מעשה המצוה[372]. אמנם בזוהר הקדוש (ח״ב קכח ע״ב) כתוב: [הַהוּא עוֹבָדָא דְּבָעֵי לְאִשְׁתַּדְּלָא בֵּיהּ], בָּעֵי לְמִקְנֵי לֵיהּ בַּאֲגַר שָׁלֵים [וכו׳ וּבְאִשְׁתַּדְּלוּתָא רַב סַגִּי], וּבְאִתְדַּכְּאוּתָא דְּגַרְמֵיהּ וּבְאִתְדַּכְּאוּתָא דְּמִשְׁכְּנֵיהּ, [וּבִרְעוּתָא דְּלִבֵּיהּ וְנַפְשֵׁיהּ וכו׳, וְאִי לָאו מִיָּד אִסְתַּלַּק מִנֵּיהּ וְאִתְרְחַק מִנֵּיהּ וכו׳[373]. [עכ״ל הזוהר]. הרי דצריך שיהיה הבית נקי וטהור כשמקיים המצוה. ויש לדחות דאין דנין אי אפשר מאפשר[374]. ועדיין צריך יישוב. עכ״ד[375].

קכ עמ׳ תתשע) שהבינו כחמעט כהמים הנ״ל). ועיי״ש במעט מים דמיישב כוונת החיד״א בתלת אנפין, ולענ״ד פשוט כמש״כ.

[371] ובפרט לפמש״כ בספר ארבעה טורי אבן (על הרמב״ם חל׳ ת״ת פ״ו ח״ב), הובא בפתחי תשובה (יו״ד סי׳ רמד ס״ק ג) דברבו מובהק ובאביו צריך לקום אפילו בבית המרחץ, ודלא כהלחם משנה (שם). ועי׳ בזה בעבודת המלך (על הרמב״ם שם) וחידושי הגרי״ז הלוי (שם פ״ה ח״יא).

[372] בשו״ת בית מתתיהו (ח״ב סי׳ ג אות ט עמ׳ ס) כתב דהגר״ח קנייבסקי דחה הראיה ׳דלבזות אסור׳, וביאר שלכבד בבית הכסא הוי כביזוי, ולהכי איצטריך למעוטי. [ולא הבנתי כ״כ]. ודו״ק. ועי׳ עוד דחיות להלן.

[373] ותרגומו: אוֹתוֹ הַמַּעֲשֶׂה שֶׁרוֹצֶה לְהִשְׁתַּדֵּל בּוֹ, צָרִיךְ לִקְנוֹת אוֹתוֹ בְּשָׂכָר מֻשְׁלָם וכו׳ וּבְהִשְׁתַּדְּלוּת רַבָּה וּגְדוֹלָה, וּבְטִהוּר עַצְמוֹ **וּבְטִהוּר מִשְׁכָּנוֹ**, וּבִרְצוֹן לִבּוֹ וְנַפְשׁוֹ וכו׳, וְאִם לֹא, מִיָּד מִסְתַּלֵּק מִמֶּנּוּ וּמִתְרַחֵק מִמֶּנּוּ וכו׳.

[374] ובספר דבש תמר (על הירושלמי דמאי פ״א ח״ד) כתב לפי הטעם השני במשנ״ב (בביאור הלכה דלהלן, וכ״כ חלק״ט דלעיל ומהרח״ף דלהלן) שהאיסור משום ביזוי המצוה, יי״ל דבכהאי גונא שהוא חבוש בבית הסוהר ואין לו אפשרות אחרת, ממילא לא הוי בזיון ושרי. ועוד דהוי כמהרהר מחמת אונסו, עי׳ להלן (עי״פ בי״י סי׳ פה בשם רבינו מנוח, וכ״כ פרי״ח סי׳ פד ס״ק ב, באר היטב סי׳ פה ס״ק ה, פמ״ג שם מש״ז ס״ק א, ברכ״יי שם ס״ק א, כה״ח שם ס״ק ח), ושרי.

[375] ועיי״ע יד אליהו (רגולר, סי׳ יד). ובספר רוב דגן (קונטרס אות לטובה סי׳ יז) פליג על החיד״א, ודוחה הראיה מקימה לתלמיד חכם הנ״ל, עפמש״כ הכסף משנה (חל׳ ת״ת פ״ו ח״ב) דהחילוק בין בתי גואי דאין קמים מפני ת״ח, לבין בתי בראי דקמים (עי׳ קידושין לג ע״יא), הוא משום דבמקום שמותר להרהר בדברי תורה חייב לעמוד. עכ״ד הכס״ימ. מבואר דתליא הא בהא, וזה בנין אב לכל מעשה המצוות שיעשה בגופו רק במקום שמותר להרהר, אך בלאו הכי לא. עכ״יד רוב דגן שם, ועוד האריך מעניין לעניין באותו עניין, ושוב סיים במסקנה זו, ושדברי הזוהר הנ״ל לעיכובא איתמר, ורק אכילת מצה ושתיית ארבע כוסות וכדומה, דממילא חייב לאכול ולשתות משום חיי נפש, יאכל מצה וישתה יין בלי שום כוונה וברכה, אך מצוות לולב ואתרוג ותפילין וציצית וכיו״יב כיון דאינו יכול לכוין ולהרהר במעשה המצוה לא יעשם כלל, ואנוס רחמנא פטריה. עכ״יד, עיי״ש. ואנא עבדא לא זכיתי להבין דחייתו לראיה, דהרי פשיטא דכל מה שתלה הכס״ימ הא דבתי גואי ובראי בהיתר ההרהור בדברי תורה, הוא רק כדי לבאר ולהגדיר מה הם בתי גואי ובראי, ומדוע בבתי גואי נחשב מקום שאין בו הידור, אך לא שטעם הפטור הוא משום דאסור להרהר שם בדברי תורה. וזה פשוט לענ״יד. וכל שאר הראיות שהביאו ויביאו האחרונים לעיל ולהלן הן חזקות וטובות, ודבר תימה הוא לומר לו לא ללבוש ציצית, דמאי גרע מבית הכסא, וכנ״יל, ואכמ״יל. ובשו״ית יביע אומר (ח״ו יו״ד סי׳ כט אות ג) השיג על רוב דגן הנ״יל מטעם אחר, עיי״ש.

ובעיקרי הד"ט (או"ח סי' ה אות טו) הביא את דברי החיד"א, והוסיף להוכיח מהלכות שחיטה הנ"ל[376]. וכתב דדברי הזוהר הנ"ל הן לאו לעיכובא אלא למכשירי מצוה מן המובחר, וממקומו הוא נלמד דהרי 'באגר שלים' ו'אתדכותא דגרמיה' ודאי אינן לעיכובא. ובעצם ההרהור במעשה המצוה איך יכול להמנע, אם לא שנאמר דהאיסור במקום המטונף הוא רק להרהר בברכות ובדברי תורה ממש, אך מותר להרהר בעשיית המצוה, ויש ליישב קצת. עכ"ד. [והובא בקצרה בפתחי תשובה (סי' עו סעי' א)[377], ומשם בפתחי עולם (שם ס"ק א) ומשם בכף החיים (שם ס"ק ב)].

והדרכי תשובה (יו"ד סי' יט ס"ק כא) הביא את דברי החיד"א[378] ועיקרי הד"ט הנ"ל, וכתב להכריע דבקיום מצות לולב אסור, כיון שהיא מצוה חיובית הבאה לרצות, כמש"כ הריטב"א (סוכה לא ע"א), אך בשחיטה מותר לכתחילה וא"צ להחמיר. עכ"ד. וכוונתו, דמצות שחיטה היא רק למי שרוצה לאכול, צריך לשחוט [=מצוה קיומית, שבאה להתיר איסור][379], וקיל ממצות לולב שהיא מצוה חיובית בפני עצמה. וכ"כ בדבש תמר (על ירושלמי דמאי פ"א ה"ד). וכן נקטו בשו"ת ישועת משה (ח"ג סי' כב אות ג), ציץ אליעזר (ח"ז סי' ה אות ג, חט"ו סי' לב סוף אות יב), הגר"ח קנייבסקי בדרך אמונה[380] (הל' מעשר שני פ"ד ה"ג בביאור ההלכה ד"ה ופודין,

---

[376] בלי להזכיר את הלק"ט, וצע"ק שהרי הלק"ט שגור על לשונו ומביאו עשרות פעמים.

[377] והובא בילקוט הגרשוני (חלק הכללים, מערכת והיה מחניך קדוש, לב ע"א), וכתב דיש לפשוט הספק לאיסורא, משום בזיון המצוה, עיי"ש. ושם (או"ח סי' עו) ציין לזה.

[378] אך מה שנקט בפשיטות דהחיד"א אסר ליטול לולב, לא דק לענ"ד, דהחיד"א רק הסתפק, וכמו שהבאנוהו לעיל, עיי"ש.

[379] אמנם כתב שם דמצות סוכה אין בה ריצוי כשופר ולולב. ולכאורה הרי אכילת כזית בלילה הראשון היא מצוה חיובית. ודו"ק. ועי' לעיל דבקצה המטה ובית השואבה כתבו להחמיר גם בסוכה. עוד יש להקשות דהא החיד"א הוכיח ממצות קימה לת"ח, והיא ג"כ מצוה קיומית, שרק אם עובר בפניו ת"ח חייב לקום, ואינה מצוה חיובית שיהא אדם חייב לחפש ת"ח כדי לקום בפניו. וכן הקשה בקובץ אור תורה (סיון תשע"א סי' קכ עמ' תתע).

[380] בספר דעת נוטה (ח"ב סי' קטז הערה 152) נשאל הגר"ח מה סברת החילוק, דבשלמא לטעם השני במשנ"ב (סי' תקפח בביאור הלכה, יובא לחלן) דהוא משום בזיון המצוה [וכמש"כ הלק"ט ומהרח"פ דלעיל] יש סברא לחלק בין מצוה קיומית למצות חיובית. אך לטעם הראשון במשנ"ב דמעשה מצוה חשיב כדברי תורה, מה הסברא לחלק. וביאר הגר"ח דאף לטעם זה ניחא, משום דייל דאין כוונת המצוה כדברי תורה ממש, אלא שנראה כדברי תורה, וא"כ [נראה ד"ית] דוקא במצוה חיובית כשמחויב לכוין, אך כשאין המצוה חיובית א"צ להחמיר. עכ"ד. ודו"ק. [ועוד עיי"ש (סי' קיג-קיד) דמותר לעשות מצוה לפני ברכות התורה, דלגבי זה הרהור המצוה אינו כדברי תורה. עכ"ד. ודלא כהבכורי יעקב (נביא בהערה לחלן על דברי העמק ברכה, עיי"ש)]. ובשו"ת בית מתתיהו (ח"ב סי' ג אות ד) כתב דשאל את הגר"ח דלפי"ז אשה תוכל לקיים מצוות עשה שהזמן גרמן במקום מטונף, כיון שאינה חייבת בהן, והשיב לו ילא'. גם שאל אותו דיוכל אדם לעשות הידור מצוה במקום מטונף, כיון שאינו חייב, והשיב לו 'מאוס'. ולא ביאר שם הטעם, ולכאורה צ"ב דהרי הן אפי' פחות ממצות קיומית ומדוע ייאסר. ויתכן דאדרבה משום דפטורים מעיקר הדין, אין ענין לעשותם כלל אם עשאן במקום מטונף, משא"כ מצות קיומית, דאע"פ שאינן חיוביות, כרגע נתחייב בהן וצריך לעשותן. ודו"ק. אך תשובת הגר"ח שם גם על עירובי תבשילין דאע"פ שהיא קיומית כשחיטה אין ראוי, לכאורה צ"ב.

ובקצרה בהל' מעשר פ"ט ציון ההלכה ס"ק נא)[381], הגר"נ קרליץ בחוט שני (ר"ה עמ' פה)[382] ושו"ת באר שרים (ח"ז סי' סז אות א ס"ק ה).

[381] וכתב בדרך אמונה (שם) דלפי"ז בהפרשת תרו"מ תלוי בהדעות אם יש מצוה להפריש גם אם אינו רוצה לאכול, עיי"ש בדרך אמונה (הל' תרומות פי"ב הי"א), וכן בהפרשת חלה כתבו המג"א (סי' ח ס"ק ב) ורעק"א (יו"ד סי' א) דהיא מצוה של רשות, והט"ז (יו"ד שם ס"ק ז) [והגר"א (אוי"ח שם סי"ק ג)] חולק על זה, והחזו"א (דמאי סי' ד ס"ק ז) הכריע כהט"ז. ולפי"ז אין להפריש בבית המרחץ. ויש לעיין בטבילת נדה וכלים, שמצוות הן, איך עבדינן להו בבית המרחץ גם כשנפיש זוהמא. ואולי גם הן אינן נקראות מצוות חיוביות, שרק אם רוצה ליטהר לבעלה או להשתמש עם הכלי אז מצוה לטבול. אבל הכהן הגדול ביוהכ"פ בודאי היה מצוה חיובית חמש טבילות, ועיי"ש ששפכו לו חמין לתוך המקוה נעשה בית מרחץ (לפמשכ"כ חמשנ"יב סי' פד ס"ק ד), ואיך עביד מעשה מצוה. ואולי עי"י שפיכת חמין פעם אחת לא נעשה בית מרחץ. ועיי"ל דלא שפכו חמין אלא להפיג צינתן, ולא חשיבא בזה לקרותו בית מרחץ. ועיי"ל דטבילה כיון שעיקרה היא רחיצה, אין לחוש בבית המרחץ, דאין בזה ביזוי מצוה. ואולי יש לחלק משחיטה. ודו"ק. עכ"ד הדרך אמונה. [ועי' עוד בהערה להלן אריכות בזה]. ובשו"ת בית מתתיהו (ח"ב סי' ג אות י עמ' סא-סג) כתב עפי"ז דגם מותר להגעיל כלים במקום שאינו נקי אפי' לדעת הסמ"ק (עשין קצח) ותוס' (עבו"ז סז ע"ב) שמונין אותה למצות עשה, כיון דאינה אלא מצוה קיומית [שבא להתיר לו את השימוש בכלי]. ועיי"ש שהאריך להוכיח עוד טעם [וכי"כ בשו"ת ברכת ראובן שלמה חי"א סי' ב], כיון דאין עיקרה של המצוה אלא התוצאה, והוא הדין והטעם לגבי נטילת מים אחרונים והדלקת נר שבת ואכילת סעודת שבת ו'יתשביתו' ואכילה בעריוה"כ ושחיטה וטבילת נדה והפרשת תרו"מ, ושכ"כ לו הגרי"ח קנייבסקי לגבי מים אחרונים וסעודת שבת [ועיי"ע לחלן סברא זו לגבי מצוות שבין אדם לחבירו. ולגבי מים אחרונים עי' שו"ת ישועת משה (חי"ג סי' כב או' ג-ד) דכתב מעין זה גם לגבי נט"י לסעודה (ונפסק"ם בשעה"צ גדול כשנוטל ידים בחדר שהוא גם בית הכסא), עי' שו"ת יחוה דעת (ח"ג סי' א בהערה), ואכמ"ל), ולגבי הדלקת נר שבת עיין בהערה להלן כ"כ בחשוקי חמד (שבת כט ע"ב), ולגבי אכילת סעודת שבת כ"כ בשם הגרי"ח קנייבסקי בשאלת רב (כרד א חי"ב עמ' קפב אות טז), ולגבי 'יתשביתו' עיין בהערה להלן דכ"כ בתשובות והנהגות (חי"א סי' ט), ולגבי אכילה בעריוה"כ כ"כ הגרי"י זילברשטיין בספר שבת שבתון (סי' לג). ולגבי שחיטה והפרשת תרו"מ נתבאר כבר למעלה באריכות, וכן לגבי טבילת נדה עי' לעיל ריש הערה זו ועוד בהערה לקמיה].

ובדעת נוטה (חי"ב סי' של) השיב הגרי"ח קנייבסקי לגבי קשירת קשר ציצית בבית הכסא או במבואות המטונפים, שיותר טוב לא לקשור שם, כי צריך שיאמר 'לשם מצות ציציתי'. עכ"ל. וצ"ע האם לדקדק מלשונו 'יותר טוב' דמעיקר הדין שרי, וגם האם לדקדק מלשונו 'כי צריך שיאמר...' משמע דעיקר עשיית המצוה אין בה בעיה. ודו"ק. ועוד עיין בדעת נוטה (שם סי' קטט) דבלבישת הציצית בבית הכסא או בית המרחץ לא יכוין (כמבואר בשו"ע סי' ח סעי' ח) שמתעטף בו כדי שנזכור כל מצוותיו לעשותם, אלא יכוין לשם מצוה סתמא. עכ"ל. ודו"ק.

[382] ועי' בשו"ת ויצב אברהם (חי"א סי' לד) דכתב דלפי"ז יש להסתפק האם מותר לומר 'ברוך המבדיל בין קודש לחול' במוצ"ש בבית הכסא. דלכאורה אין זו מצוה חיובית, אלא באה רק להתיר אותו ממלאכה, ודמי לשחיטה ותרו"מ וציצית, כמבואר למעלה דהן קיומיות. אך יש צד דיש לזה גדר עשיית 'הבדלהי', וא"כ אסור בבית הכסא. עכ"ד. ולא הבנתי את הצד השני, דכמו כן גם הבדלה עצמה היא מצוה קיומית. ובאחרוני זמננו ראיתי דעות לכאן ולכאן, הגרי"ח קנייבסקי (שאלת רב כרד א חי"ב פכ"ז סעי"ז ח, עלי שי"ח עמ' קכח אות כו, עזרת אליעזר [ברכות נב ע"א], אריה שאג סי' שלג, שו"ת בית מתתיהו חי"ב סי' ג אות יב עמ' סה) ושו"ת אבני ישפה (חי"א סי' י אות א) כתבו דאין לומר 'המבדיל' בבית הכסא [אך בקובץ אליבא דהלכתא (חלי"ב עמ' סט טור ד) ענה הגרח"ק דבדיעבד יתכן שעלה לו], וכי"כ בספר וישמע משה (חי"ג סי' צד) בשם הגרי"ן נוסבוים. אך בשו"ת רבבות אפרים (חי"א סי' רפז) התיר, ובפרט במקום שיש כבוד הבריות כגון שצריך לעשות שם מלאכה לצורכו, והמחמיר שלא לומר עכ"פ יהרהר. ובספר וישמע משה (שם) כתב בשם הגריי"ש אלישיב [וכי"כ בשמו בעל שבט הקהתי (בהסכמה לשו"ת בית מתתיהו חי"ב)] והגרש"ז אולמן שהתירו. וכי"פ בשו"ת שערי יושר (חי"ג סי' נן) דלתוספפת נחות לא יסמוך לומר, אך ורק לצורך נקיותו. ובאבני דרך (פרינץ, חי"ד סי' נד וח"ז עמ' 487) כתב בשם הגרי"א נבנצל לומר [וכי"כ בשמו בקובץ מח טבו אהליך יעקב חי"ב עמ' קב אות יט], ואם צריך לעשות שם מלאכה יעשה בלי לומר כלום, ושכן הורו הגרי"ן קרליץ והגרי"ש דבליצקי. ובשו"ית נשמת שבת (חי"ב סי' תריז) תלה זאת במחלוקת האם הבדלה מן התורה או מדרבנן. ובשו"ית משנת יוסף (חי"ג סי' צח) כתב דלא יאמר 'ברוך המבדיל...' אלא 'המבדיל...' בלי 'ברוך', או יאמר 'שבוע טוב' וג"כ מהני. וכי"כ בקובץ הלכות פסקי הלכות רבי שמואל

ומהר"ח פלאג'י בשו"ת לב חיים (ח"ב סי' קעג) נשאל בזה, כגון לתת צדקה במקום המטונף וכדומה, והביא את המקורות הנ"ל[383], והוסיף דיכול גם לספור ספירת העומר בלשון לעז או בכתיבה וכדומה[384]. אמנם לגבי מצות כיסוי הדם לא יעשה במקום מטונף[385], דהרי הוא דרך בזיון, וממצות כיסוי הדם למדו שלא יקיים המצוות בבזיון, כגון שלא יכסנו ברגל (עי' שבת כב ע"א, חולין פז ע"א). עכ"ד. והובא בפקודת אלעזר (סי' ח סעי' א, וסי' פו) וכתב דהיכא דאי אפשר בענין אחר יש לסמוך להתיר. ובטלית קטן כמה פעמים לובשים אותו במקום שאינו נקי, כגון בבית המרחץ, ואין מצריכין לישאר בלא טלית קטן עד שילך לביתו ושיצא בלא בגדים לבית החיצון כדי שילבש שם טלית קטן, רק יזהר שלא לכוין לצאת המצוה אלא כשיוצא מבית המרחץ. עכ"ד.

קמינצקי (שבת חי"א עמ' תשעט). ובספר דבר משולם (משולמי, חי"ב סי' קיז) כתב דסגי לומר 'היום חולי ולעשות מלאכה. [אך בחוט שני (חי"ד פפ"ח סוס"ק א) ושמירת שבת כהלכתה (פנ"ח הערה לא) בשם הגרשז"א כתבו דלא מהני לומר 'שבוע טובי, ואכמ"ל]. ובפסקי תשובות (סי' רצב הערה 101) כתב דאפשר להתיר שיהרהר בלבו. ובקובץ בית ההוראה (אהבת שלום חי"א עמ' 268) כתב הרב יוסף משדי נרי"ו דאין לומר 'המבדילי בבית הכסא, ורק בשעת הדחק גדול אפשר להקל, ויאמר בשינוי, כגון 'מבורך המבדיל בין יום השביעי לימי החול' וכיוצא. ועי"ע בספר קובץ הלכות (סגל, חי"ב עמ' תמט) דהגר"ז קרויזר הסתפק אי שרי לומר תשעים פעם או יתן טל ומטר לברכה' או 'מוריד הטלי וכדומה במקום שאינו נקי. עכ"ד. ובהליכות שלמה (תפילה פי"ח הערה 96) כתבו דהגרש"ז אוירבאך נטה לזה דין דברי תורה, עיי"ש. ועי' במה שכתבנו בס"ד בשבט מיהודה (חי"ב סי' מז סופי"ג עמ' 72).

[383] ואע"פ שציין גם לרוב דגן דלעיל, מוכח דלא ס"ל כותיה, דסותם כשאר האחרונים, עיי"ש.

[384] עיי"ש, ולא ברור לי האם העדיף לספור בלשון לעז או בכתיבה. ועוד לא ברור לי מדוע לספור דוקא בלשון לעז, מדוע לא יכול גם לספור בלשון הקודש שהיא רק עשיית מצוה גרידא בלי הרהור דברי תורה. [וכן ראיתי בשו"ת משנת יוסף (חי"א סי' יז אות ב) דכתב דיספור ספירת העומר 'בשפה המדוברת, אפילו בלעז'. וכנראה חששו לדיבור בלשון הקודש בבית הכסא (עי' מג"א סי' פה סי"ק ב)]. ובאמת במועד לכל חי (סי' ח סעי' ה) כתב דרק 'יספור בלא ברכה, ומה **טוב** דיספור בלשון לעז'. [והובא בכה"ח (סי' תפט סי"ק צג)]. ודו"ק. ועי' משי"ך עליו השדי חמד בשו"ת אור לי (השמטות קלח ע"א לדף ח ע"ד). ועי' בספר מעט מים (אר"ח סי' צח) שהכריע ג"יכ כמהרח"יפ הנ"ל, מטעם דהוי כמהרהר בדברי תורה מחמת אונסו (עי' בי"י סי' פח בשם רבינו מנוח, וכי"כ פר"יח סי' פד סי"ק ב, באר היטב סי' פח סי"ק ה, פמ"ג שם משי"ז סי"ק א, ברכ"יי שם סי"ק א, כה"ח שם סי"ק ה), עיי"ש ועוד להלן. [וכן השיב הגר"יח קנייבסקי בספר טהרת התורה (חי"ב עמ' שעה אות קיד) דשרי בספירת העומר [וצ"יב דבשו"ת בית מתתיהו (חי"ב סי' ג סוף אות ה) כתב דענה לו דאין לספור משום ביזוי מצות]. וכי"כ בחזון עובדיה (יו"ט עמי רנב), שו"ת באר שרים (חי"ז סי' יב אות ד) ובעל שו"ת שבט הקהתי (בהסמכה לשו"ת בית מתתיהו חי"ב). אך בבית ברוך (על חיי אדם כלל ג במילואים עמ' תי) פליג ואוסר לספור ספירת העומר [אמנם צדקה מתיר לתת], וכן בשו"ת אבני ישפה (חי"ו סי' י אות ב) אוסר. ובשו"ת מעדני כהן (קופשיץ, חי"ד סי' י עמ' מז) כתב דשאלו את הגראי"ל שטיינמן, וענה דיספור בלא כוונה למצוה, ויועיל שיוכל להמשיך לספור בברכה בימים אחי"כ [ועיי"ש דהקשה ע"יז דממ"ינ אם לא נחשב שספר, איך יועיל להמשך. ובקובץ בנתיבות ההלכה (חלי"ט עמ' 52) תירצו עי"פ הנוב"יי (חי"א סי' כז, חובא בביאור הלכה סי' תפט סעי' ח ד"ה בלא) דספירת אונן מהני לענין 'תמימות' שיוכל להמשיך לספור, עיי"ש ואכמ"יל]].

[385] כד משמע כוונתו שם, אך צ"יב א"יכ מה יעשה, ישחט בלי לכסות הדם?! וצ"יע.

והגרי"ח בשו"ת תורה לשמה[386] (סי' קלב) ג"כ חקר בזה, וכתב דשרי, והביא הראיה מלבישת ציצית בבית הכסא (עי' לעיל). ועוד הוסיף להוכיח ממש"כ הגמרא (סוכה כו ע"א) והשו"ע (סי' תרלט סעי' ז בהגהה) לגבי מצטער כשיש בסוכה ריח רע, עי"ש, משמע דעצם עשיית מצות ישיבת סוכה במקום ריח רע[387] אין שום[388] בעיה[389]. וכן ראיה מהמשנה (דמאי פ"א מ"ד) דההבדל בין טבל ודאי לדמאי, דנוטלין את הדמאי ערום, משא"כ בטבל ודאי, ומבאר הירושלמי (שם ה"ד) משום דבטבל ודאי צריך לברך[390]. משמע בלי הברכה אין מניעה

---

[386] כבר הארכתי בס"ד בשבט מיהודה (ח"א סי' כא) שהשו"ת תורה לשמה הוא ללא ספק כולו יצא תחת ידו של הגרי"ח, רק שהיה בהעלמה מכמה טעמים, עי' הכל באריכות שם, ואכמ"ל. ועי' בהערה להלן.

[387] אמנם בחשוקי חמד (עבו"ז מד ע"ב עמ' שמז הערה יג) כתב דיתכן דאיירי התם בריח רע של עטרן ונפט וכדו', דלא נאסר ההרהור בדברי תורה התם, דאינו נחשב כצואה וכדו'.

[388] ועי' בשו"ת משנת יוסף (חי"ג סוס"י רג) דאין שום למי שיש לו בית הכסא בחצירו וכדומה שיסכך שם בסכך לעשותו סוכה.

[389] ובחוט שני (ר"ייה עמי פח-פו, חנוכה עמי שג-דש,שיב) כתב דלא דמי, דשאני אכילה ושינה בסוכה שאינם מעשים המיוחדים למצוה אלא שמקיים בזה מצוה, וכן נתינת צדקה והפרשת תרו"מ (עי' להלן), ולא דמי לתקיעת שופר ונטילת לולב וכדו' שהם מעשה קיום מצוה בפועל, והן כעבודה והוי בזיון במקום מטונף (עי' מש"כ בזה המשנ"ב בביאור הלכה סי' תקפח, יובא להלן), ולפי"ז גם הדלקת נר חנוכה שהיא מעשה מצוה תאסר להיעשות במקום בזיון, כגון מי שיש לו חלון הפונה לרה"ר רק בבית הכסא, לא ידליק שם אלא ידליק בביתו. עכ"ד. וכ"כ בשם הגרי"ח קנייבסקי בשו"ת בית מתתיהו (חי"ב סי' ג אות י עמי סב) לגבי נר חנוכה. אך בפניני חנוכה מהגרי"ש אלישיב (עי' הרב"צ קוק, עמי לג) כתב דיש להדליק בבית הכסא רק לא יברך. וכ"כ בספר אליבא דשמואל (אוירבך,מועדים עמי רפז) דידליק, רק יברך בחוץ [וביאר העורך דאע"פ דיש לחלק מציצית שעיקר מצות לבישתה הוא בכל מקום, כולל בית הכסא, משא"כ נר חנוכה, אך יש הסברא המכרעת היא דחכמים חייבו יער איש וביתו' ומי שבביתו מקום ההדלקה לפירסום הנס הוא רק בית הכסא, שם חייבוהו להדליק]. ובשו"ת רבבות אפרים (חי"ו סי' שנד סוף אות א) כתב ויותר טוב דלאי.   ובבית ברוך (על החיי אדם כלל ג ס"ק קצ) חילק שהפרשת תרו"מ וחילול מעשר שני כשאי"צ ברכה מותר, וכן נטילת לולב, ויזהר שלא יהרהר בדיני המצוה, אבל לדבר מעשיית המצוה כגון נלך ונקנה לולב או טלית או נבנה סוכה אסור, משום דאי אפשר בלא ההרהור בדין המצוה. עכ"ד. ולא זכיתי להבין ההכרח לחילוק. ודו"ק. ונעעי"ש בהערה דבשופר יש הרבה פרטי דינים בזמן קיום המצוה ואי אפשר בלי ההרהור תורה [וכ"כ בספר משנה הלכה (חי"ד סי' תקפח אות ב)]. אך שוב אסר שם גם נטילת לולב, כיון שצריך כוונה לשם מצוה, עיי"ש].

[390] ומוסיף הירושלמי (שם) דהיה מחמת כן מחללין מעשר שני דדמאי במרחץ, משא"כ מעשר שני דודאי. ובדרך אמונה (הל' מעשר שני פ"ד הי"ג בביאור ההלכה ד"ה והפודה) הקשה מדוע סתמו המשנה והירושלמי דבטבל ודאי אסור, והלא יכול לברך בחוץ ולהכנס מיד ולתרום, כמש"כ הרמ"א בהלכות שחיטה הנ"ל. ותירץ דמי"מ כיון דלכתחילה ראוי להסמיך הברכה להמצוה בתוך כדי דיבור, לכן נקטו בסתם דבדמאי שאין ברכה יכול לתרום בפשטות, [משא"כ בטבל ודאי כן התירו לברך בחוץ, כדלעיל. ונשאר בצ"ע. ונראה לתרץ דבשחיטה חייב לשחוט בבית המטבחיים, דאין לו מקום אחר, נחשב כדיעבד והתירו. אך בתרו"מ אמרו לכתחילה שיפריש במקום נקי ולא יעשה הפסק בין הברכה למצוה.

עצם עשיית מצות תרומות ומעשרות כשהוא ערום[391]. אמנם על ראית

[391] ראיה זו הביאו גם בספר מאורי אור (וירמש, חי"ד שבת ד ע"א, עט ע"א בדפי הספר) , גליוני הש"ס (אבות טו ע"א ד"ה רמב"ם), נכח השלחן (לבטון, סי' ז) וצפנת פענח (הל' קי"ש פי"ג הט"ז) [אמנם משיי"כ ביביע אומר (דלהלן) דמבואר דמסקנת הצפנת פענח להקל, אינו נלעי"ד, דרק ציין לירושלמי הנ"ל בסיו"ד, אך בתחילת דבריו כתב בפשיטות לאסור, ואין הכרח דבציונו האחרון יחזור בו מפשיטותו הראשונה, עיי"ש ודו"ק. והעיר ע"ז בספר ארחץ בנקיון כפי (חי"ד כרך ב עמ' 670)]. אך בחוט שני (ר"ה עמי פה, חובא לעיל) כתב לחלק, דהפרשת תרו"מ היא כמו נתינת צדקה, דודאי אין לאסור לקיימה במקום מטונף, כי לא ניכר במעשה ההפרשה שהוא מעשה מצוה, ואין המצוה אלא בתכליתה, ולא שייך לאסור במקום שאינו נקי, ולא דמי לשופר וציצית שהמצוה בעצם המעשה. ודו"ק. וכי"כ סברא זו לגבי צדקה בספר דולה ומשקה (עמי 323 סוף הערה 764). [ועיי לעיל דעפ"ז גם מים אחרונים והדלקת נר שבת וסעודת שבת והגלגלת כלים וי"תשביתו" ואכילה בעריוהי"ך ושחיטה וטבילת נדה והפרשת תרו"מ שרי]. ובדרך אמונה (הל' מעשר פ"י ה"ד בציון ההלכה סי"ק נא) כתב לחלק דשמא בית הכסא גרע מבית המרחץ [וכי"כ בשו"ת כוכבי יצחק (שטרנהל, חי"ב עמי קנב סי"ק יח אות ד), ועוד הוסיף דאולי הירושלמי איירי בבית האמצעי. ודוחק], ועוד כתב בדרך אמונה שם [לפי הדרכי תשובה דלעיל] דחילול מעשר שני נחשב מצוה קיומית [דרק אם רוצה לאכלו מחוץ לירושלים צריך לחללו], ואולי גם הפרשת תרו"מ להסוברים שאם אין רוצה לאכול אין עליו חיוב לעשר [עי' בהערה לעיל]. והביא דבערוך השלחן (הל' דמאי סי' קח סעי' יא) כתב דדינם שוה, וגם הפרשת תרו"מ ערום או בבית הכסא הוי ביזוי מצוה ואינה לכתחילה אלא כשמוכרח. וצי"ע. עכ"ד הדרך אמונה [ונכראה הי"צ אינו הוא מחמת שמבין בפשטות כהמשנ"ב (דלהלן) דמצות שופר ולולב אסור, וא"כ איך כתבה המשנה בסתם דהפרשת תרו"מ מותר אם הוא שוה לשופר ולולב. ודו"ק]. ועי"ע בקונטרס שערי שיח (תשובות הגרי"ח הנ"ל, תשובה ח) דכתב דמותר לקבל תוספת שבת בבית הכסא [וכי"כ בשמו בשו"ת מתתיהו בית מתתיהו חי"ב סי' ג עמי סה]. ובביאורים וציונים (שם אות ז) ביארו כיון דלא מקיים את המצוה עצמה של תוספת שבת אלא כשיצא מבית הכסא. [וצי"ב. ומצאתי בספר ויוסף איש (שושן, חי"א עמי רג טור ב) דתמה על טעם זה]. וכן בספר אשרי האיש (פיינהנדלר, או"ח חי"ב שבת פי"ה סעי' ז עמי לד) כתב בשם הגריי"ש אלישיב דמותר לקבל שבת בבית הכסא. וכי"כ בשמו בספר פסקי הגריי"ש (עמי קי אות לא). [ובקובץ בית התוראה (אהבת שלום חי"א עמי 266) כתב הרב יוסף משדי דיאמר שיקבל יום השביעי ולא יום השבת' דיש אומרים שאין לאומרו בבית הכסא, ויותר טוב שיקבל שבת במחשבה שרבים סוברים דמהני כן]. ובשו"ת אבני ישפה (חי"ו סי' י סוף אות א) כתב דאין לקבל שבת בבית הכסא.

ובשו"ת יביע אומר (חי"ו יו"ד סי' כט אות ב; ונשנה בחזוי"א תרו"מ עמי קנד) ושו"ת באר שרים (חי"ז סי' סז אות א סי"ק או' ד-ה) כתבו לחלק בין מצות דאורייתא כלולב, להפרשת וחילול דמאי דהן מדרבנן, דיש אומרים (מג"א סי' ס סי"ק ג עי"ש חרדב"ז) דאי"צ כוונה, אי"כ יכול לעשותם במקום שאינו נקי. וגם להחולקים וסוברים דצריכות כוונה (עי' פרי"ח ומגן גבורים שם, שו"ת מנחת אלעזר חי"ג סי' לד ועוד) יי"ל דתרו"מ היא מצוה קיומית ולא חיובית, וכדלעיל [והוסיף ביבי"א שכן מוכח ברשיי גיטין מז ע"ב ד"ה דאורייתא, וכמשיי"כ האמרי בינה חי"ד דיני תרו"מ סי' ג, עונג יו"ט סי' קד, אבני נזר סי' יו"ד סי' שצו שצו אות ד ועוד אחרונים. ודלא כמשמעות תורי"ד קידושין נח ע"ב, וכמשיי"כ השפת אמת פסחים ט ע"א, עיי"ש]. וכן מצות טבילת נדה היא קיומית [עפמשיי"כ הרמב"ן והר"ן (חולק לא ע"א, ובמלחמות סופ"ג דרי"ה) וחרדב"ז (חי"א סי' לד), דרק באה להתירה לבעלה. וכן מוכח מפסק השו"ע (יו"ד סוסי"י קצח) דנדה שטבלה בלא כונה מותרת לבעלה, אעי"פ שפסק (או"ח סי' ס סעי' ד) דמצות צריכות כוונה], וכן מצות שחיטה וכדלעיל. וביביע אומר (שם) כתב עוד לדחות ראיה הנ"ל מהפרשת תרו"מ ערום, דשאני ערום מבית המרחץ, דערום מותר בהרהור דברי תורה (שבת קן ע"א), משא"כ בבית המרחץ [בחדר הפנימי] (שבת מ ע"ב), וכי"כ המג"א (סי' פה סי"ק ב) והפרי"ח (סי' עה סעי' ג) [וכי"כ לדחות הראיה בשו"ת ישועת משה (חי"ג סי' כב אות ג), באר המלך (על הרמב"ם הל' שופר פי"ג ה"ד אות ב עמי פו), אור לציון (חי"ד פלי"ז סי' ח), טעם הצבי (ברכות סי' יג אות ה), ויברך דוד (הרפנס, חי"א סי' צז) וחשוקי חמד (עבוי"ז מד ע"ב עמי שמז הערה יד). אמנם בישועת משה שם העיר לנכון דבירושלמי עצמו מבואר דדין זה גם לגבי בית המרחץ (עי' בהערה הקודמת). ובשו"ת בית מתתיהו (חי"ב סי' ג אות ח) כתב דהאחרונים (דלעיל) שכן הוכיח משם, סוברים דעשיית מצוה חשיב טפי מהרהור ונחשב כמו דיבור, וזה אסור גם בערום. אי"נ סוברים דאזיל בתר טעמא (עי' לעיל) משום בזיון, וזה שייך גם בערום]. ועוד כתב שם לדחות ראיה הנ"ל, דיש אומרים דבמצוות שבין אדם לחבירו אי"צ כוונה (עי' אהבת ציון דרוש י טז סעי"ד בשם אביו הנוב"י, החיד"א בפתח עינים בי"ב י ע"ב, הגריא"ס בנחל יצחק חי"ב פתיחה אות יד, שו"ת שערי דעה חי"א סי' נז וחי"ב סוסי"י יז [ועיי"ע אמרי בינה או"ח סוסי"י יד, וקובץ שיערים פסחים אות לא וכתובות אות רמט]), דעיקר רצון השי"ת בהנאת החבר. וכעין דחיה זו גם כתבו בשו"ת ישועת משה (חי"ג סוסי"י כב), לב אברהם (וינפלד, חי"א סי' יז) ומשנת יוסף (חי"א סי' יז אות ז). וכי"כ רב היחי"ס נריו בכנסת יעקב (עמי ט),

החיד״א מקימה לתלמיד חכם[392], כתב הגרי״ח דיש לדחות, דדילמא דוקא בכהאי גונא שהמצוה עוברת שהתלמיד חכם עובר והולך לו, אך מנלן דאף כשאין המצוה עוברת[393] שרי[394]. ומכל מקום הביא ראיות אחרות וכנ״ל,

---

והוסיף דזה כולל מצות כיבוד חורים למ״ד דחיא בין אדם לחבירו (עי׳ רש״י קידושין מ ע״א ד״ה רב אידי, ופיחמיי״ש לרמב״ם פא פי״א מ״א, מנחת חינוך סוף מצוה לג, פרדס יוסף יתרו אות יב). וכן מוכח בגמ׳ (פסחים נא ע״א) דהולך אדם עם אביו לבית המרחץ אם צריך לו לשמשו, עיי״ש [והוסיף עוד טעם, ויובא בהערה להלן]. וכ״כ בספר יסוד ושורש העבודה (שער א פי״ז): ושתי מצוות אלו יכול האדם לקיימן בכל עת ובכל שעה ובכל רגע, דהיינו מצות עשה של ׳ואהבת לרעך כמוך׳ וכו׳ אפילו אם הוא במרחץ או בשאר מקום שאינו נקי. וכן מצות עשה של ׳בצדק תשפוט עמיתך׳ וכו׳, מה שאין כן בשאר מצוות עשה ולא תעשה שבכל התרי״ג מצוות, ואף במקום שאין נקי יכול האדם להעלות על דעתו לשמוח בטובת חבירו וכו׳. עכ״ל. ודו״ק. [והובא בכנסת יעקב שם, ותמה שכל גדולי האחרונים שעסקו ובררו ענין זה, איש לא זכר לדברי חיסושחש״ע הנ״ל. ועי׳ בחשוקי חמד (ברכות לב ע״א) דדן בדברי חיסוסחש״ע הנ״ל איך חידש דמקיימים מצוות אלו גם במחשבה ולא רק במעשה]. ובחשוקי חמד (עבו״ז מד ע״ב, עמי שמח) תלה זאת בשני טעמי הביאור הלכה דלעיל, דלטעם הראשון דהרהור מצוה חשיב כד״ת, א״כ גם במצוות שבין אדם לחבירו אסור, אך לטעם השני דהוי ביזוי מצוה, יש״ל דבמצוות דבין אדם לחבירו לא שייך ביזוי מצוה [כי בפועל חבירו נהנה וכנ״ל]. ולפי״ז עונה שם על מה שנשאל האם מותר לתת הלואה לחבירו במקום שאינו נקי וכדו׳. ע״כ. וכ״כ בשו״ת לב אברהם (וינפלד, סי׳ יז) דפשיטא דכל מצוות שבין אדם לחבירו ניתנו להיעשות גם במקומות שאינם נקיים וכדומה, ודומה בזה למצות ציצית שכך ניתנה להיות לבוש עמה בכל מקום. אמנם טבילת כלים ודאי לא ניתנה בצורה זו להיותו טובל כלים במקוה בהיותו ערום [אף כשא״יץ לברך], ומחא כמה פעמים באנשים שעשו כן. עכ״ד. [ועי׳ למחותנו בשו״ת משנת יוסף (חי״א סי׳ יז אות ח) דכתב דבליכא דרכא אחרינא שרי. ובשו״ת בית מתתיהו (חי״ב סי׳ ג אות ח סוף עמי נד) כתב דהגרי״ח קנייבסקי ענה לו דמותר כלים שא״יץ ברכה. וביאר שם משום שהיא מצוה קיומית, עי׳ לעיל. וכ״כ בשו״ת ויברך דוד (הרפנס, חי״א סי׳ צז)]. ועיע אריכות בשו״ת בית מתתיהו (חי״ב סי׳ ג אות ט עמי נט-ס) כנ״ל דמצוות דבין אדם לחבירו שרי משום דאין עיקרן אלא תכליתן ותוצאתן ליהנות את חבירו, וכגון צדקה, משלוח מנות, מתנות לאביונים [ושכ״כ לו הגרי״ח קנייבסקי, אך על מתנות לאביונים כתב לו ׳אין ראוי׳. ולא הבנתי מה ההבדל]. וכתב דלגבי אמירת ׳משמט אני׳ אחרי השמיטה (עי׳ שו״ע חו״מ סי׳ סז סעי׳ לו) יש פלוגתא אם נחשב מצוות שבין אדם או בין אדם לחבירו, וכן לגבי מצות תוכחה, עיי״ש [ושהגרי״ח קנייבסקי כתב לו שאין לומר ׳משמט אני׳ במקום מטונף, אך מצות תוכחה שרי. ע״כ. ולפמש״כ לעיל דכל מצוה שאין עיקר המצוה בעשייתה אלא בתכליתה ובתוצאתה אין איסור לעשותה במקום מטונף, יש״ל כן גם על ׳משמט אני׳ ועל תוכחה. ודו״ק]. ועי׳ בספר טעם הצבי (ברכות סי׳ יג אות ד) ובספר בתורתו יהגה (ח״ד סי׳ יז אות ד עמי שיח) דציינו ללשון המביא״יט בקרית ספר (חלי קריאי״ש פי״ג) דכתב דהא דאפרושי מאיסורא מותר במבואות המטונפים (כדאיתא בשבת מ ע״ב) הוא משום ידלאו לימוד התורה הוא אלא מעשהי. מבואר דס״ל דמותר לעשות מעשה מצוה שם. אמנם עי׳ היטב בעמק ברכה (פומרנצייק, עמי יט אות ב), ודו״ק.

392 הגריי״ח שם הביא את הראיה בלשון זו: שמעתי מחכם אחד שמביא ראיה לזה וכו׳, עכ״ד נר״יו, ונומיתי לו שאין מכאן ראיה וכו׳. עכ״ל. וברור שכוונתו להחיד״א בטוב עין הנ״ל. שכך דרכו בשו״ית תורה לשמה הנ״ל, דכל היכא שמזכיר דברי חכמים שחיו בסביבות שנים ת״ן-תק״ן, כותב נר״יו, כי כך כתב בתחילת ספרו שהיתה התחלתו משנת תמ״יב והלאה. עי׳ מה שכתבנו בשבט מיהודה (חי״א שם). וכ״כ רב היחי״ס נר״יו בכנסת יעקב (עמי י״א), ושכן מצינו עוד בשו״ית תורה לשמה (סי׳ קכח) שכתב ׳חכם אחד המופלג בחכמהי וברורה כוונתו לחיד״יא בברכי״י (סי׳ רח סי״ק א), ועוד עיי״ש.

393 וכ״כ בתשובות והנהגות (חי״א סי׳ ט, וכי״כ שם חי״א סי׳ שם [בלי להזכיר את החחיד״יא]) דלפי משכ״כ [הרבה אחרונים דלהלן] לחלק בין ציצית לשופר ולולב, דבציצית כל רגע שיפסיק מפסיד מצות עשה, לא אסרינן, משא״יכ בשופר ולולב נחשב בזיון אם מקיימן במקום שאינו נקי. א״כ לפי״ז גם יש לדחות הראיה מקימה מפני ת״יח, דגם חתם אם לא יקום יפסיד המצוה, ודומה לציצית דשרינן ואין ראיה לשאלה בטוב עין הנ״ל [שהיא לגבי מצוות כעין לולב, כנזכר בשאלה]. עכ״יד. ולעני״ד אי משום הא לא איריא, דכיון דהחחיד״יא איירי כשהוא חבוש בבית הסוהר, כמפורש בשאלה, א״כ כל המצוות שוות לציצית, דאם לא יקיימן יפסידן. ואולי כוונת התשובות והנהגות דמצות ציצית בעצמותה היא

ומסיק דליכא איסורא, אך ודאי כל היכא דאפשר לעשותה במקום נקי צריך לעשות לכבוד המצוה, וכמש"כ הזוהר דלעיל. וכן מצינו אפילו בנרות שבת שהזהירו שלא תתגלה ערות התינוק לפני הנרות (שו"ע סי' רעה סעי' יב בהגהה), והיינו לכבוד המצוה. עכ"ד.

אמנם בבן איש חי (ש"א ויצא סעי' טז) כתב בפשיטות: אסור להרהר בדברי תורה בבית הכסא ומבואות המטונפות וכן בבית המרחץ הפנימי, והוא הדין דאסור להרהר בצרכי מצוה, הן בעניין צדקה הן בצרכי שבת, הן בצרכי סוכה ולולב ומצה וכיוצא. עכ"ל. ולכאורה קצת סותר דעתו בתורה לשמה הנ"ל, אך י"ל דהרי סיים בתורה לשמה דכל היכא דאפשר לעשותה במקום נקי צריך לעשות שם, א"כ אפשר לומר דזו כוונתו גם כאן בבן איש חי כיון דאפשר לעשותם בחוץ[395]. אך צ"ע לשון 'אסור', ובפרט דבשני המקומות דיבר להדיא על מצות סוכה. ודו"ק. ויתכן דבבן איש חי חזר בו והחמיר טפי, כדמצינו בכמה מקומות[396].

והמשנה ברורה דיבר בזה בשני מקומות[397], ויש לדקדק קצת בדבריו. בביאור הלכה (סי' תקפח סעי' ב ד"ה שמע) כתב דבתקיעות שהן רק מעשה מצוה, היכן מצינו שאסור לקיים מצוה כשגופו אינו נקי או במקום שאינו נקי, והאם אסור ללבוש טלית של ארבע כנפות כשגופו או המקום אינו נקי?! לא מצינו כן בשום מקום. וצ"ע. אמנם המטה אפרים (שם סעי' ה) השוה דין תקיעות לדין קורא קריא"ש לגבי היו מים שותתין על ברכיו או שמצא

כל רגע ורגע [וכ"כ בתשובות והנהגות (ח"ב סי' רפ), וכ"ה להלן בשם הגר"ח קניבסקי בתירוץ הרביעי על המשנ"ב (ועי' בהערות שם)], לכן לא נאסרה מראש במקום מטונף, משא"כ שופר ולולב דנאסרו מראש ולא פלוג רבנן [וכ"כ בספר אליבא דשמואל (אוירבך, מועדים עמי רפה) לעניין נר חנוכה, עי' להלן]. אמנם אע"פ שסברא זו מובנת, אין בזה הכרח לדחות ראיית החיד"א אם הבין שאין לחלק בכך. ועוד דמהמשך התשובות והנהגות (ח"ה סי' ט) לגבי קיום מצות "תשביתו" [עי' להלן] מוכח דלא התכוין לסברא זו. אמנם שם (סי' קכב ד"ה ובאמת) כן כתב סברא זו, עיי"ש ודו"ק.

[394] וכמו שחילק החיד"א דידיה שם דמש"כ הזוהר להצריך נקיון המקום, דבמקום אונס שאני. ודו"ק.

[395] ולפי"ז לא פליגא הערת החליכות עולם (ח"א עמי מד) דכתב דבמקום צורך יש להקל. ודו"ק.

[396] וצ"ע דבהערות שבשו"ת תורה לשמה (מהדורת אהבת שלום) לא ציינו כלל לדבריו בבן איש חי הנ"ל. וגם באמרות חיים (על הבן איש חי) לא ציינו כלל לדבריו בתורה לשמה הנ"ל. אמנם מצאתי בשו"ת בית מתתיהו (ח"ב סי' ג אות יא עמי סד) ובספר אוצר תשובות לשאלות המצויות (ח"א סי' כד עמי צו-צז) דהעירו בזה, עיי"ש.

[397] ובשו"ת ציץ אליעזר (חט"ז סי' לב אות יב) כתב דהמשנ"ב לא ראה את האחרונים דלעיל שדיברו בזה [כלומר את ראשי המדברים הקדומים, שו"ת חלק"ט, טוב עין להחיד"א ועיקרי הד"יט]. וכן העירו בשו"ת משנה הלכות (ח"ה סי' יח ד"ה וממה), יביע אומר (ח"ו יו"ד סי' כט אות ד ; ונשנה בחזו"ע תרל"ם עמי קנט) ובנין אב (ח"ו סי' לג אות ג).

צואה במקומו, משמע[398] סבירא ליה דעשיית מצוה חשיב כדברי תורה[399], כיון דצריך כונה לצאת ידי המצוה שציונו השי"ת. ועוד דכשמקיים מצוה בפועל היא עבודה, ואין לעשות עבודת ה' דרך בזיון דהוא בכלל ביזה מצוה, וגדולה מזו אמרו (ר"ה לג ע"א) דאסור לצחצח שופר של ר"ה במי רגלים מפני הכבוד, והוא רק הכשר מצוה, וכ"ש המצוה עצמה[400]. עכ"ד. ומשמע הכרעתו דאין לעשות מצוה במקום מטונף[401], וצ"ע דלא יישב מה

____

[398] בשו"ת חק ומשפט (לידידי הגרש"ג נר"ו, סי' רצח) מדבר בנידון זה, ומביא את דברי החיד"א, עיקרי הדי"ט, מהרח"פ, תורה לשמה וביאור הלכה הנ"ל, ומסיים: אח"כ ראיתי במטה אפרים (סי' תקפח) שכתב דאם שמע קול שופר במקום מטונף המצוה בפעם אחרת, וזה שלא כדברי האחרונים הנ"ל רק שהראיות שהביאו בדבריהם לכאורה מכריעות טפי. עכ"ל. וצ"ב דליתא במטה אפרים כדברים אלו ממש, אלא רק כתב (שם סעי' ה) כשמי רגלים שותתין על ברכיו, וזה מה שהביא הביאור הלכה הנ"ל בשמו. גם משייך דזה שלא כדברי האחרונים הנ"ל צ"ב, דהא הביאור הלכה מסיק להחמיר, והחיד"א נשאר ביעדיין צריך יישוב, והתורה לשמה בספרו בן איש חי החמיר וכנ"ל. ובר מן דין, הדרכי תשובה ועוד הרבה אחרונים מחלקים בין סוגי המצוות וכפי המבואר בס"ד לעיל ולהלן.

[399] בהליכות שלמה (תפילה פ"כ סעי' כג ובדבר הלכה אות לה) כתב דלפי"ז ספרים הדנים בעניני תיקון המידות, שנכתבו בכשרות, אע"פ שאינם מיוסדים על מאמרי חז"ל אלא על חכמת תכונות הנפש וכדוי, ואין בהם קדושה, יתכן שאסור לעיין בהם בבית הכסא. עכ"ד. ובארחות הלכה (שם הערה 75) ציינו לדברי הנפש החיים (שער ד פכ"ז בהגהה) דלהלן.

[400] הרי מבואר דחושש בזה לבזיון מצוה. ולא הבנתי מה השיג עליו בספר דברי שיר (רבינוב, עמ' רי), שמעתיק בתחילה רק תחילת דבריו עד יוצ"עי, וכותב: לא ידעתי כונתו, הא אמרינן (שבת כב ע"א, חולין פז ע"א) אבוהון דכולהו [כיסוי ה]דם, שלא יהיו מצוות בזויות עליו. עכ"ד. ואח"כ מסיים דמה שסיים המשני"ב 'דיבור דרך בזיון הוא בכלל ביזה מצוה' בודאי כונתו על כל מה שכתבתי לעילי. עיי"כ. ולא הבנתי מה ההשגה' והתירוץ'. ועיין היטב בברכת רפאל (ר"ה סי' כ עמי עז טור ב). ודו"ק.   וטפי קשיא לי מה שראיתי בבירור הלכה (זילבר, סי' תקפח) דלא הביא שום פוסקים על דברי הביאור הלכה הנ"ל [שלא כדרכו], רק כותב 'יש להביא סמך דאסור לעשות מצוה כשגופו או המקום אינו נקי...', ומביא את הדברי שיר הנ"ל, וכותב 'מעורר כן על הבהיילי. וצ"ע.

[401] עי' בשו"ת משנת יוסף (חי"א סי' יז או' ו-ז) דבמקום אונס גמור, כגון אסיר בבית הסוהר, יש לסמוך על הלקי"ט (ועוד אחרונים דלעיל) דשרי אף בלולב ושופר לעשות את מעשה המצוה בלא ברכה. וכ"פ בשו"ת משנה הלכות (חי"ה סי' יח), שו"ת אור לציון (חי"ד פ"ה סי' טו ופלי"ו סי' ה), טעם הצבי (ברכות סי' יג סוף אות ה). וכן מתבאר בשו"ת יביע אומר (חי"ו יו"ד סי' כט או' ד,ו ונסמנה בחזו"א תרי"מ עמי קנד), שו"ת באר שרים (חי"ז סי' סז אות א ס"ק ז) ושו"ת ויברך דוד (חי"א סי' צז). [וגם הביאור הלכה לא איירי באונס כזה. ובפרט לתירוץ הראשון של החליכות שלמה דלהלן דחילק בין מצוה עוברת לכשיכול לקיימה אחי"כ, עי' לחהלן. ולפי"ז לא קשיא תמיחת ספר ויוסף איש (שושן, חי"א עמי רמט-רן), עייש. וע"ע בקובץ בית התוראה (של אהבת שלום חי"א עמי 265) דנטה הרב יוסף משדי נרי"ו לומר דעיקר דעת הביאור הלכה כמש"כ בתחילת דבריו שאין איסור, ורק אחי"כ כתב ליישב דעתו של המטה אפרים, עיי"ש ודו"ק. וכן ראיתי בחזון עובדיה (ימים נוראים עמי קמה הערה יט) דכתב בסתם דדעת המשני"ב בביאור הלכה דמותר לעשות מצוה במקום שאינו נקי. ותמהו בספר ארחץ בנקיון כפי (חי"ד סי' ב עמי 670) ובספר ויוסף איש (שושן, חי"א עמי רמט-רן) שלא הביא סוף דברי הביאור הלכה [ובביבי"ע (שם אות ד) וחזו"יע (תרי"ים שם עמי קנט) הביא לחדיא את מסקנת המשני"ב]. ולהנ"ל מיושב קצת. אך לא משמע כן לשון הביאור הלכה במסקנתו 'וגם יי"ל בפשיטותי. ודו"ק].   אך עי' בשו"ת בנין אב (חי"ו סי' לג או' ג-ד) דגם במקום אונס גמור כהנ"ל לא היקל ואסר לגמרי ע"פ המשני"ב (אע"פ שהביא שם אות ב את דברי האחרונים המתירים), וצ"ע שלא הזכיר תשובת רבו היביע אומר שם. ולאידך גיסא צ"יע דבילקוט יוסף (מועדים מהדורת תשמ"ח עמי לז, ר"יה ויו"כ עמי רכ, ימים נוראים מהדורת תשע"א עמי שכה) כתב: מותר מעיקר הדין וכי שבאמצע התקיעות נעשה ריח רע, מותר להמשיד ולתקוע, שבמעשה המצוה אין צריך להקפיד להיות במקום נקי. עכ"ל. היקל ללא שום אונס ושעת הדחק, ועוד כתב 'אין צריך להקפידי. וציין למטה ליביע אומר הנ"ל. וזה

שפתח דלא מצינו לאסור כהאי גונא, כגון ללבוש[402] ציצית[403] במקום
מטונף[404].‏   ובהליכות שלמה (הל' תפילה פ"כ דבר הלכה אות לו) תירץ דמצות
ציצית היא כל רגע ורגע ולא יכול להשהותה, וכן במצות מזוזה שכל רגע
ורגע שהיא מונחת על פתחו הרי הוא מקיים מצוה, אין לדחות מלקובעה
כשהמקום מטונף[405]. עכ"ד[406]. [פי', ומשמעות המשנ"ב לגבי שופר דאיירי בגוונא
דיכול אח"כ לתקוע במקום נקי, א"כ יש בזה בזיון אם יתקע במקום מטונף]. וכן תירץ
בתשובות והנהגות (ח"ה סי' ט).‏   עוד תירץ בהליכות שלמה (שם, וע"ע מנחת
שלמה סי' א ריש אות ב) דבציצית כבר נתכוין שעושה לשם מצוה לפני שהתחיל
את המצוה, או בתחילת עשייתה[407], וא"צ לכוין בכל הזמן שמקיים את

צע"ג, דהרי לשונו ביביע אומר להדיא 'כשהוא שעת הדחק ואונס גמור דלא סגי בלאו הכי'. [וכן
תמה בקצרה בספר ארחץ בנקיון כפי (ח"ד כרד ב סוף עמ' 670)]. ובחזו"ע (ימים נוראים עמי קמח) לשונו בסתם 'אם
אין המקום נקי... ישמע התקיעות' יש ליישב דאיירי בשעה"ד. ודו"ק. [ארחץ בנקיון כפי (שם עמי 671)].

[402] ולהדק את קשר הציצית בבית הכסא, כתב בשו"ת שבט הלוי (ח"י סי' טו אות ב) דמעיקר הדין אין
איסור, אבל כדאי להזהר, וכן אני נוהג. עכ"ד. ובחשוקי חמד (שבת קיא ע"ב עמי תקלד) כתב דמותר, כיון
דהכוונה בשעת הקשירה היא להכשר מצוה ולא לקיום מצוה, ושכן הורה הגרי"ח קנייבסקי. ובדעת
נוטה (ח"ב ציצית סי' של) ענה הגרי"ח דיותר טוב שיצא, כי צריך שיאמר 'לשם מצות ציצית'. ושם (סי'
שלא) לגבי שאר קשרים וחוליות דא"צ לומר לשם מצוה ענה: אולי אם אין אומר אין בזה בזיון.
עכ"ל. ובמקורות וביאורים (שם הערה 399) כתב דביאר לו הגרי"ח דבשאר קשרים שאינם מעכבים לא
ניכר שעושה עבודת ה' בבזיון. ובשו"ת בית מתיתיהו (ח"ב סי' ג אות ז) כתב דעפ"ז שרי לעשות
'תשביתו' וטבילה ותרו"מ וחלה, דכל אלו נחשבים הכשר מצוה, עיי"ש. [ועיי לעיל ולהלן על מצוות
אלו, דנתפרשו היתירוהן כל אחת במקומה, ולא הזכירו סברא זו. וכבר רמז לזה בבית מתיתיהו שם].

[403] וביאר בהליכות שלמה (שם) דבפרט קשה לשיטת המשנ"ב דידיה (שם) דאם אינו מכוין למצוה
עובר ממש באיסור עשה, וא"כ על כרחו צריך לכוין עכשיו לשם מצוה ולא שייך לומר דילבשנו בלא
כוונה ויכוין למצוה רק כשיצא.

[404] וכן מבואר במשנ"ב (סי' כה ס"ק ח, סי' מג ס"ק כ) דמותר לעבור חבוש בתפילין במבואות המטונפים,
רק נחלקו האם צריך לכסותן או לא, עיי"ש.

[405] וזה יתרץ גם על תפילין, דכיון דמקיים מצוה כל רגע ורגע אין להורידם במבואות המטונפים.
אמנם בבאר המלך (על הרמב"ם פ"ג ח"ה אות ב עמי פה) כתב כתירוץ הנ"ל רק בסגנון אחר, שבציצית אם
ילבש את הבגד של ארבע כנפות בלא ציצית עובר בעשה, לכן בודאי שלא אסרו להכנס עם הציציות
לבית הכסא או למקום מטונף וכדומה, משא"כ בשופר דשייך לחדול מלתקוע כשיש דבר טינוף.
עכ"ד. ולפי"ז לא יתורץ על תפילין. ודו"ק.

[406] ואעפ"כ כתב שם (סוף אות לה) דמי שנזדמן לו עני במקום מטונף, אי"צ לבקש ממנו שיעבור עמו
למקום שאינו מטונף, אלא יתן לו במקום המטונף, ואף יכוין לשם מצוה. [ונכראה משום דנחשב
דחייה אם יבקש ממנו לעבור למקום אחר, ואולי יפסיד לגמרי את המצוה, כמעשה דנחום איש גמזו (תענית כא ע"א).
ומעין זה כתב בשלחן מלכים (על קצשיע, בהשמטות לסי' ה, לא ע"ב)]. ובחוט שני (ר"ה עמי פה) ג"כ כתב כן, וביאר
הסברא דעצם נתינת הצדקה אין בו מעשה מיוחד של מצוה, שהרי מקיים אותה בכל נתינת מתנה
לעני, ובודאי שלא שייך לאסור בבית המרחץ וכדוי, כי עיקר המצוה היא התכלית של מעשהו,
משא"כ שופר וציצית שהוא מעשה מצוה. והפרשת תרו"מ דומה בזה לצדקה, לכן מותר להפריש
ערום, עי' לעיל בזה ועל כל המצוות שבין אדם לחבירו באריכות. ודו"ק.

[407] אלא דלפי תירוץ זה יהיה אסור ללבוש ציצית בתחילה בבית הכסא או בבית המרחץ בחדר
הפנימי עכ"פ. ועי' לעיל ולהלן לשאר התירוצים דשרי. אמנם גם לתירוץ זה, כתב בשערי זבולון (סי'
ז אות ג עמי לח) דלפמש"כ הביאור הלכה דקיום מצוה הוא עבודה ואין לעשות עבודת ה' דרך בזיון,
מסתבר דזה רק במעשה שניכר שעושהו לשם מצוה, כגון תקיעת שופר ונטילת לולב, אך לבישת

המצוה, וכמש"כ המשנ"ב דידיה (סי' ס ס"ק ז) ובשעה"צ (סי' תרצ ס"ק לט)[408], שכל ההמשך על דעת ראשונה הוא עושה[409]. וכן תירץ הגר"ח קנייבסקי בספר דעת נוטה (ח"ב סי' קטז, וכ"ה בשמו בספר פסקי ההלכות [ינאי, ח"ו סי' תקפח עמ' רפב]) בתירוץ ראשון[410].   ותירוץ שני תירץ (בדעת נוטה שם) [לפי הדרכי תשובה דלעיל] דיש חילוק בין מצוה חיובית למצוה קיומית, דתקיעת שופר היא מצוה חיובית לכן אסור לכוין בה במקום שאינו נקי, משא"כ ציצית שהיא מצוה קיומית [דמעיקר הדין רק אם יש לו בגד של ארבע כנפות חייב להטיל בו ציצית, ואם לובש בגד של ארבע כנפות עשיית הציצית מתירה לו את הלבישה]. ודו"ק[411].   ותירוץ

ציצית היא כלבישת כל בגד, אע"פ דממילא גם מחוברים בו הציציות, מ"מ אין החמעשה מעשה עבודה שייאסר. עכ"ד. ולענ"ד צ"ב, ראשית דזהו רק לטעם השני בביאור הלכה, אך לטעם הראשון דכיוון דמצוות צריכות כוונה כל עשיית מצוה היא כדברי תורה, א"כ גם לבישת ציצית. ועוד מאי דפשיטא ליה דלבישת בגד עם ציצית לא ניכר שעושה כן לשם המצוה, שהרי בגד של ציצית בימינו ניכר שלובש אותו רק לשם המצוה, ובפרט בימי הקיץ החמים. ודו"ק. ועוד עי"ש בשערי זבולון (אות ד עמי לה) דכותב דגם חילול מעשר שני הוי פעולה גם בלי מעשה מצוה, כי עושה אותה להקל מעצמו שלא להעלות את כל הפירות לירושלים, וכן טבילת נדה רק ליטהר לבעלה ואינו עצם מעשה עבודה כתקיעת שופר ונטילת לולב. עכ"ד. ולדידי לא מובנת הסברא כל כך [ובשו"ת בית מתתיהו (ח"ב סי' ג אות ז) ציין לטבילת נדה דאיתא בגמרא (ביצה יח ע"א) דנראה כמיקר וכדו', עיי"ש]. וטפי מובן החילוק (דלעיל ודלהלן) בין מצוה חיובית למצוה קיומית, עי' בדברינו שם. [ועיי' לעיל בסברת שו"ת בית מתתיהו דבמצוות שאין עיקרן אלא התוצאה והתכלית].

[408] עי' ברכת רפאל (ר"יה סי' כ עמי עה) דכתב דיתכן דהא דמהני כוונה לפני תחילת המצוה למשך כל המצוה, היינו דוקא היכא שיכול לכוין באמצע המצוה, דכל הראוי לבילה אין בילה מעכבת בו, אבל היכא שלא יכול לכוין באמצע המצוה מתבטלת הכוונה שכיון לפני המצוה, ולא יוכל להמשיך. אמנם יש יש לחלק בין ציצית לשופר, דבציצית כל זמן שהוא לבוש זה מכח העיטוף הראשון, ומהני הכוונה הראשונה. משא"כ בשופר, המשך התקיעה אינו מכח ההתחלה הראשונה, לכן צריך עכ"פ שיהיה ראוי לכוין כל רגע. ודו"ק.

[409] אלא שהקשה בבאר המלך (על הרמב"ם הל' שופר פ"ג ח"ה אות ב עמ' פה) הרי גם המטה אפרים איירי כשהתחיל לתקוע בכשרות ורק אח"כ שתתו המים על ברכיו [א"ה: ולפי הברכת רפאל בהערה לעיל מיושב, ודו"ק]. ועוד דבשופר אין הכוונה חלק מעצם מעשה המצוה, ואיך דימהו המטה אפרים לקריאת"ש דהתם הדיבור הוא חלק ממעשה המצוה. אמנם זה גופא כוונת המשנ"ב דהמטה אפרים למד מדין המג"א דהתם דהשוה תקיעת שופר לקריאת"ש לענין פסק מחמת אונס, עיי"ש.

[410] וכ"כ בחשוקי חמד (עבוד"ז מד ע"ב עמי שמז הערה יג) ובבירור הלכה (סי' תקפח). ובחוט שני (ר"יה עמי פה) כתב דאכן לפי הטעם הראשון הנ"ל שכתב המשנ"ב, ייאסר במקום שאינו נקי רק להתחיל במצוה, אך המשכה יהיה מותר. אך גם לטעם השני הנ"ל שכתב המשנ"ב דהוא משום בזיון, כנ"ל דבציצית לא שייך בזיון אלא ברגע הלבישה או בהטלת הציציות, אך בהמשך כשהציצית מונחת על גופו ולא מחדש מעשה בזה לא הוי בזיון, [משא"כ בשופר כל התקיעה חשיב בזיון].

[411] אך זה לא יתרץ על תפילין, שהרי הן מצוה חיובית ואין מותר להניחם במקום מטונף. ודו"ק. ובחוט שני (ר"יה עמי פה) הביא דחכם אחד [נראה דהוא הברכת אברהם (מגילה יח ע"ב אות יא), עיי"ש. ומעין זה כתבו בשו"ת ישועת משה אהרונסון, ח"ג סי' כב אות ב), הרי בשמים (סלומון, עמי 5; בנתיבות החלכה ח"מ עמי 23; שיר ושבחה עמי רנט), תורה ודעת (מינצברג, ח"א גליון 10 ער"יה תשמ"ו עמי סב), ותלמודו בידו (קראם, מועדים עמי לא), באר שרים (ח"יז סי' סז אות א ס"ק ז), שערי זבולון (שוב, חנוכה סי' ז), אלה חם מועדי (שלזינגר ח"יא עמי שעד; אלה הדברים ח"יב עמי תנט; אוצר התורה ואתחנן עמי נו), באור פניך (ויינפלד, ירח האיתנים עמי נט), ברכת רפאל (רובינשטיין, ר"יה עמי עח) ויושר דורי (רפפורט, סי' ז עמי קנב)] אמר מהלך אחר מהמשנ"ב, דרק בשופר אסור כיון דהיא כמו עבודת פנים כמבואר בגמרא (ר"יה כו ע"א) דכיון דלזכרון הוא, כבפנים דמי, אבל בשאר מצוות ליכא קפידא. עכ"ד החכם. אך אין זה כדעת המשנ"ב. עכ"ד החוט שני.

שלישי תירץ (בדעת נוטה שם סי' קטו הערה 147) דיש לחלק דשופר היא מצוה
שבאה לעתים רחוקות, ויבוא להרהר בפרטי המצוה[412], [משא"כ
בציצית]. ותירוץ רביעי תירץ (בדעת נוטה שם סי' קטז) דשופר היא מצוה
שאין מקומה במרחץ[413], [משא"כ ציצית][414], ודו"ק. וכ"כ בשו"ת משנת

---

[412] עיי לעיל שהבאנו מהבית ברוך (על החיי אדם כלל ג' סי"ק קצ בהערה) מעין זה, דבשופר יש הרבה פרטי
דינים בזמן קיום המצוה ואי אפשר בלי הרהור תורה. [וכ"כ בספר משנה הלכה (חי"ד סי' תקפח אות ב)].

[413] ובספר חשוקי חמד (שבת כט ע"ב) כתב דהדלקת נר שבת שרי בבית הכסא, שהרי כל מקום
שנכנסים בו בשבת מצותו שיהיה מואר ולא יכשלו בו בני אדם (עיי משנ"ב סי' רסג סי"ק ב). וכן מפורש
בירושלמי (פסחים פ"ד הי"ד) 'מדליקין נר שבת אפילו בתי כנסיות ובתי מרחציות'. והגר"ח קנייבסקי
הראה גירסא שבמקום 'בתי כנסיות' כתוב 'בתי כסאות' במפורש. ולא חשיב גנאי למצוה, כי נחשב
דזהו מקומו. ובפרט אם אין לו מקום אחר להדליק, ורוצה להדליק בבית הכסא כדי שיאיר לשאר
הבית. ובלבד שיברך מחוץ לבית הכסא. ובשו"ת משנת יוסף (חי"ט סי' עח) ג"כ התיר במקום צורך
גמור, עיי"ש.

[414] ובמקורות וביאורים שם (הערה 153) ביארו דכיון שתקיעת שופר אין מקומה במרחץ ואפשר
לקיימה בחוץ, איכא ביזוי מצוה כשמקיימה בבית המרחץ. משא"כ לבישת ציצית דמקומה אף
במרחץ, שפיר דמי לקיימה שם, דומיא דטבילה, דאין בזה ביזוי. והוסיפו שם דעוד ביאר הגר"ח,
דכל זה דוקא במצוה שמקומה תמיד אף במרחץ, אבל אם אין מקומה שם רק נזדמן כן, כגון
שילוח הקן [וכ"כ בחשוקי חמד (שבת כט ע"ב עמי קצ)] או הדלקת נר חנוכה בחלון בית הכסא וכדומה, ייל
דאין ראוי לקיים המצוה שם דהוי ביזוי מצוה. עכ"ד. ושאלוהו דאם כעת נזדמנה לו המצוה רק
בבית הכסא, ואינו יכול לקיימה מחוץ לו, [כגון שילוח הקן שחקן נמצא שם, או בחלון הפונה לרה"ר רק
מבית הכסא]. והשיב דיתכן ויש מקום לסברא זו, ואף לטעם הראשון במשנ"ב (עיי לעיל) דמעשה מצוה
נחשב כדברי תורה, אין הכוונה כדברי תורה ממש, אלא שנראין כדברי תורה, ולכן כשמקום
המצוה רק בבית המרחץ וכדומה אין קפידא בזה. עכ"ד. [וכן השיב הגר"ח קנייבסקי (דולה ומשקה עמי
קפ/קטע אות צד ; משירים אהבוך [מזלומיאן] עמי רענ) דאפשר לקיימה שם. וכ"כ בשו"ת בית מתתיהו (חי"ב סי' ג אות יא עמי
סג) בשם הגרי"נ קרליץ, שאם הזדמן שילוח הקן דוקא בבית הכסא מותר לקיים המצוה שם, ועיי"ש (אות ג עמי נא)
דלסוברים דשילוח הקן הוי מצוה קיומית, א"כ ייל דמשא"ה שרי כמו כל מצוה קיומית, וכדלעיל. ועיי"ש (עמי נב)
דהגר"ח קנייבסקי השיב לו על שילוח הקן 'תעשה מבחוץ', וביאר כוונתו דהיכא דאפשר לעשות מבחוץ עדיף
טפי, אך בדאי אפשר מותר גם מבפנים וכדלעיל]. ובספר במחיצת חכמי ישראל (רי"ה, סי' כו הערה ג עמי קח)
רוצה לבאר טעם זה דלבישת ציצית מעין 'אונס', דכיון דאין דרך ללבוש בגדיו מחוץ למרחץ, הרי
לבישתו את הציצית במרחץ היא בגדר אונס, ומצינו (ב"יי סי' פה בשם רבינו מנוח, וכ"כ פרי"ח סי' פד סי"ק ב, באר
היטב שם סי"ק ח, פמ"ג שם מש"ז סי"ק א, ברכ"יי שם סי"ק א, כה"ח שם סי"ק ה) דמי שמהרהר בדברי תורה מחמת
אונסו, ששמועותיו שגורות לו, אין לו איסור. עכ"ד, עיי"ש. [וצ"ב, דהרי מצד אונס ייל דיכול להתלבש
בבית האמצעי, ובפשטות כוונת המשניב והאחרונים דאף בבית הפנימי מותר. ודו"ק]. גם רב היח"ס
נרי"ו בכנסת יעקב (עמי ט) כתב דיש לחלק בין מצוות שמקום עשייתן הוא בבית הכסא ובבית המרחץ
וכדומה, לבין שאר מצוות שאין מקומן שם. ולפ"ז ביאר את דעת האגור והשו"ע (עיי לעיל) דאין
היסח הדעת מברכות התורה בבית הכסא ובבית המרחץ כי יש הלכות הנוגעות דוקא שם. וכן ביאר
את הגמרא (פסחים נא ע"א) דהולך אדם עם אביו לבית המרחץ אם צריך לו לשמשו, עיי"ש [והבאנו טעמו
השני בהערה לעיל]. ומעין זה כתבו בשערי זבולון (חנוכה, סי' ז אות ח עמי לה) וביושר הורי (רפפורט, סי' ז
עמי קנא).

ובעומקא דפרשה (תשפ"א, שנה יג גליון תרי"ג עמי 147) כתבו ד[לפי"ז] מובן מדוע מותר
להשליך את החמץ לבית הכסא (משנ"ב סי' תמד סי"ק כא), כגון בערב פסח שחל להיות בשבת, אף אם
נאמר שמקיימים בזה מצות עשה של 'תשביתו' (עיי מנחת חינוך מצוה ט אות א), כי לא שייך ביזוי מצוה
באופן שכך קיום המצוה ושם מקומה. ודו"ק. וכ"כ בשו"ת משנת יוסף (חי"א סי' יז אות א). ובתשובות
והנהגות (חי"ה סי' ט) כתב דמצות 'תשביתו' שרי בכהאי גונא היכא דאם לא יקיימה כך יתבטל
לגמרי מהמצוה [ולא משום דכך קיום המצוה, ועי' הערתנו עליו לעיל, ושם (סי' קכב דיה ובאגן) כן כתב סברא
זו, עיי"ש ודו"ק]. והוסיף דאם שורש מצות 'תשביתו' לרבי יהודה אינו בעצם המעשה שריפה, אלא
חיובו בקיום תוצאת המעשה, כלומר במה שאסור, ייל דמותר לעשות המעשה שהוא רק הכשר

יוסף (חי"א סי' יז אות א)[415] **ותשובות והנהגות** (ח"ב סי' רפ, וכ"ה בספריו מועדים וזמנים [ח"ח ליקוטי הערות לח"א סי' נ], פשט ועיין [ברכות כד ע"ב אות קעג]). **ובעבודה ברורה** (ר"ה, ח"ג לד ע"ב עמ' תרכג) כתב דצריך לחלק בין בגד שכבר לבוש בו, שאין ניכר בזה ביזוי לעבודת ה', לבין אם בא לקיים עתה מעשה מצוה דהוי ביזוי.

אך עיין במשנ"ב (סי' תרו שעה"צ ס"ק כב) דהביא את דברי הט"ז (שם ס"ק ה) דעכשיו נהגו הרבה אנשים להתודות במקוה, וכתב הפמ"ג (משב"ז שם) דאין להזכיר שם ה' בגילוי הראש ומים זכים ולבו רואה ערוה וערות חבירו וכדו', רק יאמר 'אשמתי' בלא הזכרת השם, עכ"ד הפמ"ג, ושב ואל תעשה עדיף, כי ודאי אותם המתודים לא יזהרו בזה ויאמרו נוסח הודוי כמו שהוא בסידורים. עכ"ד המשנ"ב[416]. אתה הראת לדעת דלא חשש מצד עצם עשיית מצוה של וידוי בבית המרחץ וכשרואה ערוה וכו'. ולכאורה סותר ד"ע דלעיל (וכן הקשו במשנ"ב 'דרשו' שם סי' תרו הערה 36). וצ"ע. ולפי התירוץ הרביעי של הגר"ח קנייבסקי (דלעיל, ועי' בהערה שם) י"ל דשאני וידוי בטבילה שיש לו מטרה מיוחדת, ונחשב כמו ששם מקום המצוה[417]. ובמועדי ישראל (שורון, ימים נוראים

<hr>

מצוה במקום בזיון. עכ"ד [ועי' בהערות לעיל משו"ת בית מתתיהו דעפ"ז הרבה מצוות מותרות, עיי"ש. אך לכאורה זהו רק לטעם השני של הביאור הלכה, דלטעם הראשון עצם המחשבה בקיום המצוה הוי כדברי תורה, עי' לעיל. וייל קצת, ודו"ק]. ובקובץ 'ויש ליישב' (תמוז תשס"ז עמ' קסח אות קטן) כתבו עוד סברא, דכל מצוה שהיא לבער ולאבד ולהרחיקו מעליו, שרי דרך בזיון, ומסתבר שגם שבירת עבו"ז וניתוצה מותרת בבית הכסא וכדו'. עי"כ. ובדיקת חמץ בודאי צריך לבדוק בבית הכסא אם חושש שיש שם חמץ, כי כך חייבוחו חכמים, וכ"כ בשו"ת אור לציון (ח"ג פי"ז סי' ט), חוט שני (הל' פסח עמ' פא) וחשוקי חמד (שבת כט ע"ב עמ' קצז) ועוד רבים.

[415] וכתב דלפי"ז מובן מדוע אין שום חשש בקיום מצות גזיזת צפרנים לכבוד שבת (שו"ע סי' רס) בבית הכסא או המרחץ. ועי' בשו"ת בית מתתיהו (ח"ב סי' ג אות ה) דכתב לגבי מצות רחיצה בערב שבת דשרי במקום המטונף משום דהוי מצוה קיומית [עי' לעיל ולהלן]. וטפי הוליינ כנ"ל משום דכך צורת ואופן קיום המצוה.

[416] ועי' חיטב בהליכות שלמה (יום הכיפורים פי"ד סעי' ח ארחות הלכה הערה 32). ובשו"ת שערי יושר (חנניה, ח"ד סי' ב אות ג) התיר להרהר בנוסח הודוי בבית הכסא, עיי"ש, וצי"ע שלא ציין לדברי המשנ"ב הנ"ל.

[417] וכמו שמסתבר דאין שום מגרעת במה שמקיימים את מצות רחיצת פניו ידיו ורגליו לכבוד שבת בבית המרחץ. ודו"ק. וכן השיב הגר"ח קנייבסקי (בשו"ת בית מתתיהו ח"ב סי' ג סוף אות ג עמ' נג) יזה המצוה שמי. ודו"ק. ואמנם עיין בשלחן הטהור (סאפרין, סי' רס ס"ק א) דעל דין השו"ע שם דצריך לרחוץ פניו ידיו ורגליו לכבוד שבת, כתב: אבל הדבר קשה שיעשה כל אחד זה בביתו, ולכן ירחץ במקום נקי וטהור פניו ידיו ורגליו ויכוין לקיים מצות חכמים. אבל במרחץ במקום שאסור להרהר בדברי תורה אסור לו שם לקיים מצוות, אפילו מצות חכמים ומכל שכן מצוה דאורייתא, והעולם סוברין שיוצאין במה שרוחצין במרחץ, ובודאי זה אינו, באין פנים עיקר מצוה לא יצא חלילה, אבל אעפ"כ מצוה קעביד. וכשהולך למקוה ששם לא נקרא מרחץ שהרי כל אדם מכוסה שם במים, יכוין מה שרחצתי במרחץ יעלה לי למצוה כי לשם מצוה עשיתי זאת לכבוד שבת, וצריך ליזהר בזה הרבה וינצל מדינה של גיהנם. עכ"ל. הרי דחשש לזה אין מקיימים מצוה זו בבית המרחץ דעיקרה במקוה. אך לפמש"כ דמצוה קיומית שרי, ייל דגם מצוה זו קיומית, עי' משנ"ב (סי' רס ס"ק א) שכתב: ומי"מ אין זה חובה גמורה, והמקיימה מקבל עליה שכר ושאינו מקיימה אינו נענש עליה. עכ"ל.

סי' קעה) תירץ דהוי מצוה קיומית [דבאה משום עוונותיו, ובלעדם פטור מוידוי], עי'
לעיל דשרי[418].

ובעמק ברכה (פומרנצ'יק, עמ' יט אות ג) רצה לתלות כל הנידון במחלוקת לגבי
ברכות התורה, דהאגור (סי' א, הובא בב"י סי' מז) ועל פיו השו"ע (שם סעי' י) כתבו
דהיוצא מבית הכסא א"צ לברך עוד פעם ברכות התורה, כיון שגם בבית
הכסא יש דינים איך להתנהג[419], וצריך להזהר בהם, ולא הסיח דעתו
מהתורה. א"כ משמע דסבירא להו דמעשה מצוה חשיב לימוד, לכן לא הוי
היסח הדעת בבית הכסא. ומה שאין צריכים לברך ברכות התורה לפני
מעשה מצוה, זהו משום דהאגור (סי' ב) והשו"ע (דלעיל סעי' ד) אזלי לשיטתייהו
דפטרו מלברך ברכות התורה לפני לימוד בהרהור, כ"כ בביאור הגר"א (שם
ס"ק ט)[420]. עכ"ד העמק ברכה[421]. [ויש לבאר דבריו, דמודה דאע"פ שהאגור ושו"ע
סברי מרנן דקיום מצוות בית הכסא נחשב ת"ת, זהו רק בהלכות בית הכסא, אך מנא למד
דשאר מצוות אסורות שם[422]. אך אנא עבדא לא הבנתי מה ההכרח לזה, ולענ"ד טפי נראה
לומר דאדרבה, מדלא חשיב היסח הדעת לגבי ת"ת בקיום הלכות בית הכסא, היא ראיה

---

[418] במועדי ישראל (שם) כתב דעדיין צ"ע לטעם השני של הביאור הלכה דלעיל דהוי בזיון למצוה.
אך עי' לעיל שהבאנו מלשון שו"ת הלקיט ומהר"ח פלאגי, ושכן ביארו בספר דעת נוטה (ח"ב סי' קטז
הערה 152) דאדרבה טעם החילוק בין מצוה קיומית למצוה חיובית מובן טפי לטעם השני, דבמצוה
קיומית אינו דרך בזיון, כיון שמעלתה פחותה בשעת קיומה. והגר"ח קנייבסקי (שם) ביאר דאף
לטעם הראשון [דכוונה למצוה היא כדברי תורה] ניחא, משום דיי"ל דאין כוונת המצוה כדברי תורה ממש,
אלא שנראה כדברי תורה, וא"כ [נראה ד"ת] דוקא במצוה חיובית כשמחויב לכוין, אך כשאין
המצוה חיובית אי"צ להחמיר. עכ"ד. ודו"יק.

[419] והסמ"ק (מצוה נז) מונה הצניעות למצוה מדאורייתא, והובא בביאור הלכה (סי' ג סעי' ב).

[420] אבל הגר"א (שם) חולק עליהם וסובר דברכות התורה הן על מצות ת"ת, ויש מצוה גם בהרהור,
ומה דשרי בבית הכסא הוא משום דלא מכוין למצוה. וכן מעשה מצוה אינו נקרא לימוד, כי אינו
מכוין ללימוד, ואם מכוין ללימוד אסור כמש"כ בשו"ע (סי' פה סעי' ב בהגהה) דאפי' הלכות המרחץ
אסור ללמוד במרחץ. עכ"ד הגר"א. וצ"ל דהאגור ובי"י סבירא להו דשיעור פורתא דמחשבה
בהלכות בית הכסא או במעשה המצוה שעושה, לא חייבוהו בברכת התורה וגם לא נאסר בבית
הכסא, אך מצד שני אינו הפסק והיסח הדעת גמור לאחר שבירך. ומצינו כגון דא. ומעין זה תירץ
החיי אדם (כלל ט נשמת אדם ס"ק ב). ודו"יק. ועי' בהערה הבאה.

[421] ועוד כתב העמק ברכה (שם) דאפילו להגר"א (בהערה הקדמת) דפליג על האגור והב"י, וסובר
דמעשה מצוה לא נחשב לימוד דאינו מכוין ללימוד, אך נראה דלא אמר טעם זה אלא לענין חיוב
ברכות התורה, דלא נחשב לימוד כיון שאינו מכוין לזה, אבל לענין 'מחניך קדוש' נראה דגם הגר"א
מודה בזה דאסור, כיון שיש כאן במציאות הרהור דברי תורה וקדושה. עכ"ד העמק ברכה.
ולהבנתנו הדלה דלעיל איפכא מהעמק ברכה, שהאגור והב"י אדרבה סוברים דמעשה מצוה שרי
בבית הכסא ומבואות המטונפים, דלא חשיב לענין זה ת"ת, נבוא כעת גם בדעת הגר"א ונאמר
לכאורה אדרבה דמודה להאגור והב"י, דמעשה מצוה לא מיקרי ת"ת, כיון דאינו מכוין ללימוד,
וכמו שפטור לדעתו מברכות התורה, ח"ה שרי בבית הכסא. וה' יאיר עיני במאור תורתו.

[422] דאם לא נבאר כן יהיו דבריו סותרים זל"ז תוכ"ד, דהביא ראיה מבית הכסא שלא נחשב היסח
הדעת מדברי תורה, משום החלכות הנוהגות שם, ומשוה דכן לענין מעשה מצוה, ומזה מוכיח
דמעשה מצוה נחשב ת"ת ואסור בבית הכסא! א"כ אסור ליכנס לבית הכסא כלל?! ועל כרחך
כוונתו כדכתיבנא, דדוקא קיום הלכות בית הכסא, ולא קיום שאר מצוות.

דשרי כל קיום מצוה בבית הכסא ! ועי' היטב בביאור הגר"א (שם) דמבאר דהאגור והשו"ע קאי לשיטתייהו הנ"ל, משום דאם לא כן ליתסר להכנס לבית הכסא לפני שבירך ברכות התורה, וכן כל מעשה מצוה ליתסר לפני ברכות התורה[423], שהרי הם התירום בבית הכסא משום דחשיב שאינו מסיח דעתו מהתורה, משמע דסבירא להו דהוו מצות ת"ת אף שהם בהרהור, ואם ת"ת בהרהור מתחייב בברכות התורה היה אסור גם בבית הכסא, ועל כרחך מדפטרום בברכות התורה הרי דאינו נחשב ת"ת, לכן התירום בבית הכסא. עכ"ד ביאור הגר"א בתוספת ביאור בס"ד. וא"כ אדרבה חזינן דהאגור והשו"ע סוברים דשרי לעשות מעשה מצוה בבית הכסא, דכיון דלעניין ברכת התורה כל קיום הלכה לא חשיב היסח הדעת אף בבית הכסא, מנא נשמע דמותר להרהר בו שם, כגון בקיום מצוה דשרי [וכדכתבו רוב הפוסקים דלעיל, לפחות בסוג מסים של מצוות, עי' בחילוקיהם דלעיל]. ומ"מ לא הצריכו עליו ברכת התורה בפני עצמו, דהא לא חשיב לימוד תורה גמור להיאסר בבית הכסא. וכן מצאתי קרוב מאד לדברי בבית ברוך (על חיי אדם כלל ג ס"ק קץ בהערה עמ' צה)[424] שהשאיר על העמק ברכה כנ"ל, אך לא רצה לסמוך על זה למעשה, עי"ש בסוף דבריו. ועי' בהערות דלעיל בסמוך].

וישׁ לציין דגם הביאור הלכה ע"פ המטה אפרים שהחמיר, כתב להדיא דיצא ידי חובה[425], רק שצריך לעשות המצוה שנית, עי"ש. ועי' בשו"ת אור

---

⁴²³ וכ"כ המשנ"ב (סי' מז ס"ק ז) בפשיטות בזה"ל: ולכוי"ע מותר לעשות איזו פעולת מצוה קודם ברכת התורה, אע"ג דבעת מעשה בודאי הוא מהרהר בדין הזה, אפי"ה מותר, דכל שאינו מתכוין ללימוד אי"ז ברכה, הגרי"א לקמן בסעיף י'. עכ"ל. ובספר תכלת מרדכי (פישהוף, ברכות כב ע"ב עמ' רנה) דלכאורה היא סתירה למש"כ המשנ"ב בביאור הלכה (סי' תקפת חנ"ל) [בטעם הראשון] דאין לעשות מעשה מצוה בבית הכסא משום דעשיית מצוה חשיב כדית. אי"כ מדוע פטור מברכת התורה! וצ"ל דאעי"פ שאסור בבית הכסא משום הפורתא תלמוד תורה דאית ביה, לא תקנו עליו ברכות התורה. וכעין שמעינו (רמ"א סי' מו סעי' ט וסי' מז סעי' ד) שעל פסוקים שאומרים דרך תפילה ועל פסק הלכה מבורר בלי טעמים אי"צ לברך ברכהית, אע"פ שבברור שבבית הכסא אסור, וכן לשיטת השו"ע (סי' מז סעי' ד) דעל הרהור אי"צ לברך ברכהית, אע"פ שבבית הכסא אסור. והערול"נ בבכורי יעקב (סי' תרמד סוס"ק א) כתב בפשיטות: ומברך ברכת התורה קודם נטילת [לולב]. עכ"ל. והעירו לנכון בעיטורי משה (שם) ובדעת ישראל (שורץ, ציצית סי' לז) דפליג על המשנ"ב. ובמכתבי תורה (להאמרי אמת, מכתב כר"ל) תמה על הבכורי יעקב הנ"ל, ושוב ציין לזוהר (חי"ג כח ע"ב) דכתב דלצורבא מרבנן מצוה היא כמו תורה. עכ"ד. [לשון הזוהר: ומצוֹת דְּאוֹרָיְיתָא דְּמִקַּיְימִין לָהּ רַבָּנָן, תּוֹרָה אִיהוּ לְגַבַּיְיהוּ]. ויש לפלפל בזה, ודוי"ק. [ועי"ע באחרונים דדנו בדברי הבכורי יעקב: פסקי תשובה (סי' שנג), שו"ת בצל החכמה (ח"ד סי' קנ), שו"ת אגרות משה (ח"ד סי' צט), מועדים וזמנים (ח"ח סי' קטז), שו"ת לב אברהם (וינפלד, ח"א סי' ז), שו"ת מהרי"י שטייף (סי' רנב), שו"ת אז נדברו (ח"ד סי' מח), שו"ת משנה הלכות (ח"ד סי' יג, חט"ו סי' קצו, חי"ח סי' שס), שלמי תודה (סוכות סי' מא), שו"ת רבבות אפרים (ח"ב סי' פ אות ח), שו"ת משנת יוסף (ח"ד סי' מח), דעת ישראל (שורץ, ציצית סי' לז), חגר"ח קנייבסקי (שיח התורה חי"א עמ' שיד, מועדי הגר"ח חי"א סי' תקסד, דעת נוטה ח"ב ציצית סי' קיג-קיד, תורת המועדים סי' תרנב, ארבעת המינים כהלכתם פי"ג הערה 33), שו"ת באר שרים (ח"א סי' מ), מנחת אשר (דברים סי' סג אות ד), מנהגי מהריי"ץ חלוי (עמי שנג), שו"ת מחקרי ארץ (חי"ד סי' קסד) ושו"ת בית מתתיהו (ח"ב סי' ג אות ד. משם העתקתי רוב המקורות חנ"ל, ואת רובם לא פתחתי כי אינו עיקר נושאנו כאן).

⁴²⁴ וכ"כ בספר טעם הצבי (אברמוביץ', ברכות סי' יג אות ד) ויושר חורי (רפפורט, סי' ז עמ' קנב).

⁴²⁵ ולא הבנתי מש"כ בשו"ת יביע אומר (ח"י יו"ד סי' כט אות ד; ושנה בחזו"ע תרי"מ עמ' קנט) דמבואר במסקנת המשנ"ב דאף בדיעבד לא מהני, וחייב לחזור ולעשותה לצאת ידי חובת המצוה, דאלי"ך לא היה נחשב לאונס כל כך עד שיצטרך לחזור לראש הסדר. עכ"ל. ודוי"ק. [וכוונתו כיון דהמשנ"ב

לציון (ח״ד פ״ה סי׳ טו) דכתב לפ״ז דמי שהיה בבית הכסא ושמע קול שופר, מן הדין יצא ידי חובתו[426].

ובפשטות כל הדיון הנ״ל הוא על קיום מצוות עשה, אך במצוות לא תעשה לכאורה אין בעיה, ומותר להסתפר ולהתגלח בבית הכסא וכדומה אע״פ שמקיים בזה מצוות ״לא תקיפו פאת ראשכם ולא תשחית את פאת זקנך״. אך אם מתכוין לקיים הלאו, לכאורה ג״כ שייך הדיון הנ״ל. וכ״כ בספר פאות כהלכה (קונטרס תגלחת מצוה עמ׳ שנב) שטוב ליזהר בזה, עפמש״כ החיד״א (לב דוד פכ״ז, מורה באצבע סי׳ ד סעי׳ קלה [ועי׳ עמודי הוראה שם ס״ק ח], וכ״כ בשו״ת תורה לשמה סי׳ שצו) ע״פ האר״י (שער מצוות פרשת קדושים, כג ע״ב ועוד עי״ש בהקדמה א ע״ב) דבשעה שאדם מונע עצמו מלעבור על לא תעשה, יכוין שמונע עצמו כדי לקיים מצות השי״ת, ולכן בהיות האדם מסתפר יכוין שהוא מקיים שתי מצוות בפאות הראש, אחת מכאן ואחת מכאן, וחמש מצוות בפאות הזקן, כמו שאמרו חז״ל (מכות כא ע״א) שחייב על כל אחת ואחת, עי״ש. ובשו״ת ויברך דוד (הרפנס, ח״א סי׳ צז בהערה) מתיר בפשיטות[427]. [וכרגע לא מצאתי עוד אחרונים דנים בזה[428], וה׳ יאיר עיני].

ולענין שש המצוות התמידיות (עי׳ ספר החינוך בהקדמתו, ובמצוות כה,כו,תיז,תיח,תלב,שפז, ובביאור הלכה רס״י א), שהן עצמן רק במחשבה[429], האם מותר לקיימן במחשבתו במבואות המטונפים[430]. דיון בזה נפתח בחכמת שלמה (על שו״ע סי׳ פה סעי׳ ב) דעל דברי השו״ע שם ׳אפילו להרהר בדברי תורה אסור בבית הכסא ובבית המרחץ ובמקום הטנופת׳, נסתפק האם מותר להרהר בו יתברך או לא.

חיפש מקרה שבהפסיק באונס חוזר, וביאר דהיינו במקום שהגברא לא חזי, כגון כשהמקום אינו נקי או שיש צואה בגופו. אך צ״ע שהרי המטה אפרים כתב להדיא ׳יצא ומ״מ יש לו לחזור ולתקוע בלי ברכה׳. וה׳ יאיר עיני].

[426] ולא כתב אפילו דטוב דישמע שנית. ואולי רמז כן בכותבו ׳מן הדין׳, כלומר רק מעיקר הדין, אך טוב לשמוע שנית. ויותר נראה דהיקל לגמרי משום דפסק כהלק״ט ועוד אחרונים דלעיל, וכפי שציין שם במקורות. אך לעני״ד משמעות כל האחרונים דאינו מותר גמור אף לכתחילה, עי׳ בדבריהם, וא״כ בגוונא דישב בבית הכסא מדוע שלא נאמר לו לשישמע שוב כשיצא. ודוחק גדול לאוקמא בגוונא שאין כבר מקום שיוכל לשמוע או בטירחא מרובה מאד. ודו״ק.

[427] אך הוי לשיטתיה חתם דגם בקיום מצוות התיר כרוב האחרונים דלעיל ודלא כמסקנת הביאור הלכה.

[428] ועיי׳ בהערה להלן בשם שו״ת משנת יוסף, ומשני״כ שם.

[429] ואלו הן בקצרה: להאמין בשם, שלא להאמין בזולתו, ליחידו, לאהבה אותו, ליראה אותו, שלא לתור אחרי מחשבת הלב וראיית העיניים. ועיין בהערה הבאה.

[430] בשו״ת משנת יוסף (חי״א סי׳ יז אות ט) כתב דבודאי הדין רק על ארבע מצוות העשה מהנ״ל, דעל שתי הלא תעשה מהנ״ל, שהן לא להאמין לזולתו ושלא לתור אחרי הלב והעיניים, בודאי נוהגות גם בבית הכסא וכדו׳, ואדרבה שם החיוב ביותר. עכ״ד. ולכאורה דבריו פשוטים מאד, דוכי יותרו לאוין אלו אף בבית הכסא?! ועל כרחך כוונתו גם כשמתכוין להדיא לקיים בזה לשם מצוה לעשות רצון ה׳ וכו׳, וא״כ שוב קשיא מאי שנא מהמצוות עשה. ואולי י״ל דבמצוות עשה כל כוונה פורתא כבר מתרחבת לעומק המצוה וכו׳, משא״כ בלאוין דיותר שייך לחשוב רק בהא דאסור לעשות כך וכד. ודו״ק.

ולכאורה יש ללמוד ק"ו [מדברי תורה] דאסור להרהר במציאותו ויכלתו. אך יתכן דאדרבה בו עצמו יתברך אין טומאה נתפסת, מעין מה שכתבו המקובלים[431] דתפילין דר"ת מרוב גובה קדושתן שרי לדבר בהן דברי חולין[432]. ונראה ראיה מהגמ' (יומא ז ע"ב) במחלוקת רבי יהודה ורבי שמעון לגבי ציץ, דטעמא דרבי שמעון[433] דכתיב (שמות כח לח) "והיה על מצחו תמיד" דהכוונה שתמיד מרצה, דאין הכוונה תמיד ממש, דהרי צריך לילך לבית הכסא וכדומה. עכ"ד הגמרא. ולכאורה מדוע לא הקשו לרבי שמעון מהפסוק "שויתי ה' לנגדי תמיד", דהרי צריך לילך לבית הכסא וכדומה. אלא על כרחך דבמציאותו יתברך מותר להרהר אף בבית הכסא. עכת"ד.

ובשו"ת משנה שכיר (או"ח סי' כג) ג"כ דן בזה, וציין לדברי ספר חסידים (סי' תקמה)[434] [שכתב: בכל מקום דע את בוראיך, אפילו במקום שאסור להרהר בדברי תורה. כיצד, דעהו בצניעות, ועוד בהיותך בבית המרחץ או בבית הכסא זכור טומאתך כמה טומאה יוצאה ממך וסרוחה, ובזה כל אדם יתפוש בענוה וכו'. עכ"ל]. עוד הפנה לדברי הג"ר מאיר אריק (בהגהות על ספר חסידים סי' קנז, הובא במקור חסד שם) דדייק לשון ספר חסידים (שם) 'שלא יהא אדם במקום הטנופת ויחשב דברי תורה או יתפלל או ידבר לחבירו שום דיבור מן הקב"ה', הרי שבדברי תורה כתב 'יחשב' וב[גדולת] הקב"ה כתב 'דיבור', משמע שהרהור מהקב"ה שרי בכל מקום. עכ"ד הגרמ"א[435]. וממשיך המשנה שכיר דבאמת קדמם לגדולים אלו[436], המגיד מישרים (פרשת בשלח מהדו"ק ד"ה אור לט"ו בשבט) שכתב 'ותמיד תיחד כל מחשבותיך ליראתו ותורתו, ואפילו בעת עומדך במקום מטונף תהרהר בשפלותך ודלותך ואשר הטבתי לך', והרי אם חושב על

---

[431] לא נודע מקור לזה, עי' בכנסת חיים (סופר, עמ' קעב אות רסה) ושו"ת מחקרי ארץ (שעיו, חי"א סי' יד). [ועיי"ש בכנסת חיים שציין כמה ציונים לעיון שאינם כמקור, אלא שיש לפלפל בהם, עיי"ש]. גם בשו"ת דברי יציב (חי"ז סי' ח, ועעי"ש חי"א סי' מד אות ב) תמה על דבריו. וכן בשו"ת אפרקסתא דעניא (חי"ג סי' רמז) כתב להיפך, עיי"ש. ועיי"ע שו"ת משנה שכיר (או"ח סי' כג הערה), נטעי גבריאל (הלכות בר מצוה פליי עמ' רלח) שו"ת דעת ישראל (שורץ, חי"א סי' עז), מנהג ישראל תורה (סי' לד סעי' ג) ושו"ת אבני לוי (חי"ב סי' ב).

[432] בשו"ת ציץ אליעזר (חי"ג סי' א אות ג) פקפק בראיה זו, עיי"ש.

[433] עי' לרב היחי"ס נרי"ו בכנסת יעקב (עמ' ט) דהקשה הא אנן קיי"ל כרבי יהודה התם. עכ"ד. וייל. [ועיי"ע שו"ת לבושי מרדכי (דלהלן למעלה בסמוך)].

[434] ועי' להלן דבאמרי דוד דייק מספר חסידים שם סימן אחר זה (תקמו) להיפך. ודו"ק.

[435] וכן דייק בשו"ת להורות נתן (חי"א סי' א אות יא) מלשון הרמב"ם (הל' קריא"ש פ"ג חי"ד) שכתב: ולא קריא"ש בלבד, אלא כל ענין שהוא מדברי הקודש אסור לאומרו בבית המרחץ ובבית הכסא, ואפילו אמרו בלשון חול, ולא לאומרו בלבד אלא אפילו להרהר בלבו בדברי תורה בבית הכסא ובבית המרחץ ובמקום הטנופת והוא המקום שיש בו צואה ומי רגלים אסור. עכ"ל הרמב"ם. הרי דלגבי 'דברי הקודש' אסר רק לאומרם, ולגבי 'דברי תורה' אסר אף בהרהור. ודו"ק.

[436] משפט זה כתב בשו"ת משנה שכיר שם לפני שציין לדברי הספר חסידים (סי' תקמה) הנ"ל, אך לאחר שציין לדבריו אי"כ הוא קדם למגיד מישרים בזה. ודו"ק.

הטובות שנתן לו הקב"ה, על כרחיה הוא מהרהר במציאותו יתברך, עי' אור החיים (דברים ח יח), וכיון דהמגיד אמר להבית יוסף דשרי להרהר במקום מטונף בטובות האל ית"ש, על כרחך דשרי להרהר במציאותו ית"ש ויתעלה. עכ"ד המשנה שכיר[437]. ועי' היטב בנפש החיים (שער ד פכ"ז) דכתב: וכן אפילו האדם שישורש נשמתו היא מעולם עליון וגבוה מאד, מהעולמות העליונים, ויקח לו בשכלו מחשבה נכונה להתדבק לטהרת איזו מדה נכונה, הוא רשאי לילך בזאת המחשבה גם במקומות המטונפים. עכ"ל, ודו"ק[438].

גם בשו"ת ארץ צבי (פרומר, סי' נב) כתב דמותר להרהר בהשם הקדוש במקום שאינו נקי, משום דגופו חשיב כיסוי, עי"ש.

ובשו"ת כוכבי יצחק (ח"ב על הירושלמי ברכות פ"ב ה"ג, עמ' קנא אות יח) הוכיח מלשון הירושלמי (שם) דאיתא שם: מיישא בר בריה דרבי יהושע בן לוי אמר, מאן דעבד טבאות עושה להן [לתפילין בבית הכסא] כיס של טפח, ונותנן על לבו, מה טעם "שויתי ה' לנגדי תמיד". ע"כ. הרי דמותר לחשוב בבית הכסא על

---

⁴³⁷ ועי' במשנ"ב (סי' פה סי"ק ה) שכתב: ופשוט שמותר אדם להתבונן בבית הכסא בגודל שפלותו, ושבסופו יחזור כולו להיות עפר רמה ותולעה, ואין נאה לו הגאוה. עכ"ל. [ולא כתב מקורו, ותחילת דבריו נראה שמקורם בתנא דבי אליהו (זוטא פי"ג) דכתב: בשלשה דברים יסתכל אדם בכל יום וכו', בשעה שנכנס לבית הכסא אומרים לו ראה דרכך כדרך בהמה. עכ"ל. והמשך דבריו אולי מקורו מספר חסידים והמגיד מישרים הנ"ל, אך יותר נראה דהוא מסידור בית יעקב (חלי הנהגת הבקר סדר בית הכסא טז עי"ד אות יז [אך בסידור עמודי שמים המקורי לא מצאתי] דכתב: בבית הכסא יזכור טומאתו הסרוחה היוצאת ממנו ועי"ז לא יתגאה להשתרר על בני אדם]. והגר"ח קנייבסקי אמר (דעת נוטה סי' מג-מד ובמקורות וביאורים 40-42 שם) דמשמע מהמשנ"ב דמותר להרהר בבית הכסא בעיקרי העניינים של המצוות התמידיות, ובלבד שלא יהרהר בפסוקים של המצוה. ומה שלא הביא המשנ"ב (שם סי"ק ה-ו) אפשרות זו בתור עצה מה יחשוב בבית הכסא, הוא משום דהמשנ"ב העדיף לכתוב עצה השייכת בכל אדם, דהיינו אף מי שאין מחשבתו קבועה בעניינים אלו [וכן תירץ בשו"ת משנת יוסף (חי"ג סוסי"ד ה)]. ומה שהחמיר המשנ"ב (בביאור הלכה סי' תקפ"ח, עי' לעיל) הוא רק בתקיעת שופר וכדומה שיש בהן מעשה. עכ"ד. [ועי' בפירוש מצות הירֵאה (עמ' עד הערה 2) דציין לסמ"ק (עשה ד) ורבינו בחיי בכד הקמח (ערך גאולה וערך חילול השם וערך תשובה) דכתבו דמחשבה זו תביאהו ליראה ולרוממות ה', משמע דשרי להרהר בזה בבית הכסא. ודו"ק. ומשי"ך שם בשיטת רבינו יונה עי' להלן]. ובחשוקי חמד (ברכות כד ע"יב) כתב דצ"ל דהחכמת שלמה דיבר במי שחשקה נפשו ודבק תמיד ביחודו יתברך ובידיעת מציאותו, ובכל עת פנוי מהרהר בו, לאחד כזה מותר להרהר בהשיי"ת גם במבואות המטונפים. אבל לאדם אחר לא ראוי להתחיל להתבונן שם בייחוד ה' כדי להמלט מהרהורים אסורים [כלומר בד"ת עצמם]. עכ"ד. ועי' להלן.

⁴³⁸ ועי' נשמת יונה (על נפש החיים שם, אות ס). והגרי"א וינטרוב בפירוש יראת חיים (על נפש החיים שם) ביאר: היינו מחשבה שהיא לא תורה, אבל היא מחשבה היותר נקיה והיותר טובה כלפי בוראו, דרך משל יחשוב לעצמו סיבות לאהבת השיי"ת וכו' ומרוב רחמיו וחסדיו וכו', או מחשבות של "והלכת בדרכיו", מותר לחשוב בזה במקומות המטונפים, דכל זמן שאין המחשבה באותיות התוה"ק ממש, אפשר לחשוב בה בה שם וכו'. אבל מחשבות דתוה"ק אף שיש בה טהור וטמא קודש וחול, לא נשתנה קדושתה וכו'. עכ"ל. ובהערה שם (אות ב) הביא את דברי הביאור הלכה דלעיל וכתב: ולפי"ז במחשב בדברים המביאים לידי אהבת השם מותר וכו', אך יתכן דעצם ההתבוננות בדברים אלו הוא קיום מצות אהבת השיי"ת, עי' רמב"ים פ"ב מיסוה"ת, ואז לסברת הביאור הלכה לכאורה אין לחשוב בהם במקומות המטונפים, אך מחשבה נכונה בהתבוננות בטהרת המדות אפשר לחשוב שם. עכ"ל.

"שויתי ה' לנגדי תמיד". ודו"ק. [אמנם נראה דאין כוונת הירושלמי לחשוב על הפסוק ממש, דזה פשיטא דאסור, אלא לחשוב על הענין, כלומר להרהר שהבורא כנגדו וכדומה]. אמנם במילואים לשו"ת להורות נתן (ח"א עמ' קמז, ח"ד עמ' קפה) כתב דמשם ראיה להיפוך, דהואיל דאסור להרהר שם ב'שויתי', לכן לכל הפחות יתן התפילין על לבו ועי"ז יקיים 'שויתי'. ויש לפלפל בזה [ועי' בשו"ע המדות (חלק הדעות עמ' שיח-שיט)].

ובילקוט הגרשוני (שו"ע או"ח סי' פד) ג"כ נסתפק בדין זה[439]. ושם (קו"א סי' כב, מז ע"א) הביא את דברי החכמת שלמה הנ"ל והקשה מהגמרא (מנחות מג ע"ב) גבי דוד המלך שנכנס למרחץ וראה שהוא ערום ממצוות עד שנזכר בברית וכו'. ואם מותר להרהר במצוות האמונה וכדו' בבית המרחץ, מדוע סבר שהוא ערום ממצוות. ונשאר בצע"ג.

וכן בספר אמרי דוד (שליסל, מצוה כה כתר מצות ס"ק א) פליג על החכמת שלמה, וכתב דיש לדחות ראייתו בנקל לפמש"כ השאגת אריה (סי' לח), עי"ש היטב[440]. אך אדרבה ראיה ברורה דרורה דאסור לחשוב במציאותו יתברך בבית הכסא וכדומה, מהגמרא (מנחות דלעיל) לגבי דוד המלך בבית המרחץ, מוכח בפירוש שאסור להרהר בזה שם[441]. וכן מתבאר מדברי [ספר חסידים (סי' תקמז)[442] שהובא ב]מג"א (סי' פה ס"ק א) שכתב דבבית הכסא יחשב חשבונות[443], [והבאר היטב (שם ס"ק א) והמשנ"ב (שם ס"ק ו) הוסיפו בשם השל"ה (שער האותיות ערך קדושה אות עב) ד]בשבת יחשוב בבנינים וציורים[444]. עכ"ד[445].

---

[439] וציין למש"כ בנחל אשכול (על האשכול חל' קריא"ש סי' יב עמ' 22 הערה כח) : שמעתי מגדול אחד דבגדולתו של הקב"ה מותר להרהר, וזו כוונת המשורר בשיר היחוד ליום שלישי (במחזור מנהג אשכנז ליל יוה"כ) 'אַף כָּל טַוּפָת לֹא תְטַנְּפָךְ'. עכ"ל. ובסוגריים שם כתב הראיה מספר חסידים והמג"א (שיובאו לחלן באמרי דוד), וסיים : ועכ"פ לכתחילה אסור, דע"י שיחשוב בגדולתו של הקב"ה יבוא ג"כ לידי הרהור בדברי תורה, דקודשא בריך הוא ואורייתא חד הוא. עכ"ל.

[440] עיי"ש דדן בפירוש 'תמידי' דכתיב לגבי ציץ. וכן העיר בלבושי מרדכי דלהלן, ואכמ"ל.

[441] ועי' להמגיה שם דביאר עפי"ז דברי המדרש (ויק"ר פל"ה סי' א) "חשבתי דרכי ואשיבה רגלי אל עדותיך" (תהלים קיט נט), אמר דוד רבש"ע בכל יום ויום הייתי מחשב ואומר למקום פלוני ולבית דירה פלונית אני הולך, והיו רגלי מביאות אותי לבתי כנסיות ולבתי מדרשות. עכ"ל המדרש. ולהנ"ל מובן דהיה דחיה מחשב כן בבית הכסא, דהתם אסורות כל מחשבות אפילו במציאותו יתברך, וכשיצא היו רגליו מוליכות אותו לביהמ"ד.

[442] אך לכאורה בספר חסידים עצמו בסימן הקודם שם (תקמה) משמע להיפך, כמו שדייקו הג"ר מאיר אריק ובשו"ית משנה שכיר דלעיל.

[443] וכ"כ רבינו יונה בספר היראה, והובא בשל"ה דלהלן למעלה. וכ"כ מהרי"ם פאפירש באור צדיקים (סי' א אות טז). ועי' מצות היראה (עמ' עד בהערה 2) דמשמע מלשון רבינו יונה דאוסר לחשוב על מצות היראה בבית הכסא.

[444] אך עיי"ש בשל"ה דסיים : ובהרהור זה יש בו גם כן מצוה כמו שאמרו רז"ל (ברכות ט ע"ב) ירוץ אדם לקראת מלכי האומות להבחין לעתיד וכו'. עכ"ל. א"כ אדרבה מכאן ראיה דמותר לעשות

גם בשו"ת לבושי מרדכי (תניינא יו"ד סי' קעא) פליג על החכמת שלמה, וכתב דפירוש "שויתי ה' לנגדי תמיד" מתבאר בכמה אופנים, עי' רש"י (תהלים שם) וחז"ל (סנהדרין כב ע"א), ולכל הפירושים אין ביאורו תמיד ממש[445], הרי דבבית הכסא אסור לחשוב בזה. ובודאי דגם שם האמונה תקועה בלבו, אך לא שיחשוב וידהרהר כן ממש, וכתב הפמ"ג (עי' הקדמה כוללת ח"ב אות יג) דאין ההרהורים שוין. אמנם ראיית ילקוט הגרשוני והאמרי דוד (דלעיל) מהגמרא (מנחות שם) יש לדחות, דכוונת דוד המלך היתה דוקא באברים שמתקדשים במעשה, ולא על אברים שמתקדשים במחשבה לבד, עי"ש. וכדבריו האחרונים כתב גם בגליוני הש"ס (אבות, טו ע"א ד"ה רמב"ם).

ומעין זה כתב בשו"ת להורות נתן (ח"א סי' א אות י), עי"ש. וכן בדומה לזה כתב בכנסת יעקב (סופר, עמ' ט) דיש לדחות הראייה הנ"ל בפשיטות דכוונת דוד המלך היתה למצוות שמקיימן באברים המיוחדים שבגופו[447], עד שנזכר במילתו[448]. ואין לומר דגם המצוות אלו מקיימן במוחו דוקא, דמ"מ אין מוחו אבר המיוחד דייקא למצוות אלו כשאר אברים. ודו"ק. וכ"כ סברא זו על המדרש הנ"ל [על שאלה אחרת] החיד"א בברכ"י (או"ח סי' ח ס"ק ז), עי"ש[449].

ובשם הגר"ח קנייבסקי כתב בספר פותח את ידך (פרשת תזריע עמ' רנה) שענה לראיה הנ"ל 'ערום בלא מצוות, לגוף אין מצוות, לראש יש'. ונראה כוונתו דדוד המלך ראה שאין לגוף מצוות בבית המרחץ, אך לראש יש וכמש"כ החכמת שלמה. ודו"ק[450]. ובשו"ת בית מתתיהו (ח"ב סי' ג אות ט עמ' נט) כתב דהגר"ח קנייבסקי ענה לראיה הנ"ל דדוד המלך חיפש מצוות מעשיות[451].

<hr>

מצוה [פורתא כזו] בבית הכסא, אלא שכנראה להרהר במציאותו יתברך יכול להביאו יותר לידי הרהור ממש בדברי תורה, משא"כ ההרהור הנ"ל. ועי' לעיל מילקוט הגרשוני דכתב כן, ולהלן בסמוך בדברי הלבושי מרדכי (עי"פ הפמ"ג) דאין כל ההרהורים שוים.

[445] ובסידור בית יעקב (הנהגת חבוקר סדר בית הכסא טז ע"ד סעי' יא [אך בסידור 'עמודי שמים' המקורי לא מצאתי]) כתב [וניכר שתחילת לשונו מקורו בספר חסידים ורבינו יונה הנ"ל]: בבית הכסא וכו' יהרהר שם חשבונות צרכיו וחפצי הוצאותיו, ובשבת יהרהר בנפלאות שראה ושמע. עכ"ל. ודו"ק.

[446] ועי"ע בספר דרכי עזרי (יומא סי' טז).

[447] עי' במדרש (שוחר טוב תהלים לה, ילקו"ש רמז תשכג) איך פירט דוד המלך בעצמו את המצוות הללו.

[448] דחקוקה בה מצות מילה, אע"פ שכנראה לא מקיימה בכל רגע, ועי' במפרשים.

[449] וכן משמע ברש"י (שבת קל ע"א ד"ה שש) דדוד המלך איירי דוקא במצוות שמעידות על האדם, עי"ש ודו"ק.

[450] ועי' בהערה לעיל דהגר"ח קנייבסקי (דעת נוטה שם) גם דחה הראיה מהספר חסידים והשלי"ה וכו'.

[451] כלומר מצוות שעושה בפועל [וכמש"כ הלבושי מרדכי דלעיל]. וכ"כ בשו"ת אור דוד (זנגריוז, סוסי"י לא), ולכן אע"פ שמותר לחשוב במצוות התמידיות הנ"ל או במצות התשובה (עי' להלן), לא נתישבה דעתו בזה. וצ"ל דכשנזכר במילה נתיישבה דעתו, אע"פ שאין עושה עכשו פעולה, אך כיון שעצם המצוה נעשית עי"י פעולה, נמשך זכותה כל ימיו כעין פעולה. ודו"ק.

[ועי' בגליוני הש"ס (אבות טו ע"א ד"ה רמב"ם) ובנחלת צבי (על שו"ע יו"ד סי' רצא סעי' ב)
דכתבו דדוד המלך חיפש דוקא מצוות שסובבות אותו, עי"ש בריש הסוגיא
כתפילין בראשו וזרועו, ציצית בבגדו ומזוזה בפתחו. וביד יוסף (על עין יעקב
מנחות שם) כתב דדוד המלך חיפש דוקא מצוה ששקולה כנגד שאר המצוות[452]].

והנה הגר"ח קנייבסקי (דעת נוטה סי' מג-מד ובמקורות וביאורים 40-42 שם, נקיות וכבוד בתפילה
עמ' רב תשובה צה) הכריע דמותר להרהר בבית הכסא בעיקרי העניינים של
המצוות התמידיות, ובלבד שלא יהרהר בפסוקים של המצוה. וכ"כ בספר
צדיק כתמר יפרח (הוניגסברג, עמ' ד-ה) דהגראי"ל שטיינמן אמר שנראה לו
שמותר לחשוב יחוד השם[453]. עכ"ד[454]. וכ"פ בשו"ת ויברך דוד (הרפנס, ח"א סי'
טו) כהחכמת שלמה להתיר. וכ"כ בספר סוכת חיים (יומא ז ע"ב עמ' עט הערה נח)
בשם הגר"מ שטרנבוך.

אך בשו"ת ציץ אליעזר (חי"ג סי' א אות ג) ולהורות נתן (ח"א סי' א) האריכו הרבה
בכל הנ"ל, והביאו ראיות לאסור, ודחו את ראיות המתירים, ומסקנתם
לאסור. ובציץ אליעזר כתב דידהרהר ויחשוב בלבו שרצונו להרהר בהשי"ת
כראוי אלא שאינו רשאי. ואזי יעלה עליו הכתוב כאילו עשאו, וכמש"כ
הדרישה (סי' פה ס"ק א) לגבי ברכה כשאסור לו לברך ואף להרהר בה, שידהרהר
ויחשוב בלבו שחשקו ותאותו לעשות ברכה זו בכל לב ונפש כראוי אלא
שאינו רשאי, ואז מחשבה טובה הקב"ה מצרפה למעשה ומעלה עליו
הכתוב כאילו עשאו, עי"ש.

ובשו"ת משנת יוסף (ח"ו סי' ה) כתב דלהרהר ב"שויתי ה' לנגדי תמיד",
וברוממות אל וקדושתו, שמלא כל הארץ כבודו, ושרפים עומדים ממעל לו
וכדומה, אסור, שזה נוגע לגדלות הבורא. אך להרהר באיסורים שיש בבית
הכסא והמרחץ וכדומה, ולפחד מהקב"ה שרואהו מותר. עכ"ד. ומעין זה
העלה בשו"ת אמרי בינה (פרנקל, סי' א אות ב. וע"ע בדבריו בקובץ דבר ההתאחדות חמ"ט עמ' סט
אות ב).

---

[452] וכ"כ בשו"ת ודרשת וחקרת (ח"יו פרשת לך לך עמ' מ, ועח"ית ח"יג עקב עמ' תסח), עיי"ש.

[453] ואח"כ כתבו שם דכמה פעמים דן אם מותר להרהר בבית הכסא בעניני אמונה אהבת ה' ייחוד
ה' ושש מצוות תמידיות, ושוב מצאו בחכמה שלמה וכו'. עכ"יל. ולא הבנתי, הרי כתבו כבר דנראה
לו דמותר ייחוד השם, ואח"כ כתבו דדן כמה פעמים בדבר. וגם מה שכתוב יושש מצוות תמידיות'
אחרי שכבר כתבו 'אמונה אהבת השם ייחוד השם' צריך ביאור, שהרי חן עצמן מהחמש מצוות.
וכנראה כוונתם 'ושאר מצוות תמידיות'.

[454] עוד כתבו שם שאמר שפשוט לו שמותר להתחנן שם להשי"ת על מה שצריך שם, כגון מי שסובל
מעצירות וכדו'. עוד כתבו שם שחיה מתפלל בלב [לא בפה] כשנמצא בבית הכסא שהקב"יה לא
יעניש אותו.

ובחשוקי חמד (ברכות כד ע״ב) כתב דנראה דאם אדם יחשוב על אברי גופו בהיותו במקומות לא נקיים, ויתבונן בהם ויחליט בשכלו הישר כי אין זה אלא מעשה הבורא בחכמה ללא גבול, ולא יכוין לקיים בהרהור זה מצות אמונה ״אנכי ה׳ אלקיך״ ממש, אלא מהרהר וחושב כדבר המובן מאליו שלא יתכן שדבר כל כך מושלם, כבריאת האדם ואבריו יעשה מעצמו, ואין חקר לתבונתו יתברך, לא יעבור על חטא, כי לא מכוין לקיים מצוה, אלא חושב בשכל, וכי חייבים להשתיק את השכל בבית הכסא?! ויתכן דזו היתה כוונת דוד המלך ״שויתי ה׳ לנגדי תמיד״, כלומר 'תמיד' ממש אף במקומות שאינם נקיים, כי אין איסור לחשוב את האמת, רק שלא עושה זאת לשם מצוה, אלא מבין את מציאות ה׳ כדבר המובן מאליו. עכ״ד.

ובשלחן ערוך המדות (חלק הדעות פ״ב ה״ב-ד) האריך בזה מאד (עי״ש עמ׳ רסט-שסט), ושרשי הדברים כבר הובאו לעיל. רק עי״ש (עמ׳ שסד) דרוצה לחדש דיהני לכוין כוונה נגדית שכוונתו שלא לשם מצות תלמוד תורה, רק לקיים מצות יחוד ה׳. ודו״ק.

ומצות התשובה, כתב בספר שבט מוסר (דרושים לתשובה, דרוש א עמ׳ כג) : דע שיש יתרון לתשובה משאר מצות, משום דאיזה מצוה צריכה כדי יוכל לעשותה הכנת הזמן וכו׳ שלא יהיה אסור בבית האסורים או במקום מטונף וכדומה וכו׳, מה שאין כן התשובה וכו׳ באיזה זמן ובאיזה מקום יכול לעשותו וכו׳ ואפילו במקום מטונף וכו׳. עכ״ל. ועיין דיון ארוך בזה בספר לדופקי בתשובה (על הל׳ תשובה לרמב״ם פ״א ה״א בביאורים עמ׳ טו-יז), והגר״ח קנייבסקי כתב לו שם 'לכאורה מותר'. והמחבר ביאר שם דהוא לשיטתו (עי׳ לעיל) דמצוה קיומית שרי. ועוד שמא תעבור השעה ויפסיד התעוררות לשוב. ובשו״ת בית מתתיהו (ח״ב סי׳ ג או׳ ט-י) ביאר עפמש״כ (עי׳ לעיל בכמה מקומות) דכל מצוה שאין עיקרה בעשייתה אלא לשם תכליתה ותוצאתה אין איסור לעשותה במקום מטונף, וכמו כן התשובה. והביא (שם, וכן בספר מועדי הגר״ח ח״א תשובה תמז) דהגר״ח קנייבסקי בתחילה כתב לו דשרי, ואח״כ כתב דאין ראוי[455]. ובשו״ת אור לציון (ח״ד פל״ו סי׳ ה בסוף ההערה) כתב דמותר. [ובשו״ת אבני דרך (ח״י סי׳ ה) וגם אני אודך (תשובות הגרח״ש סגל ח״א סי׳ ה, תשובות הגרמ״ש דיין ח״ה סי׳ א, תשובות הגרמ״ר שעיו ח״א סי׳ יח, תשובות הגרכב״מ דדון ח״א סי׳ יב) אוסרים, עי״ש].

ולסיכום הסימן נסדר כאן בס״ד בצורת טבלה את כל המצוות שדברנו בהן (לפי סדר השו״ע, מהקימה בבוקר עד סיום או״ח, ואח״כ יו״ד אהע״ז וחו״מ), והאם מותר לעשות

---

[455] וכתב בשו״ת בית מתתיהו שם, דכ״כ לו הגר״ח קנייבסקי גם על תקיעת שופר של חודש אלול, דאין ראוי לתקוע או לשמוע במקום מטונף. [והשיג על זה דאם זה מדין תשובה יש להקל במקום צורך כנ״ל].

אותן במקום שאינו נקי (כמובן מדובר במעשה בלבד בלי ברכה, וברכה אם שייך לברך בחוץ או לא יברך כלל), **ועיקרי הטעמים בהן** [הכל בקיצור נמרץ, וחובה לעיין בפנים הסימן להבנת הדברים].

המצוה	הדין	הטעם (בקיצרה)
להרהר בשש המצוות התמידיות (מציאות ה' וייחחדו וכו')	רוה"פ מתירים (מחשבה פשוטה בלי להתעמק בזה ובלי לחשוב על הפסוקים)	א. אינו נחשב תלמוד תורה. ב. כך נאמרה המצוה לעשותה תמיד. ג. אינו דרך בזיון. ד. מצוה שאין בה מעשה. ה. קדושת הקב"ה גבוהה כל כך שלא נפגמת בזה.
	יש אוסרים	נחשב תלמוד תורה
	דעות נוספות: להרהר בטובות ה' שעשה לו וכדו', או להרהר שהיה רוצה לקיים מצוות אלו ונאסר עליו, או להרהר בשלימות אברי גופו שהם מעשה הבורא, או לכוין עם זה כוונה הפכית שאינו רוצה לקיים מצות ת"ת	לא נחשב תלמוד תורה
מצוות הקשורות לבית הכסא	מותר	א. מצוות קיומיות. ב. שם נאמר לעשותן.
להתעטף תחילה בציצית	מותר	א. מצוה קיומית. ב. כאן מקומה, שמתלבשים בבית המרחץ וכדומה.
	יש אוסרים	אין חיוב ללבוש ויכול להמתין עד שיצא החוצה
כניסה לשם עם ציצית עליו	מותר	א. מצוה קיומית. ב. כך צורת קיומה. ג. אינה אלא המשך מצוה. ד. מקיים המצוה כל רגע ורגע ואינו יכול להפסיקה.
קשירת קשרי הציצית	קשר ראשון יותר טוב שלא	כי צריך לומר 'לשם מצות ציצית'.
	שאר קשרים מותר	אינה מצוה ממש
להכנס עם תפילין	מותר בשעה"ד (רק יכסם)	א. אינו אלא המשך מצוה. ב. מקיים המצוה כל רגע ורגע ואינו יכול להפסיקה.
אמירת תשעים פעם 'ותן טל ומטר לברכה' או 'מוריד הטל'	ספק, ונראה שמותר	א. לא נחשב דברי תורה. ב. העיקר התוצאה שלא ישכח אח"כ לומר
נטילת ידים לסעודה	מותר	א. מצוה קיומית. ב. העיקר התוצאה, שיהיו ידיו נקיות. ג. מצוה דרבנן י"א דא"צ כוונה.
נטילת מים אחרונים	מותר	א. מצוה קיומית. ב. העיקר התוצאה, שיהיו ידיו נקיות.
גזיזת צפרנים ורחיצת גופו לכבוד שבת	מותר	א. העיקר התוצאה, שיהיה נקי לכבוד שבת. ב. כך ניתנה המצוה לעשותה שם. ג. י"א דעיקר המצוה מתקיימת במקוה ולא בבית המרחץ.
להרהר בצרכי שבת	רוה"פ מתירים	א. העיקר התוצאה, שיהיה לו כבוד שבת ב. אינו הרהור בדברי תורה.
	יש אוסרים	מצוה חיובית
קבלת תוספת שבת	יש אוסרים	מצוה חיובית
	יש מתירים	א. יחול כשיצא (וצ"ב). ב. אינו דרך בזיון.
הדלקת נר שבת	מותר	א. כך ניתנה, שיהיה בכל חדריו אור. ב. העיקר התוצאה, שיהיה אור בביתו. ג. מצוה מדרבנן, י"א דא"צ כוונה.
אכילת סעודת שבת	מותר	א. העיקר התוצאה, שיהנג. ב. לא ניכר בעצם הפעולה שעושהו למצוה.
אמירת "המבדיל" בצאת שבת	יש מתירים	העיקר התוצאה, להתירו במלאכה.
	יש אוסרים	א. נחשב עשיית 'הבדלה'. ב. נחשב כמו ברכה.
	י"א דיאמר בלשון אחר (כגון בלי 'ברוך', 'שבוע טוב', 'היום חול', 'מבדיל המבדיל בין יום השביעי לימי החול', הרהור)	אמירה בעלמא
בדיקת חמץ	מותר	א. כך ניתקנה המצוה שכל מקום שיש חמץ צריך בדיקה. ב. העיקר התוצאה שלא יהיה חמץ בביתו. ג. מצוה מדרבנן, י"א דא"צ כוונה.
ביעור חמץ	מותר	א. י"א שאין כלל מצוה אלא שיהיה מושבת. ב. לסוברים שהיא מצוה, הוי מצוה קיומית. ג. העיקר התוצאה, שיהיה מושבת. ד. כל מצוה דרך כליו אין בזה בזיון. ה. בערב פסח שחל בשבת כך ניתנה מצותה. ו. בער"פ שחל בשבת נחשב אונס, דאין דרך אחרת.
הגעלת כלים	מותר	א. מצוה קיומית. ב. העיקר התוצאה שיהיה כשר.
אכילת מצה	במקום צורך מותר	לא ניכר בפעולתו שעושהו למצוה
ספירת העומר	רוה"פ מתירים (בלי ברכה)	א. אין בזה ביזוי. ב. לא יכוין למצוה אלא כדי שיוכל להמשיך לספור אח"כ בברכה (תמימות)
	יש אוסרים	מצוה חיובית
עירובי תבשילין	[מותר]	מצוה קיומית

נושא	דין	פרטים
תקיעת שופר	אסור	א. כוונת קיום המצוה כדברי תורה. ב. ביזוי המצוה. ג. שמא יהרהר בהלכותיו. ד. באה לעתים רחוקות ויבוא להרהר בפרטי המצוה ה. הוי כעבודת פנים כיון שבאה לזכרון
	בשעה"ד ואונס גמור רוה"פ מתירים	א. אינו ממש כד"ת, ובכה"ג לא גזרו ב. במצב כזה ניכר שאינו ביזוי. ג. יזהר לא להרהר. א"נ ההרהור מתוך אונס.
אכילה בערב יום הכפורים	מותר	א. העיקר התוצאה, שיהיה שבע ב. לא ניכר בעצם הפעולה שעושהו למצוה
אמירת וידוי	מותר	א. יש ענין דוקא במקוה, ונחשב שכך נתקן. ב. מצוה קיומית.
	טוב להמנע	כי ישכחו ויאמרו הנוסח שבסידורים עם שם ה'
חזרה בתשובה	רוה"פ מתירים	א. אינו דברי תורה ב. מצוה קיומית. ג. שמא תעבור השעה ויפסיד ד. העיקר התוצאה להיות נקי מעבירות
	יש אוסרים	הוי מצוה [חיובית]
ישיבה בסוכה	[אם אינו מצטער] מותר	לא ניכר בעצם פעולתו (אכילה ושינה וכו') שעושהו למצוה
תכנון בניית בסוכה	רוב הפוסקים מתירים	א. אינו חושב בהלכותיה. ב. העיקר התוצאה, שתהיה סוכה בנויה.
	יש אוסרים עכ"פ לכתחילה	א. חשיב מצוה ב. שמא יחשוב בהלכותיה
נטילת ארבעה מינים	אסור	א. יהרהר בהלכותיו. ב. ביזוי המצוה.
	בשעה"ד ואונס גמור רוה"פ התירו	א. יזהר לא להרהר. א"נ ההרהור מתוך אונס. ב. במצב כזה ניכר שאינו ביזוי. ג. אינו ממש כדברי תורה, ולא גזרו.
הדלקת נר חנוכה	יש אוסרים	א. דרך בזיון. ב. ניכר בפעולתו שעושהו רק לשם המצוה.
	יש מתירים	א. מצות 'נר איש וביתו' נאמרה לכל אחד במקום יכולתו. ב. מצוה מדרבנן, י"א דא"צ כוונה.
משלוח מנות ומתנות לאביונים	מותר (והמחלקים ביניהם צ"ע)	א. הוי כמצוות בין אדם לחבירו, עי' להלן. ב. מצוות מדרבנן, י"א דא"צ כוונה.
שחיטה	מותר	א. מצוה קיומית. ב. השוחט בקי במלאכתו ולא חושב על הלכות. ג. העיקר התוצאה, שיהיה שחוט.
כיסוי הדם	לכתחלה אסור, רק בשעה"ד גדול	היא מקור הדין שלא לעשות מצוות בצורה בזויה
טבילת כלים	יש מתירים	א. מצוה קיומית. ב. העיקר התוצאה שיהיה טבול.
	יש אוסרים	ביזוי למצוה.
תספורת ומניעת הקפת פאת ראש וזקן	מותר, וטוב להמנע	כך ניתנה המצוה להיעשות במקומות אלו. ויש חוששין.
טבילת נדה	מותר	א. מצוה קיומית. ב. שם נאמר לעשותה. ג. אין בזה ביזוי. ד. העיקר התוצאה, שתהיה טהורה ה. לא ניכר בעצם הפעולה שעושהו למצוה
קימה לת"ח והוריו	פטור	אינו מקום הידור
	י"א דלרב מובהק ולאביו חייב	א. מצוה קיומית. ב. י"א דהוי כמצוות בין אדם לחבירו, עי' להלן.
כיבוד הורים	מותר	י"א דהוי כמצוות בין אדם לחבירו, עי' להלן
נתינת צדקה	מותר	כמצוות בין אדם לחבירו, עי' להלן
ברית מילה	ספק	יתכן שהעיקר התוצאה, שיהיה מהול.
שילוח הקן	מותר	מצוה קיומית.
קביעת מזוזה	מותר	חייב בה כל רגע ורגע ואינו יכול לבטלה
הפרשת תרו"מ וחלה, וחילול מע"ש	מותר	א. י"א שהיא מצוה קיומית. ב. העיקר התוצאה שיהיה מעושר. ג. לא ניכר בעצם פעולתו שעושהו למצוה.
הלואה	מותר	הוי כמצוות בין אדם לחבירו, עי' להלן.
לומר "משמט אני" כשמחזירים לו חוב אחרי שמיטה	יש אוסרים	ביזוי למצוה.
	יש מתירים	דהוי כמצוות בין אדם לחבירו, עי' להלן.
מצוות שבין אדם לחבירו (כגון חסד, השבת אבידה, ואהבת לרעך כמוך, תוכחה ועוד)	מותר	א. לכו"ע מצוות אלו א"צ כוונה. ב. אינו דרך בזיון. ג. העיקר התוצאה שחבירו יהנה. ד. אין ניכר בעצם פעולתו שעושהו למצוה. ה. כך ניתנו, לעשותן בכל מקום.

סימן ג

מיקום חמש פאות הזקן

והמסתעף לענין גילוח השפם או גזירתו
בחוה״מ, באבלות, מדין 'בל תקיף', וע״פ הקבלה
וענין סריקת הזקן או גזירתו ע״פ הקבלה
והפתיחה מהי 'פאה' ומיקום הלחיים למתנות כהונה

פתיחה

תנן (מכות כ ע״א), והמשחית פאת זקנו וכו' חייב וכו' על הזקן שתים מכאן ושתים מכאן ואחת מלמטה. ובגמרא (שם ע״ב), תנו רבנן, פאת זקנו סוף זקנו, ואיזהו סוף זקנו שבולת זקנו. ע״כ. עוד שם (כא ע״א), מחוי רב ששת, בין פרקי [ד]דיקנא. ע״כ.

ולהלן יתבארו בס״ד שיטות הראשונים היכן מיקומן המדויק של חמש פאות הזקן, והיכן הוא שבולת הזקן. אך קודם כל צריך להקדים כמה ביאורים הנצרכים לכל הנ״ל.[456]

פרק א

פירוש 'פאה'

תחילה נבאר תיבת 'פאה' הכתובה בתורה (ויקרא יט כז) "ולא תשחית את פאת זקנך".

הנה מצינו בפסוק (שמות כה כו) לגבי השלחן שבמשכן, "ועשית לו ארבע טבעת זהב, ונתת את הטבעת על ארבע הפאת אשר לארבע רגליו". ותיבת 'הפאת' תירגם אונקלוס 'זויתא'. כלומר ארבע פאות פירושו ארבע זויות.

[ועי׳ אבן עזרא והעמק דבר שם]. ורבינו יונה אבן ג׳נאח בספר השרשים (מאמר יז, ערך פאה) כתב: פירוש הכל צד ופינה. עכ״ל.

ועוד בפסוק (שמות כז ט) ״ועשית את חצר המשכן, לפאת נגב תימנה... לפאה האחת״. ופרש״י: כל הרוח קרוי פאה. ע״כ. כלומר ׳פאה׳ אינה דוקא זוית מדויקת משני צדדים, אלא גם רוח שלמה נקראת ׳פאה׳ לעומת כל השטח שמצדה.

ועוד בפסוק (ויקרא יג מא) לגבי צרעת ״ואם מפאת פניו ימרט ראשו, גבח הוא״. פרש״י: משפוע קדקד כלפי פניו קרוי גבחת, ואף הצדעין שמכאן ומכאן בכלל, ומשפוע קדקד כלפי אחוריו קרוי קרחת. עכ״ל. כלומר ׳פאה׳ יכולה להתפרש גם ׳שיפוע׳, לעומת השטח שמשתפעת ממנו. [ועי׳ במלבי״ם (שם; ויקרא יט ט)].

וכן בפסוק (ויקרא יט ט) ״לא תכלה פאת שדך לקצר״, איתא בתורת כהנים (ספרא, קדושים פ״א): אין פאה אלא בסוף. עכ״ל. וכן פרש״י (ויקרא שם): שיניח פאה בסוף שדהו. עכ״ל. וכ״כ הרד״ק בספר השרשים (ערך פאה): קצה כל דבר וסופו ייקרא פאה. עכ״ל.

וכן בעניינו, על הפסוק (ויקרא יט כז) ״ולא תשחית את פאת זקנך״, פירשה הגמרא (מכות כ ע״ב): פאת זקנך, סוף זקנך. ע״כ[457]. וכן פרש״י (ויקרא שם): סוף הזקן וגבוליו. עכ״ל. וכן פרש״י (שבועות ב סוע״ב) [על פאות הראש]: ופאה לשון סוף וקצה הוא, כמו ״לפאת ים״ ״לפאת נגב״. עכ״ל. וכ״כ רבינו יונה אבן ג׳נאח בספר השרשים (ערך פאה) על פסוק זה וכמה מהפסוקים הקודמים: אשר פירוש הכל צד ופינה. עכ״ל. ואכן נראה להלן בשיטות הראשונים דיש מבארים שהפאות הן זויות, נקודתיות מאד, ראשי עצמות. ויש מבארים שהפאות הן כיוונים, לא נקודתיים אלא שטחים מסוימים. וגם לסוברים שכל שטח הזקן הן חמש הפאות, שייך לקוראן ׳פאה׳ כי הם סיום התחתון של הראש כולו.

---

[457] עי׳ הכתב והקבלה (ויקרא שם) מדוע לא כתוב בפסוק ״ולא תשחית את שער פאת זקנך״, אלא רק ״את פאת זקנך״.

פרק ב
פירוש 'לחי'

עוד לפני שנפתח בלשונות הראשונים לגבי מיקום הפאות, צריך לבאר פירוש המילה 'לחי', כיון שכולם משתמשים במילה זו, וכמה מהם גם מחלקים בין לחי העליונה ללחי התחתונה, וכן כמה מהם מחלקים בין לחי ימין ללחי שמאל.

נאמר בתורה (דברים יח ג) "וְנָתַן לַכֹּהֵן הַזְּרֹעַ וְהַלְּחָיַיִם וְהַקֵּבָה", ומבואר בספרי (פרשת ראה פיסקא כב / קסה): ולחיים, זה לחי התחתון. עכ"ל. ומעין זה כתבו רש"י (חולין קלד ע"ב ד"ה הפרק), רבינו ירוחם (סוף נתיב כ ח"ג, קעה ע"א) ופסקי ריא"ז (שם סעי' כח). [אמנם הגר"א (על הספרי שם) גורס 'זה לחי העליון והתחתון'. ועיין להלן].

ובתרגום אונקלוס (שם) מתרגם 'לועא'. וכ"ה בתרגום יונתן (שופטים טו טו)[458]. ובתרגום יונתן (מלכים א כב כד; מיכה ד יד) מתרגם 'ליסתיה' [כלומר 'לסת']. וכ"ה בתרגום (תהלים ג ח; איוב מ כו; איכה ג ל; דהי"ב יח יג). כלומר ד'לחי' הוא הלוע / לסת. וא"כ מה שקורין היום 'לחיים' לשני כדורי הבשר משני צידי הפנים, אינו מדויק. דהלחיים הם הלסתות. וכבר ידוע שיש לסת עליונה ולסת תחתונה. וכן מתבאר בספרי חקירות חכמי הניתוח[459]. וא"כ זו כוונת הספרי והראשונים דלעיל דבמצות נתינת זרוע לחיים וקיבה נותנים לכהן רק את הלסת התחתונה. והיא עצם גדולה המתחלת בצדעים ליד האוזן מצד זה ומתעגלת עד האוזן מצד השני, ובה קבועים השיניים התחתונות. וכ"כ הפרישה (יו"ד סי' סא ס"ק א). [והלסת העליונה היא קטנה יותר, כעין ריבוע מעל הפה, ובה קבועים השיניים העליונות, עי' להלן]. ומה שכתבה התורה לתת 'הלחיים' בלשון רבים, ביארו האחרונים שהוא משום דנותנים את כל העצם, מימין ומשמאל. כ"כ הפר"ח (שם ס"ק ד), שלחנו של אברהם (יצחקי, שם ס"ק א), יד אפרים (שם סעי' ב), חגורת שמואל (על הלבוש שם ס"ק ו), יד דוד (די בוטון, שם הגה"ט ס"ק ו), צמח צדק (מכות פ"ג מ"ה או' א) ודרכי תשובה (שם ס"ק יא,יג). ורע"ע שו"ת שאול שאל (בראך, סי' קג אות ו).

---

[458] ומצינו גם שהכתוב קורהו זקן, כמש"כ (שמואל א יז לה) כשדוד מספר לשאול איך הרג את הארי, אומר לו "והחזקתי בזקנו והכיתיו והמיתיו". ותירגם יונתן : ואחדית בלועיה. עכ"ל. והביאו הרד"ק והוסיף : כשאחז הארי לא אחז בשער הזקן לבד, אלא בזקן עם הלחי התחתון. עכ"ל.

[459] עי' להלן דנצלם מספריהם לענין גולגולת האדם.

אמנם בתרגום המיוחס ליונתן (דברים שם) תירגם: לוחיא ארעיא ולוחיא דרקיתא. עכ"ל. כלומר דנותנים לכהן גם את הלחי התחתונה[460] וגם את הלחי העליונה[461]. והאחרונים הנ"ל תמהו עליו שסותר דברי המשנה (חולין קלד ע"ב) 'איזהו לחי מן הפרק של לחי עד פיקה של גרגרת', ופרש"י (שם ד"ה הפרק) שהן הלחיים התחתונות. אמנם בשו"ת הלכות קטנות (ח"ב סי' קע) תירץ דאע"פ שכוונת המשנה ללחי התחתון, אין הכוונה דלא נותנים את הלחי העליון, אלא המשנה לא הוצרכה לבאר אלא איזהו הלחי התחתון, [דהלחי העליון מובן מקומו]. ועוד דבספר הערוך (ערך דק ב) הביא גירסת תרגום ירושלמי (שבדרך כלל כוונתו להמיוחס ליונתן) 'דקיתא' [ולא 'רקיתא'], ולפ"ז לכאורה קאי על הקיבה [ודלא כ'פירוש יונתן' שבמקראות גדולות עוז והדר דעירבו דברי קאהוט עם לשון הערוך, כטעות רבים[462]]. וא"כ לא קשיא מידי.

והכנפי יונה (יו"ד שם סעי' ג) ציין לדברי הרמב"ם בפיהמ"ש (נגעים פ"י מ"ט) דביאר [ע"פ התוספתא (נגעים פ"ד הי"ב)] במדויק את מקום הלחי העליון לענין נגעים, עי"ש, ואי איתא דגם לענין מתנות כהונה צריך לתת את הלחי העליון, היה לו לפרש שיעורו גם כאן. ומ"מ כיון שלא מצינו פלוגתא בזה בתלמוד להדיא, ודעת תנא אחד[463] מצינו להדיא שצריכים לתת גם לחי העליון, צ"ע לדינא, אלא שמנהגם של ישראל תורה הוא[464]. עכ"ד.

ובספר תפארת הזקן (ביאורים סי' א עמ' ט) כתב בפשיטות דכל הלחי התחתונה היא עצם אחת מימין ומשמאל, דכן פשטות המשנה (אהלות פ"א מ"ח) 'רמ"ח אברים באדם... תשעה בראש...', עי"ש, ומ"מ היא נראית כשתי עצמות נפרדות המחוברות זו לזו, כיון שיש כעין שקע בסנטר המבדיל בין ימין לשמאל. עכ"ד. [ולא הבנתי היכן רואה במשנה שם דהלחי התחתונה נחשבת אחת. וצ"ע]. וכן יש לבאר משכ"כ שו"ת הלכות קטנות (ח"ב סי' קע) והמלבי"ם (התורה והמצוה שם) דהן שתי עצמות, צ"ל דנראין כשתי עצמות. וכ"כ בשו"ת שאול שאל (בראך, סי' קג אות ו).

---

⁴⁶⁰ ד'ארעיא' פירושו 'תחתונה', כמו דלקמיה (שם דברים לב כב) 'ותיקד עד שאול תחתיתי'' תירגם המיוחס ליונתן [וגם אונקלוס] 'שאול ארעיא'.

⁴⁶¹ ש'רקיתא' פירושו 'עליונה', כן כתב בפירוש יונתן שם. וכ"כ בספר הערוך (ערך רקת) שפירושו 'גבוהה'.

⁴⁶² ועי' מה שכתבנו בזה בס"ד בשבט מיהודה (ח"א סי' כח עמי רסט-ער).

⁴⁶³ כנראה סבירא ליה דתרגום המיוחס ליונתן על התורה הוא באמת לרבי יונתן בן עוזיאל התנא. אך כבר הוכיחו האחרונים שאינו לו, עי' אפס קצהו בשו"ת הלכות קטנות (דלעיל) ולהחיד"א בספרו שם הגדולים (מערי מע' ת סוסי"י צז) ולהרב היחי"ס שליטא בספר שובי השולמית (ח"ח סוסי"י ב עמי טז-יז ובהערה שם). אמנם אכתי משערים שהוא עכ"פ מתנא או מאמורא אחר, ואכמ"ל.

⁴⁶⁴ שאינם נותנים אלא את הלחי התחתון.

ולפי כל הנ״ל לכאורה לא מובן מה שרואים בלשונות ראשונים דלהלן
לענין פאות הזקן שנקטו 'לחי עליונה' ו'לחי תחתונה'. דהרי בלחי העליונה
אין שום פאת זקן, דהוא רק מקום החוטם והשפה העליונה (כמצולם כאן

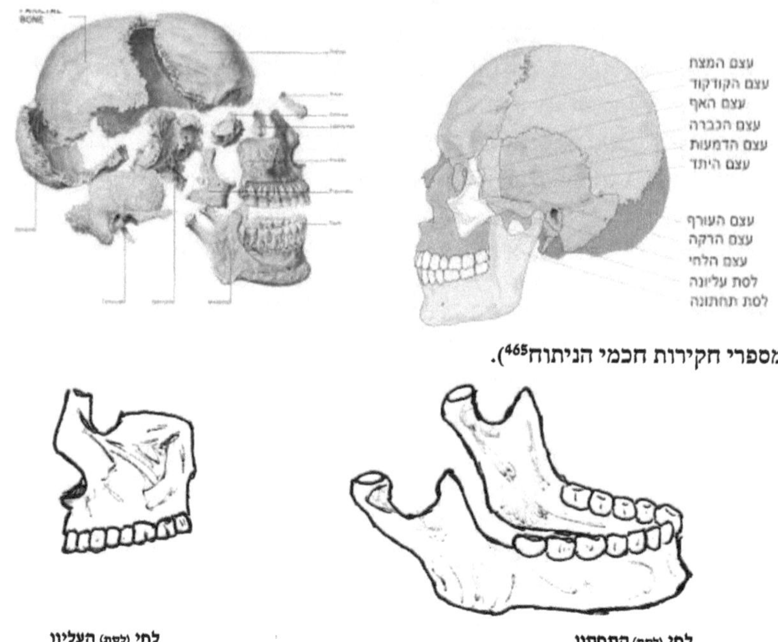

מספרי חקירות חכמי הניתוח[465]).

ועל כרחך כוונת הראשונים היא, דמחלקים את הלחי התחתונה עצמה
לגובהה וקורין לשני חלקיה לחי עליונה ותחתונה. וכ״כ בשו״ת שאול
שאל (בראך, סי' קג אות ו). ודי בהקדמתנו זאת דבכל מקום דלהלן שיוזכרו לחי
העליונה והתחתונה אין הכוונה כפשוטם, אלא הכוונה שבלחי התחתונה
עצמה יש חצי עליון וחצי תחתון. וכן נראה להלן לשונות בראשונים
שהסנטר הוא חיבור בין לחי ימין ללחי שמאל, אע״פ שלעינינו נראה
שהכל עצם אחת, וכמצולם מספרי חקירות חכמי הניתוח, אך כוונת

---

465 ומה שהם קורין 'עצם הלחי' לעצם שתחת שני כדורי הבשר התפוח בשני צדדי הפנים, ואולי אף
יותר גבוה במקום שבולט הבשר בשעת החיוך [ונקרא בספר הזוהר והמקובלים 'תרי תפוחין], - היא טעות
ואינו מתאים ללשון הקודש, וכמו שביארנו לעיל, ד'לחי' פירושה הלסת. עוד נעיר מה שהם
מחלקים הגולגולת לשנים עשר חלקים כנראה בתמונה, דעת חז״ל אינה כן, וכבר הורונו חז״ל שיש
רמ״ח איברים, והם מנויים בקצרה במשנה (אהלות פ״א מ״ח) ושם איתא דבראש יש רק תשעה. ובודאי
שאין דברי חז״ל צריכים חיזוק, ואעפ״כ יש לציין לגמרא (בכורות מה ע״א) דאיתא שם דחז״ל בדקו כן
במציאות ע״י שליקת פרוצה אחת שנתחייבה שריפה למלך.

הראשונים דהוא נראה כחיבור ביניהם, וכמש"כ בספר תפארת הזקן (שם), עי' להלן.

וכעת נתחיל לבאר בס"ד שיטות הראשונים בחמש הפאות, ונדקדק בס"ד בלשונותיהם כפי אשר ילמדנו בוראנו.

פרק ג

שיטות הראשונים בארבע מתוך חמש פאות הזקן

שיטה א' (ציורי השיטות עי' בסוף הסימן)

פירש ריב"ן[466] (שם כ ע"א ד"ה שתים מכאן) : חמש פאות יש לו לזקן, אחד למטה מן האוזן מקום שלחי התחתון[467] יוצא ומתפרד שם, ושם נקרא פאה בחודו של לחי שבולט לחוץ, ששם מתחלת הזקן. וכל מה שלמעלה עד הצידעא בכלל פאת הראש היא[468]. ושתי השיבולות כל אחת מהן לסוף הלחי, ונקרא

---

[466] הוא במקום פירוש רש"י (ממכות יט ע"ב עד סוף המסכת). וכנראה הרבה מפרשים לא ידעו זאת, לכן הקשו סתירה ברש"י דלהלן, ולהאמור לא קשיא מידי. וכבר העיר בזה בספר נתן פריו (דלהלן). ובאמת צ"ע איך לא שמו על לב, והרי כבר מדפוס ויניציאה (שנת רי"ף) נדפס להדיא בפרש"י (יט רע"ב) : רבינו גופו טהור ויצתה נשמתו בטהרה, לא פירש יותר, מכאן ואילך לשון התלמיד רבינו יהודה ב"ר נתן. עכ"ל. ובגליון : והוא חתנו של רש"י. עכ"ל. אלא שבספר בית אהרן (מגיד, ח"ח כללי חש"ס סי' יח ס"ק יג אות ו-ח) כתב דברור דלפני הריטב"א והריב"ן היתה מהדו"ק דרש"י והסתמכו עליה, וכמש"כ הריטב"א דלהלן דברים בשם רש"י, וכן הריב"ן מזכיר כמה פעמים 'רבי' [נראה בעיני רבי (יט ע"ב), 'כך נראה לרבי' 'כך קיבל רבי רבי מח"ע 'כך קיבל רבי מעיקרא' 'לשון אחר מפי רבי' (כב ע"ב), 'בנימוקי רבי' (כג ע"ב)], ויש אומרים דמש"כ שם (כא סע"א) 'לשון חיי'ה' פירושו 'לשון חמי הרב'. ובקובץ המעין (חמי"ז עמי 64-65) מביא מרש"י כת"י פארמא (מכות שם, משנת הי"ס"ח) דכתוב רק: עד כאן דברי הרב, מכאן ואילך דברי התלמיד. עי"כ.

[467] פשטות כוונתו לתחילת החצי התחתון של הלחי, וכמו שפירשנו למעלה להלן, שהרי כתב 'למטה מהאוזן', וכן בסמוך כתב 'תחת האוזן'. אמנם בשו"ת שאול שאל (בראך, סי' קג אות ב) ובספר תפארת הזקן (ביאורים סי' א עמי טו ; דברים ככתבן סי' ב עמי סו הערות א-ב) מבארים שכוונתו לראש כל הלחי התחתון למעלה, ועיי בהערות להלן משני"ך בזה.

[468] שיטות רבות בראשונים במיקום פאות הראש, ובסימן זה נדבר רק על פאות הזקן, ובעזהשי"ת לכשאפנה אשנה גם פרשתא דא דפאות הראש, וה' יגמור בעדי. עכ"פ משי"כ כאן ריב"ן 'כל מה שלמעלה עד הצידעא בכלל פאת הראש היא', אינו מחויב דכוונתו דכל אזור זה אסור בגילוח מדין פאות הראש, דהרי לא השוה בכך צדעיו לאחוריו, אלא כוונתו שאינו בכלל פאות הזקן, רק הוא **בשייכות** לפאות הראש. אך הוא מותר בגילוח, כיון שאין בזה השואת צדעיו לאחוריו. וכן מתבאר להדיא בדברי הפרישה (יו"ד סי' קפא ס"ק יא) דהביא את דעת הריב"ן הנ"ל ועוד שיטת הרא"ש והטור (עיי להלן), וכותב דלשיטת הרא"ש והטור מיקום פאות הראש והזקן הוא צמוד זל"ז. משמע דלפירוש ריב"ן אינם צמודים זל"ז, והיינו על כרח כמש"כ דיש שטח ביניהם המותר לגילוח, שאינו פאת הראש ואינו פאת הזקן. והראיה, שהריב"ן לא כתב הגדרה זו כשביאר מקום פאות הראש האסורות בגילוח, אלא רק כאן כשביאר מקום פאות הזקן, לכן כתב דהן פאות הראש כלומר העיקר שאינן מפאות הזקן. וכן מצינו להדיא בריטב"א (מכות כא ע"א) שכתב: והשערות שבאות

פאה. ואחת מלמטה, שיער שבין השיבולת באמצע הסנטר, שלועזין מנט"ן[469]. עכ"ל.

ומעין זה שוב כתב ריב"ן (שם כא ע"א ד"ה בין פירקי דדיקנא) : פרק ראשון של זקן היינו תחת האוזן מקום שלחי התחתון יוצא משם[470], ושם נקרא פאה בחודו של לחי שבולט לחוץ. ושתי השבולת (שבסנטר מקום חבור שני הלחיים

הפרק חם מה שיש בגופו של פרק זה, כי היורדים למטה בחתיכת הפנים אינם מכלל שום פאה, לא מפאת הראש שהרי אינם בראש, ולא מפאת הזקן שאינם מכלל שערות פאות הזקן כלל. עכ"ל. [וחובא בב"י (סי' קפא בבדק הבית). רק דבמקום 'שערות פאות הזקן כלל' כתב 'שערות הזקן', ועיין בספר תפארת הזקן (עמ' קכז)]. ודו"ק. ומעין זה ביאר בשו"ת ארץ צבי (ח"א סי' ג אות ח), אלא דלשון ריב"ן 'וכל מה שלמעלה עד הצידעא בכלל פאות הראש היא' יישב באופן אחר, דהריב"ן לא כתב 'וכל מה שלמעלה מזה עד הצידעא', שיהיה פירושו למעלה מלחי התחתון, אלא 'וכל מה שלמעלה' בסתם, כלומר למעלה ממש מהלחי העליון עד סוף הצידעא ועד בכלל. וזה מוכח מלשון הריב"ן עצמו לפני כן שכתב (ד"ה חייב על הראש): 'דשתי פאות יש לו לראש, שהראש כשתי חתיכות, מקום השיער חתיכה אחת, ומקום הפנים והזקן חתיכה אחת, ומתחברות זו עם זו בצד האוזן מלפניו, מקום שלועזין טנפלי"א, ושם נקרא פאה' [פי' פאת הראש], ששם סוף הראש מקום חיבור הפרקים. עכ"ל. הרי להדיא שפאת הראש היא באמצע האוזן ולא מתחתיה, ומשם הם הפנים והזקן, ובודאי הלחי העליון הוא בכלל הפנים, שהן מתחילות למעלה סמוך לעיניים בדיוק מול אמצע האוזן. עכ"ד. וכן ביאר בספר נתן פריו (גשטטנר, מכות כ ע"א עמי' קפח, שם כ ע"ב עמי' קצב) בשיטת ריב"ן, עייש שנתקשה מלשון הב"י והשו"ע (סי' קפא סעי' ט [וחובא בסתם במשנ"ב סי' רנא סעי' ב ביאור הלכה ד"ה אפילו]) ויישבו. ובשו"ת ארץ צבי (שם) נשאר בזה בצע"ג [ובהערה שם כתב דבשו"ת אמרי יושר (ח"ב סי' קפא) ענה לו בדוחק [שהשו"ע החמיר מספק], והוא דידיה מצא במדרש (דברים רבה ואתחנן [פרשה ב] סי' יא/יח] ובעץ יוסף שם) דהמשך הפאה עד למטה הוא מחשש שלא יהיה כדרכי האמורי, ומיושבת חומרת השו"ע, אך צע"ק שלא כתב זאת בב"י. עכ"ד. ועי' שו"ת באר משה (ח"א סי' סב אות ט) ושו"ת משנה הלכות (ח"ז סי' קכב) שהביאוס. אך לשון ריב"ן לא מיושב לפי הנ"ל. ועי' תשובות והנהגות (ח"ד סי' קצח) דג"כ תמה בזה]. ועי' בהערות דלהלן. וכן פירשו את שיטת ריב"ן הגרי"מ גרוס שליט"א בספר כרם שלמה (על שו"ע יו"ד סי' קפא סעי' יח,כז ובמקור החמיין אוי' לח,עג), שו"ת מספר הסופר (ח"א סי' לד, עמ' קנט סוף טור ב - עמי' קס ריש טור א] וספר פאת זקנך (עדס, עמ' סו-סז).

[469] וכן פרש"י (ברכות כד ע"ב ד"ה על סנטר). והוא מה שקורין ג"כ היום 'סנטר'. וכן מצינו תיבה זו בלעז בהרבה ראשונים. וכנראה באו לאפוקי מהסוגיא (ברכות שם) 'יהיה מניח ידו על סנטרו', ושם ביארו כמה ראשונים על חלציו פי' מותניו (הרכבי, סי' ת), רבינו חננאל (שם), הערוך (ערך סנטר ב), אור זרוע (ח"א אות ק), חל' תפילה סי' צח), האשכול (הל' תפילה וקי"ש סי' יב, מהדי' אויערבך עמי' 22 ואלבק עמי' 31), המאירי וריטבי"א וספר חנר (ברכות שם), ספר הבתים (ח"ג חל' תפילה שער ז סעי' טו), ויש מפרשים על שפמו [עי' ספר הבתים (שם)]. אך כאן לכו"ע פירושו 'סנטר' שקורין היום, דשם שייך פאת הזקן.

[470] פשטות לשון 'מקום שלחי התחתון יוצא משם', הכוונה לתחילת החצי התחתון של הלחי, שם היא הפאה העליונה לשיטת ריב"ן והראשונים שהעתיקוהו. וכן ביארו הפרישה (יו"ד סי' קפא ס"ק יא) והצמח צדק (מכות פ"ג אות א). אמנם בשו"ת שאול שאל (בראד, סי' קג אות ב) ובספר תפארת הזקן (ביאורים סי' א עמ' טו; דברים ככתבן פ"ב עמ' עג עמי' מז חערה סו. וכ"ה בספרו פאות כהלכה ביאורי דינים שער ב פ"ג עמ' נז-ס ; נספחים סי' ד) פקפקו בזה, דהרי הריב"ן כתב (לעיל במשנה, ציטטנוהו למעלה) 'וכל מה שלמעלה עד הצידעא בכלל פאת הראש היא', וכיצד יתכן דמאמצע הלחי ומעלה נחשב פאת הראש ואסור בגילוח כלל. לכן ביארו דאיירי על ראש חצי הלחי העליון. עכ"ד. ולענ"ד גם על פירושם קשה, דלשון הריב"ן 'וכל מה שלמעלה עד הצידעא' משמע דכאן אינו צידעא, והרי פירש (לעיל במשנה שם על פאות הראש) 'שיש לו שתי פאות צידעא מכאן וצידעא מכאן', א"כ לפאות הראש קורא 'צידעא', ואיך יכתוב כאן על מקום מסוים דהן פאת הראש עד הצידעא! גם תיבת יכל... מוכיחה שיש שטח ניכר שמפאת הזקן עד הצידעא, ואינו סמוך לו. ודו"ק. או כמו תירוצו של הארץ צבי, עי' לעיל. וגם המאירי שהביא דעה זו כתב דהפאות העליונות הן 'בחידוד הלחי הנמצא תחת האזן ונוטה לו לצד אחורי האזן'.

יש עצם קטן שמחבר הלחיים יחד[471]) שמכאן ומכאן נקרא פאה, שכל אחד מהן לסוף הלחי. הרי שתים מכאן ושתים מכאן[472]. ואחת מלמטה, הוא השיער שבין שתי השבולת שבסנטר [473]מקום חבור שני הלחיים יש עצם קטן שמחבר הלחיים יחד ופרק[474] הוא בפני עצמו. עכ"ל. והובא בריטב"א (שם) בשם תלמידי[475] רש"י[476]. ולשון דומה גם בפירוש רבינו יצחק קרקושא תלמיד הרמב"ן (שם כא ע"א, עמ' 84, ועי"ש הערה 124).

המתבאר בשיטת ריב"ן דחמש פאות הזקן הן, שתים בתחילת הלחי התחתון [שהוא באמצע כל הלחי], מכאן ומכאן, ושתים בסוף הלחי [סמוך לסנטר] מכאן ומכאן, ואחת בסנטר עצמו.

וכנראה לזה התכוין גם בתשובות הראב"י אב"ד (בעל האשכול, סי' ריב) שכתב:

---

[471] בהגהות וציונים (עוז והדר, אות י) ציינו שבכתה"י כל המשפט הזה אין מקומו כאן אלא להלן אחרי תיבת 'השבולת' לפני תיבת 'ופרק' [ותיבת 'שבסנטר' נכפלה בטעות]. ויתכן שהוא טעות 'הדומות', שלמעלה היה כתוב 'ושתי השבולת שבסנטר שמכאן ומכאן', והמעתיק קפץ לתיבות 'שתי השבולת שבסנטר' דלהלן והעתיק המשפט משם, ואח"כ חזר והמשיך להעתיק 'שמכאן ומכאן'. ודו"ק]. וכן מפורש בריטב"א (דלהלן בסמוך) שהעתיק בשם תלמידי רש"י מילה במילה את דברי הריב"ן הנ"ל, והן כמו בכתה"י הנ"ל [חוץ מתיבת 'שבסנטר' דליתא כלל בלשונו]. וקרוב לזה הוא גם בלשונות רבינו יצחק קרקושא תלמיד הרמב"ן וראב"י אב"ד בעל האשכול דלהלן למעלה. [וכל זה נעלם להרב תפארת הזקן דלהלן].

[472] נחלקו האחרונים איך יתפרש לפי ריב"ן מש"כ במשנה שתים מכאן ושתים מכאן'. הגר"א בביאורו (יו"ד סי' קפא ס"ק יח) כתב דהכוונה היא שתים תחת האוזן כנ"ל [כלומר מימין ומשמאל], ושתים בסוף הלחי [כלומר מימין ומשמאל]. אך הצמח צדק (מכות שם) כתב דהכוונה היא שתים שבצד ימין [כלומר תחת האוזן ובסוף הלחי] ושתים שבצד שמאל [תחת האוזן ובסוף הלחי]. וכן ריהטא דהמפרשים בכל הפירושים הבאים, ד'שתים מכאן' היינו השתים שבימין, ו'שתים מכאן' היינו השתים שבשמאל.

[473] הכנסנו כאן את המשפט המוקף בסוגריים עגולים דלעיל, עי' בהערה הקודמת.

[474] וכמש"כ הגמרא 'בין פרקי דדיקנא'.

[475] והעתיק תיבה בתיבה את לשון הריב"ן הנ"ל [אחרי התיקון ע"פ כתי', עי' בהערה לעיל]. אמנם בספר תפארת הזקן (ביאורים סי' א עמ' יז, דברים ככתבן פ"ב עמ' עו הערה סז) כתב דדברי הריטב"א אינם כהריב"ן [לענין שתי הפאות התחתונות יותר], וצ"ל דלא היה לפני הריטב"א פירוש ריב"ן, והתכוין לתלמידים אחרים של רש"י. עכ"ד. ודבריו צע"ג לעני"ד. ודין גרמא ליה שלא ידע שיש טי"ס בריב"ן וכדביארנו לעיל, והריטב"א מעתיק בדיוק את לשון הריב"ן המקורי ע"פ כתה"י, עי' לעיל, וא"כ איך שייך לומר שלא ראה את פירוש הריב"ן.

[476] וסיים הריטב"א: ואלו דברים סתומים, אבל הולכים בשיטה אחרונה שכתבנו לעיל. עכ"ל. ולא הבנתי האם כוונתו 'אבל הולכים' כלומר שדברים אלו אע"פ שהם סתומים כאן, אך הם מתפרשים לפי השיטה האחרונה שכתב לפני כן, שהיא שיטת רש"י (ריש שבועות) דלהלן. או שכוונתו שהדברים סתומים לגמרי, ולכן אין לנו לפרשם אלא לומר דשיטת רש"י כמש"כ להדיא (ריש שבועות) שם. ודו"ק. ובספר תפארת הזקן (ביאורים עמ' יז הערה עח; דברים ככתבן פ"ב עמ' עו הערה סז) ביאר דכוונת הריטב"א שהולכים לפי היש אומרים שהביא לפני שיטת רש"י. עכ"ד. [ונביאה להלן כשיטה בפני עצמה]. ולא זכיתי להבין, הרי הריטב"א כתב 'שיטה אחרונה שכתבנו לעיל', ושיטת היש אומרים אינה השיטה האחרונה שכתב לפני כן. ודוחק לומר דכוונתו שיטה אחרונה לפני שהביא את פרש"י. והי' יאיר עיני.

דיני פאות הזקן ומקומן לא נתבררו, ויש להחמיר כפירוש הקונדריס[477],
שפירש פירקי דדיקנא מקום שכפוף[478] הראש של הלחי העליון[479], דהיינו
תחת האוזן שם היא פאת הזקן, ובסוף הלחי שקורין מינטון פאה אחרת,
הרי שתים בכל לחי. ואחת[480] למטה מן הפרצוף[481] באמצע הסנטר שקורין
מינטון, ויש שם עצם שמחבר שני ראשי הלחיי[482]. עכ"ל. והובא בארחות
חיים (דיני פאות הראש והזקן סי' כב סעי' א עמ' 241[483]) ובכל בו (סי' צז [ח"ה עמ' תתקסב][484]).
ולשונו קרובה מאד ללשון ריב"ן הנ"ל[485].

---

[477] כוונתו לריב"ן דלעיל, וכפי שקצת מתבאר מלשונו [אע"פ שאינו מוכרח], וכדלקמיה, ודלא
כהמהדיר שם דכתב בפשיטות דליתא ברש"י דלפנינו, ולא ציין לריב"ן שהוא המשך פרש"י במכות
שם.

[478] ובכל בו (דלהלן) במקום תיבת 'שכפוף' כתוב 'פאות מזקן ומהראש'. וצ"ב.

[479] הצמח צדק (מכות פ"ג מ"ה אות ב) נתקשה מאד בלשון 'הלחי העליון', דהרי ממשיך מיד 'תחת האוזן',
וזה ברור שהלחי העליון הוא לא תחת האוזן. וכותב בדוחק לגרוס 'הלחי התחתון', או לפרש 'תחת
האוזן' הכוונה תחת ראש האוזן אלא ממש תחתיו אלא יותר מצדו. ודוחק, דלפי"ז יש כאן שיטה
אחרת דלא כמשייך הראשונים ברש"י. גם בשו"ת שאול שאל (בראך, סי' קג אות ב) כתב בפשיטות
דמשייך ריב"ן [הוא קוראו שם 'רש"י'] (מכות כא ע"א) הכוונה תחת התחלת האוזן, כלומר
המקום שמתחבר הלחי עם הצידעא, ומשייך ריב"ן 'לחי התחתון' הכוונה לעומת הצדעין, וקורא
לשתי הלחיים 'לחי תחתון' [עי' להלן סברא כזו בדעת תורא"ש וחריטב"א בשיטת רש"י בשבועות, אך לא בריב"ן]. ומשיג
על הפרישה (סי' קפא סי"ק יא) דהביא לשון רש"י [=ריב"ן] 'למטה מן האוזן' [=ריב"ן] ועשה שיטה חדשה וכנ"ל,
ותמה עליו שמעולם לא כתב רש"י [=ריב"ן] כן. ומשייך רש"י [=ריב"ן] כן בפירוש המשנה (כ ע"א), נסתר
ממה שממשיך מיד שם שכל מה שלמעלה עד הצידעא בכלל פאת הראש היא, והרי אי איירי בלחי
התחתון, לא שייך לומר דכל מה שלמעלה עד הצידעא בכלל פאת הראש היא, דהרי רש"י [=ריב"ן]
פירש במשנה שם לגבי פאות הראש שהן כלין במקום שמתחבר הצידעא עם הלחי בצד האוזן לפניו.
ועל כרחך כוונתו כאן שכותב 'לחי תחתון' היינו כל הפנים שמתחת לצידעא, וכן מוכח מלשון
ראבי"ה אבי"ד הנ"ל [שהובא ג"כ בארחות חיים ובכל בו] שכתב 'לחי העליון' בשיטת רש"י [=ריב"ן] הנ"ל. עכ"ד
שאול שאל הנ"ל [ועוד עיי"ש]. אך צ"ע דלא יישב לשון ריב"ן במשנה 'למטה מן האוזן'. וצ"ל לשיטתו
דמפרש גם בזה למטה מן התחלת האוזן. וכ"כ בספר תפארת הזקן (ביאורים סי' א עמ' טו, דברים ככתבן סי'
ב עמ' סו הערות א-ב). ולענ"ד זה דוחק, ויותר מסתברים דברי הפרישה, וכן ביאר המאירי להדיא, וכמו
שהבאנו לעיל בס"ד מעוד כמה אחרונים. וה' יאיר עיני. [ולפי"ז מה שהביא בתפארת הזקן (שם) ראיה
מלשון הרא"ש, רבינו ירוחם והנמוק"יי, - לאו שמיח מתיא לענ"ד, דהרי הוכחנו לחלן דכוונתם כשיטת הרשב"ם
ולא כשיטת הריב"ן].

[480] בכל בו (דלהלן) נוסף כאן 'מלמעלה'. וצ"ב.

[481] כוונתו 'פרצוף הפנים' [כמו 'אין מעידין אלא על פרצוף הפנים עם החוטם' (יבמות קכ ע"א)], אך סתם
'פרצוף' פירושו גוף שלם [וכמשייך הערוך (ערך פרצוף)]. עי' מה שהארכתי בזה בס"ד ביוסף דעת (נדה יח
ע"א). ונעלם כל זה להרב תפארת הזקן (דברים ככתבן פ"ג עמי קד הערה מא), עיי"ש.

[482] ומסיים: לא אותו דבר מועט שעל השפה התחתונה ממעל לסנטר באמצע. עכ"ל. ועי' בזה להלן.

[483] והמהדיר שם חיפש בספר האשכול ולא מצא, ולא ראה תשובת הראבי"ד הנ"ל [כי לא נדפסה
בימיו].

[484] והמהדיר שם נר"יו חיפש בספר האשכול ולא מצא, ולא ראה תשובת הראבי"ד הנ"ל [שכבר
נדפסה בימיו].

[485] ובספר תפארת הזקן (שם עמי יג-טו) כתב דדעת ריב"ן וארחות חיים וכל בו בשם ראבי"ה הנ"ל הן
כשיטת רשב"ם דלהלן. אך לענ"ד הן שתי שיטות שונות וכמו שבארנו למעלה.

וכן הביא המאירי (מכות יג ע"א; כ ע"ב) בשם יש מפרשים, דשתי הפאות
העליונות הן כשיטתו דלהלן בפאות התחתונות [וביארם המאירי כדלהלן, שהן
חדוד הלחי הנמצא תחת האזן ונוטה לו לצד אחורי האזן]. ושתי הפאות התחתונות
הן שני חדודין הסמוכין לסנטר, והסנטר הוא הנמיכות שביניהם [=הפאה
החמישית].

ורבינו יהונתן הכהן מלוניל (על הרי"ף שם, בפירוש הגמרא) העתיק כלשון ריב"ן
(הראשון דלעיל), ולפני כן (שם, בפירוש המשנה) כתב: לפי שבכל לחי יש בו שתי
עצמות, וכל עצם ועצם איקרי פאה. ואחת מלמטה, דהיינו שיבולת זקן,
והוא יש בו עצם חמישי בפני עצמו שקורין בלע"ז מונטין, והוא פאה.
עכ"ל. וכיון שמעתיק (בפירוש הגמרא) בפשיטות את לשון ריב"ן הנ"ל, צריך
לבאר גם לשונו הנ"ל (בפירוש המשנה) כך, דמש"כ 'שבכל לחי יש בו שתי
עצמות' כוונתו ללחי התחתונה, כריב"ן, ולא שיש לחי עליונה ותחתונה
כהמאירי ועוד דלהלן. אמנם יתכן גם שהביא שני פירושים חולקים,
במשנה הביא כשיטת המאירי, ובגמרא הביא כשיטת הריב"ן. וכן מציינו
להלן בנמוק"י שבמשנה הביא את לשון רבינו יהונתן הנ"ל, ובגמרא הביא
את לשון הרשב"ם דלהלן. ועי' משנ"כ בזה להלן.

שיטה ב'

שיטה אחרת נראית כוונת המאירי (מכות יג ע"א), שכתב: והם חדוד הבולט
בלחי העליון, ולחי התחתון שבצד ימני[486], וכן שבצד שמאלי, ואחת
מלמטה בשבלת הזקן. ולחי העליון הוא צד הלחי שמן הפה ולמעלה,
ומקום בליטתו הוא סמוך לאזן כנגד הנקב מצד הפנים. ולחי התחתון הוא
מן הפה ולמטה, ומקום בליטתו הוא תחת האזן נוטה מעט לצד אחוריה.
עכ"ל. ועוד לקמיה (שם כ ע"ב) כתב המאירי: השתים העליונות הן בבליטה
היוצאת סמוך לנקב האזן מצד הפנים וכנגד נקב האזן מצדו ותחת העינים
והוא בלחי העליון, והשתים התחתונות הם חדוד הלחי הנמצא תחת האזן
ונוטה לו לצד אחורי האזן והוא הלחי התחתון. עכ"ל. והכריח כן המאירי
שם, שהרי אמרו 'פאת זקן סוף זקן', וכן אמרו 'פרקי דיקנא', וזה מתאים
רק לשיטה זו דבאמת הפאות העליונות הן פרקים ממש, והפאות

---

[486] בספר תפארת הזקן (שם עמי ט; דברים ככתבן פי"ב עמי סו הערה ח ועמי ע הערה כג) ביאר דאע"פ שכל הלחי
התחתונה משני הצדדים היא עצם אחת כמבואר בספרי חקירות חכמי הניתוח (והבאנו תמונתם לעיל),
מ"מ ס"ל להמאירי והראשונים דלהלן לחלקה לשתיים לגובהה, וקורין אותן לחי העליונה
ותחתונה כדלהלן, אבל באמת הלחי העליונה ממש היא עצם נפרדת שנמצאת באמצע הגולגולת
במרכז הפנים ובה דבוקים השיניים העליונות. וכן לשון הרמב"ם והריטב"א ועוד דלהלן ילחי
עליונה ולחי תחתונה'. [ומעיין זה מציינו לעיל בשיטת הריב"ן וסיעתו (ובפשטות כל הראשונים מודים לזה וכדלהלן)
דמחלקים את הלחי התחתונה עצמה לרוחבה לשתים, ימין ושמאל, וקורין אותן שתי לחיים, כי בסנטר העצם
קצת שוקעת ונראית כחיבור בין ימין לשמאל. וכ"כ בשו"ת שאול שאל (בראך, סי' קג אות ו). ועי' מה שכתבנו לעיל].

התחתונות הן עכ״פ כעין פרקים, וכל אחת מהן סוף וקצה, אם של לחי עליון ואם של תחתון. עכ״ד.

וכן מתבאר בפירוש הראב״ד לתורת כהנים (פרשתא ג פ״ו או׳ ג) ובפירוש המיוחס להר״ש משאנץ (שם) בשם חכמי לוניל, וז״ל: במקום שהן מתחברות הלחיים התחתונות[487] עם עצם הגולגולת וכו׳ למטה לחיבור הראש פאה אחת, וכן מכאן, והשלש האחרות אינן מקום פרקים, אבל הן כמו קרנות, וכל דבר שיש לו קרנות שלש או ארבע נקרא 'ארבע פאות', שהרי שבולת זקן והוא הזקן הארוך של אדם, אינו מקום הפרק, כי אותו נקרא מנטו״ן בלע״ז, עצם אחד הוא, ואעפ״כ נקרא פאה, והוא סוף הזקן וכו׳, ומפני שהיא זוית נקרא פאה[488]. וכן בלחיים, התחתונות שיש בהן זויות והן אותן הקרנות שלמטה מן האזניים, גם הן נקראו פאות וכו׳. ואחת מלמטה והיא שבולת הזקן. עכ״ל.

וכ״כ שבלי הלקט (דין גלוח זקן סי׳ מא) פירש רבינו שמחה מאשפיירא ז״ל, שתים מכאן ושתים מכאן, מקום חיבור הצדעים והלסת, ומקום חיבור הלסת והסנטר. עכ״ל[489]. [אמנם בקיצור שבלי הלקט (שם) כתוב רק: הלחי העליון והתחתון מצד ימין, והלחי העליון והתחתון מצד שמאל. עכ״ל. והוא כשיטת הרמב״ם דלהלן. וצ״ב].

וכן נראה כוונת הבה״ג (סי׳ לח הל׳ נזיר) שכתב: פירקי דדיקנא, שתי לחיים שבראש, ושתי השחתות בכל לחי ולחי, אחת למעלה ואחת למטה. ואחת באמצע, זו השחתת שבולת זקן. עכ״ל. וכן לשונו בהלכות פסוקות (הל׳ יולדות והל׳ נדה). [אמנם בארחות חיים ובכל בו (דלעיל) כתבו דכוונתו קצת נוטה לפירוש הקונדריס (כלומר ריב״ן). וצ״ב[490]].

וכן נראה שיטת הרי״ד, שכתב בפסקיו (מכות כ ע״ב): אחת במקום שמתחבר הלחי עם הצדע, ואחת בסוף התפוח של הלחי, שהוא רוחב הלחי מלמעלה

---

[487] לשון 'הלחיים התחתונות' לא בא לאפוקי הלחיים העליונות, אלא בא לאפוקי מעצם הגולגולת, וכפי שממשיך מיד. א״כ הכי עדיין בלחיים העליונות. והפאות התחתונות דלהלן הן בלחיים התחתונות שלעומת הלחיים העליונות. וזה כשיטת המאירי הנ״ל.

[488] בספר תפארת הזקן (שם עמי יח) נוטה לומר שלדעת הראב״ד והר״ש משאנץ הפאה החמישית היא כל רוחב הסנטר, שהרי קראוה יזוית׳, וזה מובן רק על כל רוחב הסנטר, משא״כ לשאר ראשונים דהדגישו דשמו ימונטון׳ הוא רק באמצע הסנטר ממש. אמנם יי״ל דשייך שם זוית׳ גם על אמצע הסנטר, כי בולט לחוץ. עכ״ד. ולא זכיתי להבין מעיקרא מאי סלקא דעתיה דלא שייך שם זוית׳ אלא על רוחב של כל הסנטר.

[489] ובספר תפארת הזקן (שם עמי יג) צירף דעת שבלי הלקט בשם רבינו שמחה הנ״ל שהיא כשיטת רשב״ים דלהלן. אך לענ״ד הן שתי שיטות שונות, וכמו שבארנו למעלה.

[490] והצמח צדק (מכות פ״ג מ״ה אות ג) כתב דטפי נראה לו דכוונת הבה״ג לשיטת הרמב״ם דלהלן.

אצל הראשי[491]. ושתים ללחי השניה. ואחת מלמטה בסנטרו בחיבור שתי הלחיים[492]. עכ"ל.

וכן נראה כוונת ספר היראים (השלם, סי' שכה) שהביא כמה מן השיטות דלעיל ודלהלן בקצרה, ובשיטה השניה כתב: ראשי לחיים לאורכן. עכ"ל. והובא בהגהמ"י (הל' עבו"ז פי"ז אות ה). ופשטות לשונם 'ראשי לחיים' משמע ראשי הלחי העליונה והתחתונה, וכפירוש המאירי והראשונים הנ"ל. כנלע"ד, ודלא כדפירש בתועפות ראם (שם ס"ק ג) שהכוונה לפירוש ריב"ן דלעיל, וגם דלא כדפירש בנתן פריו (שם אות ה) שהכוונה לפירוש הריטב"א דלהלן.

ויתכן דזו ג"כ כוונת רבינו מיוחס (עה"ת שם) שכתב: שתים למעלה בקצה הזקן סמוך לאזניים, ושתים במקום חיבור הלסתות[493], ואחת למטה בקצה הזקן. עכ"ל.

ויתכן דזו ג"כ כוונת רבינו יהונתן הכהן מלוניל והנמוק"י (על הרי"ף שם בפירוש המשנה) דכתבו: בכל לחי יש בו שתי עצמות, וכל עצם ועצם[494] איקרי פאה. ואחת מלמטה, דהיינו שיבולת זקן, והוא יש בו עצם חמישי בפני[495] עצמו[496] שקורין בלע"ז מונטין, והוא פאה. עכ"ל. ומדכתבו בסתם 'בכל לחי' משמע כוונתם ללחי עליונה ולחי תחתונה, שהעצם שבכל אחת מהן היא הפאה. [אמנם הבאנו לעיל דרבינו יהונתן דידיה בפירושו הגמרא ציטט את לשון הריב"ן, והנמוק"י דידיה בפירושו הגמרא ציטט את לשון הרשב"ם. ובדוחק יש להעמיס כוונתם גם במשפט זה דלעיל. וטפי נראה דציטטו שתי דעות החולקות. ובחידושי אנשי שם (על הנמוק"י שם) כתב בשם מהר"ם דכוונת הנמוק"י בפירושו במשנה הנ"ל היא כרשב"ם דלהלן. וכן משמעות התויו"ט (מכות פ"ג מ"ה). וצ"ע היכן ראו כן. וכבר תמה בזה המלאכת שלמה

---

[491] אכן לשון 'מלמעלה אצל הראשי' לא מובן כל כך. והוא קצת מזכיר את שיטת רש"י (שבועות ג ע"א) דלהלן. ועיין להמהדיר שם.

[492] ענין זה דחיבור הלחי הימנית לשמאלית בסנטר הוזכר בשיטת ריב"ן ועוד ראשונים, עי' לעיל שם, ובהערה שם ביארנוהו.

[493] עי' בהערה לעיל דנתבאר דהראשונים חילקו הלסת התחתונה לשתים, וקורין להן לסת עליונה ותחתונה, ונראה דזו ג"כ כוונת רבינו מיוחס בלשונו 'מקום חיבור הלסתות'. ואין נראה שכוונתו כהשיטות דשתי הפאות הן למטה סמוך לסנטר, שגם שייך לקרוא לסתות החיבור הלסתות מימין ומשמאל, כמש"כ רש"י והריב"ן והרי"ד 'חיבור שתי הלחיים', - אי אפשר לומר כן, דהא על הסנטר כתב 'למטה', משמע דשתי פאות אלו אין למטה. ודו"ק.

[494] בנמוק"י ליתא תיבה זו.

[495] בנמוק"י ליתא חמש תיבות 'בפני... מונטין'.

[496] מש"כ שהסנטר הוא עצם בפני עצמו, אינו כן לפי הנראה בעיניו ולפי חקירות חכמי הניתוח, ועיין בהערה להלן בסמוך.

שם, אלא שציטט רק את דברי הנמוק״י בפירוש המשנה, ולא הביא מפירושו בגמרא דשם העתיק את לשון הרשב״ם[497]].

נמצאנו למדים שזו כנראה שיטת יותר מעשרה ראשונים: המאירי, ראב״ד, ר״ש משאנץ בשם חכמי לוניל, שבלי הלקט בשם רבינו שמחה, בה״ג, רי״ד, היראים, הגהמ״י, רבינו מיוחס, ר״י הכהן מלוניל, נמוק״י. ולהלן נקרא לה שיטת המאירי ורוב הראשונים.

שיטה ג'

בפירוש המיוחס לרש״י (והוא לרשב״ם, כמש״כ התוספות שאנץ דלהלן[498]) על הרי״ף (סי' אלף ע, ג ע״ב בדפי הרי״ף, ובעוד והדר עמ' י) כתב: ורבינו זקני[499] פירש, מקום חיבור הסנטר לעצם, אחד מימין הסנטר שקורין מונטי״ן, ואחד משמאלו[500]. ושבולת הזקן באמצע, הרי שלשה. וחיבור הצדעין, הרי חמש. עכ״ל. והביאוהו הרא״ש (מכות פ״ג סי' ב) והנמוק״י (על הרי״ף שם בגמרא) והטור (יו״ד סי' קפא) ורבינו ירוחם (ני״ז ח״ה קנט ע״א) בשם רש״י[501], תוספות שאנץ (שם כ ע״א) ושבלי הלקט (דין גלוח זקן סי' מא) בשם הרשב״ם בשם זקנו כנ״ל, ופסקי התוספות (מכות שם אות לא). וכן העתיק רבינו עובדיה מברטנורא בפי' הראשון (למשנה מכות פ״ג מ״ה).

ולשון 'צדעין' הוא החיבור של הלחי העליונה עם פאות הראש, א״כ יש לנו כאן שיטה נוספת, דשתי הפאות העליונות הן כהמאירי ועוד ראשונים שם [וכן הוא לשיטת רבינו חננאל דלהלן], ושתי הפאות התחתונות הן כהריב״ן דלעיל.

---

[497] ובשו״ת שאול שאל (בראך, סי' קג או' ח-ט) פשיטא ליה דהנמוק״י אזיל בשיטת הרמב״ם (כפי שתבואר להלן) שכל הלחיים, העליונות והתחתונות הן בכלל הפאות, עי' להלן. ומש״ייכ בחידושי אנשי שם [על הנמוק״י דלעיל, בשם מחר״ים] דדעת הנמוק״י כהרשב״ם, מפרש השאול שאל דכוונתו דוקא על הפאה החמישית, דאע״פ שכתב[נ]ו רבינו יהונתן ו[ה]נמוק״י דהפאה החמישית היא עצם, ובראשונים מבואר דהיא אינה עצם אלא חיבור של שתי הלחיים התחתונות, אך ייל דמש״ייכ [רבינו יהונתן ו]הנמוק״י יעצמי היא לאו דוקא, אלא כמש״כ הראב״יד [והמיוחס לרי״ש משאנץ] [דלעיל] דכל קרן וסוף נקרא יפאהי. ועוד דעכ״פ הסנטר נראה בולט כמו עצם. וגם שייך על חיבור שתי הלחיים לשון הגמרא (שם כא ע״א) 'בין פירקי דדיקנא'.

[498] וכייכ בהגהות וציונים מהדורת עוז והדר שם, ועיי״ש דהוכיחו דכמו שפירוש רש״י על הגמרא הושלם, עייי חתנו הריב״ן וכניל, כמו כן פירוש רש״יי [שהותאם] על הרייי״ף הושלם, אך עיי נכדו רשב״יי.

[499] לפמש״ייכ בהגהות וציונים שם שהכותב הוא רשב״יס, א״ייכ 'רבינו זקני' הכוונה לרש״יי.

[500] הרשב״יס כאן מונה קודם את שתי הפאות התחתונות יותר, ואח״ייכ את העליונות. ולעיל מנו קודם את שתי הפאות העליונות יותר, ואח״ייכ את התחתונות. ויש לשים לב לזה.

[501] והפרישה (סי' קפא ס״ק יא) תמה בזה קצת, וציין דרש״יי (מכות שם) כתב שיטה אחרת. והעיר עליו בנתן פריו (שם אות ג) דיתכן דאישתמיטתיה דהפירוש המיוחס לרש״יי (מכות שם) אינו לרש״יי אלא לחתנו ריב״ן, וכן מצינו שאר ראשונים שקורין לפירוש הנ״יל 'רש״יי' אף דאינו לרש״יי.

וכ״כ הפרישה (סי׳ קפא ס״ק יא), הצמח צדק (מכות פ״ג מ״ה או׳ א)[502], נתן פריו (גשטטנר, מכות שם אות ג) ועוד רבים שסיכמו הדעות וכתבום כשתי דעות נפרדות. [ואם ידחוק הדוחק לפרש 'צדעין' לחיבור הלחי העליונה עם התחתונה, הרי שיטה זו היא בדיוק כשיטת ריב״ן. וכן משמע שמפרש מרן הב״י (סי׳ קעט), דעמש״כ הטור (שם) שיטה זו בשם רש״י, כתב: כן פירש בסוף מכות. עכ״ל. ומשמע דכוונתו לריב״ן הנ״ל[503]. וצ״ע. וכן משמע דמפרש בהגהות חות יאיר (על הנמוק״י שם), עי״ש. וע״ע להלן בשיטת הרמב״ם, דכתב מרן הב״י דהיא כשיטת רש״י].

שיטה ד׳

אך רש״י (שבועות ג רע״א) דידיה פירש: ועל הזקן שתים, מכל צד שני צדעים. לפי שהלחי רחב כנגד הצדעים, ויש לכל דבר רחב קצה לשני צדדין בראשו. ואחת מלמטה, בסנטר שהלחיים מחוברין שם והעצם קצר מלמטה בסנטר שקורין מונטו״ן בלע״ז. עכ״ל. ומעין זה פירש רש״י בחומש (ויקרא יט כז): שתים בכל לחי ולחי למעלה אצל הראש שהוא רחב ויש בו שתי פאות, ואחת למטה בסנטרו מקום חבור שני הלחיים יחד. עכ״ל. וכן הביאו הרא״ש והטור ורבינו ירוחם (שם) בשם יש מפרשים, והנמוק״י (שם) כתב דכ״כ רש״י בשבועות ובפירוש התורה. וכ״כ בתשובות ופסקים מאת חכמי אשכנז (סי׳ עה) והאגודה (ריש שבועות) בשם רש״י, וכ״כ רבינו חיים פלטיאל (ויקרא שם, וכ״ה בתוספות השלם עה״ת שם אות ח) בפירוש הראשון, וכ״כ הרשב״ץ בזוהר הרקיע (על אזהרות ר״ש אבן גבירול סי׳ פ [רח-ריא] עמ׳ 193). וכנראה לזה כוונת התוספות (מכות כא ע״ב, ושייך לע״א, ד״ה מחוי), עי״ש.

וכן משמע כוונת פסקי הרי״ד (מכות שם) דכתב: אחת במקום שמתחבר הלחי עם הצדע, ואחת בסוף התפוח של לחי, שהוא רחב הלחי מלמעלה אצל

---

502 והצמח צדק לשיטתו בפירוש דברי רבינו חננאל דלהלן, מקשה דשיטה זו היא בדיוק כשיטת רבינו חננאל, עי׳ להלן. ומחלק דלשיטה זו הפאות הן רק בסמוך לסנטר, על העצם של הלסת התחתונה, אך לא למעלה מזה מתחת לשפה התחתונה, דזה אין שמו סנטר, דאין שם עצם, משא״כ לרבינו חננאל, עי׳ להלן. [אמנם בסוס״ד (בקיצורו) נשאר הצמח צדק בצ״ע על חידושו הנ״ל].

503 וכן מתבאר מלשון השלחן גבוה (סי׳ קפא ס״ק טז) דציטט את לשון ריב״ן [הראשון] הנ״ל, וכתב: וכ״כ הרמב״ים בסוף הל׳ עבו״ז. עכ״ל. סתם ולא פירש. ובאמת בהערות וביאורים (על הטור שם מכון המאיר״ה) העירו עמש״כ הב״י דכן פירש רש״י בסוף מכות, דזה אינו ברש״י אלא ברא״ש בשם רש״י, וברשב״ים שסביב לריי״ף (דלעיל) בשם זקנו. עכ״ד. וכ״כ בפשיטות בספר נתן פריו (מכות שם אות ז) דהב״יי כתב דשיטת רש״יי שברא״״ש. ואם אכן 'נתקן' כרצונם בבית יוסף, שוב אין הוכחה מהב״יי דלמד דהיא כשיטת ריב״ן. אך באמת נסתר יתיקונם' מלשון הב״י לקמיה (ונביאו להלן בעז״ה) להדיא, שציטט מירש״יי סוף מכות׳ את לשון ריב״ן המדויק. ועל כרחך דכשכתב 'רש״יי סוף מכות' כוונתו לריב״ן, ואכן צ״ע ההכרח לבאר שיטת ריב״ן כרש״י המובא ברא״ש וכהרמב״ים. וה׳ יאיר עיני. אמנם המלאכת שלמה (מכות פ״ג מ״ה, בהגהה) כתב בסתם דרש״יי (בשבועות ועה״ית) הנ״יל הוא כפירוש הרמב״ים. וצעי״ק במה ראה דמיון ביניהם [ועי׳ תפארת הזקן (ועי׳ ביאורים סי׳ א עמ׳ יט סוף אות ב), ועי׳ להלן בשיטת הרמב״ים.

הראש. ושתים ללחי השנית, ואחת מלמטה בסנטרו בחיבור שתי הלחיים. עכ״ל.

מתבארת כאן שיטה שונה, דהפאות שבצדדים הן סמוכות, זו ליד זו, וכן בצד השני. ומשמע שהן בתחילת הלחי למעלה, בגובה הצדעים. וכפירוש זה משמע בביאור המיוחס לרבינו שמשון משאנ״ץ לתורת כהנים (פרשתא ג פ״ו אר׳ ג) שכתב: מקום שמתחבר עצם הגולגולת עם עצם הלחיים, ולמטה משם פאות הזקן שתים זו אצל זו בשתי כניסות של עצם. וכן מצד אחר, ואחת באמצע הזקן, שהם חמש. עכ״ל.

ובספר היראים (השלם, סי׳ שכה) הביא כמה שיטות בקצרה, ובשיטה הראשונה כתב: ראשי לחיים לצד הראש. עכ״ל. והובא בהגהמ״יי (הל׳ עבו״ז פי״ב אות ה). ופירש בתועפות ראם (שם ס״ק ג) שכוונתו לפירוש רש״י הנ״ל[504]. גם בפירוש רבינו יצחק קרקושא תלמיד הרמב״ן (מכות כ ע״א) הביא בתחילה את פרש״י הנ״ל.

והגר״א בביאורו (סי׳ קפא סוס״ק יח, בליקוט) כתב דהעיקר כפרש״י, דכן איתא באדרא רבא. עכ״ד. וציין שם (זוהר ח״ג קלג ע״ב; קמא ע״א). וכנראה כוונתו דשם איתא דהדיקנא הוא בתפוחין קדישין, שהם ׳תפוחי הפנים׳[505], וזה מתאים רק לפרש״י הזה שיש שתי פאות בכל צד לרוחב הפנים. וכ״כ הרא״ם (בפירוש ׳המזרחי׳ על רש״י לתורה שם): בסוף רוחב הלחי, שהלחי רחב בראשו, והן הנקראין תפוחי הפנים, ויבוא אותו הקצה באמצע הפנים. עכ״ל[506].

וכתב בדינא דחיי (לבעל כנה״ג, על הסמ״ג לאוין נח, ח״א סד סוע״א) דלא יפה הם עושים המגלחים שער שעל תפוחי הפנים, דלפי רש״י עוברים על ״לא תקיף פאת זקנך״. והביאו החיד״א בשו״ת חיים שאל (ח״ב סי׳ כז ד״ה ומאי דמסתמיך).

אמנם בפסקי הרי״ד הנ״ל כתב ׳סוף התפוח׳. ודו״ק.

---

[504] אך בספר נתן נתן פריו (שם אות ג) כתב דכוונת היראים לשיטת רשב״ים. עכ״ד. וצ״יב כיצד מפרש ילצד הראשי.

[505] כמש״כ ״כפלח הרמון רקתך״ (שיה״ש ד ג; ו ז), ופרש״יי: רקתך, היא גובה הפנים שקורין פומיליי״ש בלע״ז, אצל העינים. ובלשון גמרא (עבו״ז ל ע״ב) קורין אותו ירומני דאפי, ודומין לפלח חצי רמון בחוץ שהוא אדום וסגלגל. עכ״ל.

[506] אמנם ממו״ר הג״ר יעקב הלל שליט״א שמעתי, דמה שנכללים ׳תפוחי הפנים׳ בי״ג תיקוני דיקנא קדישא (תיקונא שביעאה, ׳ואמתי, עי׳ ע״ח שיי״ג פי״ט), הוא אע״פ שלא צומח בהם זקן, אך צורתן נקבעת לפי הדיקנא, לכן נחשבים חלק מהדיקנא. וכמו שגם הפה נכלל בי״ג תיקוני דיקנא קדישא (תיקונא תריסר, ״וחטאה״) אע״פ שהוא פנוי משער. ומעין זה גם סוד האורחא מעל השפתיים כנגד הכותל בין תרי נוקבין דחוטמא (תיקונא תלתא, ״וחנון״) דבבחינת אי״א אין בו שערות. [וזמש״כ ״מפני שיבה תקום״, דיפני׳ הן תפוחי הפנים (עי׳ ע״ח שם פי״ג), בהם אין שיבה, אלא הם הפנים של השיבה.]

שיטה ה'

והנה הריטב"א (מכות כא ע"א) כתב: ויש אומרים כי הפאות הם בחבור הלחי העליון[507], תחילתו מתחת האוזן כשמתחבר עם הלחי התחתון, וזו פאה אחת. וסופו למעלה מן האוזן כשמתחבר עם הצדעה, והוא עקום קצת, ושם בסופו כמין שיטה ונקרא שבולת הזקן, ועכשיו הפאות הם בי פירקא [ד]דיקנא כמו שאמרו בגמרא, וקרובים לזה דברי רש"י ז"ל שכתב וכו' [והביא את שיטת רש"י בשבועות הנ"ל]. עכ"ל[508]. הרי שיטה נוספת, שאמנם קרובה לשיטת רש"י (שבועות שם) כמו שמדגיש הריטב"א, אך רק קרובה, ואמנם שונה ממנה מעט, דלרש"י הן שתי פאות בחצי העליון של הלחי, בצורה מאוזנת/אופקית, ולריטב"א הן נמשכות עד חצי התחתון של הלחי בצורה מאונכת עקומה קצת, מן למעלה מהאוזן [כנראה כוונתו מעל לחור האוזן, ולא לכל האוזן] בחיבור הצדעה עם ראש עצם הלחי, וממשיכה למטה קצת מעוקמת עד מחצית גובה הלחי[509].

וכן משמע לכאורה בתוס' רא"ש ובריטב"א (שבועות שם) שאחרי שהביאו את לשון רש"י הנ"ל, המשיכו: והמדקדק בו ימצאנו שהלחי התחתון שהשיניים קבועין בו, מחובר לצדעין ברוחב שתי אצבעות, קצה אחד באמצע הצדעין וקצה אחד כנגד חצי האוזן. עכ"ל [רש"י, ואינו לפנינו]. עכ"ל. ולכאורה מה ההבדל בין 'אמצע הצדעין' לבין 'חצי האוזן', הרי זה אותו הגובה, ומה שייך שקצה אחד כאן וקצה אחד כאן. ולכן ביאר בספר נתן פריו (שם אות ה) דמש"כ 'חצי האוזן' הכוונה חצי האוזן לאורכה, כלומר דהפאה יורדת מגובה האוזן עד תחתיה כנגד חציה למטה. ודו"ק.

ואמנם לשונם זו יש לפרש ג"כ כשיטת רש"י עצמה דלעיל, ומה שכתבו 'הלחי התחתון' כוונתם לכל הלחי התחתונה [שכבר ביארנו לעיל שהיא עצם אחת גדולה משני הצדדים]. והראיה לזה שממשיכים 'מחובר לצדעין'. גם לשון 'חצי האוזן' לא משמע כמש"כ הנתן פריו הנ"ל. לכן נראה טפי לשונם זה כפירוש רש"י דלעיל.

---

[507] על מה שהריטב"א קוראו 'הלחי העליון' עיין בהערה לעיל על המאירי, ומשם בארה.

[508] וע"ע בריטב"א שם (לעיל מיניה, על 'מחוי רב ששת בין פרקי רישא') דיש מקום בין פאות הראש לפאות הזקן שאינו לא זה ולא זה והמגלח בתער שם פטור. ונחלקו בפירוש דבריו שו"ת שאול שאל (בראד, סי' קג אות ז) והצמח צדק (מכות פ"ג מי"ח אות א). ועי' תפארת הזקן (דברים ככתבן פ"ב עמ' ע הערה נ).

[509] בספר תפארת הזקן (ביאורים סי' א עמ' טז הערה עו) הקשה א"כ סוף כל סוף אין שיטה זו דומה לשיטת רש"י, דלשיטת רש"י הפאה לרוחבו, ולשיטה זו הפאה לאורכו. ועי' מש"כ (שם) לתרץ בדוחק, והודה שהוא דוחק. אמנם הפנה לשער שני, ושם (דברים ככתבן פ"ב עמ' עד הערה סד) תירץ דכוונת הריטב"א דזה קרוב לפרש"י בהא דהפאות הן במקום פרקים, ולא כשיטת כמה ראשונים (דלמעלה) שיש שתי פאות בשני צידי הסנטר.

אכן לשון הריטב"א (מכות שם) [בשם יש אומרים] ברורה 'מתחת האוזן כשמתחבר עם הלחי התחתון, וזו פאה אחת, וסופו למעלה מן האוזן כשמתחבר עם הצדעה', הרי שחילק להדיא בין לחי עליונה שמתחברת עם הצדעה לבין לחי תחתונה שמתחברת מתחת לאוזן, וכותב שהפאה היא מזו **עד** לזו, **לאורך**, וזה דלא כפרש"י דכתב דשתי הפאות הן לרוחב. ודו"ק היטב.

שיטה ו'

ושיטה שישית היא שיטת רבינו חננאל, כפי שהביאוהו[510] הרשב"ם והרא"ש ורבינו יצחק קרקושא ופסקי התוספות (דלעיל), הסמ"ג (לאוין נח), תוספות שאנץ[511] והריטב"א (מכות כא ע"א), הנמוק"י (על הרי"ף שם), המאירי (שם כ ע"ב), רבינו ירוחם (ני"ז ח"ה קנ ע"א), הגהות מיימוניות (קונסטנטינא, הל' עבו"ז פי"ב ה"ח), הארחות חיים (דיני פאות הראש והזקן סי' כב סעי' א עמ' 241 והכל בו (סי' צז [ח"ה עמ' תתקסג])[512], האגודה (ריש שבועות), רבינו חיים פלטיאל (ויקרא שם, וכ"ה בתוספות השלם עה"ת שם אות ח), עץ חיים (חזן מלונדרץ, הל' עבו"ז פ"ז, ח"ב עמ' שם), תשובות ופסקים מאת חכמי אשכנז (סי' עה) ור"י אלמדארי (שם כ ע"א), וז"ל: מקום חבור הלחי לצדעים הוי פיאה וכן מצד אחר, ושני גבולי השפה אחת מימין השפה ואחת משמאלו, ונקראו פאות לפי שהן בפאת השפה, ושבולת הזקן מתחת הרי חמש. עכ"ל [ובתוספות שאנץ (שם) במקום 'גבולי השפה' כתב 'גבולי השיניים', ובמקום 'מימין השפה' כתב 'מימין הפה'. ונראה דהיא היא[513]. ומעין זה לשון המאירי (שם) : בשני צדדי הפה, במקום שלפנים מהם קצות השנים. עכ"ל. ובתשובות ופסקים מאת חכמי אשכנז (שם) הלשון 'בסוף השפה']. ובספר היראים (השלם, סי' שכה) הביא כמה

---

[510] שיטת רבינו חננאל הובאה בכל הראשונים דלהלן, אך ליתא לפנינו פירוש רבינו חננאל עמ"ס מכות שנוכל לראות לשונו בפנים ואולי היה פותר כמה ספיקות בשיטתו כדלהלן. ומצאתי בס"ד (באוצר החכמה) פירוש רבינו חננאל עמ"ס מכות שיצא לאור (ע"י הרב ישראל ברוך סולובייצ'יק) ע"פ כתבי יד, ושם (כ ע"ב, עמ' 27 הערה 242) כתב דבדיוק כאן יש כמה שורות מאד מטושטשות על חמש פאות הזקן. וחבל על דאבדין.

[511] וכנראה גם כך יש לגרוס בתוספות שלפנינו על הדף (כא ע"ב, ושייך לעיל ע"א, ד"ה מחוי) במקום זולפרייתי לגרוס זולפרי'יחי. וכ"ה בתוספות רבינו פרץ (שם, הנקרא תוספות ישנים).

[512] בכל בו איתא 'יחיאלי', וכנראה ט"ס וצ"ל 'חננאלי'.

[513] ובקובץ שיטות קמאי (מכות שם) ונתן פריו (שם אות ב) תקנו בלשון התוספות שאנץ: (השנים) [השפה]. עכ"כ. והוא ללא צורך. ויעיד על זה לשון המאירי דלקמיה למעלה. וכן התוספות שאנץ דידיה כשהביא את שיטת רש"י כתב 'וגבולי השניים לא חשיב', כלומר לאפוקי מרבינו חננאל דהחשיב את גבולי השיניים. הרי שקורא להם 'גבולי השיניים', ובנתן פריו (שם אות ם) מתקן גם בזה 'גבולי השפה'. ודוחק לתקן לתקן פעמיים. ועל כרחך כדכתיבנא דהיא היא. אמנם בספר תפארת הזקן (שם עמ' יא) מצדד דלדעת [התוספות שאנץ ו]המאירי בשיטת רבינו חננאל הפאות הן במקום שבהם מסתיימים השיניים, וזהו לא בסיום השפתיים כשאר הראשונים בשם רי"ח, אלא כבר במרכז הלחי [=חבר התפוח שבאמצע פנים]. ויבדוק נא חלומו בעצמו היכן נגמרות השיניים משני הצדדים, והוא הרחק מסיום השפתיים].

שיטות בקצרה, ובשיטה השלישית כתב: ראש[ן] השפה היוצאים כעין
שבולת. עכ"ל. ופירש בתועפות ראם (שם ס"ק ג) שכוונתו לפירוש רבינו
חננאל הנ"ל.

אמנם היראים סיים על זה שם: וזה אינו נראה, ששפה בפני עצמו יש לו
שם, ולא מצינו בשום מקום ששפה בכלל זקן[514]. עכ"ל[515]. וכן הריטב"א (שם)
כתב בקצרה על רבינו חננאל: ולא נתברר לנו דבריו יפה. עכ"ל. והמאירי
(שם) סיים: ואנו מפרשים כדעת ראשון [כשיטתו דלעיל]. עכ"ל. אך הרשב"ם (שם)
סיים: ונראה לי כרבינו חננאל. עכ"ל. והובא בתוספות שאנץ (שם). וכן רבינו
חיים פלטיאל (שם, וכ"ה בתוספות השלם עה"ת שם אות ח) סיים: וצריך להיזהר בשניהם.
עכ"ל. וכן משמעות האגודה (שם) דמחמיר גם לשיטת רבינו חננאל[516].

ונראה דזו ג"כ כוונת מדרש לקח טוב (פסיקתא זוטרתי לרבינו טוביה ב"ר אליעזר, פרשת
קדושים נד ע"ב) דכתב: שני שבלי הזקן התלויים על מדותיו, ושני ראשי
השפתים, [ו]באמצע מלמטן שתחת השפה על סנטרו. עכ"ל. וכלשון זו
בדיוק[517] כתב רבינו הלל בפירושו על התורת כהנים (פרשת קדושים פ"ו, מה ע"א)[518],
וגם לעיל מיניה שם כתב בפשיטות כן: סוף שפה עליונה[519] דימין וכו' ונמי
בשמאל.

____

[514] **והצמח צדק** (שם אות ג) כתב דכל מה שהוקשה ליראים הוא משום דהבין בשיטת רבינו חננאל
דאיירי בצידי השפה העליונה, וכדעת הט"ז, לכן הקשה דודאי אינו בכלל הזקן, אך להבנת הצמח
צדק דידיה בשיטת רבינו חננאל (עיי להלן דאיירי בשפה התחתונה, אתי שפיר דשייך לקוראו זקן.

[515] ועיי הגהמ"יי (הל' עבו"יז פי"יב אות ח) שהעתיק את לשון היראים המביא את שתי הדעות הראשונות,
עיי לעיל, ומדלג את העתקת היראים שיטת רבינו חננאל וקושית היראים עליו, הכל בתיבת **וכו'**,
ואח"כ ממשיך להעתיק לשון היראים. ודו"יק. אמנם בהגהמ"יי (דפוס קושטנטינא שם) הביא את שיטת
רבינו חננאל.

[516] דכתב: לכך צריך ליזהר שלא לגלח לזקן בתער כלל, כי בקל נמשך העור שסמוך לצדעיו או
בשפה שלמטה למקום אחר ואינו יודע כי הוא הפאה. עכ"ל. והנה עיקר לשונו 'כי בקל נמשך העור'
כתוב גם בעוד ראשונים כדלהלן, אך מה שמוסיף 'שסמוך לצדעיו או בשפה שלמטה' משמע שבא
לחשוש לשיטת רבינו חננאל דכיון דבשני צידי השפתיים הן שתים מהפאות, יש ליזהר שלא לגלח
בתער גם סמוך אליהן כלומר סמוך לצדעיו [לכיוון חוטמו] ובשפה למטה [סמוך לשפתיו כמש"יכ הט"יז
להלן], או מונוזיניהן כמש"יכ הצמח צדק להלן, ויש לדון בזה (עיי תפארת הזקן שם עמי י הערה לט). אך לא נראה שכוונתו
מתחת לסנטר כמש"יכ הטור להלן, דזה לא שייך לכנות 'ובשפה למטה'].

[517] ושם כתוב 'ובאמצע', ועפ"יז תיקננו גם במדרש לקח טוב דלעיל. ופשוט.

[518] וכן בפירוש קרבן אהרן (על תו"יכ שם, בפירוש השלישי, במהדורת זכרון אהרן עמי שלא סוף טור א) [דדרכו להעתיק
לשונות רבינו הלל].

[519] מלשונו 'סוף שפה **עליונה**' [וכן מלשון 'לקט יושר דלהלן למעלה'] נסתר קצת מש"יכ הצמח צדק (שם פ"יג
מ"יה אות א) בשיטת רבינו חננאל דכוונתו בצידי השפה התחתונה. [אך עיי"ש אות ג דמודה דמספר היראים
משמע דלא למד כוותיה ברבינו חננאל, ואעפ"יכ לומד כן]. ובלשון האגודה (דלעיל) יש לדון, דכתב 'ולמטה'
בשפה אחת... או בשפה **שלמטה**', ויש לדון האם כוונתו בכותבו 'למטה' כלומר בשפה התחתונה,
וכמש"יכ הצמח צדק, או שכוונתו 'למטה' לעומת הפאות הגבוהות יותר שהן בצדעים. והעיר בזה
בתפארת הזקן (דברים ככתבן פ"יב עמי עח הערה עב).   ועיי"ש בצמח צדק דמקשה דלביאורו יהיו

ויתכן דזו ג"כ כוונת הלקט יושר (תלמיד תרוה"ד, יו"ד עמ' 17 בדפו"י, עמ' ל בדפו"ח [הל' חוקות הגוים סעי' א]), שכתב: וגם למעלה מפיו יש לו זקן קצר, ואמר לי משום "לא תשחית פאת זקנך" גם למאן דאמר שיש פאת זקן למעלה מפיו. עכ"ל.

[ועי' להלן לגבי הפאה החמישית לשיטת רבינו חננאל].

שיטה ז'

ושיטה שביעית היא שיטת הרמב"ם, שכתב (הל' עבו"ז פי"ב ה"ז): לחי העליון[520] ולחי התחתון מימין וכן משמאל, ושבולת הזקן. עכ"ל. ומעין זה כתב הרמב"ם גם בפיהמ"ש (מכות פ"ג מ"ה): על השער שבלחי העליון מלקות, ועל הלחי התחתון מלקות, אלו הן שתי מלקיות מצד ימין, וכן שתים מצד שמאל, ועל מה שמשתלשל ויורד[521] משער הזקן[522] אחת. עכ"ל. ומעין זה כתב ג"כ בספר המצוות (ל"ת מד): הלחי העליון מצד ימין והלחי העליון מצד שמאל והלחי התחתון מצד ימין והלחי התחתון מצד שמאל, והזקן. עכ"ל. וכן לשונו בתשובותיו (מהד' בלאו סי' רמד): הלחי העליונה מצד ימין והלחי התחתונה מצד ימין, וכן שתי הלחיים מצד שמאל. עכ"ל [בתרגום מערבית].
ומשמעות לשונו בכל המקומות הנ"ל דלשיטתו חמשת הפאות כוללות את כל הפנים, שהן הלחי העליונה והלחי התחתונה משני הצדדים. וכ"כ הריטב"א (מכות כא ע"א)[523]: ולפי דבריו ז"ל אין היתר התער אלא בשפה

שיטת רבינו חננאל ורשב"ם דלעיל זהים לגמרי. ולכן מחלק דלשיטת רבינו חננאל כל האזור שמתחת לשפה התחתונה חשיב שתי הפאות התחתונות, עד לשני צדדי הסנטר למטה, משא"כ לשיטת הרשב"ם דלעיל הפאות התחתונות הן רק בסמוך לסנטר, על העצם של הלסת התחתונה, אך לא למעלה מזה מתחת לשפה התחתונה, דזה אין שמו סנטר, דאין שם עצם, משא"כ לרבינו חננאל, עי' להלן. [אמנם בסו"ד שם (בביקצור) נשאר הצמח צדק בצ"ע מחידוש זה]. אמנם מלשון רוב הראשונים (דלמעלה) שכתבו בשיטת רבינו חננאל 'שני גבולי השפה מימין ומשמאל', משמע דהפאות לשיטתו הן שום שום לגובה צידי השפה, לא מעליה ולא מתחתיה. נמצינו למדים שיש שלש אפשרויות בכוונת רבינו חננאל: לרוב הראשונים שני צידי השפה בסיום השפה ממש מימין ומשמאל, ולמשמעות רבינו חלל הם בצדדים קצת מעליה, ולצמח צדק הם בצדדים קצת מתחתיה.

520 על מה שהריטב"א קורא 'הלחי העליון' עיין בהערה לעיל על המאירי, ומשם בארה.

521 לשון ישמשתלשל ויורד' הוא תרגום מדויק חדש של הרב עזרא קורח הי"י (מהדורת מכון המאו"ר) מלשון הערבית שבכתבי הרמב"ם. ובתרגום הישן (שבדפוס וילנא) כתוב במקום זה 'שנתלשל'. ואינו מובן [וחעיר על זה גם באוצר התוספות עמ' רפו הערה 604]. ובתרגום אחר (שבדפוס נפולי, וכן בבית הבחירה להמאירי) איתא 'שנתלה'. ומובן טפי [וחעיר בזה בתפארת חזקן (דברים ככתבן פי"ב עמ' סז הערה ח]. והתרגום החדש מתיישב טפי בס"ד.

522 עי"פ התרגום המדויק החדש של הרב עזרא קורח הי"י (מהדורת מכון המאו"ר) מלשון הערבית שבכתבי הרמב"ם. ובתרגום הישן (שבדפוס נפולי וילנא ובבית הבחירה להמאירי) כתוב 'מן השער מן הזקן'. ואינו מובן.

523 עי' צמח צדק (מכות פ"ג מ"ה אות ג) דכנראה היה לפניו נוסח אחר בריטב"א, והנוסחא שלפנינו ברורה.

העליונה או למטה בגרון חוץ לעצם[524] כנגד תרבץ הסימנים[525] בלבד או בצד הסימנים[526] הסמוכים לחוטם. עכ"ל[527].

וקרוב ללשון הרמב"ם כתב ג"כ הסמ"ג (לאוין נח) בקצרה: והם לחי העליון ולחי התחתון מימין, ולחי העליון והתחתון משמאל, וסוף הזקן הוא שנטירו בלע"ז מנטון. עכ"ל. והועתק בספר החינוך (מצוה רנב), בספר הבתים (ספר המצוה), בארחות חיים (דיני פאות הראש והזקן סי' כב סעי' א) וכל בו (סי' צז), בהגהות מיימוניות (קושטנטינא, הל' עבו"ז פי"ב ה"ה)[528] ובעץ חיים (חזן מלונדרץ, הל' עבו"ז פי"ז, ח"ב עמ' שם)[529]. וכן העתיק רבינו עובדיה מברטנורא בפי' השני (למשנה מכות פ"ג מ"ה).

וכן לשון הרלב"ג (ויקרא יט כז): שתים מימין, אחת בלחי העליון ואחת בלחי

---

[524] יש לדקדק מהי כפילות הלשון 'בגרון חוץ לעצם'. ואולי כוונתו שגם בגרון אינו מותר אלא מה שגדל בבשר הרך, ולא מה שגדל ממש מתחת לסנטר. ועי' תפארת הזקן (ביאורים סי' ב עמ' כו-כז; דברים ככתבן פי"ב עמ' עד הערה נג).

[525] בגמרא (חולין מג ע"ב) מצינו 'תורבץ הושט', וכנראה לזה כוונת הריטב"א 'תרבץ הסימנים', לכלול את מקום הקנה. כ"כ תפארת הזקן (דברים ככתבן פי"ב עמי עד הערה נד).

[526] לא מובן מה הם 'הסימנים הסמוכים לחוטם'. ובהגהות דברי חיב"ה (על הריטב"א הערה 584) גורס 'הבשר' במקום 'הסימנים'. ובשו"ת שאול שאל (סי' קג סוף אות ג, ועיי"ש אות י) ודברי שלום (עפגין, יו"ד סי' קפא עמי תסב) גורסים 'הפנים' במקום 'הסימנים'. ולשתי גירסאות אלו הפירוש שוה, דבאזור שליד החוטם אינו שום פאה ומותר בהשחתה. עי' בתפארת הזקן (דברים ככתבן, פי"ב הערה נח). אמנם בצמח צדק (מכות פי"ג מ"ה אות ג) גרס 'הסימנים הסמוכים לחיטם', וכתב שאולי פירוש 'חיטם' הוא 'החיטי' הנזכרים בגמרא (חולין יח ע"ב) שהן בצד הקנה, עיי"ש. עכ"ד. ובתפארת הזקן (דברים ככתבן, פי"ב הערה נו) הקשה דא"כ נכלל כבר בתורבץ הושט דלעיל. [דרך אגב בתפארת הזקן שם העתיק למעלה בטעות את לשון הריטב"א כפולה, עיי"ש].

[527] מבואר כמעט להדיא שלשיטת הרמב"ם וראשונים אלו דלהלן, אסור לגלח בתער גם צמוד מתחת לשפה התחתונה, וגם השערות שבגומא שם. וכ"כ בספר תפארת הזקן (שם עמי יט). וצע"ג דהרי הרמב"ם (פי"ב מהל' עבו"ז ה"ח) כתב להדיא: השפם מותר לגלחו בתער, והוא השיער שעל גב השפה העליונה, וכן השיער המדולדל מן השפה התחתונה. ואע"פ שהוא מותר, לא נהגו ישראל להשחיתו אלא לגלח קצתו עד שלא יעכב אכילה ושתייה. עכ"ל. וכן הקשה בתפארת הזקן (דברים ככתבן פי"ב עמי עד הערה נב ועמי עו הערה סט), ותירץ בדוחק דמה שהתיר הרמב"ם בשפה התחתונה הוא רק מה שגדל כנגד השיניים והבשר הסובב את שורש השיניים, אבל לא מה שלמטה הימנו הגדל כנגד עצם הסנטר. וצ"ע.

[528] בספר תפארת הזקן (שם עמי יח הערה פג) דייק גם מלשון הגהמ"יי (שם) שכתב 'ורבינו חננאל אינו מונה לחי התחתון', שהבין שהרמב"ם מונה כל הלחי, דאם הרמב"ם מונה רק חלק מהלחי, מה שייך לומר שרבינו חננאל אינו מונהו, והרי גם לרבינו חננאל יש פאות בלחי התחתון. ועל כרחך כוונתו לומר דרבינו חננאל אינו מונה **כל** הלחי התחתון, משא"כ הרמב"ם מונה **כולו**.

[529] אלא שלא פתח הפירוש השני בלשון 'לישנא אחרינא' או 'איכא דאמרי' וכדומה, רק המשיך מיד אחרי הפירוש הראשון [שהוא פירוש רשב"ם ועוד דלעיל]. ומכך כתב התוי"ט שם: כדי להסביר הענין יפה העתיק שתי לשונות, ושניהם לדבר אחד נתכוונו. עכ"ל. וא"כ התוי"ט למד בכוונת הרמב"ם כמו הבית יוסף דלהלן, עי' משניי"ב בזה לקמיה. והמלאכת שלמה (בהגהה שם) כתב דצריך להוסיף בלשון הברטנורא בין הפירוש הראשון לפירוש השני תיבות 'פירוש אחרי, ושיטתו בכוונת הרמב"ם עי' משניי"ב להלן.

התחתון, ושתים כנגדן בשמאל, ואחת במקום חיבור לחי התחתון הימני לשמאלי[530]. עכ"ל.

וכ"כ ריא"ז בפסקיו (מכות פ"ג ה"ג סעי' י): שנים מצד זה הלחי העליון והלחי התחתון, וכן שנים מצד זה וכו' כמבואר בקונטרס הראיות. עכ"ל. ובקונטרס הראיות (שם כא ע"א) כתב: פירקי דדיקנא, אין לפרש במקום חיבור הפרקים ולא יותר, אלא בכל הפרקים נמי חייבין עליהן, דומיא דבי פירקי דרישא שאין חייב על חיבור הצדעים בלבד, [אלא] כל הצדעים הוא חייב וכו', הכי נמי בפירקי דדיקנא בכל הפרקים הוא חייב ואפילו באמצעיתן ולא במקום החיבור בלבד וכו', נאמר בזקן שני פרקים מכאן ושני פרקים מכאן, והם הלחי העליון והלחי התחתון מצד זה, ולחי עליון ותחתון מצד זה, והם ד' פאות של זקן וכו'. והרמב"ם כתב וכו', וכדבריו נ"ל עיקר. עכ"ל[531].

אמנם הלחם משנה (על הרמב"ם שם) הבין שכוונת הרמב"ם רק לתחילת כל לחי, וז"ל: נראה שהוא מפרש החמש פאות בזה האופן, אחת מהמקום שמתחיל לחי התחתון, ואחרת כנגדו למעלה מקום שמתחיל העליון, וכן בשמאל הכי וכו', וכן נראה מדבריו בפיהמ"ש. אבל רש"י לא פירש כן, ולא שום אחד משאר המפרשים. עכ"ל. כלומר דמבאר מש"כ הרמב"ם 'לחי העליון ולחי התחתון' פירושו תחילת מקומם, ולא כל מקומם. וא"כ הוא מעין שיטת המאירי והראב"ד[532] ועוד ראשונים דלעיל[533]. [ומש"כ הלחם משנה דלא פירש כן שום אחד משאר מפרשים, צ"ע, וכן תמה בשו"ת שאול שאל (בראך, סי' קג אר' ג). ואולי י"ל דהלחם משנה לא ראה כל הראשונים דלעיל בשיטה זו, כי לא נדפסו בימיו, וצריך בדיקה בזה. ובספר תפארת הזקן (ביאורים סי' א עמ' יט אות ב הערה פו) תי' בדוחק דהלחם

---

[530] ענין זה דחיבור הלחי הימנית לשמאלית בסנטר הוזכר בשיטת ריב"ן ועוד ראשונים, עי' לעיל שם, ובהערה שם ביארנוהו.

[531] ולכאורה זו ג"כ כוונת המלאכת שלמה (מכות פ"ג מ"ה) דכתב דרש"י (בשבועות ועה"ית) פירש כהרמב"ם. עכ"ד. כנראה הבין דכיון דלהרמב"ם כל שטח הלחיים הוא פאה, זו ג"כ כוונת רש"י ששתי הפאות הן לרוחב. אך עדיין צ"ב דעכ"פ לרמב"ם שתי הלחיים כולן הן שתי הפאות, משא"כ לרש"י פשטות לשונו דשתי הפאות הן רק בשטח הלחיים העליונה. ודו"ק. ועי' בספר תפארת הזקן (ביאורים סי' א עמ' יט סוף אות ב).

[532] וכתב בספר תפארת הזקן (שם הערה פה) דלכן הראב"ד לא חלק על הרמב"ם בזה, כי למד בדבריו ג"כ כמו שהבין בו הלחם משנה.

[533] וכ"כ מהדיר המאירי (מכות יג ע"א הערה 119; שם כ ע"ב הערה 435) בסתם, דשיטת המאירי היא כשיטת הרמב"ם. עכ"ד. אמנם הו"ל לפרש דזהו רק לפירוש הלחם משנה, אך הריטב"א כתב להדיא דלהרמב"ם אין היתר חיתור אלא בשפה העליונה או למטה בגרון וכו'. וכן מתבאר בלשון ריא"ז, עי' לעיל.

משנה מפרש דלהרמב"ם הפאה החמישית היא כל רוחב הסנטר, משא"כ לשיטת המאירי ושאר הראשונים הנ"ל היא רק באמצע הסנטר עצמו[534].

גם מרן הב"י (סי' קפא) כתב מאד בקצרה, דשיטת הרמב"ם כשיטת רש"י. וע"י לעיל דבפשטות כוונתו לשיטת רש"י (על הרי"ף, והוא רשב"ם) שהובאה ברא"ש ובטור ועוד, וציין שם הב"י דכ"ה ברש"י סוף מכות. ובפשטות כוונתו לריב"ן דלעיל[535]. [וכ"כ בספר הזכרונות (אבוהב, זכרון שישי)]. וא"כ לפ"ז אזלו להו שתי שיטות מכל הנ"ל, ד'שיטת רשב"ם' ו'שיטת הרמב"ם' הן כשיטת ריב"ן. ודו"ק. אך אנחנו פירטנום בנפרד, כי הריטב"א וריא"ז ביארו ברמב"ם כשיטה נפרדת וכנ"ל[536], וגם פשטות לשון שיטת רשב"ם (המובאת גם בעוד ראשונים כדלעיל) היא ג"כ שיטה נפרדת, וכמש"כ הצמח צדק והנתן פריו (דלעיל)[537].

ובפירוש דרך הקודש (לרבי וידאל הצרפתי, על תורת כהנים שם) כתב דשיטת הרמב"ם דהפאות הן בסוף הלחי העליון ובתחילת הלחי התחתון, במקום חיבורם, שניים זה לצד זה, כי העצם רחב בעל שתי פאות. עכ"ל. [וקצת דומה לשיטת רש"י דלעיל[538], אך פשטות רש"י שהם בתחילת הלחי העליון, ולא בסופו כנ"ל]. וצ"ב היכן ראה כן ברמב"ם.

---

[534] וכתב תפארת הזקן (עמי יט שם) דבדרך הקודש (דלהלן) מפורש בדעת הרמב"ם שהפאה החמישית היא רק באמצע הסנטר. עכ"ד. ולא זכיתי לראות כן בדרך הקודש, דרק כותב שם (עי' לחלן למעלה) דהוי 'בשער שבין השבולתי. ושפיר שייך לפרשו על כל רוחב הסנטר, עי' לחלן כמה פירושים מהי השבולת. וצ"ב.

[535] ופירש בספר תפארת הזקן (שם אות ג) דהב"י הבין דמש"כ הרמב"ם 'לחי העליון' היינו תחילת הלחי העליון, ומש"כ 'לחי התחתון' הכוונה סוף הלחי התחתון, וא"כ היא כשיטת ריב"ן.

[536] וכ"כ בשו"ת שאול שאל (סי' קג אות ג), ודייק גם לשונות הרמב"ם בפיה"מ ובספר המצוות הנ"ל. ושם (אות ד) ביאר דלהרמב"ם כיון שכל הפנים הן בכלל הפאות, צ"ל דמש"כ בגמרא (מכות כ ע"ב) 'פאת זקנך, סוף זקנך, שבולת הזקן' זהו רק לתאר את הפאה החמישית שבסנטר [עי' לחלן אריכות דיון בזה]. גם הצמח צדק (שם אות ב-ג) כתב בדעת הרמב"ם כנ"ל ששתי הלחיים כולן בכלל האיסור, והוסיף דנראה דזו ג"כ כוונת בה"ג (הובא לשונו לעיל בשיטת המאירי).

[537] אלא שבנתן פריו (שם אות ז) כתב דהב"י כתב דדברי הרמב"ם הם כשיטת רש"י **שבראיש**. עכ"ד. וזה אינו, דהב"י כתב לחדיא דרש"י הוא בסוף מכות, והיינו על כרחך הריב"ן.

[538] ודלא כספר תפארת הזקן (שם עמי יט אות ב) שכתב דהדרך הקודש פירש דעת הרמב"ם כהלחם משנה.

פרק ד

מקום הפאה החמישית מפאות הזקן

והפאה החמישית מבואר מכל הנ״ל (בפרק הקודם) דלכו״ע היא בסנטר, וכ״כ הריטב״א (מכות כא ע״א) להדיא: והא דתנן ואחת מלמטה, הסכימו כל המפרשים ז״ל שזו במקום הזקן שנקרא בלע״ז מונטו״ן. עכ״ל.

וכתב בתשובות הראב״י אב״ד (בעל האשכול, סי׳ ריב) : לא אותו דבר מועט שעל השפה התחתונה ממעל לסנטר באמצע. עכ״ל. והועתק בארחות חיים (הל׳ עבו״ז סי׳ כב סעי׳ א) ובכל בו (ח״ה סי׳ צז עמ׳ תתקסג). כלומר הפאה החמישית היא לא בשערות הדלילות[539] הצומחות מתחת לשפה התחתונה[540], אלא השערות הצומחות על הסנטר ממש, שהוא מקום מפגש עצמות הלחי הימנית והשמאלית, כדלעיל. [והרוקח (עה״ת שם) כתב: לרבות שבולת הזקן אצל השפה התחתונה למטה. עכ״ל. וכ״ה בתוספות השלם עה״ת (שם אות ז). ובמושב זקנים לבעלי התוספות (עה״ת שם) כתבו: לרבות שבולת הזקן בשפה התחתונה. עכ״ל. ויש לעיין האם כוונתם לרבות גם את השער המדולדל הנ״ל הצומח בסמוך לשפה התחתונה מעל הסנטר].

אלא שהטור (יו״ד סי׳ קפא, ובקיצור פסקי הרא״ש מכות פ״ג סי׳ ג) כתב בשיטת רבינו חננאל: ואחת למטה בסוף הזקן בגרגרת[541]. עכ״ל. והגרגרת היא הבליטה למטה בגרון ממש[542]. [ויתכן דזו ג״כ דעת מהר״ם מרוטנבורג (נדפס בגנזות ח״ב עמ׳ קלד סעי׳ לה) שכתב: אין לגלח בתער אפילו פי קנה. עכ״ל. ועי׳ להלן].

---

[539] אצל רוב בני אדם.

[540] ומה שהם כתבו ׳על השפה התחתונה׳, הכוונה שהשערות צומחות על עובי השפה התחתונה, שכל הבשר הצמוד לשפה התחתונה קורין אותו ׳השפה התחתונה׳, והשערות צומחות על הבשר שם.

[541] לשונו בקיצור פסקי הרא״ש (שם) ׳בראש הגרגרת׳. וצ״ע אם יש הבדל בזה.

[542] בפסוק (משלי א ט) כתוב ׳׳וַעֲנָקִים לְגַרְגְּרֹתֶיךָ׳׳, ופרש״י: לצוארך, ועל שם שהקנה עשויה טבעות טבעות, קורא הצואר בלשון רבים. עכ״ל. וכ״כ הערוך (ערך גרגרת) והרמב״ם (הל׳ שחיטה פ״ג הי״ד) דהגרגרת היא הקנה. ומהרי״י וייל (שחיטה סי׳ ד) כתב דהתקנה הוא הקרום שבפנים הגרגרת המחבר את הטבעות יחד, אבל טבעות עצמן נקראין גרגרת. והובא בפשיטות בש״ך (יו״ד סי׳ כא ס״ק א). והרמב״ם (פיהמ״ש טהרות פי״ז מ״ט ופרה פ״ט מ״ד) כתב דהזולל נקרא ׳גרגרן׳ והשותה נקרא ׳מגרגרי׳ מלשון ׳גרגרת׳. וביאר התוי״ט דכל כך מתאוה לאכילה עד שלא יספיק לו מה שאוכל מתוך הושט אלא רוצה לאכול גם מן הגרגרת [=קנה]. ובמוסף הערוך (ערך גרגרת) כתב הטעם כי מפני פחזות הבליעה מקדים קנה לוושט. ועייש ברמב״ם דכתב שהוא שיפוי כובע, והתוי״ט לא הבין כוונתו, והחפמ״ג (אגרת ב או

ומרן הב"י (שם) תמה על זה, שהרי אינו מפורש כן ברבינו חננאל, אלא רק כתב 'ושבולת הזקן מתחת'[543], וגם כל שאר הראשונים כתבו כן. ולא החמירו חלקם מתחת הסנטר אלא שמא ימשוך אליו העור של הסנטר, כמבואר לעיל. וכנראה הטור למד כן ממש"כ אביו הרא"ש (דלעיל) אחרי שהביא את הדעות על חמש הפאות: ובפרק עשירי דנגעים (מ"ט) תנן, זהו הזקן, מפרק של לחי עד פיקה של גרגרת[544]. עכ"ל הרא"ש. ואף שכתב כן הטור רק על שיטת רבינו חננאל, רוצה לומר דקאי גם על שאר השיטות. אך אכתי קשה שהרי בגרגרת אין שבולת של זקן כלל. ואין לומר שהטור לומר שהפאה החמישית היא משבולת הזקן שבסנטר עד לגרגרת, שהרי השמיט לגמרי לשון 'שבולת הזקן', וכתב רק 'למטה בסוף הזקן בגרגרת', ועכ"פ הול"ל 'מסוף הזקן **עד** הגרגרת'. וצ"ע. עכ"ד הב"י. והובא בפשיטות בדרישה (ס"ק ב) ובפלפולא חריפתא (על הרא"ש שם אות ד). גם הגר"א בביאורו (שם ס"ק יח) תמה על הטור כנ"ל, והוסיף דבתורת כהנים (קדושים פ"ו ה"ה, הובא בסמ"ג לאוין נח) איתא להדיא: "פאת זקנך" סוף הזקן שבולת הזקן[545]. וכן דעת כל הפוסקים שתחת הגרון אין שום פאה. עכ"ל.

והנה גם המאירי (כ ע"ב) כבר רמז למשנה בנגעים הנ"ל, ושלל אפשרות דיהיה פירושה לגבי השחתת הזקן, וז"ל: יש באים באיסור זה מצד וכו' מה שאמרו בנגעים (פ"י מ"ט) לענין נתקים 'איזהו זקן, מן הפרק של לחי עד פיקה של גרגרת', שמשמע שסוף הזקן הוא עד פיקה של גרגרת, והוא מקום שפוי כובע למטה מסנטרו. [עכ"ד המחמירים, וכותב עליהם המאירי:] ואין זה כלום, ובתוספתא (נגעים פ"ד ה"ט, עי"ש[546]) התבאר בהדיא שלא נאמר תחום זה אלא לנגעים, וכן מעשים בכל יום שאף אותם שנהגו שלא לספר בתער כלל,

---

ו-ז) ביאר שכל הקנה כולו נקרא קנה, והשיפוי כובע נקרא גרגרת. והרד"ק (ספר חרשים שורש גרר ושורש גרה) ואבן עזרא (ויקרא יא ג) כתבו ד'מעלה גרה' נקרא כך כי פעולתו בגרון. ובספר תפארת הזקן (ביאורים סי' ב עמ' כד הערה ג) הקשה שהרי רק הקנה קרוי גרגרת, והעלאת גרה היא בושט. ותירץ דבלשון מקרא כל הגרון קרוי כך, גם הוושט, ורק בלשון משנה הקנה בלבד קרוי גרגרת, כדתנן (חולין פ"ב מ"ד) 'שחט את הוושט ופסק את הגרגרת'. אמנם רש"י ודאי פליג על הרד"ק והאבן עזרא הנ"ל, שהרי ביאר בפסוק עצמו שהקנה הוא הגרגרת. עכ"ד.

[543] כך לשון רבינו חננאל כפי שהובא ברשב"ם, תוספות שאנץ, רא"ש, רבינו ירוחם ור"י אלמדארי שציינונום לעיל. והריטב"א כתב להדיא דלרבינו חננאל 'מקום המונטון' [הוא הסנטר]. ור"י קרקושא, ארחות חיים, כל בו ור"י אלמדארי כתבו דלר"ח 'ובשבלת הזקן באמצע'. ובפסקי התוספות 'ושבולת הזקן מתחת באמצע'. והנמוקי"י כתב דלר"ח 'ובשבולת הזקן'. ורק חס"מג, המאירי, הגהמי"י ועץ חיים לא פירשו מהי הפאה החמישית לר"ח. אך עי' למעלה לקמיה משייך עי"פ המאירי.

[544] בענין המיקום המדויק של 'פיקה של גרגרת' נחלקו הראשונים, ועיין סיכום הדעות בספר תפארת הזקן (ביאורים סי' ב עמ' כז-כט).

[545] בתורת כהנים לפנינו ליתא 'שבולת הזקן'. וצ"ע אי גרע מידי מההוכחה.

[546] ועי' צמח צדק (מכות שם אות ד) ותפארת הזקן (ביאורים סי' א עמ' טו הערה סו).

מסַפּרים הם השפם ותחתית הזקן המתחבר לצואר בלא שום פקפוק. עכ"ל.
וגם הריטב"א (דלעיל) כתב להדיא לשיטת רבינו חננאל דהפאה החמישית
היא מקום המונטו"ן [=סנטר] בלבד.

גם בשו"ת מן השמים לרבינו יעקב ממרוויש (סי' מב) שאל: המעביר תער
סביבות הגרון, אם יש בו נדנוד עבירה או זה מותר לכתחילה. והשיבו, לך
אכול בשמחה לחמך ושתה בלב טוב יינך, כי כבר רצה אלהים את מעשיך.
עכ"ל.

אך הב"ח (שם אוי ח) יישב דברי הטור, דדייק מלשון הרא"ש [ועוד ראשונים כדלעיל]
דכתבו בשיטת רבינו חננאל 'ושבולת הזקן **מתחת**'[547], משמע שהיא
בשבולת הזקן היוצא מתחת בפיקה של גרגרת ששם הוא סוף הזקן ויוצא
ממנו כמו שבולת ונראה לעין באותן שמאליאים[548] בזקן הרבה. אמנם כל
שאר השער שמתחת לגרון אין בו איסור כלל לכל הפירושים. וסיים, דכך
קיבל ממורו החסיד מהר"ש בן מהר"ר לייב מלובלין ז"ל. ואח"כ (שם אוי ט)
כתב דלפ"ז גם כל השער שמתחת לגרון יש להזהר לא לגלחו אפי'
במספריים כעין תער, עפמש"כ תרוה"ד[549] (ח"א סי' רצה) שמא יחתוך בזוג
התחתון, ואע"פ שהרמ"א (שם סעי' ד)[550] כתב דאין להחמיר חומרת תרוה"ד
מתחת לגרון כי אינו עיקר מקום הפאות שם [ורק בתער ממש לא יעשה שם,
כמש"כ הרמ"א (שם סעי' ה)], אך לפמש"כ הטור וביאר הב"ח דלרבינו חננאל הוא
כן עיקר הפאה החמישית, יש להזהר שם בכל השטח, כי מפורסם הוא
שהנוהגים לגלח השער שתחת הגרון, משחיתים גם עיקר הפיאה דר"ח
שהיא סמוך לגרגרת, שאין מגלחין לחצאין שאר השער תחת הגרון ולהניח
שיבולת הזקן בגרגרת, אלא מגלחין הכל, על כן מחוייבים למחות בידן
ולגזור עליהן בעונש חמור שלא יגלחו כלל אף תחת הגרון אפילו
במספריים כעין תער לחוש לחומרת תרוה"ד הנ"ל. עכ"ד.

---

[547] בשו"ת שאול שאל (סי' קג אות ח) תמה מה הדיוק טפי מלשון 'מתחת' מאשר לשון המשנה (מכות שם)
'מלמטה'. וגם לשון [ר"י קרקושא, ר"י אלמדארי, הארחות חיים ו]הכל בו כשהעתיקו את שיטת רבינו
חננאל 'באמצע' ולא 'מתחת'. [וכבר הבאנו לעיל בסמוך דלשון פסקי התוספות 'מתחת באמצע', והנמוק"יי
כתב בסתם 'שבולת הזקן', והסמ"ג והמאירי ועץ חיים לא כתבו כלל בשיטת רבינו חננאל מהי הפאה החמישית,
והריטב"א כתב להדיא גם בשיטת רבינו חננאל דשבולת הזקן היא ה'מונטון' [=סנטר]. וכ"כ להדיא רבינו חיים
פלטיאל. ומכל זה מוכח לכאורה דרבינו חננאל אינו חולק כלל על שאר הראשונים במיקום הפאה החמישית].

[548] בספר תפארת הזקן (ביאורים סי' ב עמ' ל הערה כ; דברים ככתבן פ"ג עמ' קח הערה ס) הסתפק דאולי צ"ל
'שאינם ממולאים', שהרי באותם שממולאים זקן אין הבליטה ניכרת. וכ"ה בלשון הב"י (סי' קפא)
'לפי שבאנשים שאינם ממולאים בזקן הרבה בולט הזקן במקום ההוא כמין שבולת'. אמנם אולי
כוונת הב"ח על השערות שעל הבליטה, שנראים כשבולת באותם שממולאים וכוי. וצ"ע.

[549] וקדמו התוספות שאנץ (מכות כ ע"א ד"ה ואינו), ומשם בפסקי התוספות (מכות פ"ג סי' כז), וכדמצוין
בהגהות (שם ס"ק י), ובגליון שם דמופיע בתרוה"ד.

[550] וכייף השייך (שם ס"ק ז) כהרמ"א ודלא כהב"ח כאן.

גם בפירוש דרך הקודש (לרבי וידאל הצרפתי, על תורת כהנים שם) כתב בסתם דיש
אומרים דהפאה החמישית היא בגרון מתחת[551].

אמנם הט"ז (שם ס"ק ד) הביא את דברי חמיו הב"ח הנ"ל, ותמה עליהם מלשון
המשנה הנ"ל 'מפרק של לחי עד פיקה של גרגרת', ואיך כתב הב"ח דרק
פיקה של גרגרת עצמה היא הפאה החמישית. ולכן מסיק דאין האיסור של
השחתה מתחת לגרון מדאורייתא, אלא כמש"כ רבינו יונה (דלהלן) משום לא
ילבש[552], או כמש"כ סמ"ק (דלהלן, והובא באורחות חיים וכל בו דלעיל בשם הר"מ מאיברא, וכ"כ
הריטב"א דלעיל בשם חכמי הצרפתים) שמא ימשוך אליו העור של הפאה.

ובחידושי אנשי שם (על הנמוק"י דלעיל, בתי' ב') בשם מהר"ם כתב דגם [רבינו
יהונתן ו]הנמוק"י סוברים כהטור, שכתבו דהפאה החמישית היא 'עצם',
עיין בהערה לעיל.

והצמח צדק (מכות שם אר' ג-ד) ותועפות ראם (על היראים השלם סי' שכה, ס"ק ג-ד) הוכיחו
כדעת הטור מלשון היראים (השלם שם) שכתב בפשיטות: ואחת מלמטה פי'
תחת הלחיים סמוך לגרון. עכ"ל. והובא בהגהמ"י (הל' עבו"ז פי"ב אות ה). ולשון
'סמוך לגרון' משמע דגם מתחת לסנטר יש איסור, אלא דעדיין קשיא
קושית הב"י דלעיל דהול"ל 'עד סמוך לגרון'.

ובשו"ת שאול שאל (בראך, סי' קג אות ז) רוצה להוכיח כדעת הטור והב"ח ג"כ
מלשון הריטב"א (מכות כ סוע"ב, יובא להלן לענין 'שבולת הזקן') שכתב ד'שבולת הזקן'
קרי כל מקום שיש שם קצת בליטת בשר. וא"כ מובן שפיר דבגרגרת הוי
עוד פאה, כי אצל רוב האנשים יש שם קצת בליטת בשר. עכ"ד[553].

אמנם במדרש לקח טוב (פסיקתא זוטרתי לרבינו טוביה ב"ר אליעזר, פרשת קדושים נד ע"ב)
ורבינו הלל בפירושו לתורת כהנים (פרשת קדושים פ"ו, מה ע"א), אף דאזלי
בפשיטות בשיטת רבינו חננאל במיקום ארבע הפאות העליונות, כתבו

---

[551] אמנם בדעה הראשונה הביא שם שהיא יעל גביהם [של ארבע הפאות] בשער שבין השבולתי. עיי"כ.
ולשון 'על גביהם' לא מובנת, ופשוט שהתכוון שהיא תחתיהן. ובספר תפארת הזקן (דברים ככתבן פי"ב
עמ' פ הערה צז) כתב דיש לפרש 'על גביהן' כוונתו באמצע, כלומר היא מכוונת לאמצען למטה, ועוד
עיי"ש.

[552] אך המאירי (מכות כ ע"ב) כבר הביא חוששים כן, וכתב: ולדעתנו לא נאמר בשאר אברים אלא
מסרך עדי אשה ואין ראש וזקן בכלל זה. עכ"ל. וכן הגר"יא (בביאורו שם ס"ק יח) כתב דאי"צ לחוש
לרבינו יונה בזה, דמאי שנא מכל מקומות הזקן שאינן פאה דמותר אפי' בתער. אלא על כרך מטעם
ילא ילבש' לא אסרו אלא בגוף, שאינו גדל כל כך, ואינו עושה אלא ליפותו. עכ"ד. אך עי' שו"ת צמח
צדק (יו"ד סוחיי"א סי' צג או' ט-י), ואכמ"יל.

[553] ולענ"ד אכתי אינו מוכרע כלל, דוכי כל מקום בגוף שיש בליטת בשר יהיה מפאות הזקן, הרי זו
עיקר קושית הב"י דהגרגרת לא הוי בכלל שבולת הזקן, כי אינה בזקן כלל. ודוי"ק.

להדיא לגבי הפאה החמישית: באמצע מלמטן שתחת השפה על סנטרו.
עכ"ל. [ברבינו הלל אמנם ליתא תיבות 'על סנטרו', אך לעיל מיניה כתב להדיא 'תחת
שפה התחתונה'[554]]. וכן הריטב"א (שם) כתב להדיא גם בשיטת רבינו חננאל
דשבולת הזקן היא ה'מונטון' [=סנטר]. וכן האגודה (ריש שבועות) ורבינו
פלטיאל (ויקרא שם. וכ"ה בתוספות השלם עה"ת שם אות ח) כשהביאו את שיטת רבינו
חננאל כתבו בפשיטות: ואחת בסנטר. עכ"ל.

פרק ה
הכרעת הפוסקים להחמיר למעשה

כתב רבינו יונה (באגרת התשובה אות כד): לא ישחית אדם פאת זקנו, ולא יעשה
כמעשה המניחים חוט של שערות ומגלחין השאר בתער, כי טועים הם, ואי
אפשר בלא מכשול, אלא יגלחו כל זקנם במספריים, וכן עושין בכל גלות
החל הזה אשר בצרפת. אמנם תחת הגרון אינו אסור מן התורה, לפי שאין
שם פאה, אבל אסרו חז"ל להעביר שער בתער בכל מקום [שבגוף], ואפילו
(על) [תחת] זרועותיו, לפי שדומה לתקון הנשים[555], אבל מותר להעבירו
במספריים. עכ"ל. ובשערי תשובה (שער ג אות עח) כתב: והחטאים מניחים חוט
השער, ועקרי פרקי הפאות לא נדע מקומם איה, והנם בנים משחיתים
בעיקר הפאה. עכ"ל. [וכלשון השע"ת הובא בהגהת רבינו פרץ לסמ"ק (דלהלן)].

וכ"כ שבלי הלקט (ח"ב סי' מא) דאסור לגלח בתער צוארו וגרונו תחת זקנו,
כשם שאסור לגלח שאר האיברים.

והרא"ש (דלעיל שם) אחרי שהביא את הדעות דלעיל, סיים: וירא שמים יצא
ידי כולם ולא יעביר תער על כל זקנו, ולא כאותן המניחין חוט בכל שהוא
על הפיאות, כי לפעמים אינו מכוון כנגד הפיאות. עכ"ל. והובא בנמוק"י
(שם) ובטור (סי' קפא). וכ"כ רבינו ירוחם (ני"ז ח"ה קנט ע"א): ויש להחמיר ולחוש
לדברי כולם. עכ"ל. [ונכראה מקור דברי הרא"ש ע"פ רבו, דכ"ה בהלכות פסוקות

למהר"ם מרוטנבורג (נדפס בגנוזות ח"ב עמ' קלד סעי' לה): **אין לגלח בתער אפילו פי קנה[556].** עכ"ל].

וכ"כ סמ"ק (סי' ע, ובסמ"ק מצוריך סי' סט): **ונחלקו גדולים בפירוש הפאות, על כן כל סוף העצם[557] אסור, וטוב שלא להעביר שום תער על הזקן כלל. הגהה[558] [מרבינו פרץ]: ואפילו תחת הסנטר אסר רבינו משה[559], שפעמים שמושך אליו העור של הפאה. והחטאים מניחים וכו'** [כלשון השערי תשובה דלעיל]. עכ"ל. והובא **בארחות חיים** (דיני פאות הראש והזקן סי' כב סעי' א) **ובכל בו** (סי' צז) [ושם כתבו דרבינו משה הוא הר"ם מאיברא] **ובעמודי שלמה** (למהרש"ל על הסמ"ג לאוין נח)[560]. ומעין זה כתב **האגודה** (ריש שבועות)[561].

ומעין זה ג"כ סיים הריטב"א (שם): **ומתוך כל הפירושים הללו אין לנו היתר תער אלא בשפה העליונה ותחת הגרון כמו שכתבנו. וגם בזה צריך ליזהר כמו שאמרו רבותינו הצרפתים ז"ל** [כנראה כוונתו לסמ"ק דלעיל] **שלא ימשוך העור שהוא כנגד הסנטר כלפי מטה וישחית בסנטר. וחסידים ויראי חטא אין נוגעין בתער כלל בשום מקום, והוא המשובח.** עכ"ל. וכ"כ רבינו אליעזר ממיץ בספר היראים (השלם, סי' שכה): **שמענו בה כמה פנים היכן הם הפאות וכו' וירא שמים יצא ידי כולם וכו' צריך להזהר שלא להשחית כל הנראה כפאה.** עכ"ל. והובא **בהגהות מיימוניות** (על הרמב"ם הל' עבו"ז פי"ב ה"ח).

ומעין זה כתבו בשם **ספר המנהגות** (לרבינו אשר מלוניל, כמו שהביא בשמו בספר מנהג טוב סי' נז, ובליקוטים שנדפסו בסוף ספר המנהגות עמ' 55 סעי' א [ובספרן של ראשונים עמ' קעה]): **ומנהג טוב שלא להסתפר כלל את זקנו בתער כי אם במספרים, לבד תחת גרונו כי ליכא למיחש שם משום פאה.** עכ"ל. כלומר חמש כמו רוב הראשונים הנ"ל, אך לא תחת הגרון. ודו"ק[562].

---

[556] ואסר אפילו פי קנה, כשיטת רבינו חננאל כפי שפירשה הטור, עי' לעיל.

[557] בסמ"ק מצוריך כתוב 'עצמי. ויש ליישב שני הלשונות.

[558] ויש דפוסים שהוא המשך דברי הסמ"ק דידיה. וכן משמעות הארחות חיים והכל בו (דלמעלה) והב"י (סי' קפא) שהביאו הכל בשם הרי"י מקורביל. והעיר בזה בצביון העמודים (על הסמ"ק שם סי"ק ח).

[559] בסמ"ק כתוב יר"תי, וכנראה הוא טי"ס, וציל יר"מי, כבסמ"ק מצוריך, וכ"ה בסמ"ק כתי"י (הובא בצביון העמודים שם סי"ק ז), והוא הרי"מ מאיברא כמבואר בארחות חיים וכל בו.

[560] אמנם דייק שם מלשון הסמ"ג יסוף הזקן הוא סנטרי דלא סבירא ליה כהגהות סמ"ק, ומתיר תחת הסנטר. אך בפירוש ר"יי קרמניץ על הסמ"ע (שם, יט רע"א) כתב: ואחד מלמטה, סוף הזקן בראש הגרגרת. עכ"ל. משמע דמפרש לשון הסמ"ג (שם) ואחד מלמטה... סוף הזקן שהוא בראש הגרגרת.

[561] עי' לעיל שהבאנו לשונו ומה שדייקנו בס"ד.

[562] אמנם דעת המאירי משמע לכאורה דלא חש לזה, אלא אין איסור להעביר תער אלא במקום חפאות הידועות, דז"ל (מכות כ ע"א): יש מחמירין שלא להעביר תער בזקנם כלל וכו' ולדעתנו לא נאמר וכו' ואין לנו לדחות סוגיא שבכאן שנתבארה בה בחדיא חמש פאות שתים מכאן ושתים מכאן

וכ"פ מרן השו"ע (שם סעי' יא): פאות הזקן הם חמש, ורבו בהם הדעות, לפיכך ירא שמים יצא את כולם ולא יעביר תער על כל זקנו כלל. עכ"ל. והרמ"א הוסיף: ואפילו תחת הגרון. עכ"ל. [ועי' לעיל בזה]. ויש לדון האם השו"ע מתיר תחת הגרון, כי כאן בשו"ע לא כתב לאסור, אך בב"י ציטט את הרבינו יונה דלעיל. וצ"ע].

והנה מדברי כל הראשונים והפוסקים הנ"ל מבואר דהטעם דאין להעביר תער על כל זקנו הוא משום דחיישינן לכל הדעות לגבי מיקום פאות הזקן, ומשמע דאי ידעינן מקום דודאי לא הוי פאה לשום דעה, היה מותר לגלח שם בתער. אך בעלי התוספות עה"ת בספר מושב זקנים (ויקרא יט כז, ובתוספות השלם עה"ת שם אות יח) כתבו: אבל בין הפאות מותר, אך אסור משום מראית העין, ועוד משום לך לך אמרינן לנזירא וכו' [שבת יג ע"א ועוד], לכך אסור למעבר תער על כל זקנו. עכ"ל. והועתק לשונם בפירושים ופסקים לרבינו אביגדור הצרפתי (ויקרא שם, פסק קצד)[563].

פרק ו

פירוש 'שבולת הזקן'

והנה בפירוש 'שבולת הזקן' לכאורה נחלקו. דהנה בגמרא (מכות כ ע"ב) הובאה ברייתא, ת"ר פאת זקנו סוף זקנו, ואיזהו סוף זקנו שבולת זקנו. ע"כ. ולכאורה משמע דהוא הסנטר, שהוא סוף הזקן. וכ"כ הסמ"ג (לאוין נח): פאת זקנך סוף הזקן, שבולת הזקן, פירוש שיוצא השיער באותה בליטה כעין שבולת. עכ"ל. וכ"כ המאירי (מכות כ ע"ב): והחמשית הוא הסנטר והוא שבולת הזקן. עכ"ל. וכ"כ הראב"ד (כפי' לתורת כהנים, פרשתא ג פ"ו או' ג) והמיוחס לר"ש משאנ"ץ (שם) בשם חכמי לוניל, וז"ל: שהרי שבולת זקן והוא הזקן הארוך של אדם וכו' נקרא פאה, והוא סוף הזקן וכו'. עכ"ל.

ואחת מלמטה כמו שביארנו במשנה. אלא שיש באים זה איסור מצד ספק שנולד להם במקומות אלו ומצד מה שאמרו בנגעים וכו' ואין זה כלום, ובתוספתא התבאר בהדיא וכו' וכן מעשים בכל יום שאף אותם שנהגו שלא לספר בתער כלל וכו'. עכ"ל, עיי"ש היטב, ומשמע שלא קיבל סברא זו להחמיר מלהעביר תער על כל הזקן מחמת ספק המקומות. ודו"ק.

[563] ומשייך המהדיר שם (הערה סו) דבהלכות פסוקות למהרי"ם מרוטנבורג (נדפס בגנוזות ח"ב עמ' קלד סעי' לה) חולק עליהם כי כתב 'אין לגלח בתער אפילו פי קנה'. – אינה ראיה, דיתכן דמהרי"ם סבר כפירוש הטור ברבינו חננאל (עי' לעיל בשיטות הראשונים), שהפאה החמישית היא בפי קנה, ולכן אסר לגלח שם בתער.

והסברא בזה מבוארת בבית יוסף (סי׳ קפא) שכתב: אֲסוֹף הזקן במקום הקצר קאמר, ולפיכך נקרא שבולת הזקן, לפי שבאנשים שאינם ממולאים בזקן הרבה, בולט הזקן במקום ההוא כמין שבולת. עכ״ל. וכ״כ הרא״ם (על פרש״י ויקרא שם): במקום חיבור הלחיים בסנטרו, שבו שבולת הזקן פי׳ שיוצא השער באותה בליטה כעין שבולת. עכ״ל.

אך הריב״ן (שם ד״ה שבולת זקן) כתב: כולהו חמש פאות דקא חשיב במתניתין, בכלל שיבולת הן. עכ״ל. משמע דכל הפאות נקראות שבולת הזקן. וכ״כ בתוספות ישנים (שם כ ע״ב): שבולת הזקן, כל מקום שהשיער זקוף כשבולת, והיינו כל חמש פיאות. עכ״ל. וכן לשון תוס׳ שאנץ ור״י אלמדארי (שם). וכן מתבאר בבה״ג (סי׳ לח הל׳ נזיר) שכתב: פירקי דדיקנא, שתי לחיים שבראש, ושתי השחתות בכל לחי ולחי, אחת למעלה ואחת למטה, ואחת באמצע, זו השחתת שבולת[564] זקן. עכ״ל. וכן לשונו בהלכות פסוקות (הל׳ יולדות והל׳ נדה). וכן משמע בלשון רבינו יהונתן דידיה (לקמיה שם) דכתב: פאת זקנו, סוף זקנו, שבולת הזקן. והן חמש פיאות יש לו לזקן וכו׳. עכ״ל [והמשך לשונו הובא לעיל]. ודו״ק. וכ״כ בפסקי הרי״ד (כ ע״ב): שבלת זקנו, פי׳ אלו הפאות שנפרש לקמן. עכ״ל.

והריטב״א (מכות כ סוע״ב) כתב להדיא דהיא מחלוקת, וז״ל: ת״ר פאת זקנו סוף זקנו, ואיזו סוף זקנו שבולת זקנו. הפירוש הנכון דמפרש והדר מפרש, כי הכתוב קורא פאת זקנו לסוף זקנו מקום שמתחברים הפנים והזקן עם הראש בין מימין בין משמאל, וסוף זקן זה יש בו כמין שיטה שדומה לשבולת, וראוי שלא לגלחו בתער ולהניחו כמו שמניחין בשדה פאה של שבלים. ורש״י ז״ל [ריב״ן דלעיל] פירש גם כן כי כל פאה ופאה נקראת שבולת, מפני השער הבולט שם, או מפני שיש שם קצת בליטת בשר. אבל רבינו חננאל ז״ל ואחרים עמו פירשו כי המונטו״ן בלבד קורא שבולת זקן, והוא מפרש פאת זקנו הוא סוף זקנו והוא גם כן שבולת הזקן שבמונטו״ן שאף הוא פאת הזקן. עכ״ל. וכ״כ הריטב״א (שם לקמיה כא ע״א): וקורין שבולת זקן לכל פאה ופאה מפני השער שבולט שם מעט כדרך הפירוש האחרון שכתבתי לעיל, אבל הרמב״ם ז״ל ורבינו חננאל ז״ל קורין שבולת זקן למקום המונטו״ן בלבד כפירוש הראשון. עכ״ל.

ולכאורה קשה לפי הדעות ששבולת הזקן היא רק מה שגודל בסנטר, הרי הגמרא אמרה להדיא (מכות כ ע״א) ׳פאת זקנו סוף זקנו, ואיזהו סוף זקנו שבולת זקנו׳, וא״כ איך פסקו הפוסקים שיש לפחות עוד שתי פאות

---

[564] ובארחות חיים וכל בו (דלעיל) שהעתיקוהו, ליתא תיבת ישבולת׳, אך נוספה ע״י המהדירים.

למעלה מן הסנטר, בגובה הלחי. ולדעת רוב הראשונים יש שם ארבע, עי'
לעיל.

ובספר תפארת הזקן (ביאורים סי' א עמ' ד העדה ג) תירץ דתיבת 'זקנך' כוללת את
שאר הפאות. עכ״ד. וכנראה כוונתו דמש״כ בפסוק "פאת זקנך" מתבאר
כך, 'פאת' היא שבולת הזקן, ו'זקנך' הן שאר הפאות, שתים או ארבע
כדלעיל.

ולענ״ד זה דחוק, שהרי הגמרא ביארה 'פאת זקנו, סוף זקנו, ואיזהו סוף
זקנו שבולת זקנו'. כלומר דכל מש״כ בתורה 'פאת זקנו' פירושו 'שבולת
זקנו' !

לכן נלע״ד דכוונת הראשונים הנ״ל דהגמרא באה לומר דגם שבולת הזקן
נכללת בפאת זקנך[565]. וכן לשון הריטב״א (דלעיל) 'והוא גם כן שבולת הזקן
שבמונטו״ן, שאף הוא פאת הזקן. עכ״ל. וכ״כ בשו״ת שאול שאל (סי' קג אות
ד) דהגמרא באה לפרש שם רק את הפאה החמישית, ועל ארבע הפאות
העליונות היה פשוט לה.

וגם זה דחוק לענ״ד מאותו טעם דלעיל, שהרי הגמרא ביארה 'פאת זקנו,
סוף זקנו, ואיזהו סוף זקנו שבולת זקנו'. כלומר דכל מש״כ בתורה 'פאת
זקנו' פירושו 'שבולת הזקן' !

<h1 style="text-align:center">פרק ז</h1>

<h2 style="text-align:center">גילוח השפם וגזירתו</h2>

-א-

הדין לגבי 'בל תקיף'

בגמרא (מו״ק יח ע״א) איתא סוגיא לגבי תספורת השפה בחוה״מ ובאבלות,
ותובא הסוגיא להלן. ובפירוש המיוחס לרש״י[566] (שם ד״ה ואם) כתב: אי שאלו

---

[565] ויובן בפרט לפי מה שנתבאר לעיל שאין בסנטר עצם בפני עצמה, וגם לא קצה של עצם, וא״כ חוי״א דלא שייך בו לשון 'פאה'. קמיי״ל הגמרא דשייך בו לשון 'סוף', כי הוא סוף הפנים.

[566] כבר יצאו עוררין האם פרש״י עמ״ס מו״ק נכון ייחוסו לרש״י או לא, ואכמ״ל, והרוצה להרחיב יעיין בספר תורת יעקב (להגרי״ח סופר שליט״א, סי' רמח), ומשם בארה. והמשפט הכתוב לפנינו בפירוש המיוחס לרש״י, ליתא בפירוש רש״י למסכת מועד קטן (בהוצאת מקיצי נרדמים) וב׳פירוש מסכת משקין' (בהוצאת רמ״יל זק״ש), וכפי שהעיר הגרי״ח סופר שם. אך מופיע בפירוש רבינו גרשום (בקובץ ראשונים הוצאת ר״נ זק״ש) ובתוספות רי״ד בשם המורה.

לגלח השפה היה מתיר היה להם, דאין בהם משום בל תשחית פאת זקנך. עכ"ל. וכ"כ הארחות חיים (דיני פאות הראש והזקן סי' כב סעי' א עמ' 241) : השער שעל השפה העליונה מותר לגלחו בתער. עכ"ל. וכ"כ הכל בו (הל' עבו"ז סי' צז [ח"ה עמ' תתקסו]), והוסיף : וכן השיער המדולדל בשפה התחתונה[567]. עכ"ל[568].

אמנם הרמב"ם (פי"ב מהל' עבו"ז ה"ח) כתב : השפם מותר לגלחו בתער, והוא השיער שעל גב השפה העליונה, וכן השיער המדולדל מן השפה התחתונה. ואע"פ שהוא מותר, לא נהגו ישראל להשחיתו אלא לגלח קצתו עד שלא יעכב אכילה ושתייה. עכ"ל. והעתיקוהו רבינו ירוחם (ני"ז ח"ה, קנט ע"א טור ב) והצדה לדרך (מאמר ב כלל ד פ"ח). וע"ע בספר החינוך (סוף מצוה רלב).

וכ"כ המאירי (מכות כ ע"ב) : מעשים בכל יום שאף אותם שנהגו שלא לספר בתער כלל, מספּרים הם השפם וכו' בלא שום פקפוק. אלא שגדולי המחברים [=הרמב"ם הנ"ל] כתבו אף בשפם, שאע"פ שהוא מותר, לא נהגו להשחיתו, אלא לגלח קצתו עד שלא יעכב אכילה ושתיה. עכ"ל.

והטור (סי' קפא) הביא בפשיטות את לשון הרמב"ם. והב"י (שם) תמה : איני יודע טעם למנהג זה שכתב שנהגו, ושמא יש לומר שנהגו כן לחוש לדברי רבינו חננאל שפירש דשני גבולי שפה מימין ומשמאל הוי מקום פאה, והיו נוהגים שלא לגלח כל השפה אטו שני גבולי השפה[569]. וצריך לומר דהאי שנהגו שלא לגלח אלא קצתו דקאמר, בתער היא[570], דאי במספריים אמאי היו נוהגים שלא לגלח כולו, הא אפילו מקום הפאות עצמם מותר, ואפילו במספריים כעין תער כמו שנתבאר. עכ"ל. ובשו"ע (שם) לא הביא כלל את דברי הרמב"ם בזה. ותמה בזה היד הקטנה (הל' עבו"ז פ"ו סעי' כח מנחת עני ס"ק עה). והשלחן גבוה (שם ס"ק יז) כתב דהשו"ע סמך עמש"כ שם (סעי' יא) דירא שמים לא יעביר תער על כל זקנו, משמע דוקא 'זקנו' ולא 'שפמו', ובשפם אפילו

<hr>

[567] עיי' לעיל בדברי בעל האשכול, הארחות חיים והכל בו, ששטח זה אינה פאה כלל.

[568] וניכר שלשון הכל בו היא העתקה מהרמב"ם דלהלן, ואעפ"כ לא המשיך להעתיק מהרמב"ם דנהגו שלא לגלחו וכו'. וביאר המהדיר (שם הערה 394) עפמש"כ הב"י להלן לבאר טעם המנהג לחוש לדברי רבינו חננאל, והכל בו סבר כשאר ראשונים דלא כרבינו חננאל, דאין בצדדי השפה שום פאה.

[569] וצ"ב קצת לומר שהרמב"ם הביא מנהג שנובע משיטת רבינו חננאל בעוד שהרמב"ם בעצמו לא פסק כוותיה, עי' לעיל שיטתו במיקום חמש פאות הזקן. וכן העיר בשו"ת מספר הסופר (חי"א סי' לד עמי קס טור א), ושלכן כתב הב"י יש"מא וצ"ל.

[570] ולכאורה משי"כ הב"י שלא היו מגלחים את כל השפם בתער לחשוש לשיטת רבינו חננאל הנ"ל, אלא רק קצתו בתער, כוונתו שבמרכז השפה היו מגלחים בתער, כיון שאינו קרוב כלל לפאות לשיטת רבינו חננאל שהן מצידי השפה, ורק בקצוות השפה שהן קרובות לצידיו, לא היו מגלחים בתער. וכ"כ בשו"ת מספר הסופר (חי"א סי' לד עמי קסט טור ב). ועיי' להלן.

משום ירא שמים ליכא איסור כלל[571]. וכן הלבוש (שם) העתיק את לשון השו״ע בלבד ולא רמז שום איסור על שפמו. ומכל מקום כבר נתפשט המנהג שלא לגלח השפה כולה בין בתער ובין במספריים [כעין תער], אלא מה שמעכב את האכילה, וזה מותר גמור אפילו בתער גם למנהג, לאפוקי הנזהרים שאין מגלחין אלא במספריים, שאין טעם לחומרא זו כלל. עכ״ל השלחן גבוה [ועי׳ המשכם להלן]. והובא בקצרה ביפה ללב (ח״ג יו״ד סי׳ קפא ס״ק ג)[572].

אמנם הט״ז (שם ס״ק ג) עמש״כ השו״ע ׳זקנו׳ כתב: בכלל זה גם השפה העליונה, שלדעת רבינו חננאל שני גבולי השפה הם מהפאות. עכ״ל. משמע דלומד כן בדעת השו״ע[573], דמש״כ ׳זקנו׳ כולל גם את השפה העליונה שאין להעבירה בתער[574]. [ויתכן דיש ראיה לעיקר דעתו מלשון האגודה (ריש שבועות), עי׳ לעיל בהערה. וכן מצינו בתוספות השלם עה״ת (ויקרא יט כז אות יז) שכתבו: יש להזהר שלא יגלח אדם בתער לא על הפה ולא למטה. עכ״ל. ודו״ק]. וכ״כ החפץ חיים בספרו מחנה ישראל (פי״ג אות ב) ובקונטרס תפארת אדם (פ״א אות ב): פאות הזקן הן חמש, ורבו בו הדעות, לפיכך ירא שמים יצא את כולם ולא יעביר תער על זקנו כלל ואפילו על שפה העליונה או תחת הגרון. עכ״ל[575].

אמנם לכאורה יש לחלק, דבזקן יש דעות רבות במיקום הפאות, ולכן כתבו הפוסקים שלא יעביר תער על כל זקנו, כי כל מקום שיגע יש לחוש שהוא פאה לאחת השיטות. אך בשפה העליונה הרי אין שום דעה שהיא עצמה פאה, רק שני צדדיה הן פאות לשיטת רבינו חננאל, א״כ מנליה להט״ז

---

571 אך אכתי צ״ע מדוע לא כתב השו״ע כמש״כ הרמב״ם דלא נהגו ישראל להשחיתו לגמרי אלא מה שמעכב האכילה. וכן תמה בעינים למשפט (מכות שם סוף אות ט). ובשו״ית מספר הסופר (דלעיל) תירץ לשיטתו, כיון דלא הסתבר לב״יי דכוונת הרמב״ם היתה לחוש לשיטת רבינו חננאל.

572 וכתב דכן נהגו במקומינו שרוב מעשה אנשי יראי ח׳ ותופסי התורה אינם מגלחים בתער לא השפה ולא תחת הגרון וכו׳. ודלא כהרב ויאמר יצחק (ח״א סי׳ נ) שכתב: ובעינינו ראינו לכמה גדולים בתורה שהיו מגלחים השפה בתער וגם תחת הגרון, זולת איזה בני עלייה והנם מועטים וכו׳. עכ״ל. אלא העיקר כנ״ל.

573 וקשה דהרי משמעות הב״י דאינו מסכים עם סברת הט״ז, אלא שגם המחמירים מגלחים קצתו של השפם בתער, עי׳ לעיל.

574 ובשו״ית והשיב משה (דריהם, יו״ד סי׳ לב) הביא רק את דברי הט״ז, וכתב שעפי״ז הכריז בעירו שאסור לגלח השפם בתער. עכ״ד. ולא הזכיר כל שאר הפוסקים דלעיל ודלהלן. וצ״ב. ומעין זה העיר עליו בשו״ית שער שמעון אחד (חיראורי, ח״א יו״ד סי׳ ט וח״ד יו״ד סי׳ ו. וכן בשו״ית שערי צדק יו״ד סי׳ ח).

575 ולכאורה הט״ז והחפץ חיים לא קיבלו את משייכ הב״יי דגם המחמירים מגלחים קצתו בתער, אלא אסרו לגמרי בכל השפם. משאייכ לדעת הב״יי גם המחמירים היו מגלחים השפה במרכז בתער וכמשייכ לעיל.

לאסור להוריד מרכז השפה בתער. וצ״ע. וכן העיר בשו״ת מספר הסופר (ח״א סי׳ לד עמ׳ קנט סוף טור א) [אך עכ״פ הסכים עמו לדינא][576].

והב״ח (שם) ביאר טעם המנהג באופן אחר, שהוא מכיון שנהגו הגוים להשחיתו, על כן לא נהגו ישראל להשחיתו, דאסור לישראל להתדמות להם בגילוח שער כמו שהם עושין, כמבואר (סי׳ קעח) דגם זה בכלל ״ובחוקותיהם לא תלכו״. וכן מדויק לשון הרמב״ם ׳לא נהגו ישראל להשחיתו׳. וכוונת הרמב״ם דלא נהגו אלא לגלחו קצת במספריים דוקא ולא בתער, ודלא כהבית יוסף הנ״ל. עכ״ד. והפרישה (שם ס״ק ט) הביא בסתם את דברי הב״י. אך בהגהה הביאו שמהרש״ל (בביאורו לטור שם) כתב כהב״ח.

והצמח צדק (מכות שם אות א) פליג על הט״ז, לשיטתו (דלעיל בשיטת רבינו חננאל) דביאר דרבינו חננאל איירי בשערות שמתחת השפה התחתונה, א״כ אין ענין לאסור גילוח השפם שהוא מעל השפה העליונה.

והנה המגדל עוז (על הרמב״ם, הל׳ עבו״ז פי״ב ה״ט) כתב: העברת השער משאר הגוף וכו׳. ומ״מ יש מחמירין בדבר וחולקין בכמה ענינים, אבל כתבו רבותינו נ״ע משעמדנו על דעתנו לא העברנו ברזל על בשרנו אפילו מספרים כלל וכלל לא בראש ולא בגוף מן השפה ולחוץ. עכ״ל. והובא בים של שלמה (יבמות פי״ב סי׳ יח) וביאר: והנראה בעיני, מה שהחמירו בגוף, משום תיקון אשה, ובראש משום צדעין, דאין אנו יודעין עד כמה שיעורן, והזקן נמי כהאי גונא אין יודעין מקום הפיאה ושיעורן. עכ״ל, עי״ש עוד.

ולא הבנתי כוונת המגדל עוז ׳מן השפה ולחוץ׳, האם כוונתו שגם את השפה אין חותכים אפילו במספריים, או שכוונתו אדרבה דנזהרים רק מן השפה ולחוץ, אך את השפה עצמה חותכים. וראשון נראה עיקר. אך לשני הפירושים לא מובן לי כל כך מה שייך כאן ׳ולחוץ׳. ודו״ק.

והרמ״א בדרכי משה (יו״ד סי׳ קפב ס״ק ב) הביא את דברי המגדל עוז, וכתב דיתכן דכוונתו רק למספרים כעין תער, אבל לגלח במספריים [שלא כעין תער] לא ראיתי חושש בזה. עכ״ד. וא״כ אף לפירוש ראשון שפירשנו בדברי המגדל עוז, ושכן נראה עיקר, אין הקפידא בחיתוך השפם אלא

---

[576] ולכאורה יש להוכיח מהמאירי (דלעיל) דלא כהט״ז, שהרי המאירי כתב: יש מחמירין שלא להעביר תער בזקנם כלל וכו׳, אלא שיש באים באיסור זה מצד ספק שנולד להם במקומות אלו וכו׳, וכן מעשים בכל יום שאף אותם שנהגו שלא לספר בתער כלל, מספרים הם השפם ותחתית הזקן וכו׳. עכ״ל. מבואר דאף המחמירים שלא להעביר תער בזקנם כלל מחמת ספק מיקום הפאות, אעפ״כ מגלחים השפם. והרי המאירי הביא גם את שיטת רבינו חננאל, ועל כרחך דס״ל דאף החוששים לשיטת רבינו חננאל יכולים לגלח השפם. ודו״ק.

במספריים כעין תער, אך שלא כעין תער אין לחשוש. וכן מתבאר בים של שלמה (שם), עי"ש.

-ב-

הדין לגבי חוה"מ ואבלות

איתא בגמרא (מו"ק יח ע"א), א"ר יהודה אמר רב, זוג בא מחמתן לפני רבי, ומר **זוטרא מתני** [פרש"י: מר זוטרא מתני בברייתא כן, ולאו משמיה דרב יהודה] זוג בא מחמתן לפני רבי, ובקשו ממנו [לגלח בימי אבלם] **צפרנים**, והתיר להם. ואם בקשו ממנו [לגזוז] שפה, התיר להם [פרש"י: כלומר מנא חזינא לדעתיה דמי שאלו לגלח השפה ג"כ היה מתיר להם]. **ושמואל אמר**, [ולדבה כך היה המעשה ש]אף בקשו ממנו שפה והתיר להם. אמר אביטול ספרא משמיה דרב, שפה מזוית לזוית [פרש"י: מסוף הפה לסוף האחר, מותר לגלח]. א"ר אמי, ובשפה המעכבת [פרש"י: האכילה ושתיה, ומאוס]. א"ר נחמן בר יצחק, לדידי כשפה המעכבת דמי לי [פרש"י: לאכינא דעתי].

והרא"ש (שם פ"ג סי' כ [סז]) בשם בה"ג (הל' אבל עמ' רנג) גרס כדברי אביטול ספרא 'שפה מזוית לזוית, הנחה כל שמעכבה'. וכן גירסת רבינו חננאל (מו"ק שם) **ורש"י כת"י** (עי' בהערה להלן) **ופירוש רבינו שלמה בן היתום** (שם). ופירש **הרא"ש** (שם) **בשם הראב"ד** (ספר האשכול אוירבך ח"ב סי' מז עמ' 158, וכ"כ הרמב"ן בתורת האדם עמ' קצג), ד'שפה' פירושו השערות שמעל השפתיים ממש, שיכול לגלחן 'מזוית לזוית' כלומר בין שמעכבין האכילה ובין שאינן מעכבין. ו'הנחה' פירושו השערות שמחוץ לשפתיים מכאן ומכאן[577], שצריך להניחן כל שאינן מעכבין האכילה, ומותר לגלח רק מה שמעכב האכילה[578]. ורבי אמי חולק ואומר 'ובשפה המעכבת', שגם השערות שעל השפתיים מותר לגלחן רק מה שמעכב האכילה. והראב"ד פסק הלכה כרבי אמי דהוא בתראה,

---

[577] וביארו הרמב"ן ותלמיד הרשב"א שם דקרויין 'הנחה' כי בדרך כלל בני אדם מניחין ולא גוזזין אותן. והראב"ד והרא"ש פירשו משום שצריך להניחו שלא יגלח אותו במועד. והריטב"א פירש בשם תוספות בשם רבינו נתנאל שהיא השפה התחתונה, שהשפה העליונה נחה עליה. ועי' הערה הבאה.

[578] והמאירי כתב שהשפם נחלק לשניים בגובהו, החוט התחתון הסמוך לפה נקרא 'שפה' ומותר לחותכו בחוה"מ כשמעכב האכילה, והשערות שלמעלה ממנו [הסמוכות יותר לחוטם] נקראין 'הנחה' ואסור לחותכן בחוה"מ אף אם מתארכות עד למטה ומעכבות האכילה. ויש אומרים שהשפה מותר לחותכה אף כשאינה מעכבת, וההנחה מותר כשמעכבת. עכ"ד. וצריך להבין את טעם הדעה הראשונה, מדוע אסור לחתוך את שערות ההנחה אף כשמעכבות, דמה אכפת לי היכן שורשן, הרי עכ"פ מעכבות האכילה. וכן תמה בתפארת הזקן (עמ' צב הערות קמא,קמג). והמכתם (שם) פירש הגמרא בהיפך, דשפה הן הזויות בלבד, ומותר לגלחן בכל גונא מפני שהן מעכבות בכל שהו, אך הנחה הן השערות שמעל הפה ובהן יגלח רק מה שמעכב האכילה.

קע

אמנם הרא"ש כתב דלא נהירא, שהרי הלכה כבתראי רק מאביי ורבא
ואילך, אך לפניהם אין הלכה כתלמיד במקום הרב. ועוד דבשל סופרים
אזלינן לקולא, וכ"פ הרי"ף בסתם דמותר לגלח שפה בחוה"מ, משמע בכל
גוונא. עכ"ד הרא"ש. וכ"כ הטור (או"ח סוס"י תקלא, ובקיצור פסקי הרא"ש שם סי' כ) דמה
שעל השפה מותר לגלח אפי' אינו מעכב האכילה, ומה שבצדדים מותר אם
מעכב האכילה.

והרמב"ם (פ"ז מהל' יו"ט ה"כ) פסק בסתם: מותר ליטול שפה בחוה"מ. עכ"ל.
וכתב המגיד משנה (שם) דיש אומרים דדוקא אם מעכב האכילה או שהוא
איסטניס, אך מדסתמו הרי"ף והרמב"ם לשונם יתכן דסוברים דבחוה"מ
בכל גוני שרי[579]. עכ"ד[580].

והבית יוסף (או"ח סוס"י תקלא, ובקצרה בכס"מ על הרמב"ם הל' יו"ט שם והל' אבל דלהלן) הביא
כל הנ"ל, וכתב דסתימת לשון הרי"ף והרמב"ם משמע ג"כ דלא גרסו
בגמרא 'הנחה כל שמעכבת'[581], וכן הנוסחא בגמרות שלפנינו, ומבואר
דלדעתם אף מה שבצדדים מותר לגלח אע"פ שאינו מעכב[582]. וכ"פ רבינו
ירוחם (נ"ד ח"ד לז ע"ד). וכיון דאיסור דרבנן הוא נקטינן לקולא. וגם מש"כ

<hr>

[579] דסבירא ליה דאסרו רק גילוח הראש והזקן, ואין השפם בכלל הראש הזקן (מחצה"ש סי' תקלא ס"ק
יב, לבושי שרד שם).

[580] והלחם משנה (פ"ה מהל' אבל ח"ב) והגר"א (בביאורו סי' תקלא ס"ק י) הקשו דהרי באבלות פסק הרמב"ם
(הל' אבל שם ופ"יו ה"יג) דבכל גונא אסור, ולא חילק בין מעכב האכילה ללא מעכב [ואי"כ מני"ל דבחוה"מ שרי
לגמרי, דילמא שרי רק מעכב]. ובספר קובץ (על הרמב"ם פ"יז מהל' יו"ט ח"יכ) תירץ דממשי"כ הגמרא (מו"יק שם)
'אם בקשו ממנו שפה התיר להם' חזינן דבשפם פשיטא להו ואי"צ למיתני כלל, ועל כרחך במעכב
האכילה, ואי"כ גם הרמב"ם שאסר בסתם נטילת השפם, הוא דוקא באינו מעכב, אך במעכב שרי
אף באבילות, ואי"כ בחוה"מ שרי טפי דגם באינו מעכב. ועי"ע בהערה להלן בהמשך דברי הגר"א.

[581] הראבי"ה (סי' תתלו), הריטב"א והמרדכי והמכתם (מו"יק שם) ומהרי"ם מרוטנבורג (הל' שמחות סי' כב,
והובא בתשובות מיימוניות לסדר שופטים סי' יח) הביאו דרש"י כתב: הנחה כל שמעכבת, לא ידענא, ולא
גרסינן לה. עכ"ל. ולפנינו ברש"י ליתא, אך איתא ברש"י כתי"י (נדפס עי"י מקיצי נרדמים). וזו אחת
ההוכחות שפירוש מסכת מו"יק שלפנינו המיוחס לרש"י אינו לרש"י, עי' בתחילת הפרק לעיל. [ועי'
דקדוקי סופרים (שם אות ת) דרוצה לומר דרש"י לא גרס רק תיבת 'הנחה', וכן משמע קצת בריטב"א, אך עי'
למהדיר הריטב"א שם].

[582] ובביאור הגר"א (סי' תקלא ס"ק י) הקשה דהרי לגירסת הגמרא שלנו רבי אמי אינו חולק, אלא
מפרש [דמה שהתיר אביטול בשפה מזוית לזוית, זהו דוקא כשמעכב האכילה. נפי' הדמשק אליעזר:
דבשלמא לגירסת בח"יג והראב"יד דרב אמר להדיא דהנחה דלא במעכבת, מבואר דבשפה מותר גם בלא מעכבת,
ואי"כ רבי אמי דאמר בשפה מעכבת ודאי פליג. אך אי לא גרוס דהנחה מותר במעכבת, אי"כ רב רק ביאר מהי
שפה, מזוית לזוית, ועל זה קאי רבי אמי ואמר במעכבת, ומהכי תיתי למימר דפליגן]. וגם רב נחמן בר יצחק
ס"יל כותיה. לכן מבאר הגר"א ד[באמת הרמב"ם ג"יכ גורס 'הנחה כל שמעכבת', ו]מפרש כהערוך
(ערך זוית, ומעין זה בראבי"ה סי' תתלו), 'שפה מזוית לזוית' כלומר מותר ליטול השפה רק אם צריכה כולה
תיקון, אך אם רק מקצתה אסור. 'הנחה כל שמעכבת', כלומר אם נטל מקצת השפה והניח
מקצתה, מותר ליטול הנשאר משום דמעכב האכילה. ורבי אמי חולק ואומר 'שפה כל שמעכבת'
כלומר דבכל גונא שרי [גם אם צריכה מתחילה תיקון רק במקצתה], כי מעכבת. עכ"ד. ועי' קרן
אורה (מו"יק יח ע"יא) דהקשה על הגר"א הנ"יל מגירסת הגמרא לפנינו, עיי"ש.

המרדכי (סי' תתעה) שמדר"ם (הל' שמחות סי' כג) כתב בשם ר"ת דשמא לא התירו לגלח השפה אלא בתער ולא במספריים, דומיא דתכפוהו אבליו (מו"ק יז ע"ב). וכ"כ התוספות (שם יח ע"א ד"ה בקשו) דהיה מתיר להם דוקא ע"י שינוי. והסמ"ג (לאוין עה) [וי"ג והסמ"ק (סי' קצח)] הביאו מחלוקת בזה, וכיון דאיסורא דרבנן הוא נקטינן לקולא דאף בלא שינוי. עכ"ד הב"י [וכ"פ בשו"ע (שם סעי' ח) בסתם: כל אדם מותר ליטול שפה בחוה"מ[583]]. וקרוב לכל זה הביאו הטור והב"י (יו"ד ר"ס שץ), אלא ששם הביאו דלגבי אבלות הראשונים, הרמב"ם והראב"ד[584] (הל' אבל פ"ה ח"ב ופ"ו ח"ג, וכ"כ הרמב"ם בפיהמ"ש מו"ק פ"ג מ"ו) סוברים דבאבלות אסור לגמרי כל שלשים יום [וכ"כ הרדב"ז (שם פ"ה)][585], ובה"ג (הל' אבל עמ' רמג) והרי"ץ גיאות (מאה שערים הל' אבל עמ' מט) כתבו דלאחר שבעה מותר כל שמעכב האכילה, והרמב"ן (דלעיל)[586] התיר בזה אף תוך שבעה[587], בין מעל השפה ובין מהצדדים, דאינו בדין שיתלכלך באכילה, ושכן פסקו בירושלמי (מו"ק פ"ג סוה"א). והב"י סיים: ולענין הלכה, כיון שהרמב"ם והראב"ד מסכימים לדעה אחת, הכי נקטינן. עכ"ל.

ואעפ"כ בשו"ע (יו"ד שם סעי' א) פסק דלא כהרמב"ם והראב"ד אלא כהרי"ץ גיאות, דאחרי שבעה מותר אם מעכב האכילה. ותמהו בזה הש"ך (שם ס"ק א), באר הגולה (שם ס"ק ה) ועטרת זקנים (או"ח סי' תקנא ס"ק ח) שסותר מסקנתו בב"י. ועוד דלגבי שבוע שחל בו תשעה באב (או"ח סי' תקנא סעי' יג) פסק השו"ע כהרמב"ן דשרי אף תוך שבוע זה. ותמה גם על זה הב"ח (שם) בסתירת הפסקים.

והנה על הקושיא הראשונה, תירץ הלחם יהודה (עייאש, על הרמב"ם הל' אבל פ"ה ה"ב) דמש"כ הב"י דנקטינן כהרמב"ם והראב"ד, היינו רק לאפוקי מהרמב"ן

---

[583] וכן סתמו הפוסקים, דמותר בין בתער ובין במספריים ואפילו בלא שינוי ואף מן הצדדים של הפה שאינו מעכב את האכילה, כהכרעת הב"י ולא חיישינן למחמירים, כן כתבו המג"א (שם סי"ק יב), א"ר (שם ס"ק יא), משנ"ב (סי"ק כא) וכח"ח (סי"ק לט). ולשון השו"ע 'כל אדם' לרבות שאינו איסטניס, ודלא כרב נחמן בר יצחק דהתיר רק באיסטניס, כ"כ השלחן גבוה (ס"ק טז), והובא בכח"ח (סי"ק מ).

[584] וצי"ע שהנמוק"י (על הרי"ף שם) כתב בשם הראב"ד כדעת הרמב"ן דלהלן. ותמה בזה בכתונת פסים (פאדווא, על הנמוק"י שם, ג רע"ג בדפי הספר). ובגמרות עוז והדר תקנו בנמוק"י (ע"פ דפוס קושטא) 'הרמב"ן'.

[585] דהרי נאסר על גילוח כל שער בו (כמש"כ בשו"ע שם סעי' יב, יו"ד סי' שץ סעי' א).

[586] וכ"פ הר"ין (בחידושיו שם). והנה רבינו משולם הברדשי בספר ההשלמה ורבינו מאיר המעילי בספר המאורות (מו"ק שם) כתבו כדעה זו מעיקר הדין, אלא שסיימו שראוי להחמיר בתוך שבעה. והגר"א בביאורו (יו"ד סי' שץ ס"ק ב, וצוין גם במשנ"ב סי' תקנא שעהי"צ ס"ק צ) כתב דדברי הרמב"ן עיקר, וכמו שהוכיח מהירושלמי, ושכן דעת הטור. עכ"יד. ומש"כ שכן דעת הטור, צ"ב לכאורה, דהטור רק הביא את שלש הדעות, אמנם הביא את דעת הרמב"ן באחרונה.

[587] וביאר הב"ח (יו"ד שם) דפלוגתייהו בפשט חברייתא דאבל רבתי (פ"ז) דתניא התם דאפי' שער בית הסתרים אסור. דהראב"ד מוקים לה בתוך שלשים, ורי"ץ גיאות תוך שבעה, והרמב"ן מבאר כיון שאינו מעכב האכילה.

שהיקל באבלות אף תוך שבעה, ומשוה דין אבלות לחוה"מ לגמרי, על זה
כוונת הב"י דנקטינן כהרמב"ם והראב"ד דיש הבדל בין חוה"מ לאבלות.
אך במהות ההבדל פסק השו"ע כהרי"ץ גיאות שבתוך שבעה אסור אף
מעכב האכילה, ואחרי שבעה מותר מעכב האכילה, ובחוה"מ מותר לגמרי
גם כשאינו מעכב האכילה.[588]

ועל הסתירה השניה, תירצו השכנה"ג (שם הגהב"י אות יג), עט"ז (דלעיל), מאמ"ר
(שם ס"ק יב) ומטה יהודה (שם ס"ק כט) [וצויינו במשנ"ב (שם שעה"צ ס"ק צ) וכה"ח (שם ס"ק קע)]
דהשו"ע ס"ל בזה דשבוע שחל בו תשעה באב דומה לתוך שלשים של
אבלות ולא לתוך שבעה, וכיון שהתיר בתוך שלשים של אבלות כשמעכב
האכילה, וכדלעיל, א"כ גם מותר בשבוע שחל בו תשעה באב.

פרק ח

הוראת האר"י ז"ל

-א-

מקור האיסור, וענין חיתוך שערות השפם

כתב מהרח"ו (שער המצוות פרשת קדושים, ובקצרה בספר טעמי המצוות שם): וענין פאות
הזקן הנה גם הם צינורות של שפע וכו', והיה מורי [האר"י] זלה"ה נזהר
מאד שלא לחתוך שער הזקן כלל, לא בתער ולא במספריים, לא למעלה
ולא למטה ולא בשום מקום מן הזקן, אפילו למטה תחת הזקן באותם
שערות קטנים החופפים על הגרון ממש. אבל השער שבשפה העליונה
המעכב את האכילה היה קוצצו במספריים ולא בתער.[589] ולא עוד אלא
שהיה אומר שאיסור גדול מאד הוא לעקור או לתלוש בידו אפילו שער
אחד בלבד בכל מקום זקנו, כי הם צינורות של שפע, ולכן צריך האדם
ליזהר שלא ישים ידו בזקנו למשמש בה כדי שלא יעקור ויתלוש איזה
שער. גם היה אומר מורי זלה"ה שבכל פעם שהאדם מזרז ומעמיד על
עצמו שלא ליגע בזקנו לטעם הנזכר, יכוין כונה הנזכרת שבזקן הנזכר נרמז
שם 'אל שדי'. דהתיקון הראשון בדיקנא קדישא 'אל' (כמבואר בסוד שלש עשרה
מדות ד'ויעבור'), ושאר השתלשלות הזקן יש בה צד ימין וצד שמאל, והם שני

---

[588] וע"ע מרכבת המשנה (אלפאנדארי, על הרמב"ם הל' יו"ט שם אות כ, דפ"ו צב ע"א ודפו"ח עמ' רלב).

[589] תיבות 'ולא בתער' הן בספר טעמי המצוות, אך פשוט דגם זו כוונת ספר שער המצוות אע"פ
שלא כתבום בהדיא, אך נכלל במש"כ 'ובמספריים'.

פעמים 'זקן' שהם גימטריא שד"י. הרי שנרמז בו 'אל שדי'. עכ"ל.[590]

[והועתק לשונו בסידור הרש"ש (מהדורת היר"א ח"א עמ' קסז) ובספרי רבי יעקב צמח (נגיד ומצוה, לחם מן השמים וזר זהב) ובשמן ששון (ח"ג על שעה"כ דרושי ויעבור עמ' נח; ח"ד פתח עיניים סדר ערב שבת עמ' ס; ח"ז בפירושו לשער המצוות שם, סו ע"ד / פט ע"ב). ובשינוי לשון ע"י רבי נתן שפירא בספר יין המשומר (נ ע"ב, נג ע"א) ורבי עמנואל חי ריקי בספר משנת חסידים (מסכת יום ו פ"ה מ"ה) ורבי נפתלי הירץ בכרך בספר עמק המלך (שער טז רישא דז"א פס"א, ועי"ש שער או"א פ"מ)].

וכ"כ בקצרה בשער רוח הקודש (ט ע"ב): גם צריך להזהר שלא לעקור שום שער מן הזקן, אפי' דרך עסק, שיכוין כי זק"ן זק"ן הם בגימטריא שד"י. עכ"ל.

והנה בענין חיתוך שערות השפם באופן שלא יפריעו לאכילה, הגרי"ח בשו"ת תורה לשמה[591] (סי' שצ) הביא ענין זה ע"פ הזוהר והאר"י, ואח"כ שם (סי' שצא) כותב כך: והנה עתה באנו לדעת אם יש בזה חומרא וחסידות שלא לחתוך גם משער השפה כלום אפילו מה שמעכב האכילה וכו'. תשובה, אין בזה שום חומרא וחסידות כלל אלא גם החסידים עושים כן, דבהדיא איתא בכתבי מהרח"ו זלה"ה כי רבינו הגדול האר"י זצ"ל בעצמו היה מקצץ משער השפה מה שהיה מעכב האכילה, ומי לנו גדול ממנו בחסידות, ואם היה בזה חסידות לא הוה עביד עובדא בנפשיה וכו'. וטעם יש בזה עפמ"כ באדרא רבה בתיקונא (ח"ג קלד ע"א) וכו', ועע"ש (קלט ע"א) וכו', ולפ"ז מובן הטעם מה שהיה רבינו האר"י זצ"ל קוצץ שער המעכב האכילה, לאו משום פינוק הוא, אלא אדרבה הוא הקפיד לקצצו משום מצוה, מפני כי זה המעכב האכילה הנה הוא יורד על פומא, ועל כן יש מצוה וחסידות לפנותו משום כדי שיהא פומא פנוי, וכאשר תראה סוד הפומא באמת למעלה. עכ"ל.

ומעודי תמהתי[592] מדוע בקהילות החסידים גם לא חותכים כלל את השפם[593], אפילו את המפריע לאכילה[594], וכן ראיתי אצל תלמידי החזו"א

---

[590] בסיום הקטע שינינו לשונו מעט בשל החלפת מקום משפטים לסידור רצף הענין.

[591] ועי' באריכות בשבט מיהודה (ח"א סי' כא) דהוכחנו בסי"ד דשו"ת תורה לשמה ברור ייחוסו להגרי"ח ללא פקפוק וללא פוצה פה ומצפצף. וצוינה תשובתי זו בס"ד בכמה ממחברי זמננו, עי' שו"ת יביע אומר (ח"ט סוס"יי צו עמ' קפב), אריס נסי (ב"ימ עמ' 14, יבמות עמ' 42), שו"ית תורה לשמה הנדמ"ח (מהדורת אהבת שלום מבוא עמ' 13,43,44; ומחדורת סאלם עמ' 24), חסידור (אוברלנדר, עמ' תה), היכל הבעשט"ט (ח"ג עמ' סג), שו"ית עטרת פז (ח"ד עמי מד), דברי פינחס (מיירס, סי' עב עמי שנח), חקרי הלכה (מזוז, עמ' מ חערה ב) וקובץ מקבציאל (חלי"ח עמ' תרטו חערה 109).

[592] והלום ראיתי בקונטרס זקן ישראל כהלכתו (לרש"יי גרוס, סופ"יב עמ' יג) שהביא שבשו"ית שמחה לאיש (יו"יד לח) תמה בזה, ודחק מאד ליישב מטעם סלסול, והניח בצי"ע. עכ"יל. ולא מצאתי בכמה ספרי שמחה לאיש שראיתי. וה' יאיר עיני.

וההולכים בשיטתו. ובספר 'אין לו להקב"ה **אלא** ד"א של הלכה' (פרק סח סעי' ז עמ' רמז) כתבו על מו"ר הגר"ח קניבסקי זצ"ל[595]: מקפיד שלא לגזוז פאת זקנו וכו', וגם השפה אין מגלחין כלום. עכ"ל. וציינו לשו"ע סי' קפא וכו', ובסוגריים כתבו: ('וגם השפה' הוא על פי קבלה). עכ"ל. ולא זכיתי למצוא מקור שהוא ע"פ קבלה[596]. וגם שאלתי את מו"ר הג"ר יעקב הלל שליט"א ואמר לי שאין לזה מקור, ומנהג החסידים אמר[595] דדילמא סברי דסגי בהא דמזיזים באצבעותיהם השפם לכאן ולכאן בשעת אכילה. וצ"ע. וה' יאיר עיני. ועי' להלן.

ומהר"י מולכו בספר שלחן גבוה (סי' קפא ס"ק יז) כתב: ויש בריונים שאין מגלחין השפה כלל לא בתער ולא במספריים, אלא שערות השפה עודפות על שפתותיהם ותמיד מפרידין השערות ביד לצד ימין ולצד שמאל, ואיסור גמור הוא זה, חדא שזה עושים להדמות לגויים אנשי המלחמה הרגלים שהם בריונים שמגדלין שער השפה כהאי גוונא. וכבר נתבאר לעיל (ר"ס קעח) שאסור לגדל ציצת ראשו וכו' שלא להדמות להם וכו'. ועוד כפי חכמי הזוהר (אדרא קדישא דנשא) צריך שיהיו השפתים פנויות מכל צד מכל שער, ויש

---

[593] ואין לומר שהוא מטעם משי"כ המגדל עוז (על הרמב"ם חל' עבו"ז פי"ב הי"ט) דכתבו רבותינו ני"ע משעמדנו על דעתנו לא העברנו ברזל על בשרנו אפילו מספרים כלל וכלל לא בראש ולא בגוף מן השפה ולחוץ. עכ"ל. ועי' לעיל דנראה כוונתו שנזהרו אף על השפם. אך הרי ביאר הרמ"א בדרכי משה (יו"ד סי' קפב ס"ק ב) דכוונתו רק למספרים כעין תער, אך שלא כעין תער אין חשש. וכן משמע בים של שלמה (יבמות פי"ב סי' יח) דביאר החשש משום פאות הזקן, וא"כ זהו רק במספרים כעין תער. עי' כל זה לעיל.

[594] עי' בשו"ת דעת משה (להאדמו"ר מבוביאן-קראקא, רבי משה פרידמן הי"ד) בתולדות המחבר (בסוף הספר עמי רמב) איך שהוצרך לגלח זקנו במחנה הריכוז משום פיקוח נפש, אך בשפמו לא נגע מעולם לחותכו. וכן ראיתי בעוד ספרים על אדמו"רים ומנהיגי ק"ק חסידים. והלום ראיתי בספר 'גידול זקן' (חב"ד, עמי 56-58) שהביא את דעת הצמח צדק (הובא לעיל פרק ז) שהתיר לגלח את השפם אף לשיטת רבינו חננאל, וחלק על הט"ז שאסר (עי' כל זה לעיל שם פרק ז). ועוד הביא את דברי האר"י והגריי"ח הנ"ל שצריך בדוקא ענין לגזור מן השפם מה שמעכב את האכילה. וסתם בזה. ולא ביאר אי"כ מדוע חסידי חב"ד [שהוא נמנה מהם] אינם גוזזים את השפם. ובליקוטי שיחות (חל"ב עמי 250; אגרות קודש חיי"ט סי' זי'תכ עמי תכב [ועיי"ע חכ"ג עמי תיח]; שערי הלכה ומנהג [שלחן מנחם] יו"ד סי' לו) כתוב: לגבי תספורת בשפה העליונה שמעכב האכילה, הנה כיון שלא שמעתי בזה הוראה מפורשת, יש צדדים לכאן ולכאן, ולכן יש לברר מנהג אנ"ש בזה אצל רבני אנ"ש היודעים הנהגה בפועל מחסידים הזקנים, והרי מעשה רב. עכ"ל. ובקובץ התקשרות (חלק רעו עמי 18) הביא הנ"ל וכתב דהרב יצחק יהודה ירוסלבסקי אמר שזקני החסידים נמנעים מזה. עכ"ד. ולא ביאר טעם הנמנעים, וגם משי"כ שם דיש צדדים לכאן ולכאן צ"ב מה הם הצדדים למנוע, ולא ראינו שום פוסק או מקובל שיכתוב כן.

[595] אוי נא לנו כי חטאנו ובהדי פניא דמעלי שבתא ביום פורים דמוקפין שתא זו, שמעה שמענו ותרגז בטננו על הלקח מאתנו זכר ישראל שר התורה הנ"ל ושניתי מישליט"יא"י ליזצ"לי, וה' ירחם על שארית פליטת עמו ישראל ברחמים.

[596] וחלום שאלתי את בנו הגרי"ש קניבסקי שליט"יא מה כוונתם, ואמר לי שיתכן שהכוונה 'על פי קבלי' מרבותינו ואבותינו. ושאלתיו האם הכוונה מהחזון איש, וענה לי אף למעלה בקודש. עכ"ד.

[597] ספק במליצה ספק ברצינות.

איסור חמור לגדלם. ועוד דלא ימלט מאכילת בשר בחלב, דכשאוכל חלב
תחילה ואח"כ בשר, אפי' ידיח הפה והשפה אלף פעמים, אי אפשר שלא
ישאר מפתיתי הגבינה בין השערות הללו ויבא לאוכלם אח"כ בבשר[598], לכן
שומר נפשו ירחק מזה ולא ידמה כי אם לישראל קדושים. עכ"ל. והובא
בכף החיים (פלאג'י, סי' ל סעי' יד) ובזבחי צדק (יו"ד סי' קפא ס"ק יא) ובדרכי תשובה (סי'
קפא ס"ק ב). וכ"כ בקצרה בשו"ת התעוררות תשובה (ח"ד סי' פח אות ג) דכיון
דהגויים נוהגים עכשו במדינותינו לגדל השפה מימין ומשמאל ארוכות
ומשוכות, ממילא אסור לישראל בזה להתדמות להם משום "ובחוקותיהם
לא תלכו" ואסור לגדל שער השפה שיהיו ארוכות כדי שימשכו לצד ימין
ושמאל. עכ"ד.

והנה שלשת האחרונים הנ"ל לא רמזו בדבריהם שהקפידא היא דוקא אם
מגדל שפמו בלבד, אבל אם מגדל ג"כ זקן לית לן בה. ואדרבה משמע
דאינו כן, אלא גם אם מגדל זקנו יש קפידא שלא יגדל שפמו ביותר. ובפרט
לפי הטעמים שכתבו ע"פ הזוהר שיהיה פיו פנוי לתפילות, ושלא יכשל
באכילת בשר בחלב וכדו'.

ובספרים הדרת פנים זקן (ח"ב עמ' תשעג) ותפארת הזקן (ביאורים סי' ג עמ' לט הערה ה)
נסתפקו מהו גדר חיתוך השערות המעכבות לאכילה. דלכאורה משמע רק
אורך השערות הנכנסות לגובה חלל הפה, שהן מעכבות האכילה. אך
מלשון הזוהר (נשא, קלא ע"א) 'דלא תליין שערי על פומא, ופומא אתפני מכל
סטרוהי, ויאן שערי סחור סחור ליה' משמע דהפה עצמו צריך להיות גלוי
משערות סביב, כלומר כל עובי השפה העליונה יהיה פנוי ויחתוך כל
השער שעליו. וצ"ע.

והנה כל הנ"ל מבואר ע"פ האר"י דהקפידא היא משום דמפריע לאכילה,
אך מהר"א וידאש בספר ראשית חכמה (תוצאות חיים, אות קכו / שער ב אות כט. וע"ע שער
הקדושה פ"ט אות טז) הביא בשם מורו [הרמ"ק] נ"ע דכשם דאיתא בזוהר (ח"ג קלא
ע"א רצג ע"א ותקו"ז ת"ע קכ-קכב ע"א, קמד ע"א, קל ע"א, חו"ח יתרו לא ע"א, לד ע"א) דצריך לבער
השער מעל האזניים בשעת התפילה [כדי שישמע ה' בקשתו, עי"ש][599],
הוא הדין צריך לבער השער מעל פיו בשעת התפילה, לבל יסתמו הפה,
שתיקון הפה הוא שהשער נפנה מכל הצדדים כדפירשו בזוהר (ח"ב קמא

---

598 חשש זה של אכילת בשר בחלב נרמז גם בצוואת הריעב"ץ לבניו, עי' סידורו עמודי שמים (ח"ב
בהגהותיו לדף עז ע"א [הל' ט"ב שער הדלק חלון ז חלון המצרי], עמ' קב בדפי הספר) דכתב: אצ"ל מגלוח פאת הראש
והזקן בכל לא תגע בו יד המגלה, רק בשפה המעכבת האכילה הזהרו להסירה כי שקץ הוא
ומטמאה המאכל. עכ"ל. ואולי נתכוין להנ"ל. ועי"ע בסידור ישועות ישראל (סוף פרשת אמור).

599 ועי' בזה ביסוד ושורש העבודה (שער הקרבן תפילת יי"ח שער ח פ"יב), בניהו (על תקו"ז ת"ע פח ע"א), מגדלות
מרקחים (סוס"יי יח), שו"ת משנה הלכות (ח"ח סי' יד) ופאות כהלכה (נספחים סי' ז).

ע"א[600]. עכ"ד. והובא בפשיטות במקור חיים (להחות יאיר, סוס"י צה. ועוד עי"ש בקיצור ההלכות סי' רנ). וכ"כ באזהרות מהר"י סרוק (אות נה, נדפס בספר קרא מקרה בקונטרס הנהגות יושר[601]): יבער השער מעל אוזנו ומסביבות פיו בעת התפילה. עכ"ל. והובא ביפה ללב (ח"א יושר לבב סי' צב ס"ק ג). והובא כל הנ"ל בכה"ח (סי' צא ס"ק ב). וביפה ללב (יו"ד סי' קפא סעי' ג) הוסיף: וזכור אני שראיתי בספר טעם אחר בזה, שמטמטם המוח מלהבין ומעכב מלהוציא המילה בשפה ברורה. עכ"ל.

ומעין זה גם כתב בספר עמק המלך (בכרך, אמשטרדם שנת ת"ח, שער יא דיקנא קדישא פ"כ): התיקון השנים עשר וכו'[602], פירוש אלו השערות של השפה העליונה שעל הפה, והשערות של השפה התחתונה, אינם כל כך ארוכים וגדולים, שלא יכסו השפתיים, העליונה והתחתונה וכו', וצריך שלא יהיו שערות מכסים הפה. עכ"ל. ועוד שם (שער טז רישא דז"א פס"ב) כתב: והנה אם השערות של השפה העליונה והתחתונה, יאריכו יותר על הפה, יעכבו הדיבור ח"ו, לכן הוא מותר לחתוך שערות השפה, מה שמעכב האכילה. עכ"ל, עי"ש עוד.

<h2 style="text-align:center">-ב-</h2>

<h3 style="text-align:center">חיתוך הזקן</h3>

הבאנו לעיל כל לשונות האר"י ותלמידיו על איסור חיתוך הזקן ע"פ הקבלה. וכן הביא הבאר היטב (יו"ד סי' קפא ס"ק ה) וז"ל: והאר"י ז"ל לא היה מגלח כלל לא בתער ולא במספריים לא בשום מקום כלל, זולת בשיער שעל השפה המעכב האכילה היה חותך במספריים. גם היה נזהר שלא ליגע בזקנו[603] שמא יעקר ח"ו אחת[604] משערותיו ונמצא פוגם ועוקר צינור אחד

---

[600] שהתיקון התריסר בתיקוני דיקנא מי"ג מידות הוא "וחטאה" [והוא כנגד "אשר נשבעת" שבפסוק "מי אל כמוך"] הוא הפה הפנוי ומוקף מסביבו בשערות.

[601] וכן הובא בספר תשב אנוש (סיד, שאלוניקי תרכ"ט, ליום ל) ובספר אורחות יושר (מולכו, פט"ו לחודש אלול).

[602] עיי בהערה לעיל.

[603] היפה ללב (ח"ט סי' קפא ס"ק א) העיר דלא מצינו קפידא זו של האר"י אלא על שבת קודש, כפי שמסופר [עי' כף החיים (פלאג'י, סי' ל סעי' מח), רוח חיים או"ח סי' שג סי"ק א; שם סי' שכא סי"ק ב; שם סי' שם סי"ק א; צואה מחיים חי"ב סי' נט)] ששלח ידו בשבת ליגע בזקנו והשאיר ידו שם עד סוף השבת שמא יתלוש שערה בהוציאו את ידו משם. עכ"ד. ואולי יי"ל דבשבת הקפיד שלא להוציא ידו עד סופה, אבל בחול רק לכתחילה היה נזהר שלא לשלוח ידו, אך אם כבר שלח ידו בטעות, היה מוציאה, דלא חמיר כולי האי. ודו"ק. וכן מתבאר בצואה מחיים (שם) דכתב [בנו רבי אברהם, אחיו של היפה ללב הנ"ל]: מעולם לא ראינו [את אבינו מהר"ח פלאג'י] דשם ידו בזקנו אפילו בחול, ואדרבה כשהיה רואה לאחר בשבת, אפילו אדם חשוב, תיכף היה מזהירו ואומר לו מעשה האר"י זיע"א. עכ"ל. ועי' לרב היחי"ס שליט"א בתוספת חיים (שם עמי לה) דכתב דבירור דהקפידא של מהרח"פ ביום החול היתה משום אזהרת האר"י עי"פ הקבלה כנ"ל, מה גם שיש חשש שאם שהיה רגיל לשלוח ידו בחול לזקנו, יבוא גם בשבת וכוי.

ח"ו. עכ"ל. ומעין זה כתבו החיד"א במחב"ר (יו"ד סי' קפא שיו"ב ס"ק י ובקונ"א שם
ס"ק ב, ובקצרה בשו"ת בשר חיים שאל ח"א סי' נב[605]), שו"ת יוסף אומץ סוס"י מה, מורה באצבע סי' קלה), **שו"ת
דברי יוסף** (אידגאס, סי' כה וסי' לו), **נהר שלום** (וינטורה, בתשובתו בתשו"ת שבשו"ת מכתם לדוד פארדו
יו"ד סי' כז ד"ה כלל), **שו"ת מכתם לדוד** (פארדו, יו"ד סי' כח ד"ה ואיברא), **שו"ת שמש
צדקה** (מורפורגו, יו"ד סי' סא), **אהבת יהונתן** (אייבשיץ, הפטרת ויקרא)[606], **בית לחם יהודה**
(על השו"ע יו"ד סי' קפא), **לחם הפנים** (שם), **שלחן גבוה** (או"ח כללי המנהגות אות קמט), **פלא
יועץ** (ערך גילוח), **יפה ללב** (ח"ג יו"ד סי' קפא ס"ק ג), **זבחי צדק** (יו"ד סי' קפא ס"ק ח),
משרת משה (עטיה, על הרמב"ם הל' עבו"ז פי"א סוה"ג בהשמטות קד ע"ג ובדפו"ח עמ' סב), **שו"ת
דברי מלכיאל** (ח"ה סי' פא), **שו"ת תירוש ויצהר** (סי' סח תשובה ב), **עצי לבונה** (על
שו"ע יו"ד שם), **מחנה ישראל** (להחפץ חיים, פי"ג אות א)[607], **שו"ת מנחת אלעזר** (ח"ב סי'
מה), **שדי חמד** (כללים מע' ג אות עה; מע' ל סי' קטז), **חסד לאלפים** (יו"ד סי' קפב סעי' ט),
ברית כהונה (יו"ד מע' ז אות ז), **שו"ת שארית יוסף** (ידיד הלוי, יו"ד סי' ח) ובקונטרס
שיטת רבינו ישראל אבוחצירא (בענין גידול וגילוח הזקן עמ' 3)[608]. כולם הזכירו
בלשונם להדיא ע"פ האר"י איסור לחתוך את הזקן אף במספריים.

והנה כבר נודע ענין תשובת הגרי"ח מבבל בשו"ת רב פעלים, ואני אביא
הענין כאן מאד בקצרה, כי אין לי ענין להיות בגדר 'קמחא טחינא טחנת',
ורק אסכם הדברים לטובת המעיין.

בשו"ת רב פעלים (ח"ד סוד ישרים סי' ה) נשאל על גזירת שער בית הערוה
במספריים, ובתשובה מדמהו לענין הזקן העליון, ומביא את סוף דברי
האר"י דלעיל לגבי עקירת ותלישת שער הזקן, ומדייק שהקפידא היא רק

---

[604] כך תוקן בשלחן ערוך (מהדורת פריעדמאן מכון ירושלים) ובספר תפארת הזקן (עמ' קלב הערה ח), ובדפוסים
הישנים כתוב ישתים'.

[605] והמשך התשובה החיא מעיקר הדין היא שם (ח"ב סי' כז).

[606] ועיי"ע במכתב הגר"ר יהונתן אייבשיץ שנדפס בישורון (חלי"ט עמ' אינט) ומשני"כ בהערה להלן.

[607] שם כתב: אבל במספרים מותר וכו' וכל זה מצד הדין, אבל באמת נכון ליזהר אפילו במספרים
כי כתבו המקובלים שבזה עוקר צינורות הקדושה מלמעלה. עכ"ל. ושם (אות ז) כתב: ואם אינו יכול
לכוף את יצרו בשלימות, או במקום הדחק, עכ"פ טוב לו להקטינו במספרים, שזהו מותר מדינא.
עכ"ל. מבואר דזה מותר רק מדינא, ואם אינו יכול לכוף את יצרו בשלימות יעשה כן, אך ע"פ
המקובלים שכתב לפני כן גם זה לא יעשה להקטינו במספרים. וברור. ועי' בהקדמתו שם דכתב
דחיפש בכל פרט ופרט איך יש תקנה ועצה להקל לחיילים בצבא הגויי, שלהם יועד ספרו הנ"ל]. ועי"ע
בספרו חומת הדת החדת (פ"ו) דכתב: וכן לענין פאת הזקן, מתחילה מספרים אותו במספרים, ואחי"כ
במספרים כעין תער, ולבסוף בא לידי גילוח ממש וכו'. עכ"ל. ודו"ק. ועי"ע בקונטרס תפארת אדם
(פי"א אות א) דכתב: וביותר כחיים שנהגו הרבה מפריצי עמנו לפרוץ לאוין אלו לגמרי, דהיינו
בהשחתת התער, מצוה רבה לכלל ישראל להתחזק בזה ושלא להקטין הזקן אפילו במספרים וכו'.
עכ"ל, עיי"ש.

[608] והשמטתי עוד הרבה אחרונים שאינם ידועים כל כך, עי' היטב דרוב ככל הרשימה הנ"ל היא
אחרונים ידועים גדולי הפוסקים היושבים ראשונה במלכות.

בתלוש או עוקר השער, שבזה מבטל הרמז שרומז באותו השער, אבל אם נשאר עיקרו של השער במקומו, ורק חותך מאורכו, אין לחוש[609].

וכה דברי מו"ר הג"ר יעקב הלל שליט"א בשו"ת וישב הים (ח"א סי' יד, ונדפס גם במאמר 'הדר יוסף' שבסוף ספר הוד יוסף, ובקצרה בספר גבורת ה האר"י סי' ג אות יג, ובשו"ת וישב הים ח"ג סי' מ אות יג) בקצרה: במהדורת תשכ"א הורה זקן חכמי בבל רבי נסים כצ'ורי (מח"ס מעשה נסים) להשמיט תשובה זו מן הדפוס, כי קיבל מרבי יעקב חיים בנו של הגרי"ח שאין תשובה זו מאביו, ושו"ת רב פעלים ח"ד לא נדפס בחיי הגרי"ח אלא ע"י תלמידיו אחרי פטירתו, ותשובה זו נכנסה בטעות ממאן דהו. והעיר בזה באופן כללי גם רבי יצחק נסים בשו"ת יין הטוב (או"ח סי' יא, נא ע"א). ובאמת בלאו הכי תמוה מדוע בתשובה הנ"ל מועתקים רק סוף דברי האר"י לגבי תלישה ועקירה, ולא תחילת דבריו אשר שפתיו ברור מללו באומרו 'שהיה נזהר מאד שלא **לחתוך** שער הזקן כלל, לא בתער ולא **במספריים**... אבל השער שבשפה העליונה... היה קוצצו במספריים' (וכפי שצוטט לשונו לעיל). ורק אח"כ המשיך 'ולא עוד אלא שהיה אומר שאיסור גדול לעקור...'. ומדברים אלו מפורש דהקפידא גם על גזירת אורכן של השערות. ואדרבה לשון 'ולא עוד אלא', משמע חידוש יותר באיסור עקירה מאשר איסור החיתוך. ודו"ק. וכן במפתחות ספר שער המצוות שם, דנכתבו ע"י מהרש"ו בן המהרח"ו כתב בסתם: סוד חומר פאות הזקן, ושלא יחתוך כלל בשם מקום אלא בשפה העליונה המעכבת האכילה יחתוך במספריים. עכ"ל. וכן לשון מהר"י צמח בליקוט מנהגי האר"י (כת"י, אחרי הגהותיו זר זהב לשו"ע): **שלא לעקור שום שער מהזקן, ולא מהגרון, וכל שכן לספרם**. עכ"ל. וכן מוכח מתשובת הגרי"ח דידיה בשו"ת תורה לשמה (סי' רטו) דנשאל באותה שאלה, וכותב שם דרק בשער בית הערוה יכול לקוץ מהאורך שלהם ולקצרם במקום צורך וצער, אך בזקן העליון אסור בכל

<hr>

[609] ומצאתי בס"ד גם להג"ר יהונתן אייבשיץ במכתב בנדפס בקובץ ישורון (חל"ט עמ' אינ"ט) דכתב: והזוהר דמחמיר וכו' גם זה יש לפרשו על השחתה דהוא עיקר דיקנא, אבל במספריים שהשורש של השערות קיימים, ולית ביה השחתה, אין בכלל 'דאושיט ידוי בדיקנא' וכו', ולכן הב"יי דחושש לדברי הזוהר בכל מקום, בזה לא חשש, כי יש לכוין גם כוונתו כך. עכ"ד. אך כתב כן רק בכוונת הזוהר, ולא בכוונת האר"יי, ונראה דבדעת האר"יי לא שייך לומר כן, דהזכיר להדיא גם איסור במספריים וכדלעיל וכדלהלן ודלהלן נודלא כמש"כ ר"יי גולדהבר בישורון (שם עמי איפא) דכוונת הגר"יי אייבשיץ לומר כן גם בדעת האר"יי. דזה ודאי אינו, שהרי לא הזכיר שם מאומה מהאר"יי, רק הזכיר כמה פעמים את הזוהר, עי"ש. ואיך יאמר כן בדעת האר"יי כשששפתיו ברור מללו 'מספריים'. וברור. ור"יג הנ"ל דידיה הביא בישורון (שם בעמוד לפנ"יכ) את דברי הגר"יי אייבשיץ באהבת יהונתן (על הפטרת ויקרא) דכתב דהאר"יי אסר גם במספריים. ודוחק הר"יג שם דרק העתיק לשון יין המשומר דלעיל. ואינו נראה כלל, דעיין שם דאינה העתקתו לשון מדוייקת אלא העניין בלבד]. ועי"ע בשו"ית שלמת חיים (זוננפלד, ח"ב סי' כח אות ב, ובדפ"יח יו"ד סי' מב אות ב) דהשואל רבי שלמה סובל, העלה צד כזה בתוך דבריו, דהקפידא עפ"י קבלה דוקא אם תולש שערות הזקן ממקורן, אך אם פוסקן באמצע אין קפידא, עי"ש.

אופן, לא תגע בו יד, עי"ש. וע"ע בשו"ת תורה לשמה שם (סי' שצ[610], [שצא[611],
תמז][612] שג"כ מזכיר להדיא איסור **לחתוך** הזקן ולקצרו ח"ו, ואפילו לקפלו
כאותם המתחכמים לאו שפיר עבדי, עי"ש. עכ"ד וישב הים[613], וסייע לזה
משו"ת מנחת אלעזר (ח"ב סי' מח, דמ"ח סוע"ג), עי"ש[614].

אך מו"ר הגרב"צ אבא שאול זצ"ל[615] (אור לציון תשובות ח"ג פי"ז סעי' ו בהערה[616])
והג"ר יעקב חיים סופר שליט"א (כנסת יעקב עמ' קנב אות כא, ונדפס בהוספות ב' לספר הדרת

____

[610] שם כתב שהותר לחתוך מהשפם את מה שמעכב האכילה, משא"כ בזקן ילא היה עושה בו **כלום**
והיינו משום **איסורא'**.

[611] שם בלשון השאלה [דידוע דחוא מלשון הגרי"ח עצמו] : ואטו מי שזקנו גדול מאד שמעכב אותו בעת
שכותב או בעת שעושה מלאכתו, וגם בעת האכילה קשה עליו הרבה יותר משער השפה, האם מותר
לו לחתוך ממנו ובודאי אסור. עכ"ל.

[612] ומעין זה גם בספריו בן יהוידע (הוריות יב ע"א) ואורח חיים (על הגדה של פסח, עמ' רמ).

[613] וכן בעל פה אמר לי על הדעה דלהלן דאין קפידא בחיתוכם אלא בתלישתם, בזה הלשון : דברים
בטלים. עי"כ. ועי"ע משניי"כ להלן בס"ד.

[614] וכבר מצאנו דעה קיצונית בשו"ת באר עשק (סי' ע) דכתב דאין קפידא עפ"י הקבלה לגלח את הזקן
במספריים כעין תער אלא בארץ ישראל, אבל בחו"ל מותר, ושכן עשה הרמ"ע מפאנו כפי שהעיד
חתנו רבי יצחק ברכיה מפאנו. עכ"ד. וצוין בפשיטות בגליון מהרש"א (יו"ד סי' קפא סעי' י), שו"ת חת"ס
(או"ח סוסיי"ז קנט, ועי"ע בליקוטי הערות שם), ושו"ת אגרות משה (או"ח ח"ד סי' קיא). אך כבר חלקו עליו בסכינא
חריפא החיד"א ודברי יוסף (אירגאס) דלעיל [ונתווכח עם חבאר עשק מה נהג חרמ"ע מפאנו, עי"ש, ועי'
אריכות בזה בספר תולדות רמ"ע מפאנו (פיו, הודפס גם בספר וזאת ליחודה [וידיסלבסקי], קריה נאמנה (פיקן, בקונטרס
רחובות קריה לרי"מ שטראשון עמי 288), חדרת פנים זקן (עמי תרכט והלאה), תשובות הגרי"ח קניבסקי (חדשות, עמי רז סי'
שצח), שיח יצחק (בן זכרי, השתלשלות סי' לו עמי רמב והלאה) ומוסף שי"ק יתנ"א [דברים תשי"פ 41 עמי 20]. ואודות חיש"ר
דלמדיגו מקאנדיאה עי' שו"ת מנחת אלעזר (דלמעלה) וקריה נאמנה (דלעיל) וישורון (חי"מ עמי תתקסד). ואודות הרמח"ל
עי' אגרות הרמח"ל (לט,מו,נג) ושיח יצחק (בצרי, דלמעלה). אמנם חסתמכויותם על ציורים של הרמ"ע והחיש"ר, צ"ע,
דמי אמר דמהימנים הם, ואכמ"ל], וכן רבי יוסף יוזפא בספרו נוהג כצאן יוסף (גילוח סי' ז, עמי סד ובמהדו"ח
עמי פ), חיי מוהר"י"ן (חי"א סי' נא), דרכי תשובה (שם סי"ק יז) ובנו בשו"ת מנחת אלעזר (דלמעלה), שו"ת בית
אב (יודלביץ, חמישאה סי' רלא או' א), שו"ת יביע אומר (חי"ט יו"ד סי' י או' ג,ד) וכנסת יעקב (סופר, עמי קמח אות טו).
ועי"ע שו"ת לבושי מרדכי (וינקלר, יו"ד מחדו"ק סוסיי"ק צט ובהוספת המחבר שם אות מב), שו"ת דברי מרדכי (לוריא,
סי' יח), קובץ וילקט יוסף (שווירץ, שנה ו סי' צט,קלב,קלח,קמח; שנה ז קונטרס טו סי' קלג) וקובץ המאסף (שנה ז
חוברת א סי' יא, חוברת ב סי' כ, חוברת יב סי' יב). וכבר הזכרנו אפס קצהו בשבט מיהודה (חי"ב סי' קח עמי 236),
עי"ש.

[615] וכנראה מחמת כן עשה מעשה שהיה מקצץ זקנו צמוד, כל מיטב שנותיו. וכן עמיתו הגיר יהודה
צדקה זצ"ל. גם הגיר שריה דבלצקי זצ"ל שהיה שר בית הזוהר ובקי בתורת הרש"ש כנודע, קיצץ
זקנו כן, ושמעתי באומרים לי כי כך סבר כנ"ל. אולם הלום ראיתי בקובץ בית הלל (שנה יד גליון נד [נב] תמוז
תשפ"א עמי מה) שהובאה שאלתו של הגיר ישראל פנחסי זצ"ל להגיר שריה דבלצקי זצ"ל בזה"ל: האם
לפי דברי הרב [האר"י] זלה"ה מותר לקצוץ הזקן מהאורך שלמטה מטבור האדם, כי גם דיקנא
דא"א מסתיים בטבור. עכ"ל. ועונה הגריש דבלצקי (שם עמי מז, מיום ד' פרשת פינחס תשדיים): מיש חרב
[האר"י] ז"ל לגבי פאות הראש שהיה חותך וכוי זהו שלא רצה שיתפשטו הדינים כ"כ יותר מכפי
הצורך, משא"כ כאן [בזקן] הוא רחמים, הרי משכבר זכה בזה עד חטבור ראוי לו שיתן לצינורות
שישפיעו דבר ישועה ורחמים גם מהטבור ולמטה ולא ישחית נחלתו. עכ"ל. וא"כ צ"ע מדוע לא נהג
כשמעתיה. ואולי מחמת ענוותנותו הגדולה, ודוי"ק.

[616] אלא שלא זכיתי להבין איך נוקט שם בסתם (המסדר זקנו במשך כל השנה וכמשי"כ הגרי"ח
בתשובתו בשו"ת רב פעלים...), כל כך בפשיטות, ולא רומז אפילו לכל שאר הלשונות של מהרח"ו

פנים זקן עמ' תרצו) **והגרב"צ מוצפי שליט"א** (כפי שהביא בספר שיח יצחק [בצרי] קידושין לה
ע"ב עמ' תקלט בשם ספר בירורי הלכה עמ' רמו, ושכן היתה דעת אביו הגר"ס מוצפי), **דעתם שאין
לפקפק בייחוס תשובה זו להגרי"ח, והכי סבירא ליה להגרי"ח דאין קפידא
כל כך בחיתוכם אלא בתלישתם.** וכ"כ בשו"ת יצחק ירנן (בדא, ח"א יו"ד סוס"י ו;
ח"ב יו"ד סוס"י ב) **ודברי שלום** (עפג'ין, יו"ד סי' קפא אות ג)[617], **וכן מתבאר בשו"ת יביע
אומר** (ח"ט יו"ד סי' י אות ה). וע"ע בספר שיח יצחק (בצרי, קידושין לה ע"ב עמ' תקלז).

ואמנם עי' למעלה שהבאנו מלשון האר"י ז"ל גם שלא לחותכם, וכ"כ
לפחות עשרים אחרונים בשמו, עיי"ש[618]. וא"כ גם אם אכן היתה דעת
הגרי"ח שונה בזה, דעת יחידאה הוא, ובפרט דלא התייחס ללשון האר"י
המפורש הנ"ל ולא תירצו, ועוד דבשאר ספריו כתב בששה מקומות בתר
איפכא להדיא וכדלעיל. ולענ"ד כל המכחיש את המציאות שרוב רובם של
המקובלים וכמעט כולם ממש, נהגו והורו להקפיד שלא לחתוך כלל מן
הזקן ע"פ האר"י, הרי הוא כמכחיש את זריחת השמש כשהיא בראש כל
אדם בצהרי היום[619]. וכן מורה פשטות לשון מהרח"ו (דלעיל) 'שלא לחתוך
שער הזקן כלל', והעתיקוהו מהר"י צמח, מהר"ן שפירא, המשנת חסידים
ועוד (ציינו לעיל). וכן נהגו כל קהילות החסידים ע"פ האר"י ז"ל ללא פוצה פה
ומצפצף. ואכמ"ל יותר.

אמנם באמת יש להזהר גם כן מאד ע"פ האר"י ז"ל שלא לתלוש שערות
הזקן מעיקרן, ומשמע דהוא יותר חמור מלחותכם, ועל כן כותב הגרי"ח
בשו"ת תורה לשמה (סי' תמח) **שלא יסרוק את הזקן שאז תולש השערות
בידים, אלא אחרי הרחיצה יפריד את שערות זקנו באצבעותיו בנחת לאט
לאט כדי שלא יתלשו שערות בידים, ואע"פ שיפלו שערות הנה אלו הם**

והמקובלים ועשרות אחרונים ושל הגרי"ח בעצמו בששה מקומות אחרים (עי' הכל למעלה) שנקטו
להדיא האיסור אף במספריים. וה' יאיר עיני. וע"ע בספר דרש בחכמה (לגיסו של הגרב"צ, הגרי"ש שרבאני
זצ"ל, פי"ג עמ' תקו והלאה) דמנסה ליישב שיטת הגרב"צ, ומביא שגם הגרי"י צדקה זצ"ל סבר כוותיה (עי'
לעיל), ובדעת הגרי"ע עטייה זצ"ל אינו ברור, עיי"ש שהאריך, ויש לפלפל בדבריו ואכמ"ל.

[617] עיי"ש שהאריך שגם האר"י ז"ל עיקר קפידתו שלא לגלח היא משום הספיקות ההלכתיים
במיקום פאות הזקן, ובמחלוקות לגבי מספריים כעין תער ומלקט ורהיטני וכו', והוסיף גם
הטעמים ע"פ הסוד, שעיקרם איסור התלישה. וכתב שמעשה חכמי המקובלים באיטליה וחכמי
חלב שבסוריא שהיו מגולחי זקן תעיד על הבנת הסוגיא'. עכ"יד [אמנם פתח וסיים שם שרק בא ליישב
הסוברים כן, אך בודאי אנן בתר תכא דפשט רבינו האר"י ז"ל סמכינן, וכך יש לנהוג לכל הצועדים עקב בצד גודל
ע"פ מעשיו, עיי"ש]. ומש"כ על המקובלים באיטליה, עי' מש"כ בהערה לעיל.

[618] ובכה"ח (סי' שג ס"ק קכז) העתיק דברי האר"י רק על תלישה, אך אינה ראיה דחולק על גזיזה,
עיי"ש.

[619] וכן העלה בשו"ת מציון אורה (רז, ח"ב סי' ה) לאחר אריכות ככל הכתוב למעלה, דכן עיקר ע"פ
האר"י ז"ל, ושדברי הגרי"ח רב פעלים תמוהים, ושהעיקר כדבריו עצמו בשו"ת תורה לשמה
[ובעוד ספריו] כמה פעמים (ציינום למעלה). ועיי"ע בדברי הגר"ר נסים פרץ זצ"ל בקובץ טל אורות (חיי"ט-כ
אלול תשמ"ח גליון 26 עמ' 5).

תלושים מעצמן מקודם. והפרדה זו של השערות מוכרח לעשות, כדי
להפריד שני עוביי הזקן[620] זה מזה. עכ"ד. וכ"כ בזכרונות אליהו (מנ"י, יו"ד מע' ז
סי' א) דכפי פשט דברי רבינו האר"י ז"ל נראה שאין לסרוק שערות הזקן
במסרק, וכן נוהגים קצת מיראי ה' וחושבי שמו. עכ"ד [ואח"כ ציין ליד נאמן
וכה"ח דלהלן].

וכ"כ בקצרה המטה אפרים (סי' תרו סעי' ח): ויש לדקדק בחציצה יותר מבשאר
טבילות וכו', ואנשי מעשה שנהגו שלא לסרוק הזקן במסרק, יפרידו
השערות בנחת ביד במה שאפשר. עכ"ל. ונראה דכוונתו לאזהרת האר"י
הנ"ל. והאשל אברהם (מבוטשאטש, תנינא סי' פח) כתב: הנוהגים כתקנת עזרא וכו'
קיל קצת בשערות הזקן כשנוהגים כפמש"כ בשם האר"י ז"ל שלא לשלוח
בהם יד, ונעשים עי"ז קליעות, כיון דלגבייהו אין קפידא וכו'. עכ"ל.
מבואר דע"פ האר"י לא מסרקים את הזקן. [וכ"כ בספר אורחות רבינו (ח"א עמ' ד
סעי' יח) דהסטייפלער לא היה מסרק את זקנו, בגלל שיטת המקובלים, ואם נעשו קשרים
היה מפרידם עם היד. אך שם (סעי' יט) כתב דהחזו"א היה מסרק זקנו. וכבר נודעה דעת
רעק"א (החדשות מכת"י סי' סג; המאיר"ד ח"ד סי' מט, ובגליון הש"ס שבועות ב ע"ב) שלא לסרק את פאות
הראש, ומה ענה אותו חתנו החת"ס (שו"ת יו"ד סי' קלט-קמ), וע"י' בשאר אחרונים. ואנו לא
דנים כאן אלא בשערות הזקן, וע"פ האר"י ז"ל].

ומהר"י צמח כתב בספר זר זהב (כת"י, או"ח סי' רסא, הובא בתוספת חיים על צואה מחיים עמ'
לה) וז"ל: ומפני סיבות הגורמות שיפלו השערות יותר אם אדם לא יסרוק
הזקן, כאשר אני רואה בעצמי, וגם מסיבת שהשערות נכרכות אלו עם אלו
הגורם נפילתן, לכן אני רוחץ הרבה זקני, ואח"כ מתקן במסרק מעט מעט
השערות וכו'. עכ"ל. ומבואר ג"כ שהיה עדיף לא לסרק כלל, רק מפני
שלפעמים מחמת כן יפלו השערות יותר, יש לרחוץ הזקן הרבה ואח"כ
לתקן מעט מעט במסרק. עכ"ל.

אמנם בספר יד נאמן (מיראנדה, שאלוניקי תקס"ג, שבת פט, יד ע"א בדפי הספר) כתב: כל ימי
הייתי מצטער אם כפי סברא זו [דהאר"י] אינו מן הראוי לסרוק הזקן, כיון

---

[620] שהרי הזקן מכנגד הפה ולמטה הוא עבה מאד, והם שערות על גבי שערות ארוכות [לפעמים] עד
טבור הלב, והן נחלקות לשנים: צד הזקן מכנגד מעלה, שהוא מקום הזקן המגולה לעיניים הוא
בחינת תיקון השמיני [של י"ג מידות] הנקרא "נוצר חסד" [והוא כנגד "יכבש עוונותינו" שבי"מי אל כמוך", והוא נקרא
'מזל העליון'], וצד המכוסה שהוא כנגד הגרון והן שערות שתחת אלו הראשונים והן מתכסין באלו, הן
בחינת תיקון הי"ג הנקרא "ונקה" [של י"ג מידות, והוא כנגד "מימי קדם" שבי"מי אל כמוך", והוא נקרא 'מזל התחתון'.
ויש ביניהן גם שכבה אמצעית, שהוא תיקון השביעי הנקרא "לאלפים" ויתשליך במצולות ים כל חטאותם", אך הן שערות קצרות
יותר ומסתיימות באמצע, ואז דבוקים שתי שכבות הנ"ל זער"ן]. נמצא שהן שתי בחינות, ועל כן לא טוב שיסתבכו
זה בזה ויתהפכו וכו', כי ידוע שהעליון הוא בחינת זכר והתחתון הוא בחינת נקבה, ולכן צריך
להפרידם באצבעותיו בנחת כדי שיהיו משתלשלים כסדרן. עכ"ל שם.

שנתלשים בסריקה שערות. עד שהקרה ה' לפני תלמיד הגאון[621] הוא החה"ש המקובל הנאמן כמה"ר מאיר ביקייאם נר"ו[622] תלמיד ותיק להרב הגדול מהר"י ווילנה זלה"ה[623], והוא אמר לי שקבל מרבו ורבו עד הרב המוסמך רבי בנימין הלוי זלה"ה דבזה אין לחוש, ואדרבה היה אומר שטוב וישר לסרוק הזקן בכל יום. ע"כ מה ששמעתי מפיו. עכ"ל. והובא בפשיטות ביפה ללב (ח"ג יו"ד סי' קפא ס"ק ג) ובזבחי צדק (יו"ד סי' קפא ס"ק ב) ובשדי חמד (ח"א מערכת ג אות עה; פאת השדה מערכת ג סי' א, עי"ש) ובעמודי ארזים (עמוד שביעי סי' ו, סב ע"ב בהגהה) ובמכתב הגר"י וועלץ (בספר יסוד יוסף טהרת יו"ט ח"ב עמ' צח אות א; קובץ הנשר ח"ג עמ' 38 סי' מד).

ובשו"ת כתונת יוסף (מנטיקיו, שאלוניקי תקי"ז, יו"ד סי' א, כז ע"א) כתב: ומכאן מודעה רבא לפי התוספתא דלעיל דלא יאחוז אדם בזקנו או פאתו בחוזק יד פן יתלוש שער אחד או שנים דהרי חייב משום מקיף, ובודאי כי האזהרה זאת אינה אלא אם יאחוז בכיוון דרך כעס או חרון אף וכיוצא, אבל אם סורק במסרק וכוונתו ליפות צורף פרצוף לכבוד שבת או לכבוד ה' כמו שמצינו (ויקרא רבה פל"ד סי' ג) בהלל הזקן שהיה הולך למרחץ משום כבוד ה' "כי בצלם אלהים עשה את האדם", א"כ זה ג"כ כוונתו לתקן זקנו ופרצופו כראוי לכבוד ה', א"כ אפילו אם נפלו שערות ע"י מסרק אין בכך כלום, כיון דזה דבר שאינו מתכוין לתלוש ממש וכו'. וכן אם חופף בפאה ובזקן בידו או אם חוכך[624] בצפרניו ונפלו[625] שערות אין בכך כלום, וכמש"כ לגבי נזיר חופף ומפספס וכו'. עכ"ל. [אך עי"ש דכתב דכל זה בלבד שהמסרק אינו פסיק רישיה שתולש. ופשוט. ובשו"ת הלכות קטנות (ח"ב סי' רנח) כתב [לגבי תלישת שערות לבנות מתוך שחורות] דבפס"ר דלא ניחא ליה שרי[626], אף אי בשבת אסירא, עי"ש]. והובא בקצרה בדרכי תשובה (סי' קפא ס"ק יד), וכן בספר עמודי ארזים (לריא"ז

---

[621] וראיתי בשו"ת הלכות קטנות (ח"ב סי' רנח) מהדורת זכרון אהרן (בהערה שם אות א), שהבין המחדיר (שם) שכוונתו שהתלמיד היה שומר עליו שלא יעקור ויתלוש, עיי"ש שביאר הטעם שצריך למנות תלמיד על זה, ובסוף דבריו תמה על זה מדוע הוצרך לכך. עי"כ. וצע"ג הבנתו הנ"ל, דהדברים ברורים כשמש שהתלמיד רק את דברי רבי בנימין הלוי וכו', ולא הוזכר כאן מאומה מעניין שמירת התלמיד וכדו'.

[622] כנראה הוא מח"ס מקום בינה, מאיר בת עין, מאורי אור (עה"ת) ועוד ספרים רבים.

[623] הביאו החיד"א בשם הגדולים (מע' י סי' ריז; מע"ס מע' מ סי' יג; שם מע' ת סי' פח).

[624] כנדצ"ל [ולא 'חותך'], וכן תיקן בתפארת הזקן (עמ' מז הערה ח).

[625] כנדצ"ל [ולא 'שנפלו'], וכן תיקן שם.

[626] היתר זה צ"ב לכאורה לפמש"כ הגמרא (נזיר מב ע"א) והתוספות (שבת נ ע"ב ד"ה אבל) דכיון שרוצה בפתיחת הקשרים, תמיד נחשב ניחא ליה. ונפסק במג"א (סי' שג ס"ק כב) [ויישב שם את פירוש רש"י (שבת נ ע"ב, פא ע"ב)]. ועיי בהלק"ט שם דנראה דמחלק דהיינו רק לגבי שבת, אבל לעניין שאר איסורים קיל טפי. ועי"ע בשו"ת שאול שאל (סי' ק) ובשאר אחרונים, ואכמ"ל.

מרגליות, עמוד שביעי, סב ע"ב) ודייק כן מלשון האר"י 'שלא ישים ידו בזקנו למשמש בה', אבל לסרוק דלא סגי ליה בלא הכי בודאי מותר.

וכ"כ בקצרה מהר"ח פלאג'י בכף החיים (סי' כז סעי' יג): לסרוק שערות הזקן הוא טוב לכבוד שבת, והוא סגולה לחולי הנזילה כנודע, אך לתלוש ממנו אסור. עכ"ל. [אמנם יש לדקדק דלא כתב להדיא דהוא לשיטת האר"י. ודו"ק. וכן העיר בשו"ת מציון אורה (ח"ב סי' ו אות ו) גם על האחרונים דלעיל627].

אמנם הבאנו לעיל את לשון מהרח"ו בשער רוח הקודש (ט ע"ב) 'צריך ליזהר שלא לעקור שום שער מן הזקן אפילו דרך עסק', ופשטות לשון 'דרך עסק' משמע גם כשאינו מתכוין. ודו"ק.

וכבר ציינו המפרשים למקורות רבים מהתלמוד והמדרשים שמשמע בהם שגדולי ישראל הסתתרו בזקנם, ותירצו תירוצים רבים, ואכמ"ל, רק אציין לכמה מקורות: שו"ת תורה לשמה (סי' שצ), שדי חמד (ח"א כללים מע' ג סי' עה; פאת השדה מערכת ג סי' א, עי"ש), זקן אברהם (מאמר ו), עמודי ארזים (עמוד שביעי אות ד גד ע"א), הדרת פנים זקן (עמ' תריד והלאה) ותפארת הזקן (ביאורים סי' ה עמ' מט).

סיכום ההלכות העולות מכל הסימן בס"ד בקיצור נמרץ:

פרק ג,ה

א. התורה אוסרת להשחית בתער שתי שערות מכל אחת מחמש פאות הזקן שיש לאדם בפניו. ויש הרבה שיטות במיקומן המדויק של פאות הזקן הנ"ל, ונפסק להלכה שאדם ירא שמים לא יעביר תער על כל זקנו, חוץ מהשפם ותחת הגרון, ויש אומרים שמותר גם בשערות הדלילות שמתחת לפה. אך יש אוסרים הכל גם את השפם ותחת הגרון ותפוחי הפנים בתער, ורק במספרים כעין תער מתירים. וכן נהגו לחוש לדעתם.

פרק ז

ב. נכון לגזור מהשפם את השערות המעכבות את האכילה. ומותר זאת אף בחול המועד, ותוך שלושים לאבלות (אחרי שבעה) ובשבוע שחל בו תשעה באב, וכל שכן בספירת העומר. [כך להלכה, ויש בזה עוד כמה דעות, עי' בפנים].

---

627 והפנה לשו"ת שלמת חיים (ששאל רבי שלמה סובל את הגרי"ח זוננפלד, ח"ב סי' כח אות ב, ובדפו"ח יו"ד סי' מב אות ב) שנשאל בזה אם לפי הקבלה יהיה קפידא בסירוק השער אפי' על הצד דהוי פס"ר, והפנה אותו לתשובת רבו בשו"ת אהל אברהם (צוובנר-שאג, ח"א סי' נא), עיי"ש דדן על סירוק פאות הראש, וג"כ לא מזכיר לפי שיטת האר"י, וא"כ אכתי לא אחני לן.

פרק ח

ג. ע״פ הזוהר והאר״י ז״ל אין לגזור כלל את הזקן אפילו לא במספרים בכל מקום שהוא. כך כתבו תלמידי האר״י ותלמידי תלמידיו, ועשרות פוסקים ע״פ האר״י. והלומדים אחרת בכוונת האר״י, יחידאי נינהו. ואף הג״ר יוסף חיים זצ״ל שכתב ברב פעלים להתיר, כתב בששה מקומות בשאר ספריו לאסור. וכן עיקר. אמנם ברור שהאיסור לתלוש גדול מהאיסור לגזור. [וכל זה בשיטת האר״י, אך לפי פשט ההלכה מותר בסם, או במספריים כעין תער או שלא כעין תער, למר כדאית ליה ולמר כדאית ליה, ע״י בפוסקים, וכן נהגו רוב העולם. ואנו לא הרחבנו אלא לדעת האר״י].

ד. לשיטת האר״י הנ״ל גם אין לסרוק הזקן כדרכו, רק יישרנו קלות באצבעותיו וכדומה. ויש יחידאי שמתירים לסרוק.

ה. השפם אדרבה יש ענין לגזור מה שמעכב האכילה ומכסה את הפה, הן ע״פ האר״י ז״ל והן ע״פ הפשט (מכמה טעמים), וצ״ע מקורם של הנוהגים לא לגזור כלל את השפם.

פרק ב

ו. במצות מתנות הזרוע והלחיים והקבה לכהן, נותנים רק את הלסת התחתונה כולה [שמתחילה מאמצע האוזן בצד זה ויורדת למטה מסביב ועולה עד אמצע האוזן בצד זה] שבה קבועות השיניים התחתונות. אך לא את הלסת העליונה שבה קבועות השיניים העליונות. והסובר לתת גם את הלסת העליונה הוא דעת יחידאה.

ציורי השיטות בפאות הזקן (נתבארו בהרחבה לעיל פרקים ג-ד).

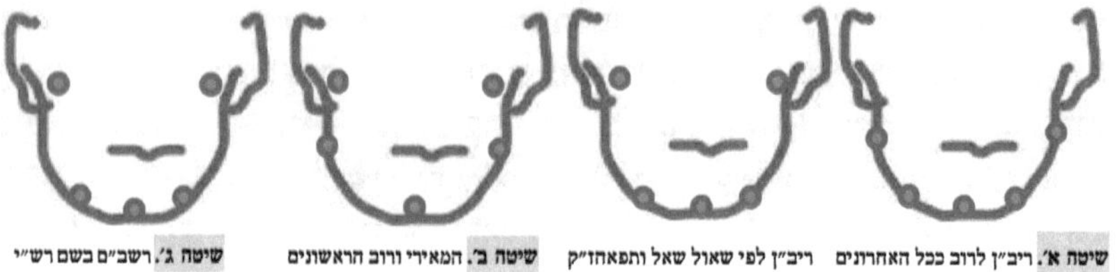

שיטה א'. ריב"ן לרוב ככל האחרונים   ריב"ן לפי שאול שאל ותפאהז"ק   שיטה ב'. המאירי ורוב הראשונים   שיטה ג'. רשב"ם בשם רש"י

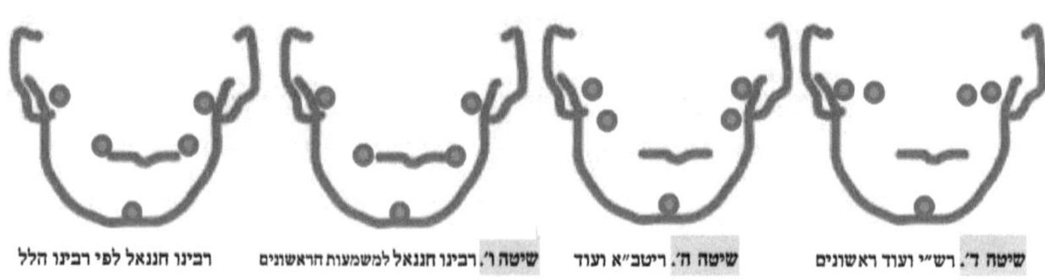

שיטה ד'. רש"י ועוד ראשונים   שיטה ה'. ריטב"א ועוד   שיטה ו'. רבינו חננאל למשמעות הראשונים   רבינו חננאל לפי רבינו הלל

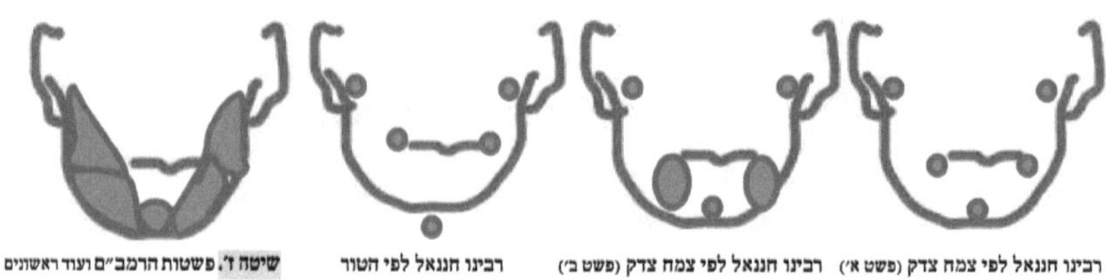

רבינו חננאל לפי צמח צדק (פשט א')   רבינו חננאל לפי צמח צדק (פשט ב')   רבינו חננאל לפי הטור   שיטה ז'. פשטות הרמב"ם ועוד ראשונים

הרמב"ם לפי משמעות הריטב"א   הרמב"ם לריטב"א ע"פ תפאהז"ק   הרמב"ם לפי הלח"מ ע"פ תפאהז"ק   פשטות הלח"מ והב"י

סימן ז

שינויי שירות דוד

בין שמואל ב (כב) לתהלים (יח)

שירת דוד המלך ע"ה נכפלה בספר שמואל[628] (ב כב א-נא) ובספר תהלים[629] (יח
א-נא), ומצינו שינויים רבים ביניהן, ואמרתי אשנה פרשתא דא וחידושים
גדולים שנתחדשו בה בס"ד[630].

---

[628] שכתב אותו שמואל הנביא בעצמו עד לפני פסוק (שמואל א כח ג) "ושמואל מת...", ומשם סיימוהו
גד החוזה ונתן הנביא, כדאיתא בגמרא (ב"ב יד ע"ב - טו ע"א), וא"כ שירה זו [שנאמרה ע"י דוד המלך]
נכתבה ע"י גד החוזה ונתן הנביא. ולכאורה הדבר מפורש בפסוק (דה"א כט כט-ל): "ודברי דוד המלך
הראשונים והאחרונים, הנם כתובים על דברי שמואל הרואה ועל דברי נתן הנביא ועל דברי גד
החוזה, עם כל מלכותו וגבורתו והעתים אשר עברו עליו ועל ישראל ועל כל ממלכות הארצות".
ופירש המיוחס לרש"י (שם): דברי שמואל, ספר שמואל. עכ"ל. וכ"כ הרלב"ג שם. א"כ מפורש דספר
שמואל נתחבר ע"י שמואל, נתן וגד. ואכן האברבנאל (שם) תמה מדוע הגמרא (ב"ב שם) לא הוכיחה
דבריה מהפסוק הנ"ל. אמנם המלבי"ם (שם) מבאר דדברי נתן הנביא וגד החוזה הם כתובים
בספריהם, שהם כתבו סיפורי מלכותו וגבורתו וכו'. וכ"כ במצודת דוד (שם): גם הם כתבו ספרים
ואינם אתנו. עכ"ל.   אלא שאנכי הרואה להריעב"ץ בקולן של סופרים (ב"ב שם, ונדפס בהגהות
יעב"ץ שבסוף ב"ב מהדורת נהרדעא) דכתב: שלא נקרא ספר שמואל רק ספר שמואל א' בלבד, ומשם ואילך
נכלל בספר מלכים, ואח"כ חכמי המקרא האריכוהו ועשוהו שני חלקים. עכ"ל. וצע"ג, דהלא נודע
דחלוקת שמואל לשני ספרים היא מן הנוצרים, ע"י במקורות דלהלן (בסוף המזמור על פסוק נא, בסוף ענין
'מגדיל - מגדילי'), אך מקור ספר שמואל כולו ספר אחד הוא. וכנראה כוונת הריעב"ץ דבזמן חיבורו ע"י
הנביאים היה חציו הראשון בלבד זה שנתחבר ע"י שמואל, כמובא בגמרא שם, ומהפסוק "ושמואל
מת" סיימוהו גד החוזה ונתן הנביא, רק עוד כמה פסוקים או פרשיות. וההמשך הגדול שייך לספר
מלכים (וא"כ נתחבר ע"י ירמיהו, כדאיתא בגמרא שם על ספר מלכים, ומעיין זה כתב האברבנאל בהקדמתו לנביאים, ד"ה ואמנם
ספר שמואל מי כתבו, עיי"ש), ואח"כ חכמי המקרא (סוף הנביאים) חיברוהו לספר שמואל, והיה הכל ספר
שמואל אחד הגדול. ואינו קשור לחלוקת הנוצרים שבאו אחרי כאלפיים שנה וחילקוהו כראות
עיניהם. ויתכן דמה שדחק את הריעב"ץ לומר כן הוא דברי הגמרא 'דאסקיה גד החוזה ונתן
הנביא', והרי משם עד סוף ספר שמואל ב' הוא קצת למעלה ממחצית, ולא כל כך שייך לומר
בפשיטות דשמואל **כתב ספרו**, וגד החוזה ונתן הנביא רק **סיימוהו**, בעוד שהם כתבו את רובו.
ודו"ק. אמנם לשון הריעב"ץ "שמואל א' " משמע דמתאים בדיוק לשמואל **ב** דהנוצרים, וזה צע"ג
לומר שהנוצרים כיוונו בדיוק לחלוקה הישנה שקדמה להם באלפיים שנה ונתחברה ולא נשאר זכר
לה עד אליהם.   ובדרך אגב, ראיתי בספר ברכת ציון (ב"ב טו ע"א סי' מח) ובספר מנחת יוסף (סי' יג
חערה ז, ונדפס גם בספר ביד נביאיך עמ' תקצג) שהקשו מדוע הגמרא (ב"ב שם) הביאה את הפסוק "ושמואל מת"
(ש"א כח ג) ולא את הפסוק "וימת שמואל" (שם כה א) דקדים ליה. ונעלם מהם דזו שאלת חז"ל (תוספתא
סוטה פי"א ח"י, אבות דרבי נתן פמ"ג, קהלת רבה פי"ז סי' ד, מדרש שמואל פכ"ג, ילקו"ש שם רמז קלד) ותירצו ד"ושמואל
מת" הוא מיתתו האמיתית, ו"וימת שמואל" הוזכר רק כהקדמה למעשה נבל או לענין שאול.
ובתוספתא (שם) הובאה עוד דעה ד"ושמואל מת" היא לענין שאול. וכדעה זו מתבאר ברש"י, רד"ק
ומלבי"ם (שם כח), עיי"ש, אך ברד"ק (שם כה) נראה יותר דפירש כדעה הראשונה, עיי"ש. ובילקוט מעם
לועז (קרויזר, שמואל כה א) כתב דלפי גירסא אחת בגמרא שמואל כתב את ספרו עד הפסוק "וימת
שמואל", ובמקורות (א) צוין לתענית ה ע"ב. וצע"ג דלא נזכר שם מאומה בזה. וה' יאיר עיני. נוע"ע
בספר וזאת ליצחק (שווארץ, ירושלים תרצ"א, ליקוטים סג ע"ד) דכתב דשמואל כתב את כל ספרו, כולל שמואל ב,
בנבואה. וכל מש"כ הגמרא הוא דרק את הפסוק "ושמואל מת" כתבו גד החוזה ונתן הנביא, עיי"ש. ודוחק].

הנה במסכת סופרים (פ״ח ה״א) הולך ומונה כל[631] חלופי שירות תהלים בשירות שמואל וכו׳, עי״ש, ויש בזה כמה נוסחאות[632], ויפורטו להלן. וכן מצינו באברבנאל (שמואל שם) שהולך ומונה סך של ע״ד[633] שינויים בין

---

[629] שכתב אותו דוד המלך בעצמו ע״י עשרה זקנים, עי׳ בגמרא (ב״ב שם).

[630] וראיתי בספר ברכת ציון (ח״ב, שמואל שם, אות ב) בענין זה, דפתח דעל דרך הפשט אין להקשות על השינויים הללו, וציין לדברי האבן עזרא (שמות כ א) שכתב: משפט אנשי לשון הקודש פעם יבארו דבורם באר היטב, ופעם יאמרו הצורך במלות קצרות שיוכל השומע להבין טעמם, ודע כי המלות הם כגופות, והטעמים הם כנשמות, והגוף לנשמה כמו כלי, על כן משפט כל החכמים בכל לשון שישמרו הטעמים ואינם חוששים משנוי המלות אחר שהם שוות בטעמן. עכ״ל. ומעין זה כתב הרמב״ן (שמות כ ח) לגבי השינויים בין עשרת הדברות שבשמות לשבדברים, שחז״ל (ר״ה כז ע״א) דקדקו רק לגבי ׳זכור ושמור׳, כי הם הפכים עשה ולא תעשה, אבל לא הקפידו בלשונות אחרים שנתחלפו, כי אין בכך כלום, שהכל אחד. עכ״ד. וכ״כ הרשב״א (בשו״ת ח״א סוס״י יב) והוסיף: שאר החלופין שתמצא בכתובים בדברים שאין העניינים מתחלפים, אינה שאלה, לפי שאין הכתובים שומרים המלות אלא רק הכוונות וכו׳, ולא הקפידה התורה רק בשמירת העניינים וכו׳. עכ״ל, ועוד עי״ש. [אמנם האבן עזרא (שם) פקפק אפילו בשינוי ׳זכור ושמור׳, וכנראה עליו רמז הרמב״ן שם וכתב: והטעם הזה לא יסבול אותו אלא מי שאינו רגיל בתלמוד]. עכ״ד הברכת ציון. ולעניינ״ד אינו קשור לכאן כלל, דכל כוונתם שאין לחדש דינים ואין להקשות קושיות של ׳סתירה׳ משאר שינויי הלשונות, אך בודאי שיש סיבה וטעם עמוק לכל שינוי ושינוי, ויש לדקדק בו ולמצוא טעמים, וכפי שמצינו מאות ואלפי דרשות חז״ל מדכתיב עם ו׳ או בלי ו׳, כגון ׳חוטאים - חטאים׳ (ברכות י ע״א) ׳ישכבון - ישכבו׳ ׳מעברים - מעברים׳ (שבת נה ע״ב) ׳רוכבת - רכבת׳ (פסחים ג ע״ב) ׳בסוכות - בסוכת׳ (סוכה ו ע״ב) ועוד רבים רבים, וכל שכן בשינויי תיבות ממש. ובעניינינו זה עצמו, דרשו השינויים בגמרא (יומא מז ע״א, תענית י ע״א) ובמדרש תהלים (שוח״ט יח) וכל גדולי המפרשים דלהלן בסימן זה שלפנינו, שמבארים טעמי השינויים בין השירה שבספר שמואל לבין מה שכתוב בספר תהלים. ומלבד כל זאת, עי׳ להמהרי״ל (גור אריה שמות שם יד), שם דברים ה יב [ג], ובאריכות בתפארת ישראל פרקים מג-מה) דחלק על הרמב״ן [והרשב״א] הנ״ל בכל תוקף, והראה לגמרא (שבועות כ ע״ב) שדרשה עוד הבדל בין הדברות הראשונות לאחרונות [וכן עי׳ בגמרא (ב״ק נד סע״יב)]. ואכמ״ל בעוד ראיות והוכחות שכל אות ואות שבתורה ונביאים וכתובים מדוקדקת בהחלט, ובפרט בפסוקים דומים זל״ז ובתוכם שינויים קלים, יש טעם וסיבה לכל שינוי, כפי שביארו חז״ל לפעמים, והמפרשים טורחים עוד ועוד להוסיף ולעטר בציצים ופרחים, ואין [האבן עזרא ו]הרמב״ן והרשב״א חולקים על זה כלל ועיקר, אלא כמו שביארנו לחלק בין יצירת דינים וקושיית סתירות, לבין דרשות וביאורים נַהֲבָנוֹת. ודי בזה.

[631] ובפשטות לפי הנוסחאות שלפנינו לא מונה המסכת סופרים את ההוספות שיש בתהלים ואין בשמואל, וכ״כ בפירוש נחלת אריאל (עמ״ס סופרים שם), ולכן לא הוזכרו ההוספות של ״ארחמך ה׳ חזקי״ (בפסוק א), ״לפניו תבוא״ (להלן פסוק ז) ״יסתרו״ (פסוק יב) ״עביו... ברד״ (יג) ״יברד וגחלי אש״ (יד) ״ירעם״ (טו) ״וימינך תסעדני״ (לה). ועיין להלן.

[632] גם לפעמים מצוטטת התיבה של שמואל בלבד (ונבין שיש בה שינוי בתהלים) ולפעמים התיבה של תהלים בלבד (ונבין שיש בה שינוי בשמואל). ובנחלת אריאל מתקן בכל המקומות שהתיבה מתחלים שתהיה משמואל, אך הנחלת יעקב חולק עליו, ואומר שלפעמים מצוטטת התיבה של שמואל ולפעמים התיבה של תהלים. עכ״ד. ומצינו כבר שינויים בנוסחאות המחזור ויטרי, הגר״א ועוד דפוסים.

[633] אך מחסיר כארבעה עשר שינויים שלפנינו [ונפרטם להלן בכל פסוק מהם], שמנויים להדיא במסכת סופרים ובמנחת שי. וא״כ למנין זה הם פ״ח שינויים, וסימנך ״טמנו פח לי״. ועם עוד שבעה שינויים שגם לא מופיעים במסכת סופרים, וכדלעיל, הם צ״ה שינויים, וסימנך **פחז** כמים אל תותיר״. וכל זה לבד מכתיב חסר ומלא שיש שינויים רבים [לרוב בשמואל חסר ובתהלים המלא] ולא מנאנום. [ובספר יגדיל תורה (אקרמן, סי׳ שלב עמ׳ 340) מנה 110 שינויים כולל הכל, עי״ש. אמנם, יש גם לדון אין

השירות ומבארם, ומהר"ם בנט (בדרשותיו דרוש א) מונה סך ע"ג שינויים[634]. ותחילה נציב הכל את שתי השירות זו מול זו עם השינויים שבפנינו והמנויים שם, כדי לראותם היטב[635], ואח"כ נביא את ביאורי המפרשים בטעמי השינויים ורמזיהם. וזה החלי בעזרת ה' צור חילי.

	שמואל ב כה	תהלים יח	מנין ע"ד ההבדלים לאברבנאל	מנין ע"ג ההבדלים לר"מ בנט
א	וַיְדַבֵּר דָּוִד לַיהוָה אֶת דִּבְרֵי הַשִּׁירָה הַזֹּאת, בְּיוֹם הִצִּיל יְהוָה אֹתוֹ מִכַּף כָּל אֹיְבָיו וּמִכַּף שָׁאוּל:	לַמְנַצֵּחַ לְעֶבֶד יְהוָה לְדָוִד אֲשֶׁר דִּבֶּר לַיהוָה אֶת דִּבְרֵי הַשִּׁירָה הַזֹּאת בְּיוֹם הִצִּיל יְהוָה אוֹתוֹ מִכַּף כָּל אֹיְבָיו וּמִיַּד שָׁאוּל:	1 [636]	2 [637]
ב-ג	וַיֹּאמַר, יְהוָה סַלְעִי וּמְצֻדָתִי וּמְפַלְטִי לִי: אֱלֹהֵי צוּרִי אֶחֱסֶה בּוֹ, מָגִנִּי וְקֶרֶן יִשְׁעִי מִשְׂגַּבִּי וּמְנוּסִי מֹשִׁעִי מֵחָמָס תֹּשִׁעֵנִי:	וַיֹּאמַר[638] אֶרְחָמְךָ יְהוָה חִזְקִי: יְהוָה סַלְעִי וּמְצוּדָתִי וּמְפַלְטִי, אֵלִי צוּרִי אֶחֱסֶה בּוֹ מָגִנִּי וְקֶרֶן יִשְׁעִי מִשְׂגַּבִּי:	2-5 [639]	3-6
ד	מְהֻלָּל אֶקְרָא יְהוָה, וּמֵאֹיְבַי אִוָּשֵׁעַ:	מְהֻלָּל אֶקְרָא יְהוָה, וּמִן אֹיְבַי אִוָּשֵׁעַ:	6	7

למנות, למשל "ומשנאי אצמיתם" - משנאי ואצמיתם, האם למנות כשינוי אחד או כשניים, וכן "ויוצא למרחב אותי - ויציאני למרחב" האם למנותו כשינוי אחד או כשניים, וכן כשבמקום אחד קרי וכתיב השוה לכתיב במקום השני, ועוד ואכמ"ל].

[634] אמנם בסדר הא"ב חסר שם כמה אותיות, ונפרט להלן בס"ד.

[635] ההבדלים הברורים הם **מודגשים**, ההבדלים בחסר ויתר בלבד הם עם קו תחתם, והפיכת תיבות בתוך פסוק מצוינים עם צל אפור לפניהם. בחמישה פסוקים בלבד אין הבדלים, בשניים מהם (י,יז) אין הבדלים כלל, ובשלושה (ט,כב,לא) יש הבדל רק במקף, וזה מחמת שינויי טעמי אמ"ת כנודע. [שבשמואל בלי מקף, ובתהלים עם. אמנם מצינו (בפסוק כ) דבשמואל איכא ובתהלים ליכא. ובספר ישמיע כל תהלתו ציין רק לפסוקים כ,כב. וצ"ע].

[636] האברבנאל אינו מונה את ההבדל במנין בפתיחת המזמורים [שבשמואל הפתיחה רק "וידבר דוד", ובתהלים הפתיחה "למנצח לעבד ה' לדוד אשר דבר"], אבל מבאר את ההבדל הזה, דבתהלים פתח כן כדי לבאר שזה המזמור היה מהשירה שהיתה שגורה לזה בפיו בזמן הצלחותיו בהיותו במלחמות האויבים ובהרדפת שאול, וזה ממה שיורה שנעשה ספר תהלים בזקנתו אחרי שהיתה כבר השירה הזאת שגורה בפי דוד מימי קדם. עכ"ד. ובמסכת סופרים (פי"ח ח"א) מוזכר ההבדל הזה בתיבה אחת "וידברי", ובגירסת הגר"א "וידבר דוד לה' ". והמהדיר במסכת סופרים (שם, הוצאת קרן ראי"ם, עמ' קצה הערה 15) כתב דאולי יש לתלות זאת בשאלה האם הפסוק הראשון נחשב חלק מהשירה, עי' חסדי דוד (על התוספתא סוטה פי"ח ח"ב) וספר גימטריאות לרבינו יהודה החסיד (ח"א סי' קסז ובמהדיר שם הערה 88), וכמו שהמצינו דיון בזה לגבי שירת הים, עי' שו"ת גנת ורדים (או"ח כלל ב סי' ח), מאיל המילואים (יו"ד סי' ערה פכ"ד אות א) והגדה של פסח מבית לוי (ח"ב בסוף הביאורים בפיוטים).

[637] מהר"ם בנט מונה את ההבדל הראשון שבשמואל הראשון לא כתוב "לעבד ה' ", ואולי כוונתו לכל התוספת "למנצח לעבד ה' לדוד אשר דבר".

[638] עי' בספר זמרת ישע (תהלים שם עמ' סט) שמאריך לבאר מדוע בשמואל תיבת "ויאמר" היא באתנח[תא], ובתהלים היא בפזר [ולא בעולה יורד, שהוא כאתנח בטעמי אמ"ת].

[639] האברבנאל אינו מונה את ההבדל במנין דבשמואל כתוב "אלהי" ובתהלים כתוב "אלי". וצ"ב. ובמסכת סופרים (פי"ח ח"א), הרד"ק, קהלת יעקב, מנחת שי ומהר"ם בנט ציינו להבדל זה. [אמנם במסכת סופרים לא צוין הבדל דבתהלים נוסף "ארחמך ח' חזקי", וביאר הנחלת אריאל שם דהמסכת סופרים מונה רק שינויים במילים בלבד, או הוספות בשמואל מבתהלים, אך אינו מונה הוספות בתהלים מבשמואל. לכן גם אינו מונה "לפניו תבוא" (להלק פסוק ז) "סתרו" (פסוק יב) "עביו... ברדו" (יג) "ברד וגחלי אשי" (יד) "רבי" (טו) "וימינך תסעדני" (לו). אמנם צ"ב היא גופא מדוע לא מונה הוספות בתהלים מבשמואל. והי' יאיר עיני].

[640]8	7-9	אֲפָפֻנִי חֶבְלֵי מָוֶת, וְנַחֲלֵי בְלִיַּעַל יְבַעֲתֻנִי:	כִּי אֲפָפֻנִי מִשְׁבְּרֵי מָוֶת, נַחֲלֵי בְלִיַּעַל יְבַעֲתֻנִי:	ח
9	10	חֶבְלֵי שָׁאוּל סַבָּבוּנִי, קִדְּמוּנִי מוֹקְשֵׁי מָוֶת:	חֶבְלֵי שְׁאוֹל סַבֻּנִי, קִדְּמֻנִי מֹקְשֵׁי מָוֶת:	י
10-12	11-13	בַּצַּר לִי אֶקְרָא יְהוָה וְאֶל אֱלֹהַי אֲשַׁוֵּעַ, יִשְׁמַע מֵהֵיכָלוֹ קוֹלִי וְשַׁוְעָתִי לְפָנָיו תָּבוֹא בְאָזְנָיו:	בַּצַּר לִי אֶקְרָא יְהוָה וְאֶל אֱלֹהַי אֶקְרָא, וַיִּשְׁמַע מֵהֵיכָלוֹ קוֹלִי וְשַׁוְעָתִי בְּאָזְנָיו:	ז
13-14	[641]14	וַתִּגְעַשׁ וַתִּרְעַשׁ הָאָרֶץ וּמוֹסְדֵי הָרִים יִרְגָּזוּ, וַיִּתְגָּעֲשׁוּ כִּי חָרָה לוֹ:	וַתִּגְעַשׁ [וַיִּתְגָּעַשׁ] וַתִּרְעַשׁ הָאָרֶץ וּמוֹסְדוֹת הַשָּׁמַיִם יִרְגָּזוּ, וַיִּתְגָּעֲשׁוּ כִּי חָרָה לוֹ:	ח
		עָלָה עָשָׁן בְּאַפּוֹ וְאֵשׁ-מִפִּיו[642] תֹּאכֵל, גֶּחָלִים בָּעֲרוּ מִמֶּנּוּ:	עָלָה עָשָׁן בְּאַפּוֹ וְאֵשׁ מִפִּיו תֹּאכֵל, גֶּחָלִים בָּעֲרוּ מִמֶּנּוּ:	ט
		וַיֵּט שָׁמַיִם וַיֵּרַד, וַעֲרָפֶל תַּחַת רַגְלָיו:	וַיֵּט שָׁמַיִם וַיֵּרַד, וַעֲרָפֶל תַּחַת רַגְלָיו:	י
15	15	וַיִּרְכַּב עַל כְּרוּב וַיָּעֹף, וַיֵּדֶא עַל כַּנְפֵי רוּחַ:	וַיִּרְכַּב עַל כְּרוּב וַיָּעֹף, וַיֵּרָא עַל כַּנְפֵי רוּחַ:	יא
[644]16-17	[643]16-17	יָשֶׁת חֹשֶׁךְ סִתְרוֹ סְבִיבוֹתָיו סֻכָּתוֹ, חֶשְׁכַת מַיִם עָבֵי שְׁחָקִים:	וַיָּשֶׁת חֹשֶׁךְ סְבִיבֹתָיו סֻכּוֹת, חַשְׁרַת מַיִם עָבֵי שְׁחָקִים:	יב
[646]18	[645]18	מִנֹּגַהּ נֶגְדּוֹ, עָבָיו עָבְרוּ בָּרָד וְגַחֲלֵי אֵשׁ:	מִנֹּגַהּ נֶגְדּוֹ, בָּעֲרוּ גַּחֲלֵי אֵשׁ:	יג
[648]19-20	[647]19-20	יַרְעֵם בַּשָּׁמַיִם יְהוָה, וְעֶלְיוֹן יִתֵּן קֹלוֹ בָּרָד וְגַחֲלֵי אֵשׁ:	יַרְעֵם מִן שָׁמַיִם יְהוָה, וְעֶלְיוֹן יִתֵּן קוֹלוֹ:	יד
[650]21-22	[649]21-23	וַיִּשְׁלַח חִצָּיו וַיְפִיצֵם, וּבְרָקִים רָב וַיְהֻמֵּם:	וַיִּשְׁלַח חִצִּים וַיְפִיצֵם, בָּרָק ויהמם [וַיָּהֹם]:	טו

---

[640] מהרי"ם בנט לא מנה ההבדל דבשמואל פותח הפסוק בתיבת 'כי' ובתהלים ליתא, ולא מנה ההבדל דבשמואל כתוב 'נחלי' ובתהלים 'ונחלי'. וצ"ב.

[641] האברבנאל אינו מונה במנין את ההבדל דבשמואל כתיב 'ותגעש' וקרי 'ויתגעש', ובתהלים כתיב וקרי 'ותגעש'. וצ"ב. [אך במסכת סופרים, הרד"ק, הכלי יקר, המנחת שי ומהרי"ם בנט ציינו על זה. ועיין בביאור להלן]. ואין לומר שהאברבנאל לא מנאו משום דהשינוי הוא רק בקרי, והכתיב שוה בשניהם, - דהא להלן (פסוק טו) מונה האברבנאל ומבאר את השינוי דהקרי בשמואל 'ויהם' אע"פ שהכתיב 'ויהמם' שוה בשניהם. אמנם כשהשינוי הוא בכתיב בלבד, והקרי שוה, כגון להלן (פסוקים כג,לג,לד) אינו מונה אותם, ומובן טפי, כי העיקר שהקרי שוה.

[642] בדרך כלל לא העתקתי מקפים, אך כאן העתקתי להראות שיש הבדל קטן זה בין שמואל לתהלים, והסיבה היא מחמת טעמי אמ"ת, וכנודע, [וכן להלן בפסוקים כב, לא. ובספר ישמיע כל תהלתו ציין רק לפסוק כב, וצ"ע, דבשמואל ליכא מקף ובתהלים איכא. [אמנם מצינו (בפסוק כ) דבשמואל איכא ובתהלים ליכא].

[643] האברבנאל מונה את כל שלשת השינויים 'יישת [במקום 'וישת'] חושך סתרו [תיבה נוספת] סביבותיו סוכתו [במקום 'סוכותי'] לשינוי אחד בלבד. ועיין בביאורו להלן.

[644] מהרי"ם בנט מונה רק את תוספת תיבת 'סתרו' בתהלים, ואת השינוי 'חשרת - חשכת'. ולא מזכיר את השינויים 'ישת - סוכות, סוכותו'. וצ"ב.

[645] האברבנאל מונה את כל התיבות הנוספות בפסוק בתהלים 'עביו עברו ברד וגחלי', ואת השמטת תיבת 'בערו', כהבדל אחד. אמנם לא מבאר מדוע הושמטה תיבת 'בערו' ומדוע נוספה אות ו' לתיבת 'וגחלי'. וגם המנחת שי לא ציין להבדלים אלו. וצ"ב. ובמסכת סופרים (פי"ח ח"א) צוין בקצרה 'בערו גחלי' [כי הם התיבות שהשתנו, אך תיבות הנוספות בתהלים אינו מונה, וכדלעיל]. ועיין להלן.

[646] נראה שמהרי"ם בנט מונה את כל התיבות הנוספות בפסוק בתהלים 'עביו עברו ברד וגחלי', ואת השמטת תיבת 'בערו', כהבדל אחד.

[647] האברבנאל לא מונה את השינוי דבשמואל כתיב 'יירעם' ובתהלים 'וירעם'. ובמסכת סופרים, הכלי יקר, המנחת שי, קהלת יעקב ומהרי"ם בנט ציינו לזה. ועיין להלן בביאור.

[648] מהרי"ם בנט אינו מונה את תוספת תיבות 'ברד וגחלי אש' בתהלים. וצ"ב.

[649] כאן זהו המקום היחיד שהאברבנאל מנה גם הבדל שבקרי וכתיב, משא"כ לעיל (פסוק ח) ולהלן (פסוקים כג,לג,לד) עיין בהערותינו שם.

[652]23-25	[651]24	וַיֵּרָאוּ **אֲפִיקֵי מַיִם וַיִּגָּלוּ מוֹסְדוֹת** תֵּבֵל, **מִגַּעֲרָתְךָ** יְהוָה מִנִּשְׁמַת רוּחַ **אַפֶּךָ**:	וַיֵּרָאוּ **אֲפִקֵי יָם יִגָּלוּ מֹסְדוֹת** תֵּבֵל, **בְּגַעֲרַת** יְהוָה מִנִּשְׁמַת רוּחַ **אַפּוֹ**:	טז
		יִשְׁלַח מִמָּרוֹם יִקָּחֵנִי, יַמְשֵׁנִי מִמַּיִם רַבִּים:	יִשְׁלַח מִמָּרוֹם יִקָּחֵנִי, יַמְשֵׁנִי מִמַּיִם רַבִּים:	יז
26	25	יַצִּילֵנִי מֵאֹיְבִי עָז, **וּמִשֹּׂנְאַי** כִּי אָמְצוּ מִמֶּנִּי:	יַצִּילֵנִי מֵאֹיְבִי עָז, **מִשֹּׂנְאַי** כִּי אָמְצוּ מִמֶּנִּי:	יח
27	[653]26-27	**יְקַדְּמוּנִי** בְיוֹם אֵידִי, וַיְהִי יְהוָה **לְמִשְׁעָן** לִי:	**יְקַדְּמֻנִי** בְּיוֹם אֵידִי, וַיְהִי יְהוָה **מִשְׁעָן** לִי:	יט
28	28	**וַיּוֹצִיאֵנִי** לַמֶּרְחָב, יְחַלְּצֵנִי כִּי חָפֵץ בִּי:	**וַיֹּצֵא** לַמֶּרְחָב **אֹתִי**, יְחַלְּצֵנִי כִּי-חָפֵץ בִּי[654]:	כ
29	29	יִגְמְלֵנִי יְהוָה **כְּצִדְקִי**, כְּבֹר יָדַי יָשִׁיב לִי:	יִגְמְלֵנִי יְהוָה **כְּצִדְקָתִי**, כְּבֹר יָדַי יָשִׁיב לִי:	כא
		כִּי-שָׁמַרְתִּי דַּרְכֵי יְהוָה, וְלֹא-רָשַׁעְתִּי[655] מֵאֱלֹהָי:	כִּי שָׁמַרְתִּי דַּרְכֵי יְהוָה, וְלֹא רָשַׁעְתִּי מֵאֱלֹהָי:	כב
[657]30	[656]30	כִּי כָל **מִשְׁפָּטָיו** לְנֶגְדִּי, וְחֻקֹּתָיו לֹא **אָסִיר מֶנִּי**:	כִּי כָל **מִשְׁפָּטָו** לְנֶגְדִּי, וְחֻקֹּתָיו לֹא **אָסוּר מִמֶּנָּה**:	כג
[659]31-32	[658]31-32	**וָאֱהִי** תָמִים **עִמּוֹ**, וָ**אֶשְׁתַּמֵּר** מֵעֲוֹנִי:	**וָאֶהְיֶה** תָמִים **לוֹ**, וָ**אֶשְׁתַּמְּרָה** מֵעֲוֹנִי:	כד
[660]33	33-34	וַיָּשֶׁב יְהוָה לִי **כְּצִדְקִי**, **כְּבֹר יָדַי** לְנֶגֶד עֵינָיו:	וַיָּשֶׁב יְהוָה לִי **כְּצִדְקָתִי**, **כְּבֹרִי** לְנֶגֶד עֵינָיו:	כה
34	[661]0	עִם חָסִיד תִּתְחַסָּד, עִם **גְּבַר** תָּמִים תִּתַּמָּם:	עִם חָסִיד תִּתְחַסָּד, עִם **גִּבּוֹר** תָּמִים תִּתַּמָּם:	כו

---

[650] מהרי"ם בנעט מונה ההבדלים זה שבשמואל כתוב 'ברקי' ובתהלים 'ברקים רב"י' וזה שבשמואל קורין 'ויהמ'' ובתהלים 'ויהמם' כהבדל אחד, ועוד הבדל בין 'חצמ'' ל'חציו'.

[651] האברבנאל אינו מזכיר כלל את השינויים בין "אפיקי ים" ל"אפיקי מים" ובין "יגלו" ל"ויגלו". ואת שני השינויים האחרים ד"בגערת - מגערתך" ו"אפו - אפך" מונה לאחד. עיין להלן בביאורו. ובמסכת סופרים, הכלי יקר, המנחת שי וקהלת יעקב ציינו לכל ארבעת השינויים.

[652] מהרי"ם בנעט אינו מונה את ההבדל שבשמואל כתוב 'אפי' ובתהלים 'אפך'. וצ"ב.

[653] האברבנאל מונה כאן עוד שינוי [נוסף על "משען - למשען"] דבשמואל כתוב "יקדמני" חסר, ובתהלים "יקדמוני" ברבים [פי' מלא עם ו']. עכ"ד. וצ"ע דהא את כל הכתיב חסר ומלא במזמור זה אינו מונה כלל. ועיין משכ"ב בס"ד בביאורו דלהלן.

[654] עי' בהערה לעיל על פסוק ט.

[655] עי' בהערה לעיל על פסוק ט.

[656] האברבנאל אינו מונה במנין את ההבדל דבשמואל כתיב "משפטו" וקרי "משפטיו", ובתהלים כתיב וקרי "משפטיו". [והכלי יקר והמנחת שי ציינו לזה]. וכנראה טעמו של האברבנאל הוא משום דהעיקר שהקרי שוה, ולכן גם לא ציין שינויים כאלו להלן (פסוקים לג,לד). אמנם לעיל (פסוק ט) כשהשינוי היה בקרי, מנאו האברבנאל אע"פ שהכתיב שוה. אך לעיל (פסוק ח) לא מנה כעין זה. וצ"ב.

[657] הנה אע"פ שמהרי"ם בנעט אינו מונה בפסוק זה שום הבדל, אך בפסוק הבא מזכיר את ההבדל שבפסוק זה ד"אסור ממנה - אסיר מני", ועל כרחך כוונתו למנותו. ולכן בפסוק הבא שמגיע למנין 30 בלבד, וקופץ בפסוק אחריו למנין 33, צ"ל כי כולל ההבדל שבפסוק זה, וגם הבדל נוסף בפסוק הבא "לו - עמו" שמזכיר שם בתוך דבריו. ועיין בהערה בפסוק הבא. [אמנם לא מזכיר כאן את שינוי הקרי וכתיב "משפטו - משפטיו", אע"פ דלהלן (פסוקים לג,לד) הזכיר את שינויי הקרי וכתיב וכתיב שם (אך אחד מהם מנה מהם לא מנה, עיין להלן שם)].

[658] האברבנאל אינו מזכיר את השינוי בין 'לו' בשמואל לבין 'עמו' בתהלים. וצ"ע. ובמסכת סופרים, הכלי יקר והמנחת שי ציינו לזה.

[659] מהרי"ם בנעט אינו מונה ההבדל "ואהיה - ואהי". וצ"ב. אמנם ממנין 30 קופץ למנין 33, וכתבנו בהערה לעיל שכנראה כוונתו למנות גם את ההבדל "אסור ממנו - אסיר מני" שבפסוק הקודם, ואת החבדל "לו - עמו" שמזכיר כאן בתוך דבריו. אמנם ההבדל בפסוק הבא "כצדקתי - כצדקי" גם כן אינו מונה, ואי"כ יתכן דשני ההבדלים הקודמים החשיב כאחד. ודוק.

[660] מהרי"ם בנעט אינו מונה ההבדל "כצדקתי - כצדקי". ועיין בהערתנו דלעיל.

#	שמואל	תהלים		
כז	עִם נָבָר **תִּתָּבָר**, וְעִם עִקֵּשׁ **תִּתַּפָּל**:	עִם נָבָר **תִּתְבָּרָר**, וְעִם עִקֵּשׁ **תִּתְפַּתָּל**:	35-36	35-36
כח	**וְאֶת** עַם עָנִי תּוֹשִׁיעַ, **וְעֵינֶיךָ עַל רָמִים** תַּשְׁפִּיל:	**כִּי אַתָּה** עַם עָנִי תוֹשִׁיעַ, **וְעֵינַיִם רָמוֹת** תַּשְׁפִּיל:	37-38	37-38
כט	כִּי אַתָּה <u>נֵרִי</u> יְהוָה, **וַיהוָה** יַגִּיהַּ חָשְׁכִּי:	כִּי אַתָּה **תָּאִיר** <u>נֵרִי</u>[662], יְהוָה **אֱלֹהַי** יַגִּיהַּ חָשְׁכִּי:	39-41[663]	39-40
ל	כִּי <u>בְכָה</u> אָרוּץ גְּדוּד, **וּבֵאלֹהַי אֲדַלֶּג** שׁוּר:	כִּי <u>בְךָ</u> אָרֻץ גְּדוּד, **וּבֵאלֹהַי אֲדַלֶּג** שׁוּר:	42	41
לא	הָאֵל תָּמִים דַּרְכּוֹ, אִמְרַת יְהוָה צְרוּפָה מָגֵן הוּא לְכֹל הַחֹסִים בּוֹ:	הָאֵל תָּמִים דַּרְכּוֹ, אִמְרַת-יְהוָה[664] צְרוּפָה מָגֵן הוּא לְכֹל הַחֹסִים בּוֹ:		
לב	כִּי מִי **אֵל** מִבַּלְעֲדֵי יְהוָה, וּמִי צוּר **מִבַּלְעֲדֵי** אֱלֹהֵינוּ:	כִּי מִי **אֱלוֹהַּ** מִבַּלְעֲדֵי יְהוָה, וּמִי צוּר **זוּלָתִי** אֱלֹהֵינוּ:	43-44	42[665]
לג	הָאֵל **מָעוּזִּי** חָיִל, **וַיַּתֵּר** תָּמִים <u>דַּרְכּוֹ [דַּרְכִּי]</u>:	הָאֵל **הַמְאַזְּרֵנִי** חָיִל, **וַיִּתֵּן** תָּמִים <u>דַּרְכִּי</u>:	45-46[666]	43-44[667]
לד	מְשַׁוֶּה <u>רַגְלָיו [רַגְלַי]</u> כָּאַיָּלוֹת, וְעַל <u>בָּמֹתַי יַעֲמִידֵנִי</u>:	מְשַׁוֶּה <u>רַגְלַי</u> כָּאַיָּלוֹת, וְעַל <u>בָּמֹתַי יַעֲמִידֵנִי</u>:	0[668]	45[669]
לה	מְלַמֵּד יָדַי לַמִּלְחָמָה, **וְנִחַת** קֶשֶׁת נְחוּשָׁה <u>זְרֹעֹתָי</u>:	מְלַמֵּד יָדַי לַמִּלְחָמָה, **וְנִחֲתָה** קֶשֶׁת נְחוּשָׁה <u>זְרֹעֹתָי</u>:	47	46
לו	וַתִּתֶּן לִי מָגֵן יִשְׁעֶךָ, **וַעֲנֹתְךָ** תַּרְבֵּנִי:	וַתִּתֶּן לִי מָגֵן יִשְׁעֶךָ, **וִימִינְךָ תִּסְעָדֵנִי** וְ<u>עַנְוַתְךָ</u> תַרְבֵּנִי:	48[670]	47-48
לז	תַּרְחִיב <u>צַעֲדִי</u> **תַּחְתֵּנִי**, וְלֹא מָעֲדוּ <u>קַרְסֻלָּי</u>:	תַּרְחִיב <u>צַעֲדִי</u> **תַּחְתָּי**, וְלֹא מָעֲדוּ <u>קַרְסֻלָּי</u>:	49	49
לח	**אֶרְדְּפָה** <u>אֹיְבַי</u> **וָאַשְׁמִידֵם**, וְלֹא אָשׁוּב עַד כַּלּוֹתָם:	**אֶרְדּוֹף** <u>אוֹיְבַי</u> **וְאַשִּׂיגֵם**, וְלֹא אָשׁוּב עַד כַּלּוֹתָם:	50-51	50-51
לט	<u>**וָאֲכַלֵּם וָאֶמְחָצֵם וְלֹא יְקוּמוּן**</u>, **וַיִּפְּלוּ** תַּחַת רַגְלָי:	**אֶמְחָצֵם** וְלֹא **יֻכְלוּ קוּם**, יִפְּלוּ תַּחַת רַגְלָי:	52-54	52-54
מ	<u>וַתַּזְרֵנִי</u> חַיִל לַמִּלְחָמָה, תַּכְרִיעַ קָמַי **תַּחְתֵּנִי**:	<u>וַתְּאַזְּרֵנִי</u> חַיִל לַמִּלְחָמָה, תַּכְרִיעַ קָמַי **תַּחְתָּי**:	55-56	55-56
מא	וְאֹיְבַי נָתַתָּה לִּי עֹרֶף, <u>**מְשַׂנְאַי וָאַצְמִיתֵם**</u>:	וְאֹיְבַי **נָתַתָּה לִּי עֹרֶף**, <u>**וּמְשַׂנְאַי אַצְמִיתֵם**</u>:	57[671]	57-58

[661] האברבנאל לא ציין לשינוי דבשמואל כתיב "גבורי" ובתהלים "גֶּבֶר". וצ"ב. ובמסכת סופרים, הרד"ק, מנחת שי, קהלת יעקב ומהרי"ם בנט ציינו לזה. והרד"ק [לשיטתו] ביאר דהכל אחד, שכן "גבורי" תרגומו בארמית "גבר".

[662] יש כאן עוד הבדל, דבשמואל תיבת הוי"ה הראשונה שייכת לעיל אחרי "כי אתה נירי", ואחרי שם הוי"ה בא האתנח[תא]. אך בתהלים האתנח[תא] בתיבת נרי, ותיבת הוי"ה שייכת להלן : ה' אלהי יגיה חשכי. והמפרשים שראיתי לעניי"ד לא דקדקו בזה כלל, וצ"ע.

[663] האברבנאל מנה ההבדל בין "יהו"ה" ל"אלהי" כשני הבדלים, עצם החלפת התיבה בין "ה'" ל"אלהי", וגם הורדת האות ו' בתחילתה. ודוי"ק.

[664] עיי' בהערה לעיל על פסוק ט.

[665] מהרי"ם בנט לא ציין ההבדל כאן בין "מבלעדי" דבשמואל, לבין "זולתי" דבתהלים. וצ"ב.

[666] האברבנאל אינו מונה במניין את ההבדל דבשמואל כתיב "דרכו" וקרי "דרכי", ובתהלים כתיב וקרי "דרכי", כי העיקר שהקרי שוה בשניהם. ועיי' בהערות דלעיל (על פסוקים ח,טו,כג, ולהלן לד). והקהלת יעקב הזכיר ההבדל הנ"ל ומבארו, עיי' להלן בביאור פסוק זה.

[667] מהרי"ם בנט לא מונה את השינוי בקרי וכתיב "דרכו - דרכי", אע"פ שמבארו, עיין להלן. ולעיל (פסוק טו) לא מנה את השינוי בקרי וכתיב "משפטיו - משפטי" וגם לא ביאר אותו.

[668] שוב לא מנה האברבנאל את ההבדל דבשמואל כתיב "רגליו" וקרי "רגלי", ובתהלים כתיב וקרי "רגלי" [והמנחת שי וקהלת יעקב ציינו לזה]. ועיין בהערות לעיל (על פסוקים ח,טו,כג,לג) בעניין זה.

[669] מהרי"ם בנט מונה את השינוי בקרי וכתיב "רגליו - רגלי", אע"פ דבפסוק הקודם לא מנה את הקרי וכתיב "דרכו - דרכי" [אך מבארו שם], וכן לא מנה לעיל (פסוק טו) את ההבדל "משפטו - משפטיו". וצ"ב.

[670] האברבנאל לא מנה את ההבדל דבשמואל כתיב "וַעֲנֹתְךָ" ובתהלים כתוב "וְעַנְוַתְךָ". וצ"ב. ובדוחק יי"ל כיון דהוא הבין דכוונתן אחת, לשון עינוי/ענוה, וגם ההבדל הוא דומה רק להבדל במלא וחסר [אע"פ שבתהלים הוא"ו נשמעת]. ודוי"ק. ובמסכת סופרים, הכלי יקר, המנחת שי, קהלת יעקב ומהרי"ם בנט ציינו שינוי זה. ועיי' להלן בביאור דיש כמה פירושים בזה.

[672]59	58-59	יְשֻׁעוֹ וְאֵין מֹשִׁיעַ, **עַל** יְהוָה וְלֹא עָנָם:	יִשְׁעוֹ וְאֵין מוֹשִׁיעַ, **אֶל** יְהוָה וְלֹא עָנָם:	מב
[673]61,63	60-61	וְאֶשְׁחָקֵם **כְּעָפָר עַל פְּנֵי רוּחַ**, כְּטִיט חוּצוֹת אֲרִיקֵם:	וְאֶשְׁחָקֵם **כַּעֲפַר אָרֶץ**, כְּטִיט חוּצוֹת אֲדִקֵּם אֶרְקָעֵם:	מג
[675]64-65	[674]62-63	**תַּפְלְטֵנִי** מֵרִיבֵי עָם, **תְּשִׂימֵנִי** לְרֹאשׁ גּוֹיִם עַם לֹא יָדַעְתִּי יַעַבְדוּנִי:	**וַתְּפַלְּטֵנִי** מֵרִיבֵי עַמִּי, **תִּשְׁמְרֵנִי** לְרֹאשׁ גּוֹיִם עַם לֹא יָדַעְתִּי יַעַבְדֻנִי:	מד
[677]66	[676]64	**לִשְׁמֵעַ** אֹזֶן יִתְכַּחֲשׁוּ לִי, בְּנֵי נֵכָר יְכַחֲשׁוּ לִי:	בְּנֵי נֵכָר יִתְכַּחֲשׁוּ לִי, לִשְׁמוֹעַ אֹזֶן יִשָּׁמְעוּ לִי:	מה
[678]67	65-66	בְּנֵי נֵכָר יִבֹּלוּ, וְיַחְרְגוּ מִמִּסְגְּרוֹתֵיהֶם:	בְּנֵי נֵכָר יִבֹּלוּ, וְיַחְגְּרוּ מִמִּסְגְּרוֹתָם:	מו
68	67	חַי יְהוָה וּבָרוּךְ צוּרִי, וְיָרֻם אֱלֹהֵי יִשְׁעִי:	חַי יְהוָה וּבָרוּךְ צוּרִי, וְיָרֻם אֱלֹהֵי **צוּר** יִשְׁעִי:	מז
[680]69	[679]68	הָאֵל הַנֹּתֵן נְקָמֹת לִי, **וַיַּדְבֵּר** עַמִּים תַּחְתָּי:	הָאֵל הַנֹּתֵן נְקָמֹת לִי, **וּמוֹרִיד** עַמִּים תַּחְתֵּנִי:	מח
70-72	[681]69-72	**מְפַלְטִי** מֵאֹיְבָי **אַף מִן קָמַי** תְּרוֹמְמֵנִי, מֵאִישׁ **חָמָס** תַּצִּילֵנִי:	**וּמוֹצִיאִי** מֵאֹיְבָי וּמִקָּמַי תְּרוֹמְמֵנִי, מֵאִישׁ **חֲמָסִים** תַּצִּילֵנִי:	מט
[683]0	[682]73	עַל כֵּן אוֹדְךָ בַּגּוֹיִם יְהוָה, וּלְשִׁמְךָ **אֲזַמֵּרָה**:	עַל כֵּן אוֹדְךָ בַּגּוֹיִם, וּלְשִׁמְךָ **אֲזַמֵּר**:	נ
73	74	מַגְדִּל יְשׁוּעוֹת מַלְכּוֹ, וְעֹשֶׂה חֶסֶד לִמְשִׁיחוֹ לְדָוִד וּלְזַרְעוֹ עַד עוֹלָם:	מַגְדִּיל [מִגְדּוֹל] יְשׁוּעוֹת מַלְכּוֹ, וְעֹשֶׂה חֶסֶד לִמְשִׁיחוֹ לְדָוִד וּלְזַרְעוֹ עַד עוֹלָם:	נא

---

[671] האברבנאל אינו מונה את השינוי דבשמואל כתיב "תתה", ובתהלים "נתתה". [ובדפוס שלפנינו עוד מצטט בשמואל "נתת"]. וצ"ב. והמנחת שי ומהר"ים בנט ציינו לשינוי זה. ובמסכת סופרים צוין רק בנוסחת הגר"א ונחלת אריאל.

[672] מהר"ים בנט מונה את ההבדלים ישעו - ישועי 'אל - עלי כהבדל אחד. עיין להלן בביאורו.

[673] מהר"ים בנט מדלג על מספרי 60,62 [וחיריו על זה המחדיר שם]. ואולי מספר 60 הוא ההבדל דלעיל 'אל - עלי, עיין בהערתנו לעיל, ומספר 62 הוא תוספת תיבת 'אדיקם', כי מהר"ים בנט מונה כהבדל אחד את 'אדיקם ארקעם - אריקם' אע"פ שהם שני שינויים, תוספת תיבת 'אדיקם' ושינוי 'ארקעם - אריקם'.

[674] האברבנאל אינו מונה במנין את ההבדל דבשמואל כתיב "ותפלטני" ובתהלים כתוב "תפלטני". וצ"ב. [ובמסכת סופרים, הכלי יקר והמנחת שי ציינו לזה]. ועיין בביאורים דלהלן על פסוק זה.

[675] מהר"ים בנט אינו מונה את ההבדל שבשמואל כתוב "ותפלטני" ובתהלים "תפלטני". וצ"ב.

[676] האברבנאל אינו מונה כאן כלל את שני השינויים בתיבות "יתכחשו - יכחשו" "לשמוע - לשמע", ומתייחס רק להפיכת שני חצאי הפסוק, עיין להלן בביאורו. וצ"ב. ובמסכת סופרים, כלי יקר ומנחת שי הזכירו את שני שינויי התיבות [אך לא הזכירו ענין הפיכת חצאי הפסוק, והגר"א הזכיר גם זאת].

[677] מהר"ים בנט אינו מציין להבדל 'לשמוע - לשמע, ולא להפיכת סדר הפסוק. וצ"ב.

[678] מהר"ים בנט אינו מציין להבדל 'יחגרו - ויחרגו'. וצ"ב.

[679] האברבנאל אינו מונה כאן כלל את השינוי דבשמואל כתוב "ומוריד עמים" ובתהלים כתוב "וידבר עמים", אדרבה כשכותב את השינוי של 'תחתני - תחתי' כותב בפשיטות: ובמקום שאמר כאן "ומוריד עמים תחתני", אמר שם "ומוריד עמים תחתי". עכ"ל [בדפוס שלפנינו]. וצע"ג שהרי בתהלים כתוב להדיא "וידבר עמים תחתי". והי' יאיר עיני. ובמסכת סופרים, הכלי יקר והמנחת שי ציינו שינוי זה ד"ומוריד - וידבר". ועיין להלן בביאורים.

[680] מהר"ים בנט מונה את שני ההבדלים "ומוריד - וידבר" "תחתני - תחתי" כהבדל אחד.

[681] האברבנאל מונה כהבדל בפני עצמו את תוספת תיבת 'אף' בתהלים, ובפני עצמו את השינוי 'מקמי - מן קמי'.

[682] האברבנאל אינו מונה כאן כלל את השינוי דבשמואל כתוב "יהי בגוים", ובתהלים כתוב "בגוים הי'". וצ"ב. ובמסכת סופרים, הכלי יקר והמנחות שי ציינו לשינוי זה. ועיין בביאור להלן.

[683] מהר"ים בנט אינו מונה לא את ההבדל "אזמר - אזמרה", ולא את החלפת תיבות 'הי' בגוים - בגוים הי''. אך הוא מבאר את שניהם בפסוק הבא. וצ"ב.

וכעת נבוא לבאר בס"ד טעמי השינויים. ומצינו בזה כמה שיטות.

בגמרא (תענית י ע"א, יומא מז ע"א, נדה לא ע"א) **ומדרשי חז"ל** (שוח"ט תהלים יח [בכמה פסוקים], תנחומא פקודי סי' ז, דב"ר פ"א סי' א, שיהש"ר פ"א סי' מח/מט, ילקו"ש שמואל רמז קס,קסג) **מצינו** על כמה שינויים בודדים מהנ"ל שנדרשו, ונביאם בפירוט הפסוקים דלהלן, אך עכ"פ חזינן מכל דרשות אלו ששתי הנוסחאות נכתבו בדוקא, ואדרבה משלימות זו את זו ע"י הדרשות הנ"ל, ולא ביארו מדוע דוקא נכתב כך בשמואל וכך בתהלים, אלא דורשים שתי התיבות ומשמעותיהן.

והאברבנאל מרחיב (בספר שמואל שם) **בביאורי השינויים**, ובאופן כללי שיטתו דכל שינוי שקול ומחושב, כלומר דבספר תהלים תיקן דוד המלך ע"ה את הנצרך לתיקון בשירה, וזאת היות ובספר שמואל הוא הנוסח שאמר דוד את השירה בשעת הצרות ממש בצעירותו[684], שתהיה לו להודאה לכל עת, ולא דקדק בלשונו לעצמו, אך כשחיבר את ספר תהלים לצורך כלל ישראל[685] שיהיה לתפילה לכל יחיד ויחיד המתבודד, שיש בספר תהלים סגולות נפלאות להורדת השפע האלקי ולהועיל בדברים ידועים כפי כח כל מזמור, וכמו שביארוהו חז"ל בשמוש תהלים[686], לכן דקדק וביאר יותר או תיקן הלשונות הנ"ל לפי יפוי הלשון או הדקדוק[687]. והולך האברבנאל

---

684 כשיטת האברבנאל כאן שהשירה בשמואל נאמרה לפני השירה בתהלים, כן מתבאר בדעת האלשיך, הכלי יקר, הקהלת יעקב ורוב המפרשים דלהלן, דביארו השינויים שבתהלים שאמר השירה לאחר שנגלה לו ברוח הקודש וכדו', עיין להלן. ועיין באברבנאל שפתח דבריו: חשבו המפרשים שדוד המלך ע"ה בסוף ימיו אחרי שהצילו הקב"ה מכל אויביו חיבר השירה הזאת להודות להי' הודאה כוללת על כל תשועותיו, ולכן הושמה במקום הזה באחרית המלחמות ותכליתם. ודעתי נוטה שהשירה הזאת דוד חיברה בבחרותו בהיותו בתוך צרותיו וכו'. עכ"ל. ומשיכ"ב האברבנאל 'חשבו המפרשים', עיין רש"י (שמואל ותהלים שם) ורד"ק (תהלים שם) דכתבו באופן כללי דהשירה נאמרה בזקנותו [ולא חילקו בין משו"כ בשמואל לתהלים]. והאבודרהם (סוף ברהמ"ז [ח"ג פ"ל אות מב], עי' להלן בביאור פסוק נא) ומעשה רוקח (דרוש נחמד בסוף הספר) כתבו להדיא להיפך מהאברבנאל ושאר מפרשים הנ"ל, שהשירה בתהלים נאמרה לפני השירה בשמואל. וכי"ה לפמשיכ המפרשים בשם הגר"א (עי' להלן בביאור פסוק מד), ודו"יק. [עי' באבודרהם שם שכתב דבתהלים עדיין לא היה מלך ובשמואל כבר היה מלך]. והכלי יקר (ריש המזמור) כותב דהשירה חוברה פסקי פסקי על כל הצלה והצלה שניצל דוד הוסיף עוד פסוק בשירה. ועיע מגדים חדשים (ברכות ט ע"ב, מו"ק טז ע"ב) [ולענ"ד הול"ל בפשיטות דהוי פלוגתא, ולא להקשות, עי"ש ודו"יק].

685 וכי"מ במדרש תהלים שוחר טוב (יח [א], ובקצרה שם ד [א]) דאיתא שם: כל שאמר דוד בספרו, כנגדו וכנגד כל ישראל וכנגד כל העיתים אמרו. עכ"ל.

686 ספר עתיק המבאר על כל מזמור ומזמור בספר תהלים סגולתו והדברים שאליו מועיל המזמור הזה.

687 כן כתב האברבנאל. אך משי"כ בקהילת יעקב (פארדו, שמואל שם) בשם האברבנאל בזה"ל: שדוד וכו' לעת זקנתו וכו' הגיה בה כמה דברים שאינם מסודרים לפי הניגון ולתפארת המשוררים, ולפיכך שינה הלשון כפול שאינו נוח לשיר וכו' בקול נעים. עכ"ל. ואנא עבדא לא ראיתי שהאברבנאל כתב כן, רק כמשי"כ למעלה. ואולי הקהילת יעקב הבין לשון האברבנאל שכתוב (פסוק ד) 'לטעם חשיר היה זה... יותר ראוי' וכן (פסוק נ) 'שכפי טעם השיר היה ראוי', דכוונתו על ניגון השיר. אך לענ"ד

ומבאר כל שינוי ושינוי וטעמו, ומונה שבעים וארבעה[688] חלופים, וסימנם
(תהלים עג טז) "עַד אָבוֹא אֶל מִקְדְּשֵׁי אֵל, אָבִינָה לְאַחֲרִיתָם".

והכלי יקר (לניאדו, ריש המזמור) והקהילת יעקב (פארדו, שם) תמהו על האברבנאל,
שאם ראה דוד המלך ע"ה שיש דברים בשירת ספר שמואל שצריך לתקנם,
כשכתב את ספר תהלים ותיקנם היה צריך לתקן גם בספר שמואל, ומדוע
הניחה כמות שהיא. ועוד קשה היתכן שדברים שיצאו ברוח הקודש, רוח
ה' דבר בו ומלתו על לשונו, איך יוכל דוד המלך ע"ה כביכול להגיה
להוסיף או לגרוע בהם. ועל כן נטו הכלי יקר והקהילת יעקב מסברת
האברבנאל בזה [ועי' להלן שיטתם].

והאלשיך (ספר מראות הצובאות, שמואל שם) ביאר עפמש"כ הגמרא (פסחים קיז ע"א) דכל
מקום שכתוב "לדוד מזמור" מלמד ששרתה עליו שכינה ואחר כך אמר
שירה, וכל מקום שכתוב "מזמור לדוד" מלמד שאמר שירה ואחר כך
שרתה עליו שכינה. אם כן יש לבאר דבספר שמואל נתעורר דוד מעצמו
לשיר השירה, ועי"ז נתגלה לו רוה"ק, לכן פותח שם "לדוד ה'" [קודם 'דוד'
ואח"כ 'ה']. אך בספר תהלים כבר היו שירותיו חביבים להשי"ת והוא
השפיע עליו תחילה רוה"ק ממרום ועורר אותו לשיר, לכן פותח שם "ה'
לדוד" [קודם 'ה' ' ואח"כ 'דוד']. עכ"ד. וכנראה כוונתו דלפ"ז יש לבאר את כל
שאר השינויים, אך הוא דידיה לא מבארם. וה' יאיר עינינו. אמנם קרוב
לדברי האלשיך כתב גם בספר קהלת יעקב (פארדו, ויניציאה תקמ"ד), והוא ממשיך
לבאר כל המזמור עפ"ז, וכפי שנביא דבריו בס"ד אחת לאחת בפסוקים
דלהלן[689].

והכלי יקר (לניאדו, שמואל שם) הולך לפעמים כפי עיקר שיטת האברבנאל
שבשמואל נאמר על דוד עצמו, ובתהלים לצורך תפילה לכל יחיד מישראל,
אך שתי הנוסחאות אמת וניתנו ברוח הקודש[690], ומבאר כל המזמור עפ"ז,
וכפי שג"כ נביא דבריו בס"ד בפסוקים דלהלן. וכן מהר"ם בנט (בדרשותיו דרוש

כוונתו לטעם השיר פירוש לסיבת השיר, דבתהלים סיבת השיר היתה להיות תפילה לכל יחיד ויחיד המתבודד
וכו' וכפי שמבאר שם כמה פעמים בהרחבה. והבוחר יבחר]. ואמנם מכח הבנת הקהילת יעקב באברבנאל
הנ"ל כותב עליו: ולאחר המחילה הראויה, שארי ליה מאריה דתלה בוקי סריקי באדוננו דוד מלך
ישראל כאילו היה איש אחד מזמנינו אלה שכוונתם להשמיע את קולם ולפיכך אינם זהירים
לדקדק אלא לכוין להיות יוצאים בשיר ונמשכים בשיר כפי הניגון וכו'. אלא ודאי שרבותינו ידעו
דהא והא איתא, והא ואלו ואלו דברי אלהים חיים הם, ואם ריק הוא ממנו הוא. עכ"יל. ועי' למעלה
בשיטתו של הקהילת יעקב.

[688] עי' להלן בהרחבה, דלא ברור מה היה הקו המנחה מה למנות ומה לא. ועוד חזון למועד.

[689] ולפעמים דבריו הם ע"פ סוד וקבלה, ושם לא נעתיקו אלא נציין לדבריו בקצרה.

[690] ושם (פסוק כח) כותב הכלי יקר שכל השינויים הם כמו קרי וכתיב, דאלו ואלו דברי אלהים חיים,
ושם נתכוין לענין אחד ושם נתכוין לענין זולתו.

א, ותחילת הדברים מופיע גם בספרו תכלת מרדכי על תהלים יח) מאריך בביאורים על דרך הדרוש, ובדרך כלל נוקט ששניהם אמת, ומבאר הטעם דבשמואל והטעם דבתהלים[691]. וכן בספר זמרת ישע (שכטר, ירושלים תשל"ו) הולך ומבאר השינויים על דרך שבספר שמואל כתב דוד את הודאותיו לה' בתורת מלך, ובספר תהלים התאימם לכל אחד מישראל. ולפעמים מבאר דבשמואל הוי עצם ההכרה בנס, ובתהלים הוי הודאה על הנס.

ובספר אור דוד (יונגרייז, נרות המערכה אופן כז סי' קכה) הולך ומבאר שינויים רבים במזמור זה, על פי ביאורו שבספר שמואל אמר דוד רק על מה שארע בחייו, ובספר תהלים אמר גם על מה שיארע אחרי מותו.

ורבי יהונתן אייבשיץ (אהבת יהונתן על הפטרת האזינו) ביאר, דיש מדרגת נבואה ויש מדרגת רוח הקדש[692], ודוד המלך ע"ה זכה לשתי המדרגות, ובשמואל היא הנוסחא לפי הנבואה, ובתהלים היא הנוסחא לפי רוח הקודש, וכך נקראים תהלים בפי חז"ל 'כתבי הקודש'[693]. וזה פשר השינויים. עכ"ד. והביאו החיד"א בחומת אנך (שמואל ותהלים שם), והוסיף דכן תרגם יונתן (שמואל שם) 'ושבח דוד בנבואה קדם ה''.

ובמעשה רוקח (עה"ת, דרוש נחמד בסוף הספר) כתב דמנין התיבות בשירת שמואל (מאחרי תיבת "ויאמר", כלומר מתיבת "ה' סלעי") הוא שנ"ה, כמנין 'שאול חי', ובתהלים (מאחרי תיבת "ויאמר", כלומר מתיבת "ארחמך") הוא שס"ו תיבות, כמנין 'שאול אויבי'. ומזה נלמד דבתחילה אמר את השירה שבתהלים, ואמר לו הקב"ה איך אתה אומר 'שאול אויבי' ומודה על מפלתו, לכן אמר את השירה שבשמואל 'שאול חי', להורות שאף במיתתו נחשב חי כצדיקים. ולכן בתהלים אמר 'מגדיל', שגדולתו מתגדלת והולכת, כי חשב שהוא גדול משאול. אך בשמואל לאחר שנודע לו גדולת שאול, כתב 'מגדיל' על עצמו, אך הקרי 'מגדול' על שאול.

ומהר"ח פלאג'י בעיני כל חי (עמ"ס סופרים פ"ח) כתב דבספר תהלים הוא הנוסח שאמר דוד המלך ע"ה מיד עם נצחונותיו, ושמואל חזר וכתב אותה בספרו כי היתה רצויה לפני ה', אלא דבעת שאמר דוד אותה עדיין לא הגיע זמנה.

---

[691] ולא תמיד הבאתי את דבריו, כי לפעמים לא הבנתים מחמת אריכותם או מורכבותם ע"י הדרוש.

[692] ומבאר שם, שהנביא מוציא מכח לפועל הדיבור, אך אינו משיג יותר ממה שאומר. אבל ברוח הקודש משיג את כל סוד עמוס וכמוס, רק אינו מוציא מכח לפועל. והמשל בזה, שהאדון מראה לעבד את כל חדרי משכיותיו [אך אין לו שום חלק בזה, משא"כ האב לבן אינו מראה הכל, אך יש לו חלק בזה]. ויסוד דבריו ברד"יק ובהמאירי (בפתיחתם לתהלים), עיי"ש.

[693] כמו שאומרים בתפילות 'ובכתבי הקודש נאמר' או 'ובדברי קדשך כתוב לאמר'.</p>

א"נ י"ל דכשהתחיל דוד המלך ע"ה לאומרה נפלו עליו פחד ומורא, ודרך האומרה מתוך כך להחליף הלשון. עכ"ד[694]. [אלא שצריך עדיין להבין מה מהות השינויים].

והרד"ק מציין רק על כמה שינויים בודדים, ובדרך כלל מבארם שהכל כוונה אחת. וכן כותב בהקדמתו לפרק זה: וכתובה שירה זו בספר תהלים, ומתחלפת במקומות במילים, והענין אחד. עכ"ל. [אלא שצריך עדיין להבין א"כ מדוע הוצרך לשנות]. וכן נראה דעת המאירי שהזכיר רק שלשה שינויים, עי' להלן (על פסוקים יב, כז, מה). ומעין זה ר"ש אבן תיבון במאמר יקוו המים (פ"כ עמ' 147) שמציין רק לתשעה פסוקים (ח-טז) והשינויים שבהם, מבאר בדרך כלל שהכל אחד, ונשבץ דבריו להלן בס"ד.

והמנחת שי (שמואל שם) כתב בקצרה: והחכם אברבנאל מצא בשתי שירות הללו שבעים וארבעה חילופים, והשתדל[695] לתת טעם לכולם. וכן עשה בעל כלי יקר, עיין עליהם. ואני בחרתי להעיר על הרבה מהן[696] למען ירוץ הקורא בהן ולא יכשל, וזה החלי, ויהי ה' משען לי. עכ"ל.

והמלבי"ם (שמואל שם) כתב בקצרה: ולמה באו פה שנויים רבים וחלופים בתיבות ובאותיות, צריכים אנו לשמוע לדברי מהר"י אברבנאל וכו' [ומביא את עיקרי דבריו], עיין עליו כי אין להוסיף על דבריו. עכ"ל.

אך אנא עבדא אציגה נא בפניכם את כל דברי חז"ל, הרד"ק, האברבנאל, הכלי יקר, קהילת יעקב, מהר"ם בנט, וכל שאר המפרשים, ונעיר בעזהשי"ת כשהייושובים נלע"ד דחוקים, ומידי פעם גם נצליח לחזקם בס"ד. וזה החלי בעזרת צור חילי.

פסוק א. בפתיחת השירה בשמואל כתוב "וידבר דוד לה'" ובתהלים כתוב "למנצח **לעבד** ה' לדוד אשר דבר לה'...", מבאר מהר"ם בנט (בדרשותיו דרוש א; תכלת מרדכי תהלים יח) דאחרי שהודה דוד להשי"ת על כל דבר, ראוי שייקרא 'עבד ה' ', כמבואר במדרש (ילקו"ש וזאת הברכה רמז תתקסד)[697].

---

[694] אמנם שוב חוזר בו מחמת משי"כ הכלי יקר וקהלת יעקב, וגם מקשה על זה אי"כ מדוע יש שינויים גם בין [כ"ט פסוקין] שירת דוד בדברי הימים (א טז ח-לה) לבין [נ' פסוקין] שירתו בתהלים (קה א-טו, צו א-יב, קז מז-מח), וגם מדוע לא מנו השינויים דהתם במסכת סופרים. וצריך יישוב. עכ"ד.

[695] יתכן דלשון 'השתדל' הוא משום כמה יישובים דחוקים שנדחק בהם האברבנאל, וכפי שנפרט להלן בס"ד.

[696] אך בלי לבאר טעמיהם, אמנם מציין לדברי חז"ל בכמה מקומות, והאברבנאל לא ציין אליהם, ויפורט לחלן בס"ד.

[697] לענ"ד אינו מפורש שם, דז"יל המדרש: אמר דוד לפני הקב"ה, אתה עושה המלחמה ולך הנצחון, שנאמר "לך ה' הגדולה והגבורה והתפארת והנצח". אמר לו הקב"ה לדוד, נתת לי הנצחון, אף אני

ובספר ישמיע כל תהלתו (תהלים שם) כתב דבתהלים כתוב ׳עבד׳ להשמיענו שנאמר בנבואה, דזהו תואר שניתן בעיקר לנביאים[698]. אך בספר שמואל א״צ לכתוב כן, דפשיטא שנאמר בנבואה, שהרי הוא מספרי הנביאים[699].

והאלשיך (מראות הצובאות שם) מבאר הענין שבשמואל כתוב ״דוד לה׳ ״, קודם את שם דוד ואח״כ את שם ה׳, ובתהלים כתוב ״ה׳ לדוד״, קודם שם ה׳ ואח״כ שם דוד. והוא כדמצינו [פסחים קיז ע״א] לגבי השינוי המצוי בין ״לדוד מזמור״ ל״מזמור לדוד״, דכשדוד היה מכין עצמו תחילה ואח״כ היה שפע רוה״ק נשפע בו על הכנתו, אומר ״לדוד מזמור״, וכאשר היה הרצון האלהי משפיע בו ומעירו ואז הוא מתעורר, אומר ״מזמור לדוד״[700]. אם כן קרוב לענין זה גם כאן, דבתחילה נתעורר דוד מעצמו להודות לה׳ על כל חסדיו, כתיב ״דוד לה׳ ״, אך אחר כך שערבה לה׳ שירתו זאת והשיב עליו רוה״ק שישירנה, כתיב ״ה׳ לדוד״, ולכן גם מוזכר בו לשון ׳עבד׳, כי זכה לזכות זו בהיותו עבד לה׳. וזה סוד וביאור לכל השינויים, דבספר תהלים בא להוסיף ולא לפסול את הראשונים.

והשינוי דבשמואל ״ומכף שאול״ ובתהלים ״מיד שאול״, מבאר האברבנאל לשיטתו, דהטעם בזה כי כשכתב דוד את השירה לצורך כל יחיד ויחיד, ראה לנכון ליפות הלשון [ולהבדיל בין האויבים לשאול], לכן כתב על האויבים ״מכף״ ועל שאול ״מיד״. עכ״ד.

והכלי יקר ביאר דבשמואל כתב ״מכף שאול״ להשוותו שהוא שקול כמו ״מכף כל אויביו״, וכדאיתא בחז״ל (מדרש תהלים ז, ילקו״ש דברים רמז תתעה, שם יהושע רמז ח), וזהו דוקא משום דכתוב בשניהם ׳כף׳ כלומר שניהם בכף המאזניים מכאן ומכאן והם שוים. ובתהלים כתב ״מיד שאול״ להבדיל דבשמואל

<hr>

נותן לך הנצחון, ״למנצח לעבד ה׳ לדוד״. עכ״ל. מבואר דשכרו היה שקיבל הנצחון שנאמר ״למנצח״, ולא על מה שקראוהו ׳עבד׳. ודוי״ק. אמנם כבר הרחיבו חז״ל והמפרשים מדוע דוד נקרא עבד ה׳, אך לא ראיתי טעם דוקא שייקרא כן בתהלים ולא בשמואל. וע״ע למהרי״ם בנט (בדרשותיו שם עמ׳ ב-ג; תכלת מרדכי ד ע״א) שהביא עוד טעמים בזה.

[698] עי״ש דציין למלכים (ב ט ז, יז יג) וירמיה (ז כח) וכיו״ב (מ״ב יז כג, כא י, כד ב, ירמיה מד ד, עמוס ג ז, זכריה א ו, דניאל ט ו, עזרא ט יא). וכוונתו לעוד וכמובן משה רבינו נקרא בתנ״ך עשרות פעמים ׳עבד ה׳ ׳ עבדי׳. [דרך אגב, בספר ישמיע כל תהלתו (שם) כתב דפסוק זה הוא הארוך ביותר בתהלים, שבעים ושבע אותיות במספר, כמנין ׳עבד׳ עם הכולל. והוא פלא].

[699] אמנם עי׳ לעיל שרבי יהונתן אייבשיץ חילק בין נבואה לרוח הקודש, דשמואל נאמר בנבואה ותהלים ברוח הקודש [ועמיין זה בהקדמת חרד״ק והמאירי לתהלים]. וכן עי׳ לעיל שיטת האלשיך והקהלת יעקב דהשירה בשמואל נאמרה לפני שנחה עליו רוח הקודש, והשירה בתהלים נאמרה אחרי שנחה עליו.

[700] וע״ע להחיד״א בחומת אנך (תהלים ריש המזמור).

איירי בהצלת דוד מכף שאול שלא ייהרג דוד, ובתהלים איירי שלא יפול שאול ביד דוד וייהרג [שאול].

ומעין זה כתב בקהלת יעקב (פאודרו, קמד ע"א) דבתהלים כתוב "מיד שאול" לחלק שאינו דומה מה שהיה משאר אויביו שאף פעם לא נפל בידיהם, משא"כ ליד שאול נפל כמה פעמים ונמלט מידו ברגע האחרון, כגון שהטיל עליו את החנית וכו'. ועוד להדגיש שלא נענש על מה שגרם להריגת נוב עיר הכהנים כמו שנענש שאול בכילוי זרעו.

והחיד"א (חומת אנך שמואל שם) כתב דבתהלים כתוב 'יד'[701] לרמוז על י"ד עתים לרעה שהיו לו, וכנגד זה כתוב (שמואל א יט ט) "ודוד מנגן ביד" לרמוז על י"ד עתים לטובה שהיו לו[702].

והחת"ס (עה"ת, הפטרת האזינו) ביאר, דתיבת 'יד' מתפרשת לשני הכיוונים, לאדם הנותן ולאדם המקבל. אך תיבת 'כף' מתפרשת רק לאדם המקבל, דעל הנותן לא שייך לומר 'כף'. ולכן בתהלים הבדיל וכתב "מכף כל אויביו", כי מודה רק שלא נהרג על ידם, אך לא פחד שמא יהרגם. משא"כ על שאול אמר "מיד שאול" כי מודה גם שלא נהרג על ידו, וגם שלא הרג אותו.

ובאהל מועד (ביק, ח"ח אהל דוד תהלים שם אות ל) כתב ד'כף' מתפרשת על תפיסה שאפשר להישמט ממנה, כשתופסו רק בכף ידו, אך 'יד' מתפרשת על תפיסה שאי אפשר להישמט ממנה, כי תופסו ומחבקו בכל ידו. ולכן אמר בשמואל "מכף שאול" על הזמן שברח ממנו ולא היה כל כך בסכנה, משא"כ בתהלים אמר "ומיד שאול" שהיה לידו ומסוכן ממש מהוטלת החנית עליו וכדו'. עכ"ד. ואולי שורש הבדל זה כוונת אבן יחיא, שכתב (תהלים שם) דשאול היה אויב לדוד יותר משאר כל אויביו, ולכן כתוב בתהלים "מכף כל אויביו ויד שאול", דאויביו ניסו לתופסו בכף ידם בלבד, ושאול בכל ידו.

אמנם בספר אור הצבי (דרוש א לסוכות, סי' נה מט סרע"ד) כתב להיפך, דשאר אויביו כמה פעמים תפסוהו ממש, ועל זה שייך לומר 'כף', כי היה בתוך כף ידם. משא"כ שאול שאף פעם לא הצליח לתופסו ממש בכפו, כתוב 'יד' בלבד, כלומר רק מקום חיתוך האצבעות.

---

⁷⁰¹ ודלא כריחטת רד"ק (תהלים שם) שכתב ומכף'. והעיר על זה מהרי"ש עדני בספר דברי אמת כתיי. עכ"ד החחיד"א.

⁷⁰² כנגד י"ד עתים לטובה שאמר שלמה המלך (קהלת ג ב-ח) "עת ללדת... עת לטעת... ועת לרפוא... ולעת לבנות...", וכנגד י"ד עתים לרעה שאמר (שם) "עת למות... על לעקור נטוע... עת להרוג... עת לפרוץ...".

ובאור דוד (יונגרייז, נרות המערכה אופן כז סי' קח עמ' פה) מבאר ע"פ שיטתו, דבתהלים אמר דוד גם על מה שיקרה אחרי מותו, ולכן שם כתוב "לעבד ה' ", כי רק אחרי מותו הכירו כולם בצדקתו, כמבואר בגמרא (שבת ל ע"א) בשעה שהכניס שלמה את ארון הברית לביהמ"ק, עי"ש.

ובזמרת ישע (תהלים שם עמ' סז) כתב דבשמואל נתכוין דוד על הצלת עצמו, וכדי שתיכון מלכותו היה חייב שמלך ירדוף אותו כמו שאר הרודפים, לכן השוה זל"ז "מכף כל אויביו וכף שאול". אך בתהלים שנאמר לעם ישראל, ואינם צריכים דוקא רדיפה של מלך, חילק ביניהם וכתב "מכף כל אויביו" אויבים רגילים, "ומיד שאול" שהוא מלך, והזכיר זאת רק כדי שילמדו כל ישראל מנסיונותיו.

וע"ע ביאור בדרשות מהר"ם בנט (דרוש א עמ' ב; מופיע גם בספרו תכלת מרדכי על תהלים יח, ג ע"ד).

פסוקים ב–ג. מבאר האברבנאל, דבשמואל מתחיל מיד "ויאמר ה' סלעי ומצודתי...", ובתהלים נכנסו עוד כמה תיבות לפני כן "ויאמר ארחמך ה' חזקי"[703]. ועוד דבשמואל פותח "ויאמר" לפני "ה' סלעי", ובתהלים הוא בלי פתיחה, אלא מיד "ה' סלעי". והטעם בשניהם, שבתהלים שהיא לא רק הודאה, אלא גם תפילה ורחמים לכל יחיד, הקדים תחינה "ויאמר ארחמך ה' חזקי", ולכן גם לא כפל שוב אחריו תיבת "ויאמר".

והכלי יקר מבאר, ד"ארחמך..." הוא מלשון אהבה, כדפרש"י ד"ואהבת את ה' אלהיך" מתרגמינן 'ארחם' (וכ"ה במדרש תהלים שוחר טוב יח [ז] וברד"ק ובאבן עזרא תהלים כאן), ואם כן בספר שמואל שדוד המלך ע"ה מדבר על עצמו, לא רצה לומר "ארחמך ה' חזקי" שכביכול תולה הדבר בזכות עצמו, שכיון שאני אוהב אותך תהיה חזקי ואמצי. אך בתהלים שחיבר השירה עבור כל יחיד ויחיד מישראל כמש"כ האברבנאל, אמר כן[704]. ואם נפרש ד"ארחמך ה' חזקי" פירושו בזכות שאתה רחום וחנון תחזקם ותאמצם, יובן דבשמואל שאמר דוד על עצמו אינו יכול לומר כן, שהרי גם אויביו הם יהודים, וחלקם אף גדולים בתורה, ואם ה' רחום וחנון הוא ירחם גם עליהם. אך בתהלים

---

[703] לשון האברבנאל 'נכנס ביניהם פסוק אחר... והפסוק הזה כולו לא אמרו בשירה'. ולכאורה אינו מדויק, דבתהלים לא **נוסף** פסוק, כי כנגד זה בשמואל נחלק הפסוק "ויאמר ה' סלעי... אלהי צורי אחסה בו..." לשניים, מה שאין כן בתהלים הוא פסוק אחד "ה' סלעי... אלי צורי אחסה בו...". ודו"ק.

[704] צע"ק דכמו שלא רוצה דוד לומר על עצמו שבזכות אהבתו את ה' יצילהו, איך אומר לכל יחיד ויחיד לומר כן. וייל. ודו"ק.

שתיקן לכל יחיד ויחיד להתפלל, זהו כשאויביהם גוים[705]. או נאמר קרוב לזה על דוד המלך בעצמו, דבשמואל נתכוין על אויביו היהודים בלבד, לכן לא אמר "ארחמך", אך בספר תהלים נתכוין על אויביו הגוים.

והקהלת יעקב מבאר דבתהלים הוסיף דוד "ארחמך ה' חזקי" כיון דהתם נאמרה שירה זו ברוח הקודש, לכן משמיענו מדוע נצטוה לשיר, משום שצריך להשפיע בו רחמים פשוטים, ולחזק את שם הוי"ה.

ובאור דוד (נרות המערכה אופן כז סי' קח עמ' פה) מבאר ע"פ שיטתו, דבשמואל אמר דוד רק על מה שקרה בחייו, ולכן שם כתוב "ומפלטי לי", כי רק אני יודע זאת, ועדיין לא נתפרם בעולם. אך בתהלים השמיט תיבת "לי", כי שם מדבר גם על אחרי מותו, ואז כבר התפרסם צדקותו של דוד לכל העולם, כמבואר בגמרא (שבת ל ע"א) בשעה שהכניס שלמה את ארון הברית לביהמ"ק.

ובספר משנת חכמים (הוכגלנדטר, סי' ד סוף אות א) מבאר דכיון שאמר (בפסוק הקודם) "עבד", שדוד המלך נקרא עבד, היה צריך לפרש "ארחמך" שהוא עובד מאהבה ולא מיראה.

וע"ע בזמרת ישע (תהלים שם עמ' סז).

עוד מבאר האברבנאל, דבשמואל כתוב "ומפלטי לי", ובתהלים רק "ומפלטי". והטעם בזה דמדגיש בשמואל שהשירה היתה על עצמו, משא"כ בתהלים היא לכל יחיד[706]. וכ"כ בזמרת ישע (תהלים שם עמ' סח).

והקהלת יעקב ביאר דבשמואל אמר דוד "ומפלטי לי" כי חשב דההצלה מאחיתופל היתה רק עבורו, אך בספר תהלים שנתגלה לו על פי רוה"ק שהיתה הצלה כללית, הוריד את תיבת "לי". עיין שם. וע" בזה בסמוך בביאור מהר"ם בנט.

---

[705] וצע"ק עכ"פ לפעמים גם אויבי כל יחיד ויחיד הם יהודים. ויי"ל. ודוי"ק.

[706] כן נלע"ד לבאר כוונת האברבנאל, ולשונו המדויק הוא: כי בכאן ראוי שיפורש הכתוב, ושיעורו ח' לי סלעי ומצודתי ומפלטי, רצונו לומר שהיה האל יתברך בערך דוד ולטובתו בענין הסלע והמצודה החזקה מגדל וראשו בשמים בו ירוץ צדיק ונשגב, אבל בספר תהלים כשתקן השירה לכתבה על ספר ראה שיהיה מיותר בעיני הקורא מלת לי, ושהיה די באמרו ה' סלעי ומצודתי ומפלטי, כי הכנוי הוא בתוארים דבק עמהם ולזה לא אמר שם לי. עכ"ל. [ועיי"ע ברד"ק]. והכלי יקר תמה מאד על דברי האברבנאל האלו, וכתב עליו : ודבר זר הוא שבספר שמואל באה תיבת ילי יתירה, ולכן דילגה בתהלים, וא"כ היה לו להגיהה גם כאן בספר שמואל, כי לדברי רש"יי דבר גדול דיבר הנביא [שפירש : ומפלטי לי, מפלטי עם צבא ישראל במלחמה, ופעמים שהוא מפלט לי כשאני לבדי], ויפה השתיקה מלדבר כיוצא בזה, מחילה מכבודו. עכ"ל הכלי יקר. ולפי מה שהעמסנו למעלה בכוונת האברבנאל לפי שיטתו בשאר המזמור, אתי שפיר בס"ד.

עוד הבדל יש [ולא צוין באברבנאל], דבשמואל כתוב "אלהי צורי" ובתהלים "אלי צורי". וביאר הרד"ק, דכשכתוב "אלהי צורי", כיון דתיבת 'אלהי' היא בסמיכות, א"כ פירוש 'צורי' אינו תואר אלא שם עצם. אך כשכתוב "אלי צורי", שניהם תואר. אמנם מסיים דאפשר ד'צורי' הוא תמיד שם עצם, והפירוש שהוא הצור שלי כלומר החוזק שלי. עכ"ד. וע"י מה שביאר עפ"ז מהר"ם בנט (בדרשותיו שם עמ' כד)[707]. והקהלת יעקב על פי אופן מניינו את עשרת הנסים שאירעו לדוד, עי"ש, ביאר דבשמואל אמר "אלהי צורי" שהיא הצלה אחת, כי תיבת "אלהי" היא בסמיכות, ולא החשיב את מעשה אבשלום לנס, כי סוף סוף הוא בנו. אך ברוח הקודש נאמר לו שיש להחשיב גם זה לנס, לכן בתהלים אמר "אלי צורי" שהם שני דברים[708]. ועוד יש לפרש דבשמואל אמר "אלהי צורי" כי לא תלה בזכות עצמו, אלא זכות אבותיו הגנה עליו, וזהו "אלהי צורי" שהם אברהם יצחק ויעקב כמש"כ (ישעיה נא א) "הביטו אל צור חוצבתם" [וע"ע בזה להלן על פסוק לב]. אך ברוח הקודש נאמר לו שיש לו לתלות בזכות עצמו גם כן, כי שם ה' נקרא עליו, לכן אמר "אלי" המתייחס אליו בנפרד. עכ"ד. וכעין פירושו האחרון כתב מהר"ם בנט (בדרשותיו דרוש א), וביאר לפ"ז את תוספת 'לי' דבשמואל, כי אמרו חז"ל (ברכות י ע"ב) כל התולה בזכות אחרים תולין לו בזכות עצמו.

עוד מבאר האברבנאל, דבשמואל נוסף כאן בסוף הפסוק "ומנוסי מושיעי מחמס תושיעני". כי הוסיף מילים נרדפות על ההצלה הפרטית שלו מרוב צרותיו, משא"כ בתהלים לא הוצרך לזה, שהכל נכלל בתיבת "משגבי"[709], ואולי לטעם השיר שבתהלים היה זה הנזכר ראוי יותר[710].

ועוד טעם מבאר האברבנאל, לפמש"כ במדרש תהלים (שוחר טוב יח [ח]), רבנן אמרין כלפי שנפלו לפני דוד עשרה שונאיו, שאול ודואג ואחיתופל שבע

---

[707] וכבר ידוע דשם 'אלהים' הוא רמז לגבורה, ושם 'אלי' הוא רמז לחסד, כמש"כ (תהלים נב ג) "וחסד אל כל היום". ועיין מעט מאד בזה בכלי יקר כאן.

[708] ובזמרת ישע (תהלים שם עמ' סח) ביאר להיפך, דבשמואל שהודה דוד על ניסי עצמו, כתב "אלהי" שהוא כולל כמה ניסים, והוא חייב להכיר בזה שהיו כמה ניסים, אך בתהלים שמיועד לעם ישראל וחוי הודאה, כתב "אלי" שהיא הודאה אחת כללית.

[709] ולא ביאר התוספת שבשמואל "מחמס תושיעני". ועל דרכו יש לפרש כנראה, דבשמואל שהמזמור פרטי על עצמו, הוצרך גם להוסיף בקשה פרטית זו "מחמס תושיעני", משא"כ בתהלים שמיועד לכל ישראל אמר לשון קצרה וכללית. וכ"כ בזמרת ישע (תהלים שם עמ' סח).

[710] משפט זה האחרון היא העתקה מלשון האברבנאל, וכנראה כוונתו שלטעם השירה דבתהלים, שהיא כדי שכל יחיד ויחיד יוכל להתפלל אותה בצרותיו, די לומר 'משגבי'. ועיין לעיל בהערתנו [בפתיחת שיטת האברבנאל] דיתכן דהקהילת יעקב הבין במשפט זה דכוונות האברבנאל שדוד המלך ע"ה שינה מילים שיתאימו לנגינת השיר [ונחלק עליו נמרצות מחמת כן]. והלשון סובלת שניהם, והבוחר יבחר.

בן בכרי שמעי בן גרא שהם חמשה מישראל, ושבכ[711] וגלית ושלשת אחיו מילידי הרפה שהם חמשה מאומות העולם, כנגדן אמר דוד עשרה קלוסין 'חזקי סלעי מצודתי מפלטי אלי[712] צורי מגיני וקרן ישעי משגבי ומנוסי', ולפיכך קלסו בסוף ספר תהלים בעשרה הלולים, הללו אל בקדשו וגו'. עכ"ל המדרש[713]. ולפ"ז מובן שעשרה קלוסים אלו ראויים לספר שמואל שנאמר על עצמו, אבל בספר תהלים שהוא לכל יחיד ויחיד א"צ לכל קילוסין אלו, כי לא יהיו לכל איש יחיד עשרה אויבים, ולכן קיצר בהם. עכ"ד האברבנאל.

ולא זכיתי להבין, הרי במדרש שם צירפו התיבות משמואל ותהלים גם יחד, דתיבת 'חזקי' היא רק בתהלים, ותיבת 'מנוסי' היא רק בשמואל[714]. וה' האיר עיני ומצאתי ברד"ק ובפירוש המאירי (תהלים שם)[715] ובילקוט המכירי (שם יח [יז][716]) דמנו בשם המדרש עשרת הקילוסים כך: חזקי סלעי מצודתי מפלטי אלי צורי מחסי מגיני קרן ישעי משגבי. עכ"ל. הרי שהחליפו 'מנוסי' עם 'מחסי' [כנגד 'אחסה בו' שבפסוק], ומנו רק הקילוסים שבתהלים. והכל בא על מקומו בשלום[717]. ולכאורה נצטרך לגרוס כן גם במדרש שוח"ט הנ"ל שלפנינו, אחרי שהראשונים הנ"ל העידו כך בשם המדרש שבפניהם.

---

⁷¹¹ ע"פ שמואל (ב' י טז-יח). וברד"ק (דלהלן) כתב 'ואיש מצרי שהכה אותו בניהו בן יהוידע' [במקום 'ושובך'], והוא ע"פ שמואל (ב' כג כא). והמאירי (דלהלן) כתב 'ישבי' [במקום 'ושובך'], והוא ע"פ שמואל (ב' כא טז) [וצ"ע דהרי הוא משלשת אחי גלית].

⁷¹² לפנינו במדרש שוח"ט ליתא תיבת 'אלי' ובמקומה כתוב 'אחסה בו'. ובאמת תיבת 'אלי' נראה יותר הילול מאשר 'אחסה בו'. וצ"ע. [ויש להעיר גם שתיבת 'אלי' היא בתהלים, משא"כ בשמואל כתוב 'אלהי'. ועיין בהערה להלן].

⁷¹³ וכ"ה בקצרה בילקו"ש (שם רמז קנז): אלהי צורי אחסה בו. עשרה מיני קילוסין כנגד עשרה שונאיו, ומי הם, שאול, דואג, ואחיתופל, שבע בן בכרי, שמעי בן גרא, שובך, גלית, ושלשה אחיו, וכשם שקלסו כאן בעשרה שמות כך קלסו בסוף הספר בעשרה הלולין הללו אל בקדשו וגו'. עכ"ל. וצע"ק דמהר"ים בנט (בדרשותיו עמי כד) מבאר קצת אחרת בדרך אחרת מהמדרש הנ"ל, עיי"ש, ואינו מזכיר המדרש.

⁷¹⁴ וכ"כ בפירוש יבקש רצון (על שוחר טוב שם). ומעין זה העיר ר"יש בובר שם (אות לב) [בלי קשר לאברבנאל], עיי"ש. וכן העירו בפירוש עץ יוסף ומהר"יי מבראד (על מדרש אגדת שמואל פי"ט [ה/ו]), וצירפו 'אלהי צורי' לקילוס אחד. ובספר ישמיע כל תהלתו (תהלים שם) כתב דבתהלים דליכא 'מנוסי' נחשב 'אלי צורי' לשני קילוסים, ובשמואל דאיכא 'מנוסי' נחשב 'אלהי צורי' לקילוס אחד. עכ"ד. וצ"ע דהרי במדרש מנו גם 'חזקי' דאיכא רק בתהלים, ואי"כ ממה נפשך 'אלהי צורי' או 'אלי צורי' חייבים להחשב כקילוס אחד.

⁷¹⁵ וכ"ה בביאור מהר"יי כהן (למדרש אגדת שמואל פי"ט [ה/ו]).

⁷¹⁶ אך שם (אות יג) העתיק כהמדרש שוחר טוב, דליכא 'מחסי' ואיכא 'מנוסי'.

⁷¹⁷ ולפי"ז ג"כ יורדת ראיית הכלי יקר (ריש המזמור) מהמדרש הנ"ל נגד האברבנאל [אע"פ שהוא עצמו הביאו] שסובר דדוד המלך חיבר שירה זו בצעירותו, דאיך יזכיר דוד המלך עשרה קילוסין כנגד עשרה אויבים שעדיין לא הכניע כולם. ולהנ"ל אתי שפיר, דהעשרה קילוסין הוזכרו רק בספר תהלים, והאברבנאל סובר דאותו אמר דוד בזקנותו, ולא קשיא מידי.

ולכאורה גם כדי להבין את דברי האברבנאל יש לתקן בדברי עצמו, אע"פ שהוא לא כתב כך. אך בלשון הכלי יקר והקהלת יעקב לא אתי שפיר, עי"ש[718]. ודו"ק.

פסוק ד. מבאר האברבנאל לשיטתו, דבשמואל כתוב "ומאויבי" ובתהלים כתוב "ומן אויבי", כי דקדק דוד יותר בתהלים שהיא תפילה לכל יחיד ויחיד, שלא יחשבו אומרו "מאויבי אושע" כלומר יותר אושע מאשר אויבי יוושעו, כמו "ברוך מבנים אשר" (דברים לג כד) [שפירושו שאשר יבורך יותר משאר הבנים], ו"מנשים באוהל תבורך" (שופטים ה כד) [שפירושו שיעל תבורך יותר משאר נשים], וכן כאן היה נשמע כאילו אומר שאוושע יותר מאשר יוושעו אויבי, והוא אינו נכון, ד[הוא רוצה ש]אויביו לא יהיו נושעים כלל. לכן אמר "ומן אויבי אושע", שהוא מדויק וברור שאני אוושע מידי אויבי ואמלט מידם. עכ"ד. וע"ע בפירוש מהר"ם בנט (בדרשותיו שם עמ' כה).

והכלי יקר והקהלת יעקב ביארו דבשמואל אמר "מאויבי" דהוא כפשוטו שינצל מהאויבים. אך בתהלים אמר "מן אויבי" לרמוז שיש גם לפעמים שינצל ע"י האויבים עצמם [כמו שרמזו "ועזר, מצריו תהיה"[719]].

ובזמרת ישע (תהלים שם סוף עמ' סח) ביאר ד'מן...' פירושו כשהוא דבוק למשהו בלי סיכוי להפרד, כמו "מן המים משיתיהו" (שמות ב י), שהגזרה היתה כל כך קשה שלא היה לו סיכוי להנצל מן המים. ועפ"ז מבאר כאן לשיטתו שבספר שמואל שהיא עצם ההכרה של דוד בגודל הנס, אמר "מאויבי אושע"[720], אך בספר תהלים שהיא ההודאה רצה להדגיש שאם בוטחים בה' הוא מושיע אפילו כשאין סיכוי כלל.

ובעיקר ביאור ההבדל בין 'מ' ל'מן', עיין עוד בשו"ת זכר יהוסף (ח"ג סי' קעב ד"ה ואולם).

פסוק ה. מבאר האברבנאל, דבשמואל כתוב "כי אפפוני" ובתהלים רק "אפפוני". והטעם בזה שבספר תהלים דקדק טפי שלא יחשבו דתיבת 'כי'

---

718 דהכלי יקר אזיל בשני דרכים לפרש בדיוק את עשרת הקילוסים כנגד עשרת השונאים וכנגד עשרת החילולים, מה כנגד מי, עיי"ש בשני המהלכים. והקהלת יעקב אזיל ג"כ במהלך משלו, עיי"ש, ולפי שלשת המהלכים לא מתאים למנין העשרה כנ"ל, עיי"ש ודו"ק.

719 כ"כ הכלי יקר. והוסיף: ואע"פ שבתיבת ומאויבי אפשר לפרש כך ג"כ, מ"מ שינה תתיבה להורות את שני הענינים הנ"ל.

720 לשון הזמרת ישע: מפני שהההכרה היא להגיד שאעפ"י שחטא, כשחזר בו ריחם ה' עליו. עכ"ל. ולא זכיתי להבין מדוע בהכרה אין להדגיש שלא היה סיכוי להנצל. ואדרבה לכאורה בסברא הול"ל להיפך, דבהכרה צריך להכיר בזה שלא היה שום סיכוי, ויאמר "מן אויבי", אך בהודאה מודה על עצם ההצלה ויכול לומר "מאויביי". וה' יאיר עיני.

כאן היא נתינת טעם, אלא היא מתפרשת 'כאשר'[721]. עוד שינה משמואל שכתב "משברי מות" וכתב בתהלים "חבלי מות" כדי לבאר שהמשברים היו כאבים וחבלים. ומטעם זה גם שינה דבשמואל אמר "נחלי" ובתהלים "ונחלי", כי בשמואל היא אותה הצרה של "משברי מות", כי 'משברים' ו'נחלים' הם אותו ענין של זעף הים והמונו, רק כפל הענין במילים שונות לכן אמר "נחלי בליעל". אך בתהלים ששינה ל"חבלי מות", אם כן [נ]'חבלים' ו'נחלים' אינם זהים ו]הוא ענין חדש, לכן אמר "ונחלי בליעל". עכ"ד.

והכלי יקר עצמו מפרש, דבשמואל אמר "כי אפפוני..." משום דמבאר מה שהבין בשכלו את הצרות שקרוהו, לכן גם כן כתוב "ונחלי" עם ו' החיבור, שהוא נתינת טעם מחמת העוונות שהם נחלי בליעל. אך בתהלים נשמטה תיבת 'כי', מחמת שרוח הקודש אומרת כן שכך היא גזרת עליון, ולכן כתוב "נחלי" בלי ו' החיבור כי הוא ענין חדש, שהגזרה גם שהצרות תהינה נחלי בליעל[722]. ועוד הבדל דבשמואל אמר "משברי מות", כדי להגזים בצרותיו שהם כגלי הים זה אחר זה. אך בתהלים רוצה להראות שהם קשים יותר, אמר "חבלי מות" שהם נמשכים כחבלים או חבלי יולדה של מות.

עוד הביא הכלי יקר בשם האברבנאל בפירוש תהלים[723] דפירש ד"אפפוני חבלי מות" מיירי בחולאים רעים, ו"נחלי בליעל יבעתוני" איירי באויבים.

---

[721] דידוע מאמר חז"ל (ר"ה ג ע"א) דתיבת 'כי' משמשת בארבע לשונות, 'אי' 'דילמא' 'אלא' 'דהא'. ופירוש 'אי' הוא 'כאשר', עיין רש"י (שמואל ותהלים לחלן פסוק ח; דברים לב ג; בראשית מג ז; במדבר יז יג; מלכים א ח לח).

[722] ובהמשך כותב הכלי יקר דבתהלים שהיה הפסוק (ה) "כי אפפוני משברי מות, נחלי בליעל יבעתוני" כולו גזרת עליון, ממשיך הפסוק הבא (ו) "חבלי שאול סבבוני, קדמוני מוקשי מות" שהן הסיבות לגזרה, כלומר כי סבבוני חבלי שאול הן העוונות המורידות לשאול, וכן קדמוני מוקשי מות שהן הפשעים שממיתים, שאין הערוד ממית אלא החטא ממית (ברכות לג ע"א). א"כ בתהלים הפסוק השני הוא הטעם לפסוק הראשון. משא"כ בשמואל בכל פסוק יש מקרה וסיבה, בפסוק (ה) "נחלי בליעל יבעתוני" היא סיבת "אפפוני משברי מות", ובפסוק (ו) "קדמוני מוקשי מות" היא סיבת "חבלי שאול סבבוני". עכ"ד. ויש לפלפל בזה.

[723] לפנינו אין לאברבנאל פירוש על תהלים, ומצאתי בס"ד כל הקטע שהעתיק הכלי יקר תיבה בתיבה בפירוש רבינו יוסף חיון לספר תהלים, והוא היה רבו של האברבנאל (ושל החסיד רבי יוסף יעבץ, עי"ש בהקדמה), וכתב פירוש על כמה ספרים בכתובים, וספר מילי דאבות עמ"ס אבות, הובא בספר שם הגדולים (מע"ס מע' מ סי' קח). וכן להלן (פסוקים יד, כ, כא, כג, כד, כה, כח, מז, ובשינויי לשון גם שם יז, כב, לד, מב) הביא הכלי יקר מפירוש מהרי"א לתהלים, ונמצאים כל הקטעים בפירוש רבינו יוסף חיון הנ"ל שם. ואולי בפני הכלי יקר היה פירוש האברבנאל לתהלים, שהיה מבוסס על פירוש רבו רבינו יוסף חיון הנ"ל, ונעלם בצוק העתים.   שוב בינותי לדייק היטב בלשון הכלי יקר, ושמתי אל לבי כי בכמה מן המקומות הנ"ל כותב הכלי יקר אח"כ 'ומהרי"א כתב' [כך תמיד קורא הכלי יקר לאברבנאל 'מהרי"א', כלומר מה"ר יצחק אברבנאל] ומצטט מהאברבנאל שלפנינו, וא"כ לא מסתבר שהציטוט שלפני כן 'מהרי"א בתהלים' כוונתו ג"כ לאברבנאל, שהרי אין הלשון מתוקנת לכתוב בסתם 'מהרי"א בתהלים כתב... ומהרי"א כתב...' ולהתכוין לאותו אחד. ובשלמא אם היה כותב

וביאר הכלי יקר, דלפי שיטת האברבנאל דבספר תהלים תיקן דוד הלשון לכל יחיד ויחיד בצרתו, מובן שכתוב "ונחלי" עם ו', להורות שהם שני נושאים כנ"ל, חולאים רעים ואויבים. אך בספר שמואל שאמר דוד השירה על עצמו, אמר "נחלי" בלי ו', כי הכל דבר אחד, על האויבים, שהרי לא מצינו שהיה דוד המלך ע"ה חולני כלל, ובפרט בעת ההיא שעדיין כל חולה היה מת מחוליו עד שהתפלל חזקיה[724] שיחלימו מחוליים.

והקהלת יעקב ביאר לשיטתו, דבשמואל שאמרו דוד לפני שרתה עליו שכינה, הבין שהצרות באו אליו בעוונותיו, לכן אמר "כי" שהוא נתינת טעם, "אפפוני משברי מות" אלו החטאים ששוברים לבו של אדם, וממשיך "נחלי בליעל יבעתוני" מהעבירות שבידי. ועוד מבאר עפמש"כ בספר גולל אור [עי"ש סוף אות ל, ד"ה אמר המאסף] בשם האר"י [עי' זוהר ח"ג קיא ע"ב], דאדם הראשון חטא בעבודה זרה שפיכות דמים וגילוי עריות. אברהם תיקן חטא העבודה זרה בהפלתו לכבשן האש, יצחק תיקן השפיכות דמים בעקידתו ע"ג המזבח, ויעקב תיקן הגילוי עריות בקחתו את רחל ולאה. ודוד המלך ע"ה היה גלגול של אדם הראשון [שער הפסוקים שמות ג ז] ופגם שוב בשלשתן, בעבו"ז כמש"כ חז"ל (סנהדרין קז ע"א) על "ויהי דוד בא עד הראש" (שמואל ב טו לב), בשפיכות דמים במעשה אוריה, ובגילוי עריות במעשה בת שבע. וכנגד שלשתן השינויים "משברי - חבלי" "נחלי - ונחלי" "סבוני - סבבוני" (שבפסוק הבא), עי"ש בביאורו.

וע"ע בזמרת ישע (תהלים שם עמ' סט-ע) מה שביאר על השינויים בפסוק זה.

פסוק ו. מבאר האברבנאל, דבשמואל כתוב "סבוני" ובתהלים "סבבוני". דקדק טפי [כשכתב תפילה לכל יחיד ויחיד] שלא נחשוב ד"סבוני" מלשון 'סיבה', אלא מלשון 'היקף' לכן כתב "סבבוני".

והכלי יקר כתב לשיטת האברבנאל דבספר שמואל כתב דוד השירה על עצמו, לכן יכול לומר דהצרות באו בסיבת עוונותיו, לכן אמר "סבוני" מלשון סיבה. אך בספר תהלים שכתב השירה לכל יחיד ויחיד, לא רוצה לומר שהצרות באו בעוונותיהם, לכן כתב "סבבוני", שסיבבום הצרות אולי מיסורים של אהבה ולא מחמת עוונותיהם.

'מהרי"א בתהלים כתב... ומהרי"א בשמואל כתב...י'. והבן]. אשר על כן יתכן דבכתה"י של הכלי יקר היה כתוב תמיד 'מהרי"**ח** בתהלים כתב', וכוונתו למהר"ר יוסף חיון, והמעתיק לא ידע [כבר בדפו"ר ויניציאה שס"ג, ואחריו בספר קהלות משה אמשטרדם תפ"ד] והעתיק תמיד 'מהרי"א' כמו שהוא ברוב ככל המקומות כשכוונתו לאברבנאל. ודו"ק היטב כי פלא הוא.

724 בגמרא (ב"מ פז ע"א, סנהדרין קז ע"ב) איתא 'אלישע', אמנם בזוהר (ח"ב קעד ע"ב) ופרדר"יא (פנ"א/נב) וחופת אליהו רבה (ראשית חכמה ח"ג שער ג) איתא 'חזקיהו'. והאריכו בזה המפרשים.

וע״ע בזמרת ישע (תהלים שם עמ׳ סט-ע) מה שביאר בטעם השינוי בין ׳סבוני׳ ל׳סבבוני׳.

פסוק ז. מבאר האברבנאל, דבשמואל כתוב ״בצר לי אקרא ה׳ ואל אלהי אקרא״ ובתהלים ״אשוע״ [במקום ׳אקרא׳ השני], כדי ליפות הדיבור במילה אחרת, ולא יהיה פעמים ׳אקרא׳ זה אחר זה. עוד אמר בשמואל ״וישמע מהיכלו״ כי הוא מודה על לשעבר, ובתהלים שהיא תפילה [לכל יחיד ויחיד] כתב ״ישמע מהיכלו״ בלי וא״ו, כלומר בעתיד. ועוד אמר בשמואל ״ושועתי באזניו״, ובתהלים מוסיף ״ושועתי לפניו תבא באזניו״ וזאת כדי למעט ההגשמות, ד״שועתי באזניו״ משמע כביכול שועתי ממש בתוך אזניו, והרי אין לו אזנים, אלא מפרש ״שועתי לפניו תבא באזניו״, כלומר שהוא מורה על השגחתו יתברך שתעלה לפניו שועתינו.

ועל סוף דבריו תמה הכלי יקר, הרי בהרבה מקומות מצינו בפסוקים עניני הגשמות כביכול, כגון ״פני ה׳ ״ (בראשית יט יג) ״עיני ה׳ ״ (דברים יא יב) ״יד ה׳ ״ (שמות ט ג) ״רגלי ה׳ ״ (עי׳ שמות כד י)[725], ועל כרחך פשיטא דדיברה תורה כלשון בני אדם. ועוד דלסברת האברבנאל היה צריך בספר תהלים לכתוב ״תבוא״ **במקום** ״אזניו״, ולא בנוסף לו, כדי שלא יבואו כלל לידי טעות.

ועל השינוי דבשמואל כתוב ״בצר לי אקרא ה׳ ואל אלהי אקרא״ ובתהלים ״אשוע״ [במקום ׳אקרא׳ השני], מבאר הכלי יקר [ע״פ דרכו של האברבנאל] שבספר שמואל שדוד דיבר על עצמו אמר שמרוב צרתו לא הוסיף כלום בשנית, וכמו שבתחילה ״בצר לי אקרא״ הוא הדין בשנית ״ואל אלהי אקרא״. אך בתהלים שסידר תפילה לכל יחיד מישראל, רצה לשבח את ישראל שבשנית יוסיפו יותר, תחילה ״בצר לי אקרא״ ואחר כך ״ואל אלהי אשוע״. והשינוי השני דבשמואל אמר ״וישמע קולי״ כי מדבר על עצמו, ולא יכול לומר ״ישמע קולי״, כי מי יאמר זכיתי לבי ואהיה נענה. אך בספר תהלים כשמדבר על כל ישראל, ודאי שבזכות הרבים ״הן אל כביר לא ימאס״ ותתקבל תפילתם, לכן אמר בבטחון ״ישמע קולי״.

והשינוי השלישי בתוספת ״לפניו תבוא״ מבאר הכלי יקר עפמש״כ במדרש (שוחר טוב תהלים יח [יא]): ״בצר לי אקרא ה׳ ״ בבבל, ״ואל אלהי אשוע״ במדי, ״וישמע מהיכלו קולי״ ביון, ״וישועתי לפניו תבא באזניו״ באדום. ע״כ. אם כן לשיטת האברבנאל דהשירה בספר שמואל אמר דוד על עצמו בזמנו [ולא על הגלויות כבמדרש הנ״ל], די לומר ״ושועתי באזניו״, כלומר דשועתי תהיה באזניו של השי״ת. אך בספר תהלים שהיא תפילה לכל יחיד ויחיד

---

[725] לכאורה טפי הול״ל ״אזני ה׳ ״ (במדבר יא א) שהוא בדיוק כמו כאן, והוי ראיה טפי.

בכל הגלויות, וכמפורט במדרש הנ"ל, א"כ בגלות אדום שלא הירשו להתפלל, והיו מתפללים בהסתר, אומר הפסוק ד"שועתי לפניו תבוא באזניו" אף על פי שהיא בלחש.

ולי הקטן היה נראה על תוספת "תבוא באזניו" ע"פ דרכו של האברבנאל עצמו לעיל בסמוך בתיבות "וישמע - ישמע" [וכן הוא מבאר להלן (פסוק לט) בשינויי התיבות "ויפלו - יפלו"], דביאר דבשמואל היא הודאה על לשעבר, ובתהלים תפילה לעתיד, א"כ לפי"ז יובן שפיר שבשמואל אמר "ושועתי באזניו" על שם העבר שהיתה שועתי באזניו, אך בתהלים הוא לשון בקשה לעתיד "ושועתי לפניו תבוא באזניו"[726]. והבן.

והקהלת יעקב מבאר דבפסוק זה לימד דוד המלך ע"ה את סדר התפילה, דצריך לומר שבח בקשה והודאה. וזמש"כ בשמואל "בצר לי אקרא ה' ", זהו השבח, ואחר כך "ואל אלהי אקרא" זו הבקשה, ואחר כך "וישמע מהיכלו קולי ושועתי באזניו" זו ההודאה ששמע קולי. ובתהלים אמר על פי מה שלמדתו רוח הקודש, שאמנם על השבח שייך לשון 'אקרא' כי אינה תחנונים, אך על הבקשה צריך לומר לשון 'אשוע'. ועל ההודאה אי אפשר לומר בוודאות "וישמע...", כי מי אמר ששמע לתפילתך, וגם על זה יש לבקש "ישמע...", ותלוי אם נתכוין בכל לבו בתפילתו, ולכן הוסיף "לפניו תבוא...", כלומר כשאני יודע לפני מי אני עומד.

ומהר"ם בנט (בדרשותיו שם עמ' כה) כתב דבשמואל כיון שאמר 'אקרא', וקריאה היא מיוחדת בשלשה דברים: בכוונת הלב[727], ובדבר המבוקש באמת ושורת הדין שהוא הגון לכך[728], וקודם גזר דין. לכן אמר בקצרה 'ושועתי באזניו', כי הכין לבו מראש ומיד נשמע קולו. אך בתהלים שאמר 'אשוע', ושועה היא בשלשת הדברים שלהיפך: בפה בלי כוונה[729], ובדבר שאין ראוי אליו כל כך רק מפני רוב הבקשה[730], ואחר גזר דין. לכן הוסיף 'לפניו תבוא', כי צריך תפילה נוספת ששועתי תבוא לפניו.

---

[726] מובן יותר על תיבת 'תבוא' שהיא להדגיש את העתיד, אמנם תיבת 'לפניו' פחות מבוארת, אך אכתי יש לבאר דכיון שהשועה עדיין לא הגיעה אליו, אלא היא תעלה לפניו בעתיד. ודו"ק.

[727] כדכתיב (תהלים קל א) "ממעמקים קראתיך ה' ", וכן (שם קמה יח) "לכל אשר יקראוהו באמת". מהרי"ם בנט שם.

[728] כדכתיב (שם) "לכל אשר יקראוהו באמת", וכן (דברים ד ז) "בכל קראנו אליו". שם.

[729] כדכתיב (שמות ב כג) "יותעל שועתם... מן העבודה". שם.

[730] כדכתיב (תהלים קמה יט) "רצון יראיו יעשה, ואת שועתם ישמע ויושיעם", כלומר אפילו את שועתם ישמע וכו'. שם.

ובאור דוד (נרות המערכה אופן כז סי׳ קח עמ׳ פה) מבאר ע״פ שיטתו, דבתהלים אמר דוד גם על מה שיקרה אחרי מותו, ולכן שם הוסיף "לפניו תבוא", כי ׳תבוא׳ אותיות ׳אבות׳, שרק אז נתפרסם דוד להיות במעלת כל האבות, כדלעיל, וכמבואר בזוהר (חדש, פרשת לך לך).

והרד״ק כתב בקצרה, שפירוש "שועתי באזניו" הוא שבאה באזניו, וכמו שכתוב להדיא בתהלים "תבוא באזניו".

וע״ע בזמרת ישע (תהלים שם עמ׳ ע-עא) מה שביאר על השינויים בפסוק זה.

פסוק ח. מבאר האברבנאל, דבשמואל כתוב "מוסדות השמים" אבל בתהלים פירש דכוונתו "ומוסדי הרים", כלומר דזו כוונתו גם בשמואל, וקרא להרים ׳שמים׳ כי הם גבוהים מאד, וכמש״כ (דברים א כח) "ערים גדולות ובצורות בשמים"[731] וכן (משלי כג ה) "כנשר יעוף השמים". עכ״ד. [וכבר כתב כן כאן הרלב״ג בקצרה]. אמנם לא ביאר למה בשמואל כתוב "מוסדות" ובתהלים "ומוסדי", וכן מדוע בשמואל הוא בלי ו׳ ובתהלים עם ו׳. וצ״ע.

ור״ש אבן תיבון במאמר יקוו המים (פ״כ עמ׳ 151) כותב ג״כ מעין האברבנאל, דבא ללמדנו ששמים וארץ נבראו כאחד, ש"מוסדי הרים" הם "מוסדות השמים" שנבראו ביום השני.

ועל שינוי הקרי וכתיב ׳ותגעש׳ ׳ויתגעש׳ לא מדבר האברבנאל[732]. והרד״ק כותב [לשיטתו]: והענין אחד. עכ״ל. וכן ר״ש אבן תיבון במאמר יקוו המים (פ״כ עמ׳ 151) כותב דתיבת ׳ארץ׳ מצינו לפעמים בלשון זכר, וכנגד זה אמר בשמואל "ויתגעש", ומצינו לפעמים בלשון נקבה, וכנגד זה אמר בתהלים "ותגעש".

אך הכלי יקר מבאר [לשיטת האברבנאל], דבספר שמואל שדוד מודה על הצלתו הפרטית, הקרי ׳ויתגעש׳ לרמוז שהקב״ה נתגעש והוא גרם לארץ שתגעש והצילו מידי שאול והמליכו תחתיו. אך בתהלים שכתב תפילה לכל יחיד מישראל, די לקרוא כהכתיב ׳ותגעש׳ לומר שתגעש ותרעש הארץ.

ומהר״ם בנט (בדרשותיו שם עמ׳ כה) מבאר דבשמואל מדבר על גרימת אובדן מלכותא דרקיעא כביכול שהיא כנגד מלכות ישראל בארץ, כמש״כ (ישעיה סג ט) "בכל צרתם לו צר", לכן אומר "ומוסדות השמים", ולכן אומר

---

731 ופרש״י שם: דיבר הכתוב לשון הבאי.

732 ועי׳ בהערתנו בטבלה דלעיל.

"ויתגעש"733, אמנם הוא נסתר לכן הוא רק בקרי ולא בכתיב. אך בתהלים מדבר רק על אובדן מלכות ישראל שבארץ, לכן אומר "ומוסדי הרים" כנגד ירושלים שהרים סביב לה, [וכן אומר "ותגעש"].

ובמשך חכמה (הפטרת האזינו) מבאר דבשמואל הקרי מספר על הגורם ל"ותרעש הארץ", שהוא "ויתגעש" ההיכל, ומחמת געישת ההיכל רעשה כל הארץ, כי מקום ההיכל ממנו הושתת העולם, וכמו שמצינו דרשת חז"ל (יומא נד ע"ב) על הפסוק (תהלים נ ב) "מציון מכלל יופי", דמציון הארץ נבראת, ולכן נקראת שם 'אבן השתיה', עי"ש. והכתיב "ותגעש" היא התוצאה, ש"ותגעש ותרעש הארץ", וכמו שהקרי והכתיב בתהלים.

ובאהל מועד (ביק, ח"ג פרי הארץ המקרא והמכתב אות סז) כתב דהפירוש 'ויתגעש' האויר או האש, ועי"כ 'ותגעש ותרעש' הארץ.

ועי' קהלת יעקב (קמה ע"א) שמבאר כל פסוק זה ושינוייו ע"פ פרד"ס, עי"ש734. רע"ע בזמרת ישע (תהלים שם עמ' עב) מה שביאר על השינויים בפסוק זה.

פסוק יא. מבאר האברבנאל, דבשמואל כתוב "וירא על כנפי רוח", כי הבורא כביכול נראה על כנפי הרוח, כלומר פעולתו נראתה. אך בתהלים [שמתפלל כל יחיד על העתיד, מתפלל לאו דוקא שתיראה פעולת הבורא, אלא העיקר להנצל, לכן] אמר "וידא על כנפי רוח", מלשון (דברים כח מט) "כאשר ידאה הנשר", כלומר כמו שעף הנשר, והוא המשך לתחילת הפסוק "וירכב על כרוב ויעף" [כפל הענין בלשונות שונים].

והרד"ק ציין להבדל זה, וכתב בקצרה: והענין קרוב. עכ"ל.

ור"ש אבן תיבון במאמר יקוו המים (פ"כ עמ' 151) כתב דבא להודיע שהכרובים הנזכרים בשתי השירות אינן כרוב ממש, ולא היה להם כנפיים, ולכן אמר 'וירא' כלומר שנראה ככנפי רוח. ואפשר שה'כרוב' הנזכר הוא היפך אותיות 'רכוב'. ודו"ק.

אמנם הכלי יקר והמנחת שי מציינים שכבר מתבאר בחז"ל הבדל זה, וכך הוא במדרש (שיהש"ר פ"א סי' מח/מט, ילקו"ש שמואל רמז קס): "וירכב על כרוב ויעוף וידא על כנפי רוח". כתוב אחד אומר "וידא" וכתוב אחר אומר "וירא",

---

733 כביכול כנגד מלכותא דרקיע.

734 ועוד עי' לרמ"יד וואלי בספר עת לחננה (תחלים שם) דכתב על תיבות "**ה**ארץ **ו**מוסדי **ה**רים **י**רגזו" שהוא ראשי תיבות הוי"ה למפרע, לרמוז אל הדין הקשה. עכ"יד. ויש להעיר דבשמואל ליתא, כי כתוב 'מוסדות' במקום 'מוסדי'.

באיזה צד יתקיימו שני כתובים, א״ר אחא, מכאן שהיה לו להקב״ה עולמות ויצא להראות בהן[735]. עכ״ל. ובדומה לזה במדרש (שוחר טוב תהלים יח [יטו]): מכאן שיש לו עולמות הרבה[736], והוא מידא על כנפי הכרובים[737], והולך[738] להראות[739] בהן. עכ״ל.

ובאור דוד (נרות המערכה אופן כז סי׳ קח עמ׳ פה) מבאר ע״פ שיטתו, דבתהלים אמר דוד גם על מה שיקרה אחרי מותו, ולכן שם כתוב ״וידא״, אות ד׳ במקום ר׳, לרמוז שכעת הוא רגל ד׳ במרכבה, כמבואר לעיל (על פסוק ז) בשם הזוהר.

ועי׳ קהלת יעקב (קמה ע״ג) שביאר השינוי כאן בדרך הסוד בענין נתינת המוחין, עי״ש. וע״ע בביאור הזמרת ישע (תהלים שם עמ׳ עב).

פסוק יב. מבאר האברבנאל, דבשמואל כתוב ״וישת חשך סביבותיו סוכות״, ובתהלים כתוב ״ישת [בלי ו׳] חשך סתרו [תיבה נוספת] סביבותיו סוכתו [במקום ׳סוכות׳]״, והטעם שלא נחשוב שהחושך נעשה מהסוכות שמסתירים את האור, אלא ״ישת חושך סתרו״ הוא ענין בפני עצמו, ו״סביבותיו סוכות״ הוא עוד ענין[740]. ולכן בתהלים כתב ״חשכת״ במקום ״חשרת״ דבשמואל, כדי לבאר טפי ענין החושך שנעשה ע״י עבי השחקים. ותוספת הו׳ לתיבת ״וישת״ הוא לומר שהוא עונש נוסף לאויבים[741].

---

[735] מבאר מהרש״א ביפה קול (שם) דבכל שינוי טבע שעושה הקב״ה למטה בעוה״ז, הוא מפעיל אותו בעולמות העליונים, וכמש״כ הרי״ן בדרשותיו (דרוש ב). ועל דרך הפשט יש לפרש דהכוונה על שיי״י עולמות של כל צדיק וצדיק (סנהדרין ק ע״א), או על ח״יי אלף עולמות שמשוטט בהן הקב״ה (עבו״ז ג ע״ב), שכביכול הולך הקב״ה ומודיע שם נפלאותיו שעשה בעוה״ז. עכ״ד. ובאהל מועד (ח״ה אהל דוד תהלים שם אות לג) מפרש דהקב״ה עושה תמיד נסים נסתרים תחת מסוה הטבע, ולפעמים יגלה זרוע עוזו להעניש הרשעים באופן ניסי כמו במצרים, והם העולמות שהולך להראות בהם. אך ע״פ רוב הוא בעולמות הטבעיים.

[736] ובילקו״ש (שמואל רמז קסט) כתוב ׳אחרות׳.

[737] משפט זה ׳והוא מידא על כנפי הכרובים׳ הוא בשוח״ט מהדורת בובר בלבד. והוא ע״פ תחילת הפסוק ״וירכב על כרוב ויעף״.

[738] וביאר הכלי יקר: ׳וידא׳ מלשון ׳הילוך׳, כמש״כ (תהלים סח יג) ״מלכי צבאות ידדון ידדון״.

[739] וביאר הכלי יקר: ׳וירא׳ מלשון ׳להראות׳.

[740] ואולי זו כוונתו גם כן שלכן כתוב ״סוכתו״ ולא ״סוכתי״. וצ״ב.

[741] ולכאורה חול״ל כדלעיל (פסוק ז) בתיבות ״וישמע - ישמע״ וכדלהלן (פסוק לט) בתיבות ״ויפלו - יפלו״, דביאר דבשמואל היא הודאה על לשעבר, ובתהלים תפילה לעתיד, א״כ לפי״ז יובן שפיר שבשמואל אמר ״וישתי״ על שם העבר שהֵשית כבר, אך בתהלים הוא לשון בקשה לעתיד ״ישתי״ כלומר שֶׁיָשִית.

והרד"ק כתב על 'חשרת - חשכת' [לשיטתו]: והענין אחד, כי חשרת מים הוא קישור העבים זו בזו, כמו (מלכים א ז לג) "וחשוקיהם וחשוריהם הכל מוצק", וכשהעבים מקשרים זו בזו היא החשכה. עכ"ל. ומעין זה בפירוש ספר תהלים להמאירי (שם), עי"ש.

ור"ש אבן תיבון במאמר יקוו המים (פ"כ עמ' 151) כתב כי הסוכות היו למטרת ערפל, שהוא גוש אחד, ולכן היפך בתהלים תיבת "סוכות" ברבים לתיבת "סוכתו" ביחיד, [והוסיף תיבת "סתרו" הרומז לערפל]. ותיבת "חשרת" היא כאילו כתובה "שחרת", [שגם כן רומז לערפל, והוא כתיבת "חשכת" בתהלים הרומזת לערפל].

והכלי יקר והמנחת שי ציינו לדברי הגמרא (תענית י ע"א)[742], דאיתא שם: אמר מר, ממתקין הן בעבים [פי' מי הגשמים מתאדים ונעשים עננים, ומתמתקים שם, לכן הגשמים מתוקים]. מנליה, דאמר רבי יצחק בר יוסף אמר רבי יוחנן, כתיב "חשכת מים עבי שחקים", וכתיב "חשרת מים עבי שחקים"[743], שקול כף ושדי אריש, וקרי ביה "החשרת"[744]. עכ"ל. ומבאר הערוך (ערך חשרת): שנכשרין ומתמתקין בעבים. וכ"כ רש"י ותוספות (שם)[745]. ובדפו"ר (ויניציאה, וכ"ה בדקדוקי סופרים אות כ ע"פ כת"י מינכן, וכ"ה בספר 'פירוש רש"י למסכת תענית' ע"פ כת"י, וכ"ה בילקו"ש שמואל רמז קס ואיוב רמז תתקכ) הגירסא ברש"י 'הכשרת'[746], כי אותיות ה' וח' מתחלפות. [כן פירשו מהרש"א ובארות המים גם בגירסת רש"י שלפנינו, וכן רמז בפני שלמה (ברכות לה ע"א)].

---

742 וצ"ע דהאברבנאל לא ציין לדברי הגמרא. וכן העיר בקהילת יעקב (פארדו, שמואל שם).

743 הגריי"ח בבניהו (תענית שם) הקשה מדוע הביאה הגמרא קודם את פסוק 'חשכת' ואחר כך את פסוק 'חשרת', והרי פסוק 'חשרת' קדים דהוא בשמואל, ואחר כך הוא פסוק 'חשכת' בתהלים. ותירץ דכיון דהגמרא מבארת דלוקחים אות כ' מתיבת 'חשכת' ומניחין אותה בתוך תיבת 'חשרת' לעשות 'חכשרת', הרי שתיבת 'חשרת' במקומה עומדת, ותיבת 'חשכת' היא המטולטלת. ודו"ק.

744 בקהלת יעקב (קמו ע"א) העיר דאם מחברים תיבות 'חשכת' ו'חשרת' צריכים לומר 'חשכרת' ולא 'חכשרת' כמש"כ הגמרא. ועי"ש מה שהולך ומבאר ע"פ הסוד. ובאמת כבר הקשה הב"ח (בהגהתו שם אות ג) מדוע הגמרא אמרה 'שקול כף ושדי אריש', והרי אמרו 'חכשרת' הרי שמכניסים את האות כ' לפני האות ש' ולא לפני האות ר', א"כ הול"ל 'שקול כף ושדי אשין'. ותירץ הב"ח כיון דהאות ש' קיימת בשתי התיבות, נקט 'ושדי אריש' שהיא רק בתיבה אחת. עכ"ד. ובספר אבני שיש (רוטמן, תענית שם) כתב דאפשר דזה מה שרמז רש"י (שם) 'וה"ג שקול כף...', דגרוס כמש"כ בגמרא ולא כמו שהקשה הב"ח. ומעין זה ביאר בברית יעקב (טולידנו, שם) כוונת רש"י.

745 ובתוספות דפו"ר (ויניציאה) הגירסא 'מתקשרין' במקום 'מתכשרין' שלפנינו. וכ"ה במהרש"א, עי"ש.

746 וכ"ה בילקוט המכירי (תהלים יח לג), ובחנם הקיפוהו בסוגריים עגולים וכתבו בסוגריים מרובעים 'חכשרת'.

עוד ציינו הכלי יקר והמנחת שי לדברי המדרש (שוחר טוב תהלים יח [טז]), דאיתא שם: כתוב אחד אומר "חשכת מים", וכתוב אחד אומר "חשרת מים", בשעה שהעננים טוענין את המים, מחשיכין מן המים, ואחר כך חושרין אותו לעולם[747]. עכ"ל.

ובאור דוד (נרות המערכה אופן כז סי' קח עמ' פה) מבאר ע"פ שיטתו, דבשמואל דיבר דוד לפני השראת השכינה בביהמ"ק, לכן אמר "סוכות", כי היתה השראת השכינה [כצל סוכה] בהרבה מקומות. אך בתהלים דיבר דוד על אחרי השראת השכינה בביהמ"ק, לכן אמר "סוכתו", שהיתה רק סוכה אחת, כלומר השראת השכינה בביהמ"ק. ולכן גם אמר בשמואל "חשרת", שפירש"י לשון 'כברה', שהגשם נופל דק דק, וכמש"כ במדרש (תנחומא פרשת נח סי' יא) שעד בנין ביהמ"ק היו גשמים יורדים ארבעים יום כל שנה ושנה כמו במבול, וכשבנה שלמה ביהמ"ק ביקש רחמים ופסקו.

ועי' קהלת יעקב (קמה ע"ד) דפירש השינויים בפסוק זה על דרך הסוד בענין מלבושי הקליפות, עיי"ש. וע"ע בביאור מהר"ם בנט (בדרשותיו שם עמ' כו) ובזמרת ישע (תהלים שם עמ' עב).

פסוק יג. מבאר האברבנאל, דבתהלים נוספו תיבות "עביו עברו ברד" לתוספת ביאור שהאש המתלהטת והעשן המתנועע הוא בענן, ולא באויר הפשוט הזך הנקי, ולזה אמר "עביו עברו", שבעבים תבוא. וגם פירש ששם נתילד הברד באֵד העשני ההוא, עי' עוד בביאורו[748].

והכלי יקר מבאר ע"פ המדרש (תהלים שוחר טוב יח [יז]) הדורש "עביו עברו" על המלאכים וכו', עיי"ש באורך, אם כן מובן דבשמואל משבח הקב"ה שא"צ לכל סיוע כביכול, ובתהלים מספר איך שהצטרפו המלאכים וכו'.

והקהלת יעקב (קמו ע"א) פירש כל השינויים בפסוק זה על דרך הסוד בנתינת המוחין ויניקת הקליפות וכו', עיי"ש. וביאור ר"ש אבן תיבון עי' בפסוק הבא.

והנה על תיבת 'בערו' דבשמואל, אפשר לומר שלא נעלמה לגמרי בתהלים, אלא תיבת 'עברו' שבתהלים היא במקומה, בחילוף האותיות. וכן מתבאר ·

---

[747] ובשוח"ט מהדורת בובר (עיי"ש הערה קן) הגירסא 'למעלה' למקום 'לעולם'.

[748] ולא מבאר מדוע הושמטה בתהלים תיבת "בערו", ומדוע נוספה אות ו' לתיבת "וגחלי". ואולי יש לבאר תוספת האות ו', כיון שבשמואל הכל ענין אחד "בערו גחלי אש", אך בתהלים שנוספו גם העבים והברד, צריך לומר שגם גחלי אש, לכן כתוב "וגחלי".

בנחלת אריאל (עמ"ס סופרים שם). אך בנחלת יעקב (עמ"ס סופרים שם) מתבאר דתיבת 'ברד' דבתהלים היא במקום 'בערו' דבשמואל. וצ"ב.

וע"ע בזמרת ישע (תהלים שם עמ' סט-ע) מה שביאר על השינוי בפסוק זה.

פסוק יד. מבאר האברבנאל, דבשמואל אמר "ירעם מן שמים" ובתהלים "ירעם בשמים", לבאר שאין הכוונה שירעם מהשמים על הארץ, אלא שבשמים עצמם ירעם, כי הרעם הוא בהתנועעות העשן בתוך הענן בסבת חום המתלהב בו. ומה שבתהלים הוסיף שוב בסוף הפסוק "ברד וגחלי אש" הוא לומר שמהקולות לבדם לא ימותו האנשים מהם, אלא מהברד והאש המתלקחת שם. עכ"ד. ואזיל כדלעיל לשיטתו דבספר תהלים ביאר דוד המלך ע"ה טפי, כי מכין אותו לתפילה לכל יחיד ויחיד.

אמנם לא ביאר טעם החילוק דבשמואל פותח הפסוק "ירעם" ובתהלים "וירעם". ואדרבה לפי דבריו לעיל (פסוק ז לגבי "וישמע - ישמע") ולהלן (פסוק לט לגבי "ויפלו - יפלו") דבשמואל היא הודאה על לשעבר, ובתהלים תפילה על העתיד, א"כ הול"ל להיפך, בשמואל "וירעם" כסיפור על לשעבר, ובתהלים "ירעם" כבקשה על העתיד. וצ"ע, וה' יאיר עיני.

והכלי יקר מבאר דבספר שמואל מדבר על הכנעת האויבים למטה כאן בארץ, לכן אומר "ירעם מן שמים", כלומר מן השמים מכניעם בארץ. אך בספר תהלים מדבר על הכנעת השר שלהם למעלה, לכן כתוב "וירעם בשמים", כלומר בשמים עצמם. ולכן גם בשמואל "ירעם" לשון עתיד, כלומר אחרי הכנעת השר למעלה, ובתהלים "וירעם" לשון עבר, כלומר הכנעת השר היתה מתחילה. [וע"ע בביאור הכלי יקר בזה ע"פ המדרש (ילקו"ש שמואל רמז קסא)].

ומהר"ם בנט (בדרשותיו שם עמ' כו) כתב דבשמואל קאי על לעתיד לבוא, לכן אמר "מן שמים", ובתהלים קאי על יציאת מצרים, לכן אמר "בשמים". [ולא הבנתי הטעם, ואולי כוונתו על השינוי "ירעם - וירעם", וכדלעיל, ד"ירעם" הוא לשון עתיד, ו"וירעם" לשון עבר. ודו"ק].

והרד"ק [לשיטתו] מבאר (לעיל שמואל א ב י) על הפסוק "בשמים ירעם ה' ": 'בשמים' הבי"ת במקום 'מן', כמו (אצלנו) "ירעם מן שמים ה' ". וכן בי"ת ד"בקדשים לא יאכל" (ויקרא כב ד) [פירושו 'מן הקדשים לא תאכל'], וכן "והנותר בבשר ובלחם" (ויקרא ח לב) [פירושו 'מן הבשר ומן הלחם']. עכ"ל [בפירוש הראשון].

ור"ש אבן תיבון במאמר יקוו המים (פ"כ עמ' 152) רק כותב על הוספת 'ברד' בשני הפסוקים (יג-יד) משא"כ בשמואל, בקצרה: אפשר שבא לרמוז שהברד בענין לאו דוקא. עכ"ל. וצ"ב.

והקהלת יעקב פירש כל השינויים בפסוק זה על דרך הסוד בביטול הקליפות לעתיד לבוא וכו', עי"ש. וע"ע בזמרת ישע (תהלים שם עמ' עב) מה שביאר על השינויים בפסוק זה.

פסוק טו. מבאר האברבנאל, דבשמואל אמר "חצים", ובתהלים ביאר שהחצים הנזכרים כאן אינם חצים ממש כפשוטו, אלא אבני הברד והאלגביש שהם בידו כחצים ביד גבור, ולזה אמר שם "חציו". עוד שינוי דבשמואל אמר "ברק" ובתהלים "וברקים רב", לומר שלא היה ברק אחד אלא ברקים רבים, ולהיותם שונים מהחצים שהם אבני הברד והאלגביש כדלעיל, אמר שם "וברקים" בתוספת ו', להורות הבדלם מהחצים.

וסיים האברבנאל שהשינוי השלישי בפסוק זה, דבשמואל [כתיב 'ויהמם' וקרי] "ויהם", ובתהלים "ויהמם", לפרש ולרמוז לאויבים הרבים שהזכיר. עכ"ד. ואמנם לא הדגיש כאן האברבנאל את שיטתו דלעיל דבתהלים לפעמים 'תיקן' דוד לשונות המתאימים יותר, אך הכלי יקר מצא כאן ראיה להשיג עליו על שיטתו הנ"ל, וכותב: שאילו היו דרך הגהה חלילה כמו שפירש האברבנאל, א"כ היאך דוד כתב בשמואל קרי 'ויהם' וכתיב 'ויהמם', ובתהלים הקרי והכתיב שניהם שוים 'ויהמם', אין זה אלא סודות ה' ליראיו, לא הגהות שיגיה דוד חלילה. עכ"ל.

אלא ממשיך הכלי יקר לבאר ע"פ מה שפירש עצמו לעיל (בפסוק הקודם) דבספר שמואל מדבר על הכנעת האויבים למטה כאן בארץ, לכן הקרי 'ויהם' כלומר את השר שלמעלה, והכתיב 'ויהמם' שעי"ז מכניע האויבים למטה[749].

וההבדל בין "חצים" ל"חציו" מבאר הכלי יקר, דבשמואל כתוב "חצים" ללמדנו שהחצים שלהם עצמם נכנסו בקרבם, כמו שמצינו (עי' ב"ר פמ"ב סי' א, תנחומא לך לך סי' ז) באברהם אבינו שהחצים שהיו זורקים עליו היו נהפכים על האויבים עצמם, כדכתיב (תהלים לז טו) "חרבם תבוא בלבם". ובתהלים כתוב

---

[749] עיי"ש היטב בכלי יקר שנזהר בפירוש זה, וכותב: והקרי וכתיב מורה שכן ניתנו מאתו יתברך כאן ובתהלים כמה דברים ששינה בהם וכו'. עכ"ל. וכתב זאת כנראה משום דקשיא לפמש"כ דבשמואל הכתיב "ויהם" לרמוז על השר העליון, והקרי "ויהמם" על האויבים למטה, אם כן בתהלים דאיירי רק בשר העליון היה צריך להיות הקרי והכתיב "ויהם", ומדוע אדרבה להיפך שניהם "ויהמם". לכן פירש כנ"ל דהקרי והכתיב רק להורות שהכל ניתן מאתו יתברך וכו'. ועיין להלן בפירוש האהל מועד.

"חציו" ללמדנו ש[גם] הקב"ה שלח בהם חצים רוחניים ויפיצם. ועוד מלמדנו בשמואל "ברק ויהמם", שלא קצרה יד ה' והמם ע"י ברק אחד בלבד, אך בתהלים "ברקים רב ויהמם" שאומר לאהבת עם ישראל, שלא יחשבו שחוסך כוחו ושולח לאויבים רק ברק אחד, שאין עניות במקום עשירות, אלא שולח עליהם חציו, וברקים רב וכו'.

ומהר"ם בנט (בדרשותיו שם עמ' יג,כו) ביאר דאיירי בשליחת חצים מאת ה' מן השמים על מצרים בצאת ישראל משם, דבשמואל קאי אטעמא דכתבו כדי שלא יפחדו ישראל מהם, א"כ לא היו חצים ממש, לכן כתוב "חצים" סתם ולא "חציו", וגם קורין "וַיָּהָם" סתם ולא ממש "וַיְהֻמֵּם", וגם כתוב "ברק" בלשון יחיד. אך בתהלים קאי אטעמא דכתבו כדי לדון את המצרים באש, א"כ שלח להם את "חציו" ממש, וגם "וַיְהֻמֵּם" ממש, ולכן גם הגדיל וכתב "ברקים רב".

ובאהל מועד (ביק, ח"ג פרי הארץ המקרא והמכתב אות סח) כתב דהפירוש "וַיְהֻמֵּם" הוא שהיה מכוון על מצרים, אך עי"כ "וידהם" את כל העולם. א"נ "וַיְהֻמֵּם" על המצריים שבארץ [ולכן כתוב 'וברקים' בלשון רבים], "וידהם" על שרו של מצרים למעלה [ולכן כתוב 'ברק' בלשון יחיד[750]].

ובזמרת ישע (תהלים שם עמ' עה) ביאר לשיטתו דבשמואל שהודה דוד על גודל הצלתו האישית בתורת מלך, הגדיל ואמר "חיצים" להראות שהאויב הגביר כל כך את כוחו, ואעפ"כ לא עלתה לו. אך בתהלים שהיא הודאה לעם ישראל, די באמירת "חציו" של הקב"ה. וכן בשמואל אמר "וידהם" שהיא הממה חדשה ביחס למלכות בית דוד, מש"א בשמואל סגי באמירת הפעולה "ויהומם".

והרד"ק הביא השינוי " וַיָּהָם - וַיְהֻמֵּם", וכתב בקצרה: ואין ביניהם אלא הכנוי. עכ"ל. ור"ש אבן תיבון במאמר יקוו המים (פ"כ עמ' 152) כתב על שינויי "ברק - ברקים" "וידהם - ויהמם" כותב: אפשר שבא לכלול דברים אחרים עם העבים, שהברק הומם אותם. עכ"ל. וצ"ב.

והקהלת יעקב פירש כל השינויים בפסוק זה על דרך הסוד בהתלבשות הספירות ונתינת המוחין וכו', עי"ש.

פסוק טז. מבאר האברבנאל, דבשמואל אמר "בגערת ה' מנשמת רוח אפו", ובתהלים "מגערתך ה' מנשמת רוח אפך", כי בתהלים לכל יחיד

---

[750] כנלע"ד לבאר לפירושו, ואולי הוא דידיה רמז לזה בדבריו, עיי"ש היטב. ועי"ע בפירושים הקודמים כאן.

ויחיד טוב יותר שיכוין הדברים לנוכח ה' ויאמר "מגערתך... אפך". ומה שלא אמר 'בגערתך' [על משקל "בגערת"], כי אין ראוי לייחס פועל גשמי מתנועע מאת ה', לכן לא אמר 'בגערתך', שהגערה תחריב הים בעצמה, אלא 'מגערתך' כלומר על ידי גערתך. עכ"ד. ועיין להלן בסמוך.

והנה בפסוק זה יש עוד שני שינויים, דבשמואל "אפיקי ים" ובתהלים "אפיקי מים", וכן בשמואל "יגלו" ובתהלים "ויגלו". והאברבנאל לא הזכירם. וצ"ב[751]. ובמסכת סופרים, הכלי יקר והמנחת שי ועוד מפרשים הזכירו כל השינויים כאן. והכלי יקר (שמואל כאן) ומקרא סופרים (עמ"ס סופרים שם) מציינים למדרש שוחר טוב (תהלים יח [יט], וכ"ה בילקו"ש תהלים רמז קסא) דאיתא שם: ויראו אפיקי מים. את מוצא בשעה שאמר הקב"ה למשה (שמות יד, טז) "ואתה הרם את מטך" נבקעו כל מעיינות תהום וכל מבועי מים וכל מקואות שבעולם, אפילו מים שבכדים ושבגתות ושבצלוחיות ושבכל הכלים שבעולם נבקעו ונחלקו באותה שעה, לכך נאמר "ויראו אפיקי ים" ובתילים אמר "ויראו אפיקי מים", אלו המים שבים ושבנהרות ושבתהומות[752]. עכ"ל המדרש. ומבאר הכלי יקר דמתאים לדברי האברבנאל דבתהלים תיקן דוד תפילה לכל יחיד מישראל, לכן כל המים שבעולם נבקעו כדי ללמדנו שלכל צדיק וצדיק כשיגיע לו יארעו לו נסים כמו קריעת ים סוף. ולפ"ז גם מתבאר ההבדל דבשמואל כתוב 'יגלו' דקאי רק על קריעת ים סוף עצמו, אך בתהלים 'ויגלו' עם ו' החיבור לכלול כל מימות שבעולם[753]. ומעין זה ביאר מהר"ם בנט (בדרשותיו שם עמ' כו), דהמים שבכל העולם נבקעו לפני הים, כדי שלא ילכו אליו ויכסודו כמש"כ "כל הנחלים הולכים אל הים", ולכן בתהלים שכתוב (קהלת א ז) "אפיקי מים" דקאי על כל הנהרות, כתוב "ויגלו" לשון עבר, כי קדמו, וכתוב "מגערתך" כי זה היה מיד בגערת ה' הראשונה. אך בשמואל שכתוב "אפיקי ים" דקאי על ים סוף, כתוב "יגלו" בלשון [הווה או] עתיד, כי היה אחר כך, ולכן ג"כ כתוב "בגערת" שלא היה ישיר "בגערתך"[754]. ודו"ק.

---

[751] ולפמש"כ האברבנאל לעיל (פסוק ז) בשינויי "וישמע" - ישמע" ולהלן (פסוק לט) בשינויי "ויפלו" - יפלו", אדרבה בשמואל דהיא הודאה על לשעבר הול"ל "ויגלו", ובתהלים שהיא תפילה על העתיד הול"ל "יגלו". וה' יאיר עיני.

[752] הבאנו הלשון המתוקנת ע"פ שוחר טוב מהדורת בובר (עי"ש העָרה קטו), ולפי"ז לא קשיא קושית האהל מועד (ביק, ח"ח אהל דוד תהלים שם סי' לד), עיי"ש.

[753] עי' היטב בכלי יקר שם שכוונתו אחרת, ועפי"ז ביאר גם את השינויים "בגערת - בגערתך" "אפו - אפך" שבסוף הפסוק. ועוד מבאר שם פירוש שני. אך לא זכיתי להגיע לנקודה המדויקת של שניהם. וה' יאיר עיני.

[754] עי' היטב במהר"ם בנט שלא כתב כן ממש, ואנחנו שינינו קצת לענ"ד, להתאימו לכלי יקר, וגם כדי לתרץ הפסוק "אפיקי ים", עיי"ש ודו"ק היטב.

ובאהל מועד (ביק, ח"ח אהל דוד תהלים שם אות לד) כתב ע"פ המדרש הנ"ל, דבשמואל דכתוב "אפיקי ים" וקאי על ים סוף דשייך לקוראו "מוסדות תבל"[755], כתוב "יגלו" בלי ו' כי הוא המשך אחד. אך בתהלים שכתוב "אפיקי מים" וקאי על כל מימות שבעולם דלא שייך לקוראם "מוסדות תבל"[756], כתוב "ויגלו" עם ו' כי הוא ענין חדש.

ובזמרת ישע (תהלים שם עמ' עה) ביאר לשיטתו, דבשמואל להגדיל את הכרת עוצמת הנס אמר דוד "אפיקי ים" שאפילו אותם ניצח, והמשיך "יגלו" כהגדלת הנס. אך בתהלים כהודאה כללית לעם ישראל סגי באמירת "אפיקי מים", והמשיך "ויגלו" כאילו זו תוצאה מהנס ולא נס אחד גדול. גם לצורך הכרה בגודל הנס מדברים בלשון נסתר, לכן אמר בשמואל "בגערת... אפו". אך לצורך הודאה צריך להודות בלשון נוכח, לכן אמר בתהלים "מגערתך... אפך".

והקהלת יעקב (קמו ע"ב-ע"ג) ביאר כל השינויים בפסוק זה על דרך הסוד בהתלבשות הפרצופים, עי"ש.

ור"ש אבן תיבון במאמר יקוו המים (פ"כ עמ' 152) כתב על שינוי "אפיקי ים - אפיקי מים" דבא להורות שהם אותו דבר, והוא ריבוי הימים שכתוב בתורה.

פסוק יח. מבאר האברבנאל, דבשמואל אמר "מְשֹׁנְאַי" ובתהלים "וּמְשֹׁנְאַי" בתוספת ו', לומר שאין תיבת "משונאי" ביאור ל"אויבי עז" שכתוב לפני כן, ד'אויבי עז' הוא שאול, ו'שונאי' הוא דואג ושאר עבדיו.

והכלי יקר ביאר[757] דבשמואל אדרבה אמר "מְשֹׁנְאַי" לבאר דשאול נעשה אויבי עז מחמת דואג וחבריו, וזה מה שאומר "יצילני מאויבי עז" - הוא שאול - שנעשה אויבי עז "מְשֹׁנְאַי" כלומר מִכֹּחַ שֹׁנְאַי. ועל דרך דרשה נבאר, ש'אויבי עז' הוא היצר הרע, ואומר דוד "יצילני מאויבי עז מְשֹׁנְאַי", כלומר אנצל מִשֹׁנְאַי אם אתגבר על היצה"ר, "כי אמצו" - שֹׁנְאַי - "ממני", כלומר שונאי התחזקו בגללי, מחמת עוונתי.

---

[755] עיין בהערה הבאה.

[756] לכאורה אדרבה תיבת 'תבל' שייכת טפי לכל מימות שבעולם, שהם בכל תבל ומלואה. וכנראה כוונתו על תיבת 'מוסדות' שהיא שייכת יותר על ים מאשר על מימות שבכלים וצלוחיות וכדו'. אך עדיין צע"ק ד"אפיקי ים" קאי רק על ים סוף בלבד, ומדוע שהוא ייקרא 'מוסדות' טפי מכל הימים שבעולם שגם הם נתרבו מ"אפיקי מים" כדמשמע מהמדרש הנ"ל. ודו"ק.

[757] לשיטתו דלא מסכים עם האברבנאל דבספר תהלים יש תיקונים לספר שמואל, כאילו לשונות שבספר שמואל אינן נכונות, אלא האמת שיש ביאור גם ללשון שבספר שמואל.

והקהלת יעקב (קמו ע״ג) מבאר, דדוד חשב שהצלתו מיד כל שונאיו היתה בזכות שנתגלה לכולם הדין של 'מואבי ולא מואבית' [ועי' כל הסוגיא ביבמות עו ע״ב], לכן אמר הכל ברצף "יצילני מאויבי עז, משונאי כי אמצו ממני". אך בספר תהלים נתגלה לו ע״י רוה״ק שהצלתו מיד שאול לא היתה מחמת כן, ורק מדואג וכו' ניצל מחמת כן, עי״ש, לכן הוסיף ו' ואמר "ומשונאי" להראות שהם שני טעמים להצלתו. ועע בהמשך ביאורו בפסוק הבא.

ומהר״ם בנט (בדרשותיו שם עמ' כו-כז) ביאר ד'אויבי' הם המצרים עצמם, ובשמואל באומרו 'משונאי' התכוין על שר של מצרים, עיין רש״י על "ופרעה הקריב" (שמות יד י), לכן לא כתב ו' החיבור, להראות שהם שניים נפרדים. אך בתהלים באומרו 'משונאי' התכוין ג״כ על המצרים עצמם, לכן כתב ו' החיבור, להראות שהם אחד. ועיין בפסוק הבא.

ובזמרת ישע (תהלים שם עמ' עה) מבאר לשיטתו, דבשמואל אמר דוד בהיותו מלך, ומנהיג צריך לדעת את כל המטרות של האויבים, ולכן אמר שיש להם שתי מטרות, אחת הם אויבים לנו מחמת סיבות מסוימות, ועוד יש להם שנאה בעצמותם לעם ישראל ללא סיבה, ולכן לא כתב ו' החיבור, כי הם שני ענינים שונים, "יצילני מאויבי עז", ועוד "משונאי כי אמצו ממני". אך בתהלים שמדבר לעם ישראל, לא צריך להבדיל להם בין זה לזה, ואמר הכל אחד "ומשונאי", שהאויבות והשנאה חד הן.

פסוק יט. מבאר האברבנאל, דבשמואל אמר "משען", אך בתהלים אמר "למשען", כי ה' אינו בעצמו משען, אלא הוא למשען בשביל חוסיו לערכם הבוטחים בו ונשענים עליו. עכ״ד. ובדומה לזה כתב בזמרת ישע (תהלים שם עמ' ער).

והכלי יקר מבאר[758], דבספר שמואל אומר דוד על עצמו שבכל צרותיו היה הקב״ה בעצמו "משען" לו, אך בספר תהלים אומר על כל יחיד מישראל שתמיד יש שלוחים טובים למקום שהם "למשען" מאת ה' אליו. וזה וזה אמת. וגם לדוד לפעמים היו משענותיו ע״י שליחים, כגון חושי הארכי ועוד.

והקהלת יעקב (קמו ע״ג) ממשיך את ביאורו מהפסוק הקודם, דדוד חשב שהצלתו מיד כל שונאיו היתה בזכות שנתגלה לכולם הדין של 'מואבי ולא מואבית' [ועי' כל הסוגיא ביבמות עו ע״ב], לכן אמר הכל "יקדמוני ביום אידי" על ידי ש"ויהי ה' משען לי" שאמר הקב״ה את הדין של 'מואבי ולא מואבית'. אך

---

[758] לשיטתו דלא מסכים עם האברבנאל דבספר תהלים יש תיקונים לספר שמואל, כאילו לשונות שבספר שמואל אינן נכונות, אלא האמת שיש ביאור גם ללשון שבספר שמואל.

בספר תהלים נאמר לו ברוח הקודש לומר "למשען" להדגיש שלא נאמרה הלכה זו בזמן דוד, אלא עוד למשה בסיני. ועיין להלן בסמוך המשך דבריו.

ומהר"ם בנט (בדרשותיו שם עמ' כז) ביאר לשיטתו בפסוק הקודם, דבשמואל התכוין גם על שר של מצרים, לכן אמר 'משען', שצריך משען ממש. אך בתהלים התכוין רק על המצרים עצמם, וסגי להיות 'למשען'.

עוד מוסיף האברבנאל, דבשמואל אמר "יְקַדְּמֵנִי" בכתיב חסר [וכאילו קורין 'יְקַדְּמֵנִי' בלשון יחיד], ובתהלים "יְקַדְּמוּנִי" בלשון רבים [כלומר בכתיב מלא שאז הוא ודאי לשון רבים], כי בשמואל קאי על יסוד האויר בלבד, אך בתהלים מכוין על הרוחות, והם רבים. עכ"ד. [וצ"ב, הרי יש במזמור זה מעל עשרים שינויים בין כתיב חסר לכתיב מלא משמואל לתהלים, ועליהם לא העיר האברבנאל מאומה. ואין לומר דכאן זהו שינוי שאפשר לדורשו מעין יחיד ורבים, כאילו קורין 'יְקַדְּמֵנִי', - שהרי גם להלן (פסוק מד) בשמואל כתוב 'יַעַבְדֵנִי' ובתהלים כתוב 'יַעַבְדוּנִי' ואפשר לדורשם מעין יחיד ורבים כאילו קורין 'יַעַבְדֵנִי', ולא דרשו. וה' יאיר עיני].

והכלי יקר מבאר דבשמואל כתוב "יְקַדְּמֵנִי" חסר ו', כדי שנוכל לקרותו כאילו הוא ביחיד, כי רומז על עמלק [כפי שדורש שם, עי"ש], אך באמת קורין 'יְקַדְּמֵנִי' ברבים כי עמלק גרם אח"כ לכל הגוים להלחם עם ישראל [כידוע שהוא צינן את האמבטי וכו']. וכן לפמש"כ הכלי יקר לעיל (בפסוק הקודם) דדורשים אותו על היצר הרע, מבאר הכלי יקר שכתוב כאן "יְקַדְּמֵנִי" חסר ו', שנוכל לקרותו כאילו הוא ביחיד.

והקהלת יעקב (קמו ע"ג) ממשיך לבאר עפמש"כ בפסוק הקודם, דבספר תהלים נתגלה לדוד ע"י רוה"ק שהצלתו מיד שאול היתה מחמת שתי סיבות, עי"ש, לכן הוסיף ו' ואמר "יקדמוני" מלא, להראות שהם שני טעמים להצלתו.

פסוק כ. מבאר האברבנאל, דבשמואל אמר "ויוצא... אותי", אך בתהלים אמר "ויוציאני", והוא ליופי הדבור ולנועם המאמר, כי הכנוי יותר ראוי שידבק עם הפועל בתיבה אחת.[759]

והכלי יקר מבאר[760], דבספר שמואל אומר דוד על עצמו שבכל צרותיו נפקדו גם אחרים עמו, כמו שמצינו (בראשית רבה פנ"ג סי' ח) שהרבה עקרות

---

[759] וכנראה כוונתו כמש"כ לעיל כמה פעמים, דכיון דהמזמור בתהלים ייעד דוד המלך ע"ה לכל יחיד ויחיד לאומרו כתפילה, שם יאה יותר לתקן כתפארת הלשון. ודו"יק.

[760] לשיטתו דלא מסכים עם האברבנאל דבספר תהלים יש תיקונים לספר שמואל, כאילו לשונות שבספר שמואל אינן נכונות, אלא האמת שיש ביאור גם ללשון שבספר שמואל.

נפקדו עם שרה, לכן אומר "ויוצא למרחב" כלומר את אחרים, וגם "אותי". אך בספר תהלים שהוא תפילה לכל יחיד מישראל, אמר דוד באופן כללי "ויוציאני", כלומר הלואי ויוציא אותי, אף אם לא ייפקדו אחרים עמי.

והקהלת יעקב (קמו ע״ג) ביאר לשיטתו, דבספר שמואל שאמר דוד לפני שרתה עליו שכינה אמר "ויוצא למרחב אותי", שההצלה היתה רק אליו בלבד. ובספר תהלים נאמר לו ברוח הקודש שצריך לכלול גם את כל משפחתו אחריו, וזאת עשה ע״י שאמר "ויוציאני למרחב".

ומהר״ם בנט (בדרשותיו שם עמ׳ כז) מבאר דבשמואל מדבר בהצלת ישראל וגם כביכול קדושת שכינתו ומרכבה קדושה שהיתה במצרים[761], ועל זה שייך לשון ׳אותי׳. אך בתהלים מדובר רק על הצלת ישראל עצמם, ושייך רק לשון ׳ויוציאני׳.

ובזמרת ישע (תהלים שם עמ׳ ער) מבאר ד"ויוצא למרחב אותי" היא הפלגה טפי, וכך אמר דוד בשמואל כשדיבר על עצמו. אך בתהלים שדיבר לכל עם ישראל, אינו צריך להפלגה זו.

פסוק כא. מבאר האברבנאל, דבשמואל אמר "כצדקתי", אך בתהלים אמר "כצדקי", והוא רק ליופי הדבור ולהקל הקריאה, כי יותר נקל על המתפלל לומר "צדקי" מאשר "צדקתי"[762].

והכלי יקר מבאר[763], דבספר שמואל אומר דוד על עצמו "כצדקתי", מרוב ענוה אומר שעשה רק צדקה אחת, שלא הרג את שאול. אך בספר תהלים שאומר על כל יחיד מישראל, אומר "כצדקי" כלומר שאני צדיק בכל פעולותי, כך יוכל יחיד מישראל לומר.

והקהלת יעקב (קמו ע״ד) מבאר, דלשון אחת היא כנגד מה שלא הרג אותו דוד בצפחת המים, ולשון אחת היא כנגד מה שלא הרג אותו דוד במערה. וע״ש דדורש בתרי אנפין מה כנגד "צדקתי" ומה כנגד "צדקי".

ובזמרת ישע (תהלים שם עמ׳ ער) מבאר ד׳צדקתי׳ הוא מלשון ׳צדקה׳, ו׳צדקי׳ הוא מלשון ׳צדק׳, ו׳צדקה׳ גדולה מ׳צדק׳, לכן על עצמו אמר דוד בשמואל ׳כצדקתי׳, אך בפני כל עם ישראל דיבר בענוה ואמר ׳כצדקי׳.

---

761 כמבואר במדרש שכל טוב (שמות ז ד) ובאבדרנ״ן (פמ״ד) ובמכילתא (שמות יב מא [ע״פ נוסחת הגר״א]).

762 ולכאורה הוא דוחק. וכבר העירו המפרשים לעיל על כעין זה בשיטת האברבנאל כמה פעמים.

763 לשיטתו דלא מסכים עם האברבנאל דבספר תהלים יש תיקונים לספר שמואל, כאילו לשונות שבספר שמואל אינן נכונות, אלא האמת שיש ביאור גם ללשון שבספר שמואל.

פסוק כג. מבאר האברבנאל, דבשמואל אמר ״לא אסור ממנה״, אך בתהלים אמר ״לא אסיר מני״, והוא לתיקון הדיבור, כי האדם סר מהחוקים או מתקרב אליהם, ולא המה סרים ממנו, לכן נכון יותר לומר שלא אסיר החוקים ממני מאשר שאני לא אסור מהחוקים[764]. עכ״ד.

והכלי יקר (שמואל כאן) ומקרא סופרים (עמ״ס סופרים שם) כתבו דשניהם אמת, דכוונת שני הפסוקים להתקרבות האוהב שתתכן בשני פנים, או שהוא מתקרב עצמו אל האהוב, או שמקרב את האהוב אליו[765]. וזה ״לא אסור ממנה״ היא התקרבות עצמו אל החוקים באהבה בלתי סרה, כי תחילה צריך האדם להתחזק אחרי התורה בעצמו, כדתנן (אבות פ״ד מי״ד) 'ואל תאמר שהיא תבא אחריך'. אמנם אחר כך ״לא אסיר מני״ היינו התקרבות החוקים אליו שלא יסורו ממנו באהבתו אותם, וכן אחרי שלמד האדם תורה וגלה, התורה מחזרת על אכסניא שלה (ב״מ פה ע״א). ומעין זה כתב החיד״א ביוסף תהלות (תהלים שם) ד״לא אסור ממנה״ הוא מן התורה, ו״לא אסיר מני״ הוא מהגדרים וההרחקות שעשיתי לעצמי.

עוד כתב הכלי יקר לפרש, דבשמואל מדבר דוד על עצמו ״לא אסור ממנה״, אני לא אסור מהתורה. אמנם עוד יודע דוד המלך ע״ה שכולם רואים איך הוא מקיים את התורה, ואם יזלזל ח״ו כולם ילמדו ממנו, לכן אומר בתהלים ״לא אסיר״ את אחרים מן התורה, ואז הכל יהיה ״מני״, כלומר ממני באשמתי.

וע״י קהלת יעקב (קמו ע״ד) שביאר בתחילה השינוי ״אסור ממנה - אסיר מני״, עי״ש. ועוד ביאר שם עפמש״כ לעיל (על פסוק ה) דדוד המלך היה גלגול של אדם הראשון, בתחילה חשב שכל החטא היה באשמת חוה בלבד, ועל זה אמר דוד ״לא אסור ממנה״, [כלומר לא אשמע בקול חוה[766]]. עד שאמרה

---

[764] ולא זכיתי להבין, דלכאורה הוא להיפך הגמור, שכיון שאין החוקים סרים מהאדם אלא האדם מהחוקים, מה שייך לשבח את עצמו שהחוקים לא סרים ממנו, טפי יש לשבח שהוא לא סר מהחוקים. והי' יאיר עיני. ועיין בפירוש הכלי יקר ומקרא סופרים דבסמוך.

[765] והובא באהל מועד (ביק, ח״ג פרי הארץ המקרא והמכתב סי' סט, ובקצרה בח״יז ערכי עלי סי' קב), והוסיף: ואני מוסיף להטעים כי יש רודף אחרי מצוה רחוקה כמו מתנה לעניי עיר אחרת ועשיית שלום והוא מקרב נפשו אל המצוה, ויש מאכסן עני בביתו או מכניס ד' מינים בחג והוא המקרב המצוה אליו. אבל לי נראה לבאר באופן אחר, כי יש שני מיני רשעים, יש האומר אין גופי וטבעי יכול להמנע ממאכל, אפילו אינו כשר ואפילו ביוה״כ, ויש האומר שאין מצוות התורה מתאימות לרוח הזמן של הדור המתקדם הזה וכו'. הנה הראשון מסיר גופו מהחוקים, והשני מסיר החוקים מגופו, וזה ההבדל בין ״לא אסור ממנה״ לבין ״לא אסיר מני״.

[766] כנלע״ד כוונתו, ויבוא פירוש הפסוק כך, ״וחוקתיו לא אסור״ כלומר לא אסור מחוקתיו, ״ממנה״ כלומר גם אם האשה תשכנעני. ואחרי שנאמר לו לא לומר כך, וכדלקמיה, אמר ״וחוקתיו

לו רוח הקודש שגם זה חטא כי יש בזה כפוי טובה בבחינת מה שאמר אדם הראשון "האשה אשר נתת עמדי", לכן תיקן דוד ואמר "לא אסיר מני", שאני גרמתי לחטא.

והרד"ק הביא השינוי הנ"ל וכתב בקצרה [לשיטתו] והענין אחד. עכ"ל.

וע"ע בזמרת ישע (תהלים שם עמ' ער) מה שביאר בשינויי פסוק זה.

והכלי יקר ציין גם לשינוי דבשמואל הכתיב 'משפטו' והקרי 'משפטיו', אך בתהלים הכתיב והקרי 'משפטיו'. ומבאר דבשמואל רצה גם לרמוז אל 'משפטו' על שאול, אך בתהלים שייעד לכל יחיד מישראל להתפלל אינו צריך להזכיר עוון שאול.

פסוק כד. מבאר האברבנאל, דבשמואל אמר "ואהיה תמים", אך בתהלים "ואהי תמים". כי "ואהיה" פירושו בעתיד, ואין ראוי לומר שאהיה תמים רק בעתיד ולא כעת, לכן אמר בתהלים "ואהי" בלשון הווה. ועוד מבאר הוא דבשמואל אמר "ואשתמרה", יש ייתור אות, ויותר יפוי הדיבור וההגון לומר כבתהלים "ואשתמר"[767]. [ולא מציין ההבדל בין 'לו' בשמואל, לבין 'עמו' בתהלים. וצ"ע].

והכלי יקר מבאר[768], דבשמואל מלמדנו שיהיה אדם תמים רק כלפי הקב"ה, וזמש"כ 'לו', ולא עם בני אדם. ובתהלים מלמדנו דהבא להטהר מסייעין אותו (שבת קד ע"א), וזמש"כ 'עמו', כאילו כתוב "ואהי תמים" - אם אני מתחיל להיות תמים - "עמו", הקב"ה מסייע בידי. ולכן בשמואל אמר "ואהיה" שהוא גם בלשון עתיד, שתמיד אהיה תמים לבורא יתברך. אך בתהלים שכתב "עמו", כתב "אהי" בלשון עבר, כי אינו רוצה לכתוב בלשון עתיד, שמתפלל להיות בעתיד כמו אברהם שכתוב בו (בראשית יז א) "התהלך לפני" ולא כמו נח שכתוב בו (בראשית ו ט) "את האלהים התהלך" [ועי' בראשית רבה פ"ל סי' י]. וזה נרמז בשמואל בתיבת "ואשתמרה" עם תוספת ה',

---

לא אסיר" כלומר לא אסיר כלל, 'מני" כלומר לא אחטא מעצמי. והבן. אלא שעדיין לא נתבאר מדוע ההבדל בין 'אסורי' ל'אסירי'.

[767] ולכאורה הוא דוחק. דמצינו הרבה הטיות כעין זה, כגון 'אוחילה' (מיכה ז ז) במקום 'אוחיל' (מ"יב ו לג; איכה ג כא כד), 'ואתפללה' (דניאל ט ד) במקום 'ואתפלל' (דברים ט כה), 'אבקשה' (תהלים קכב ט; דניאל ח טו; שיה"ש ג ב) במקום 'אבקש' (ש"יב ד יא; יחזקאל ג יח כ ל), 'אעמדה ואתיצבה' (חבקוק ב א) במקום 'אעמוד' (ש"יב א י) ואתיצב', 'ואערכה' (תהלים נ כא; איוב כג ד) במקום 'ואערוד' (תהלים ח ד), 'ואשאלה' (שופטים ח כד) במקום 'אשאל' (בראשית כד מז; ישעיה ז יב), 'אשיחה' (ישעיה יח ד; תהלים קיט טו יח) במקום 'אשיח' (תהלים קיט עח), ועוד רבים רבים. והאברבנאל עצמו להלן (פסוק נ) מעדיף תיבת "אזמרה" מאשר "אזמר", עיין שם. וחי יאיר עיני.

[768] לשיטתו דלא מסכים עם האברבנאל דבספר תהלים יש תיקונים לספר שמואל, כאילו לשונות שבספר שמואל אינן נכונות, אלא האמת שיש ביאור גם ללשון שבספר שמואל.

להראות שה' מסייע בידיי[769]. ועוד דבשמואל שדיבר דוד על עצמו הוסיף ה' לרמוז למלכות בית דוד שהיא ה' האחרונה שבשם הוי"ה[770], אך בתהלים שכתב לכל יחיד מישראל, אמר "ואשתמר" כפשוטו.

ומעין זה כתב בספר חן טוב (לרבי טוביה הלוי, צפת שנת שס"ה[771], דברים יא יג-כא סי' ז אות יד עמ' קנז-קס), דבשמואל התפלל דוד על עצמו, ואמר בלשון עתיד "ואהיה... ואשתמרה" יהי רצון שאהיה כמו אברהם שהוא "תמים לו", ומתהלך כבר לבדו בתומו. אך בתהלים אמר דוד את המציאות [כפי שחשב] שהוא כמו נח בלבד, "ואהי תמים עמו", כמו "את האלהים התהלך נח" שצריך סעד וסיוע, "ואשתמר..." רק בעזרתו. [ומעין זה באזניים לתורה (דברים יח יג)].

והקהלת יעקב (קמו ע"ד) מבאר דפסוק זה קאי אמעשה דוד ואביגיל (עי' בגמרא מגילה יד ע"ב), דבשמואל אמר דוד "ואהיה תמים לו ואשתמרה מעוני", שלא חטאתי בדבר אביגיל. אך רוח הקודש אמרה לו לומר בתהלים "ואהי" ו"אשתמר" כי לא היה תמים מושלם[772], שהרי אמר לה 'השמעי לי' (עי"ש בגמרא), וכל מה שסוף כל סוף לא חטא היה כי היתה שכינה עמו, לכן החליף ואמר "עמו" במקום "לו". ועוד עיין ההמשך בביאור הפסוק הבא.

ומהר"ם בנט (בדרשותיו שם עמ' כז) מבאר דבשמואל מדבר על צדיק גמור שרודף אחרי המצוות וא"צ סעד ועזרה לברוח מהעבירה, שייך ללשונות "לא אסור ממנה", "לו", "ואשתמרה"[773]. אך בתהלים מדבר בצדיק פשוט שעושה מצוה רק כשמגיעה לידו, וצריך סעד ועזרה לברוח מהעבירה, שייך ללשונות "לא אסיר מני"[774], "עמו"[775], "ואשתמר"[776].

<hr>

[769] לא זכיתי להבין, דאי"כ הול"יל 'ואשתמרה' בספר תהלים, דהתם איירי בסיוע מהבורא. ודו"ק. והטעם דלהלן מובן שפיר.

[770] וכנודע בכ"מ שאות י' דהוי"ה היא כנגד חכמה [וקוצו של יו"ד כנגד כתר], אות ה' ראשונה כנגד בינה, אות ו' כנגד ו"ק [=ז"א], ואות ה' אחרונה כנגד מלכות.

[771] הכלי יקר נדפס שנתיים לפניו (בשנת שס"ג) אך מביא דברים בשמו, עיין להלן (על פסוק מד).

[772] ומבאר הקהלת יעקב דהאות ה' מתיבת "ואהיה" נשמטה משום שהיא רומזת על המחשבה, ודוד פגם עכ"פ במחשבה וכנ"ל. והאות ה' מתיבת "ואשתמרה" נשמטה משום שהיא רומזת על המלכות. עכ"ד. והנה סוף דבריו מתאימים למש"כ הכלי יקר למעלה, דהמלכות היא כנגד אות ה' אחרונה בשם הוי"ה, וכדלעיל, אך מש"כ דהמחשבה נרמזת באות ה' לא מצאתי מקורו, כי נודע בכ"מ שבאותיות הוי"ה אות יו"ד (=חכמה) היא כנגד המחשבה [הן כשמחלקים שם הוי"ה לחמש [קוצו של יו"ד, י, ח', ו', ה'] לבחינות שנגל"ה, שהן שורש נשמה גוף לבוש היכל, והנשמה היא כנגד המחשבה. והן כשמחלקים שם הוי"ה לבחינות כי"ל צמ"א, שהן אורות מוחין צלמים לבושים כלים, והמוחין הן כנגד המחשבה. והן כשמחלקים שם הוי"ה לבחינות קיום המצוות, שהן שמחה מחשבה כוונה דיבור מעשה]. וה' יאיר עיני.

[773] שאות ה' הנוספת מורה על פעולה קלה, דבמעט השמירה הוא שמור. אי נמי ה' מגדילה את השמירה, להראות שהוא מוזהר בשמירה יתירה. מהר"ים בנט שם.

[774] כלומר רק בהגיעה לידי. שם.

ובאור דוד (נרות המערכה אופן כז סי' קח עמ' פה) מבאר ע"פ שיטתו, דבתהלים אמר דוד גם על מה שיקרה אחרי מותו, ולכן שם כתוב "עמו", כי רק אז הצטרף להיות רגל רביעי במרכבה עם השלשה אבות, כדלעיל (על פסוק ז). אך בשמואל שדיבר רק על מה שהיה בחייו, עדיין אמר "לו" בלבד, ולא "עמו".

ואנא עבדא חשבתי בס"ד לבאר השינויים הנ"ל לפי מה דאיתא במדרש (ב"ר פ"ל סי' ח, ילקו"ש בראשית רמז מח, שם תהלים רמז תשל) : בר חטייא אמר, כל מי שנאמר בו 'תמים', השלים שניו למדת שבוע. עכ"ל. והנה המדרש הזה לכאורה סתום וחתום, מה פירושו[777]. ובפירוש המיוחס לרש"י (על המדרש שם) פירש דהשלים שניו לכפולות שבע[778], כן מצינו בנח שנאמר בו (בראשית ו ט) "איש צדיק תמים", ואחרי כן[779] חי עוד שלש מאות וחמשים שנה[780], שהן כפולות שבע (50)[781]. וכן מצינו באברהם שנאמר בו (בראשית יז א) "התהלך לפני והיה תמים",

---

[775] מורה שצריך סעד וסיוע. שם.

[776] לפירוש ראשון דלעיל על "ואשתמרה", אם כן הכא פירושו שצריך שמירה יתירה. ולפירוש השני שם אדרבה כאן עדיין אינו מוזהר כל כך ואין שמירתו בהפלגה עדיין. שם.

[777] ונאמרו בו כמה פירושים [כגון פירוש שני של היפה תואר דהכוונה שעבר את שנת השבעים. או פירוש שלישי של היפה תואר (וכ"כ המתנות כהונה בפירוש שני) דהכוונה שהקב"ה משלים שנותיו מדויקות אפילו בימי השבוע, דלא מצינו 'מקצת השבוע כשבוע' כמו שמצינו 'מקצת חיים ככולו' ויום אחד בשנה חשוב שנה', ודייקו כן מלשון הילקו"ט 'השלים שניו אפילו למדת שבוע'], אך אנו נצעד לפי פירוש רש"י ובעלי התוספות, ורוב המפרשים, וכדלהלן.

[778] וכתב בספר בית יעקב (חדאד, ג'רבא תשי"א, פרשת נח אות ה) דגם תיבת 'תמים' עצמה היא גימטריא 490 שהם 70 שביעיות. ובתוספות השלם עה"ת (שם) כתבו דנרמז בפסוק (ויקרא כג טו) "שבע שבתות תמימות תהינה", כלומר מי שהוא תמים, יהיו חייו במנין שביעיות. וכ"כ מהרזי"ו ועץ יוסף (על ב"ר שם). ובמדרש עצמו שם לעיל מינה מובא הפסוק (תהלים לז יח) "יודע ה' ימי תמימים", ונראה בס"ד לדרוש לפי"ז גם המשך הפסוק "ונחלתם לעולם תהיה", סתם 'עולם' הוא שבעים, כדכתיב (תהלים צ י) "ימי שנותינו בהם שבעים שנה" [ועי' בירושלמי (שבת פ"א ה"ג) 'אחת לשבע שנים הקב"ה מחלף את עולמי'. והארכנו בזה בס"ד בכרע רבץ (פי"ז אות ד)].

[779] וכתב החזקוני (שם) דאע"פ שהמבול עצמו ארך שנה נח, אך אינו נחשב, כי נשתנו בו סדרי בראשית. ועיין בהערה להלן.

[780] ככתוב (בראשית ט כז) "ויחי נח אחר המבול שלש מאות שנה וחמשים שנה", דכשהתחיל המבול היה בן שש מאות, ומת בן תשע מאות וחמשים, כמפורש בפסוקים. והחת"ס (תורת משה שם) כתב דלפי"ז מובן שלפני המבול אומר הקב"ה לנח "כי אותך ראיתי צדיק לפני בדור הזה", כלומר בדור הזה [לשון יחיד] שלפני המבול אתה רק צדיק [עי' רש"י שם שפי' באופן אחר], אך הפסוק "צדיק תמים בדורותיו", לשון רבים, כלומר בדור שאחרי המבול אתה גם 'תמים', ומתחילים השביעיות רק אחרי המבול. עכ"ד. ועיין בהערה להלן.

[781] אמנם בדעת זקנים מבעלי התוספות בשם ריב"א ובפירוש הרא"ש עה"ת שם, לכאורה דייקו יותר, דכתבו דהפסוק הזה נאמר 120 שנה לפני המבול, שאז ציוה לו הקב"ה לבנותו, ואי"כ נוסיף 120 ל-350 הרי הם 470, נוריד שנה אחת של המבול שלא נחשב, וכדלעיל, הרי הם 469 [שהן בדיוק 67 כפולות של 7]. והעיר בזה בספר עקב ענוה (די שיגורה, פרשת נח). [ומחדיר ספר משנת הרא"ש עה"ת לא קרא הקטע עד סופו ומעיר שלא כהוגן, עיי"ש]. ובספר צלח רכב (נח אות ט) הקשה בשם רבי שלום נוריאל דהרי

ואחרי כן חי עוד שבעים ושבע שנים[782], שהן כפולות שבע (11). עכ"ד[783]. [וכ"ה בערוגת הבשם (ח"ג עמ' 154)]. והעץ יוסף ומהרז"ו הוסיפו דגם דוד שאמר "ואהי תמים עמו"[784], חי שבעים שנה[785], שהן כפולות שבע (10)[786]. ובספר

הפסוק נאמר על נח בשעה שנולד [כמבואר במדרש (תנחומא נח סי' ה, ילקו"ש ירמיה רמז רסא) דהוא משום שנולד מהול]. ותירץ המחבר דעכ"פ בתורה כתוב הפסוק בשעת עשיית התיבה ולא בשעת לידתו [עי' בסוף פרשת בראשית דמסופר על לידתו, ורק בתחילת פרשת נח כתוב הפסוק הנ"ל, עיי"ש ודו"ק]. ועיין בהערה להלן.

[782] שהרי נימול בן תשעים ותשע שנה (בראשית יז א,כד), ומת בן מאה שבעים וחמש. כ"כ המיוחס לרש"י שם. ולכאורה קשה, דא"כ הוו שבעים ושש שנה אחרי המילה ולא שבעים ושבע. וכן הקשה בביאור מהרי"פ (על המדרש שם). והעץ יוסף ומהרז"ו שם מתרצים תוכ"ד וכותבים 'עם שנת הצ"ט'. ולכאורה צ"ב מדוע שנחשיב את שנת הצ"ט גם כן. והי' יאיר עיני.

[783] ובדעת זקנים מבעלי התוספות שם (נדפס בתוספות השלם עה"ת שם אות ל) כותבים על אברהם דמונים לו את כל שנותיו, 175 שהן כפולות שבע (25). ורק היכא דלא תוכל למצוא כן מהיום שנולד בו, אז מונים מהיום שנאמר בו הפסוק. ובפירוש תפארת ציון (על ב"ר שם) כתב דרק בנח מונים מאחרי המבול כי אז נחשב עולם חדש, וכאילו התחילו מנין שנותיו מתחילה כבריה חדשה. וכ"כ החת"ס (הובא לעיל) והפני מנחם (פרשת נח עמ' לה).

[784] לשון העץ יוסף ומהרז"ו ותפארת ציון "ואהיה תמים עמו", וט"ס, דאפשר לכתוב או "ואהיה תמים לו" כבשמואל, או "ואהי תמים עמו" כבתהלים.

[785] לכאורה צ"ב, דרש"י פירש על נח ואברהם שחיו שביעיות אחרי שנאמר עליהם 'תמים', א"כ גם דוד היה צריך לחיות שביעיות אחרי הפסוק הנ"ל, ומדוע מנו שבעים שנה של כל חייו. ואולי כיון שלא ידוע מתי בדיוק אמר הפסוק הזה. א"נ בגלל שהוא אמר כן על עצמו, ולא ה' אמר עליו. א"נ אמר "ואהי תמים" בלשון עבר, כלומר חייתי מאז ומתמיד. ודו"ק.

[786] וכתב בספר באר יצחק (אבן שאנג'י, סלוניקי תצ"ה, פרשת חיי שרה דרוש ב, מ ע"ג) בשם רבי דוד שררו, דעל זה התפלל דוד על אחיתופל ודואג (תהלים נה כד) "אנשי דמים ומרמה לא יחצו ימיהם", כלומר שלא יגיעו לחצי ימיהם (עי' סנהדרין סט ע"ב, שם קו ע"ב), כי חצי ימים הם שלשים וחמש שנה, דכתיב (תהלים צ י) "ימי שנותינו בהם שבעים שנה", וכמש"יכ בגמרא (ב"ב קנה ע"ב ורשב"ם שם) לגבי סריס דרוב שנותיו הוו שלשים ושש. ואם יגיעו לחצי ימיהם הרי זה כפולות של שבע. ואכן איתא בגמרא (סנהדרין שם) דדואג מת בן שלשים וארבע, ואחיתופל בן שלשים ושלש. עוד ביאר בבאר שם יצחק דמובן עפ"ז הירושלמי (ברכות פ"ב ה"ח) 'כד דמך רבי בון... כך יגע רבי בון בתורה לעשרים ושמונה שנה מה שאין תלמיד ותיק יכול ללמוד למאה שנה', הרי שהדגישה הגמרא שחי עשרים ושמונה שנה, כיון שהן כפולות של שבע. [ויש להוסיף בסי"ד עוד צדיקים שמתו בגיל של כפולות שבע, והם: בני מאה שלשים ושלש (19 שביעיות) מתו נפתלי בן יעקב אבינו (מדרש תדשא סי' ח הובא בילקו"ש שמות רמז קסב וברבינו בחיי שמות א ו) קהת (שמות ו יח) רבקה (ב"ר פ"ק סי' י, ספרי וזאת הברכה פיסקא טז, מדרש תדשא שם) ובן עזאי (בעלי התוספות וחזקוני וראב"ע בראשית כה כ). בן תשעים ושמונה (14 שביעיות) מת עלי הכהן (שי"א ד טו). למך אבי נח מת בן שבע מאות שבעים ושבע (בראשית ה לא). רבי אלעזר בן שמוע מת בגיל מאה וחמש (מדרש אלה אזכרה). יהודה בן יעקב אבינו מת בן מאה ותשע עשרה (מדרש תדשא שם)].   עוד כתב בבאר יצחק שם (מ ע"ד - מא ע"א) דמה שמוזכר שם במדרש גם על חשיבות שרה אמנו, שנפטרה בת קכ"ז, אע"פ שאינן כפולות של שבע, ויתירות אחת על קכ"ו שהיא כפולת שבע (18), צ"ל כיון דשרה היתה צדקת ונחשבת כבת שנה, כמש"יכ על שאול (שי"א יג א) "בן שנה שאול במלכו" ופירשו בגמרא (יומא כב ע"ב) שלא טעם טעם חטא, היה שרה, ולכן כתב עליה המדרש (ב"ר פנ"ח סי' ב) 'עגלתא תמימתא', שהיא כעגלה תמימה בת שנתה, ולכן הוסיפו לה שנה על כפולות שבע. ומעין זה מצינו (ב"ב יא ע"א) על בנימין הצדיק שהוסיפו לו כ"יב שנה על שנותיו, ויש לבאר דהוסיפו לו כ"יא שנים שהן כפולות שבע, ועוד שנה להראות שהיה צדיק כבן שנה, כנ"ל. וכן לחזקיהו המלך הוסיפו ט"ו שנים (עי' מ"ב כ ו, ישעיה לח ח), שהן י"יד ועוד אחת כנ"ל. עכ"ד. [ולפי"ז גם יש לבאר על משה רבינו, הלל הזקן, רבן יוחנן בן זכאי ורבי עקיבא, שחיו מאה ועשרים שנה, ונזכרו לשבח בחז"ל (ב"ר פ"ק סי' י, ספרי וזאת הברכה פיסקא טז) כסמל וכדוגמא, וכן שמעון בן יעקב אבינו (מדרש תדשא דלעיל), הוא משום שמאה ותשע עשרה

הגן (מוה"ק עמ' קלז, הובא גם בתוספות השלם עה"ת שם אות כט) **הוסיף דגם איוב ויעקב בכלל**[787], [יעקב חי מאה ארבעים ושבע שנים, שהן כפולות שבע (21), ואיוב חי מאתים ועשר שנים[788], שהן כפולות שבע (30)]. **והיפה תואר** (על ב"ר שם) הוסיף גם את חירם[789]. [הרי ששה אנשים, בר"ת אנ"י אח"ד[790]]. עכ"פ לעניננו, אולי יש לבאר דלכן אמר דוד בתהלים "ואהי תמים עמו", עפמש"כ האור דוד הנ"ל דבספר תהלים נאמר על מה שיקרה אחרי מותו, לכן אמר 'תמים עָמו', כי בזכות שהוא 'תמים' אז כשימות ויהיה 'עָמו' יהיה בשנים של כפולות שבע. משא"כ בזמן חייו הוא רק בבחינת 'תמים לו'. ודו"ק.

וע"ע בזמרת ישע (תהלים שם עמ' עו) מה שביאר בשינויי פסוק זה.

פסוק כה. מבאר האברבנאל, דבשמואל אמר "כצדקתי", אך בתהלים "כצדקי", וכמו שביאר לעיל (פסוק כא) דזה ליופי הדבור ולהקל הקריאה, כי יותר נקל על המתפלל לומר "צדקי" מאשר "צדקתי"[791]. ועוד שינוי

הן כפולות שבע (17) והוסיפו להם עוד שנה לרמז שהיו צדיקים כבני שנה. וכן חנוך שחי שלש מאות ששים וחמש שנים (בראשית ה כג), הרי שלש מאות ששים וארבע הן כפולות שבע (52). ויש עוד לבדוק על הרבה צדיקים, ואכמ"ל].

[787] שנאמר בהם 'תם', ביעקב (בראשית כה כז) "ויעקב איש תם", באיוב (איוב א א, שם ח, שם ב ג) "איש תם וישר".

[788] בספר הגן (שהובא בבעלי התוספות עה"ת השלמות עמ' קנד) כתוב שאיוב חי 140 שנה, שהן כפולות שבע (20). אך צ"ע דאיוב חי 140 שנה אחרי כל הייסורים (עי' איוב מב טז). ואולי קאי לשיטתיה דמונים מיום שנאמר הפסוק, ודו"ק. אך בספר הגן הנדמ"ח (מוה"ק עמי קלז) לא כתוב שנותיו של איוב, רק כתוב דמובן לגבי איוב. ובספר פני מנחם (פרשת נח עמ' לח) כתב בפשיטות דהוו שביעיות משום דכל ימי חיי איוב היו 210 שנה (עי' ב"ב טו ע"א).

[789] ומסתבר כוונתו משום שנאמר עליו (יחזקאל כח טו) "תמים אתה בדרכיך מיום הבראך עד נמצא עולתה בך". אמנם לא מפורש עליו כמה שנים חי, רק נחלקו במדרש (ב"ר פפ"ה סי' ד, ילקו"ש בראשית רמז קמד, שם מלכים רמז קעט) לרבנן דאמרי חירה הוא חירם, חי קרוב לאלף ומאתים שנה, ולרבי יהודה דאמר חירם אחר היה, חי קרוב לחמש מאות שנה, עיי"ש [החשבון בערך הוא, אם הוא חירה רעהו של יהודה, נאמר שהיה אז בן 20, ועוד 20 שנה עד רדת ישראל למצרים, 210 שנים במצרים, 480 עד בנין ביהמ"ק, 410 שנות ביהמ"ק, ונהרג חירם בזמן יחזקאל, הרי 1140 שנה. ואם הוא חירם מלך צור, נאמר שהיה אז בן 20, ועוד 410 שנות ביהמ"ק, הרי לפחות כ-430 שנה. אך יש גירסאות רבות בזה, עי' ב"ר עם פי' מנחת יהודה ח"ב עמי 1036 וילקו"ש הוצאת מוה"ק שם]. ויש מונים אותו בין אלו שנכנסו חיים לגן עדן (עי' מסכת כלה זוטא סופ"א, דרך ארץ זוטא סופ"א, ילקו"ש בראשית רמז מב,עו; שם יחזקאל רמז שסז). והיפה תואר לא נחית לזה, כי קאי שם בפירושיו דיהשלים שניו למדת שבועי הכוונה רק שהאריך ימים יותר משבעים שנה, או שהשלים שנותיו מלאות ממש אפילו בימי השבוע. אך לפרש"י ובעלי התוספות ורוב המפרשים צ"יב היכן ראינו שחי שנים כמנין כפולות שבע. ואולי הם אינם מונים כלל את חירם, דמפורש בו שחטא אחי"ך, וכני"ל. אי"נ אע"יפ שאין ידוע לנו כמה שנים בדיוק הוא חי, אך כיון שנאמר בו 'תמים' ודאי חי בכפולות של שבע, כדמצינו אצל נח אברהם יעקב דוד ואיוב.

[790] אברהם נח יעקב איוב חירם דוד. והרמז בי'אני אחדי, שהוא האחד הקב"יה, קצב להם במדויק כפולות שבע ושבעים וכוי, וגם י'אני אחדי בגימטריא 70 ועוד 4 כנגד 4 אותיות הוי"ה.

[791] והערנו שם דלכאורה הוא דוחק.

דבשמואל אמר "כבורי", אך בתהלים פירט תכלית כוונתו ואמר "כבור ידי", כי עולה על "כבור ידי ישיב לי" דלעיל (פסוק כא).

והכלי יקר מבאר לשיטתו דלעיל (פסוק כא), דבספר שמואל אמר דוד על עצמו "כצדקתי", מרוב ענוה אומר שעשה רק צדקה אחת, שלא הרג את שאול, ולכן אומר כאן "כבורי" ולא "כבור ידי"[792], כלומר שבזכות ענוותנותי החשיב לי הקב"ה התגברות זו כפעולה עצמית מושלמת שלי ללא סיוע מאתו יתברך [ועי' בפירוש הכלי יקר לעיל פסוק כד]. משא"כ בספר תהלים שאומר על כל יחיד מישראל כתב "כבורי"[793].

והקהלת יעקב ממשיך לבאר לפירושו בפסוק הקודם, דאיירי במעשה דוד ואביגיל, ועל זה אמר דוד בספר שמואל "וישב ה' לי כצדקתי, כבורי לנגד עיניו", שלא חטאתי עמה. ובספר תהלים אמר על פי רוח הקודש "כצדקי" כי לא היתה צדקה, אלא צדק, וכן אמר "כבור ידי" כי לא היתה שלימות במחשבה, וכדלעיל, אלא רק שלימות במעשה ידיו שלא חטא.

ובאהל מועד (ביק, ח"ח סוף הספר) ביאר עפמש"כ האלשיך (בראשית יג ז-ח) לחלק בין 'ריב' לשון זכר דאינו עושה פרי, לבין 'מריבה' לשון נקבה שעושה פרי. כמו כן בתהלים אמר "כצדקי" שהוא צדיק גמור שלא חטא בבת שבע כי נתגרשה ולא הרג נקי כי אוריה היה מורד במלכות וכו', וזהו גם כן "כבור ידי" שיש כאן נקיון כפים לגמרי. אך בשמואל אמר "כצדקתי" שאינו צדיק גמור ממש, ירמוז על הבן הנולד לו מבת שבע, שמת בדרך עונש, וזהו גם כן "כבורי" שלא היה נקיון כפים גמור[794].

ומהר"ם בנט (בדרשותיו שם עמ' כז) מבאר[795] ד"כבורי" הוא כנגד טהרת המחשבה, ו"כבור ידי" הוא כנגד טהרת נקיות כפים.

וע"ע בזמרת ישע (תהלים שם עמ' עו) מה שביאר בשינויי פסוק זה.

פסוק כו. עיין בפסוק הבא בביאורי הקהלת יעקב ומהר"ם בנט. וע"ע בזמרת ישע (תהלים שם עמ' עו) מה שביאר בשינוי בפסוק זה.

---

[792] כנראה כוונתו משום די"כבורי" היא תיבה קצרה יותר, ומבטאת שזה משלי ממש, משא"כ י"כבור ידי" דמשמע עם תוספת סיוע. והבן. אך לא זכיתי להבין, דלכאורה החיפך הוא גם נכון, ד"כבור ידי" היא הדגשה שזה מידי ממש, שלי עצמי בלי סיוע, משא"כ י"כבורי" היא מילה כוללת יותר. ודו"יק.

[793] לשון הכלי יקר: ושם (בתהלים) במתבודד לחסידותו, אינו רוצה אלא י"כבור ידי לבד, כי 'בורי דהיינו 'בר לבבי ישאר לעתיד. עכ"ל. ולא זכיתי להבינו. וה' יאיר עיני.

[794] כנלע"ד כוונתו, אע"פ שלא כתב כל הנ"ל להדיא, עי"ש.

[795] לא מבאר כהקהלת יעקב על מעשה דוד ואביגיל, אלא איירי בסתם על דוד המלך, שהיתה לו טהרת המחשבה וטהרת נקיון כפים.

פסוק כז. בשמואל כתוב "תתבר... תתפל", ובתהלים כתוב "תתברר... תתפתל". את ההבדל "תתפל - תתפתל" הזכיר רש"י (שמואל שם), וזהו ההבדל היחידי שמזכיר במזמור זה. וכנראה משום דמבאר שהוא מלשון 'נפתל ועקש', והיה קשה לו א"כ מדוע כתוב 'תתפל' ונעלמה אות ת' של ע' הפועל, לכן ציין דבתהלים אכן כתיב "תתפתל".

גם התוספות (השלם עה"ת, שמות ז ג אות ו) הזכירו ההבדל וכתבו: כתיב "תתפל" וכתיב "תתפתל", שנעשה לבו כפתיל שהוא משולש וכל אחד משזר בשלשה חוטים וכו'. "תתפתל" ת' יתירה, כל עקשותו של פרעה שהיה אומר "מי ה' ", שאמר "ועננו אותו ת' שנה" וכו' כי אם אחר ת' שנה, לכך כתיב "תתפל" חסר. עכ"ל.

ובפירוש ספר תהלים להמאירי (שם) הביא השינויים הנ"ל וכתב: והכל אחד. עכ"ל. והוא כשיטת הרד"ק דלעיל ודלהלן.

והאברבנאל ביאר לשיטתו, דשניהם הם ליופי הדבור ותקונו, וגם כדרך הדקדוק, כי ההתפעל מ'ברר' יאמר 'תתברר', כמו 'התברכו' [בראשית כב יח] ר'התלבנו', וההתפעל מ'פתל' יאמר 'תתפתל', וכן הביאוהו המדקדקים [עי' רד"ק שמואל שם]. וכשאמר דוד המלך ע"ה שירה זאת בתחילה, היה אומר 'תתברר' 'תתפל' על דרך ההעברה, אך בכותבו אותה בספר תהלים דקדק בה כראוי. עכ"ד[796].

והכלי יקר כתב[797] בזה"ל: וכשיש עקש בעולם, גורם למנוע טובך ממנו, וזהו "תתפתל" האמור בתהלים, ובשמואל אמר "תתפל" בבחינת העקש שיבוא לו הנזק. עכ"ל. ולא הבנתי היטב.

והקהלת יעקב ביאר ד"עם חסיד תתחסד" זה כנגד אברהם שהוא איש החסד, "עם גבור תמים תתמם" כנגד יצחק שהוא איש הגבורה, "עם נבר תתבר" כנגד יעקב שהיתה מטתו שלמה ומבוררת[798]. והנה נאמר לדוד ברוח הקודש בתהלים לא לקרוא ליצחק 'גבור' אלא 'גבר', כי 'גבור' בגימטריא

---

[796] וע"ע לעיל כמה ביאורים מעין זה, והערנו שם (ע"פ הכלי יקר ועוד) דהוא דוחק, כביכול בספר שמואל לא דקדק דוד המלך לכותבו כראוי, ואמר מקירות לבו כפי שיצא מפיו, ורק בספר תהלים דקדק יותר. ואף שביאר האברבנאל באופן כללי דבספר תהלים היתה כוונת דוד המלך לתפילה של כל יחיד ויחיד, ובה יש לדקדק יותר, אך קשה להבין שבספר שמואל יכתוב דברים בלי לדקדק, וגם אחרי שהגיע למסקנה לדקדק מדוע לא תיקן בספר שמואל. ודו"ק.

[797] בכלי יקר (מהדורת מכון הכתב) חסר עמוד שלם (מאמצע פירוש פסוק כו עד סוף פירוש פסוק כז), והוא מופיע כיאות בדפוס ויניציאה (שנת שס"ג, דף שמע ע"ד עד דף שמד ע"ב) ובדפוס אמשטרדם (שנת תפ"ד בספר קהלות משה, דף רלד ע"ד עד רלה ע"א).

[798] ויסודו כבר מפורש בתרגום יונתן.

'אל"ף למ"ד הוי"ה' [211], וזה לא מתאים ליצחק שהוא בחינת דין[799], לכן יש לקוראו 'גבר' שהוא בגימטריא אלהי"ם בריבוע [א אל אלה אלהי אלהים] עם ה' אותיות הפשוטות [205][800].

ומהר"ם בנט (בדרשותיו שם עמ' כז) מבאר דהכפילות בתיבות 'תתברר' ו'תתפתל' רומזת על ההבטחה השניה שהובטח ליצחק אבינו. שבספר שמואל קאי על ההבטחה הראשונה, שהובטח בעקידה "הרבה ארבה את זרעך", ועל זה קאי הפסוק הקודם "גבור", כי היה גבור הכובש את יצרו. ובספר תהלים קאי על ההבטחה השניה, שהובטח כשירד לגרר, "ואהיה עמך ואברכך", וכנגד זה נקרא בפסוק הקודם "גבר"[801].

ובבית ישראל (מזידיטשוב, פרשת ויצא, מהדורת הצבי והצדק עמ' קכט) כתב דבתהלים איירי על יעקב מתחילה שהתחבר עם לבן הארמי, כתוב "תתפתל", מלשון 'צמיד פתיל', מלשון חיבור [עי' רש"י]. ובשמואל איירי אחרי שהצליח לעזוב את לבן, כתוב "תתפל" מלשון 'תפל' שברח וניצל על נפשו.

וע"ע בזמרת ישע (תהלים שם עמ' ער) מה שביאר בשינויי פסוק זה.

פסוק כח. מבאר האברבנאל, דבשמואל אמר "ואת עם עני תושיע", אך בתהלים אמר "כי אתה עם עני תושיע", כי רוצה להדגיש שיש כאן נתינת טעם על כל מה שאמר למעלה שזכה להצלתו.

והכלי יקר תמה עליו כדרכו, וכמבואר לעיל בכ"מ, וכאן כתב שיותר צח לומר "ואת עם עני תושיע" מאשר לומר "כי אתה עם עני תושיע", ואם לדברי האברבנאל שבספר תהלים הוא לשון יותר מצוחצח, יקשה עליו מכאן. אלא מפרש הכלי יקר דהשינוי בתהלים **"כי אתה** עם עני תושיע" בא לבאר שהקב"ה עמנו בצרותינו, כמו שכתוב (תהלים צא טו) "עמו אנכי בצרה", וזה מלמדנו תיבת 'אתה'[802].

---

[799] וי'אל"ף למ"ד הוי"ה' הן בחינת רחמים. כנודע דהוי"ה היא בחינת רחמים, ואלהי"ם בחינת דין, אך ייה דהוי"ה הן בחינת דין, וא"יל דאלהי"ם הן בחינת רחמים.

[800] ובענין השינויים "יתברר - תתבר"ר ו'יתפל - תתפתל' לא מבאר ברור, רק כותב: ורוח הקודש הוסיף ואמר 'ותתפתל' שהיה שם תכלית הפתלתול. עכ"ל. ולא זכיתי להבין, וה' יאיר עיני.

[801] לא הבנתי מדוע. ואולי רק משום דכאן כבר לא שייך 'גבור' הכובש את יצרו. ודו"ק.

[802] צע"ק דלא פירש מה החידוש בפסוק שבספר שמואל, שבדרך כלל ביאר כל הכלי יקר על שמואל ועל תהלים בנפרד מה החידוש בכל אחד מהם.

והשינוי השני מבאר האברבנאל דבשמואל אמר "ועיניך על רמים תשפיל", ובתהלים אמר "ועינים רמות תשפיל". שלא יבינו מש"כ בשמואל שכביכול תכלית ההשגחה האלהית היא להשפיל הרמים.

והכלי יקר ציין למדרש תהלים (שוחר טוב יח [כג]) דאיתא שם להדיא: "ועינים רמות תשפיל", אלו[803] אדום וישמעאל, שהולכים בגסות רוח בעולם, וכתיב בספר שמואל "ועיניך על רמים תשפיל", לפי שהם הולכים רמים, עיניך על רמים להשפילם מרוממותן. עכ"ל המדרש. הרי דהמדרש מצרף שני הפסוקים ודורש זה כמו זה, דמש"כ (בתהלים) "ועינים רמות תשפיל", הכוונה היא (כבשמואל) "עיניך על רמים" להשפילם[804].

וע"ע בקהלת יעקב מה שביאר בשינויים בפסוק זה על דרך הפרד"ס. וכן עי' בדרשות מהר"ם בנט (שם עמ' כז-כח) מה שהאריך לפרש דרך דרוש בפסוק זה ובשני הפסוקים הבאים.

והרד"ק [לשיטתו] ביאר שהכל אותו ענין אף שאין התיבות שוות, דתתן את עיניך על רמים עד שתשפילם.

ובזמרת ישע (תהלים שם עמ' עו) ביאר לשיטתו דבשמואל אמר דוד את גודל ההכרה בנס, שהוא שבח לדוד, וזה שייך בלשון "ראת... ועיניך על רמים...", אך בתהלים היא בלשון הודאה והמעיט בשבחו. עכ"ד. ולא זכיתי להשיגם, וה' יאיר עיני.

פסוק כט. כותב האברבנאל, דבשמואל אמר "כי אתה נרי", ובתהלים מוסיף ביאור "כי אתה תאיר נרי", שלא נחשוב שיתואר השי"ת כנר עצמו, אלא יתואר כמאיר שיאיר את הנר. עכ"ד. ובמקרא סופרים (עמ"ס סופרים שם) כתב דיתכן דהכוונה על שני מיני הנהגות, האחת מאת ה' בעצמו, והשנית הנהגה ע"י איזו סבה אמצעית. זהו "כי אתה נרי" היא ההנהגה העצמית של ה', ו"אתה תאיר נרי" היא ע"י סבה אמצעית. עכ"ד. ולפ"ז ביאר באהל מועד (ב"ק, ח"ח אהל דוד סי' לו) דבשמואל כתוב 'נירי' מלא ביו"ד, כי ההנהגה הניסית היא נר מלא ושלם, וכתוב "וה'" במקום "אלהי", כי היא במדת הרחמים[805].

---

[803] הוספתי ע"פ גירסת שוחר"ט מהדורת בובר (עיי"ש הערת קמט).

[804] ומבאר דהעיניים הרמות שהיו תלויות אליך להושיעם, אחרי שתושיעם תשפיל את העיניים רמות שלהם שלא יהיו עוד עיניהם תלויות למרום כי כבר יצאו לאורה. עכ"ד. ולעניו"ד הוא קצת חידוש, דמה בכך שימשיכו להיות עיניהם תלויות למרום תמיד. ובפשטות הכוונה שתשפיל עיניים רמות של גאוה וכדו', וכדפירשו הרד"ק (שמואל ותהלים שם) והרלב"ג (שמואל שם).

[805] כנלע"ד לבאר דבריו, כי לשונו שם לא הבנתי, עיי"ש.

ומעין זה ביאר בזמרת ישע (תהלים שם עמ' פ) לשיטתו דבשמואל אמר דוד הכרה בנס האישי שלו, לכן אמר בסתם "כי אתה נרי", שזכה שה' יהיה נרו. אך בתהלים שמיועד לכל עם ישראל, נקט בענוותנותו "כי אתה תאיר נרי".

עוד שינויים בפסוק זה, דבשמואל אמר "וה' יגיה חשכי", ובתהלים "ה' אלהי יגיה חשכי", ומבאר האברבנאל דהסיר ו' החיבור כדי לרמוז שהם כפל ענין ולא תוספת. וגם החליף תיבת 'ה'' בתיבת 'אלקי' כדי לתקן הדבור שלא יאמר פעמיים ה'.

והכלי יקר מבאר אדרבה בשמואל כתוב פעמיים ה', דהאיר לו שני לילות במלחמת עמלק כמבואר במדרש תהלים (שוחר טוב יח [כג]) על פסוק זה. ובשמואל הדגיש כן משום דכך היה המעשה אתו. והאות ו' היא לרמוז שה' הוא ובית דינו, כדאיתא במדרש (בראשית רבה פנ"א סי' ב). אך בתהלים שחיבר לכל יחיד מישראל, שינה והוסיף "תאיר" כדי שישפיע ה' הארה לכל אחד ואחד[806].

ובאור דוד (נרות המערכה אופן כז סי' קח עמ' פו) מבאר ע"פ שיטתו, דבשמואל איירי לפני בנין ביהמ"ק, לכן אמר בפסוק זה שבע תיבות, כנגד שבעה שירים. אך בתהלים שנאמר על אחרי בנין ביהמ"ק, אמר בפסוק זה שמונה תיבות, לרמז על חינוך ביהמ"ק שאז ניתוסף השיר השמיני. ועוד עפמש"כ הגנת אגוז (ח"א [שער הצבאות]) שבנביאים גם ההצלה וגם הנקמה הכל היה דרך נס, ובכתובים אף אם ההצלה היתה דרך נס, אך הנקמה אינה דרך נס. לכן בשמואל שהוא נביאים אמר "כי אתה נירי ה' " - שהיא ההצלה, "וה' יגיה חשכי" - הנקמה מהאויב, הכל בשם הוי"ה בלבד, כלומר דרך נס. אבל בתהלים שהוא כתובים אמר "כי אתה תאיר נרי" - שהיא ההצלה היתה התגלות השי"ת בנס[807], אך "ה' אלהי יגיה חשכי" - הנקמה מהאויב היתה בהתלבשות שם הוי"ה בשם אלהי"ם בדרך הטבע.

ועי' קהלת יעקב שביאר השינוי בפסוק זה על דרך הסוד בעניני ייחוד שמות הקודש, עי"ש.

פסוק ל. מבאר האברבנאל, דבשמואל אמר "באלהי", ובתהלים הוסיף ו' החיבור ואמר "ובאלהי", כי כולל שני ענינים מתחלפים, האחד 'ארוץ

---

[806] ומבאר גם השינוי לי'אלהי', עיי"ש, ולא הבנתי. וגם ביאור הזמרת ישע (תהלים שם עמ' פ) לא הבנתי, והי' יאיר נרי ויגיה חשכי.

[807] אך צ"ע מדוע נשמטה כאן תיבת הוי"ה מאשר בשמואל, שהרי תיבת הוי"ה כאן היא אחרי האתנח[תא] ושייכת לחלן, וכדנתבאר.

גדוד' והשני 'אדלג שור', והיה חסר בשמואל ו' ובתהלים תיקן הלשון[808].
והכלי יקר ציין לדברי מדרש תהלים (שוחר טוב יח [כד]) דדורש על פסוק זה
מעשה דוד המלך שקפץ על החומה עי"ש, ולפ"ז מבאר הכלי יקר
דבשמואל שמספר דוד על עצמו, לא כתב ו', דהכל מעשה אחד, "כי בכה
ארוץ גדוד, באלהי אדלג שור", אך בתהלים שכותב לכל ישראל, ויש כאן
שתי בקשות, הוסיף ו', "כי בך ארוץ גדוד, ובאלהי אדלג שור". עכ"ד[809].

ועי' קהלת יעקב (קמז ע"ג) שמבאר השינוי הנ"ל וגם השינוי בין 'בכה' לבין
'בך' על דרך הסוד[810], עי"ש. ועי' למהר"ם בנט (בדרשותיו שם) המשך הדרוש
בפסוק זה. וע"ע בזמרת ישע (תהלים שם עמ' פ) בביאור השינויים בפסוק זה.

פסוק לב. מבאר האברבנאל, דבשמואל אמר "כי מי אל... צור מבלעדי",
ובתהלים אמר "כי מי אלוה... צור זולתי". ושניהם ליפות הדבור וביאור
הכוונה, כי תיבת 'אל' שבשמואל החליף ל'אלוה' כדי להדגיש ההבדל בין
שבח 'כי מי...' הראשון ל'ומי' השני, דהאחד על השלימות הנפשית, והשני
על נצחון האויבים, ואם היה אומר 'אל' בראשון, הוא דומה ל'צור' שבשני,
לכן אמר 'אלוה' בראשון[811]. וכן שינה תיבת 'צור מבלעדי' ל'צור זולתי',
כדי להבדילו מה'בלעדי ה'' שבתחילת הפסוק.

והכלי יקר מבאר דבספר שמואל בא לשבח את אברהם ויעקב, דמצינו
שאברהם נקרא 'צור', כמש"כ (ישעיה נא א) "הביטו אל צור חוצבתם", ויעקב
נקרא 'אל', כמש"כ (בראשית לג כ) "ויקרא לו אל אלהי ישראל". ורק הבורא
יכול לקוראם כן. וזמש"כ בשמואל "כי מי אל" כלומר מי ייקרא 'אל',
"מבלעדי ה' " כלומר אם ה' לא יחליט זאת, "ומי צור" כלומר מי ייקרא
'צור', "מבלעדי אלהינו" כלומר אם ה' לא יחליט זאת. אך בתהלים בא
לבאר ענין אחר, שבבחינת האלהות אין עוד מלבדו אלא הבורא יתברך,
לכן אמר "כי מי אלוה מבלעדי ה' ", כלומר אין שום אלוה בלעדיו, "ומי
צור זולתי אלהינו", כלומר אין שום צור זולתו.

ומהר"ם בנט (בדרשותיו שם עמ' כח) ביאר, דבשמואל איירי על ישראל המאמינים
בקב"ה, נקט שם 'אל', שזהו שם המשותף בשם ישראל, כמש"כ (דברים לב יב)

---

[808] ועי' לעיל בכי"מ משי"כ על שיטת האברבנאל בזה.

[809] ועי"ש דמבאר גם דלרמוז למעשה הזה כתב בשמואל "בכה" עם ה', משא"כ בספר תהלים שהוא לכל ישראל כתב "בד" כרגיל.

[810] ועי' גם בפירוש הריקאנטי (במדבר ו מג) דדרש תיבת "בכה" דבשמואל, כלומר **במדת יכה'** הנלחמת במלחמותיו של דוד, עי"ש.

[811] ולא ביאר מדוע 'אל' שוה ל'צור', משא"כ 'אלוהי'. והי יאיר עיני.

"ה' בדד ינחנו ואין עמו אל נכר". אך בתהלים איירי דע"י קריעת ים סוף נתוודע "כי גדול ה' מכל האלהים" (שמות יח יא) שנדונו מדה כנגד מדה, לכן כתוב לשון 'אלוה', כלשון הפסוק הנ"ל.

וע" קהלת יעקב (קמז ע"ג) שביאר השינויים בפסוק זה על דרך הסוד, עי"ש. וע"ע בזמרת ישע (תהלים שם עמ' פ) בביאור השינויים בפסוק זה.

פסוק לג. במדרש תהלים (שוחר טוב יח [כז] מהדורת בובר) איתא: "ויתן תמים דרכי" שמשלם שכר על תמימות דרכי, וכתוב אחר אומר "ויתר תמים דרכי" שהותירני למלך בעוה"ז ובעוה"ב בשביל שהלכתי בתמימות בדרכו. עכ"ל.

והאברבנאל מבאר [לשיטתו] השינוי הראשון, דבשמואל אמר "מעוזי חיל", ובתהלים אמר "המאזרני חיל", לתוספת ביאור שלא נחשוב שה' הוא מעוזו, אלא הוא המאזרו ונותן אליו כח וגבורה. [ומעין זה כתב הרלב"ג]. ועוד שינוי דבשמואל אמר "ויתר תמים דרכי", ובתהלים אמר "ויתן תמים דרכי", לפרש מלת 'ויתר' שהכוונה בו 'ויתן'.[812]

והכלי יקר מבאר, דבשמואל דדוד המלך ע"ה מדבר על עצמו, אמר "מעוזי" כלומר הבורא בכבודו ובעצמו. אבל בתהלים שמדבר לכל יחיד מישראל, אמר "המאזרני", שנותן כח וחוזק לכל אחד להלחם בכאילו אזורים מתניו בכח וחיל. [ומעין זה כתב בזמרת ישע (תהלים שם עמ' פ)]. והשינוי שבשמואל כתב "ויתר", וגם הכתיב 'דרכו' והקרי 'דרכי' כי רומז על מעשה שהיה עם דוד, עי"ש באורך [וכ"כ באהל מועד (ביק, ח"ג פרי הארץ המקרא והמכתב אות ע)]• אך בתהלים אין צורך לרמוז לזה, כי מדבר אל כל ישראל, אמר "ויתן... דרכי". וע"ע בזמרת ישע (שם).

והקהלת יעקב (קמז ע"ד) מבאר דבשמואל אמר דוד "האל מעוזי חיל" בשעה ששאול נכנס למערה ולא ידע שדוד בפנים, וה' נתן עוז לדוד שלא להורגו, "ויתר תמים" שנותר תמים, וכאן הכתיב 'דרכו' והקרי 'דרכי', כי גם דוד שלט בעצמו שלא להרוג את שאול, וגם מאת הבורא היתה ששאול לא יראה את דוד ויהרגהו, וכך אומר דוד שגם דרכי נשמרה וגם דרכו. ובתהלים כתב "המאזרני" כיון ש"מעוזי" שייך יותר כשהיו בקרב ומלחמה וכדו', אך כאן ההודאה היא שלא הגיעו לזה כלל, ושייך יותר "המאזרני" שלא נפל מורך בלבבו בהיכנס שאול למערה. וכן לשון "ויתר" שהוא לשון

<hr>

[812] ושוב צ"ב דכביכול אין שום הסבר למילים אשר בספר שמואל עד שהוצרך לפרשן ולהחליפן בספר תהלים, וגם לא היה יכול כבר 'לתקני' בספר שמואל. ודו"ק. והעירו בזה הכלי יקר והקהילת יעקב (הבאנו דבריהם בריש המזמור).

התרת מי שהיה אסור כבר, לא שייך כאן שלא הוזקק לזה כלל, לכן שינה ל"ויתן". וגם לא שייך כאן קרי וכתיב כי מודה על הצלת עצמו[813].

ומהר"ם בנט (בדרשותיו שם עמ' כא,כח) ביאר, דבשמואל קאי לפי הטעם שישראל יצאו ממצרים ברכוש גדול כדי שלא יהנו מן הגזל, לכן אמר 'מעוזי'[814], ואמר 'יתר' מלשון הפסוק (חבקוק ג ו) "ראה ויתר גוים" שפירשוהו (ב"ק לח ע"א) על גזל מגוים, ועל זה כתיב 'דרכו'[815]. ובתהלים קאי לפי הטעם שישראל יצאו ממצרים ברכוש גדול כדי שיהיה נסיון לישראל, לכן אמר 'המאזרני'[816], ואמר 'יתן'[817] וכתיב 'דרכי'[818].

פסוק לד. הקהלת יעקב (קמז ע"ד) מבאר השינוי דבשמואל הכתיב 'רגליו' והקרי 'רגלי', אך בתהלים הכתיב והקרי 'רגלי', לפי מה שביאר לעיל בפסוק הקודם לגבי 'דרכו - דרכי', עיין שם. ועוד מבאר כאן על דרך הסוד, עי"ש.

ומהר"ם בנט (בדרשותיו שם עמ' כח) מבאר, דבשמואל כתיב 'רגליו' וקרי 'רגלי', כי קאי גם על הקב"ה שהלך עמהם כדכתיב (שמות יג כא) "וה' הולך לפניהם יומם...". [ובתהלים קרי וכתיב 'רגלי' כי קאי רק על עם ישראל]. וע"ע בכלי יקר (שמואל שם) ובאהל מועד (ביק, ח"ג פרי הארץ המקרא והמכתב אות עא).

פסוק לה. מבאר האברבנאל (לשיטתו), דבשמואל אמר "ונחת קשת נחושה", ובתהלים אמר "ונחתה קשת נחושה", ליפות הדיבור כי כפי הדקדוק האמיתי כן היה ראוי לומר 'ונחתה'. עכ"ד. וכוונתו כי 'קשת נחושה' היא לשון נקבה, לכן ראוי לומר שהיא 'נחתה' ולא 'נחת'[819].

---

[813] בפסוק זה לא מזכיר הקהלת יעקב כלל שהתיקונים בתהלים הם ע"פ רוח הקודש, כמו שביאר בשאר הפסוקים, וגם מבואר קצת טפי בדבריו שהלשונות שבספר שמואל הן טעות והוצרך דוד לתקנן, וזה צ"ע, שהרי זו נקודת המחלוקת דפליג הקהלת יעקב על האברבנאל שפירש בסגנון זה שהוצרך דוד לתקן לשונות שבספר שמואל. וה' יאיר עיני.

[814] לשון 'כוחי', להבדיל מלשון 'המאזרני' בתהלים שהוא לעמוד בנסיון וכמו שממשיך.

[815] כי קאי אהקב"ה שהתיר ממונם כדאיתא התם.

[816] כלומר לעמוד בנסיון.

[817] כי לא שייך 'ויתר' הנ"ל.

[818] כי קאי על עם ישראל שנכנסו לנסיון. עד כאן מאשר נראה לי לפרש בפסוק זה דברי מהר"ם בנט, אך הדברים דחוקים אצלי. וה' יאיר עיני.

[819] ושוב קצת דחוק הביאור שכביכול בספר שמואל לא דִקדק דוד המלך ע"ה לכתוב כפי הלשון הנכונה, ורק בספר תהלים שייעדו לתפילה לכל יחיד ויחיד בו דִקדק. וכבר העירו בזה הכלי יקר ועוד דלעיל.

והכלי יקר כתב דבשמואל כתב 'וינחת' לשון 'נוח', וכמש"כ במדרש (שוחר
טוב יח [כז]) אחד הפירושים: נוח לו לאדם לכוף קשת נחושה, ולא לכוף
זרועותיו של דוד. או מלשון 'נחת', שכופף הקשת בנחת ובישובה. ובתהלים
כתב 'וינחתה' דקאי על הכיפוף עצמו [דמתפרש 'נחתה' - 'כפפה']. או
אפשר דבשמואל בלשון זכר כי קאי על האיש היורה את הקשת, ובתהלים
קאי על הקשת עצמה.

ומהר"ם בנט (בדרשותיו שם עמ' כב,כח-כט) מבאר דפסוק זה "מלמד ידי למלחמה"
קאי על מלחמת עמלק. בשמואל מדבר על משה רבינו, שהוא הוצרך
להתאמץ, כמש"כ (שמות יז יב) "ומשה ואהרן תמכו בידיו...", לכן כתוב כאן
'נחת קשת נחושה זרועותי'. אך בתהלים מדבר על יהושע בן נון, עליו
כתוב (שם) "ויחלוש יהושע את עמלק...", בקלי קלות בזכות תפילת משה,
לכן כתוב שם 'נחתה'.[820] וע"י ההמשך בפסוק הבא.

והרד"ק [לשיטתו] כתב כי הכל אחד, כי 'קשת' משמשת גם בלשון זכר וגם
בלשון נקבה.[821] וע"י קהלת יעקב (קמז ע"ד) שביאר שינוי זה ע"פ הסוד. וע"ע
בזמרת ישע (תהלים שם עמ' פ) בביאור השינוי.

פסוק לו. בשמואל כתוב "וַעֲנֹתְךָ תרבני" ובתהלים כתוב "וְעַנְוַתְךָ תרבני".
[והאברבנאל לא ציין שינוי זה. וצ"ב]. ובפירוש מקרא סופרים (עמ"ס סופרים שם) ציין
למדרש (שוחר טוב תהלים יח [כח-כט], ילקו"ש שמואל רמז קסב) דדרש כמה דרשות מתיבה
זו, ומשמע דהדרשות הראשונות הן מלשון עניה, כלומר מתיבת "וַעֲנֹתְךָ",
והדרשא האחרונה היא מלשון ענוה, כלומר מתיבת "וְעַנְוַתְךָ".

וכ"כ הרד"ק: "וענותך", כתרגומו 'ובמימרך אסגיתני', ויהיה לדעתי מן
"וענית ואמרת" (דברים כו ה), ובספר תהלים "וענותך" מן "עקב ענוה יראת ה'
" (משלי כב ד), "וענוים ירשו ארץ" (תהלים לז יא), שהוא ענין חסידות ורוח נמוכה,
ויהיה "וענותך" הנכתב הנה, כמוהו, ואע"פ שנחה הוי"ו וכו'. ועוד יש
לפרשו מלשון עזרתך ורצונך, כמו "והכסף יענה את הכל" (קהלת י יט). עכ"ד.
ובפשטות בכל שלשת פירושיו מתכוין גם על שמואל וגם על תהלים.
ודו"ק.

---

820 משמע דדורש תיבת 'ינחת' לשון זכר כשהיה צריך מאמץ וכח גדול, ותיבת 'נחתה' לשון נקבה
כשהיה בקלי קלות. ולכאורה גם אפשר לדרוש להיפך, לשון זכר כשיש לו כח ואינו צריך עזרה,
ולשון נקבה כשהוא תש בכוחו. וצ"ע. עכ"פ גם להלן (פסוקים לח-לט, וע"י פסוק ה) ממשיך לבאר על דרך
זו, עיי"ש.

821 והכלי יקר (דלעיל) הביא את דברי הרד"ק, וכתב דאע"פ שהוא כן, עכ"ז ממה ששינה בתהלים
מבשמואל צריך ליתן טעם טפי, וכפי שביאר הכלי יקר טעם לעיל.

והכלי יקר הביא כל הנ"ל, והוסיף שגם אפשר לפרש "וענותך" דשמואל מלשון עינוי, כמו "לֵעֲנֹת מִפְּנֵי" (שמות י ג).

עוד שינוי בפסוק זה, שבתהלים נוספו תיבות "וימינך תסעדני". ומבאר האברבנאל, דזהו כדי ליפות הדבור, כאילו היה השי"ת הולך לימינו לחזקו ולדבר על לבו כאשר יעשו הגבורים אלה לאלה[822].

והכלי יקר מציין למדרש (ילקו"ש שמואל רמז קסב) הדורש "וימינך תסעדני" על מה שעזר הקב"ה לאברהם אבינו למול עצמו, כמש"כ (נחמיה ט ח) "וכרות עמו הברית". ולפי זה מבאר דבשמואל שאמר דוד המלך על עצמו, וכדלעיל, לא הוצרך לומר "וימינך תסעדני". אך בתהלים שהכין דוד תפילה לכל יחיד מישראל, כתב כן לפי שיצטרך כל אחד סיוע מה'. ועוד פירש דבשמואל שאמר דוד הודאה על העבר, לא אמר "וימינך תסעדני" אלא בתהלים שהיא תפילה על העתיד, שעתיד הקב"ה להושיב את המשיח לימינו, כמו שדרשו מפסוק זה במדרש (שוחר טוב תהלים יח [כט]).

ומהר"ם בנט (בדרשותיו שם עמ' כט) מבאר עפמש"כ בפסוק הקודם דבשמואל מדבר על משה רבינו במלחמת עמלק, לכן לא הזכיר "וימינך תסעדני", כי כבר הזכיר תפילת משה [בפסוק הקודם], וגם היה לפני מתן תורה שעדיין לא הושיעה לנו ימינו[823]. אך בתהלים מדבר על יהושע בן נון, וכדלעיל, לכן הוצרך לומר "וימינך תסעדני", שהוא גם נלחם נגד שלשים ואחד מלכים בארץ כנען והושיעה לו ימינו[824].

ובספר משבצות זהב (שמואל שם) מבאר עפמש"כ בשם הגר"א (עי' להלן על פסוק מד) שהשירה בשמואל נאמרה לפני חטא דוד בבת שבע, והשירה בתהלים נאמרה אחרי החטא. וא"כ י"ל דבתהלים מוסיף "וימינך תסעדני" כדי שיסלח לו ה', כמו שאמרו חז"ל (מדרש תנחומא בשלח סי' טו) 'ימינך פשוטה לקבל שבים'.

ועי' קהלת יעקב (שמח ע"א) שביאר השינויים שבפסוק על דרך פרד"ס, עי"ש. וע"ע באהל מועד (ח"ח אהל דוד תהלים שם אות לז) ובזמרת ישע (תהלים שם עמ' פ).

---

822 ולא נתבאר כל כך מדוע מקומו דוקא בתהלים ולא בשמואל. וה' יאיר עיני.

823 כדכתיב "מימינו אש דת למו".

824 ואולי אף י"ל דנרמז על מלחמת עמלק, ופירוש "וימינך תסעדני" שהרמת ידי משה חיתה להצלחת יהושע.

פסוק לז. מבאר האברבנאל, דבספר שמואל אמר ״תחתני״ ובספר תהלים תיקן ואמר ״תחתי״ ליפות הדבור ולתקון המאמר כפי הדקדוק[825]. והרד״ק [לשיטתו] כתב דהכל אחד, עי״ש.

ומהר״ם בנט (בדרשותיו עמ׳ כב,כט) ביאר ע״פ ביאורו בפסוקים הקודמים, דבספר שמואל מדבר על משה רבינו, ו׳תחתני׳ מדובר בתחתון ממני ולא ׳תחתי׳ ממש. אבל בתהלים מדבר על יהושע בן נון, והוא הכניע אויביו תחתיו ממש, ועל זה אמר ׳תחתי׳[826].

ובספר הציוני (פרשת נח, עה״פ ״לדרת עולם״) כתב דהאות נ׳ הנוספת בתיבת ״תחתני״ היא סוד נ׳ שערי בינה, עי״ש. וע״י קהלת יעקב (קמח ע״א) שג״כ ביאר שינוי זה על דרך הסוד, עי״ש. וע״ד זמרת ישע (תהלים שם עמ׳ פ).

פסוק לח. מבאר האברבנאל, דבספר שמואל אמר ״ארדפה״ ובספר תהלים תיקן ואמר ״ארדוף״ ליפות הדיבור, שכפי הדקדוק יותר נכון לומר כן, כמש״כ (שמות טו ט) ״ארדוף אשיג אחלק שלל״. עכ״ד. וכבר העירונו לעיל (פסוק כד) על מש״כ בתיבת ׳אשתמרה׳ מעין זה, דצ״ב מהרבה מקומות בתנ״ך, ובענין זה גם מצינו להדיא (לעיל שמואל ב יז א) ״ואקומה וארדפה״. רצ״ע.

והכלי יקר מבאר שבשמואל הוסיף דוד המלך אות ה׳ לרמוז על חמשת אויביו מהגוים, או חמשת אויביו מישראל [עי׳ לעיל בביאור פסוקים ב-ג]. או שהאות ה׳ רומזת לאות ה׳ אחרונה שבהוי״ה [עי׳ לעיל בביאורו לפסוק כד], וכנגדן לקח להלחם עם גלית ״חמישה חלוקי אבנים מן הנחל״ (שמואל א יז מ).

עוד מבאר האברבנאל דבשמואל אמר ״ואשמידם״, ובתהלים ״ואשיגם״, כדי ליישר הדיבור כראוי, כי אחרי שאמר שהיה רודף את אויביו, צריך קודם לומר שהשיגם, ואח״כ שייך לומר ״ולא אשוב עד כלותם״[827].

וע״י זמרת ישע (עמ׳ פב). וביאור הקהלת יעקב ומהר״ם בנט עי׳ בפסוק הבא.

---

[825] שוב קצת דחוק הביאור שכביכול בספר שמואל לא דקדק דוד המלך ע״ה לכתוב כפי הלשון המדוקדקת, ורק בספר תהלים שייעדו לתפילה לכל יחיד ויחיד בו דקדק. וכבר העירו בזאת הכלי יקר ועוד דלעיל. ואמנם מצינו בשירה זו עוד פעמיים (לחלן פסוקים מ,מח) תיבת ׳תחתני׳. וגם שם בתהלים כתוב ׳תחתי׳. וביאר בהם האברבנאל כמו כאן שהוא לתיקון הלשון כיאות.

[826] כנלעיי״ד כוונתו, עיי״ש גם בביאורו דלהלן (על פסוק מ).

[827] כלומר שתי טענות על תיבת ׳ואשמידם׳. א. כשרודף אחרי האויבים צריך לומר קודם כל שהשיגם, ורק אח״כ שייך שישמידם. ב. מיותר לומר ׳ואשמידם׳ כיון שמיד אומר ׳ולא אשוב עד כלותם׳. ודוי״ק.

פסוק לט. מבאר האברבנאל, דבשמואל אמר "ואכלם ואמחצם" ובתהלים אמר רק "אמחצם", כי אינו צריך לומר "ואכלם" אחרי שסיים בפסוק הקודם "ולא אשוב עד כלותם"[828]. ועוד דבשמואל אמר "ולא יקומון" ובתהלים ביאר "ולא יוכלו קום" כלומר דלא תחשוב דלא קמו מרצונם, אלא לא יכלו לקום. וההבדל שבשמואל אמר "ויפלו" ובתהלים "יפלו" כבר נתבאר לעיל, דבשמואל השירה היא על מה שעבר על דוד, לכן מדבר בלשון עבר, ובתהלים שסידר הדברים לתפילה לכל יחיד ויחיד לכן אמר בלשון עתיד "יפלו".

והקהלת יעקב (קמח ע"א) ביאר דדוד המלך ע"ה אחרי שניצח את אויביו הגשמיים והרוחניים, ואמר "ולבי חלל בקרבי" חשב שהגיע לתיקון הסופי של העולם, והוא המלך המשיח, כמו שהובטח לו לאחרית הימים, ועל זה אמר פסוקים אלו "ארדפה אויבי ואשמידם ולא אשוב עד כלותם, ואכלם ואמחצם ולא יקומון ויפלו תחת רגלי". אך בתהלים נתגלה לו ברוח הקודש שעדיין לא הגיע העת, ולכן הפך כל המילים מלשון עבר ללשון עתיד "וָאַשְׁמִידֵם - וְאַשִּׂיגֵם" "וָאֶמְחָצֵם - אֶמְחָצֵם" "וְלֹא יְקוּמוּן - וְלֹא יֻכְלוּ קוּם" "וַיִּפְּלוּ - יִפְּלוּ", והשינוי בין 'אשמידם' ל'אשיגם' גם כן נאמר לו ברוח הקודש שעדיין אינו בגדר 'אשמידם' לגמרי, אלא רק 'אשיגם', וגם תיבת 'אכלם' שפירושה לגמרי, עדיין אי אפשר לומר.

ומהר"ם בנט (בדרשותיו עמ' כט) ביאר דבספר שמואל מדובר על ההבטחה שהיו ראויים לישראל, ואילו קיימו את מצות "לא תחיה כל נשמה" (דברים כ טז) כתיקונו, היה די ברדיפה קלה אחרי האויבים, לכן כתוב (בפסוק דלעיל) 'ארדפה' לשון נקבה, כלומר בקלי קלות[829], וכן 'אשמידם' שהוא נצחון מוחלט, וכן (בפסוק זה) 'ואכלם' לגמרי, 'ולא יקומון' כלל, 'ויפלו' כבר מקודם, דכבר "סר צלם מעליהם" (במדבר יד ט). אך בספר תהלים מדובר מה שקרה בסוף, כיון שנתעצלו במלחמה והשאירו מעט מהם כדכתיב בשופטים, לכן 'ארדוף' בלשון זכר, כלומר בקושי ומאמץ, וגם בסוף רק 'ואשיגם' ולא השמידום לגמרי, בלי 'אכלם', ורק 'לא יוכלו קום' שלא הצליחו כל כך בקימה, אך קצת קמו, ורק לעתיד "יפלו".

וע"ע בביאור הזמרת ישע (תהלים שם עמ' פב).

---

[828] ובספר שמואל אמר דוד כהודיה מהירה על עצמו ולא דקדק בזה, וכדביאר האברבנאל לעיל כמה פעמים.

[829] וכמו שפירש לעיל (פסוק לה), עיי"ש. ועיי"ע להלן (פסוק נ).

פסוק מ. מבאר האברבנאל, דבשמואל אמר "ותזרני" ובתהלים אמר "ותאזרני" לתיקון הדיבור כפי הדקדוק, וכמש"כ על ההבדל גם כאן בין "תחתני" ל"תחתי", לעיל (פסוק לז), עי"ש ובהערה.

וכבר בגמרא (נדה לא ע"א, ובקצרה ביומא מז ע"א) הזכירו שינוי זה, וכך איתא שם: דריש רבי חנינא בר פפא וכו' מלמד שלא נוצר אדם מן כל הטפה אלא מן הברור שבה. תנא דבי רבי ישמעאל, משל לאדם שזורה בבית הגרנות, נוטל את האוכל ומניח את הפסולת, כדרבי אבהו, דרבי אבהו רמי, כתיב "ותזרני [חיל] למלחמה" וכתיב "ותאזרני[830] חיל למלחמה". אמר דוד לפני הקב"ה, רבונו של עולם, זריתני וזרזתני. עכ"ל. ופרש"י (יומא שם): ותזרני, לשון "זורה את גורן השעורים" (רות ג ב)[831], מברר את הטיפה. וזרזתני, הזרתני מן הבירור שבה. עכ"ל. עוד פרש"י (נדה שם): ותזרני, חסר א', לשון מזרה. ותאזרני, לשון חגירת כח במתנים[832]. זריתני, מן הברור, ואח"כ זירזתני. עכ"ל. וביאר המהרש"א (נדה שם): הוא חסד אלהים ביצירת האדם, כי דבר הנעשה מהפסולת אינו טוב כמו הנעשה מן הברור, וזהו שאמר 'זריתני וזרזתני', ע"י שזריתני מן הברור מהטיפה, זרזתני שאני מזורז ומלובן וכו'. עכ"ל.

והכלי יקר ביאר ע"פ הגמרא הנ"ל דבשמואל אמר "ותזרני" מלשון זריה, שברכתני להיות כמו חיל גדול שנזרה למלחמה בכל פינה ופינה. ובתהלים אמר "ותאזרני" מלשון אזור כח להלחם[833].

ובמדרש תהלים (שוחר טוב יח [לא] מהדורת בובר [עי"ש הערה רמז]) איתא: כתוב אחד אומר "ותזרני חיל" לשון 'זר זהב', רמז למלכות, וכתוב אחד אומר "ותאזרני חיל" רמז לגבורה, שנאמר (איוב לח ג) "אזר נא כגבר חלציך".

ומהר"ם בנט (בדרשותיו שם עמ' כב,כט-ל) ביאר דבספר שמואל מדובר על דוד המלך, וכיון שהוא חטא בדבר אוריה החתי, לא זכה שיתקיים בו "איכה ירדוף אחד אלף" (דברים לב ל) כדאיתא בגמרא (מו"ק טז ע"ב)[834], לכן נאמרה התיבה חסרה 'ותזרני', ו'תחתני' שהיא לא נצחון גמור, כדלעיל (פסוק לז). אך

---

[830] כי"כ הערוך לנר (נדה שם) דכצ"ל, כי בגמרא (שם) כתוב 'ותאל המאזרני', ובגמרא (יומא שם) כתוב 'המאזרני', והוא פסוק אחר בשירה (לעיל לג), ושם לא ממשיך 'למלחמה', והשינויי שם בין שמואל לתהלים הוא אחר, עיי"ש, ועל כרחך כוונת הגמרא לשינוי זה בין 'ותזרני' ל'ותאזרני'. וכ"ה בעין יעקב (יומא שם) כראוי.

[831] וכן פירש רבינו חננאל (יומא שם).

[832] ורבינו חננאל (יומא שם) פירש: וזירזתני, אמצתני.

[833] ולא ביאר מדוע בשמואל דוקא פירוש זה ובתהלים פירוש זה.

[834] ועי' להלן (על פסוק מד).

בספר תהלים מדובר על ההבטחה הכללית לשבט יהודה, שהם ינצחו במלחמות, ולכן התיבה מלאה 'ותאזרני', ו'תחתי' שהוא ממש תחתי, כדלעיל (שם). ורי' המשך עוד להלן (בפסוקים מא-מד,מח-נא).

ורי' קהלת יעקב שביאר השינויים כאן על דרך הסוד, עי"ש. וע"ע בביאור הזמרת ישע (תהלים שם עמ' פב).

פסוק מא. מבאר האברבנאל, דבשמואל אמר "משנאי ואצמיתם" ובתהלים אמר "ומשנאי אצמיתם", והטעם הוא כי 'אצמיתם' היא גזרת המאמר, ואין ראוי שתבא עם וי"ו, ולכן הסיר הוי"ו מ'ואצמיתם' ושמו ב'משנאי', ואמר "ומשנאי אצמיתם". עכ"ד. וכוונתו ברורה שכאן היא גזרת השי"ת שמבטיח שיצמית את השונאים, אם כן לא שייך לומר "משנאי **ו**אצמיתם", כי הפעולה היא שה' יצמית את האויבים, ומה שייך לכתוב וי"ו לפני תיבת 'אצמיתם'. לכן נתן אותה לפני תיבת 'משנאי', ושייך לומר 'ומשנאי', מה אעשה בהם, 'אצמיתם'. והבן[835].

ומהר"ם בנט (בדרשותיו שם עמ' כב,כט-ל) מבאר עפמש"כ לעיל (פסוק מ) ולהלן (פסוקים מב-מד,מח-נא), דבספר שמואל איירי במלחמת דוד, שלא זכה להפיל אלף כמו שרצה, לכן אמר 'תתה', שהיא לא נתינה שלימה. וגם חילק 'משנאי ואצמיתם', כי עדיין נשארו אויבים. אך בספר תהלים איירי בקיום ההבטחה לשבט יהודה שיהיו נוצחים לגמרי, לכן אמר 'נתתה' [כלומר לגמרי], וכלל כולם 'ומשנאי אצמיתם'.

והרד"ק לשיטתו כתב: תתה, כמו נתת, חסר פ"א הפעל, שלא כמנהג בעוברים[836]. עכ"ל.

ורי' קהלת יעקב שביאר השינויים כאן על דרך הסוד בביטול הקליפות, עי"ש. וע"ע זמרת ישע (תהלים שם עמ' פב).

פסוק מב. במדרש תהלים (שוחר טוב יח [לג]) איתא: "ישועו ואין מושיע", וכתיב "ישעו ואין מושיע", יתפללו אל פסיליהם ויצפו לישועתן ולא יוכלו להושיע, וימותו במרד ובמעל וכו'. עכ"ל[837].

---

[835] שוב קצת דחוק הביאור שכביכול בספר שמואל לא דקדק דוד המלך ע"ה לכתוב כפי חלשון המדוקדקת, ורק בספר תהלים שייעדו לתפילה לכל יחיד ויחיד בו דקדק. וכבר העירו בזה הכלי יקר ועוד כדלעיל.

[836] כלומר באותם שכתובים בלשון עבר. וכ"כ האבן עזרא (ספר מאזנים, שער חמבולעים עמ' קטז): לעולם לא יפול הנו"ן בפועל שעבר מבנין פעל הקל, חוץ מן "ואויבי תתה לי עורף". עכ"ל. ומעין זה כתב האבן עזרא גם בספר צחות (שער בנין פעל, עמ' קסו).

והאברבנאל מבאר, דבשמואל אמר "ישעו" ובתהלים "ישועו", ליישר
הדבור, כי השורש הוא 'שוע' עם וי"ו. עכ"ד. ומשמע דכביכול תיבת
'ישעו' אינה מדוקדקת [עי' לעיל מעין זה כמה פעמים בדבריו]. אך רש"י (כאן) כבר
פירש תיבת "ישעו" כמו (ישעיהו יז ז) "ישעה האדם אל עושהו", שפירושו
"יפנה'. ובשם רבי מנחם בן סרוק כתב שהוא כמו (בראשית ד ד) "וישע ה' אל
הבל", שפירושו לשון עתירה. עכ"ד[838]. וכפרש"י כתב גם רבינו ישעיה (שם).
ומהר"י קרא פירש לשון צעקה. והרד"ק פירש לשון הבטה, כמו "ולא ישעו
אל קדוש ישראל"[839], "ולא ישעה אל המזבחות" (ישעיה יז ח). עכ"ד.

והכלי יקר ביאר דבשמואל אמר "ישעו" כנגד הגוים המושיעים את
פסיליהם ומבקשים מהם תשועה ואינם מושיעים אותם. ובתהלים אמר
"ישועו" כנגד הגוים שהיו באותו הזמן חסרי ישע ולא היו מושיעים את
פסיליהם, אלא משועים אליהם והם אינם עונים[840].

ובירייעות שלמה (פפנהיים, סוף ידיעה מג) כתב דמהקבלת שני הפסוקים הנ"ל
מוכח ד'שועה' הוא מגזרת 'ישע' דהיינו בקשת ישועה.

והשינוי הנוסף בפסוק זה, דבשמואל כתוב "אל ה' ", ובתהלים "על ה' ",
וביאר האברבנאל שהוא ליפות הדיבור כמו שכתוב בחנה (שמואל א א י)
"ותתפלל על ה' ". עכ"ד. ותמה הכלי יקר, דאדרבה לשון "אל ה' " מתיישב
טפי, ואדרבה לשון "על ה' " הכתוב בחנה הוצרכו ליישבו [עי' ברכות לא ע"ב, ספר
הזוהר ח"ג עט ע"ב][841].

ובספר מאמר מרדכי (הוליש, פרשת ויצא כו ע"א) פירש ד"על ה' " קאי על הגוים,
שכשהם באים להתפלל אינם באים בלב שלם אלא תוהים על מעשי ה'.
ו"אל ה' " איירי בישראל, שתפילתם נאמנה אל ה'. עכ"ד. ומעין זה בספר
פני יצחק (פראנסיס, פרשת ואתחנן קלו סוע"ד) ובאהל מועד (ח"ח אהל דוד תהלים שם אות לט).

---

[837] ומשמע דמבאר יחד שני הפסוקים, "ישועו" קאי על תפילתם של הגוים אל פסיליהם, "ישעו"
קאי על ציפייתם לישועה, ו"ואין מושיע" הוא הסיום שאינם מושיעים אותם.

[838] וכי"כ בפירוש מקרא סופרים (עמ"ס סופרים שם) עי"פ המדרש (דברים רבה פי"ב סי' י), עיי"ש.

[839] לא מצאתי פסוק כזה. ואולי כוונתו לפסוק [שציין רש"י] (ישעיה יז ז) "ביום ההוא ישעה האדם על
עשהו, ועיניו אל קדוש ישראל תראינה". או שכוונתו לפסוק (שם לא א) "ולא שעו על קדוש ישראל,
ואת ה' לא דרשו".

[840] כתבתי את הנלע"ד כוונת הכלי יקר, אך עדיין לא השגתי עומק כוונתו. וה' יאיר עיני.

[841] ולשון זו "ותתפלל על ה' " מופיעה רק פעם אחת בתנ"ך, משא"כ תפילה אל ה' מופיעה עשרות
פעמים בתנ"ך, כגון "התפלל אל ה' " (במדבר כא ז), "ואתפלל אל ה' " (דברים ט כו; ירמיה לב טז), "להתפלל
אל ה' " (שמואל א א כו [הנזכר בחנה עצמה בחמש הענין שם]; מלכים א ח נד), "ויתפלל אל ה' " (שם ב ד לג; ישעיה
לח ב; יונה ד ב; דהי"ב לב כד), "מתפלל אל ה' " (ירמיה מב ד).

וע"י קהלת יעקב (קמח ע"ג) שביאר השינויים כאן על דרך הסוד, עי"ש. וע"ע זמרת ישע (תהלים שם עמ' פב).

ומהר"ם בנט (בדרשותיו שם עמ' כט) כתב: שם אמר ישעו, וכאן אמר ישועו, כי שם אמר אל ה' וכאן אמר על ה'. עכ"ל. ולא זכיתי להבין דבריו, עיין שם עוד, ובמש"כ לעיל (על פסוקים מ-מא) ולהלן (על פסוקים מג-מד,מח-נא).

פסוק מג. במדרש תהלים (שוחר טוב יח [לג]) איתא: "כטיט חוצות אריקם", וכתיב "אדיקם ארקעם", 'אדיקם' בעוה"ז כמש"כ (ישעיה מ טו) "הן איים כדק יטול", 'אריקם' בעוה"ב, שיהא ריקם בלא מצוות, 'ארקעם' כמש"כ (שמות לג) "ויירקעו את פחי הזהב", שיהיו מרודדין מתחת כפות רגלי הצדיקים, כמש"כ (מלאכי ג כא) "ועסותם רשעים כי יהיו אפר תחת כפות רגליכם". עכ"ל.

והאברבנאל מבאר את השינוי הראשון, דבשמואל אמר "כעפר הארץ" ובתהלים אמר "כעפר על פני רוח", והוא לתוספת ביאור, שאין הכוונה 'כעפר הארץ' המדובק זה בזה עם רוב הלחות שיתחזק כאבן, אלא 'כעפר על פני רוח' שישאנו הרוח ולא ישאר ממנו דבר נח ושקט במקומו.

והשינוי השני דבשמואל כתוב "אדיקם ארקעם", ובתהלים רק "אריקם", מבאר האברבנאל ג"כ שהוא ליפוי הלשון, כי 'אדיקם' הוא מגזרת 'דק', כלומר שיעשה את האויבים דקים ככפור על הארץ, ואם כן לא שייך כל כך לומר אחר כך 'ארקעם'. עכ"ד.[842] [ולא מבאר מהו 'אריקם'. אמנם עיין רש"י ורד"ק בתהלים שם דהוא משורש 'רקק', כמו 'טיט הנרוק', כלומר אשימם לרקק כמו טיט חוצות. או שעניינו מלשון 'רקות בשר', כמו רקיקי מצות. ודו"ק].

והכלי יקר מבאר לשיטתו לעיל, דבשמואל שדיבר דוד על עצמו אמר "אדיקם ארקעם" כלומר אשחקם דק דק על הקרקע, ולכן פתח "ואשחקם כעפר ארץ". אך בתהלים שייעד דוד תפילה לכל יחיד מישראל, אמר "ואשחקם כעפר על פני רוח" כלומר שייעשה זה ע"י רוח ה' כי "רוח סערה עושה דברו" (תהלים קמח ח), ולכן גם אמר "אריקם", שנעשה מאליו.

ומהר"ם בנט (בדרשותיו שם עמ' כב,כט-ל) מבאר עפמש"כ לעיל (פסוקים מ-מב) ולהלן (פסוקים מד,מח-נא), דבספר שמואל איירי במלחמת דוד, שלא זכה להפיל אלף כמו שרצה, לכן האויבים הם 'כעפר ארץ' [קיימים עכ"פ כארץ]. אך בספר

---

[842] ולכאורה לפי"ז בתהלים די רק להשמיט תיבת "ארקעם", ולכתוב רק תיבת "אדיקם" שכולל אותו כמש"כ האברבנאל, ולא מבאר מדוע הוחלפה המילה בתהלים ל"אריקם".

תהלים איירי בהבטחה לשבט יהודה שיהיו נוצחים לגמרי, לכן האויבים הם 'כעפר על פני רוח' [שלא נשאר מהם מאומה][843]. ועל השינוי "אדיקם ארקעם - אריקם" עיין שם (עמ' כב-כג,ל). ועיין עוד להלן (בפסוק הבא).

ועי' קהלת יעקב (קמח ע"ג) שביאר השינויים כאן על דרך הסוד, עי"ש. וע"ע זמרת ישע (תהלים עמ' פב).

פסוק מד. השינוי דבשמואל "ותפלטני" ובתהלים "תפלטני" לא מנה האברבנאל, וצ"ע. ואדרבה הכלי יקר מבארו [דוקא לשיטת האברבנאל דלעיל (פסוקים ז,לט) בתיבות "וישמע - ישמע" "ויפלו - יפלו"] דבשמואל היא הודאה על לשעבר, ובתהלים תפילה לעתיד, א"כ לפ"ז יובן שפיר שבשמואל אמר "ותפלטני" על שם העבר שפלטו כבר, אך בתהלים הוא לשון בקשה לעתיד "תפלטני".

והשינוי דבשמואל אמר "מריבי עמי" ובתהלים אמר "מריבי עם", מבאר האברבנאל, לפי שבהיות אויבי דוד מריבים עמו, לא נקראים 'עם דוד' כי היו קמים עליו, ולזה אמר 'מריבי עם' ולא 'מריבי עמי'. עכ"ד. [ולא מובן א"כ מדוע בשמואל אמר 'מריבי עמי'. ובדוחק י"ל כמש"כ לעיל כמה פעמים שבשירה המיידית שאמר בשעת מעשה לא דקדק כל כך. וצ"ב].

והכלי יקר ממשיך ע"פ ביאורו דלעיל, דבשמואל שאומר דוד על עצמו אמר "מריבי עמי", כי דוד היה מלך עליהם. אך בתהלים שהוא לשון בקשה לכל ישראל, לא שייך לומר "מריבי עמי" שהרי אינם עמו של כל אחד מישראל, אלא "מריבי עם" בפשטות.

עוד ציינו הכלי יקר ומנחת שי לדברי המדרש רבה (דברים פ"א סי' יא, ילקו"ש שמואל רמז קסג) דאיתא שם: אמר דוד "תפלטני מריבי עמי" שלא יהא לי דין אצלן[844], "תפלטני מריבי עם" שלא יהא להם דין אצלי. ע"כ. ובשינוי לשון

---

⁸⁴³ כנלע"ד לבאר לשיטתו, אע"פ שאין משמעותו ממש כן, עיי"ש.

⁸⁴⁴ ביאר הכלי יקר דב"מריבי עמי" דורש שלא יהא לי דין עמהם, כי הם עמי ואיני רוצה לריב עמם, וב"מריבי עם" דורש שלא יהא להם דין עמי. אך אפשר גם לפרש להיפך, דב"מריבי עמי" נדרוש שלא יהא להם דין עמי, כי נדרוש תיבת 'עמי' כמו יעמֵי, כלומר שלא יהיה להם דין עמי, וב"מריבי עם" נדרוש שלא יהא לי דין עמהם, כי נדרוש תיבת 'עם' כמו יעמסי, כלומר שלא יהיה לי דין עמם. עכ"ד. [וחובא גם בעץ יוסף (על המדרש רבה שם)]. ואכן ראיתי ברש"י (על המדרש רבה שם) דהופך הגירסא: תפלטני מריבי עמי, שלא יהא להם דין אצלי, תפלטני מריבי עם, שלא יהא לי דין אצלם. עכ"ל. [וכ"ה בסתם בהגהת ר"ש בובר על שוחר טוב שם (או' רסג)]. ובאמת הכלי יקר ציטט את הילקו"יש, ושם לא פירטו מה לומדים מכל פסוק, אלא כתוב בסתם: ותפלטני מריבי עמי, מריבי עם, שלא יהא לי דין עמהם, ושלא יהא להם דין לפני. עכ"ל. ובאהל מועד (ביק, חי"ח אהל דוד תהלים שם אות מ) מפרש ישלא יהא לי דין עמסי שאני אחיה התובע, ולכן לומדים זאת מי"מריבי עמיי, שכיון שאני התובע הם כמו עמי ועבדי, כמש"כ בגמרא (סנהדרין לא ע"ב) דאם המלוה רוצה לדון בבית דין

במדרש תהלים (שוחר טוב יח [לד] מהדורת בובר [עי"ש הערה רסג]): "מריבי עם" שלא
יהיה לי דין בפניהם, "מריבי עמי" שלא ארד מגדולתי שידיינו עַמי אותי.
עכ"ל. [וכתב בביאור הרא"מ (שם הערה קלז) שהכוונה כמו במדרש רבה הנ"ל, אלא
שקיצר].

עוד ציין המנחת שי לדברי המדרש תנחומא (פקודי סי' ז) דאיתא שם: "מריבי
עם" אלו האומות, "מריבי עמי"[845] אלו ישראל, אמר דוד: רבש"ע, ישראל
רוגנים הם וכו'. ע"כ. וכמדרש תנחומא פירש הרד"ק (תהלים שם)[846]. ולפ"ז
ביאר האברבנאל גם השינוי הנוסף בפסוק זה, דבשמואל אמר "תשמרני"
כי קאי על היותו מלך ישראל, ובתהלים "תשימני" גם למשול באומות.

ומהר"ם בנט (בדרשותיו שם עמ' כב,כט) ביאר דבתחילה הם 'מריבי עמי' שגורמים
מריבה רק על עמי, ולבסוף הם 'מריבי עם' שגורמים מריבה בכל העולם.

וההבדל "תשמרני" - תשימני" ציין הרד"ק, ומבאר לשיטתו דהכל אחד,
דהפירוש שמרתני ונתת עיניך בי לטובה עד שהייתי לראש גוים. עכ"ד.
וכ"כ הרלב"ג: תשמרני להשים אותי לראש גוים. עכ"ל.

והכלי יקר ממשיך לבאר לשיטתו דלעיל, דבשמואל שאמר דוד על עצמו,
אמר "תשמרני" מכל חטא ועון בהיותי "לראש גוים" כלומר מלך על
ישראל. ובתהלים שייעד תפילה לכל יחיד מישראל, אמר "תשימני" לחן
ולחסד "לראש גוים" כלומר בפני הראש והשר של הגוים.

ומהר"ם בנט (שם עמ' כב,כט-ל) מבאר עפמש"כ לעיל (פסוקים מ-מג) ולהלן (פסוקים
מח-נא), דבספר שמואל איירי במלחמת דוד, שלא זכה להפיל אלף כמו
שרצה [עי' להלן בסמוך], לכן אמר 'תשמרני', שעדיין לא עשה הכל ומשומר הוא
לעשות זאת לעתיד. אך בספר תהלים איירי בקיום ההבטחה לשבט יהודה
שיהיו נוצחים לגמרי, לכן אמר 'תשימני' [כלומר לגמרי].

פלוני, הלווה חייב לשמוע לו, ד"יעבד לוה לאיש מלוה" (משלי כב ז). וילא יהא להם דין עמי שאני
אהיה הנתבע, ולכן לומדים זאת מ"מריבי עם" כי הם לא עמי, אלא עם בפני עצמו שתובעים אותי
ודוייק. ובלשון המדרש שוחר טוב "שידיינו עמי אותי" משמע שאני הנתבע, ולמדו זאת מ"מריבי
עמי", מתבאר דלא כהאהל מועד. ועי' בפירוש מהרז"ו (על המדרש רבה שם) דפירש באופן אחר,
ד"מריבי עמי" זהו כשמריבים עמי [פי' בין אם אני תתובע ובין אם אני הנתבע], ו"מריבי עם" זהו
כשמריבים בינם לבין עצמם ובאים לדון אצלי. עכ"ד. וכן מתבאר בלשון המדרש שוחר טוב הנ"ל,
וגם גירסת הילקו"ש שלא יהא להם דין לפני במקום 'עמי' או 'אצלי, עיי"ש. ואכמ"ל יותר.

[845] עי' בספר שמש ומגן זכרון מנחם (לנדוי מביאלא, ריש פרשת פקודי) שמביא את המדרש הנ"ל וכותב
'מריבי עמי' ומבאר שבשמואל כתיב 'מריבי עמי' בתוספת וייו, כנגד ווי העמודים וכו', והולך ודורש
כל ענייני הווין, עיי"ש. וצע"ג, דבשמואל כתיב 'מריבי עמי בתוספת יו"ד, ולא בתוספת וייו.

[846] אך כאן הרד"ק רק ציין על השינוי בלי לבאר טעם.

ובאור דוד (נרות המערכה אופן כז סי' קח עמ' פו) **מבאר ע"פ שיטתו** (עי' לעיל כמה פעמים, ובפרט בביאור פסוק כט), דבשמואל איירי לפני בנין ביהמ"ק, ובתהלים איירי אחרי בנין ביהמ"ק, שהיו שמונה שירים, לכן כתוב "תשימני" שהוא אותיות 'שמינית'.

ועי' מש"כ קהלת יעקב (קמח ע"ג) בביאור השינויים כאן. וע"ע זמרת ישע (תהלים שם עמ' פג) בביאורו בשינויים בפסוק זה.

והנה איתא בגמרא (מו"ק טז ע"ב) על הפסוק (שמואל ב כג ח) "על שמונה מאות חלל", שהיה דוד המלך ע"ה זורק חץ ומפיל שמונה מאות חלל בפעם אחת, והיה מתאנח על עוד מאתים, שלא זכה שיתקיים בו (דברים לב ל) "איכה ירדוף אחד אלף"[847], וענה לו הקב"ה שזה מחמת חטא אוריה וכו'[848]. וכתב התוספות רא"ש (שם): והיינו דכתיב בחד קרא "תשמני"[849] לראש גוים שהוא בגימטריא שמונה מאות, שעורר עליהם חניתו, ובאידך קרא "תשמרני לראש גוים" שהוא בגימטריא אלף[850], שהיה מתפלל על המאתים החסרים

---

[847] ולפי"ז מצינו עוד קשר בין פרשת האזינו להפטרתה. וכ"כ בספר אהל דוד (קאהן, ח"ג שמואל שם). אמנם (שם, ובח"י יהושע כג י) תמה שהרי פסוק זה נאמר בתוכחה שהגוים ירדפו אותנו, ובברכה (ויקרא כו ח) רק נאמר "ורדפו מכם חמשה מאה" [וכן הקשה במדרש תלפיות (ענף דוד) בשם ילקוט חדש (ערך דוד סי' קכב), ותירץ דדוד למד דאם בקללה כך, א"כ הוא צריך להתברך לכל הפחות בזה], ועיי"ש תירוץ אחד, ועוד כתב דיתכן דט"ס בגמרא וכוונתה לפסוק (יהושע שם) "איש אחד מכם ירדוף אלף, כי ה' אלהיכם הוא הנלחם לכם כאשר דבר לכם". [אך גם בכתי"י מינכן (שנת קי"ה, [ריש עמי רסד] שעל פיה ספר דקדוקי סופרים) הוא כלפנינו].

[848] ועפי"ז כתב המהדיר במסכת סופרים (הוצאת קרן רא"ם, עמ' קצח הערה 15) עוד טעם מדוע דוקא השירה בתהלים פותחת בכינוי "עבד ה' " על דוד, מה שלא פתחה בספר שמואל. ויובן עפמש"כ במדרש (ילקו"ש תהלים רמז תרפא) דדוד המלך ע"ה נקרא "עבד ה' " רק אחרי שעשה תשובה ממעשה אוריה החתי, ולפי"ז מובן מדוע בספר שמואל עדיין לא נקרא 'עבדי' אלא רק בספר תהלים. ועיין מה שכתבנו לעיל בפסוק א'.

[849] וכתב החיד"א בחומת אנך (תהלים שם): והגם ד'תשימני' יעלה במספר עשרה יותר, כבר כתבנו [עיי"ש פרשת שלח אות ד ופרשת פינחס אות א] משום ספר כנפי יונה (ח"ב סי' א) דזמנין יו"ד חיריי"ק אין היו"ד עולה בחשבון. עכ"ל. כלומר דמחשיבים כאילו כתוב 'תשמני' חסר יו"ד אחת. וכן תירצו בפנינים משלחן הגר"א (עמי רנו) בשם הגהה בכתי"י רשימת תלמיד הגר"א (שבאוסף כנסת ישראל), ובשו"ת קול מבשר (סוף ח"א, בקונטרס בשורת אליהו, רכב ע"ב אות ה) והובא בעבד המלך (הומינר, שמואל שם). ויש לציין דלפעמים ההיפך, אע"פ שכתוב בתורה חיריק חסר בלא יו"ד, מחשיבים לענין הגימטריא כאילו יש שם יו"ד, וכמש"כ המרדכי ורא"ם וגור אריה (במדבר טו לט) על הגימטריא של 'ציצית' לשש מאות.

[850] והנה לפי שיטת האברבנאל דבספר שמואל שר דוד הודאה על עצמו ובספר תהלים הכין תפילה לכל יחיד ויחיד מישראל, לכאורה צ"ע מדוע בשירה שבשמואל היא הגימטריא אלף, ובתהלים שמונה מאות, לכאורה היה צריך להיות הפוך, שבשמואל תהיה הגימטריא כמו המציאות, ובתהלים תהיה הגימטריא כמו מה שהתפלל שיקרה. והכלי יקר כתב דבשמואל עדיין התפלל דוד על עצמו בצעירותו שאולי יזכה להשלים המאתים ויהיה "תשמרני". אך בתהלים שכבר היה זקן ובטלו המלחמות, אמר "תשימני". עכ"ל. ולא זכיתי להבין, דהרי לפי מהלכו של הכלי יקר כמה פעמים במזמור זה ע"פ האברבנאל הנ"ל, ספר תהלים מיועד לתפילה לכל ישראל, ולא שאמרו דוד

לו. עכ"ל. וכ"כ בספר חן טוב (לרבי טוביה הלוי, ויקרא כו ג-יא אות ב) בשם רבו[851] ששמע מהחה"ש רבי מרדכי משנו"ת[852], והובא בשמם[853] בכלי יקר (כאן) [ולא הודפס בזמנם עדיין התוספות רא"ש[854]], והוסיפו דלכן נרמז במזמור (כה) "לדוד אליך ה' נפשי אשא" שהולך על סדר א'ב' ויש שם פעמיים פסוק לאות ר'[855]. עכ"ד. וכ"כ מהר"ן שפירא במגלה עמוקות (ריש פרשת ויקרא, אופן נא) והוסיף דנרמז בפסוק (ויקרא ה כד) "ושלם אתו בראשו וחמישתו יוסיף עליו", כלומר כשיתקן האשם אז יוסיפו לו מאתים שהם חמישית מהאלף, וכן (שיה"ש ח יב) "האלף לך שלמה ומאתים לנוטרים את פריו", כלומר מתי יכה אלף בשלימות כולל המאתים, כשינטור את פריו[856]. עכ"ד. וכן הביא נכד

על עצמו בזקנותו. וצ"יב. ואולי י"ל בדוחק דבספר שמואל שר הודאה על עצמו כפי מה שהיה ראוי לו בלי חטאו בדבר אוריה, ובספר תהלים מורה לישראל מה יקרה להם אם יהיו להם חטאים. ובשם הגר"א כתבו להלן להדיא דבספר שמואל היה לפני החטא, ובאמת הרג אלף, ובספר תהלים היה אחרי החטא והרג רק שמונה מאות. עכ"ד, עי' להלן. ולפי"ז סובר כהאבודרהם (דלעיל ריש הסימן, ולהלן פסוק נא) שהשירה בספר תהלים נאמרה לפני השירה בספר שמואל.

[851] רבי שלמה סאגיס, כמש"כ החיד"א בשם הגדולים (מע"ג מע' ט סי' ו).

[852] איני יודע פירוש ר"ת אלו. ובמפתחות בסוף הספר כתוב שהיה חמיו של רבי שלמה הנ"ל.

[853] אך דילג על רבו של החן טוב, ורק כתב: ושמעתי מפי החכם הנעלה כה"ר טוביה הלוי נר"יו [הוא מחבר חן טוב הנ"ל] ששמע מפי החחיו"ש הישיש כמה"ר מרדכי זלה"יה מפי השמועה. עכ"ל.

[854] ובספר ישמיע כל תהלתו (תהלים שם) הביא רמז זה בשם החיד"א (חומת אנך דלעיל), הגר"א (דלהלן) ודרש משה (כנראה כוונת להרי"מ אוסטרר, תהלים שם), וכתב: וכולם היו בערך בזמן אחד. עכ"ל. ואישתמטתיה דקדמם המגלה עמוקות, וקדמו הכלי יקר, וקדמו התורא"יש. וכן יש להעיר על הגר"יע יוסף במאור ישראל (מו"ק שם) דהביא הרמז הנ"ל בשם הגר"א, וגם תמה שבתהלים כתוב 'תשימני' מלא יו"יד. עכ"ד. ואישתמטתיה דהרמז מופיע כבר בתורא"יש ועוד, וקושישתו הקשה החיד"א בחומת אנך כנ"ל ותירצה. ועיין מגדים חדשים (מו"ק טז ע"ב) שהביא את דברי הגר"א, וציין דמופיע כבר בתורא"יש [ולא ציין לכלי יקר ומגלה עמוקות], ואף הביא את קושיית ותירוץ החיד"א הנ"ל, ועוד כמה מקורות, עייש. ובדוחק גדול היה אפשר לומר דהייחודיות בדברי הגר"א הם שיישב בכך משיכ רש"י (מו"ק שם) 'שנטלו לו מאתיים', דמנ"ל לרש"יי שנטלו לו, דילמא לא נתנו לו מעיקרא. ועיפ הרמז הנ"ל יישב דבשמואל דכתיב "תשמרני" איירי לפני חטא אוריה, ואז אכן הפיל אלף, ובתהלים דכתיב "תשימני" איירי אחרי חטא אוריה, ואז **נטלו** ממנו מאתים, והרג רק שמונה מאות. אך לענ"ד קשה, שהרי הפסוק "שמונה מאות חלל" עצמו הוא בשמואל (ב כג ח). ודוחק לומר דהשירה בשמואל (כב) היא לפני חטא אוריה, והפרק שאחריו (כג) הוא אחרי חטא אוריה. ומלבד זאת שגם במגלה עמוקות שם כותב להדיא דלפני החטא היה הורג אלף ואחריו רק שמונה מאות, רק לא ציין לדברי רש"יי, עייש ודוייק.

[855] וזה משמעותם, "ראה עניי ועמלי ושא לכל עוון אוריה החתי, כלומר תמחל לי על עוון אוריה החתי, ואחר כך "ראה אויבי כי רבו ושנאת חמס שנאוני" ותזכני להרוג עוד מאתים להשלים "תשמרני". עכ"ד. ועיין עוד באריכות בסי"ד בספרינו כרע רבץ (פי"ב אות א) ושבט מיהודה (ח"ג סי' יד פ"ו) בביאור כפילות הפסוקים באות ר' במזמור זה.

[856] וכ"כ בספר דרש משה (הכהן דריהם, ערך תענית) וביאר זאת עפמש"כ בגמרא (סנהדרין קז ע"יא) שדוד אכלה לבת שבע פגה, הרי ששייך לשון לנטור את פריו כשנזהר מאבק אשת איש.

[857] ועוד עי"יש עוד רמזים מופלאים בזה.

הגר"א בשמו בהקדמת ביאור הגר"א לשו"ע או"ח[858], וכ"ה בספר קול אליהו (האזינו אות קכח) ובפירוש מקרא סופרים (עמ"ס סופרים שם) בשם הגר"א, ובספר אור הצבי (דרוש א לסוכות, סי' נד, מט ע"ד) ופנינים משלחן הגר"א (עמ' רנו) ובעוד הרבה אחרונים בשם הגר"א[859].

והאר"י ז"ל כתב בליקוטי תורה (סוף שמואל) רמז אחר בזה, דשֵם 'אלהים' הוא כח כל הדינים והגבורות, ובכח שם זה היה מתגבר דוד על הקליפות שהם אויביו. והנה אם תמלא שם זה במילוי ההי"ן, יעלה אלף [עה"כ], בסוד ריבוע הנקרא אחוריים מלאים, כזה: אל"ף, אל"ף למ"ד, אל"ף למ"ד ה"ה, אל"ף למ"ד ה"ה יו"ד, אל"ף למ"ד ה"ה יו"ד מ"ם. והנה אחוריים האלו בהיותם פשוטים ולא מלאים, הנקראים שורש השם הזה, יעלו בגימטריא מאתים, כזה: א', א"ל, אל"ה, אלה"י, אלהי"ם. כלומר המילוי עצמו שהוא החלל והאויר שבתוך הפשוט, הוא בגימטריא שמונה מאות, וזו הכוונה שרצה אלף ולא עלתה בידו אלא שמונה מאות. וזה סוד פסוק "איכה ירדוף אחד אלף" וכו'. עכ"ל. והוא נפלא.

פסוק מה. השינוי דבשמואל "יתכחשו" ובתהלים "יכחשו" הוזכר בפירוש ספר תהלים להמאירי (שם) וכתב: "בני נכר יכחשו לי", נ"ל יכחשו באמיתם בעבורי ולכבודי, ובספר שמואל "יתכחשו לי" כלומר שבני אמיתם יכפרו בהם ויאמרו שהם מכחישים וכופרים בדתם. עכ"ל.

וברד"ק לא הוזכר השינוי של "יתכחשו - יכחשו", אך הזכיר את השינוי דבשמואל "לשמוע" ובתהלים "לשמע", וכתב בקצרה: והוא שָם. עכ"ל. כלומר לשיטתו דהיא היא, רק זה הפועל וזה השם עצם[860]. והאברבנאל לא מנה שינויים אלו כלל. וצ"ע.

והכלי יקר ביאר שני השינויים לשיטתו דלעיל, דבשמואל שאמר דוד על עצמו, אמר על אויביו "יתכחשו" כלומר הם אפילו בינם לבין עצמם בחדרי משכיתם יתכחשו לי בלי שום סיבה, מחמת פחד ה' עליהם. ויתאספו "לשמוע" באוזנם ממה שנתפעלו בינם לבין עצמם. אך בתהלים שאמר דוד

---

[858] וכתב שם נכד הגרייא: עד שבא הגאון המחבר זצוקיל [הגרייא] ופירש כל חילופי השירות תהלים בשירות שמואל שמנו זצ"ל במסכת סופרים (פי"ח הי"א), **לכולם נתן טעם בדבר מפני מה נשתנו אלו מאלו**, ועל פסוק האמור וכו'. עכ"ל. ולא זכיתי לאורם של כל הטעמים אלא של שינוי "תשמרני - תשימני", וחבל על דאבדין ולא משתכחין, ובודאי היה שופך אור רב על כל סוגיא עמומה זו שניסינו להאירה בדרכי המפרשים האחרים.

[859] עיי' בהערה לעיל דאכן הגרייא היחידי שייישב בזה לשון רש"י 'שנטלו לו מאתים', אך הקשינו על זה לכאורה, עיי"ש ודוי"ק.

[860] כך נלע"ד פירוש דבריו, אך יתכן דלא זכיתי להבינם, וגם המשך דבריו לא הבנתי, שכתב: וכן לשמוע שם בפלס שאור יאור תהום, וענין הפסוק כמו בכתוב ויעש דוד שם. עכ"ל. והי' יאיר עיני.

לכל יחיד מישראל, אמר "יכחשו" כי אין הם כל כך חשובים שיתכחשו האויבים עליהם בינם לבין עצמם, אלא רק בפניהם, והטעם הוא משום "לשמע אוזן ישמעו לי".

ומהר"ם בנט (בדרשותיו שם עמ' כג,ל) מבאר, דבשמואל כתוב "יתכחשו לי" מדובר על הגוים, שגם מכחישים את הבורא עצמו כביכול. ובתהלים כתוב "יכחשו לי" שרק מכחישים משיח צדקנו. ועיין בביאורו להלן (בפסוק הבא).

והנה כאן בפסוק זה, חוץ משינויים בתיבות, גם נתהפך סדר הפסוק, דבשמואל כתוב "בני נכר יתכחשו לי, לשמוע אזן ישמעו לי", ובתהלים להיפך "לשמע אזן ישמעו לי, בני נכר יכחשו לי". ומבאר האברבנאל שינוי זה, דיותר נכון לומר קודם כל את הסיבה ואח"כ מה קרה מחמת הסיבה, לכן יותר נכון לומר שמחמת ששמעו באזנם נצחון דוד יתכחשו לו בני נכר (כבתהלים), מאשר לומר שיתכחשו לו בני נכר מחמת ששמעו באזנם נצחון דוד (כבשמואל).

והכלי יקר לשיטתו לעיל בסמוך, מבאר כיון דבשמואל דיבר דוד על עצמו, הקדים המסובב לסיבה, כי היתה בלי סיבה וכמו שביאר לעיל. אך בתהלים שלכל ישראל היתה סיבה, הקדים הסיבה למסובב.

ועי' קהלת יעקב (קמח ע"ג) שביאר השינויים כאן על דרך הסוד, עי"ש. וע"ע זמרת ישע (תהלים שם עמ' פג).

פסוק מו. במדרש תהלים (שוחר טוב יח [לד]) איתא: "ויחגרו ממסגרותם" שימסרו בידי עד שייעשו חגרין מרוב דחקו של מסגר, "ויחרגו ממסגרותיהם" שיפחדו אימת מות מתוך מסגר לבותם וכו'. עכ"ל.

והאברבנאל מבאר לשיטתו, ד"יחגרו" יכול להטעות שכוונתו מענין קשירה, לכן כתב בתהלים "יחרגו" שהוא לשון פחד ויראה, שהיו האומות יראים ופוחדים מדוד המלך אע"פ שהיו מסוגרים בעריהם. וגם יותר שייך לומר על כל הגויים "ממסגרותיהם" כי הם רבים ויש להם הרבה מסגרים, מאשר לומר "ממסגרותם" כאילו יש מסגר אחד לכולם. עכ"ד. והרד"ק [לשיטתו] כתב דהכל אחד, ד"יחרגו" הוא כמו "יחגרו", מלשון פחד, כמש"כ (דברים לב כה) "ומחדרים אימה", ותרגם אונקלוס 'ומתניא חרגת מותא'.

ומהר"ם בנט (בדרשותיו שם עמ' כג,ל) מבאר עפמש"כ לעיל (בפסוק הקודם) דבשמואל כתוב מדובר על הגוים הכופרים לגמרי, לכן כתוב 'ממסגרותם' ולא

'ממסגרותיהם', כי מכחישים לגמרי שם י״ה. ובתהלים כתוב 'ממסגרותיהם' כי עדיין שם י״ה בקרבם.

ובאור דוד (נרות המערכה אופן כז סי׳ קח עמ׳ פו) מבאר ע״פ שיטתו, דבשמואל איירי לפני בנין ביהמ״ק, ובתהלים איירי על אחרי בנין ביהמ״ק. ולכן בתהלים כתב "ממסגרותיהם" בתוספת 'יה', לרמוז על שלמה המלך שבנה את ביהמ״ק והוא היה דור י״ה [=ט״ו] לאברהם [עי׳ שמות רבה פט״ו סי׳ כו]. ומבואר עפ״ז בשכחת לקט (סוף ילקוט ראובני, סוף ערך ימים טובים) שדוד ושלמה הן כנגד פורים י״ד וט״ו, דוד י״ד [דוד י״ד לאברהם כנ״ל] שהוא כפרזים שאין להם חומה וצריכים להלחם, ושלמה ט״ו [דור ט״ו] שהוא כמוקפים שיש להם חומה ואינם צריכים להלחם, לכן שלט בכיפה ולא הוצרך להלחם. ולכן כתוב בשמואל "ויחגרו" ופרש״י מלשון פיסחים, כי נלחמו ונעשו פיסחים. אך בתהלים כתוב "ויחרגו" שהוא לשון מניעה, שנמנעו מלצאת למלחמה.

וכבר האר״י ז״ל (שער הפסוקים ולקוטי תורה תהלים שם) ביאר באריכות את שני השינויים בפסוק זה על דרך הסוד, עי״ש. וע״י קהלת יעקב (קמח ע״ד) שציין אליו וביאר עוד. וע״ע זמרת ישע (תהלים שם עמ׳ פג).

פסוק מז. בשמואל אמר "וירום אלהי צור ישעי", ובתהלים רק "וירום אלהי ישעי" בלי תיבת 'צור', וביאר האברבנאל הטעם ליפות הדיבור, כי אחרי שאמר בתחילת הפסוק "חי ה׳ וברוך צורי", אין ראוי לומר פעם שנית 'צור'.

ועי׳ קהלת יעקב (קמח ע״ד) שביאר שינוי זה על דרך הסוד, עי״ש. וע״ע זמרת ישע (תהלים שם עמ׳ פג).

פסוק מח. השינוי הראשון דבשמואל כתוב "ומוריד עמים" ובתהלים "וַיַדְבר עמים", מבאר הכלי יקר לשיטתו, דבשמואל שאמר דוד על עצמו, והוא מלך, ואויביו הוכנעו לגמרי תחתיו, לכן אמר "ומוריד". אך בתהלים שאמר דוד לכל יחיד מישראל, שאינו משמיד את אויביו לגמרי, אמר רק "וַיַדְבר". ומעין זה כתב הקהלת יעקב (קמט ע״א), אלא שלשיטתו לא חילק בין דוד לכל ישראל, אלא בין מה שחשב דוד לפני ששרתה עליו שכינה, לבין מה שנתגלה לו ברוח הקודש, וכן כאן סבר דוד שאויביו הוכנעו לגמרי תחתיו כולל השר העליון שלהם למעלה, וזמש״כ "ומוריד". ואמרה לו רוה״ק שעדיין לא הוכנעו לגמרי, וזמש״כ "וַיַדְבר".

השינוי השני, בשמואל אמר "תחתני" ובתהלים "תחתי", וביאר האברבנאל כאן כמו בפעמיים הקודמות (פסוקים לז,מ) דהוא ליישר הדבור, דכן ראוי לומר 'תחתי' כפי הדקדוק ולא 'תחתני'. ועיין בהערתנו (לעיל שם).

ומהר"ם בנט (בדרשותיו שם עמ' כב,כט-ל) ביאר עפמש"כ לעיל (בפסוקים מ-מד) דבספר שמואל מדובר על דוד המלך, וכיון שהוא חטא בדבר אוריה החתי, לא זכה שיתקיים בו "איכה ירדוף אחד אלף" (דברים לב ל) כדאיתא בגמרא (מו"ק טז ע"ב), לכן אמר 'ומוריד' כי רק הוריד במספרם של האויבים ועדיין לא הכניעם לגמרי, וגם אמר 'תחתני' שהוא לא נצחון גמור (כדלעיל פסוקים לז,מ). אך בספר תהלים מדובר על ההבטחה הכללית לשבט יהודה, שהם ינצחו במלחמות, ולכן כתוב 'וַיַּדְבֵּר' שהוא נצחון גמור, וכן כתוב 'תחתי' שהוא ממש תחתי כדלעיל (שם). ועיין ההמשך להלן (פסוקים מט-נ).

ועי' קהלת יעקב (קמט ע"א) שביאר שינוי כאן על דרך הסוד, עי"ש. וע"ע זמרת ישע (תהלים שם עמ' פג).

פסוק מט. בשמואל אמר "ומוציאי" ובתהלים "מפלטי", וביאר האברבנאל כי עיקר השבח הוא שנפלט מיד אויביו, כמש"כ (תהלים לב ז) "רני פלט תסובבני סלה", שעל הפליטה יהיו הרנה והשבח, ולא על ההוצאה, לכן לא שייך כל כך לשון 'ומוציאי'. עכ"ד. [ולא ביאר מדוע כאן 'ומוציאי' בפתיחת אות ו', ובתהלים 'מפלטי' בלי פתיחת אות ו'. וצ"ב].

והכלי יקר ביאר לשיטתו, דבשמואל שאמר דוד על עצמו, אמר "ומוציאי" רמז על הצלתו בידי אשתו מיכל שהוציאתו בעד החלון [עי' שמואל א יט יב], ועל זה אמר "ומוציאי מאויבי" כלומר שהוציאתני זו שהיא **מאויבי**, שבאה מאויבי, כי מיכל היתה בת שאול. אך בתהלים שמדבר לכל יחיד מישראל אינו צריך לומר כן, ונקט "מפלטי" בלשון כללית שהיא פליטה מהאויבים.

עוד שני שינויים, דבשמואל כתוב "ומקמי", ובתהלים כתוב "אף מן קמי". ומבאר האברבנאל, דמה שאמר בתחילת הפסוק "מאויבי" הכוונה על האומות, ומה שאמר "ומקמי תרוממני" הוא על בני ישראל שקמו נגדו, וכדי להורות שאינם שמות נרדפים אלא הם נאמרים על גופים מתחלפים, הוסיף בתהלים תיבת "אף". ולגבי תוספת הנו"ן שאמר "מן קמי" הוא כביאור תיבת "מן אויבי" (דלעיל פסוק ד), כן גם כאן [ומעין זה כתב הכלי יקר, עי"ש], אם יאמר "מקמי תרוממני" נחשוב דהכוונה דיותר תרוממני מאשר אויבי יתרוממו, כמו "ברוך מבנים אשר" (דברים לג כד) [שפירושו שאשר יבורך יותר משאר הבנים], ר"מנשים באוהל תבורך" (שופטים ה כד) [שפירושו שיעל תבורך יותר משאר נשים], והוא אינו נכון, ד[הוא רוצה ש]אויביו לא יהיו מתרוממים

כלל. לכן אמר ״ומן קמי תרוממני״, שהוא מדויק וברור שאני אתרומם לבדי ולא אויבי כלל.

עוד שינוי, דבשמואל כתוב ״חמסים״ ובתהלים ״חמס״. ומבאר האברבנאל שהוא לתיקון הדיבור, שאחרי תיבת ׳מאיש׳ שהיא ביחיד, ראוי שיאמר ׳חמס׳ ביחיד. ואולי נתכוין בזה לשאול ואל החמס אשר היה עושה ברדפו אחריו.

והכלי יקר ביאר ההבדל דבשמואל כתוב ״חמסים״ כי קאי על שאול שרדף אותו כמה פעמים, ובתהלים קאי על עשו שנלחם רק פעם אחת. או נאמר דבשמואל כתוב ״חמסים״ כי אמר דוד על עצמו שאם היה איש חמס אחד היה מחריש, אך בתהלים שייעדו לכל יחיד מישראל שיתפלל גם על איש חמס אחד.[861]

ומהר״ם בנט (בדרשותיו שם עמ׳ כב,כט-ל) ביאר עפמש״כ לעיל (בפסוקים מ-מד,מח) דבספר שמואל מדובר על דוד המלך דעדיין לא ניצח את כל האויבים, לכן אמר ׳ומרוציאי׳ [שהוציאו בינתיים מהאויבים], וכן אמר ׳מקמי׳ [ולא כולם], וכן אמר ׳מאיש חמסים׳ כי צריך להכניע עוד רבים. אך בספר תהלים מדובר על ההבטחה הכללית לשבט יהודה, שהם ינצחו במלחמות, ולכן כתוב ׳מפלטי׳ [שהוא מפלט גמור], וכן אמר ׳אף מן קמי׳ [שכולל את כולם], וכן אמר ׳מאיש חמס׳ בלשון יחיד, כי נשאר רק להכניע את אדום ותבוא הגאולה. ועיין הסיום להלן (פסוקים נ-נא).

והנה יש כאן בפסוק עוד שינוי, דבשמואל כתוב ״על כן אודך ה׳ בגוים״, ובתהלים הפוך ״על כן אודך בגוים ה׳ ״. וביאר הכלי יקר לשיטתו, דבשמואל שאמר דוד על עצמו, והוא מלך, שלא יחשבו שניצח הגוים בכוחו ובעוצמתו כמלך, לכן אמר ״ה׳ בגוים״, שאודיע שה׳ עשה התשועה בגוים. אך בתהלים שאמר דוד לכל יחיד מישראל, שהם לא יחשבו עד כדי כך שעשו התשועה מעצמם לבד, לכן אמר ״בגוים ה׳ ״, כלומר ה׳בגוים׳ הוא מראה מקום היכן אודיע את תשועתך ה׳.

ובמשבצות זהב (שמואל שם) ביאר עפמש״כ [הזוהר (ח״א קצה ע״א) ועוד] שהגוים מכירים רק את שם אלהי״ם, כמו שאמר פרעה (בראשית מא לח-לט) [״איש אשר רוח אלהים בו...] אחרי הודיע אותך אלהים את כל זאת״, ויוסף אמר לו (שם טו) ״אלהים יענה את שלום פרעה״. אך את שם הוי״ה אינם מכירים, לכן אמר פרעה (שמות ה ב) ״מי ה׳ אשר אשמע בקולו... לא ידעתי את ה׳ ״. ואפילו

---

[861] ועוד עיי״ש לגבי ׳מפלטי... אף מן קמי׳.

האבות הקדושים לא השיגו שם זה, כמש"כ (שם ו ג) "ושמי ה' לא נודעתי
להם", ורק במתן תורה נגלה לבני ישראל (שם כ ב) "אנכי ה' אלהיך". והגוים
ידעוהו רק לעתיד לבוא כמש"כ (זכריה יד ט) "והיה ה' למלך על כל הארץ,
ביום ההוא יהיה ה' אחד...". עכ"ד. וכנראה כוונתו לפרש דבשמואל אמר
דוד לישראל, לכן אמר "אודך ה' בגוים", תיבת ה' לפני הגוים, כי הם לא
יודעים את שם הוי"ה. אך בתהלים אמר דוד על לעתיד לבוא [וכ"כ הקהלת
יעקב ומהר"ם בנט (לעיל על פסוק יד), ושיטת האברבנאל והכלי יקר בכלליות דתהלים היא
תפילה על לעתיד], לכן אמר "אודך בגוים ה' ", כי גם הגוים כבר ידעו את שם
הוי"ה.

ורעי' קהלת יעקב (קמט ע"א) שביאר השינויים כאן על דרך הסוד, עיי"ש.

פסוק ג. בשמואל אמר "אזמר" ובתהלים "אזמרה", וביאר האברבנאל
דאע"פ ששניהם נכונים, אך כיון שהשבח הזה קראו 'שירה', ראה לומר בה
'אזמרה'. ואפשר שכפי טעם השיר היה ראוי שיאמר 'אזמרה'.[862] עכ"ד.
[וצ"ע דלעיל (פסוק כד) העדיף האברבנאל תיבת "ואשתמר" על תיבת "ואשתמרה", ועיין
בהערתנו שם. וה' יאיר עיני].

ומהר"ם בנט (כדרשותיו שם עמ' כב,כט-לא) ביאר עפמש"כ לעיל (בפסוקים מ-מד,מח-מט)
דבספר שמואל מדובר על דוד המלך דעדיין לא ניצח את כל האויבים, לכן
אמר 'ה' בגוים' כי עדיין צריך ה' להנקם בגוים, וכן אמר 'אזמר' בלי אות
ה' כי עדיין אין הכסא שלם.[863] אך בספר תהלים מדובר על ההבטחה
הכללית לשבט יהודה, שהם ינצחו במלחמות, ולכן כתוב 'בגוים ה' ' שכבר
תסתיים הנקמה בגוים ע"י ה', וכן אמר 'אזמרה' עם אות ה' כי הכסא
שלם.[864] ועיין הסיום להלן (בפסוק הבא).

ובזמרת ישע (תהלים שם עמ' פג) ביאר לשיטתו דבשמואל שאמר דוד על עצמו,
אמר "ה' בגוים" [כהכרה בטובת ה' העצומה אליו]. ואמר "אזמר" לשון
פרטית יותר]. אך בתהלים דיבר כללית לעם ישראל, לכן הקדים תיבת
"בגוים", ואמר "אזמרה" לשון שלימה וכוללת יותר.

ורעי' קהלת יעקב (קמט ע"א) שביאר השינויים כאן על דרך הסוד בעניין ביטול
הקליפות, עיי"ש.

---

862 בביאור משפט זה עיין לעיל בהערותינו (בריש המזמור בפתיחת שיטת האברבנאל, ובביאור פסוקים ב-ג).
והבוחר יבחר.

863 גם יי"ל עפמש"כ מהר"ם בנט דידיה לעיל (על פסוקים לח,לח-לט) דלשון זכר הוא כשזה עדיין בקושי
ובמאמץ.

864 גם יי"ל עפמש"כ מהר"ם בנט דידיה לעיל (על פסוקים לח,לח-לט) דלשון נקבה הוא כשזה בקלי קלות.

פסוק נא. בשמואל כתיב 'מגדיל' וקרי 'מִגְדּוֹל', ובתהלים הקרי והכתיב 'מַגְדִּל'[865]. ובזה יש פירושים רבים.

במדרש תהלים (מדרש תהלים שוחר טוב יח [לח], ילקו"ש שמואל רמז קסד[866]) **איתא**: כתוב אחד אומר "מגדיל" וכתוב אחר אומר "מגדול", אמר רבי יודן, לפי שאין הגאולה של אומה זו באה בבת אחת אלא מתגדלת והולכת [כלומר זהו 'מגדיל']. ומהו מגדול, שנעשה להם מלך המשיח כמגדל, שנאמר (שם) "מגדל עוז שם ה' בו ירוץ צדיק ונשגב". ע"כ.

והרד"ק [לשיטתו] כתב בקצרה (בשמואל ובתהלים) רק ש'מגדול' הוא תואר ['ומגדיל' הוא פועל], והענין אחד. עכ"ד[867].

והרוקח (בפירושי סידור התפילה, עמ' תשמב, סוף ברהמ"ז) כתב, דתיבת מגדול עם ו' היא כנגד ו' דורות מנחשון בן עמינדב נשיא יהודה עד דוד המלך, ותיבת מגדיל עם י' היא כנגד י' דורות מפרץ עד דוד[868].

והאברבנאל מבאר, שהטעם בשינוי הוא שלא נפרש 'מגדול' מלשון מבצר, כמו (משלי יח י) "מִגְדַּל עֹז שֵׁם ה' ". אלא הוא מלשון הגדלה[869]. ואח"כ ציין לדברי המדרש דלעיל.

והכלי יקר הקשה על האברבנאל שלא ביאר טעם שינוי הקרי והכתיב בשמואל, ולדבריו בשמואל הול"ל בין בקרי ובין בכתיב 'מגדיל'. לכן מבאר הכלי יקר דהכתיב 'מגדיל' והקרי 'מגדול' בא לרמז שאם הישועה באה על פי דין מצד כושר המעשים, היא 'מגדול' כלומר מגדל כנ"ל. ואם

---

865 ומשייכ בספר כש"ט (ח"א-ב עמ' קלב) דבתהלים הכתיב 'מגדל' והקרי 'מגדיל', - אינו נכון, דזה לא נקרא קרי וכתיב, אלא זה נקרא קרי וכתיב שוים, רק התיבה 'מַגְדִּל' בכתיב חסר. [ועי' משייכ על ספר זה בשבט מיהודה (ח"א סי' כח עמי רסט-רע)].

866 עיי"ש דבמדרש שוחר טוב האריכו יותר, והכלי יקר כתב דגירסת הילקו"ש הקצרה היא נכונה יותר. עיין בהערה להלן.

867 **אמנם משייכ הרד"יק** (בשמואל שם): מגדיל כתיב ביו"ד וקרי בוי"ו, **כמו שהוא בספר תהלים בקריאה גם כן** הקרי מגדול בחולם. עכ"ל. — צ"ע לכאורה, שהרי בתהלים כתיב וקרי 'מַגְדִּל'! וכן תמה מהדיר האבודרהם (שם מהדורת קרן ראיי"ס הערה 373). ויייל דכוונת הרד"יק כך: מגדיל כתיב ביו"ד וקרי בוי"ו, בשמואל, והכתיב מגדיל ביו"ד הוא כמו שבספר תהלים בקריאה גם כן, והקרי בשמואל הוא מגדול בחולם. ודוי"ק.

868 כדכתיב ברות (ד יח-כב), וכך סדר הדורות: פרץ, חצרון, רם, עמינדב, נחשון, שלמון, בעז, עובד, ישי, דוד. הרי עשרה דורות מפרץ, וששה מנחשון.

869 לשיטתו דלעיל דבשירת שבתהלים 'תיקן' דוד מילים מהשירה בשמואל. וכבר נתבאר לעיל קושיות הכלי יקר והקהילת יעקב עליו, ומסקנתם דאינם 'תיקונים', אלא טעם מיוחד לנוסח בשמואל, וטעם מיוחד לנוסח שבתהלים.

הישועה באה רק מצד חסד לישראל, אז היא 'מגדיל' [כלומר פעולה מיוחדת], ולכן בתהלים בין הקרי ובין הכתיב 'מגדיל', כי מדבר לכל ישראל וכנ"ל.

ולפ"ז מבאר הכלי יקר מדוע אומרים בשבת ויו"ט ור"ח בברהמ"ז 'מגדול', משום שמתגדל בהם שמו יתברך כמגדל עוז, משא"כ בחול. [ועי' אריכות בזה להלן].

ומהר"ם בנט (בדרשותיו שם עמ' כב,כט-לא) ביאר עפמש"כ לעיל (בפסוקים מ-מד,מח-נ) דבספר שמואל מדובר על דוד המלך דעדיין לא ניצח את כל האויבים, לכן אמר 'מגדיל' כי עדיין צריך ה' להגדיל שמנו לנצחם. אך בספר תהלים מדובר על ההבטחה הכללית לשבט יהודה, שהם ינצחו במלחמות, ולכן כתוב 'מגדול' שכבר נהיה שמו גדול בגוים.

והזמרת ישע (תהלים שם עמ' פד) מבאר ד'מגדול' פירושו ללא הפסקה, ויבינו ישראל שיהיו במלחמות תמיד, ויתפחדו, לכן בתהלים שמיועד לעם ישראל אמר להם דוד 'מגדיל', שפירושו הכרעה סופית את האויבים[870].

ועי' לעיל בתחילת המזמור מה שהבאנו מהמעשה רוקח.

ובאור דוד (נרות המערכה אופן כז סי' קח עמ' פו) מבאר ע"פ שיטתו, דבשמואל איירי על חיי דוד, ובתהלים אחרי מותו, לכן בשמואל אמר 'מגדיל', שהעוה"ז נברא ביו"ד ה"א, ובתהלים אמר 'מגדול', שהעוה"ב נברא בוא"ו ה"א[871].

והקהלת יעקב (קמט ע"א) ביאר שינוי זה על דרך הסוד, עי"ש.

והנה בענין החילוף בברכת המזון בין אמירת 'מגדיל' ל'מגדול', כבר האריך אחי החשוב הרה"ג שילה שליט"א[872] לפני למעלה מעשרים שנה בקובץ 'צהר' (אהל חנוך ח"ב עמ' תפ), קחנו משם. אך למען לא יחסר כאן מאמרנו, אמרתי אביאה בקצרה את עיקרי הטעמים לחילוקים, ואת אשר זכיתי לחדש בזה בס"ד, כי אי אפשר לביהמ"ד בלא חידוש, וחדשות אני מגיד.

---

[870] וצע"ק, דלרוב פירש דבספר תהלים שמיועד לכל ישראל כתב להם לפי האמת שלהם, וכאן מפרש דאדרבה שינה כדי שלא להפחידם. ודו"ק.

[871] צ"ע מקור לזה.

[872] ואמליץ עליו את הפסוק (שיה"ש ד ד) "כמגדול בין דוד צוארך בנוי לתלפיות...".

הראשון [והיחידי מהראשונים[873] שהביא את המנהג לחלק הוא רבינו דוד
אבודרהם, שכתב (הל' ברכות שער א, ברחמ"ז [פ"ל סעי' מב]): וקבלתי מרבותי כי בשבת
יש לומר 'מגדול' בוא"ו, ובחול 'מגדיל' ביו"ד. ונראה לי הטעם, מפני
שהשבת הוא מלך גדול כנגד החול, ו'מגדול' הוא מלא בוא"ו, וחול"ם
בוא"ו הוא מלך גדול[874]. ו'מגדל' הוא חסר יו"ד, וחיר"ק בלא יו"ד הוא
מלך קטן. ועוד 'מגדיל' הוא בתהלים ועדיין לא היה דוד מלך, ו'מגדול'
הוא בנביאים וכבר היה מלך. עכ"ל. [והובא בדרכי משה (סי' קפט ס"ק א)]. פירוש
דבריו, שכתב שני טעמים. א. 'מגדול' [הקרי בשמואל] הוא בחול"ם, וחול"ם
היא תנועה גדולה, הקרויה 'מלך גדול', לכן בשבת אומרים 'מגדול'.
ו'מגדל' [שבתהלים] כתוב חסר, וחיר"ק חסר היא תנועה קטנה, לכן אומרים
אותו ביום חול. ב. 'מגדיל' הוא בתהלים שעדיין לא היה דוד מלך,
ו'מגדול' הוא בשמואל שכבר היה דוד מלך [לכן ראוי שיאמרוהו בשבת].

ויש להעיר ולהאיר בדברי קדשו. א. מש"כ ש'מגדול' הוא מלא בוא"ו, צ"ב
לכאורה, שהרי לא כתוב בשום מקום 'מגדול' עם וא"ו, אלא הקרי
שבשמואל הוא 'מגדול', אך הכתיב שם 'מגדיל'! וצ"ל דזו כוונתו,
דהקריאה של 'מגדול' היא בחול"ם שהיא תנועה גדולה. [והעיר אחי שליט"א
שם, דאכן המג"א[875] (סי' קפד סוס"ק א) כשהביא את דברי האבודרהם [והכנה"ג (דלהלן)]
השמיט תיבת 'בוא"ו'[876], וכתב 'דחול"ם הוי מלך גדול'. וכן במחצה"ש (שם). והוא נפלא].

____

[873] הנה בסדר התפילות מכל השנה לרמב"ם (סוף ברחמ"ז) כתב בסתם 'מגדול'. ובפירוש התפילות
והברכות לרבינו יהודה ב"ר יקר (ח"ב עמי' לד) כתב בסתם 'מגדיל'. ובמחזור ויטרי (ח"א עמי' 53, ובמהדורת
גולדשמידט ח"א עמי' קמא) גירסא אחת 'מגדיל' וגירסא אחת 'מגדול'. ובפירושי סידור התפילה להרוקח
(ח"ב עמי' תשמב) כתב בסתם 'מגדול', אך מביא גם את הפסוק 'מגדיל' ומבאר ההבדל [עיי' לעיל שהבאנו
דבריו]. והיחידים שדקדקו להדיא מה לומר [אך לא חילקו בין הזמנים] מצינו בפירושי רבינו אליהו
מלונדריש (ברכות סופ"ז) וז"ל: ופירש גאון, שאין לומר בסוף ברחמ"ז 'מגדול' אלא 'מגדיל', כי בדברי
דוד האחרונים (שמואל שם) אמר 'מגדול' שאז גדול היה כרצונו, אבל בתחילת מלכותו (בתהלים) אמר
'מגדיל', שהוצרך להיות הולך וגדל. כל שכן עתה שבעוונותינו אפס מאחז פני כסא, שהוצרכנו לומר
'מגדיל' לבקש רחמים שתהא הולך וגדל עד כי גדל מאד. עכ"ל. וכן בעץ חיים לרבינו יעקב חזן
מלונדרץ (ח"א עמי' קסט) כתב: ולא יאמר 'מגדול', משמע שמלכות בית דוד בתקפו, ואינו כן
בעוונותינו. עכ"ל.

[874] ורבי ישראל נג'ארה בספר כלי מחזיק ברכה (עמי' מו/מז) כתב ד'מגדול' הוא נוטריקון 'מלך גדול'.
עוד כתב שם: שהשבת הוא מלך על ימי החול. עכ"ל. ומכאן הוכיח בספר וברכת (בורשטין, עמי' תרכד
בהערה) שאין כוונת האבודרהם ש'שהוא מלך גדול על הקב"ה, שבשבת נקרא מלך גדול ובחול כביכול
נקרא מלך קטן, וכעין שמצינו בגמרא (ברכות יב ע"ב) דבעשי"ת הוא נקרא 'המלך הקדוש' 'המלך
המשפטי'. ודו"ק.

[875] ובעקבותיו הבאר היטב (סי' קפז ס"ק א), אך האו"ר (שם) העתיק לשון האבודרהם.

[876] הנה האבודרהם כתב שלש פעמים תיבת 'בוא"י', כך: יש לומר 'מגדול' בוא"י... ו'מגדול' הוא
מלא בוא"י, וחול"ם בוא"י הוא מלך גדול. עכ"ל. והמג"א השמיט כל שלש תיבות 'בוא"י'. והדרכי
משה (שם) והדרישה (שם) והנחלת צבי (עטרת צבי שם) השמיטו רק את הפעם האחרונה, ולשונם יתרץ רק
את הקושיא הבאה, עי' למעלה בסמוך.

ב. מש"כ שחולם בוא"ו הוא מלך גדול, צ"ב לכאורה, שהרי חול"ם הוא תנועה גדולה בעצמותו, גם חול"ם חסר[877], ולאו דוקא כשהוא מלא עם וא"ו[878]! [והערתי זאת לאחי שליט"א, ונדפס בשמי שם. וגם זה יתורץ לפי העתקת המג"א הנ"ל[879]]. וצ"ל דזו כוונת האבודרהם, ומש"כ 'בוא"ו' היינו רק לבאר מהו חול"ם, שקורין אותו כאילו כתוב שם וא"ו. ובפרט הכא דהוי קרי בלבד, וכדלעיל, יש להדגיש שקורין כאילו כתוב וא"ו, ולא כמו הכתיב

---

[877] עי' מג"א (סי' סא ס"ק יג) [והובא גם במשנ"ב (שם ס"ק לו) ובכה"ח (שם ס"ק סא) ועוד] דסימן התנועות הגדולות הוא 'פיתוחי חותם' [וקצת מקור לזה בתקוני' (הקדמה ד ע"ב; ת"ע קלה ע"ב), עי"ש], והחיריי"ק הוא תנועה גדולה רק כשהוא מלא אך לא כשהוא חסר. עכ"ד. ומבואר דהחול"ם הוא תמיד תנועה גדולה, ולפי"ז יותר טוב לכתוב 'חתם' חסר, כמש"כ לפעמים בתורה, להשמיענו דאפילו חול"ם חסר הוא תנועה גדולה. אך 'פתוחי' תמיד כתוב בתורה בחיריי"ק חסר, וכך חייבים, שהרי התיי"ו דגושה, ולכן סימן זה לכאורה לא כל כך טוב. ולכאורה יותר טוב הסימן 'יהוא סֵפֶר מָהִיר' [ונגזר מהפסוק (עזרא ז ו) "הוּא עֶזְרָא עָלָה מִבָּבֶל והוא סֵפֶר מָהִיר בְּתוֹרַת מֹשֶׁה"], כאן יש חול"ם חסר בתיבת 'ספר', כמש"כ בפסוק הזה עצמו ובהרבה פעמים בתנ"ך, וחיריי"ק מלא בתיבת 'מָהִיר' כמש"כ כאן ותמיד בתנ"ך. [ועיין בתיקון סופרים המדויק איש מצליח בכללי הדקדוק להאמ"ן ס"ט (עמי סג) דכתב סימן 'סופר מהיר הוא'. ולכאורה צ"ע למה לשנות מלשון התנ"ך כאן 'יהוא סופר מהיר', וגם למה לכתוב 'סופר' מלא, הרי עדיף טפי לכתוב 'ספר' חסר, דכך הוא בתנ"ך כאן, ומשמיענו דאפילו חול"ם חסר הוא תנועה גדולה. וכנ"ל]. ודו"יק. [ורבים הציעו 'סֵפֶר וּמָהִיר', ולכאורה מדויק יותר כמו שהצענו, שהוא לשון פסוק, וגם ו (שורוק) בתחילת תיבה רוב הדעות שאינה נחשבת לתנועה גדולה, כי היא באה במקום שו"א (ולכן השו"א שאחריה הוא נח ולא נע). עוד סימן כתב בספר קול הקורא (פ"יב סעי' א) [נדפס בסידור רבי שבתי סופר מפרמישלא, מבוא עמי 174] 'אֵלִיָּהוּ טוֹב', וג"יכ אינו נראה, דמלבד שאינו לשון פסוק, לא נחשב חיריי"ק מלא [וכן העיר עליו מהדיר מבוא המסורה פ"יד הערה 100], וגם תיבת 'טובי' לא מצינו בתנ"ך אפשרות לכותבה חסרה 'יטבי, וכבר כתבנו לעיל דעדיף סימן עם חול"ם חסר. [אמנם ספר קול הקורא הנ"ל הוא קיצור של פרקי אליהו (לרבי אליהו בחור בעל 'התשבי'), ומצאתי שם (פרק א שיר שני) שכתב להדיא 'אֵלִי יָה הוא טוב', בארבע תיבות, ומעין זה בספרו מסורת המסורת (דיבור א, דפו"יר בומבירגו עמי לא) 'אֵלִי יָהוּ טוֹב', בשלש תיבות אך לא מובן מהי תיבת 'יָהוּ'. ובדפוס באזל רצ"יט כתוב 'אליהו טובי בשתי תיבות, וזה ודאי לא טוב, וכנ"יל], ונתיישבה בזה עכ"פ קושייתנו על החיריי"ק, דכך אכן הוא חיריי"ק מלא. וכל המעתיקים כתבו 'אליהו טובי, והוא לא טוב. ובספר רביד הזהב (בן דוד, עמי ו) כתב 'אליהו כי טובי, וזה ודאי לא טוב, דמנה פעמיים חיריי"ק, ומדוע, ועוד שאחד מהם חסר]. ולכן גם לא טובה כל כך גם הצעת ערוגת הבושם (ארקיוולטי, ויניציאה שס"יב, פ"יג יא ע"יא) ולחם הבכורים (שער התנועות לד ע"יב) 'סוֹד הוּא לִירֵאָיו', דלענ"יד אינו נחשב חיריי"ק מלא, כי היו"יד שייכת לתיבת 'יראיו', וגם תיבת 'סוד' לא שייך לכותבה חסרה. ובספר שיח יצחק (לאחי הט"יז, שער א פ"יב) כתב סימן 'אַל אָבִי הוא טוב'. ודו"יק]. ונראה לי דמקום הניחו לי בס"יד להתגדר בו בסימן 'יהוא סֵפֶר מָהִיר' שהוא לשון פסוק, וכל התנועות בו מדויקות וכנ"יל, ולא ראיתיו כתוב [כך בדיוק] בשום מקום, וכנ"יל. והדברים ארוכים ואכמ"יל יותר, רק נסכם כעת בטבלה עשר הצעות לסימן התנועות הגדולות, והבעיות בכל סימן.

		לשון תנ"ך	חיריי"ק מלא	חול"ם חסר	בעיות נוספות
מג"א	פִּתּוּחֵי חוֹתָם	כן	לא	אפשר	
קול הקורא בשם התושבי	אֵלִיָּהוּ טוֹב	לא	לא	לא	
פרקי אליהו	אֵלִי יָה הוּא טוֹב	לא	כן	לא	
מסורת המסורת דפו"ר	אֵלִי יָהוּ טוֹב	לא	כן	לא	מהי תיבת יהו'
רביד הזהב	אֵלִיָּהוּ כִּי טוֹב	לא	כן	לא	הוסיף חירייק חסר
ערוגת הבשם ולחם הבכורים	סוֹד הוּא לִירֵאָיו	לא	לא	לא	
שיח יצחק	אַל אָבִי הוּא טוֹב	לא	כן	לא	
רבים	סוֹפֵר וּמָהִיר	לא	כן	אפשר	שורוק בלי אות לפניו
נאמ"ן ס"ט	סוֹפֵר מָהִיר הוּא	לא	כן	אפשר	
נלע"ד	הוּא סֵפֶר מָהִיר	כן	כן	כן	כן

[878] והחוקר המפורסם רבי יוסף וייכלדר נר"יו (המבשר תורני 282 עמי יח) טעה בזה במחכ"ית, וביאר דברי האבודרהם כפשוטם דחול"ם חסר הוא תנועה קטנה, ורק חול"ם מלא הוא תנועה גדולה. וגם לפי"ז הוצרך לכתוב שבשמואל כתוב 'מגדולי' ולא 'מגדלי'. ואינו נכון, כי חול"ם חסר הוא ג"יכ תנועה גדולה וכנ"יל, ועוד דבשמואל לא כתוב לא 'מגדולי' ולא 'מגדלי' אלא 'מגדיל', רק הקרי הוא 'מגדילי', ומה שייך לומר על הקרי אם הוא 'מגדלי' או 'מגדולי', הרי שניהם נקראים אותו דבר. ודו"יק.

[879] וכאן גם יתיישב לפי העתקת הדרכי משה, הדרישה והנחלת צבי, עי' בהערה לעיל.

שהוא עם יו"ד. ודו"ק. [ואחי שליט"א שם כתב דהאבודרהם נקט 'עם וא"ו' לרווחא
דמילתא להראות דהוא מלך גדול ממש. ולענ"ד התירוץ הקודם עדיף]. אמנם מש"כ
האבודרהם דבתהלים 'מגדל' בחירי"ק חסר הוא תנועה קטנה, זה אמת,
דרק חירי"ק חסר היא תנועה קטנה, אך מלא הוא תנועה גדולה. [ואולי חזי
לאצטרופי דמחמת כן בשמואל אע"פ שאינה כתובה כלל תנועה החול"ם, נחשב תנועה
גדולה מחמת הכתיב של החירי"ק מלא. ודו"ק. אך האבודרהם לא רמז לזה כלל. וברוך
היודע]. ג. מש"כ האבודרהם שבתהלים עדיין לא היה דוד מלך, ובשמואל
היה מלך. כך ס"ל להאבודרהם [וכ"מ בפירושי רבינו אליהו מלונדריש (ברכות סוף"ז)
שהובא בהערה לעיל]. אך רש"י (שמואל ותהלים שם), והרד"ק (תהלים שם) כתבו להדיא
בסתם דדוד אמר את השירה בזקנותו[880]. והאברבנאל, האלשיך, הכלי יקר
ורוב ככל האחרונים שהוזכרו לעיל בביאורי השינויים בין השירה
שבשמואל לשירה שבתהלים נקטו בפשיטות דהשירה של תהלים נאמרה
אחרי זו שבשמואל, עי' בדבריהם לעיל (ריש המזמור).

והכנסת הגדולה (סי' קפט בהגה"ט) הביא את דברי האבודרהם, וכתב: ולפי
דבריו אין לומר 'מגדול' אלא בשבת או ביו"ט, אבל בראש חודש אומרים
'מגדיל'. אבל מנהגנו לומר 'מגדול' אפילו בראש חודש[881], והטעם שמעתי
"חדש ושבת[882] קרוא מקרא" (ישעיה א יג). עכ"ל. וכן המג"א (סי' קפט סוס"ק א)

---

[880] ומה שהקשו באהל מועד (ביק, ח"ג פרי הארץ המקרא והמכתב סי' עב) ובהגדת שמחת יעבץ (עמ' ריג) על
האבודרהם מהפסוק שכתוב להדיא שדוד שר את השירה הזאת "ביום הציל ה' אותו מכף כל
אויביו...". לא קשיא מידי, דכבר ביאר הכלי יקר (עי' לעיל ריש המזמור) לדעה זו, דכתב אותה פסקי
פסקי, וסיים אותה ביום הציל ה' אותו וכו'. ודו"ק. ובספר מגדים חדשים (ברכות ט ע"ב ד"ה אשרי) ג"כ
הקשה הרי איתא בגמרא (ב"ב יד ע"ב) דשמואל כתב ספרו, ושמואל נפטר לפני שהיה דוד מלך. אלא
מבאר כוונת האבודרהם שבשמואל נמצאת שירה זו אחרי שבפרקים הקודמים מסופר על מלכות
דוד, משא"כ בתהלים. ועדיין צ"ב. עכ"ד המגדים חדשים. ולא הבנתי מאומה, מה קושיתו דשמואל
כתב ספרו, הרי הגמרא עצמה (שם טו ע"א) מקשה מהפסוק (ש"א כח ג) "ושמואל מת", ומתרצת
שסיימוהו גד החוזה ונתן הנביא. ועוד שהמגדים חדשים עצמו ממשיך ומבאר דבשמואל נאמרו
פרקים על מלכות דוד, א"כ מה 'תיקן' בכוונת האבודרהם. ונראה פשוט דאין כוונת האבודרהם
שכל ספר שמואל נאמר אחרי שמלך דוד, אלא כוונתו על השירה חזו, ולא קשיא מידי.

[881] ויש לזה יסוד בדברי האר"י ז"ל, שכך כתוב בשער טעמי המצוות (פרשת עקב): בחול יאמר 'מגדל'
בחירי"ק, רזא דכתובים, דרועין דילה חסר י' בסוד אל מסתתר. ובשבת וחדש יאמר 'מגדול', רזא
דנביאים, רגלין דז"א סודו חול"ם אם למקרא ושכינה עמו בסוד יו"ד דכתיב ולא קרי, ויש אם
למסורת. עכ"ל. וכן הובא בתקון ליקוטים (לרמ"ע מפאנו, סי' שלז). וכתב בנקודות הכסף (בינג, ח"ג כוונת
שלחן ליל שבת עמ' 715) דמקורם בתקוני זוהר (תכ"א מט ע"א) ונתבאר בשער מאמרי רשב"י (כח ע"ב),
דהנביאים הם בסוד נצח הוד [=רגלין] ויסוד דז"א, והכתובים הם בסוד חסד גבורה [=דרועין]
ותפארת דנוק'. [ובמקומות אחרים כתוב דתורה היא בחינת תפארת, נביאים בחינת נצח והוד, וכתובים בחינת
יסוד ומלכות. ואכמ"ל]. וע"ע קהלת יעקב (יאליש, ערך מג מגדול) ואמת ליעקב (ניניו, בקונטרס שפת אמת בסוחסי"פ
סי' ס). וע"ע להגרי"ח באדרת אליהו (סוף הפטרת האזינו) שני פירושים נוספים על דרך הסוד.

[882] בספרו כתוב שם שבת וחודש', וכי"ה בשל"ה ובר"נ"ש ובמטה משה דלהלן. ולכאורה הוא ט"ס,
דהא בפסוק כתיב "חודש ושבת". אך יתכן שהקדימו בכוונה לכתוב 'שבת' כי הוא עיקר הענין
באמירת 'מגדול', וראש חודש הוא טפל לו. ודו"ק.

כשהביא את דברי האבודרהם הוסיף בפשיטות 'וראש חדש'[883], וסיים:
אבודרהם, כנה"ג, ועיין בברהמ"ז של מה"ר נתן. עכ"ל. וכוונתו לספר
ברכת המזון עם פירוש רבי נתן ב"ר שמשון שפירא[884], שם הביא את דברי
האבודרהם והוסיף: ואני הכותב שמעתי מאבא מורי רבי שמשון שפירא
ז"ל סימן[885] לדבר "חדש ושבת קרוא מקרא", כלומר בשבת וחודש יש
לקרות פסוק "מגדול" הכתוב בנביאים שקרויין מקרא[886], ולא "מגדיל"
הכתוב בכתובים. עכ"ל. א"כ המג"א הסתמך על רבי נתן שפירא והכנה"ג
לכן הוסיף תיבות 'וראש חודש'. וכן פסקו בסתם העולת תמיד (שם ס"ק א),
עטרת זקנים (שם), אליה רבה (שם) ועוד רבים.

גם המטה משה (סי' שמא) הביא את הרמז מהפסוק כדברי הרנ"ש[887]. וכן
השל"ה (פרשת נח, תורה אור [ג]) כתב כן בשם 'וכתבו האחרונים... ונתנו סימן'[888].
ומוסיף השל"ה (שם) ביאור, דמעלת נביאים גדולה על כתובים, ושבת ור"ח
הם זמנים המורים על רוממות ישראל, על כן קורין בהם 'מגדול' שהוא
בנביאים. ובאופן כללי מבאר מהות שינוי הנקודות בין 'מגדול' ל'מגדיל',
ד'מגדול' היא אתערותא מתתא לעילא[889], שהחירי"ק [ניקוד תחתון] כתוב

---

[883] ובהלכה ברורה (אויערבך, שנת תע"ז, סי' קפט שם) תמה ד'ראש חודש' מאן דכר שמיה, וכן תמה ששמע
שהג"ר יצחק אב"ד פוזנן אמר ג"כ כך ברי"ח. עכ"ד. [ונצע"ג מה שתמה עליו מהרי"י רקח בתשובתו שנדפסה
בזכרונו לחיים (כהן, בברהמ"ז) ובספר ויגד יעקב (נספח ב בסוהסי"פ) שבמג"א לא הוזכר ראש חודש, - והרי בפנינו לחדיא
חביא המג"א ג"כ 'ראש חודש'].

[884] מהורודנא (מח"ס מבוא שערים על שערי דורא, הגהות לרי"ף, ביאורים לטור, ביאורי רש"י אמרי שפר) זקנו של רבי
נתן ב"ר שלמה שפירא מקראקא (מח"ס מגלה עמוקות) שהוא זקנו של רבי נתן ב"ר זכריה שפירא (מח"ס
טללי שנה). [ולא ידוע קשר לרבי נתן ב"ר ראובן דוד טעביל שפירא מקראקא ואח"כ בירושלים (מח"ס
מצת שמורים, טוב הארץ, חגהות לעץ חיים, יין המשומר, מאורות נתן, תורת נתן, יימודו בעומר). והרבה טועים בזה].

[885] כך ג"כ לשון המטה משה והשל"יה דלהלן, וכן מסתבר, ולא 'טעם' כמש"כ כנה"ג, דהרי אינו
טעם, דודאי אין זה פשט הפסוק, אלא רק סימן לדבר. וכ"כ בהגהת סביב לשלחנך (על שתילי זיתים סי'
קפט סי"ק ח).

[886] היפה ללב (חיי"ג סי' קפט סי"ק א) הקשה מהגמרא (ברכות ח ע"א) : 'ואתנה לך את לוחות האבן', אלו
עשרת הדברות, 'התורה' זה מקרא, 'והמצוה' זו משנה, 'אשר כתבתי' אלו נביאים וכתובים,
'להורותם' זה גמרא. ע"כ. הרי שנביאים וכתובים שניהם לא קרויין 'מקרא'. וצריך יישוב. עכ"ד.
ועי' למעלה להלן דהמאמר"יר הקשה להיפד, דגם כתובים קרויין 'מקרא', עיי"ש.

[887] אלא שהעתיק רק את דברי האבודרהם [שלא כתוב בו 'ראש חודש'] ואז הוסיף : וסימן לדבר
'שבת וחודש קרוא מקרא'. עכ"ל. וצ"ב שלא כתב דלפי"ז יי"ל גם ברי"ח. וכן העיר מהרי"י רקח
בתשובתו שנדפסה בזכרונו לחיים (כהן, בברהמ"ז) ובספר ויגד יעקב (נספח ב בסוהסי"פ).

[888] הנה הרנ"ש והמטה משה והשל"יה היו בערך באותו זמן, אך סדר פטירתם היה לפי הסדר הזה,
הרנ"ש (של"ז) המטה משה (שס"ו) והשל"יה (שי"ץ). לכן נראה שהרנ"ש הוא המקור הראשון לרמז הזה
בפסוק. ועי' קובץ ישורון (חיי"ג עמ' תרפב הערה 22).

[889] בסוד 'נעשה ונשמע' (שמות כד ז), נעשה מלמטה מה שנשמע מלמעלה, כי ישראל במתן תורה
פסקה זוהמת הנחש [עי' שבת קמו ע"א] והיו בבחינת אדם הראשון לפני החטא שההשפעה היתה

ראשון, ואחריו חול"ם [ניקוד עליון], משא"כ 'מגדיל' היא אתערותא מעילא לתתא[890], שבתחילה יש פת"ח [רמז על ידו של הקב"ה הפתוחה למעלה][891], ואחריו חירי"ק [שהוא תחתון וכנ"ל]. ועי"ש עוד רמזים.

ובדבר הרמז "חודש ושבת קרוא מקרא", הקשה המאמ"ר (שם ס"ק ג) : ויש לדקדק בזה הסימן, דאטו כתובים לאו בכלל מקרא הוא כמו נביאים. ויותר נכון לומר משום דבנביאים כתיב 'מגדיל' ביו"ד וקרינן 'מגדול' בוי"ו, וזהו 'קרוא מקרא' כלומר דאמרינן כמו שהוא קרי דהיינו 'מגדול'. ולא איירי סימן זה במש"כ בתהלים, דשם כתיב וקרי 'מגדיל'. ואין זה אלא רמז בעלמא. כן נ"ל ברור. עכ"ל. וכדבריו כתב גם בספר פת לחם (חאבילייו, תקנ"ד, מו ע"א) וז"ל : דבנביאים הוא קרי וכתיב, והסימן הוא "חדש ושבת קרא מקרא" דאז יקרא הקרי, ובחול הכתיב. עכ"ל[892].

הנך הרואה שהכנה"ג הוסיף גם 'יו"ט', יותר בפשיטות מראש חודש. והבאנו לעיל את דברי הכלי יקר (שמואל שם) דכתב דבשבת ויו"ט ור"ח אומרים 'מגדול', משום שמתגדל בהם שמו יתברך כמגדל עוז, משא"כ בחול.

והאחרונים הוסיפו עוד ועוד זמנים כפי הבנתם, כגון[893] מלוה מלכה[894] (חמדת ימים חלק שבת פי"ח [עא], פת לחם [חאבילייו, מה ע"ב][895], וזאת ליהודה [עייאש, ברהמ"ז], מרפא לנפש [תקוני

מלמטה למעלה כי השכינה בתחתונים. הגהת השלי"ה שם. [וידוע שתמיד צריך העלאת מ"ן מלמטה למעלה כדי לגרום זיווג בעולמות העליונים שיורידו שפע במי"ד מלמעלה למטה].

[890] בסוד "קרב אתה ושמע... ושמענו ועשינו" (דברים ה כד), שאחרי חטא העגל היו בבחינת מעילא לתתא.

[891] כך הרמז שם [ואל תקשה דגם פת"ח הוא ניקוד תחתון]. ועוד רומז זאת בפסוק (בראשית ו טז) "ופתח התיבה בצדה תשים", ד"ופתח" רומז לפת"ח, וי"התיבה" פירושה מילה, ורומזת למילת 'מגדול', כדכתיב (משלי יח י) "מגדל עוז שם ה' בו ירוץ צדיק ונשגב", 'מגדול' זה התיבה, 'בו ירוץ צדיק' זה נח, וזהו "ופתח התיבה בצדה תשים", דבתיבת 'מגדול' יש פת"ח בצדה של המילה, כלומר מיד בתחילתה. עי"כ מהגהת השלי"ה שם. ובספר שלחן הטהור (מקאמארנא, סי' קפז סעי' ב בהגהות זר זהב) כתב כמעט בתר איפכא, דבחול אומרים 'מגדיל' שצריך להגדיל הקדושה והשכינה עי"י אתערותא דלתתא, ובשבת אומרים 'מגדול' כי מעצמה נגדלת בעליית העולמות. עכ"ד. ומעין זה בספר שארית נתן (לוברט, קידושין מא ע"א). וברוך היודע.

[892] אך מש"כ כן בשם קיצור שלי"ה, אינו, דז"יל קיצור שלי"ה (כב ע"א / עמי נא) : כלומר בשבת יאמר כמי"ש בקרא. עכ"יל. ודוי"ק.

[893] במקורות המצויינים להלן, בדרך כלל כל המחדשים עוד זמנים, ציטטו גם את הזמנים הקודמים להם. ואם חלקו על זה להדיא, נציין זאת.

[894] עי' להגרי"ח בשו"ת תורה לשמה (סי' קמט) דכתב דזה חוץ מיוה"כ שחל במוצ"ש, דאז יאמר 'מגדיל'. ועי"ע לרבי דוד נכד הגרי"ח (בתשובה שנדפסה בספר נחלת אבות, אסופת גנזים, עמי 403) דכתב דבמוצאי יו"ט יאמר 'מגדיל'.

[895] בשם יש אומרים.

שבת, קושטא תר״ך, פה ע״א], חסד לאלפים סי׳ קפט סוסע״י ח, כה״ח פלאג׳י סי׳ לא סע״י נט, בן איש חי ש״א חקת סע״י יט וש״ב ויצא סע״י כז, כה״ח סי׳ ש ס״ק יד]896, **חול המועד** (הפמ״ג בנועם מגדים897 סוס״י ו]ניג ע״ד/י ע״ב/רח ע״א] וסי׳ יח]לג ע״ד898/כו ע״א/ריח ע״ב], ליקוטי הגר״א]מעשה רב החדש סי׳ פז,קמו], זכרונו לחיים]כהן, בברהמ״ז] ויגד יעקב]נספח ב בסוהס״פ] בתשובת מהר״י רקח, בן איש חי ש״א שם, טעמי המנהגים ומקורי הדינים]עמ׳ קעד סי׳ שעז בקונ״א ס״ק פד]899, **פורים**900 (בן איש חי שם בשם כתר מלכות]עי״ש היטב סי׳ רו-רז901], מהרי״ץ בתכלאל עץ חיים]קסח ע״ב], שו״ת משנה שכיר סי׳ רכ, כה״ח סי׳ קפט ס״ק יא, שאלת רב ח״ב פמ״ח סע״י יח], **סעודת מילה** (הגהת חסד לאלפים שם בשם רבי דוד פארדו ע״פ הסוד, בן איש חי שם, זכר דוד]מודינה, מאמר א סו״פ צד902]), **וחנוכה** (מהרי״ץ שם, משנה שכיר שם903), **סעודת חתן וסיום מסכת** (כה״ח סי׳ קפז ס״ק ד וסי׳ קפט ס״ק יא904), **סעודת פדיון הבן וסעודה**

---

896 אך יש חולקים על זה, עי׳ סידור חסד לאברהם (טובייאנה, קכה ע״ב) שכך הסכים רבי מסעוד אלפסי, מהרי״י רקח (בתשובה דלעיל), לקט הקציר (סי׳ טז ס״ק כח), ברית כהונה (ח״ג]סוף ספר ברית משה] מע׳ מ סי׳ ב, ובברית כהונה השלם מע׳ מ סי׳ כט), הליכות עולם (ח״ג עמ׳ קסו) ושלחן ערוך המקוצר (ח״ג סי׳ לב סע״י ט ובעיני יצחק שם ס״ק לג, וסי׳ סא עיני יצחק ס״ק ע)]והוכיח כן מלשון משנת חסידים (מסכת מוצש״ק פ״ד מט״ו) שכתב: ויאמר כל ימי החול ׳מגדיל׳. עכ״ל. ולכאורה אינו מוכרח. ועי׳ משנת חסידים (מסכת ליל שבת פ״ה מ״ה) שכתב: ובשבת יאמר מגדול. עכ״ל. ושם (מסכת סדר ליל פסח פי״ד מ״ה) כתב: יאמר בכל יו״ט מגדול כבשבת. עכ״ל. ודו״ק]. ובדעת הגרי״ח קנייבסקי זצ״ל יש סתירה לכאורה, דבספר שאלת רב (כרך א ח״ג פכ״ז סי׳ כ) כתב לומר ׳מגדיל׳, ובספר דרך שיחה (ח״ב עמ׳ רנ) כתב: יש חילוקי מנהגים בזה, ואני אומר ׳מגדולי׳, ויש אומרים שאף אם אוכל זמן רב לאחר הבדלה זה שייך עוד לשבת. עכ״ל. וצ״ע.]ועי״ע בשאלת רב (שם פליג סע״י נד) לגבי תשעה באב].

897 הנה הפמ״ג בנועם מגדים (שם סוס״י ו) כתב: ובחוה״מ לא ידענא אם יאמר ׳מגדול׳. ויראה לומר ׳מגדול׳ דהוי נמי בכלל יו״ט, ועכ״פ בכלל מועד קטן הוי. ועי׳ חגיגה יח ע״א, ובי״י או״ח סי׳ לא בשם הזוהר, א״כ ראוי לומר כן. וצ״ע. עכ״ל. ושם (סי׳ יח) ציין לכמה מקורות דחוה״מ איקרי מועד ולא איקרי יום טוב, אך סיים: ומיהו ׳מגדול׳ יראה דאומר בחוה״מ, דלא גרע מראש חודש דאומר ׳מגדול׳ כמשי״כ הכנה״ג וכו׳, היה חוה״מ יש לומר ׳מגדול׳, ואין אני יודע המנהג היאך הוא. עכ״ל.

898 בדפוס הזה (עם הגהות בית הלוי) חסרה שורה בדברי הפמ״ג.

899 ומה שהביא אחי שליט״א (שם) דכ״ה בסידור חמדת ישראל, לאו שמיה מתיא, דהיא תוספת המדפיסים, ואינה למהרש״יו כלל. וממילא גם מה שהביא (שם) על ראש חדש, לאו שמיה מתיא. ובסידור חמדת ישראל המקורי עי״פ כת״י (הוצאת אהבת שלום) כל זה ליתא.

900 ובסידור חוקת עולם (לזקן-זקני רבי שלמה מוסאיוב) ועוד הרבה סידורים כתבו בסתמא שאומרים ׳מגדול׳ ביום שאומרים בו מוסף]ונכ״ה בספר חיי אברהם (טאלפון, סי׳ קסד)], וכונתם לכלול שבת יו״ט ר״ח וחוה״מ, ולא שמוסף הוא גורם, עכ״פ לפי׳ז כל הזמנים דלמעלה נוכא ולחלן אומרים בהם ׳מגדיל׳.]ועי״ע בקובץ וילקט יוסף (תרע״ד, קונטרס ז סי׳ סה) שהביא שאומרים ׳מגדול׳ רק ביום שאומרים בו מפטיר, עיי״ש]. אך נראה דהעיקר כדברי הפוסקים.

901 ועי׳ בקובץ וילקט יוסף (תרע״ד, קונטרס ז סי׳ סה) שחולק.

902 עיי״ש טעמו ע״פ הסוד. אמנם עי׳ ספר עלי שי״ח (עמ׳ רמד סע״י כג) כתב דכמדומה לומר ׳מגדיל׳.

903 ועי׳ בקובץ וילקט יוסף (שם) דחולק.

904 והובא בפשיטות בשו״ת יביע אומר (ח״ד סוס״י יג)]והוסיף: ואם קבלה נקבל]. אך נראה דבהמשך חייו חזר בו, שהרי בהליכות עולם (ח״ג עמ׳ קסו, הובא לעיל) כתב דבמוצ״ש אומרים ׳מגדיל׳ אף לפני חצות. וא״כ לא מסתבר דבסיום מסכת יסבור שאומרים ׳מגדול׳, יציבא בארעא וגיורא בשמי שמיא. ודו״ק.

שעושים בהילולא דרשב״י (נתיבי עם סי׳ קפט[905]), ויש סוברים דכל יום שאין
אומרים בו תחנון מעיצומו של יום (נחלת יוסף מנהגי עדן ח״ב סי׳ ב [ב ע״ב/עמ׳ שעז])
[אך לא ראינו נוהגים כן]. ועל כל הנ״ל י״ל דעביד כמר עביד ודעביד כמר עביד
[ונלע״ד חוץ משני הזמנים האחרונים[906]].

ומעניין פָּסק מהר״ח פלאג׳י בכה״ח (סי׳ לו סעי׳ עה) דאם אמר ׳מגדיל׳ [כשצריך
לומר ׳מגדול׳[907]] ושוב נזכר[908], צריך לחזור הפסוק, דאין זו ברכה בהזכרת ה׳.
עכ״ל. והביאו מהר״י רקח (בתשובתו דלעיל)[909].

והנה בשו״ת לב שלמה (לבעל מרכבת המשנה מחלמא, סי׳ כג) כתב: על דבר קריאת
׳מגדול׳ וכו׳ שלא ערב לך טעמים הנזכרים במג״א וכו׳, אני אמרתי בזה
טעם מספיק, דבהדיא תנן (שבת קטז ע״א) מצילין מפני הדליקה וכו׳ בין שאין
קורין בהם, ופרש״י: כתובים, ובגמרא (שם קטז ע״ב) נחלקו תנאי מ״ט אין
קורין בכתובים בשבת וכו׳ וחד אמר מפני ביטול בית המדרש וכו׳. א״כ
ה״ה בראש חודש אין קורין בכתבי קדש, דאף בראש חודש היה מדרש
כדכתיב (מ״ב ד כג) ״לא חודש ולא שבת״. וכן מפורש בירושלמי[910] דזמן
מדרש בראש חודש. ולפ״ז אע״ג שאנו מתפללין פסוקי דזמרה ומזמורים
בשבת, מ״מ נוסח תפילה שאני, וכל היכא דאיכא ברירה לומר פסוק אחד
מן הנביאים בשבת, מוטב שלא לאומרו מן הכתובים, ומש״ה אנו אומרים
בחול ׳מגדיל׳ שהוא בתהלים, ובשבת מוטב לומר ׳מגדול׳ כפי שהוא

---

[905] ונלע״ד דהפריז על המדה גם בסעודה שעושים בהלולא דרשב״י, ויגיד עליו רעו מש״כ שם גם
ליום אידם, ואכמ״ל. וכן העיר אחי שליט״א (שם) לגבי הילולא דרשב״י דלא ראינו נוהגים כן, וכל
חכמי ישראל אומרים בהם ׳מגדיל׳. וכ״כ בשו״ת מבשרת ציון (ח״ב סי׳ מו) ושגם בסעודת פדיון הבן
לא יאמרו ׳מגדיל׳ אלא ׳מגדיל׳.

[906] ובספר מאיר עוז (שם) נסתפק לגבי סעודת עריוה״כ, וכן נסתפק בספר חדות השבת (הררי רפול, עמ׳
רמח הערה ח) ועוד הוסיף להסתפק לגבי חולה וקטן האוכלים ביוה״כ עצמו. עי״כ. ולענ״ד אין להסתפק
כיון שלא נכתב בספרי הפוסקים הידועים, ואין לנו להוסיף מדעתנו, וכמו לגבי ל״ג בעומר וכל
הימים שלא אומרים בהם תחנון, עי׳ למעלה. ועל כל הנ״ל יש להמליץ את הפסוק (תהלים מח יג) ״סֹבּו
צִיּוֹן וְהַקִּיפוּהָ, סִפְרוּ מִגְדָּלֶיהָ״, כלומר הַקִּיפוּ את כל מעגל השנה היהודי, וסִפְרוּ ׳מגדוליה׳.

[907] ומסתבר דה״ה להיפך, כשאמר ׳מגדול׳ כשצריך לומר ׳מגדיל׳. אך אולי יש לחלק, ד׳מגדול׳
כולל את ׳מגדיל׳, משא״כ ׳מגדיל׳ קטן מ׳מגדול׳. ודו״ק.

[908] צי״ע האם כוונתו דוקא נזכר בעודו בברהמ״ז [או בדוקא סמוך לאמירת הפסוק], או אפילו אם
סיים וחלף זמן, שיתקן מחיות טוב אל תקרי רע. [ועי׳ הערה הבאה].

[909] ובספר פנחס יפלל (מוסבי, ח״ד עמ׳ סח) כתב: טעה ואמר ׳מגדיל׳ במקום ׳מגדול׳ או להיפך, אינו
מעכב, ואין צורך להוכיחו, אלא ללמדו אם צריך לכך. עכ״ל. ולכאורה לא ראה דברי מהרי״ח פלאג׳י
ומהר״י רקח הנ״ל דעכ״פ יחזור ויאמר כראוי. [ואולי הוא איירי בגמר לגמרי, ואינהו איירי בעודו
בברהמ״ז, עי׳ לעיל].

[910] צי״ע כוונתו, והמחזיר שם ציין מקורות לקבלת פני רבו בראש חודש: עי׳ ר״ה טז ע״ב וברבינו
חננאל שם, וכן ויק״ר פי״ח סי׳ א. [ועי׳ למחזיר רבינו חננאל שם (הערה 37) אריכות בזה].

בשמואל. עכ"ד. והובא בקצרה בויעתר יצחק (לוי סטאנוב, עמק ברכה מז ע"א סי' כז), כרם שלמה (האס, סי' קפט), ארחות חיים (מספינקא, סי' קפט סוס"ק ב) ודעת תורה (למהרש"ם, סי' קפט). וכ"כ מדנפשיה בשו"ת צפנת פענח (ח"ב סי' ה אות ג). וכ"כ הג"ר ישעיה פיק (בהגהותיו על הסידור, נדפס בסוף סידור אוצר התפילות) בשם אביו [והובא גם בסידור מקור התפילות (סוף ברהמ"ז)], וכתב דלפ"ז בר"ח וחוה"מ צ"ל 'מגדיל'. [וכ"כ בשו"ת בית אבי (ליעבעס, ח"ב סוס"י ו)]. ומעין זה כתב בעולת תמיד (הומינר, פרק ל).

ובספר עיון תפילה (בראנדריס, סוף עמ' 17/רכה סוע"ב) כתב ששמע כן בשם הגר"א, אך מעיר: ובעניי לא ידעתי, דאטו אין אומרים פסוק מתהלים בשבת, הלא פסוקי דזמרה וכל התפילות מלאים מפסוקי תהלים. עכ"ל. [והובא באהל מועד (ביק, ח"ג פרי הארץ המקרא והמכתב סי' עב). וכן הקשה בסידור מקור התפילות (דלעיל)]. והובא בהגהת בית הלוי (ס"ק נא) על ספר נועם מגדים (להפמ"ג, יג ע"ב סוס"י ו)[911], וכתב דלא קשיא מידי, דכוונת הגר"א משום הפטרה, שבשבת מפטירים בנביא ולא בכתובים. עכ"ד. וכנראה כוונתו דפסוק כגון זה דכתוב גם בנביאים וגם בכתובים, יש לומר את הנוסח שבנביאים, כמו שקורין הפטרה מנביאים ולא מכתובים. וממילא לא קשיא קושית העיון תפילה מפסוקי דזמרה וכו'. ומעין זה מתבאר להדיא בלשון הלב שלמה (דלעיל) שכתב 'וכל היכי דאיכא ברירה לומר פסוק אחד מן הנביאים בשבת מוטב שלא לאומרו מן הכתובים'. ודו"ק[912]. וכ"כ המהדיר שם (הערה 3).

---

[911] כן הוא דייקא, בהגהת בית הלוי שם, ודלא כמש"כ אחי שליט"א (במאמרו דלעיל) דהנועם מגדים הביא בשם הגר"א. [גם הנועם מגדים שהוא הפמ"ג היה באותו זמן עם הגר"א, וכמדומני שאין הפמ"ג מזכיר את הגר"א כלל, ועי' ישועות כהן (אדלר, קו התאריך סי' ק אות יז עמ' תרנו)]. גם מש"כ אחי שליט"א (שם) דהנועם מגדים הקשה מפסוקי דזמרה וכו', - הנועם מגדים לא הקשה כן, אלא העיון תפילה הנ"ל (דהבאנו למעלה).

[912] אלא דלפ"ז קשה מנוסח האשכנזים [ע"פ פשטות לשון רוב הראשונים] במנחה של שבת "וּמִי כְעַמְּךָ יִשְׂרָאֵל גּוֹי אֶחָד בָּאָרֶץ" שהוא כפי שכתוב בדברי הימים (א יז כא) שהוא מן הכתובים, ולא "וּמִי כְעַמְּךָ יִשְׂרָאֵל גּוֹי אֶחָד בָּאָרֶץ" כפי שכתוב בשמואל (ב ז כג) [ואמנם נוסח הספרדים כבשמואל, ע"פ סדר רב עמרם גאון (גרש ירחים עמ' קיח, וראה מהדורת סץ עמ' סט), האבודרהם (דפוס קושטא רעיד, ונציה שכ"ז סה ע"ד, ורק מדפוס פראג תקפ"יד התחילו 'לתקן'), ארחות חיים (מנחה של שבת סעי' ג, שהביא את שתי הגירסאות), הארי"י (פע"ח שי"ח פכ"ג בהגהה, נגיד ומצוה), סידור רבי שבתי סופר מפרמישלא (עמ' 438) וחבן איש חי (ש"ב חיי שרה סעי' ה) השוה לשינוי 'מגדולי' דזה יעיד על זה, עיי"ש. ועי' אריכות בזה בקובץ כרם שלמה (נאבוב, בקבצים קעט קפא קצד) ובטעמי וסודות התפילות להושענות (עמ' סג)]. ומעין זה הקשה באורח נאמן (סי' קפט סי"ד) ובספרו זכות אבות (בהקדמה 'פתח בית אבי בהגהה). ונראה לתרץ דשאני הכא דהוי פסוק שלם, משא"כ התם הוי רק כמה תיבות מתוך פסוק [ולשון רבינו יהודה ב"ר יקר (עמ' קטז) 'פסוק שלם הוא', צע"ק]. אי"נ השינוי בין 'מגדיל' למגדול' גדול יותר מהשינוי בין 'כעמך ישראל ליכעמך כישראל'. אי"נ שאני הכא דגם בשמואל הכתיב הוא 'מגדיל' כדכתיב וקרי בתהלים, לכן הדבר אומר דרשני כשהקרי 'מגדול', משא"כ התם דהוי הבדל בין תיבות המצוי מאד בתנ"ך. אי"נ אולי יש לחלק בין ספר תהלים לדברי הימים. אי"נ אכן נוסח האשכנזים לומר הפסוק מתהלים, קאי כהאבודרהם שהטעם שאומרים בשבת 'מגדול' הוא לא מחמת מניעת אמירת פסוקים מתהלים בשבת, אלא שני טעמים שונים וכמש"כ האבודרהם דלעיל. ודו"ק. [ועי' באורח נאמן (שם בהגהות מבן המחבר אות ג)].

ובפירוש עיון תפילה (בסידור אוצר התפילות, ברהמ"ז) כתב טעם אחר ע"פ המדרש (שהבאנו לעיל בתחילת ביאור פסוק נא), ד'מגדיל' פירושו שהגאולה לא באה בבת אחת אלא מתגדלת והולכת, ו'מגדול' הוא כנגד מלך המשיח. ולפ"ז מבאר דבימות החול שהם דמיון ימי הגלות אומרים 'מגדיל' על בנין הישועה שהקב"ה עוסק בבנינה והולך ומגדילה תמיד, אבל בשבת ויו"ט שהם דמיון ימות המשיח אומרים 'מגדול' על גמר הישועה שכבר נתגדלה כל צורכה ונעשית כמגדל עוז. עכ"ד[913]. ומעין זה כתב באהל מועד (ביק, ח"ג פרי הארץ המקרא והמכתב סי' עב). וכ"כ במשבצות זהב (שמואל שם), והוסיף עוד טעם לפי מש"כ הגר"א (עי' לעיל בביאור פסוק מד) דהשירה בשמואל נאמרה לפני החטא, והשירה בתהלים נאמרה אחרי החטא, א"כ לפ"ז מובן שאינו ראוי שנאמר בשבת 'מגדיל' שכתוב בתהלים, אלא 'מגדול' כהקרי בשמואל שהוא לפני החטא. וכ"כ בהגדת שמחת יעבץ (עמ' ריג).

ובספר יסוד הניקוד (לר"ז הענא, שער הפעלים סוס"י יז) כתב דדוד המלך כתב את ספר התהילים בבחרותו (עי' לעיל], ואז היה חפץ להגדיל המלוכה במלחמותיו, לכן אמר "מגדיל" בלשון הפעיל, שפירושו שתגדל המלוכה. אך בספר שמואל היא השירה שאמר בזקנותו, שכבר לא חפץ לצאת למלחמה, רק שתשאר מלכותו כמו שהיא, לכן אמר "מגדול" שהוא שם דבר, מקום מבצר שלא ינוצח. עכ"ד.

ובשו"ת רשב"ן (סי' קכט) כתב טעם אחר לחלוקה זו, כיון שיש שני פסוקים זהים, ולא רצו חכמים להכריע איזה מהם לומר, פישרו ואמרו שבשבת ויו"ט יאמר הפסוק משמואל ['מגדול'], ובימי החול יאמר הפסוק מתהלים ['מגדיל']. עכ"ד. [ומעין זה כתב בספר הלכה (הופנר, ח"א דיני ברכות הנהנין סי' קכז אות ס) בשם תוצאות חיים]. ודוחק גדול, ובפרט דאין סיבה לחלוק על טעם האבודרהם וגדולי הפוסקים ללא כל סברא והכרח[914].

רע"ע בסידור מקור התפילות (סוף ברהמ"ז) דהפסוק "ויחנו לפני פי החירות בין מגדל ובין הים" (שמות יד ב), אירע בשבת, עי"ש בחשבונו, ולכן אמרינן בשבת "מגדול"[915]. ומעין זה כתב בברכת אברהם (אלברט, הגדה של פסח עמ' לג) דכתיב (במדבר לג ז) "ויחנו לפני מגְדל", וזה רומז דביום החניה, כלומר יום

---

⁹¹³ ובספר 'וברכת' (עמ' תרכה) פירש להיפך, אדרבה בשבת ויו"ט כתוב שלא מגיעה הישועה (עי' עירובין מג ע"ב [כדצ"ל, עיי"ש ודו"ק]), לכן מעוררים את הצפייה לבואו עי"י אמירת 'מגדול', ודו"ק.

⁹¹⁴ ובספר הלכה (שם) אף לא הזכיר כלל טעמי האבודרהם וגדולי הפוסקים, רק הטעם הנ"ל. וצ"ע.

⁹¹⁵ והעיר אחי שליט"א שם דהנה לנו עוד קשר בין קריאה"ת להפטרה ביום שביעי של פסח דבקריאה"ת קורין הפסוק הנ"ל "ובין מגדול", ובהפטרה מפטירים בשמואל דקרינן "מגדול". אמנם לפי הגר"א (מעשה רב אות קצד) דאומרים בתפילת שחרית שיר של יום את המזמור בתהלים, קורין באותו יום גם "מגדיל".

המנוחה, יש לומר "מגדול". עכ"ד. ובספר מעשה בראשית (בן אדהאן, ח"ג מצוה תל עמ' 27) כתב דב'מגדיל' היו"ד מרמזת דבעשרה מאמרות ברא הקב"ה את העולם, וזה היה בימות החול, וב'מגדול' הוא"ו מרמזת שהקב"ה גמר לברוא את העולם בששה ימים, וביום השביעי שבת וינפש. עכ"ד. ופשוט דכל אלו רמזים בעלמא, ואינם עיקר הטעם, אלא כמש"כ האבודרהם דלעיל.

ואיני כותב כאן כלל על המדמיינים לומר שהיה כתוב 'בש"ב' [כלומר 'בשמואל ב' '], והמעתיקים כתבו 'בשבת', כי כל דבריהם הבל[916] ומופרכים מעיקרם[917]. והרוצה לעיין בזה יקרא במאמרו של אחי שליט"א שם[918], ושל הגרד"צ הילמן זצ"ל (תלפיות ח"ה [טבת תשי"א] עמ' 360, צפונות ח"ד [תמוז תשמ"ט] עמ' סה) ורי"ש שפיגל (ישורון ח"ו עמ' תשסא)[919].

---

[916] וחלקם ניסו לתלות סברתם בגר"א, ופיהם דבר שוא.

[917] ועליהם נמליץ את הפסוק (בראשית יא ח) ״את המגדיל אשר בנו בני האדם״. או (שופטים ט נב) ״ויבא אבימלך עד המגדול וילחם בו, ויגש עד פתח המגדול לשרפו באש״. ודו״ק.

[918] רק יש לי הקטן להעיר שהמשפט שכתב: החלוקה בין שמואל א' לשמואל ב' היא המצאה של הנוצרי שהדפיס את התנ"ך, ואף שהיה חי לפני האבודרהם וכו'. עכ"ל. זה אינו נכון, דהרי בזמן האבודרהם עוד לא היה הדפוס. אלא החלוקה הומצאה ע"י נוצרי שחי לפני האבודרהם, אך לא נודעה חלוקתו עד שהודפסו המקראות גדולות וכו' וכמו שממשיך אחי שליט"א שם במאמרו. וכן משמע שם דהאוצר דינים ומנהגים כתב כן אחרי המקור ברוך ובירך שאמר (לגר"ב עפשטיין), אינו נכון, כי אוצר דינים ומנהגים נדפס (תרע"ז) לפני המקור ברוך (תרפ"ח) והברוך שאמר (שכתב את הקדמתו לספרו בסביבות תרצ"ט).

[919] ועי' בהערה לעיל (ריש חמזמור) בענין דבריו של הרי"מ בקולו של הרעב"ץ בקולון של סופרים (ב"ב טו ע"א).

סימן ה
הגהות הב"ח

הגהות הב"ח, הוא מוהר"ר יואל סירקיש ז"ל מחבר ה׳בית חדש׳ על הטור, פזורות על כל הש"ס, רי"ף, רא"ש ומרדכי.

הגהות הב"ח ראו אור הדפוס לראשונה בשנת תקפ"ד כספר נפרד, בו הועתקו הגהותיו שציין בש"ס שלו, ע"י רבי שלמה יחיאל מיכל מק"ק וולאדאווי. אחרי שהופיעו הגהות הב"ח כספר בפני עצמו, ששו עליהן מדפיסי הש"ס להעתיקם על גליון הגמרא. ונדפסו מאז כמעט בכל מהדורות הש"ס.

והנה זה ברור שרוב הגהותיו הן לשופרא דמילתא, לתקן הדרכים ולסקל האבנים, ומצאתי בס"ד מקומות שהב"ח הגיה, אולי אף מסברא, וקידמוהו בזה רבנן קמאי, ובזה יש חיזוק להגהותיו אלו, וחכם עדיף מנביא. ונפתח בכמה דוגמאות.

א. הרי"ף (שבת סב ע"א בדפי) כתב: ומקפל שני קצותיה כמין דרך קיפול. ובהגהות הב"ח (שם אות ד) כתב להגיה: ומקפל שני קצותיה כמין מרזב דרך קיפול. ע"כ. וראיתי בפי׳ מהר"י אבוהב (על טור או"ח סי׳ שא) [שקדם לב"ח בכמאה וחמשים שנה] שהעתיק את לשון הרי"ף וג"כ כתב כלשון הב"ח.

ב. הר"ן על הרי"ף (שבת סג ע"א בדפי) כתב: אלא גזלה דמפקינן. ובהגהות הב"ח (שם אות ה) כתב להוסיף: אלא גזלה הוא דמפקינן. ע"כ. וראיתי בפי׳ מהר"י אבוהב (על טור או"ח סי׳ תקכה) שהעתיק את לשון הר"ן וג"כ כתב כלשון הב"ח.

ג. על הגהות הב"ח (יומא עה ע"א אות ד) עי׳ להלן (סימן ז ריש פרשת ויקהל בהערה).

ד. בגמ׳ (יומא פג סע"ב) איתא: חמשה דברים נאמרו בכלב שוטה וכו׳ ואזניו סרוחות וזנבו מונח על ירכותיו. ע"כ. ובהגהות הב"ח (שם או׳ ד): ואזניו סרוחות וזנבו מונחת לו בין ירכותיו. עכ"ל. ובאמת כן מצינו כבר בר"ן (שם ד ע"ב בדפי הרי"ף) ובפי׳ רבינו עובדיה מברטנורא (על המשנה יומא שם פ"ח מ"ו) ובפי׳ מהר"י אבוהב (על טור או"ח ריש סי׳ שכח) ובעין יעקב (גמ׳ שם סי׳ עב) שהעתיקו את לשון הגמרא כהב"ח 'מונחת לו בין ירכותיו' [ובדקדוקי סופרים (שם או׳ ב) כתב דכ"ה ג"כ בכל הכת"י ובילקוט כת"י פרשת בשלח (לפנינו לא מצאתי)]. ואמנם התיקון ל'בין ירכותיו' במקום 'על ירכותיו' מובן, אך לא מובן למה הפכו את 'זנב׳

מלשון זכר ללשון נקבה, והלא הוא לשון זכר [כדאיתא בשופטים (טו ד) וישעיה (ז ד) "שני הזנבות"].

ה. ברא"ש (ביצה פ"ג סי' ט) כתב: ולא נראה, דא"כ הול"ל למימר אבל שוקל בידו אחת ומניח, ואם היה טבח אומן לא ישקול בידו מפני שידו כמשקל, אבל חותך בסכין ונותן לזה ולזה. עכ"ל. ובהגהות הב"ח (שם אות ב) הוסיף אחרי תיבות 'בידו אחת': אלא ודאי דאפילו בידו אחת אסור, וכן נראה מהתוספתא [שם פ"ג ה"ד] דקתני אבל שוקל בידו אחת. ע"כ. [ובב"ח על הטור (או"ח סי' תק) כבר כתב בפשיטות כהגהתו: שנלמד כן מן התוספתא שהביא הרא"ש ממנה ראיה לפירושו. עכ"ל. ובאמת הרשב"א (ביצה כח ע"א) הביא כן את הראיה מהתוספתא. וכן מהר"י אבוהב (על הטור שם). [ועיי' קרבן נתנאל (על הרא"ש שם ס"ק פ) דג"כ הגיה כהב"ח מסברא. ואולי זו ג"כ כוונת התפארת שמואל (שם ס"ק יא)]. והגהת הב"ח בזה מוכרחת, שהרי הרא"ש כתב 'דא"כ הול"ל אבל שוקל בידו אחת' וממשיך את כל לשון התוספתא 'ומניח ואם היה טבח אומן לא ישקול בידו מפני שידו כמשקל, אבל חותך בסכין ונותן לזה ולזה'. ועל כרחך נשמט מחמת טעות 'הדומות' מתיבות 'בידו אחת' של הצעת הרא"ש דהול"ל, עד תיבות 'בידו אחת' שבהעתקת התוספתא.

ו. בר"ן (ביצה ה סוע"א-רע"ב בדפי הרי"ף) כתב: ותיקון אוכל נפש עצמו אפי' אפשר לעשותו מעיו"ט. עכ"ל. ובהגהות הב"ח (שם אות א) הוסיף תיבת 'שרי' אחרי תיבת 'עצמו'. והנה בפירוש מהר"י אבוהב (על טור או"ח סי' תצח) העתיק ג"כ את לשון הר"ן, וכתב 'שרי' אחרי 'מעיו"ט'.

ז. בר"ן (ביצה יז ע"ב בדפי הרי"ף, ד"ה ומקשו) כתב: וכיון שבקען לעשות מדורה שרי. עכ"ל. ובהגהות הב"ח (שם אות ב) תיקן: וכיון שלבקען לעשות מדורה שרי. ע"כ. ומובנת הגהתו כיון שהר"ן ממשיך שם את המשפט, הרי שבא לומר דכיון שלבקען לעשות מדורה שרי וכו'. ובאמת לשון 'וכיון שבקען' לא משמע כל כך. והנה מצאתי בפירוש מהר"י אבוהב (על הטור או"ח סי' תקא) שהעתיק את לשון הר"ן וכתב: וכיון שבקרע לעשות מדורה שרי. עכ"ל. וגם גירסא זו תיישב שפיר את לשון הר"ן כעין הב"ח.

ח. בתוספות (מועד קטן ג ע"א ד"ה אין) כתבו 'והכי איכא הגירסא בפ"ח'. והמהרש"א הוסיף שם [אחרי תיבת 'הגירסא'] 'בירושלמי דכלאים'. ובהגהות הב"ח (אות ד) אינו מוסיף כך, אלא גורס [במקום 'פ"ח'] 'פר"ח', כלומר שכך הגירסא בפירוש רבינו חננאל בסוגייתנו כאן. ואכן כך הוא לפנינו בפירוש רבינו חננאל שנדפס על הדף כאן לראשונה בדפוס וילנא. [אך יתכן שרבינו חננאל העתיק מהירושלמי ולא שגורס כן בגמרא לפנינו]. ובהגהות חשק שלמה (אות ב) על רבינו חננאל כתב שמסתבר כהב"ח, משום

שבירושלמי הגירסא אדרבה כסוגייתנו כאן. וכן כתב השפת אמת שבירושלמי נראה ענין אחר, עיין שם. אמנם עיין במהרש"א שציין שכן הוא בפירוש הר"ש (שביעית פ"א מ"ד).

ט. התוספות (מו"ק ט ע"ב ד"ה פוקסת) כתבו: ור"יב"א מפרש שנותנת חוטין של בצק [דקין] על פניה להאדים הבשר. עכ"ל. תוספת תיבת [דקין] בסוגריים היא ע"פ מהרש"א כאן. אך בדפוס ויניציאה (שנת ר"פ) כתוב 'תיקון'. וכן לשון תלמיד רבינו יחיאל מפאריס (שם) 'תיקון'. וכ"כ בהגהות הב"ח (אות ה) [אלא שכתב 'והוא תקון'].

י. בתוספות (מו"ק יד ע"ב ד"ה מהו) הקשו 'הא ליכא אלא עשה, ואין עשה דוחה עשה'. ובהגהות הב"ח (שם אות ג) גורס 'הא ליכא אלא עשה דיחיד, ואין עשה דיחיד דוחה עשה דרבים'. כהגהתו החזיק גם הקרן אורה. ומעין זה העיר בספר גבעת פינחס שיותר היו צריכים תוספות לכתוב 'ואתי עשה דרבים ודחי עשה דיחיד', כלשון הגמרא לקמן, שהרי מדובר שהיה כבר מנודה לפני הרגל. ובדומה לזה כתבו הכרוב ממשח ובית מועד. [אמנם בגליוני הש"ס ציין לשו"ת מהראנ"ח (סי' סב) שהועתקו שם דברי התוספות כפי שהם לפנינו בלי שום הגהה]. ולפי גירסת הב"ח בתוספות תתיישב קושית המהרש"א, שהמהרש"א הקשה על התירוץ השני של התוספות שם שתירצו 'כיון שעבר על דברי הדיינין הרי יש כאן עשה דרבים', והקשה מהרש"א והרי גם מצות עשה של שמחת החג היא של רבים, ואיך יבוא עשה וידחה עשה. ולגירסת הב"ח בקושית התוספות, שקושייתם היתה מכח עשה דרבים שלא נדחה מפני עשה דיחיד, מתורצת הקושיא (וכן כתבו האחרונים דלעיל, וכן בדרך המלך, דברי דוד [זאלצר], שפת אמת, שדה יצחק, תפארת בחורים), שעל כל פנים אין זה עשה של יחיד. ועיין גנזי יוסף, בארות המים ואור החמה.

יא. בתוספות (חגיגה יד ע"ב ד"ה בתולה) יש כמה תיקונים בהגהות הב"ח, עי"ש היטב. ואף שהשיגו עליו שם בבארות המים ומצור דבש. וגם הראש משביר הדגיש לגרוס כהתוספות לפנינו ולא לשנות. אך גם החת"ס שם הביא בשם רבו רבי נתן אדלר לתקן בלשון התוספות כעין הב"ח. וכן מפורש בלשון התוספות רא"ש (שם) וכן גירסת רש"י שבעין יעקב (וכן מתבאר מדבריו בשבת קנא ע"א). וכן כתוב בפירוש רבינו אברהם מן ההר. וכן מתבאר מדברי התוספות (כתובות ו ע"ב ד"ה רוב, ע' רש"ש שם). וכן מדברי רבינו חננאל (חגיגה שם [נדפס טז ע"א]) מבואר שהיה גורס כן. וכן הגירסא בשו"ת הגאונים (ליק, סי' כה) ובשו"ת התשב"ץ (ח"ג סי' רסג). וע"ע ציונים רבים במגדים חדשים. וכתבו העטרת ראש (על תוספות רא"ש שם) ולהנחיל אהבי יש שנראה יש בפני הב"ח

גירסאות כאלו ולא הגיה מסברא [וכנראה סמך על פירש"י בעין יעקב
והתוספות בכתובות הנ"ל ועוד]. ובלי תיקוני הב"ח קשה קרשית המשנל"מ
ושער המלך (הל' איסורי ביאה פי"ז הי"ג), עי"ש. ועי' בפורת יוסף, מרומי שדה,
אהלי יצחק ויד דוד שתירצו כדלעיל אך לא בדעת התוספות (כי לא שינו
הגירסא), ואילו היו רואים שיש גירסא אחרת בדברי התוס' היו ששים
ושמחים לקראתם.

וכאן המקום להזכיר גם כן בכללות על הגהות הב"ח במסכת חגיגה,
שהרבה הגהותיו בנויות על הגירסאות המובאות בעין יעקב, שניכר שעמדו
לפני רבי יעקב בן חביב (מסדר העין יעקב) גמרא רש"י ותוספות בנוסחאות
אחרות, והב"ח מתקן הרבה במסכת חגיגה לפי נוסחת העין יעקב. והלום
נדמ"ח תוספות רא"ש על מסכת חגיגה (מהדורת מכון אופק) ורוב נוסחאות העין
יעקב מתאימות אליו, ועיין בהקדמת המהדיר שם.

יב. עבודה זרה (טו ע"ב) בהגהות הב"ח (אות א) 'ואין מתיחדין עמהם'. ע"כ.
ואכן כך הוא ג"כ ברש"י ובפסקי הרי"ד והרא"ש כאן. רק יש להוסיף לתקן
כן לפ"ז גם בהמשך הברייתא לגבי כותים 'ומתיחדין עמהם' [וכ"ה ברבינו חננאל
כאן], וכן בגמרא לקמיה 'האמרת ומתיחדין עמהם' [וכ"ה ברש"י ד"ה והא אמרת].

יג. עבודה זרה (כ ע"א) בתוספות (ד"ה אחד גר). עי' מה שכתבנו בס"ד בשבט
מיהודה (ח"ב סי' צה).

יד. בגמרא (עבו"ז כ ע"ב) 'דיקא נמי דקתני ולא בגדי צבע אשה ולא קתני ולא
בבגדי צבעונין', ופרש"י 'בגדי צבעונין, אינון של נשים, ומדקתני בגדי
צבע אשה משמע שמכירה'. מש"כ ברש"י 'אינון' הוא מתוקן ע"פ
מהרש"א, שתיקן את דפוס ויניציאה שם כתוב ברש"י 'אינן'. אמנם
בהגהות הב"ח (אות א) מתקן 'אינן אלא'. [ובברית יעקב מוחק תיבת 'אינן'
ומפרש דכוונת רש"י לבאר בגמרא דדיוקה הוא מדלא קתני בהדיא 'בגדי
צבעונין של נשים']. ובמראה כהן ביאר כוונת הגהת הב"ח לבאר כוונת
רש"י על פי הסוגיא בגמ' (נדה סא ע"ב) שרצו לגזור בזמן החורבן על בגדי
צבעונין ורק התירו לנשים להקל על כתמיהן. ומצאתי בס"ד בפירושי רבינו
יהודה אלמנדרי (עבו"ז על הרי"ף ו ע"א) [מרבותינו הראשונים בתחילת האלף
השישי, ודרכו להעתיק הרבה מלשון רש"י] שכתב: ודייק רבא מדקתני ולא
כבגדי צבע אשה, משמע שמכירה, מדלא קתני בגדי צבעונין, דסתם בגדי
צבעונין אינן אלא של נשים, ומדקתני בגדי צבע אשה משמע שמכירה.
עכ"ל. ומתבאר להדיא כהגהת הב"ח.

טו. בגמרא (מנחות עב ע"ב) ושיריהן לכהנים, מנלן, דכתיבא כתיבא, ודלא כתיבא כתיב בה וכו'. ובהגהות הב"ח (אות א, ד) תיקן גם בגמרא וגם ברש"י, לגרוס 'מנלן, מנלן'. כלומר שהגמרא מתרצת בלשון שאלה, אתה שואל אותי 'מנלן', בתמיהה, והרי מה שכתוב במפורש וכו'. [ומעין זה מציינו שם לעיל (נב ע"ב, עא ע"א) ובעוד כמה מקומות בתלמוד (מגילה ב ע"א, יבמות נד ע"ב, קידושין לו ע"ב, סנהדרין סח ע"ב, חולין מב ע"א)]. ובאמת בגמרות שלפנינו נדפס מכתב יד קדשו של רבינו בצלאל אשכנזי (מחבר השיטה מקובצת) פירוש רש"י האמיתי (וכותב שהפירוש שלפנינו אינו של רש"י אלא של פרשן אחר) כך: 'מנלן, בתמיהה'.

טז. בגמרא (חולין מט ע"א) 'דתניא את כל החלב אשר על הקרב". בהגהות הב"ח (אות ב) כתב: דתניא את החלב כצ"ל, ותיבת כל נמחק. עכ"ל. ולכאורה הקורא יתמה צע"ג שהרי אין פסוק כזה 'את החלב אשר על הקרב' בלי תיבת 'כל', ומדוע למוחקה מן הגמרא ! ולאחר בדיקה התשובה פשוטה בס"ד, דבדפוס ראשון של התלמוד (שונצינו-פיזארו) ובדפוס שני של התלמוד (ויניציאה שנת רפ"א) כתוב 'דתניא את כל החלב המכסה וגו' ', ועל זה צודקת הגהת הב"ח למחוק תיבת 'כל' [וכן הגיה המהר"ם כאן], כי כוונת הגמרא לפסוק (ויקרא ג ג [או ט, או יד, או ד ט]) 'את החלב המכסה את הקרב ואת כל החלב אשר על הקרב'. אמנם בדפוסים שאח"כ תקנו לסוף הפסוק הנ"ל 'את כל החלב אשר על הקרב' (ע"פ מהרש"א כאן, עי"ש), ונשארה הגהת הב"ח על מקומה כאינה מובנת. ותעיד על זה תיבת 'וגו' ' שנשארה לפנינו והיא אינה מובנת, שהרי אחרי תיבות 'ואת כל החלב אשר על הקרב' נגמר הפסוק, ואין מקום לתיבת 'וגו' '. וכן יובנו לפ"ז דברי התוספות (מט רע"ב ד"ה להביא) שכתבו 'לא היה צריך למיכתב את החלב המכסה'. ודו"ק. וכל הנ"ל עולה ומתברר במהר"ם ובמהר"ם שיף (ובביאור שעליו שם אות ה) ובשטמ"ק (חולין שם, מהד' אופק בהערת המהדיר אות מב) ובקובץ מאור החיים (ו-ז עמ' שנד).

יז. בגמרא (חולין קכג ע"ב) 'כי ממעיט ליה מיהא טהור', בהגהות הב"ח (אות א) כתב לגרוס 'כי ממעיט ליה מחמישה מיהא טהור'. ע"כ. וכן מצאתי בס"ד בספר הערוך (ערך חלם ג) ובשו"ת הרא"ש (תשובות נוספות סי' כג) דבריהטת העתקת הגמרא כתבו 'דכי ממעט ליה מחמשה טפחים מיהא טהור'. [וכן מסתבר על משקל הגמרא (להלן קכד ע"א) 'כי ממעט לה מארבעה מיהא טהור'. אך בסוף הסוגיא (שם) בלישנא אחרינא שוב כתוב 'כי ממעט מיהא טהור'.] אך לשון רש"י כאן 'כי מיעטו מיהא טהור' כבגמרא לפנינו.

יח. בתוספות (נדה יב ע"א ד"ה מהו למעבד), עי"ש שהקשו כמה קושיות על רש"י. והעירו המהר"ם, הערוך לנר ופתחי נדה שלפי לשון רש"י שלפנינו (שם ד"ה כי

הא) לא קשיא כלל. ורמזו לזה גם המהרש"א והרש"ש. אמנם בהגהות הב"ח (שם ס"ק א) מביא גירסא אחרת ברש"י בשם ספרים אחרים [וזה מקום נדיר שהב"ח בעצמו כותב על תיקונו שהוא ע"פ ספרים אחרים, ולא מסברא וכדו'], ולפ"ז מפורש ברש"י בדיוק כמו שכתבו התוספות בשמו, וקשות הקושיות [וא"כ היא גופא י"ל שהתוספות הקשו קושיותיהם מחמת שלפניהם היתה הגירסא ברש"י כמו הספרים האחרים שהביא הב"ח, ולא ראו הגירסא שלפנינו].

אמנם מצאתי הרבה הגהות שלא זכיתי להבינם, מה הצורך לתקן, ועל חלקם גם מצאתי אחרונים שהעירו כנ"ל. ונלע"ד דאמנם הוא כתב ההגהות בספרו הפרטי, אך לא התכוין כלל להדפיסם, כי יש הרבה הגהות שלכאורה לא עקביות, ונראה בחוש שכתבם לעצמו בסדר לימודו [וכנראה רק לתוספת הסבר, ולאו דוקא לגרוס כן להדיא בגמרא], ולא תמיד מובנת כוונתו. ואבואה נא בזאת ואסדרם בפניכם, וזה החלי בעזרת ה' צור חילי [ההערות לפי סדר הש"ס, ולא רמת חשיבותם[920]. ולעת עתה נתאספו כאן בס"ד מאה ושמונים הערות. ויש להאריך טפי ועוד חזון למועד בס"ד].

א. ברכות (ד ע"א) רש"י ד"ה תליסר נגהי ארביסר 'לילה שעבר שלשה עשר ולמחרת יגיע ארבעה עשר'. ובהגהות הב"ח (אות א) מגיה: 'לילה שעבר של שלשה עשר ולמחרת יגיה[921] ארבעה עשר'. ולא הבנתי מדוע להוסיף תיבת 'של', אדרבה הלילה שעבר הוא לא של שלשה עשר, דהרי הוא כבר של ארבעה עשר, דמכת בכורות תהיה למחרת בליל חמישה עשר, וטפי נכון לשון רש"י כלפנינו 'לילה שעבר שלשה עשר', כלומר הלילה הזה שעל ידו עבר יום שלשה עשר, והוא כבר שייך לארבעה עשר כלמחרת. [ולא דמי לרש"י דלהלן (נט ע"א ד"ה באורתא דתלת נגהי ארבע) שכתב: שהעריב שמשו של שלישי בשבת ויתחיל ליל רביעי. עכ"ל. דהתם איירי בשקיעת החמה דאכן העריב שמשו של שלישי בשבת ומתחיל ליל רביעי, אך הכא איירי בחצות הלילה, שכבר שש שעות של ליל ארבעה עשר מאחריו, ולא שייך לומר 'לילה שעבר של שלשה עשר' אלא 'לילה שעבר שלשה עשר'. ודו"ק].

---

[920] חלק גדול מסימן זה נתעוררתי בס"ד בלימודי עם החבורותא החשוב הרה"ג רע"א ברטלר נר"ו במסגרת 'מפעל הש"ס - צאנז' לפני כשלשים שנה. והלום ראיתי בספר בארות המים (להגר"ר משה מרדכי שטעגר אב"ד ראדלוב, הוצאת מכון ירושלים) שהירבה להעיר על הגהות הב"ח, ושבצתי מעט מדבריו בתוך הסימן [אך גם הוא מרבה לתקן בגפי"ת ולא כל התיקונים מוכרחים, ואכמ"ל]. וכן אחרי כעשר שנים התחילו לצאת לאור מהדורות 'עוז והדר' ותקנו חלק מהתיקונים הנ"ל, והשתדלתי לעבור שוב על ההערות ולהשמיט מה שכבר תקנו [וחלק מההערות השארתי כיון שיש שינויים בין הערותינו, או לטעם אחר, ואכמ"ל].

[921] משי"כ הב"ח יגיה, כנראה כוונתו כדי לפרש לשון הגמרא שם יגהי ארביסרי. וכ"כ בהגהות וציונים [עוז והדר] והפנו לרש"יי דלהלן (נט ע"א ד"ה נגהי) שכתב: ליל. עיי"ש.

ב. ברכות (יח ע״א) בתוד״ה למחר 'והא אמרינן בפרק התכלת (מנחות דף מא.) ההיא שעתא ודאי רמינן ליה, פירוש נותנין ציצית בטליתותיהן משום לועג לרש'. עכ״ל. ובהגהות הב״ח (אות ב) תיקן 'וליכא משום לועג לרש'. עכ״ל. ולכאורה כל המעיין בגמ' במנחות שם תמה על הגהת הב״ח, דהא מפורש שם בגמ' [ולא תיקן שם הב״ח מאומה] דרמינן להו למתים ציצית ההיא שעתא שקוברים אותם משום לועג לרש [ופרש״י דאי לא רמינא דמי לליעוג כלומר איפטר ליה ממצוות]. א״כ פשוט דהגירסא כאן בתוספות נכונה 'משום לועג לרש', כלומר דרמינן להו ציצית משום לועג לרש, וצ״ע הגהת הב״ח דליכא משום לועג לרש. וכבר העיר בזה [הגר״י פיק-ברלין] בגליון הגמרא והוסיף בסוגריים בהגהת הב״ח הנ״ל: 'ע״ש במנחות ותראה דהגהתו צ״ע'. ע״כ. ויש לציין גם ללשון התוס' (נדה סא ע״ב ד״ה אבל) שהוא בדיוק כלשונם כאן 'כדאמר בהתכלת (מנחות דף מא.) גבי ציצית וההיא שעתא ודאי רמינן ליה משום לועג לרש'. עכ״ל. ולא הגיה שם הב״ח מאומה! וצ״ב.

ובספר ציוני שלמה (פדר, ברכות שם, ובהגהות ובא לציון שם אות לה) כתבו ליישב, דכיון דהתוספות (כאן) הוסיפו ביאור בלשונם תוך כדי ציטוט הגמרא 'פירוש נותנין ציצית בטליתותיהן', הבין הב״ח דגם המשך הלשון 'משום לועג לרש' הוא לשון התוספות, ולא ציטוט מהגמרא, כלומר דתיבות אלו הן כבר קושית התוספות, וא״כ טפי מתאים לגרוס 'וליכא משום לועג לרש', דהא זו קושית התוספות, דהתם חזינן דמלבישים למתים ציציות, א״כ ליכא משום לועג לרש במה שאנו נלך עם ציציותינו לידם[922]! עכ״ד. ולכאורה ראיה לתירוצם מהא דבתוספות (נדה שם) לא הגיה הב״ח, כיון דהתם העתיקו תוספות כל הגמרא בלי פירושם, והתם על כרחך תיבות 'משום לועג לרש' הוא המשך העתק הגמרא. ודו״ק. אך צ״ע דאדרבה משם ראיה לכאן, וייל מד סתום מן המפורש, דגם כאן התכוונו להמשיך להעתיק את הגמרא! וגם עיקר ביאורם דחוק [ועי״ש בהגהות ובא לציון שהאריך עוד בדוחק, ואישתמיטתיה התוס' בנדה הנ״ל].

ג. ברכות (כא ע״א) אמר רב יהודה...., בהגהות הב״ח (אות א) גורס: אמר ר' יהודה אמר רב. ומובנת כוונתו להוסיף 'אמר רב', אך מדוע שינה מ׳רב יהודה' ל׳ר' יהודה', והרי תלמיד רב הוא רב יהודה ולא ר' יהודה. [אמנם כאן מסתבר דזו ט״ס של המעתיקים את הגהות הב״ח עצמן].

---

[922] ולכאורה טפי הול״ל דזו קושית התוספות דחזינן התם דליכא לועג לרש משום דלידן כשרמינן למת עצמו ציצית, ואדרבה רמינן להו כדי שלא יהיה לועג לרש, וכל שכן דשרי לילך ביניהם עם ציציותינו.

ד. ברכות (כו ע"א) רש"י ד"ה לותיקין, כתב: מקדימים לאחר הנץ החמה
להתפלל. עכ"ל. ובהגהות הב"ח (שם אות א) תיקן דצ"ל: מקדימים להתפלל
לאחר הנץ החמה. ע"כ. ובמיוחס לרש"י על הרי"ף (יח ע"א בדפיו) כתוב:
להקדים קודם הנץ החמה. עכ"ל. ובהגהות הב"ח (שם אות ב) מתקן כברש"י
אצלנו: מקדימין לאחר הנץ החמה להתפלל. ע"כ. וצ"ע הרי לפי תיקונו
ברש"י שעל הגמ', היה צריך לתקן גם ברש"י שבריי"ף כן! [ובלא"ה תיקונו
ברש"י בגמ' היינו רק לשופרא דלישנא, דכבר ברש"י דפוס ראשון (ויניציאה
שנת ר"פ דכ"ז ע"א) כתב כדלפנינו, וכן העתיק מרן הב"י (או"ח ריש סי' פט). ודו"ק].

ה. ברכות (לב ע"א) גדולה תפלה יותר מן הקרבנות, שנאמר למה לי רוב
זבחיכם וכתיב ובפרשכם כפיכם. ובהגהות הב"ח (אות א) כתב: שנאמר
ובפרשכם כפיכם וגו' ידיכם דמים. עכ"ל. ולכאורה אין לו שום מובן. וחייב
להיות דמקומו להלן על המאמר הבא (שם): א"ר יוחנן כל כהן שהורג את
הנפש לא ישא את כפיו, שנאמר ידיכם דמים מלאו. ועל זה הגיה הב"ח:
שנאמר [ובפרשכם כפיכם וגו'] ידיכם דמים מלאו. [כן העירו בירחון אור תורה
(אב תשס"ה עמ' תקמ"ז). ותוקן בעוז והדר, אך לא בוילנא החדש].

ו. שבת (ח ע"ב) בתוספות (ראש העמוד): אפי' גבוה ט'. עכ"ל. ובהגהות הב"ח
(אות א) תיקן: אפי' נמוך ט'. עכ"ל. ונראה כוונתו משום דאיירינן בגומא, ולא
שייך לומר עליה 'גבוה'. אמנם לכאורה נראה דגם לשון 'נמוך' לא מצינו
בגומא, ויותר נראה לתקן לתיבת 'עמוק', כדמצינו לעיל (ו ע"א) 'חריץ שהוא
עמוק'. [ובכלל נראה דעיקר הגהת הב"ח היא להמשיך דבמקום תיבת
'דמכתפין' יש לגרוס 'דמשתמשים' דהוא לישנא דשייכא טפי על גומא].

ז. שבת (טו ע"ב) ברש"י (ד"ה אתו אינהו): יוסי ויוסי. [כלומר יוסי בן יועזר ויוסי בן
יוחנן]. ובהגהות הב"ח (שם אות ב) מתקן 'יוסי ויוסף'. ואכן בהרבה מקומות
י"ג 'יוסף בן יוחנן', אך צ"ע למה הגיה כאן אחרי שבכל הסוגיא מלעיל יד
ע"ב הם מוזכרים כמה פעמים בגמרא 'יוסי ויוסי'. ובמהדורת עוז והדר
הוסיפו הערה על הגהת הב"ח, וז"ל: הגהתו קאי על נוסח דפו"י בגמרא
'יוסי בן יועזר ויוסף בן יוחנן'. עכ"ל. וכוונתם דבדפו"י כך הנוסח בגמרא
'יוסי בן יועזר ויוסף בן יוחנן', לכן כאן שכתוב ברש"י 'יוסי ויוסי' מתקן
הב"ח 'יוסי ויוסף'. אלא דראיתי הן בדפוס הראשון של התלמוד (שונצינו-פיזרו
שנת רמ"ט) והן בדפוס השני (ויניציאה שנת ר"פ) דאכן בעמ' הקודם (טו ע"א) הגירסא
כן פעמים 'יוסי בן יועזר ויוסף בן יוחנן', אך בעמוד שלפני כן (יד ע"א)
במקור הדין שהוובא בברייתא הגירסא 'יוסי בן יועזר ויוסי בן יוחנן', א"כ
מי אמר מה לתקן. ובכלל יש לציין שאפשר למצוא כך וכך בכל האופנים,
גם הפוך 'יוסף בן יועזר' [עי' פסחים (טז ע"א-יז ע"ב), ובמסורת הש"ס שם תקנו שלש

פעמים דצ״ל 'יוסי', ולעומת זאת בחגיגה (טז סוע״א) דכתוב במשנה 'יוסי בן יועזר ויוסף בן
יוחנן' מתקנים במסורת הש״ס 'יוסף בן יועזר', וכן בדקדוקי סופרים שם ע״פ כת״י מינכן,
אמנם מציין (שם ס״ק ס) דמצינו לפעמים כך ולפעמים שיהיו שניהם שוים, רק עדיף שיהיו שניהם שוים, לכן
מעדיף שם כת״י מינכן ולא כאצלנו דשם מחולקים, ומשמע דאם יהיו שוים 'יוסי' גם טוב.
וצ״ע דהוא דידיה (שם יח סוע״א או׳ ד) מתקן מ'יוסף' ל'יוסי'] וגם מצינו מקומות
ששניהם 'יוסי' או 'יוסף', ואין שום דבר ברור בזה. לכן צ״ע מנ״ל להב״ח
דוקא כאן לתקן כך. ובהגהות הב״ח (פסחים טז ע״ב) מאי דכתוב שם 'יוסי בן
יועזר' מתקן דצ״ל 'יוסף בן יועזר'. ולכאורה סותר ד״ע כאן דכתוב דצ״ל
'יוסי ויוסף', כלומר דבן יועזר הוא יוסי ולא יוסף. ובמלאכת שלמה (עדיות
פ״ח מ״ד) כתב דהרבינו יהוסף [אשכנזי] הגיה שם ובמסכת אבות (פ״א) 'יוסף
בן יועזר' במקום 'יוסי בן יועזר'. ובכתה״י מעצם ידו של הרמב״ם
לפיהמ״ש כתב הנוסח במשנה (חגיגה פ״ב מ״ב ומ״ז, סוטה פ״ט מ״ט) שניהם 'יוסף',
אך בנוסח המשנה (אבות פ״א מ״ד, עדיות פ״ח מ״ד [על יוסי בן יועזר]) גרס 'יוסי'.
ובפיהמ״ש (הקדמה [ס״ק ח במהדורת מכון המאו״ר, ס״ק כו פ״ד ופ״ז ופ״ין) גרס 'יוסי',
ולעומת זאת שם (הקדמה [ס״ק כו פ״א ופ״ג]) גרס 'יוסף'. הרי שהרמב״ם בעצמו לא
דקדק בזה, וממילא שוה ההערה על הגהות הב״ח מדוע להגיה, וגם מנ״ל
להגיה אחד משניהם או שניהם דוקא ל'יוסי' או 'יוסף'. ודו״ק. ובהגהות
ר״א גוטמאכר (בילקוט מפרשים שבסוף הגמרא, ברכות ד ע״ב ושבת י ע״א, ובקצרה בתשובותיו יו״ד
סי׳ קיח עמ׳ תכב אמצע טור ב) העיר על מסורת הש״ס בכמה מקומות הנ״ל ועוד,
שתיקן ללא צורך, כי 'יוסי' הוא קיצור השם 'יוסף', ודרך הירושלמי לקצר
השמות וכותבים 'יוסי', ובבבלי מצינו גם כך וגם כך, עי״ש. וכן העיר על
מסורת הש״ס בקובץ משכנות יעקב (שנה א חוברת א חשון-שבט תרצ״ב, סי׳ יב שאלה ג)
הרב העורך רבי יעקב ליפפא אב״ד זשארוב. וכן העיר עליו בקצרה בספר
מנחת יהודה (אפשטיין, יבמות יב ע״א).

ח. שבת (סה ע״א) בהגהות הב״ח (אות א), מש״כ 'ומאי שנא', אין נראה דכוונתו
להגיה בלשון רש״י מ'מאי שנא', אלא כוונתו להגיה בהמשך, ע״ש, וכאן
נראה דנפלה ט״ס בהגהות הב״ח, וצ״ל כברש״י 'מאי שנא'.

ט. שבת (פב ע״א) ברש״י (ד״ה מסתברא שיעורא) בהגהות הב״ח (אות ג) מתקן
'מסברא' במקום 'מסתברא'. וצ״ב מדוע לא תיקן כך על הגמרא שלפנינו
הגירסא שם גם כן 'מסתברא'.

י. שבת (קג ע״ב) במשנה 'בין משתי שמות בין משתי סמניות'. ובהגהות
הב״ח (שם אות א) תיקן 'משני סמניות'. והנה אם כוונתו לתקן במקום 'משתי'
לגרוס 'משני' [כי 'סממן' הוא לשון זכר], א״כ מדוע לא תיקן גם 'משני
שמות' במקום 'משתי שמות'. ואם כוונתו לתקן 'סממניות' במקום

'סמניות', צ"ב קצת והרי מצינו בכמה מקומות שכותבים 'סמנים' עם דגש במ"ם, במקום הכפילות 'סממנים'.

יא. שבת (קו ע"ב) במשנה 'וצבי לגינה ולחצר ולביברין'. בהגהות הב"ח (אות א) גורס 'וצבי לבית ולגינה ולחצר ולביברין'. וכ"ה במשנה שבמשניות. אך צ"ע, שכגירסא בגמרא כאן היא גם גירסת המשנה שבירושלמי ושבפירוש המשנה לרמב"ם (מהדורת המאו"ר על פי כת"י) ובמשניות דפוס נפולי (וצוין בשינויי נוסחאות שבמשניות כאן). וכ"כ המהרש"ל, מלאכת שלמה ובית דוד.

יב. שבת (קיג ע"א) בגמרא 'חבל דמאי, אילימא חבל דעלמא, רבי יהודה מתיר, קשר של קיימא הוא ! אלא חבל דגרדי. למימרא דרבנן...'. ובהגהות הב"ח שם תיקן 'בחבל דגרדי'. ולא זכיתי להבין מטרת ההגהה, וממה נפשך הרי הסוגיא מתחילה 'חבל דעלמא' ולא 'בחבל דעלמא', ומדוע דוקא 'חבל גרדי' צריך לתקן ל'בחבל גרדי'? ובפירוש רבינו פרחיה כאן הגירסא כגמרא לפנינו. ומש"כ ברש"י 'בחבל גרדי', בודאי אינה ראיה שרוצה לגרוס כך בגמרא, אלא משום שמפרש 'בחבל דגרדי פליגי', וידוע שהנקודה המבדילה ברש"י בין הציטוט לפירוש היא תוספת המדפיסים המאוחרים, ובדפוסים ראשונים של הש"ס (שונצינו-פיזארו ווינציאה) אינו מופיע כלל, כי רש"י כתב הציטוט רצוף עם הפירוש, ושינה לפעמים קלות בציטוט לצורך הפירוש. ועיין בגמרא (פסחים יא ע"א) מהלך כמו כאן, ושם הלשון: חבל דמאי, אילימא חבל דעלמא, ורבי יהודה מתיר, קשר של קיימא הוא דודאי אתי לבטולי ! אלא פשיטא דגרדי, וגזרו רבנן וכו'. עכ"ל. הרי לא גרסו תיבת 'חבל' או 'בחבל' כלל, אלא 'דגרדי', ומוכח דאין תיבה זו מעכבת ההבנה. ועי' רש"י שם דכתב 'חבל דגרדי, שאינו ראוי למילוי...'. וקצת משמע דגרס בגמרא כן [אמנם אינה ראיה מוחלטת, כמש"כ לעיל דלא תמיד רש"י מעתיק לשון הגמרא, אך עכ"פ שאני מלעיל, דלעיל אין שום ניצנוץ ראיה מלשון רש"י 'בחבל', כי גם אם היה כתוב בגמרא 'חבל' רש"י חייב להוסיף 'בחבל' כדי לבאר ברצף 'בחבל גרדי פליגי'. משא"כ כאן ראיה פורתא הוי, כי אין הכרח לרש"י להוסיף תיבת 'חבל', דיכול גם לבאר 'גרדי, שאינו ראוי למילוי...', כי כבר ידעינן דאיירינן בחבל, וכמש"כ רש"י בדיבור הקודם להא 'אי נימא חבל דעלמא...'. ודו"ק]. וכן גירסת הש"ס כת"י מינכן (שנת ק"ג) המובאת בדקדוקי סופרים (פסחים שם אר' ע) ובהערה שם ציין דכ"ה בעוד כתבי יד, ובגמ' (שבת) הנ"ל וברא"ש עצמו הנ"ל. וכן גירסת ש"ס כת"י מינכן הנ"ל (שבת שם) והובא בדקדוקי סופרים (שבת שם אר' נ) 'חבל דגרדאי', ולא 'בחבל'.

יג. שבת (קיז ע"ב) 'תנא דבי רבי ישמעאל, לא תעשה כל מלאכה, יצא תקיעת שופר ורדיית הפת'. ובהגהות הב"ח (שם אות א) : נ"ב, עי' בפרק ר"א דמילה

(דף קלא ע"ב) דגורס קרא ד"כל מלאכת עבודה לא תעשו". עכ"ל. וצ"ע למה
לא ציין הב"ח לדברי התוספות כאן (ד"ה והתנא) דדיברו בזה. [ובכלל יש לציין
דלהלן שם (וכ"ה בר"ה כט ע"ב) אינו בשם 'תנא דבי רבי ישמעאל' אלא בשם
'תנא דבי רבי שמואל'. ודו"ק. ועי' רבינו חננאל (ד"ה שם) ודקדוקי סופרים
(כאן)].

יד. שבת (קכב ע"ב) בתוספות (ד"ה לעולם) כתבו: 'ופריך והא נמי נוטלין קתני'.
ובהגהות הב"ח (שם אות א) תיקן: ופריך והא ניטלין קתני ולא תני נמי נתפרקו
וכו'. עכ"ל. ואם עיקר כוונתו לתקן 'נוטלין' ל'ניטלין', הו"ל לתקן כן
בגמרא לפנינו דאיתא שם 'והא נוטלין קתני'. ודו"ק.

טו. שבת (קכו ע"ב) בהגהות הב"ח (שם אות ג). עי' מה שכתבנו בס"ד בשבט
מיהודה (ח"ב סי' סד).

טז. שבת (קכז ע"ב) בהגהות הב"ח (שם סוף אות ב) כתב: וע"ש דף מו. עכ"ל.
וט"ס וצ"ל: דף מז. ע"כ. [וע"ע בעירובין (יז ע"ב תוד"ה ואת)]. [תוקן בעוז והדר, אך
לא בוילנא החדש].

יז. שבת (קכח ע"ב) ברש"י (ד"ה והא) כתב: לסותר בנין מדרבנן. עכ"ל. ובהגהות
הב"ח (שם אות ד) כתב: לסתור בנין מבטל כלי מהיכנו מדרבנן. עכ"ל. ולא
נראה דרוצה לתקן 'לסתור' במקום 'לסותר', אלא רוצה רק להוסיף 'מבטל
כלי מהיכנו', ותיבת 'לסותר' נשתבשה בט"ס ל'לסתור', וצ"ל כברש"י
'לסותר'. [תוקן בעוז והדר, אך לא בוילנא החדש. ובעוז והדר (הגהות וציונים אות ד) הוסיפו
ע"פ מנחם משיב נפש, דנראה דאחרי תיבת 'בנין' צריך להוסיף בלשון הב"ח 'הס"ד
ומה"ד'. כלומר: הוא סוף דיבור, ומתחיל הדיבור וכו'].

יח. שבת (קנא ע"ב) 'ומניחין על כריסו כדי שלא תפוח'. ובהגהות הב"ח (שם
אות א) הגיה: כדי שלא יהא תפוח. עכ"ל. ועדיין הלשון צ"ב, וטפי הו"ל
לגרוס: כדי שלא תתפח. ע"כ.

יט. שבת (קנב ע"ב) 'איכא שכיבנא'. ובהגהות הב"ח (שם אות א) ביאר: נ"ב,
כלומר אי שכיבנא. עכ"ל. וכ"ה לשון הגמרא (עבודה זרה נח ע"א), ע"ש.

כ. שבת (קנג ע"א) במשנה ריש פרק כ"ד 'מי שהחשיך בדרך', בהגהות הב"ח
(שם אות ה) תיקן: מי שהחשיך לו בדרך. עכ"ל. ומובנת הגהתו ע"פ הלשון
[וכ"ה ברי"ף, ועי' שינויי נוסחאות שבמשניות. וציונו לתוספתא לא הבנתי], דלא שייך
לומר 'מי שהחשיך בדרך', כאילו האדם החשיך בעצמו. אלא שבהגהות
הב"ח (שם אות ו) תיקן כן גם ברש"י: מי שהחשיך לו. נותן. עכ"ל. וצ"ב למה
צריך לתקן כן ברש"י, הרי רש"י רק העתיק פתיחת הפרק [כמו שעושה

רש"י בכ"מ כנודע] שהיא תיבות 'מי שהחשיך', ואח"כ דילג רש"י לתיבות שבא לבאר: 'נותן כיסו לנכרי'. ולכאורה אין צורך להוסיף ברש"י תיבת 'לו' לפתיחת הפרק, דבלא"ה גם תיבת 'בדרך' לא העתיק רש"י. והבן.

כא. שבת (קנד ע"ב) 'ורקמשמש באילן'. בהגהות הב"ח (שם אות ב) תיקן: ורקמשתמיש באילן. עכ"ל. ולהלן בגמרא (שם קנה ע"א) ג"כ איתא 'ורקמשמש באילן', וצריך לתקן גם שם 'ורקמשתמיש באילן'.

כב. שבת (קנה ע"א) במשנה ובגמרא מופיע שש פעמים 'זירין'. ובהגהות הב"ח (שם אור' א-ב) תיקן בכולם: 'זרדין'. ע"כ. וצ"ב, שנראה דכביכול מכחיש תיבת 'זירין' מן המשנה והתלמוד לגמרי, והלא מצינו במשניות (מעשרות פ"ד מ"ה) 'זירין', וגם כאן במשניות שבת (ולא תוקן בשינויי נוסחאות כלום), ובתוספתא (שביעית ב, ו), ובגמרא (ב"ק פא ע"א, ועבו"ז ז ע"ב [ולא תוקן בהם בהגהות הב"ח כלום]), ובירושלמי (תרומות פ"י ה"ג, מעשרות שם). וכן גרסו כל הראשונים (שם וכאן): רש"י, רי"ף, רמב"ם, תוספות, רמב"ן, רשב"א (ביצה ג ע"ב, נדה נא ע"ב), ר"ן, המאירי, רבינו עובדיה מברטנורא (ועי' תוי"ט פסחים פ"ד מ"ח), קול הרמ"ז, ועוד. ופירשו את פירושה, עי' בדבריהם. וצ"ב.

כג. עירובין (ב ע"א) במשנה הראשונה, 'מבוי שהוא גבוה למעלה מעשרים אמה'. בהגהות הב"ח (שם אות א) כתב: מבוי שהוא גבוה מעשרים אמה. כצ"ל. ותיבת למעלה נמחק. עכ"ל. וצ"ע למה למחוק תיבת 'למעלה'. והרי כן הוא במשנה (ריש סוכה), ושם לא תוקן בהגהות הב"ח כלום. ועי' בריטב"א ור"ן (סוכה שם) דהכריחו תיבת 'למעלה', וכן בשפת אמת (שם). ועי' בשינויי נוסחאות (שם). וכ"ה בתוספתא (ריש סוכה) ובגמרא (סוכה ז ע"ב) ובמשניות שבירושלמי (ריש סוכה) ובכמה ראשונים (שם וכאן), עי' רש"י, רמב"ם, ריטב"א ור"ן (סוכה שם), סמ"ג (מ"ע א מדרבנן) ורבינו עובדיה מברטנורא. ועי' רש"ש (עירובין שם). אמנם יש ראשונים דכתוב בהם 'גבוה מעשרים', עיין רבינו חננאל, רי"ף, תוס', רשב"א, ריטב"א (עירובין שם), המאירי והר"ן, וכ"ה במשניות שבירושלמי (ריש עירובין), וע"ע בברייתא שבגמ' (עירובין ב ע"ב, ג ע"ב, ד ע"ב, יא ע"א, סוכה ב ע"א).

כד. עירובין (ט ע"ב) 'תני רב אדא בר אבימי קמיה דרבי חנינא'. ובהגהות הב"ח (שם אות א) כתב: קמיה דרבי חנינא בר פפי. עכ"ל. וצ"ע מה הגהתו, הרי להלן (יב ע"א) איתא להדיא בגמרא: 'והתני רב אדא בר אבימי קמיה דרבי חנינא, ואמרי לה קמיה דרבי חנינא בר פפי'. א"כ חזינן דיש שתי לשונות בדבר! ואולי כאן נחסר מהגהות הב"ח מחמת טעות 'הדומות' וצ"ל בו כך: 'קמיה דרבי חנינא ואמרי לה קמיה דרבי חנינא בר פפי'. דהיינו שרוצה לציין לגמ' דלהלן (יב ע"א) דיש בזה שתי גירסאות. [ועי'

בצידי הגליון כאן ט ע״ב דהעירו (מסורת הש״ס?) לשתי הנוסחאות הנ״ל. אלא
דכתבו 'פפא' במקום 'פפי'].

כה. עירובין (יח ע״א) ברש״י (ד״ה חבלים) כתב: אבל פסין לשיירא לא, דהוי
פרוץ מרובה, ולא הותר אלא לבור. עכ״ל. ובהגהות הב״ח (אות א) כתב:
פרוץ מרובה לא דלא הותר. עכ״ל. ולכאורה לא מובנת ההגהה כלל. וכי
אפשר לקרוא כך ברש״י: אבל פסין לשיירא לא, דהוי פרוץ מרובה לא,
דלא הותר וכו׳? ונראה דט״ס נפלה בהגהות הב״ח דידיה, דהוא רצה
למחוק תיבת 'לא' שאחרי 'לשיירא', וכך צ״ל בהגהותיו: אבל פסין
לשיירא, דהוי פרוץ מרובה - לא, דלא הותר וכו׳. ע״כ. ופשוט. אמנם עצם
ההגהה צ״ב, דמה הועיל יותר מלשון רש״י, דשניהם דבר אחד אמרו.
ונראה רק ליפוי הלשון. ודו״ק.

כו. עירובין (כ ע״ב) בהגהות הב״ח (אות ב), הציור [המפורסם...] לכאורה
הגזמת המדפיסים, וכוונת הב״ח פשוטה. ע״ש.

כז. עירובין (כג ע״א) בתוספות (ד״ה אילימא משום דתני חדא לחומרא). בהגהות הב״ח
(אות ג) כתב: אצל דיבור זה נדפס בזה הלשון: גליון. ולרש״י שמא יש לחלק
דבדיר וסהר ומוקצה וחצר לפי שתשמישה [רב] מותר אפי׳ עשר כורים,
אבל קרפף אפי׳ פתח ולבסוף הוקף לא מהני ביתר מבית סאתים. עכ״ל.
ולא זכיתי להבין מה התוספת בגליון, הרי זהו בדיוק לשון התוספות
הקודם (ד״ה ובלבד) בסופו. ע״ש. וע״ע היטב להלן (ע״ב) בתוס׳ (ד״ה נזרע רובו
[מגליון או ת״י] מש״כ 'כי גם לרש״י צריך לחלק...'.

כח. עירובין (כג ע״ב) בהגהות הב״ח (אות ב), נראה דרצה להוסיף ברש״י תיבת
'לארכו', אך מש״כ 'ואמה' לא נראה דכוונתו לתקן ברש״י, ויותר נראה
כלשון רש״י 'אמה'. ודו״ק. ועי׳ מנחם משיב נפש (שם) דתמה בעיקר הגהת
הב״ח הזו, וע״ע בדקדוקי סופרים. וצוינו בהגהות וציונים (עוד והדר אות י).

כט. עירובין (לב ע״ב) 'אמר להו רב נחמן יישר, וכן אמר שמואל'. ובהגהות
הב״ח (אות ב) כתב: וכן אמר שמואל יישר. עכ״ל. ואמנם כ״כ הריטב״א
ומהרש״ל. אך הרשב״א ור״ן, והריטב״א דידיה בשם רש״י (וכ״ה ברש״י סנהדרין
ק ע״א ושבועות מ ע״א [ודלא כהמהדיר על הריטב״א דכיון דלא מצא ברש״י עירובין כתב דצ״ל 'רשב״א'])
גרסו רק 'וכן אמר שמואל', דהיינו שרק רב נחמן אמר 'יישר' והוסיף שכן
היא דעת שמואל. וכן הגירסא הפשוטה לפנינו ובעשרה מקומות בתלמוד
[ברכות מב ע״א, שבת נג ע״א, סג ע״ב, פסחים נג ע״ב, שבועות מ ע״א, מה ע״א, מה ע״ב, חולין יז ע״ב, עה ע״ב, עו
ע״ב]. בכל מקומות אלה איתא 'א״ל רב פלוני יישר וכן אמר רב פלוני',
דהיינו שהעונה הראשון אמר יישר והוסיף שכך הכריע גם רב פלוני, ולא

שהשני גם אמר יישר? ובהגהות הב״ח לא הגיה בכל המקומות הנ״ל דבר, רק אצלנו [אמנם גם המהרש״ל בחכמת שלמה לא הגיה בכל המקומות הנ״ל דבר, רק אצלנו, אך עיין היטב בדבריו שאינו מוסיף ה'יישר' כאן אלא להלן ב'פתריתו', ודו״ק. ועיין היטב בחכמת שלמה (סנהדרין ק ע״א]. וכן הגירסא בתשובות הגאונים שערי צדק (ח״ד שער ה סי' כט) דרק רב נחמן אמר 'יישר'. אמנם בבבא מציעא (נ ע״ב) איתא לפנינו 'א״ל רב פלוני יישר, וכן אמר רבי פלוני יישר', ובסנהדרין ק ע״א איתא 'א״ל רב פלוני יישר, וכן אמר רב פלוני (יישר)', ה'יישר' בסוגריים, ובהגהות הגר״א מוחקו. וצ״ב בכל הנ״ל.

ל. עירובין (מג ע״א) והתניא חנניא בן אחי רבי יהושע אומר כל אותו וכו'. ובהגהות הב״ח (אר' א) כתב: והתניא חנניא אומר כל אותו, כצ״ל, ותיבת בן אחי רבי יהושע נמחק. עכ״ל. ולא מובן למה למחוק, והרי מופיע עשרות פעמים בש״ס וביירושלמי ומדרשים 'חנניא בן אחי רבי יהושע'. [ובתלמוד בבלי דפוס וילנא כבר הקיפו בסוגריים: (בן אחי רבי יהושע). וצ״ב].

לא. עירובין (מז ע״ב) ברש״י שלוש פעמים 'רבי יוחנן'. ובהגהות הב״ח (אר' ב,ד,ה) הוסיף: בן נורי. וכן להלן (מח ע״א) בהגהות הב״ח (אות ב). וע״י לעיל (מה ע״ב) דקאמרה הגמרא 'רבי יוחנן בן נורי' כמה פעמים, ואח״כ קאמרה כמה פעמים 'רבי יוחנן' בסתם, ולא תיקן שם הב״ח כלום! ואולי י״ל דשאני הכא כיון דלהלן יש מימרא מרבי יוחנן האמורא, וסבר הב״ח דיש להדגיש כאן ההבדל כדי שלא נטעה. ודו״ק.

לב. עירובין (מו ע״א) 'כל שכן דהוו להו נולד דאסירי'. ובהגהות הב״ח (אות א) כתב: דהוו להו נולד אסירי. עכ״ל. ונראה דכוונתו לתקן 'ואסירי' במקום 'דאסירי' (וכ״ה ברש״י ותוס' כאן), ונחסר מחמת הדפוס ונכתב 'אסירי'. [ותוקן בעוז והדר, אך לא בוילנא החדש].

לג. עירובין (מח ע״ב) בגמרא 'רשות אחת משמשת לשתי רשויות, אבל לא שתי רשויות משמשות לרשות אחת'. ובהגהות הב״ח (שם אות א) תיקן 'משתמשת... משתמשות' במקום 'משמשת... משמשות'. ע״כ. ולכאורה היה צריך לתקן כן [עכ״פ גם] ברש״י כאן, שהרי זו גירסת רש״י, כפי שכתבו התוס' כאן (ד״ה רשות) בשמו, וכ״ה ברש״י (בעמוד הבא שם מט ע״א סוד״ה אף).

לד. עירובין (מט ע״ב) ברש״י (ד״ה ואמר) כתב: ואלפים לצד ביתו. עכ״ל. ובהגהות הב״ח (אות ב) כתב: לצד ביתי הס״ד. עכ״ל. ולא מובן אם כוונתו להגיה 'לצד ביתי' במקום 'לצד ביתו', - וצ״ב מה הענין בהגהה זו. או

שכוונתו להגיה שכאן הוא סוף דיבור, - אך ממילא גם לפנינו כאן הוא סוף דיבור !

לה. עירובין (נא ע"ב) בהגהות הב"ח (אות א) כתב: גירסת רש"י ואהיכא. עכ"ל. וכ"ה בתוס', וכן להלן (שם).

לו. עירובין (נז ע"א) בהגהות הב"ח (אות ה), נראה דרצה לתקן בתוספות 'הא דקאמרי רבנן שתי עיירות לאו דוקא' במקום 'לאו דוקא הא דקאמרי רבנן שתי עיירות', אך מש"כ 'לשניהם' לא נראה דכוונתו לתקן מ'לשתיהן', ויותר נראה כלשון תוס' 'לשתיהן'. ודו"ק.

לז. עירובין (סח ע"א) בהגהות הב"ח (אות ו) כתב: רב הושעיא ורב אושעיא, ושם (אות ז) כתב: רבי הושעיא ורבי אושעיא. וצ"ע.

לח. עירובין (עד ע"א) בהגהות הב"ח (אות ב): 'והכי מוכח בתוספות'. עכ"ל. נ"ב, כאן, וכן לעיל (יב ע"ב ד"ה ובתים).

לט. עירובין (עה ע"א) ברש"י (ד"ה אסור לעשות) כתב: לדור יחיד במקום עובד כוכבים שלא ילמד ממעשיו. עכ"ל. ובהגהות הב"ח (אות ב) כתב: רש"י ד"ה אסור לעשות יחיד, כצ"ל, ותיבת לדור נמחק. עכ"ל. וצ"ב למה למחוק תיבת 'לדור', הא יתכן שזהו פירוש רש"י לתיבת 'לעשות', דהיינו רש"י העתיק הגמרא 'אסור לעשות', ומפרש: 'לדור', ושוב מעתיק הגמרא 'במקום עובד כוכבים' וממשיך לפרש: 'שלא ילמד ממעשיו'. ומצינו כן בכמה מקומות. ודו"ק. ובפרט כאן מצינו בדיוק לשון זו באור זרוע (סי' קער) שניכר שהעתיק זאת מרש"י שלפניו. ודוחק למחוק כל הספרים.

מ. עירובין (פז ע"ב) בתוס' (ד"ה גזוזטרא) כתבו 'שהיא למעלה מן הים'. ובהגהות הב"ח (שם אות ב) תוקן 'המים' במקום 'הים'. והוא על פי גירסת המשנה לפנינו שם. אך גם גירסת רש"י (לעיל פד רע"ב ד"ה שתי, שבת קא רע"ב ד"ה אלא, סוכה טז ע"א ד"ה בין) 'הים'. וכן גירסת הרמב"ם (הל' שבת פט"ו הט"ו ובפיהמ"ש פ"ח מ"ח) וכן גירסת הרבה ראשונים שצוינו כאן בדקדוקי סופרים (אות ע) וכתב שכן הוא בירושלמי ובכל הדפוסים הישנים של המשנה, ורק על פי מהרש"ל הוגה כלפנינו.

מא. עירובין (פט ע"ב) ברש"י (ד"ה לא שנו) כתב: וקטן אסור לשניהם, משום דנפרץ במלואו לגדול וכו'. עכ"ל. ובהגהות הב"ח (אות ב) כתב: דמשום דנפרץ. עכ"ל. וצ"ב מה ההכרח בשינוי, ומה המטרה. וה' יאיר עיני.

מב. עירובין (צ ע"ב) בתוס' (ד"ה לשמואל) כתבו: ואסור לטלטל ממנו לקרפף כמו מחצר אע"ג דהוי מוקף ולבסוף פתח. עכ"ל. ובהגהות הב"ח (שם אות ה) כתב: ואסור לטלטל ממנו לקרפף כמו מקרפף לחצר ואע"ג דמה. עכ"ל. ומבואר דכוונתו לתקן מתיבת 'מחצר' לתיבות 'מקרפף לחצר', ואולי גם מתיבת 'אע"ג' לתיבת 'ואע"ג', אך תיבת 'דמה' שבסוף דבריו לא מובנת מטרתה.

מג. עירובין (צה ע"ב) 'אי הכי זוג אחד נמי אין טפי לא'. ובהגהות הב"ח (ס"ק א) כתוב למחוק תיבת 'נמי'. אמנם הרש"ש (שם) כתב: וי"ל דה"ק, דלפ"ז תיקשי נמי הקושיה הראשונה דלעיל ריש סוגיין 'זוג אחד אין טפי לא'.

מד. עירובין (צה ע"ב) בתוס' (ד"ה ידן) 'שלשים בפיסת יד כו' שנים בקנה'. ובהגהות הב"ח (ס"ק ו) כתוב: שלשים בפיסת יד אצבע שנים בקנה. עכ"ל. ולא הבנתי דבריו. ובספר גנזי יוסף [והובא ביד בנימין שם] כתב דנחסרו תיבות וצ"ל כך: שלשים בפיסת היד ששה בכל אצבע שנים בקנה.

מה. עירובין (צז ע"ב) במשנה: 'אלא כמלא מחט'. ובהגהות הב"ח (אות א) תיקן: אלא כמלא החוט [וכן הוא גירסת הירושלמי והרי"ף]. עכ"ל [הסוגריים במקור]. ויש להעיר דכן הוא בגמ' דידן גופה (בעמוד הבא) וברש"י (שם).

מו. עירובין, ברא"ש (פ"א סי' יח) כתב: כתב ה"ר שלמה בן אדרת ז"ל. עכ"ל. ובהגהות הב"ח (אות א) כתב: שלמה אדרת ז"ל, כצ"ל. עכ"ל. וצ"ע מה כוונתו. ואמנם אין שם אבי הרשב"א אדרת, אלא אברהם, אבל משפחתו היא בן אדרת, או ז' אדרת, וכך כתוב בכל המקומות, ואלו בעצמם הראשי תיבות של הרשב"א.

מז. פסחים, ברי"ף (כד ע"ב בדפיו) כתב במשנה: הביאו לפניו מצה וחזרת וחרוסת. עכ"ל. ובהגהות הב"ח (שם ס"ק א) הוסיף [ע"פ לשון המשנה שלפנינו]: ושני תבשילין. עכ"ל. וצ"ב מנ"ל לתקן כך ברי"ף, והרי גם בגירסת הרמב"ם למשנתינו ליתא 'ושני תבשילין', וכן ברא"ש (סי' כח) ובספר העיטור (הל' מצה ומרור דקל"ג ע"ב), וכ"מ מלשון הר"ב. וצ"ע.

מח. התוספות (יומא מח ע"ב ד"ה מדפסיל [המשך מע"א]) ציטטו את המשנה בעדיות (פ"ח מ"א) 'העיד רבי שמעון בן בתירא על אפר חטאת'. ובהגהות הב"ח (אות ג) תיקן 'רבי יהושע בן בתירא'. וצריך ביאור, שהרי המשנה שם פותחת בעדות רבי יהושע בן בתירא על דבר אחר, ואחר כך מביאה עדות זו מרבי שמעון בן בתירא. וצ"ע [שו"ר דהעירו כן בהגהות וציונים עוז והדר].

מט. **התוספות** (יומא נג ע"א ד"ה חד) כתבו 'והשתא קאמר דתרוייהו בין ביוה"כ בין בשאר ימות השנה'. ובהגהות הב"ח (אות ב) כתוב: עיין בזה בשו"ת ב"ח סי' רל. עכ"ל. ולא זכיתי להלום כוונתו [לפנינו אין כלל סי' רל, לא בישנות ולא בחדשות. וחפשתי גם באמצעות המחשב ולא מצאתי. וה' יאיר עיני].

נ. **סוכה** (יד רע"א) 'מעשה מוציא מיד מעשה ומיד מחשבה, מחשבה אינה מוציאה לא מיד מעשה ולא מיד מחשבה'. ובהגהות הב"ח (אות א) הגיה: שהמעשה מבטל מיד מעשה ומיד מחשבה, ומחשבה אינה מבטלת לא מיד וכו'. עכ"ל. ועוד מגיה (שם אות ב) גם ברש"י 'שהמעשה' במקום 'מעשה'. ואכן כך הוא במקור הדין, במשנה (כלים פכ"ה מ"ט). אך בגמרא (קידושין נט רע"ב) הוא כלפנינו, וגם ברש"י שם, ולא תיקן שם הב"ח דבר. [ודרך אגב גם במקור במשנה שם, נוסחת הרמב"ם (בפיהמ"ש ע"פ כת"י, מהדורת מכון המאו"ר) 'מעשה' ולא 'שהמעשה']. ועי' דקדוקי סופרים (סוכה כאן) דבכת"י מינכן איתא בסיפא 'אינה מבטלת' כבמשנה, אך ברישא שם ככאן. וכתב שם (הערה פ) דלפ"ז יש לתקן גם ברישא, ושכן הוא בכת"י אחר גם ברישא. ע"כ. אמנם בדקדוקי סופרים (קידושין שם) לא הביא שום כת"י שונה מהגמרא שם.

נא. **סוכה, ברי"ף** (י ע"א בדפיו) כתב: נעשית כסוכה בתוך סוכה. עכ"ל. ובהגהות הב"ח (ס"ק א) כתוב: על גבי, כצ"ל. עכ"ל. וצ"ע למה לתקן, דהרי כך הוא ג"כ לשון הרז"ה בהמאור והרמב"ן במלחמות והרא"ש והר"ן שם כשהעתיקו לשון הרי"ף. וכן לשון הרמב"ם (הל' סוכה פ"ה הכ"ג, ובפיהמ"ש שם פ"ב מ"א) [וכן לשון רב נטרונאי גאון (בתש' סי' קצ, הובא באוצר הגאונים יא ע"א סי' לא) והרי"ף (ה ע"ב, ט ע"ב) והרא"ש (סוס"י טו, סי' יט וסי' לז) לגבי כילה. וכן לשון ראשונים רבים שם ואכמ"ל]. ולכאורה תמוה לתקן בכל הגאונים והראשונים הנ"ל, אלא על כרחך צ"ל שכך ביארו, שנעשית כסוכה בתוך סוכה. וגם ברי"ף (שם לעיל ה ע"ב, ט ע"ב) לא תיקן הב"ח. [אמנם הריטב"א (כ ע"ב) כשהעתיק דברי הרי"ף כתב 'כסוכה תחת סוכה', אך אינה ראיה לתקן ברי"ף].

נב. **סוכה, בר"ן** (י ע"ב בדפי הרי"ף) כתב: ובראש הספינה, שהוא מקום גבהו של ספינה והוא גבוה מאד. עכ"ל. ובהגהות הב"ח (ס"ק כ) כתוב [במקום 'והוא גבוה']: צ"ל והים גבוה. עכ"ל. והן אמת דברש"י (כב ע"ב) כתב 'והים גבוה מאד'. אך הרש"ש (שם) העיר דגירסת הר"ן נכונה טפי. [ונכראה טעמו כי על הים לא שייך לומר שהוא גבוה מאד, וע"כ קאי על ראש הספינה]. ורש"י עצמו (לעיל ז ע"ב ד"ה בראש הספינה) כתב: שהיא גבוהה מאד, כספינות הים שהן גדולות. עכ"ל. הרי דפירש דה'גבוה מאד' קאי על ראש הספינה. וא"כ אדרבה יש לתקן ברש"י כבר"ן, ולא בר"ן כברש"י!

נג. ביצה (יג ע"ב), הגהות הב"ח (אות א). עי' ריטב"א, מהר"ם שיף וגנזי יוסף (בילקוט מפרשים).

נד. הגמרא (ביצה כד ע"א) מצטטת את המשנה בשבת (קו ע"א) 'וחכמים אומרים צפור למגדל וצבי לגנה ולחצר ולביברין'. ובהגהות הב"ח (שם אות א) תיקן 'וצבי לבית ולגנה ולחצר ולביברין'. ועיין מה שהערנו לעיל על שבת (קו ע"ב). ומצאתי בס"ד בפירוש זרע יצחק על המשניות (לרבי יצחק חיות מסקאליא, שבת פי"ג מ"ה) שפירש שבכוונה השמיטה הגמרא בביצה שם תיבת 'לבית' למרות שבנוסחת המשניות בשבת היא נמצאת, עי"ש בטעמו.

נה. ברש"י (מגילה יב ע"א ד"ה קובל) מצטט כמה פסוקים לגבי כורש, ובמקום 'הוא יבנה את ביתי' מתקן בהגהות הב"ח (אות מ) 'הוא יבנה את עירי', ותיבת 'את' ט"ס, דבפסוק (ישעיה מה, יג) כתוב 'הוא יבנה עירי', וכמו שתיקן בהגהות הב"ח (אות ג) על הגמרא שם. וכן העיר בספר סנסן ליאיר (מגילה שם).

נו. תענית (כ ע"ב) בהגהות הב"ח (אות א), עיין להלן על בבא בתרא (קיד ע"ב).

נז. תענית (כז ע"א) בגמרות שלפנינו (שע"פ דפוס וילנא של האלמנה והאחים ראם) **נשמטה** הגהה אחת המופיעה בספר הגהות הב"ח דפו"ר. והיא ברש"י (סוד"ה ה"ג הגיע) מש"כ ברש"י 'לשון אחר נהירא לי', הגיה הב"ח: לשון אחר לא נהירא לי. ע"כ. [ובש"ס עוז והדר הוסיפוהו בהגהות וציונים]. וכן הגיה מהר"ב רנשבורג (אות א).

נח. התוספות (מו"ק ג ע"ב) כתבו 'הא דאמר לקמן דהתירו תוספת שביעית הלכך הוה אמר הכי דליכא לפרש'. ובהגהות הב"ח (אות ג) גורס: הא דאמר' דהתירו תוספות שביעית ולכך הוה אמר הכי משום דליכא לפרש. עכ"ל. ולא מובן מה הצורך בתיקונים אלו.

נט. התוספות (מו"ק ו ע"א ד"ה אמר רב פפא) כתבו 'ולפירוש הקונטרס גרסינן אף על גב דליכא חורש, ומפרש ביניהם טהור דאינתקא לה טומאה'. ובהגהות הב"ח (שם אות ו) מעביר את תיבות 'ביניהם טהור' לאחרי תיבת 'חורש' לפני תיבת 'ומפרש', וקוראים כך 'ולפירוש הקונטרס גרסינן אף על גב דליכא חורש ביניהם טהור, ומפרש דאינתקא לה טומאה'. ותמה בספר בארות המים שלפי גירסת הב"ח מבואר שהתוספות ציטטו את הדין הראשון, של רב יהודה דלעיל, שבו נאמר 'אף על גב דליכא חורש', והוסיף הב"ח שהדין שם 'ביניהם טהור', אך לפי זה לא מובן המשך התוספות מיד 'דאינתקא לה טומאה', שהרי שם מדובר שגם אין סיד ביניהן, אם כן אין הטעם משום שהתנתקה הטומאה, אלא שלא היתה כלל טומאה מעולם

שם. והביאור 'דאינתקא לה טומאה' שייך רק בברייתא השניה, כשיש סיד
שפוך על ראשיהן ומרודה לכאן ולכאן, כלומר שיש לתלות שהיתה שם
טומאה, אלא כיון שנחרש ביניהן הרי התנתקה לה הטומאה. ולכן מבאר
בארות המים את גירסת התוספות כפשוטה, כך 'ולפירוש הקונטרס גרסינן'
לעיל בדין הראשון, של רב יהודה דלעיל, 'אף על גב דליכא חורש', וכן
בכל הסוגיא 'חורש' במקום 'חרס', וכעת ממשיכים התוספות שלפי גירסת
רש"י בדין הראשון, מפרש בברייתא השניה 'ביניהם טהור דאינתקא לה
טומאה', שאכן אף על פי שיש סיד שפוך על ראשיהן וכו' ויש לתלות
שהיתה ביניהן טומאה, כיון שנחרש ביניהן התנתקה לה הטומאה.

ס. התוספות (מו"ק ז ע"א סוד"ה אמר רבי) כתבו: ור' קסבר דלעולם כהן אינו רשאי
לשתוק כלל, ולדברי ר' לא תמצא בשום אחד רואין להקל ולא להחמיר
דאינו רשאי לשתוק כלל. ובהגהות הב"ח (אות ב) מוסיף אחרי תיבת ר'
פעמיים 'יוסי', כי כך דעת רבי יוסי שם. אך בבארות המים כתב: ולא מובן,
שכוונת התוספות פשוטה שבין לתנא שאמר שלרבי נראים דברי רבי מאיר
במוחלט וכו' ובין לתנא שאמר להיפך, סובר רבי שאין יכול לשתוק אלא
או לטהר או לטמא. עכ"ל. וכתב בספר מימיני מיכאל שגם במהרש"א לא
משמע כן שצריך לתקן [שמתקן תיבה אחרת באותו משפט ומעתיק תיבות
ר' כפשוטן].

סא. מועד קטן (י ע"ב) בהגהות הב"ח (אות א) נ"ב, כן היא גירסת רש"י ונימוקי
יוסף ופירוש מסקל השדה. עכ"ל. וצ"ל 'ופירש' [במקום 'ופירוש'], כי כך
פירש הנמוק"י שם (ד ע"א בדפי הרי"ף). וכן כתב בספר מצור דבש (שם) לתקן
בהגהות הב"ח.

סב. התוספות (מו"ק י ע"ב סוד"ה פרקמטיא) כתבו: אבל הלואה דשולחנות
בקביעות וחילוף נראה דחשיב פרקמטיא. עכ"ל. ובהגהות הב"ח (שם אות י)
גורס 'דלא חשיב'. וביאר בספר טל חיים (שם) שכנראה סברת הב"ח היא
שכך לכאורה משמע ממהלך התוספות, שאחרי שביארו את הלואת רבינא
שאסורה (כמבואר שם לעיל מיניה), כתבו 'אבל' כי באים לבאר סוג הלואה
המותרת. אך הטל חיים בעצמו כותב שנראה שתיבת 'אבל' עולה על דברי
רבינו תם (דלעיל מיניה שם), שהתיר הלואת רבית שאינה נחשבת כפרקמטיא, על
זה מסיימים התוספות אבל הלואה של שולחני שהוא יושב בקביעות
ומחליף וכו' נראה שנחשב כפרקמטיא. וכן מבואר בשלחן ערוך (סי' תקלט סעי'
יד) שהביא דין זה בלשון התוספות שלפנינו 'הלואה דשולחנות בקביעות
וחילוף אסור' ללא שום חולק. וכן כתבו הרש"ש ומימיני מיכאל. ובמצבת
משה שם כתב לומר שאין לפי"ז א"כ מדוע לא תירצו התוספות על רבינא

שהיה שולחני קבוע ולכן לא התירו לו אלא משום דבר האבד, כיון שלא מסתבר שרבינא היה שולחני קבוע (עיין אבות פ"ד מ"י 'הוי ממעט בעסק'). [ועיין בביאור הגר"א (שם) שכתב 'דכהאי גונא הוי פרקמטיא לדברי הכל'. ועיין ארחות חיים (הל' חוה"מ סעי' יד) שכתב 'וחילוף המעות בסקוקי אסור'].

סג. התוספות (מו"ק יד ע"א ד"ה ושאר) כתבו: אע"פ שהוא מלאכה היה לנו להתירה לצורך המועד אי נמי שיש מלאכות אסורות. ובהגהות הב"ח (אות ד) הוגה אחרי תיבת אי נמי 'אף על פי', וכן בדפוס וילנא הוסיפו בתוך התוספות תיבת 'אף' בסוגריים מרובעים. והרש"ש כתב שלא ישרה הגהה זו בעיניו, שהרי אין כוונת התוספות ב'אי נמי' להסבר נוסף, אלא כוונתם פשוטה ל'אם שגם', כלומר היה לנו להתירה לצורך המועד אף על פי שיש מלאכות אסורות וכו'. וכן ביארו הראש משביר, בארות המים ותפארת בחורים (שם) את כוונת התוספות בלא שום הגהה. ועיין בית מועד כאן שנתקשה הרבה בלשון התוספות שלפנינו. ודו"ק.

סד. שם בהגהות הב"ח (אות ד) תיקן 'דברים' במקום 'מלאכות', אך כתוב בהגהותיו 'שיש דברים אסורות במועד', והיה צריך לשנות גם 'שיש דברים אסורים במועד'.

סה. מועד קטן (כב ע"א) בהגהות הב"ח (אות א). עי' מצבת משה (שם, סב ע"ג בדפי הספר) וארץ צבי (שם אות קנ).

סו. התוספות (חגיגה ו ע"ב ד"ה מאי נפקא מינה) כתבו: כלומר מאי דהוה הוה, וכן פריך בפ"ק דיומא (דף ה: ושם) גבי כיצד הלבישן ובפסחים (צו.) גבי אימורי פסחים ובסנהדרין (דף טו: ושם) גבי שור סיני בכמה לא בעי, משום דסבירא ליה וכו'. עכ"ל. ובפשטות צריך לשים פסיק אחרי תיבת 'הלבישן', וכוונת התוספות שבפסחים וסנהדרין לא הקשתה הגמרא מאי דהוה הוה, משום דסבירא ליה וכו'. וכן ביאר בספר שיח יצחק את דבריהם, עי"ש. אך בהגהות הב"ח (אי' ד) הוסיף אחרי תיבת 'פסחים': 'דאמרינן מאי דהוה הוה'. ולכאורה זהו תימה שהרי הגמרא בפסחים לפנינו אינה מקשה כלל כן. וכן תמה עליו מהר"ץ ענגיל בגליוני הש"ס שם. וכן מתבאר מהתוספות רא"ש (הנדמ"ח) שכתב במפורש 'והא דלא פריך הכי בפסחים...'. [ונראה זה פלא שגם המהרש"א (יומא נב ע"ב) כתב 'תקשי ומאי נפקא מינה לך מיניה דמאי דהוה הוה כדפרכינן בפרק קמא דסנהדרין גבי שור סיני וקאמר דקמבעיא ליה לידע פיסוק טעמים', וצ"ע שהרי שאלת הגמרא מאי נפקא מינה והתירוץ לידע פיסוק טעמים זהו רק בחגיגה כאן וליתא בסנהדרין לגבי שור סיני. וכתב בספר אבני המקום (סי' לז) שעל המהרש"א לא קשה כל כך, כי כתב כן דרך שיטפיה, אך על הב"ח קשה כן מדוע הוצרך להגיה. ולפי

דברינו כאן בכל מאמר זה גם על הב"ח לא קשה, שהרי גם את הגהותיו כתב בצידי הגליון דרך שטפיה וכנראה לא עבר עליהם שוב כדי להדפיסם, והמדפיסים העתיקוהו מספרו לאחר פטירתו].

סז. שם. איתיביה [השלישי]. הוסיף בהגהות הב"ח: ריש לקיש לרבי יוחנן. עכ"ל. וצ"ב, דהרי כבר באיתיביה הראשון כתוב להדיא 'ריש לקיש לרבי יוחנן', וא"כ א"צ לכתוב כן גם כאן שוב, דכך ממשיכים האיתיביה עד האיתיביה הבא שבו כתוב להדיא 'רבי יוחנן לריש לקיש'. ובאיתיביה השני ג"כ לא כתוב בגמרא מי למי, כיון דקאי אאיתיביה הראשון כנ"ל, ולא העיר שם הב"ח דבר. וצ"ב.

סח. התוספות (חגיגה ח ע"א ד"ה אמאי) כתבו: דאמר בפ"ק דחולין (כא.) בשמעתתא וכו', דהתם נמי פריך ביום מביום צוותו נפקא ומשני כדי נסבא'. ובהגהות הב"ח (אות א) מתקן [במקום 'ביום מביום צוותו]: 'ידו הימנית מדרבה בר בר חנה'. ואמנם הגמרא בחולין שם מקשה כן, אך אינה מתרצת 'כדי נסבא' אלא תירוץ אחר, עי"ש. אכן במנחות (פג ע"א) הגמרא מתרצת על קושיה זו 'כדי נסבא', ובזבחים (צח ע"א) מתרצת את שני התירוצים ['כדי נסבא' כבמנחות, ותירוץ שני כהתירוץ בחולין שם], ועי' בתוספות (בשלשת המקומות). וא"כ צ"ב מה יש מקום להגיה בלשון התוספות אצלנו. והעיר בזה בקצרה בילקוט ישעיהו (חגיגה שם). [גם המשך הגהות הב"ח שם 'למימר מן החולין' במקום 'למיפרך' צריך ביאור מטרתו]. ובמאורי אור (וירמש, תק"ב) ומירא דכייא (קורוכליו, ליוורנו תקנ"ב) הדגישו לגרוס כמו התוספות לפנינו.

סט. התוספות (חגיגה ח ע"ב ד"ה חזר) העתיקו לשון הירושלמי (שם פ"א ה"ב, פאה פ"א ה"א): היו לפניו עשרה בהמות הקריב חמשה ביום טוב ראשון והמותר מהו שידחה יום טוב האחרון, רבי קריספא אומר איתפלגון ר' יוחנן וריש לקיש, חד אומר דוחה וחד אומר אינו דוחה, ולא ידעינן מאן אמר [דא ומאן אמר דא], אמר רבי זירא נפרש מליהון דרבנן מן מליהון, דרבי יוחנן דו אמר טופל מעות למעות דו אמר דוחה, ריש לקיש דו אמר אדם טופל בהמה לבהמה ואין אדם טופל מעות למעות דו אמר אינו דוחה. ע"כ. ובהגהות הב"ח (אות ה) תיקן כמה תיקונים בלשון התוספות, ואכן חלקם בירושלמי לפנינו כהב"ח, אך חלקם בירושלמי שלפנינו כהתוספות, עי"ש, ובפרט שנראה שהב"ח מוחק תיבת 'דו' ארבע פעמים כאילו אין מקומה כאן, והרי בירושלמי מופיע מטבע הלשון 'דו אמר' מאות פעמים. [אמנם בתוספות רא"ש כאן פעמים גרס 'דאמר' כהגהות הב"ח, אך פעמים גרס 'דא אמר']. ועוד שהב"ח כופל תיבת 'הוא', כך: ואין אדם טופל בהמה לבהמה הוא

דהוא אמר דוחה, וריש לקיש וכו' מעות למעות הוא דהוא אומר אינו דוחה. עכ"ל. וצ"ב.

ע. התוספות (חגיגה ט ע"א ד"ה כיון) נסתפקו בדין אדם שהיה בריא ביום הראשון של החג ואחר כך נהיה חיגר וכו', עי"ש. וכל האחרונים דנו בלשון התוספות האם ספיקם הוא לרבי אושעיא או לרבי יוחנן (עי' מחלוקתם בגמ' שם), ונשאו ונתנו בדבריהם. ובהגהות הב"ח (אות ז) פתר כל הדיון על ידי הגהה בלשון התוספות, עי"ש. ואמנם רב גובריה להחליט כן כדי לבאר לשון התוספות, אך אמרתי אציין את ביאורי כל האחרונים שביארו דרכים אחרות בדעת התוספות[923]. ובשו"ת אהל יהושע (בומבאך תרס"א, ח"א סי' מג אות ג) ושו"ת ראשית בכורים (לרבי בצלאל הכהן מווילנא, ח"א סי' ח עמ' צב-צג) גם השיגו על הגהות הב"ח.

עא. חגיגה (י ע"א) בתוד"ה לאפוקי. הביאו את הגמרא (שבועות כו ע"ב) וכי תימא נילף מינה, משום דהוה ליה תרומה וקדשים שני כתובים הבאים כאחד ואין מלמדים. ומבארים התוספות ש'תרומה' הכוונה תרומת מלאכת המשכן, שכתוב בה "כל נדיב לבו". ובהגהות הב"ח גורס 'כל נדיב לב הביאו' [במקום 'כל נדיב לבו']. וצ"ע מה העדיף את הפסוק (שמות לה לה כב) "כל נדיב לב הביאו" יותר מאשר הפסוק (שם שם ה) "כל נדיב לבו יביאה". והגמרא עצמה (חגיגה שם) הביאה את הפסוק "כל נדיב לבו", ושם לא תיקן הב"ח. אמנם מצינו לשונות לכאן ולכאן, שבגמרא בשבועות (שם) הגירסא 'כל נדיב לב' ומשמע ברש"י ותוספות שם שהכוונה על הפסוק "כל נדיב לב הביאו", עי' מגדים חדשים (חגיגה שם) שבגמרא דפוס ויניציאה (שנת רפ"א) גם בסוגיא שלנו כתוב 'כל נדיב לב'.

עב. חגיגה (י ע"ב) בגמרא בתחילת העמוד מופיע שלש פעמים המושג 'חוגו חגא', עי"ש, ואח"כ מקשה הגמרא 'ואי ס"ד דחוגא הוא', ומתקן הגהות הב"ח (אות א) 'ואי ס"ד דחוגא חגא הוא', ולכאורה טפי הו"ל לתקן לגמרי 'ואי ס"ד דחוגו חגא הוא'. ודו"ק.

---

[923] וכן רוב ככל האחרונים גורסים כמו שלפנינו בתוספות, וביארו כוונת התוספות כל אחד לפי דרכו. עי' מהרש"א וראש משביר [שמפרשים שספק התוספות הוא בין לרבי אושעיא ובין לרבי יוחנן]. ומעין זה כתבו רמת שמואל וגבעת פינחס. והטורי אבן מבאר שספק התוספות רק לרבי אושעיא. ומעין זה ביאר השפת אמת [אך לרבי יוחנן ביאר מהטורי אבן הפוך ומחק תיבת 'ומיחו' מלשון התוספות שלפנינו, עיין שם]. ומעין זה כתבו בשו"ת ושב הכהן (סי' צד) ובעבודת הלוי, אך לא תיקנו בנוסח התוספות שלפנינו. ובשו"ת מכתם לדוד (יורה דעה סי' נב ד"ה והיה נראה, סי' נד ד"ה הגם חלום) ובני שמואל (בסוגיין) פירשו הבעיה רק לרבי יוחנן, עיי"ש. ועוד בביאור דברי התוספות באופנים שונים עי' ברכות מים, זכר לחגיגה, ככבא דשביט, מנחת יהודה (אפשטיין), אפיקי ים (ח"א סי' ב), אפיקי איל ואבני המקום (סי' סט).

עג. חגיגה (טז ע״א) בתוד״ה בכהנים. כתבו (מהגמרא במגילה כד ע״ב) ׳דהוה בשיבבותיה דרב הונא והוה פריס ידיה׳. ובהגהות הב״ח (אות י) תיקן ׳דהוה פריס ידיה׳. וצ״ב שמלבד שאין התיקון משמעותי כל כך, הרי על כל פנים בגמרא במגילה עצמה שם כתוב ׳והוה פריס ידיה׳. ושם לא הגיה הב״ח מאומה.

עד. חגיגה (יז ע״א) בתוד״ה אין כהן. לפנינו בתוספות כתוב ׳דלישנא לא משמע ליה... היה רגיל כהן גדול לעבוד... בירושלמי בפרקין... בכליו והולך ומקריב... נדרים ונדבות מקריב אותן׳. ובהגהות הב״ח (אות ז) גורס ׳דלישנא לא משמע הכי... היה רגיל כהן גדול ללובשן כדי לעבוד... בירושלמי דפרקין... בכליו ובא ומקריב... נדרים ונדבות הוא מקריבן׳. והנה בתוספות רא״ש אמנם גם כן כתב ׳הכי׳ כהגהת הב״ח, ולא ׳ליה׳ כהתוספות לפנינו, וכן ׳דפרקין׳ ולא ׳בפרקין׳, אך כל שאר הדברים [׳ללובשן כדי׳, ׳ובא׳, ׳מקריבן׳] הם גם בתוספות רא״ש כבתוספות לפנינו. אמנם הב״ח הגיה על פי הירושלמי (פ״ב ח״ד) שלפנינו, אך גירסת התוספות רא״ש מוכיחה שכנראה כך היתה גירסת התוספות בירושלמי.

עה. חגיגה (יח ע״ב) בתוד״ה כאן באכילה... ׳ואף בנגיעה דמעשר נמי פליגי רבנן ואסרי לה׳. ובהגהות הב״ח (או׳ ז) צוין לתקן ׳בנגיעת׳ [במקום ׳בנגיעה׳]. וצריך עיון מה רצה לתקן.

עו. חגיגה (כ ע״א) ברש״י ד״ה המטמאה, וד״ה הפוסלה. תיקן בהגהות הב״ח (או׳ ג-ד) ׳המטמאו׳ ו׳הפוסלו׳. ואמנם הוא כך בגמרא לפנינו, אך יותר נראה גירסת רש״י [וכן הוא בתוספות כאן], שהרי זה הולך על המגריפה. ואדרבה הרש״ש תיקן בגמרא שצ״ל כברש״י ותוספות. וכן תמה על הגהות הב״ח בהערות הגרי״ש אלישיב.

עז. חגיגה (כא ע״ב) ׳דקיטרא במיא אהדוקי מיהדק׳. בהגהות הב״ח (אות א) מוחק תיבת ׳במיא׳. וצ״ב מדוע, והרי כוונת הגמרא שהקשר אע״פ שהוא קצת רופף, אך מתהדק יותר במים וקרוב להיות חוצץ כדפרש״י. וכן גירסת התוספות על אתר ׳דקיטרא במיא אהדוקי מיהדק׳. וכן מפרש רבינו חננאל כאן. ועי׳ שיח יצחק (שם).

עח. חגיגה (כא ע״ב) תוד״ה בתרייתא [השני] ׳על גבי קטבליא׳. בהגהות הב״ח (אות ז) מתקן ל׳קרטבלא׳. ובאמת כן הוא בגמרא לפנינו להלן (כד ע״א) שאותה מצטטים התוספות. אך בגמרא (שבת קמא ע״ב, ב״מ צ ע״ב, מנחות נז ע״ב) הגירסא כהתוספות כאן ׳קטבליא׳, ולא מן הנמנע שהם גרסו כן גם להלן. וכתב בדקדוקי סופרים (להלן שם אות ח) שכן הגירסא הנכונה. ובדומה לזה

גירסת הרבה ראשונים להלן שם 'קטבלא'. וכן הוא במשנה (שקלים פ"ג מ"ד) ובגמרא (נדה כח ע"א). ובמשנה (כלים פכ"ד מ"ה) 'קטבוליא'. וכן הוא במשנה כתב יד הרמב"ם בכל מקום (יצא לאור בפירוש המשנה מהדורת מכון המאו"ר).

עט. חגיגה (כא ע"ב) תוד"ה כעוביה, 'דבעינן חצי הנקב מלא מים'. בהגהות הב"ח (אות ט) גורס 'רוחב הנקב'. וצ"ב מדוע. והעיר על זה בספר מצור דבש שאין צריך להגיה, שהרי במקום חצי העיגול שם הוא הרוחב היותר גדול.

פ. חגיגה (כה ע"ב) תוד"ה מנפח, 'פירשתי בברכות (דף יט:) כל אורך הדברים מפרישת רבי יהודה נ"ע'. ובהגהות הב"ח (שם אות א) כתב: בש"ס שלנו לא נמצא כלום, כי אם בבכורות דף כט בד"ה היכי אזיל האריך בזה. עכ"ל. ואולי כוונתו לתקן כאן 'בבכורות' במקום 'בברכות'. אך נראה שכוונת התוספות היא לתוספות רבינו יהודה משירליאון (ברכות שם) שהאריך בזה [וכ"ה בתורא"ש חגיגה כאן].

פא. יבמות (יג ע"ב), 'תנא דבי רבי ישמעאל... מצרימה דבלתימה ירושלימה מדברה'. וכן גירסת רש"י (תהלים ט יח), המאירי (כאן), ספר רושיינא (לרבינו שמואל מרושיאה, בראשית לג יד), הרא"ם (דברים לג כז) ומהר"ש סירליליאו (עדיות פ"ד מ"ר) ועוד. ובהגהות הב"ח (אות ב) מתקן לגרוס 'המדברה' במקום 'מדברה'. ולכאורה צע"ק, דהרי גם מצינו בתנ"ך (יהושע יח יב, מלכים א יט טו, ישעיה נא ג, דהי"א ה ט, שם יב ט) 'מדברה', וא"כ אולי כוונת הגמרא לזה, ולא לתיבת 'המדברה'! ובספר ארים נסי (מזוז, שם) העיר בזה, וכתב דכן משמע בתוספות (ד"ה כיון) דגרסו 'מדברה'. דז"ל התוספות: כיון דכתיב חוצה כמאן דכתיב לחוץ דמי [עכ"ל הגמ'], ואע"ג דכתיב נמי ה"א בתחלה, דכתיב 'החוצה', - היינו נמי אל החוץ, כמו 'המדברה' דהוי אל המדבר. עכ"ל התוספות. ואם היו גורסים בדברי תנא דבי רבי ישמעאל 'המדברה', א"כ לא קשיא מתחילה כלל. ועל כרחך דגרסו בתנא דבי רבי ישמעאל 'מדברה', לכן קשיא להו מתיבת 'החוצה', ותירצו דלא שנא, והביאו מדעתם ראיה מתיבת 'המדברה' שלא כתובה בגמרא. וגירסא זו גם מסתברת משאר דוגמאות הגמרא שהן ללא אות ה' בתחילתן. עכת"ד. ודו"ק. [וכתב דכן איתא בתנ"ך 'מדברה' חמש פעמים. וציינתים לעיל. ועיין רש"ש דציין שני מקומות, יהושע יח ומלכים א יט ה הנ"ל. ותמה בספר פאר דוד (אבידראש, יבמות שם) דלא ציין לדהי"א ה יט. ולענ"ד אינה תמיהה כלל, דהרש"ש ציין לשני המקומות הראשונים, ואידך זיל גמור, ותנא זיל ושייר, דהרי לא נחית למניינא. ואדרבה על הפאר דוד הנ"ל צ"ע, דאם כבר נחית למניינא, הו"ל להביא עוד שני מקומות וכדלעיל]. ועיי' מהרש"א דהגמרא הביאה דוקא דוגמאות אלו משום שהן שמות ערים. ומשמע קצת לפי"ז דגרסינן 'מדברה' ולא 'המדברה', אם נאמר דהתם איירי בשם מקום ולא בשם הכללי של המדבר. אך רש"י (יהושע

שם) פירש 'למדבר של בית און'. ודו"ק. וע"ע רלב"ג (מלכים א שם). אמנם בדקדוקי סופרים (עמ' קל, ועי"ש הערה 48) הביאו כתב יד אחד דהגירסא בו 'המדברה' כמש"כ הב"ח.

פב. יבמות (טז ע"ב), כתב רש"י (ד"ה עבדי שלמה): שנשאו בנות ישראל מחמת עושרן, ודרין שם בחזקת גוים. עכ"ל. ובהגהות הב"ח (שם אות א) כתב: רש"י ד"ה עבדי שלמה שנשאו בנות ישראל בחזקת עושרן. עכ"ל. ולא מובן מדוע להחליף תיבת 'מחמת' בתיבת 'בחזקת', וגם עצם המשפט לא ברור כעת. ובמהדורת עוז והדר (הגהות וציונים אות ז) כתב דכנראה שתיבת 'בחזקת' צ"ל בין 'שלמה' ו'שנשאו'. [כלומר לגרוס כך: עבדי שלמה בחזקת שנשאו בנות ישראל]. אך לא מובן, דא"כ [בהעברת תיבת 'בחזקת'] המשך המשפט לא יהיה ברור, דיהיה כך: בחזקת שנשאו בנות ישראל עושרן. ועל כרחך יש כאן עוד טעות וצריך להוסיף בחזרה את תיבת 'מחמת' בהגהות הב"ח. וזה דוחק שנפלו שתי ט"ס בדבריו. ולענ"ד טפי נראה דנפלה ט"ס אחת, ולא ברור מה היא, ותיבת 'בחזקת' כנראה אינה תיקון כלל, אלא היא מהמשך העתקת רש"י 'ודרין שם בחזקת גוים'. ודו"ק. וה' יאיר עיני.

פג. יבמות (סט ע"א-ב) במשנה: כיצד (היה) ישראל שבא על בת כהן תאכל בתרומה, עיברה לא תאכל בתרומה, נחתך העובר במעיה תאכל, היה כהן שבא על בת ישראל לא תאכל בתרומה. ע"כ. ובהגהות הב"ח (ע"א) במקום תיבת 'היה' תוקן 'הרי', הן לפני 'ישראל שבא על בת כהן', והן לפני 'כהן שבא על בת ישראל'. והנה מלבד דלא ברור למה לתקן מתיבת 'היה' ל'הרי', גם לא מובן למה במשנה שלפנינו יש סוגריים רק על תיבת 'היה' הראשונה, ולא על השניה. ובמשנה שבמשניות ד"ו (הנקראות משניות ע"ג וכדו') ליתא תיבת 'היה' כלל, לא ברישא ולא בסיפא, ויתכן דזו היתה הגירסא שלפני הב"ח, לכן הוסיף מילת פתיחה 'הרי', ואילו לגירסא בגמרות שלפנינו 'הרי' לא היה מתקן כלל. וע"י בפיהמ"ש לרמב"ם (הנדמ"ח) שבהן המשניות ג"כ מועתקות מכתי"ק זיע"א, וגירסתו גם ברישא וגם בסיפא 'היה'.

פד. נדרים (צא ע"ב), בהגהות הב"ח (אות א). עי' רש"ש (שם) וקובץ ישורון (חכ"ד עמ' תתלט אות לב הע' 13). [ובתורה אור השלם (עזו והדר) ציינו לשני הפסוקים].

פה. נזיר (טו ע"ב) : דתניא רבי אושעיא אמר [אבל] הרואה זב בשביעי שלו. ע"כ. ובהגהות הב"ח (אות א) כתב: דתניא רבי אושעיא אומר, זב הרואה בשביעי שלו. כצ"ל. עכ"ל. והנה מובן דהופך תיבות 'הרואה זב' ל'זב הרואה' שכך הלשון ברורה. וכן תיקון מתיבת 'אמר' ל'אומר' גם כן מובן. אך לא מובן מדוע מוחק את תיבת 'אבל', והרי כך היא בברייתא שמופיעה

ג"כ במסכת פסחים (פא ע"א). ואמנם רש"י (פסחים שם ד"ה אבל) כתב: לא ידענו אהיכא קאי אבל. עכ"ל. והובא בתוס' (נזיר שם). אך עכ"פ מוכח דגרסו 'אבל', ומדוע מוחקו הב"ח. ועוד שכך ג"כ לשון המשנה (זבים פ"א מ"ב) וכפי שציין רבינו דוד (פסחים שם). ובאורח מישור (נזיר שם) תירץ קושית רש"י ותוס', דחזינן במשנה הנ"ל דתיבת 'אבל' קאי אמש"כ במשנה לפני כן 'הרואה קרי', על זה המשיכה המשנה 'אבל הרואה זוב', וכפי הנראה היה כך גם ברישא של הברייתא כבמשנה, לכן גם לשון הברייתא כאן 'אבל...'. וכ"כ בפירוש מים חיים (לתוספתא זבים פ"א ה"ב). [ולפ"ז לא היה צריך הב"ח לתקן תיבות 'הרואה זב' ל'זב הרואה', אלא רק להוסיף ו' ולגרוס 'הרואה זוב', כלשון המשנה הנ"ל. וכ"ה בגמרא כת"י מינכן, וכמש"כ בדקדוקי סופרים (פסחים שם אות נ), וכ"ה ברש"י (שם).]. וע"י לרבינו דוד (פסחים שם) דגורס בגמרא 'דתני רבי אושעיא', בלי תיבת 'אומר', ומבאר דרבי אושעיא שנה את המשנה הנ"ל לרבי יוחנן, כדמתבאר בהמשך הגמרא 'אמר ליה רבי יוחנן...'. וכ"כ בהגהות בן אריה (פסחים שם). וכ"ה בגמרא כת"י מינכן, וכמש"כ בדקדוקי סופרים (שם), וכן ציינו בהגהות וציונים (עוז והדר שם). ובזה מיושבת הערת הגרי"פ ברלין (פסחים שם, ובקצרה בנזיר שם) דתמה על הגירסא שלפנינו 'דתניא רבי אושעיא אומר', דהרי לא מוזכר 'רבי [כצ"ל] אושעיא' בשום מקום בברייתא (אע"פ שהוא ליקטה), ולכן גורס 'דאמר רבי [כצ"ל] אושעיא'. עכ"ד. ולפמש"כ רבינו דוד ובן אריה הנ"ל טפי הו"ל לגרוס 'דתני רבי אושעיא'. [ולענ"ד הוה לכולהו גם להוסיף ראיה שאינה ברייתא מהלשון שעונה רבי אושעיא לרבי יוחנן בהמשך 'רבי יוסי קאי כוותך'. ודו"ק.]

פו. נזיר (כג ע"א) : בגמרא 'כי ישרים דרכי ה' וצדיקים ילכו בם'. בהגהות הב"ח (אות ג) כותב: צדיקים כצ"ל, ואות ו' נמחק. עכ"ל. וצע"ג, דהא בפסוק מפורש 'וצדיקים' עם ו' ! וכן תמה בספר העקוב למישור.

פז. סוטה (ל ע"ב) בהגהות הב"ח (אות ב) : במקהלות ברכו אלקים ממקור ישראל. עכ"ל. יש להוסיף ה' לפני תיבות 'ממקור ישראל'. וכמו שהוא בפסוק ובגמרא (בעמוד הבא שם).

פח. גיטין (יח ע"א) : בגמרא 'איתמר, מאימתי כתובה משמטת'. ופרש"י: מאימתי כתובה, כשאר שטר חוב ומשמטתה שביעית. עכ"ל. ובהגהות הב"ח (אות ג) הוסיף 'תהא', כלומר לגרוס 'מאימתי תהא כתובה כשאר שטר חוב'. [וכן לשונו בספרו על הטור (אה"ע סי' קא אות ב) כשהעתיק לשון רש"י]. והנה אע"פ שמובנת ההגהה כדי ליפות הלשון [וזו אחת ההוכחות שהב"ח לפעמים הגיה בגליון ספרו רק ליפות הקריאה, ולאו דוקא כדי לתקן], אך לכאורה אינה מוכרחת כלל, דהרי זו דרכו של רש"י ברוב כל המקומות, שמעתיק לשון הגמרא

ואז מפרש[924], וה"ה כאן העתיק לשון הגמרא 'מאימתי כתובה' ופירש 'כשאר שטר חוב ומשמטתה שביעית'. ואמנם הר"ן (על הרי"ף כאן) כתב לשון זו 'מאימתי תהא כתובה כשטרי חוב ומשמטתה שביעית'. אך אכתי אינה ראיה לגרוס כן ברש"י, כיון שהר"ן פתח לפני כן 'גרסינן בגמרא איתמר כתובה מאימתי משמטת, כלומר מאימתי תהא כתובה כשטרי חוב...'. וכיון שכתב תיבת 'כלומר' ובא לפרש, כתב 'מאימתי תהא כתובה...'. אך רש"י כאן שלא כתב 'כלומר', אלא שיבץ הפירוש בתוך לשון הגמרא, י"ל שפיר שהעתיק תיבות 'מאימתי כתובה' ואז הוסיף הפירוש 'כשטרי חוב ומשמטתה שביעית'. וראיה לזה משו"ת רבינו בצלאל אשכנזי [בעל השטמ"ק] (סי' לג) ושו"ת מהרשד"ם (סי' רכז) [שקדמו בזמן לב"ח], שהעתיקו לשון רש"י כלפנינו.

פט. גיטין (פו ע"א), בהגהות הב"ח (אות א). עי' אוצר מפרשי התלמוד (גיטין ג ע"ב עמ' קג הערה 19).

צ. גיטין (ברא"ש פ"א סי' ב) : 'כלומר מכירני חתימת העדים'. בהגהות הב"ח (אות א) 'מכיר אני חתימת העדים'. ולא מובנת ההגהה, דפשיטא ד'מכירני' פירושו 'מכיר אני', כמו 'תמיהני, מקובלני, כמדומני, חוששני, קלני' [המופיעים פעמים רבות בש"ס] פירושם 'תמה אני, מקובל אני, כמדומה אני, חושש אני, קל אני'. וכן העיר בספר ארים נסי (גיטין שם).

צא. גיטין (בהגהות אשר"י פ"ב סי' יא) בהגהות הב"ח (אות ה) כתב חידוש גדול, ד'סיקרא' דרבי יוחנן אינו 'סיקרא' דמתניתין. עי"ש, והוא פלא.

צב. קידושין (ג ע"א) בתוספות (ד"ה לא לחיה ולא לבהמה) כתוב : פי' לענין הרבעה משום דמספקא וכו'. ובהגהות הב"ח (אות ד) תיקן: פי' הקונטרס לענין הרבעה משום דמספקא וכו'. ע"כ. והן אמת שכך לומד המהרש"א שם, דהתוספות הקשו רק אפירש"י דפירש 'משום דמספקא...', דאכן בעיקר פירוש המשנה דלא שוה לחיה ולבהמה, יש לפרש גם למ"ד כוי בריה בפנ"ע. ותירצו התוספות דרש"י נקט כן משום מ"ד כוי זה הבא מתיש וצביה וכו'. [ופי' דרש"י רק כתב 'דכיון דמספקא לן', ולא כתב להדיא דהספק הוא חיה או בהמה, או שהספק הוא אי אזלינן בתר זרע האב או האם. ודו"ק היטב, ועי' ברש"י דלעיל מיניה]. וסיים המהרש"א דמהריב"ל האריך בזה שלא לצורך. דמהר"י בן לב הקשה שם על דברי התוספות, הרי כשהקשו התוספות למ"ד כוי

---

[924] ואין אני מוכיח מהנקודה המבדילה ברש"י בין 'הדיבור המתחיל' לבין הפירוש, דידוע דנקודה זו היא תוספת המדפיסים בדפוסים מאוחרים, ובדפוסים ראשונים (שונצינו ויניציאה) אינם קיימים כלל, אך עכ"פ ברוב ככל המקומות רש"י מתחיל בהעתקת לשון הגמרא ואח"כ ממשיך את פירושו בלשונו, וגם כאן יש לבאר כן שפיר, וא"צ בדוקא להגיה.

בריה בפנ"ע, על כרחך הבינו דלמ"ד כוי זה הבא מתיש וצביה לא קשה,
א"כ מה תירצו דאיירי למ"ד כוי זה הבא מתיש וצביה! ועוד הקשה דשפיר
יכלו התוספות לתרץ דאתי גם למ"ד כוי בריה בפנ"ע, דהיא גופא עצם
הדין הרגיל דכל מין אסור בהרבעה עם אינו מינו, א"כ אינו לא כחיה ולא
כבהמה, פי' דאסור בהרבעה עם שאינו בן מינו. עכ"ד מהריב"ל [ומוכח
דהבין דאין קושית התוספות על רש"י דוקא]. והרש"ש תירץ קושיותיו דהתוספות
הקשו אלשון 'לא שוה לא לחיה ולא לבהמה', הרי איסור הרבעה הוי גם אי
הוי שוה להם ! [ועל זה תירצו תוספות דלא שוה לחיה פי' לצבי, ולא לבהמה פי'
לתיש. וסיים הרש"ש דהמהרש"א האריך בזה ללא צורך. ודו"ק].

צג. קידושין (ט ע"א) בתוספות (ד"ה הא לא דמי). עי' מה שכתבנו בס"ד בשבט
מיהודה (ח"ב סי' עה עמ' 147 או' ב,ד).

צד. קידושין (כג ע"ב) בתוספות (ד"ה ודבי אלעזר) 'המדיר חתנו הנאה', ובהגהות
הב"ח (שם אות ג) דצ"ל 'המדיר את חתנו'. עיין מש"כ בהערה לפיהמ"ש
לרמב"ם (הנדמ"ח מכון המאו"ר, נדרים פי"א מ"ח הערה ו).

צה. קידושין (פ ע"א) 'רובא וחזקה רובא עדיף'. ובהגהות הב"ח (שם אות א)
כתב: עיין ב"ב דף צג יש שתי סברות איזהו עדיף. עכ"ל. עי' מש"כ בהערה
לפיהמ"ש לרמב"ם (הנדמ"ח מכון המאו"ר, נזיר פ"ט מ"ב הערה יז). שוב ראיתי בברכת
אברהם (ארלינגר, בבא בתרא צג ע"א עמ' רה) שכתב: ונפלאתי על רבינו הב"ח ז"ל
כיצד מדמה חזקה דסוגיין להך חזקה דבקידושין, דהתם הנדון הוא חזקה
דמעיקרא דחזקת טהרה של העיסה מול רוב תינוקות מטפחין באשפה,
ובזה בודאי רובא עדיף מחזקה, ורק ר"מ מטעם סמוך מיעוטא
לחזקה ואיתרע לה רובא והוה כפלוגא ופלוגא, אבל לכו"ע רוב עדיף מחזקה
דמעיקרא. אבל בסוגיין הרי החזקה היא סוג אחר של חזקה, דזה גדר
אומדנא כמבואר ברשב"ם, ואין לזה שייכות לכללא דרובא וחזקה רובא
עדיף, ובזה שפיר פליגי אי הוה אומדנא דעדיפא מרוב. וצע"ג. וראיה
לדברינו, כיצד סד"א דרובא וחזקה כי הדדי נינהו ותלו מחלוקת רב
ושמואל בתנאים אלו דגמל האוחר בין הגמלים, הא עכ"פ לרבנן דר"מ
דקי"ל כוותייהו רוב עדיף מחזקה, ובע"כ דלא קרב זה אל זה ובחזקה
דסוגיין שפיר יש לדון אם זה כמו רוב או עדיף או גרע. ודוק היטב. עכ"ל.
והגר"ח קנייבסקי בשיח התורה (קידושין שם) השיב על תמיהה זו: מענין חזקה
אחת היא.

צו. הר"ן (קידושין כג רע"ב בדפי הרי"ף) כתב: 'וכתב עליו הראב"ד ז"ל בהשגות,
אין בלשון התוספתא אם לא עשה, אלא אם לא הוחזק, ולעולם שעשאו
שליח בעדים, אלא שלא הוחזק אצלם שעשאו שליח בעדים'. עכ"ל. ואכן

כן הוא לשון הראב"ד (פ"ט מהל' אישות הי"ח). ובהגהות הב"ח (אות ד) על תיבות 'אלא שלא הוחזק אצלה שעשאו' כתב: שלא הוחזק שעשאו, כצ"ל. עכ"ל. ולא מובן למה למחוק תיבת 'אצלה' המופיעה גם בראב"ד וגם בר"ן ומסתברת. וע" בשינויי נוסחאות שבגליון הרמב"ם (מהד' ר' שבתי פרנקל) ובילקוט שינויי נוסחאות (שבסוף הספר שם) שלא הביאו בזה שום שינוי נוסחא.[925]

צז. בבא קמא (טו ע"א) 'אבל לענין קטלא, איש דבר מצוה לשלם כופר, אשה לא'. ובהגהות הב"ח (אות ב) כתב לגרוס 'משלם' במקום 'לשלם'. ולכאורה לא מובן, דאדרבה כיון דלא איירי דהאיש הוא המשלם, אלא משלמים עליו, וכמש"כ תוד"ה לכל, עדיף טפי לגרוס 'איש דבר מצוה לשלם' כלומר על המזיק לשלם עליו כופר, משא"כ 'איש דבר מצוה משלם' משמע כאילו האיש עצמו משלם, ואינו כן! וצ"ע. ובעמודי שש יישב בדוחק דגם 'משלם' יש לפרש דבעל השור משלם. וכן לשון רש"י (ד"ה איש דבר מצות) 'משלם בעל השור כופר'. ודו"ק.

צח. בבא קמא (כה ע"א) בתוספות (ד"ה אני) כתבו: שאין חומרות מועילות לחייבו ברה"ר נ"ש. עכ"ל. ובהגהות הב"ח (שם אות א) כתב: שאין חומרות מועילות לחייבו ברה"ר, מועילות ברשות הניזק לחייב קרן נ"ש וכו'. עכ"ל. נראה דרצה להוסיף בתוספות תיבות 'מועילות ברשות הניזק לחייב', אך תיבת 'קרן' נכנסה בט"ס. ודו"ק [כן העירו שם במהדורת עוז והדר (הגהות וציונים אות ו)].

צט. בבא קמא (לז ע"א בתוד"ה שור ולא נגח) 'בתרא דנקט כדי שאם'. ובהגהות הב"ח (שם ס"ק ב) 'בתרא דנקט כדי נקט שאם'. דהיינו שאומרים התוספות 'כדי נקט', שלחנם נקט אחרי הנגיחה השלישית שוב 'שור ולא נגח', אלא שרצה לומר שאם יגח שוב לאלתר ישלם נזק שלם. וכתב בארות המים שאין צריך להגהה זו, דכך מובן בפשטות התוספות. ולא כמו שהבין הנחלת משה. ועיין מהר"ם שיף וקול יהודה.

ק. בבא קמא (לז ע"ב) במשנה, שור של ישראל שנגח שור של הקדש. בהגהות הב"ח (אות א) במקום 'ישראל' תיקן ל'הדיוט'. כנראה על פי המשנה 'ושל הקדש שנגח לשור של הדיוט'. אך ברוב הנוסחאות 'ישראל'

---

[925] אמנם בהמשך דברי הראב"ד המובאים בר"ן שם, שכתב: אבל כל שהוחזק בעדים. עכ"ל. ותוקן בהגהות הב"ח (שם אות ה): אבל כשהוחזק בעדים, כצ"ל. עכ"ל. אכן כך הוא בהשגת הראב"ד שלפנינו (ברמב"ם דפוס וילנא). אך ברמב"ם (מהד' ר"ש פרנקל) איתא: אבל בשהוחזק בעדים. ובשינויי נוסחאות (שם) וילקוט שינויי נוסחאות (שם) לא צויין על זה דבר. ודו"ק. ובלא"ה ההגהה מיכל שהוחזקי ליכשהוחזקי ג"כ לכאורה אינה מחויבת.

כלפנינו, ואדרבה להלן בהמשך המשנה בהרבה נוסחאות 'ישראל'. וכתב בקול הרמ"ז (על המשניות) ליישב הגירסא שלפנינו, שבתחילה לא דקדקה המשנה לכתוב 'הדיוט' כי עדיין לא נקטו לשון 'הקדש'. והרש"ש כתב ליישב הגירסא שלפנינו, שבדווקא פתח שור של ישראל, שרק הוא פטור כשנגח שור של הקדש, אך שור של גוי שנגח שור של הקדש חייב.

קא. בבא קמא (מג ע"ב), כתב רש"י (ד"ה אבל) 'אבל אש דבכוונה לא משלם כופר, חדא'. וכתב בהגהות הב"ח (ס"ק ב) 'לא משלם דמים חדא'. לא זכיתי להבין למה לתקן מ'כופר' ל'דמים', וגם בגמרא כתוב 'כופר' וכך הפשט פשוט ושם לא תיקן מאומה. וצ"ע. וכן תמהו בזה בבארות המים ועמודי שש.

קב. בבא קמא (ברי"ף ד ע"א בדפיו) במשנה 'נכסים המיוחדים, חוץ מרשות המיוחדת למזיק'. ובהגהות הב"ח (אות א) הוסיף אחרי תיבת 'המיוחדים': 'ובכל מקום'. כנראה על פי המשנה שבגמרא לפנינו (ט ע"ב). אלא שלכאורה אינה הגהה מוכרחת כלל, כיון דאיכא גאוני וגירסאי קמאי טובא דלא גרסי לה במשנה, ואלו הן: במשניות כת"י ודפו"ר (נאפולי) ובירושלמי וברי"ף והמאירי ובספר הנר ובפי' רבינו נתן אב הישיבה ובגמרות כת"י מינכן ודפוסי שונצינו פיזרו ועוד, בכולם ליתא תיבות 'ובכל מקום' במשנה. וכ"כ מלאכת שלמה: הר"ר יהוסף [אשכנזי] מחק שתי מילות אלו, וכן מצאתי בכל הספרים. עכ"ל. וכן מוכח לשון רבינו עובדיה מברטנורא שכתב: חוץ מרשות המיוחדת למזיק, בכל מקום שהזיקו נכסיו את נכסי חבירו חייב המזיק חוץ מרשות המיוחדת וכו'. עכ"ל. הרי שביאר מדידיה 'בכל מקום' על תיבות 'חוץ מרשות המיוחדת למזיק' דבמתניתין. וכן יש לבאר בפשיטות לשון רש"י: ובכל מקום חב המזיק כמו שהזיקו נכסיו את נכסי בני הברית ואת נכסיו המיוחדין חוץ מרשות המיוחדת למזיק שאם נכנס שורו של ניזק וכו'. עכ"ל. ובכל הדפוסים הישנים הכל דיבור אחר ברש"י ללא הפסק, כלומר דרש"י הקדים 'ובכל מקום... המיוחדין' מדידיה כדי להמשיך לבאר לשון המשנה 'חוץ מרשות...'. ובכל כתבי היד של פרש"י [ובדפוס בזל] ליתא כלל להקדמה 'ובכל מקום... המיוחדין'! ואתי שפיר טפי. ומהרש"ל (בחכמת שלמה הגהות) הוא תיקן ברש"י לעשותם שני דיבורים, כנראה מחמת שראה לפניו במשניות 'ובכל מקום'. ויתכן גם שמחמת לשון רש"י הוסיפו בדפוס ראשון של הגמרא תיבות 'ובכל מקום' במשנה עצמה.

כל זה מספר דקדוקי סופרים (ס"ק ה) ורזא דשבתי (שנויי נוסחאות בסוף הספר). וכפירושם ברש"י יש ג"כ לפרש בלשון רבינו ברוך ב"ר שמואל ספרדי מארץ יון שג"כ כתב כרש"י: כל מקום שהזיקו חייב לשלם כדינם חוץ מרשות וכו'. עכ"ל. ונפרש כנ"ל דפתח מעצמו 'כל מקום...', ולא העתיק

מהמשנה. וכן מוכח לשון הרמב"ם בפיהמ"ש שכתב: והרביעי, שאירע
הנזק חוץ מרשות המיוחדת למזיק, אבל אם נכנס שור ראובן לחצר שמעון
והזיק אותו וכו'. עכ"ל. הרי שלא הקדים תיבות 'בכל מקום', אלא מבאר
מדידיה דהמשנה כותבת בלשון חיובית שאירע הנזק חוץ מרשות המיוחדת
למזיק. ודו"ק. [וצע"ג דבלשון המשנה עצמה שהעתיק הרמב"ם למעלה בכתב ידו כן
כתוב 'ובכל מקום'. ולא אשכחנא פתרי להא]. וכן מוכח לשון הגמרא (יג ע"ב)
דציטטה רק 'חוץ מרשות המיוחדת למזיק' ומבוארת, ולכאורה אם היה
כתוב במשנה 'ובכל מקום' היתה מעתיקה גם זאת. וכן מוכח קצת בחידושי
תלמיד הרשב"א והרא"ש ובנמוק"י, דאזלי לפרש כל בבא ובבא במשנה,
ובבבא זו העתיקו רק 'חוץ מרשות המיוחדת למזיק' בלי תיבות 'ובכל
מקום' לפנ"כ. ולפי כל זה לכאורה הגהת הב"ח כאן היא ללא צורך, דשפיר
הרי"ף אינו גורס כן במשנה, ככל הני גאוני וגירסאי קמאי. ואמנם עי'
הגהות רי"א חבר (בסוף הגמרא, וציין במהד' עוז והדר על הגליון) דתיקן ברש"י הנ"ל
דבמקום 'כמו' צ"ל 'כ"מ' כלומר 'כל מקום', ולפ"ז מוכח דפתיחת רש"י
'ובכל מקום' הוי ציטוט מהמשנה. וכ"כ השנויי נוסחאות (במשניות וילנא)
ופירוש ירושלים הצרופה (על הירושלמי ס"ק כב). אך לענ"ד די"ל דרי"א חבר תיקן
כן מחמת שראה בגירסת המשנה לפנינו 'ובכל מקום', ואינה הוכחה
לגירסא המקורית. ודו"ק.

קג. בבא קמא (בר"ף ח ע"א בדפיו) 'או דלמא השתא מיהא מחמת ביעוט מנתזה
וצרורות נינהו, תיקו'. ובהגהות הב"ח (שם ס"ק א) תיקן כמו בגמרא לפנינו (שם
יט ע"א) 'קמנתזה צרורות, תיקו'. אך לפנינו ברבינו חננאל (שם) כגירסא
המקורית ברי"ף, וע"י הגהות חשק שלמה על רבינו חננאל (שם ס"ק ב), ושיטת
רבינו חננאל והרי"ף מבוארת בברכת אברהם (מהדות"נ ריש פ"ב) ובמהדיר לר"ח
(שם מהד' מוהר"ק ס"ק לג), וא"צ לתקן ברי"ף.

קד. בבא מציעא (ב ע"א) ברש"י (ד"ה היו) 'לאשמועינן אתא דרכוב ומנהיג'.
ובהגהות הב"ח (ס"ק א) 'לאשמועינן אתא דרוכב ומנהיג'. ע"כ. ולא מובן
למה לתקן 'רכוב' ל'רוכב', והרי בכל הסוגיא להלן (ח ע"ב) בגמ' ובראשונים
ובאחרונים כולם כותבים 'רכוב'. וצ"ע.

קה. בבא מציעא (ו ע"ב) 'דאמר רבא מנין הראוי פוטר'. ותיקן בהגהות
הב"ח (אות א) 'רבה'. הן אמת דכ"ה בדפוסי בזל, קראקא ובנבנישתי (כמש"כ
בדק"ס כאן אות ז). אך המהרש"ל הגיה כלפנינו. וכן מוכח בגמרא בבכורות (נט
ע"א-ב) שמביאה כמה מימרות של רבא, ומקשרת 'ואמר רבא'. ועל מימרא זו
מקשה 'והאמרה רבא חדא זימנא...', עי"ש. וכן העיר בספר מצור דבש (כ"מ
שם). ובבכורות שם לא הגיה הב"ח על זה מאומה.

קו. בבא מציעא (ח ע"א) 'אמר רבא, השתא דאמרת אמרינן מגו'. ובהגהות הב"ח (אות א) תיקן: השתא דאמרי אמרינן מגו. עכ"ל. ונראה טעמו פשוט דהרי רבא בעצמו אמר לעיל דאמרינן מגו, ומה שייך שיאמר 'דאמרת'. אלא דלשון 'דאמרי אמרינן' לכאורה קצת משונה, ולא מצאנו לו אח ורע.

והנה הרמב"ן, הרשב"א והר"ן (שם) ביארו כוונת רבא דלאו דוקא אמר כן לדידיה דס"ל דמגו דזכי לנפשיה, אלא אפילו לרמי בר חמא דס"ל (שם) דהמגביה מציאה לחבירו קנה חבירו, כיון דלכל אחד יש בהגבהתו זכות לחבירו, אמרינן מגו. וכוונת רבא היא לומר, השתא דאמרנו שנינו דטעמא דמתני' לאו משום שכל אחד הגביה לעצמו, אלא משום דהגביה גם לחבירו, אמרינן מגו. עכ"ד. ולשון הגמרא 'השתא דאמרת' יישב הריטב"א (שם, וכ"ה במיוחס לריטב"א) דפירוש 'דאמרת' הוא שאף אתה אמרת, דהיינו ששנינו מודים. והשטמ"ק בשם הרדב"ז כתבו עוד שלשה יישובים: **א.** גרסינן 'השתא דאמרינן מגו'. **ב.** לעיל התם גרסינן 'רבה' ולא 'רבא', וכעת רבא אומר לרבה 'השתא דאמרת'. [אך הקשה על זה השטמ"ק דא"כ הול"ל 'השתא דאמר מר', דרבה רבו דרבא ! ואין לומר דקאי ארמי בר חמא, דהרי הוא לא אמר מגו]. **ג.** הכא גרסינן 'אביי' או אחד משאר האמוראים. [וכתב השטמ"ק דאכן בדקנו ומצאנו בספרי היד דגרסינן הכא 'אמר רבה השתא דאמרת...'. עכ"ד. והקשה הדקדוקי סופרים (אות ו) דצ"ב לפ"ז מה גרסינן לעיל, דאי גרסינן 'רבא' לא מסתבר דרבה יאמר מהלך לפי רבא תלמידו. וצ"ב]. והחכמת מנוח תירץ דפירוש 'דאמרת' הוא דחייב אתה לומר. והכוס הישועות תירץ דגם רמי בר חמא שאמר המגביה לחבירו קנה חבירו זה רק מכוח מיגו דאי בעי זכי לנפשיה זכי נמי לחבריה. והעין יהוסף תירץ דהפירוש הוא השתא דאתה [רמי בר חמא] אמרת דהמגביה מציאה לחבירו קנה חבירו, ואני דחיתיך דיתכן דלא קנה חבירו אלא רק אמרינן מגו דזכי וכו'. והמגדנות נתן תירץ דפירוש 'דאמרת' הוא שהרי אמרת דשותפין שגנבו חייבים. [כלומר מתייחס לדין של שותפין שגנבו, דהוא לימדנו דמגו דזכי לנפשיה וכו'].

קז. בבא מציעא (כז ע"א) 'ההוא מיבעי ליה לכדרבנאי, דאמר רבנאי "ומצאתה" דאתאי לידיה משמע'. ובהגהות הב"ח (אות א) כתב: לכדרבינא, דאמר רבינא וכו'. עכ"ל. הרי שגרס 'רבינא' במקום 'רבנאי'. אלא דלעיל (שם ב ע"א) איתא את אותו מאמר בשם 'רבנאי', ושם לא תיקן בהגהות הב"ח מאומה. [ומהרש"ל להיפך, תיקן רק שם ולא כאן. ובספר סדר הדורות (ערך רבנאי) העיר על מהרש"ל בזה. ואמנם בב"ק (קיג ע"ב) הובא אותו מאמר בשם 'רבינא', אך צ"ע למה לתקן תרתי משום חדא. ובראשונים ושטמ"ק (כ"מ שם) כתבו בפשיטות 'רבנאי', וכ"ה במאמרים אחרים עשרה מקומות בתלמוד. וכתב מהר"ץ חיות דרבנאי הוא מתקופת האמוראים האחרונים, וכמו

שמצינו סיומות 'נאי' בתקופת הגאונים: אחאי, נטרונאי, זבינאי, בוסתנאי, יהודאי, אהילאי, חסדאי, האי. ובשם חכם אחד כתב מהר"ץ חיות (והוא ע"פ רשב"ם ב"ב עד ע"א ד"ה כל אבא) ד'רבנאי' הוא קיצור של 'רב בנאי', וכמו ש'רבינא' הוא קיצור של 'רב אבינא', ו'רבה' הוא קיצור של 'רב אבא'. והיעב"ץ (ע"פ הגמ' סנהדרין עד ע"א בהשוואה עם הגמ' בברכות כא ע"ב, וע"ע גמ' מגילה כג ע"ב) כתב ד'רבנאי' הוא קיצור של 'רב ינאי'. ואכמ"ל יותר].

קח. בבא מציעא (כז ע"ב) 'ת"ש, אף השמלה היתה בכלל כל אלו ולמה יצאת'. בהגהות הב"ח (אות א) תוקן 'בכלל כל אלה ולמה'. וצ"ב מה מטרת התיקון מ'אלו' ל'אלה', ובפרט שת"ש זה הוא ציטוט מהמשנה לעיל (כז ע"א) שם ג"כ כתוב 'אלו' ולא תוקן בהגהות הב"ח דבר. [אמנם במשניות לפנינו כתוב 'אלה', אך צוין שם שלנכון שהגירסא במשנה שבגמרא ובכת"י ובדפוס נפולי ובירושלמי 'אלו'].

קט. בבא מציעא (עו ע"א תוד"ה השוכר) אות ג' להגהות הב"ח המצוינת בתוספות אחרי תיבת 'חציה' מקומה אחרי תיבת 'והוקרו'.

קי. בבא מציעא (קג ע"ב), לא צריכא דכו"ע מקבלי בריבעא ואזל איהו וקיבלה בתילתא. ובהגהות הב"ח (אות א) תוקן 'בריבעתא' במקום 'בריבעא'. וצע"ג, שכל התלמוד מלא 'ריבעא' ומעולם לא מצאנו 'ריבעתא' [וכדוגמא עי"ש סמוך ונראה ארבע שורות לפנ"כ 'ריבעא' ולא תוקן דבר]. ומה שכתוב כאן ברש"י 'ריבעתא', אדרבה שם היה לב"ח לתקן, כיון שבכל פרש"י בתלמוד עשרות פעמים 'ריבעא' ומעולם לא מצאנו 'ריבעתא'.

קיא. ברי"ף בבא מציעא (יג ע"ב בדפיו) 'דלא מהדר אפיר דמנא לגבי פירי... דמהדר אפיה לגבי פירי'. בהגהות הב"ח (שם או' ו-ז) תוקן 'כלפי' במקום 'אפיה'. ובגמרא לפנינו (כד ע"א) הנוסחא 'אפיה' ולא תוקן דבר. [אמנם גירסת רוב הראשונים בגמרא 'כלפי'].

קיב. בבא בתרא (ג ע"ב), שמע ההוא גברא בת קלא. ובהגהות הב"ח (אות ד) כתב לגרוס: שמעיה לבת קלא. ע"כ. וכנראה כוונתו דא"צ לגרוס 'שמע ההוא גברא', דכותבים בפשיטות 'שמעיה', דהרי עליו דברנו קודם. אך אולי י"ל דמדגישים שרק הוא שמע את הבת קול, וכמעשה דר' יוחנן ואילפא (תענית כא ע"א [אך עי' מעשה דעיליש, גיטין מה ע"א]), דרק מי שנוגע לו הדבר שומע. וע"ע בן יהוידע דשמע מכלדאיים בכוכבים, ולא בת קול משמים.

קיג. בבא בתרא (ד ע"ב) ברש"י (ד"ה הגה"ה תמ"ש) כתב: לשם הוא דלא בעינן, מ"ט דליכא היזק ראיה. עכ"ל. ובהגהות הב"ח (אות ח) כתב למחוק תיבת

'מ"ט', אלא צ"ל כך: לשם הוא דלא בעינן, דליכא היזק ראיה. עכ"ד. וכנראה כוונתו דאין דרך תוך כדי ההסבר להקשות 'מאי טעמא' ולהסביר, אלא אפשר לומר ברצף 'דלא בעינן, דליכא היזק ראיה'. אמנם מצאתי בס"ד באור זרוע (ב"ב שם סי' ד) דהעתיק לשון רש"י תיבה בתיבה, וכתב 'משום' במקום 'מ"ט', והכי אתי שפיר דהכל נקרא ברצף אחד 'דלא בעינן משום דליכא היזק ראיה'. ולפ"ז א"צ למחוק לגמרי תיבת 'מ"ט' אלא לגרוס במקומה 'משום'. וכ"כ בדקדוקי סופרים (שם אות מ) ושכ"ה בדפוס לובלין (שנת של"ו) [אלא דתיבת 'משום' נוספה שם בטעות לפני 'הוא דלא בעינן'].

קיד. בבא בתרא (ה ע"א) 'לא יהא אלא עיזא בעלמא, מי לא בעי נטירותא. א"ל עיזא בעלמא לאו לאכלויי בעיא. א"ל ולא גברא בעיא דמיכלי לה'. ובהגהות הב"ח (אות ב) מחק תיבת 'לאו', וגורס 'עיזא בעלמא לאכלויי בעיא'. ע"כ. וצ"ב למה לא לגרוס 'לאו' ופירושו בפשיטות דכן ענה לו בלשון שאלה 'וגם לעיזים לא הייתי צועק?!'. וכן הוא בשטמ"ק: 'לאו אכלויי בעי'. וכן הוא בשטמ"ק הנר בשם רבינו ברוך: 'א"ל רוניא לא יהא זה הנכנס אלא עיזא, לאו אכלויי בעיא'. וכן לשון רבינו חננאל (בשטמ"ק הנר) להדיא: 'ואילו היה עז לא הייתי צועק עליו ומבריחו משדה שלי'. וכן לשון הערוך (ערך כל): 'עיזא בעלמא לאו אכלויי מכלינא בה'. ועיין בדקדוקי סופרים (אות ג) דיש גורסים כאן בגמרא דרבינא אמר רק 'לא יהא אלא עיזא בעלמא', ורוניא ענה לו 'א"ל עיזא לא בעיא נטירותא, גברי בעי אכלויי'. ע"כ [וצ"ע הפירוש]. ויש שאינם גורסים כלל משא ומתן ביניהם, רק רבינא אמר 'לא יהא אלא עיזא בעלמא', ורוניא 'לא אשגח ביה'. ע"כ. אמנם הביא דבדפוס לובלין (שנת ש"פ) ליתא: (לאו) לאכלויי בעיא. ע"כ. והיינו כהב"ח. וע"ע היטב בנמוקי יוסף. וצ"ב.

קטו. בבא בתרא (ז ע"ב) בתוספות (ד"ה לפי שבח ממון הן גובין) כתבו: כיון דאין סכנת נפשות. עכ"ל. ובהגהות הב"ח (אות ה): דאין בה סכנת נפשות. ע"כ. הוסיף תיבת 'בה'. וצ"ב מה מטרת התיקון, ובפרט דתוספות ממשיכים שם בציטוט מגמרא (ב"ק קטז ע"ב) וכותבים 'דליכא סכנת נפשות', ושם לא תיקן הב"ח דבר. [וכן בהמשך התוספות כמה פעמים 'לא חשיב סכנת נפשות' 'איכא סכנת נפשות', בלא תיבת 'בה'].

קטז. בבא בתרא (ט ע"ב) בהגהות הב"ח (אות א-ב), עי' מצור דבש (שם) וקובץ בית אהרן וישראל (חפ"א עמ' קלב-קלג, וחפ"ג עמ' קנח).

קיז. בבא בתרא (יב ע"ב) רש"י (ד"ה אמרו) כתב: בשדה בעל שיכולין לומר. והתוספות (ד"ה מעלינן) ג"כ העתיקו לשון רש"י: בשדה הבעל שיכולים לומר. ע"כ. ובהגהות הב"ח (אות ח) תיקן ברש"י: בשדה בית הבעל. ושם (אות ל)

תיקן בתוספות: בשדה הבעל ואיירי שיכולים לומר. ע"כ. והוא פלא, מדוע להוסיף ברש"י תיבת 'בית' ובתוספות לא. ומדוע בתוספות להוסיף תיבת 'ואיירי' וברש"י לא. וצ"ע. [וכן הרא"ש (סי' מו) העתיק לשון רש"י 'בשדה הבעל', והועתק בהגהות הב"ח (אות ה) בפשיטות, רק תיקן ההמשך מ'ופעמים' ל'דפעמים'].

קיח. בבא בתרא (יב ע"ב) 'שדור זוגא דרבנן לגביה לאמלוכי ביה, עכביה, הדר שדור זוגא דרבנן אחרינא, עכביה'. ובהגהות הב"ח (אות ג) תיקן פעמיים 'עכביה' דצ"ל 'עכבינהו'. ונראה טעמו משום דזוגא דרבנן הוי שניים, וצריך לומר בלשון רבים 'עכבינהו', ולא 'עכביה' בלשון יחיד. אך הרש"ש (שם) העיר על דבריו מהגמרא (ר"ה כב ע"ב) שאומרת 'אם אינן מכירין אותו, מאי אותו, אותו הזוג', וה"נ י"ל הכא בפשיטות. ודו"ק. [אמנם עיין דקדוקי סופרים (שם אות ת)].

קיט. בבא בתרא (יז ע"א) במשנה 'לא יחפור...אלא אם כן הרחיק מכותל חבירו שלשה טפחים', ותיקן בהגהות הב"ח (אות א): 'אלא אם כן הרחיק מכותלו של חבירו...'. אח"כ ממשיכה המשנה: 'ומרחיקים את הגפת...מכותלו של חבירו שלשה טפחים', וכאן תיקן בהגהות הב"ח (אות ב): 'מן הכותל של חבירו'. [ואח"כ בסיפא כתוב 'מרחיקין את הזרעים... מן הכותל']. וצ"ב מה נשתנה רישא ממציעתא, לתקן כאן כך וכאן כך. ובאמת בשינויי נוסחאות שבמשניות (שם) ובדקדוקי סופרים (אות ב) מובא על הרישא דבכל הכת"י ובכמה דפוסים איתא 'מכותלו של חבירו'. וזה טוב עם המציעתא. אך לתקן במציעתא ל'מן הכותל של חבירו' צ"ע מנליה ומדוע. ואמנם בסיפא כתוב 'מן הכותל', אך לכאורה לא מסתבר לתקן משום זה במציעתא, ובפרט אם ברישא תקנו משום המציעתא. ואולי תיקן כן במציעתא משום לשון רש"י כאן שכתב 'מן הכותל כותל לבנים של טיט'. אך יש לדחות כנודע שפעמים רבות לא מעתיק רש"י את לשון הגמרא במדויק. ואכמ"ל. אמנם הנראה דתיקן כן כדי להדגיש דבמציעתא ובסיפא איירי בכותל ממש העומד ע"ג קרקע, כמש"כ רש"י שם, ולא בכותל בורו כברישא. וצ"ע. ובשושנים לדוד (על המשנה שם) ביאר שבתחילה נקטה המשנה 'מכותל חבירו' ואחר כך 'מכותלו של חבירו', לרמוז שברישא מדובר מכותל בורו (כמו שתתרץ הגמרא לקמיה שם יז ע"ב), ובסוף המשנה נקטה 'מן הכותל' לרמוז שרק מכותל של לבנים צריכים להרחיק למי רגלים (כמו שתאמר הגמרא לקמיה שם יט ע"ב).

קכ. בבא בתרא (יז ע"ב), כתב רש"י (ד"ה הא קא משמע לן): במאי דתניא מכותל בורו. עכ"ל. עיין דקדוקי סופרים (אות ו, ע"פ דפוס פיזרו וקראקא) דיש גורסים בו

'במאי דתנן'. וכנראה טעמם דהא במתניתין איירינן הכא, ולא בברייתא. אך קשה, דהא במתניתין לא כתוב 'מכותל בורו', רק מפרשינן כן, וכמש"כ רש"י לעיל (ד"ה מכותל בורו שנינו) כלומר האי כותל דקתני, מכותל בורו קאמר, שאף הוא קרוי כותל. עכ"ל. ובהגהות הב"ח (אות ב) ודקדוקי סופרים (ע"פ דפוס ברלין) גרסו 'במאי דקתני'. ולכאורה עדיין לא אתי שפיר, דהא לא קתני 'מכותל בורו'. ואם יכולתי הייתי גורס 'במאי דקאמר', והיינו דהגמרא קאמרה. ודו"ק.

קכא. בבא בתרא (יט ע"ב) בתוס' (ד"ה רקיק) כתבו 'שלא יהא בשיריים רום אצבעיים על רוחב גודל'. ובהגהות הב"ח (שם אות ט) תוקן: 'שלא יהא בשיריים כ"א אצבע על רוחב גודל'. ע"כ. וצ"ע מה כוונתו לשנות, דהרי זמש"כ תוס' שלא יהא בשיריים רום אצבעיים, דהיינו שיהיה פחות. וכשכותב הב"ח דלא יהא כי אם אצבע, אינו מדויק לכאורה, דהא אם יש בו אצבע וחצי מהני, ומשמעות הב"ח דלא מהני. ובכלל לשם מה שינה הב"ח מלשון המשנה (אהלות פי"ג מ"א) 'רום אצבעיים על רוחב הגודל', וכ"ה לשון הרמב"ם (טומאת מת פי"ד ה"ג). ועי' היטב בפורת יוסף (כ"ב שם) דרמז לזה. רצ"ע.

קכב. בבא בתרא (יט ע"ב) ברש"י (ד"ה דאית בה קוצי) כתב: והן היו רומסין ברגליהן בטיט. עכ"ל. ובהגהות הב"ח (אות ז) תוקן: והם היו וכו'. עכ"ל. וזהו פלא עצום שצריך לתקן 'הם' במקום 'הן', וכי לא מצינו לשון 'הן' ברש"י? ומלבד שכאן בדברי רש"י עצמו הוא ממשיך 'רומסין ברגליהן' שניהם בנו"ן סופית, מצאתי [ע"פ המחשב] מאות מקומות בש"ס שרש"י כותב 'הן' בלשון ארמית [ורק אציג דוגמאות ממסכת ברכות: 'והן למטה מן המזבח' (ב ע"א), 'והן מזבח כפרה' (ה ע"ב), 'והן קליות' (מא ע"ב), 'והן כמהין ופטריות' (מז ע"א), 'והן נעשים תחילה' (נב ע"א) ועוד מאות מקומות. ובאף אחד מהם לא העיר הב"ח].

קכג. בבא בתרא (כ ע"א) בתוד"ה כולן 'וטעמא משום דאין מתקיימין ונימסין במים'. בהגהות הב"ח (אות ח) כתב למחוק תיבת 'במים'. וכנראה טעמו שהרי אין השלג הברד הגליד והכפור נמסין דוקא במים, אלא אף בפני עצמן. ועוד דהרי מלח ג"כ נמס במים ובכל זאת ממעט בחלון. אמנם קושיות אלו נתקשו באחרונים [נשמת אדם (הל' תפילין כלל יד אות ג סוד"ה ואמנם), רש"ש, בן אריה ובארות המים], ובמקום למחוק תיבת 'במים' גרסו 'כמים', והכל אתי שפיר.

קכד. בבא בתרא (כ ע"ב) בגמרא 'אכסדרה תחת האוצר מהו', בהגהות הב"ח (אות ג) כתב למחוק ספק זה. ועי' רבינו חננאל (מהד' ד' יקותיאל כהן) ויד רמה (אות נ)

והמאירי דגרסו לה וב.יארוה. וע"ע פלפולא חריפתא (שם אות ל) והגהות ר"מ בן הרש"ש. אמנם בשאר הראשונים משמע דלא גרסוה, עי' רש"י, רבינו גרשום, רשב"א ועוד.

קכה. בבא בתרא (כא ע"ב), כתב רש"י (ד"ה ואי שייך בכרגא דהכא) 'שנותן מס גולגלתו למושל העיר הזאת כבר מתא, לא מצי בר מתא לעכב עליו כל העיר'. ובהגהות הב"ח (אות ה) הוסיף: 'כבר מתא הוא, ולא'. ולא מובן למה להוסיף. הא שפיר כוונת רש"י 'כבר מתא' הזאת, לכן לא מצי וכו'. וכן העיר בספר בארות המים (כ"ב שם).

קכו. בבא בתרא (כג ע"א) בתוד"ה קוטרא 'ודוקא נמי בית הכסא שלהן שהיה למעלה מן הקרקע והיה מסריח ביותר, אבל בשלנו שהוא מכוסה יש חזקה'. בהגהות הב"ח (אות כ) הגיה: בית הכסא שלהן שהיו למעלה. ע"כ. ולפ"ז צריך לשנות גם הלאה 'והיו מסריחין... שהן מכוסין...'. [מלבד מה שנראה שצריך גם לשנות לפנ"כ 'בתי הכסא' במקום 'בית הכסא', אך זה י"ל, ודו"ק]. וע"כ י"ל שפיר דא"צ לתקן כלום וכוונת תוס' על בית הכסא אחד כדוגמא, ופשוט.

קכז. בבא בתרא (כט ע"ב) ברשב"ם (ד"ה עליו) 'למערער להביא ראיה...'. ובהגהות הב"ח (אות ז) מחק תיבת 'למערער'. ולא זכיתי להבין מדוע חייבים למוחקו, כי שפיר אפשר להבין שהרשב"ם בו לבאר 'עליו', מי הוא, המערער. ואין להקשות דמיד לפני כן קראו הרשב"ם 'מוכר', כי להלן בסמוך כן קוראו 'המערער', עי"ש.

קכח. בבא בתרא (לג ע"ב): קריביה דרב אידי בר אבין שכיב ושבק דיקלא, רב אידי בר אבין אמר אנא קריבנא טפי, וההוא גברא אמר אנא קריבנא טפי. עכ"ל. לכאורה הלשון קשה קצת, מה שייך לומר על רב אידי בר אבין שאמר 'אנא קריבנא טפי' לפני שסיפרו לנו שיש כאן עוד אחד שאומר 'אנא קריבנא טפי'. ואכן לשון הרי"ף: קריביה דרב אידי בר אבין שכיב ושבק דיקלא, רב אידי בר אבין אמר אנא קריביה אנא, וההוא גברא אמר אנא קריביה טפי. עכ"ל. ומעין זה הביא בעליות דרבינו יונה גירסת רבינו חננאל: רב אידי בר אבין אמר אנא קריבנא, וההוא גברא אמר אנא קריבנא טפי. עכ"ל. ובדוחק יש ליישב את לשון הגמרא שלפנינו דההוא גברא כבר עמד כאן מתחילה, והגמרא סמכה על המשך דבריה וכבר מראש כותבת את הויכוח דרב אידי בר אבין אמר אנא קריביה טפי וההוא גברא אמר אנא קריביה טפי. אלא שבהגהות הב"ח בגמ' (אות ה) תיקן בלשון הגמרא וגורס: אתא ההוא גברא. ע"כ. ולכאורה לא מובן הצורך להגיה כן, ואדרבה כעת קשיא טפי דאם 'אתא ההוא גברא' רק אחרי טענת רב אידי בר אבין, מה

שייך שיאמר רב אידי בר אבין מראש 'אנא קריביה טפי' ! ואמנם מצינו על אתר גירסא זו ברשב"ם כאן, דגורס 'אתא ההוא גברא אמר אנא אנא קריביה טפי', אך אינה ראיה, כי לא העתיק את תחילת הגמרא, ויתכן דהיתה גירסתו כהרי"ף 'רב אידי בר אבין אמר אנא קריביה אנא', ואז שפיר שייך להמשיך 'אתא ההוא גברא...'. וברשב"א הביא גירסא 'אתא רב אידי בר אבין ואמר אנא קריבנא טפי, אתא ההוא גברא ואמר אנא קריבנא טפי'. וגם גירסא זו עדיין מיושבת דעכ"פ פתחה הגמרא גם על רב אידי בר אבין 'אתא'. ודו"ק. וגירסת התשב"ץ (ח"א סי' נח): אתא רב אידי בר אבין אמר קריביה אנא, אתא ההוא גברא אמר אנא קריבנא טפי. עכ"ל. והיא מובחרת. ועיין עוד כמה גירסאות בראשונים, ועדיין לכאורה צ"ב גירסת הב"ח.

קכט. בבא בתרא (פא ע"ב) ברשב"ם (ד"ה מעשר שני) 'דיהיב ליה לכהן, דאיהו לא מצי אכיל ליה, דלמא בכורים נינהו'. ובהגהות הב"ח (אות ב) הקשה שגם אסור לתתו במתנה לפי רבי מאיר שמעשר שני ממון גבוה הוא (קידושין נד ע"ב), לכן מפרש דמש"כ הגמרא 'יהיב ליה לכהן' הכוונה אחרי שיפדם. ועי' מרומי שדה שם דתירץ שנקרא ממון גבוה רק לענין שהמתנה לא תחשיב את המעשר שני כחפץ של המקבל, וכגון לענין לקדש בו אשה, אבל עצם הנתינה בודאי מותרת ואין שום דין לבעל המעשר שני לאוכלו דוקא בעצמו. וכ"כ האור שמח (הל' מעשר שני פ"ג הי"ז ובמילואים שם) וגליונות קהילות יעקב. ועל שאר דברי הב"ח שם עי' רש"ש ואמרי בנימין. [וכתבתי כל הנ"ל בהערתי בס"ד בש"ס 'ושננתם'].

קל. בבא בתרא (קיד ע"ב) רבי יהודה בן ר' שמעון. ובהגהות הב"ח (אות ב): ר' יהודה בר' שמעון. ע"כ. וצ"ע שמצינו בכ"מ כך 'בן רבי', (עיין לעיל בבא בתרא סו ע"ב, קידושין סז ע"א, תענית יג ע"א, פסחים נא ע"א), ובכל אלה לא העיר הב"ח דבר. אמנם מצינו כן גם בתענית (כ ע"ב), ושם העיר הב"ח כדהכא. ושם (כ ע"א) מתוקן בגוף הגמרא עצמה, וצוין בגליון שם. וצ"ב בכל זה.

קלא. בבא בתרא (קכו ע"א) הציון בגמרא (א) להגהות הב"ח, אינו במקומו, וצריך להיות שורה לפני כן על תיבת 'מאי', או שורה אחרי כן על תיבת 'רב'. [ובדרך אגב, הגהת הב"ח הזו היא אמתית ונכונה, ולא כמו שצוין במסורת הש"ס שמהרש"ל מעביר כל המשפט 'ומה דאתא לידיה אחיל אידך לא אחיל' לקמיה בגמרא שם, וכבר העיר על זה החתם סופר (שם) ובדקדוקי סופרים (שם אר' ג-ד), שלא אמר הגאון ז"ל שבוש כזה. ושוב הובא בהגהות וציונים עוז והדר].

קלב. מכות (ב ע"א) בתוספות (ד"ה מעידין אנו באיש פלוני שהוא בן גרושה או בן חלוצה). במהלך התוספות כתבו שלוש פעמים 'בן גרושה' לבד, בלי 'וחלוצה',

ובהגהות הב"ח (אות א,ב) הוסיף פעמים ולא בשלישי [ועיי"ש בספר 'מראי מקומות' להגרח"ה קרלנשטיין ז"ל]. אמנם שלוש פעמים כן הזכירו התוספות 'וחלוצה'. אכן עי' בתוס' שבת (קנד ע"א ד"ה בלאו) שהזכירו חמש פעמים 'בן גרושה' בלבד, בלי 'וחלוצה'. ושם לא העיר בהגהות הב"ח דבר. ודו"ק.

קלג. מכות (ג ע"ב) בתוד"ה איכא דאמרי... 'ובאזהרות הגיה ר"ת...'. בהגהות הב"ח (שם ס"ק א) כתב: ובאזכרות הגיה. עכ"ל. ופלא גדול דמה ענין 'אזכרות' כאן, הרי פשוטה כוונת תוספות ל'אזהרות' שאומרים בתפילות. וכ"כ תוספות (ב"ב קמה ע"ב): מה שייסד הפיט ר' אליהו הזקן. עכ"ל. וכ"כ תוספות (יומא ח ע"א): ומה שעשה רבינו אליהו הזקן זכרונו לברכה באזהרות וכו'. עכ"ל. ולא הגיה שם הב"ח דבר. [ועי' רש"י (שמות כד, יב) שכתב: ורבינו סעדיה פירש באזהרות שיסד לכל דבור ודבור מצות התלויות בו. עכ"ל. וע"ע רד"ק (יהושע ח לב), רלב"ג (שם שם לא), ועוד נזכר בראשונים הרבה ציטוטים מהאזהרות של רס"ג או ר"ש בן גבירול ואחרים. ועיין שם הגדולים (מערכת ספרים מע' א סי' פה, ערך אזהרות)]. [והלום ראיתי מציינים לגמרא דפוס ויניציאה (שנת ר"ץ, לא הדפוס הראשון של שנים ר"פ-רפ"ג) שם איתא בתוספות 'ובהגהות הגיה', ושכנראה על זה התכוין הב"ח לתקן 'ובאזהרות' במקום 'ובהגהות', והמעתיק מהב"ח הוא זה שטעה וכתב 'ובאזכרות' במקום 'ובאזהרות'. ואין הדפוס הנ"ל תח"י].

קלד. מכות (יג ע"א) 'משום שני שמות... ואוכל חלב'. ובהגהות הב"ח (שם ס"ק ב) כתב: משום שתי שמות וכו' והאוכל חלב. ע"כ. ולא מובן מדוע תיקן 'שני שמות' ל'שתי שמות', והרי 'שמות' זה לשון זכר וכך צ"ל 'שני שמות'. [ובמהדורת עוז והדר מחקו מהגהות הב"ח תיבות 'משום שתי שמות וכו' ', והשאירו שהתיקון רק 'והאוכל חלב' במקום 'ואוכל חלב'.]

קלה. מכות (יז ע"ב) בהגהות הב"ח (אות ה): בכל חד וחד בדבר חדש בבכורים עד שלא קרא. צריך להוסיף וכו' בין תיבות 'חדש' ל'בבכורים'.

קלו. מכות (יח ע"ב) בתוד"ה כל 'אבל לפירוש ר"י דלעיל קשה דפירש דלוקה דוקא קאמר כדפי' א"כ ולילקי דקאמר הכא דוקא קאמר, ואמאי הלא הוי לאו שבכללות כדפי' '. ובהגהות הב"ח (אות ג) מוגה כך 'אבל לפירוש דלעיל קשה דפירשתי דלוקה דוקא קאמר כדפרש"י אם כן וכו' שבכללות כדפרש"י'. ולא מובן כלל מה הכניס 'כדפרש"י' (הראשון), והרי רש"י (לעיל שם ע"א) פירש שהם איסורים גרידא ולא לוקים עליהם. גם 'כדפרש"י' (השני) לא מובן, שאע"פ שאכן רש"י לעיל (ע"א שם) ביאר מדוע לא הוי לאו שבכללות, אך מה זה קשור לשאלת התוס' כאן. וראיתי בבארות המים כאן שכתב 'והגהות הב"ח לא הבינותי'.

קלז. מכות (כא ע"א) בתוד"ה על 'פי' הקונטרס חייב מיתה בכדרכה ולקי שלא כדרכה מלא תעבדם יתירא'. ובהגהות הב"ח (שם אות מ) כתב: חייב מיתה אף שלא בכדרכה ולקי. עכ"ל. ולא מובן לפי זה ההמשך של התוספות 'שלא כדרכה מלא תעבדם', והרי שלא כדרכה חייב מיתה ומה כותבים אח"כ שלוקה. וכן תמהו שם ברכות שמים (אות תעה) ואוצר התוספות (הערה תרפז). ובברכות שמים כתב שאולי ט"ס בהגהות הב"ח, וצ"ל 'חייב מיתה, ואף שלא כדרכה על כל פנים לקי'. ולפ"ז הביאור כגירסת ופירוש מהר"ם שם, שהסברא שכשעובד כדרכה חייב מיתה, וכשעובד שלא כדרכה רק חייב מלקות משום "לא תעבדם". אך כבר העיר מהר"ם בעצמו שם שלפנינו בקונטרס [ריב"ן ד"ה על עבודת כוכבים, וד"ה ביד] לא כתב כן. וצ"ע.

קלח. מכות (כא ע"ב) תוד"ה החורש 'וליכא אלא שני לאוין בשור וחמור'. ובהגהות הב"ח (אות נ) כתב שצריך לומר 'וליכא שני לאוין בשור וחמור', ותיבת 'אלא' נמחק. וכוונתו ברורה, כיון שהתוספות מוכיחים שם שהחמור אינו קדוש אלא רק השור, אם כן יש מעילה רק בשור וזהו איסור אחד. אמנם צ"ע שיש גם איסור חורש בשור ובחמור, כלומר כלאי בהמה, וכוונת התוספות לאפוקי מפירוש רש"י שהביאו לפני כן שיש גם איסור הקדש בחמור וא"כ יש בזה שלשה לאוים. וכן העיר בבארות המים שא"צ להגהת הב"ח בזה. אמנם י"ל כוונת הב"ח, כיון שהתוספות לא דיברו על איסור חורש בשור ובחמור, וכל דיונם לפנ"כ היה האם החמור קדוש או לא, מסיקים שאין החמור קדוש ומדין הקדש אין שני לאוים בשור וחמור אלא לאו אחד, אמנם בודאי מודים שבעצם איסור החרישה יש עוד לאו. ודו"ק.

קלט. איתא בגמ' (עבו"ז ג ע"ב): ואבע"א יושב ושומע שירה מפי חיות שנאמר יומם יצוה ה' חסדו ובלילה שירו עמי, אמר רבי לוי כל הפוסק מדברי תורה... שנאמר הקוטפים מלוח..., אמר ריש לקיש כל העוסק בתורה בלילה... שנאמר יומם יצוה ה' חסדו... איכא דאמרי אמר ריש לקיש כל העוסק בתורה בעוה"ז... שנאמר יומם יצוה ה' חסדו. ע"כ.

וברש"י יש ד"ה חוט של חסד, ואח"כ ד"ה הפוסק מדברי תורה, ואח"כ ד"ה מלוח.

וכתב הגהות הב"ח (אות א) דד"ה חוט של חסד צריך להיות אחרי ד"ה מלוח. ופשוטה כוונתו כיון שכך הוא הסדר בגמרא. אך כל הגירסאות הישנות שגם בגמרא מימרת רבי לוי היא אחרי מימרות ריש לקיש [שהרי מימרות ריש לקיש מפרשות הפסוק "יומם יצוה" דאיירי לפני כן, ואחריהן שייכת מימרת רבי לוי הקשורה למימרות ריש לקיש על עוסק בתורה וכו']. כן הוא בש"ס כת"י מינכן (שנת ק"ה), ומשם בדקדוקי סופרים (אות ד), וכ"ה בעין יעקב (כאן), וכ"כ במנחת

יהודה (אפשטיין) ובהגהות רא"מ הורביץ (כאן). וכ"ה הנוסח הפשוט בגמרא המקבילה (חגיגה יב ע"ב).

קמ. עבודה זרה (יא ע"ב) ברש"י (ד"ה בגולה) 'אין אנו יכולים להעמיד עצמנו'. ובהגהות הב"ח (שם אות ג) מתקן 'להעמיד את עצמנו'. וצ"ע מה ענין תיבת 'את', והרי שייך שפיר גם בלי 'את'. וכן הוא ברש"י (ברכות כג ע"א ד"ה ועד כמה) 'יכול להעמיד עצמו', ושם (נח ע"א ד"ה התורה) 'לא תעמיד עצמך', ושם (שבת מט ע"א ד"ה שלא יפיח) 'שיכול להעמיד עצמו', ושם (ד"ה שלא יישן) 'שיכולין להעמיד עצמן'. [וכ"ה בתוס' שם ד"ה אביי]. ושם (ב"מ נב ע"ב ד"ה דמוקי) 'מעמיד עצמו', ושם (שבועות יח ע"א ד"ה נועץ) 'יעמיד עצמו'. וכן מצינו בגמרא (שבת קנג ע"א, יומא פה ע"ב, סנהדרין עב ע"א-ב) 'אין אדם מעמיד עצמו על ממונו'. וכן בגמרא (סוטה כא ע"ב) 'במי שמעמיד עצמו'. כולם בלי 'את', ולא העיר הגהות הב"ח דבר. וצ"ב.

קמא. עבודה זרה (טו ע"ב) תוד"ה אימור לשחיטה זבנה 'וכן (ב"מ פ ע"א) השוכר פרה לחרוש בהר השואל פרה'. תיבות 'השואל פרה' לא מובן הקשרם, ובהגהות הב"ח (אות א) גורס 'בפרק השואל פרה'. ותמהו בארות המים וסדר יעקב (שם) שהרי היא משנה בפרק האומנין (בבא מציעא פ ע"א). וציין בסדר יעקב שבתוספות רבינו אלחנן (שם) ובספר התרומה (סי' קלט) כתבו 'השואל את הפרה ושאל אחת ושכר אחת', והוא בבבא מציעא (צד ע"א, צז ע"א), וכוונת התוספות להביא ראיה שפרה היא בת מלאכה.

קמב. עבודה זרה (כא ע"ב) תוד"ה מאי טעמא 'שהרי ר"ג דיבנה הוא **(אבי)** אביו של רשב"ג'. ובגליון צוין שמהרש"א מוחק תיבת 'אבי' (ולכן הוסגרה בסוגריים). אך במהרש"א בדפוסים הראשונים כן גורסה, ובא רק לתקן לשון התוספות בדפוס ויניציאה (שנת ר"פ) שכתוב שם 'אבי אמו של רבן גמליאל' [וכך הועתק בפשיטותו בשו"ת בנימין זאב (סי' רכ)], וכותב מהרש"א שצריך לומר 'אבי אביו של רבן גמליאל'. ובמהרש"א דפוס ברלין (תס"ו) והלאה הושמטה תיבת 'אבי', ועל פי זה תקנו בגליון התוספות שהמהרש"א מוחק תיבה זו [ולא שמו אל לבם להמשך שלפנינו 'רשב"ג' בניגוד לגירסת מהרש"א 'רבן גמליאל']. גם בהגהות הב"ח (אות ב) לפנינו גורס 'אבי אביו של רבן גמליאל'. ולכאורה לא מובן מה הענין לומר שהוא אבי אביו של רבן גמליאל, הרי התוספות באים לבאר מה שאמר רבן שמעון בן גמליאל 'נוהגין היו בית אבא', ועל זה צריך לבאר שהכוונה לרבן גמליאל שהיה אביו של רשב"ג, ומה הענין לכאן שהיה אבי אביו של רבן גמליאל [בנו של רשב"ג], וגם זה אינו נכון, דרבן גמליאל דיבנה לא היה אבי אביו של רבן גמליאל [השלישי] אלא אבי-אבי-אביו, שהרי רבן גמליאל דיבנה הוא אביו של רשב"ג [השני, המופיע בכל המשניות] שהוא אביו של רבי יהודה הנשיא, שהוא אביו של רבן

גמליאל [השלישי, המכונה גם 'רבן גמליאל ברבי', ומופיע רק במסכת אבות (פ"ב מ"א)]. ובאמת בספר מצור דבש מתקן מהרש"א ובהגהות הב"ח שצריך לומר בהם 'אביו של רבן שמעון בן גמליאל'. וכן מתאים לתוספות שלפנינו שכתוב בו 'רבן שמעון בן גמליאל', ובודאי לא תתאים הגירסא 'אבי אביו'. וכן מצאתי שהעיר בספר סדר הדורות (הגהות הש"ס בסוף הספר, אות ג) שמהרש"א מחק תיבת 'אבי' כיאות [לפי מה שראה בגליון דפוסי הש"ס כלפנינו] ולא תיקן 'רבן גמליאל' ל'רשב"ג' [כלומר והו"ל לגרוס 'אביו של רשב"ג' במקום 'אביו של רבן גמליאל']. וכן כתב בארות המים (עבו"ז שם) בקצרה, דהגירסא הנכונה בתוספות 'שהרי [אבא] רבן גמליאל דיבנה הוא אביו של רשב"ג'. ועיין בית נדיב (שם).

קמג. עבודה זרה (נג ע"א) בגמרא 'וש"מ בין בזה ובין בזה מחלוקת', ובהגהות הב"ח (אות ג) מתקן 'בין בזו ובין בזו'. והנה הו"ל לתקן כבר למעלה 'או דלמא בין בזה ובין בזה מחלוקת'. ואכן בהגהות הב"ח דפו"ר שאין מצויינים הערות על הגמרא אלא כל הערותיו בסדר רצוף, כותב בסתם 'גמרא בין בזו ובין בזו מחלוקת', ושפיר יש לומר דהגהתו כבר על תחילת הגמרא. [אמנם עיקר ההגהה צ"ב לכאורה מה ההכרח, דהרי מצינו בכמה מקומות 'בין בזה ובין בזה'].

קמד. עבודה זרה (נד ע"א) בגמרא 'אי איכא כאבני גיר מנופצות לא יקומון אשרים וחמנים אי לאו יקומו', ובהגהות הב"ח (אות א) מתקן 'ואי לא יקומו'. וברור שכוונתו לגרוס 'ואי' במקום 'אי', ואין כוונתו לגרוס בדוקא 'לא' במקום 'לאו', וכנראה טעות הדפוס היא בהגהות הב"ח.

קמה. עבודה זרה (נח ע"א) תוד"ה איקלע 'וה"ג בספרים ישנים וה"ג (ו)איקלע רב נחמן למחוזא'. בהגהות הב"ח (אות ו) מוחק 'וה"ג' השני, דהרי הוא מיותר. וכ"כ מהר"ם למוחקו. אך הרש"ש כתב לגורסו, ופירושו 'והלכות גדולות', כלומר 'והכי גרסינן בספרים ישנים והלכות גדולות'. [ומעין זה מצינו לעיל (נז ע"א תוד"ה ה"ג) 'לכך נראה לר"ת גירסת רבינו חננאל והלכות גדולות וכן נמצא בתשובת הגאונים']. וכתב שכן מצא בהלכות גדולות. [והעתיק דבריו בפשיטות בספר דבש תמר, וכ"כ בסתם בהגהות בן אריה (על הרי"ף שם כו ע"ב בדפיו)]. ואכן כך הוא בספר הלכות גדולות [בה"ג] שלפנינו (סי' נה הל' יין נסך, עמ' תקצה במהדורת מכון י-ם ועמ' תקעח במהדורת הלדסהיימר) 'איקלע רב נחמן למחוזא'. [אמנם הטעות היא כבר בדפו"ר ויניציאה שנת ר"פ שם הראשי תיבות פתוחים 'והכי גרסינן בספרים ישנים והכי גרסינן'].

קמו. עבודה זרה (נט ע"א) שורה שניה בתוספות 'ולמדתי ממנו שלשה דברים, שהוא ודאי, שהוא טמא, שלא בא בידו אחר'. בהגהות הב"ח (אות ב)

מוסיף אחרי 'שהוא טמא': 'שמרביצין עליו מים'. עכ"ד. וצ"ב מה מטרתו, הרי הירושלמי (כפי שהביאו התוספות להלן בסמוך) פתח בשלשת הדברים באופן קצר, ואח"כ פירט, עיין לקמיה 'שהוא ודאי.... שהוא טמא, שמרביצין עליו מים...'. ובהגהת וציונים (מהדורת עוז והדר אות כ) כתבו בסתם: הגהה זו ודאי נפל בה טעות.

קמז. עבודה זרה (ס ע"א) בגמרא 'אמר רב פפא עד הברזא חמרא אסיר, ואידך שרי'. ובהגהות הב"ח (אות א) מתקן 'דעד הברזא'. לכאורה לא מובן כל כך מה לא טוב בגירסא שלפנינו, ובפרט דכ"ה ברש"י (וגם שם מתקן הב"ח, אות ג) וכ"ה בתוס' (לעיל נט ע"ב, וגם שם מתקן הב"ח אות ח, אך באות כ העתיק בעצמו 'עד הברזא' [אמנם עי' בדפו"ר שיש גרשיים לפני תיבת 'עד', וזה מוכיח שכוונתו לתקן התיבה, וכנראה נשמטה הה"א]), ועוד מופיע בתוספות (מעט לפני הגהת הב"ח אות כ הנ"ל) 'עד ברזא' ולא מתקן הב"ח דבר. [ומה שכתבו התוספות שם כמה פעמים 'דעד ברזא' אינה ראיה כלל כיון שהוא בקישור דבריהם (כמו ש' בלשון הקודש) ואעתיק לשונם: 'וללישנא דעד ברזא... לכן נראה לפרש דעד ברזא... כי הכא ללישנא דעד ברזא... להך לישנא דעד ברזא... אבל ללישנא דעד ברזא...'. ע"כ. הנך רואה בעיניך דגרסו בגמרא 'עד ברזא', וכל מה שכתבו 'דעד ברזא' הוא ד' השימוש, שהיא בארמית במקום ש' או 'של'. ואם היו גורסים בגמרא 'דעד ברזא', הול"ל 'ללישנא דדעד ברזא'. ודו"ק. ועי' דקדוקי סופרים דגם בכת"י הגירסא בגמרא 'עד ברזא'. וכן גירסת הרא"ה (עבו"ז שם, ובבדק הבית על תוה"ב בית ה שער ב) ושו"ת הרשב"א (ח"א סי' תקפ"ז) וספר התרומה (סי' קפא) וכסף משנה (הל' מאכלות אסורות פי"ב ה"י). אמנם בבה"ג (הל' יין נסך סי' נה) הגירסא 'דעד ברזא', וכן ברי"ף (כח ע"א בדפיו [אך הוא בסוגריים שם ע"פ 'דרך תמים']) וברא"ש (סי' יב) וברא"ב"ן (סי' שח) ובבית יוסף (יו"ד סי' קכד [כג] [והיא קצת סתירה לגירסא המופיעה לפנינו בכסף משנה דלעיל]).
ויתכן דמחמתם תיקן הב"ח בגמ' ורש"י ותוס' שלפנינו. אך גם בכל הנ"ל הגירסא 'דעד ברזא' ולא 'דעד הברזא' כמש"כ הב"ח. וצ"ע.

קמח. עבודה זרה (סז סע"א) 'כל שטעמו וממשו, אסור, לוקין [בגליון (מסורת הש"ס?): צ"ל ולוקין] עליו, וזהו כזית בכדי אכילת פרס'. עכ"ל. ורש"י (שם ד"ה כל) העתיק לשון הגמרא בלא תיבת 'אסור'. ובהגהות הב"ח (שם אות ב) כתב: רש"י ד"ה כל שטעמו וממשו אסור ולוקין וכו' יותר מבכדי. עכ"ל. ובראשית דבריו ברורה כוונתו להוסיף בלשון רש"י תיבת 'אסור' כבגמרא, ולתקן תיבת 'לוקין' לתיבת 'ולוקין'. אך סוף דבריו שכתב 'יותר מבכדי' צע"ג, דבכל הראשונים כאן הגירסא 'בכדי' [בלי 'יותר מ'], עיין: רי"ף, רא"ש, האשכול (הל' יין נסך, קנג ע"א), השגות הרמב"ן לספר המצוות (ל"ת קצח), יראים (עח [שיט]), בית יוסף (או"ח סי' תמב [אמצע הסימן], יו"ד סי' צח [ב]), רשב"א (חולין עא

ע"א, ובתורת הבית בית ד שער ד ובמשמרת הבית שם), ר"ן (שם צח ע"ב), ריטב"א (כאן, ופסחים מד
ע"א). וצ"ב.

קמט. עבודה זרה (שם) הגהות הב"ח (אות ה), עי"ש, לכאורה הו"ל להגיה כן
[עכ"פ גם] ברש"י בעמוד הבא שם. ע"ש ודו"ק.

קנ. זבחים (צג ע"ב) א"ל רבין בר רב אדא לרב, אמרי תלמידך אמר רב עמרם
וכו'. ע"כ. [ופרש"י (מנחות כו ע"ב דלהלן): תלמידיך אומרים בשם רב
עמרם]. ובאותה סוגיא מקבילה במנחות (ז ע"ב) איתא כנ"ל רק 'לרבא'
במקום 'לרב'. וצוין בגליון הגמ' (זבחים שם) לפנינו, וכן תיקן בספר סדר
הדורות (חלק תנאים ואמוראים ערך רבא אות ו, ובהגהות הש"ס ערך רבה ורבא). וכן ביומא (נ ע"א)
ובמנחות (כו ע"ב [ובסדר הדורות שם כתוב בטעות תיבת 'זבחים', ויש למוחקה, כי הוא במנחות כנ"ל,
וכ"כ נחל עדן]) אותו משפט והגירסא 'לרבא' במקום 'לרב'. וכן במו"ק (כד ע"א)
אותו משפט [בשינוי קטן, ובספר סדר הדורות (שם ושם) מתקן שיהיה כבשאר המקומות דלעיל]
והגירסא 'לרבא' במקום 'לרב'. א"כ סביר לתקן מקום אחד משום ארבעה
מקומות. אך בהגהות הב"ח (זבחים שם) גורס: לרב עמרם תלמידי אמר רב
עמרם. עכ"ל. ולפי"ז כתוב בגמרא: א"ל רבין בר רב אדא לרב עמרם
תלמידי אמר רב עמרם וכו'. ע"כ. ולכאורה המשפט לא ברור לפי"ז. גם צ"ע
מאי שנא מארבעת המקומות האחרים הנ"ל, ושם לא תיקן מאומה.

קנא. מנחות (מג ע"ב), רש"י ד"ה שקולה. 'ועוד דציצית...'. עיין היטב בב"ח
(על הטור או"ח סי' כד אות ג, ויבואר בהרחבה להלן סימן ו פרק ה), דסבירא ליה דתיבת 'ועוד'
היא ט"ס ברש"י. וכאן לא תיקן מאומה. ודו"ק.

קנב. מנחות (נ ע"א), על רש"י ד"ה ומזבח בטל, דקאמר לא יקריבו בין
הערבים. עכ"ל. כתוב בהגהות הב"ח (אות ה): נמחק כל הדיבור. ע"כ. וצ"ע
מדוע למוחקו, ויותר היה נראה שצריך רק להעבירו לפני רש"י ד"ה
יקטירו. ואז יתאים להגהות הב"ח (אות א) שמחק מהברייתא שבגמרא את
המשפט 'לא הקטירו קטרת בבוקר יקטירו בין הערבים', ולפי זה נבאר
שהדיבור ברש"י 'יקטירו בין הערבים' שייך להלן אחרי ד"ה ומזבח בטל
(הנ"ל) ששם מופיע שוב בגמרא. [אמנם לא משמע כל כך כן, כי רש"י מבאר 'יקטירו
בין הערבים, כדתנא טעמא דלא שכיחי דפשעו בה הילכך לא קנסי בה להו', ויותר נראה
שמבאר כן בברייתא משום שעדיין לא הגענו לביאור הגמרא, אך לא נראה שיבאר כן
ממש לפני ביאור הגמרא. ודו"ק]. ואולי בכלל לא מחק כל הדיבור אלא רק תיבת
וכו' שבאמת נראית כמיותרת ומחק אותה השיטה מקובצת כאן (אות יט),
ובבארות המים כתב שבמקום כתב וכו' לגרוס כלומר.

קנג. מנחות (נב ע״א-ב) 'אבא יוסי בן דוסתאי', כותב בהגהות הב״ח (נב ע״א אות ב, וכן נב נב ע״ב אות א) דצ״ל 'אבא יוסף בן דוסתאי' בכל הדף הזה. וצ״ע מדוע, והרי כל הש״ס מלא 'אבא יוסי בן דוסתאי', ולפעמים גם 'אבא יוסף בן דוסתאי', עיין סדר הדורות (ערך אבא יוסי בן דוסתאי), ומאי אולמא האי מהאי.

קנד. מנחות (נד ע״א - נה ע״ב). במהלך כל הסוגיא ורש״י ותוס' (ד״ה ת״ש) מתבאר ש'כמות שהן' הכוונה כמו שהן עכשו, ו'לכמות שהן' (עם ל') הכוונה כמו שהיו פעם. אך בהגהות הב״ח (נד ע״א אות א, ה, נד ע״ב ע״א אות א, ב) במקום 'לכמות שהן' מתקן ל'לכמות שהיו' [שתהיה הלשון ברורה יותר]. אך צ״ע לתקן בכל הסוגיא. ורע' רש״י (נד ע״א ד״ה ור״ש) שכתב במפורש: דאינה מפרשי למשנה דלכמות שהן שנינו דהיינו כמות שהיו. עכ״ל. ובכמה מקומות בהגהות הב״ח ג״כ לא תוקן, עי' למשל בגמרא (נה ע״א שורה חמישית ושורה שמינית) וברש״י (נד ע״א ד״ה ר' יצחק). ואמנם לשון הגמרא (לעיל נג ע״ב) 'לכמות שהן היתה', ולשון הגמרא (נד ע״א פעם אחת) 'לכמות שהיו', אך לדברי רש״י ומגירסת הגמרא מתבאר שעצם הביטוי 'לכמות שהן' כוונתו ל'שהיו'. וכ״כ רש״י על הגמרא שם (נג ע״ב) 'לכמות שהן, לכמות שהיו כבר'. ועיין רש״י (נד ע״ב ד״ה אי אמרת בשלמא וד״ה אלא אי אמרת וד״ה רבי אלעזר) שנקט בסתם לשון 'לכמות שהיו'. ועדיין צ״ע. [ורע' בספר איזהו מקומן שהעיר בזה בקצרה בשני מקומות].

קנה. מנחות (נה ע״ב) בהגהות הב״ח (או' ב) 'אשר ישחט העולה', צ״ל 'אשר תשחט העולה'. וכן הוא בשיטה מקובצת שם, ופשוט. [ורע' בהגהות וציונים עוז והדר, ובוילנא החדש לא תקנו כלום].

קנו. מנחות (נח ע״א). בהגהות הב״ח (אות א) מתוקן במקום 'בל תקטירו' שצ״ל 'לא תקטירו' [כלשון הפסוק]. ושוב בהמשך הגמרא בדברי אביי, בהגהות הב״ח (אות ב) מתוקן במקום 'בל תקטירו' שצ״ל 'לא תקטירו'. ובאמת יש לתקן עפ״ז עוד פעם בהמשך הגמרא בדברי רבא, במקום 'בל תקטירו' צ״ל 'לא תקטירו', אך שם לא צוינה הגהתו בזה.

קנז. מנחות (ע ע״ב). בהגהות הב״ח (או' א-ג) מתוקנים שני ציטוטים מהמשנה, שהגמרא מצטטת מהמשנה 'ואסורין בחדש מלפני הפסח ולקצור לפני העומר', ומתוקן לגרוס 'ואסורין בחדש מלפני העומר ולקצור לפני הפסח'. [וכן תיקן השיטה מקובצת. וכן מוכח מרש״י ותוס' ד״ה מאי קודם לעומר]. אך לעיל (ע ע״א) במשנה לא תוקן. [ובשיטה מקובצת תוקן גם שם. ובגליון הגמרא בשם ברכת הזבח תוקן רק שם ולא כאן].

קנח. בגמ' ריש חולין (ב ע"א) מקשה 'הכל שוחטין לכתחילה, ושחיטתן כשרה בדיעבד'! ובהגהות הב"ח (אות א) כתב: (לכתחילה) תיבה זו מחוקה, ונ"ב ספרים אחרים נמחק. עכ"ל. וצע"ג מדוע למחוק תיבה זו. וכלשון הגמרא דלפנינו מובא בכל הראשונים שמצאתי, ר"י מיגאש, תורא"ש, בדק הבית (שער א פ"א), מגיד משנה (הל' שחיטה פ"ד ה"ג), פסקי הרי"ד, פירוש רבינו יהודה הכהן ב"ר אליעזר אלמדארי, שטמ"ק והברטנורא. וכ"ה בש"ס כת"י מינכן (שנת ק"ה) ודפוסי שונצינו-פיזארו ויניציאה (שנים רמ"ד-רפ"ג).

קנט. חולין (סו ע"א) בהגהות הב"ח (אות ב) כתב: צדדין וגרועין כמו השלך. עכ"ל. ואינו מובן. ולכאורה צריך לתקן ולגרוס 'השלישי' במקום 'השלך'. [וכ"כ במהדורת עוז והדר, ושבדומה לזה בגמרא כת"י].

קס. חולין (צח ע"ב) בהגהות הב"ח (אות א) כתב: אבל בירושלמי פ' ג' מינים בנזיר מתרץ וכו'. עכ"ל. נ"ב, והוא שם (הל' ט).

קסא. חולין (שם) בהגהות הב"ח (שם) כתב: וכן במ"ר [מדרש רבה] פ' נשא דף רמב ע"ג. עכ"ל. נ"ב, ולפנינו הוא שם (פרשה י סי' כב).

קסב. בכורות (כג ע"א) במשנה 'רשב"ג אומר הלוקח בהמה מניקה מן הגוי אין חוששין שמא בנה של אחרת היה... נכנס לתוך עדרו... אין חוששין שמא בנה של זו...'. בהגהות הב"ח (אות א) תיקן פעמיים 'אינו חושש' במקום 'אין חוששין'. ובראשונים מצינו הרבה גירסאות לכאן ולכאן, ואכמ"ל, וגם בגמרא עצמה בעמוד הבא, עי"ש, וכאן ג"כ נראה כמו שכתבנו בכמה מקומות דכוונת הב"ח בהגהותיו היתה לצורך עצמה ליפות הקריאה, ולאו דוקא לתקן בנוסח הספרים.

קסג. בכורות (כח ע"א) במשנה 'השוחט את הבכור ומראה את מומו'. בהגהות הב"ח (אות א) כותב שצ"ל 'השוחט הבכור', ותיבת 'את' נמחק. ע"כ. וצ"ע מה לא טוב בתיבת הקישור 'את', דבכל הש"ס ראינו אותה [וכאן גופא מיד ההמשך 'ומראה את מומו']. ואמנם במשנה שבמשניות כאן כתוב כך 'השוחט הבכור', אך עיין בשינויי נוסחאות שם דציין דבכתבי יד כתוב עם תיבת 'את', וכ"ה ברמב"ן (הל' בכורות כאן ובחידושיו כאן) וברא"ש [כאן פ"ד סי' ג, ב"ב פ"ו סי' ד]. עכ"ד. וכ"ה בברייתא להלן בסמוך בגמרא 'השוחט את הבכור', וכ"ה בציטוט הגמ' (ביצה כז ע"א) משנה זו. וכן הוא ג"כ במשניות כת"י הרמב"ם (שבפירוש המשנה מהדורת המאו"ר ע"פ צילום כתב היד המקורי 'השוחט את הבכור'. וכ"ה ברוב ככל שאר הראשונים כאן, בה"ג (ריש הל' בכורות), שאילתות דרב אחאי (פרשת בא סי' מד), אור זרוע (הל' בכורות סוס"י תקיב), פסקי מהר"ח אור זרוע (כאן סי' לג) ופסקי הרי"ד (כאן). אמנם הטור (יו"ד סי' שי [א-ב],

ובקיצור פסקי הרא"ש כאן סי' ג) כתב 'השוחט הבכור'. ובשו"ע (שם) (סעי' א) **פעם** 'השוחט את הבכור', ופעם (סעי' ב) 'השוחט הבכור'. ועדיין צ"ב מדוע לתקן ודו"ק.

קסד. ערכין (ג ע"א) בגמרא 'הכל רואין את הנגעים, הכל כשרין לראות את הנגעים, לאתויי מאי'. ופרש"י ותוס' (שם): חדא הוא ולא גבי הדדי תניא. עכ"ל. ופשוטה כוונתם, דכיון ד'הכל כשרין לראות את הנגעים' היא משנה במסכת נגעים (פ"ג מ"א), מאי האי ד'הכל רואין את הנגעים', הלא דין אחד הוא! ועל זה תירצו שהיא ברייתא, ואין כאן כפילות בהעתקת הגמרא, דכיון דלאו גבי הדדי תניא, שייך להעתיק את שתיהן. ולא דמי להא דלעיל שם 'הכל חייבין במקרא מגילה, הכל כשרין לקרות את המגילה' שהם שני דינים שונים, חיוב קריאת המגילה, והכשר להוציא את הרבים, עי"ש.

והנה בהגהות הב"ח (שם אות א) על רש"י, כתב לגרוס רק 'וגבי הדדי תניא', ולמחוק תיבת 'לא'. ע"כ. ורבים ראו כן תמהו מה כוונתו בהגהה זו. בשערי ציון (כהן-יהונתן, שם) תמה: א"כ מאי בעי רש"י בהכי [דבשלמא אי גרסינן 'ולאו גבי הדדי תניא' בא רש"י לתרץ כדלעיל, אך לגירסת 'וגבי הדדי תניא' מה בא רש"י לומר], ועוד דבאמת בפ"ג דנגעים לא תניא כלל הא ד'הכל רואין', אלא 'הכל כשרין לראות' דוקא קתני [וא"כ ודאי דלאו גבי הדדי תניא]. ע"כ.

גם בספר אמתחת בנימין, עבודה ברורה ויד בנימין נשארו בצ"ע מה כוונת הב"ח[926]. וכן בספר תורת ה' (הכהן, שם) הביא בפשטות את ביאור השערי ציון הנ"ל. וכ"ה בספר הזכרון לרבי משה ליפשיץ (עמ' רעח).

ולענ"ד כוונת הב"ח ברורה, כביאור הנ"ל, רק בשינוי הגירסא. כלומר אכן זו ברייתא וזו משנה, ואין כפילות, אלא הדין אחד, וזמש"כ 'וגבי הדדי תניא' כלומר יש כאן דין אחד, רק בשינוי לשון. ודו"ק. אך צ"ב עדיין מנא ליה לתקן ולא לגרוס כלפנינו וכהפירוש הנ"ל. ועי' שטמ"ק (שם) שגרס כלפנינו ברש"י ובתוס'. וכ"ה במנחת יהודה.

קסה. ערכין (יח ע"א) ברש"י (ד"ה לימא מתני) כתב: דמצריך קרא למילף שנת עשרים כלמטה. עכ"ל. ובהגהות הב"ח (שם אות א) כתב: שנת דשנת עשרים. עכ"ל. וברור שהעתקת תיבת 'שנת' היא ט"ס, וכוונתו להגיע במקום תיבת 'שנת' דצ"ל 'דשנת', כלומר לגירוס ברש"י: דמצריך קרא למילף דשנת עשרים כלמטה. ע"כ. וברור. וכן מצאתי בס"ד למלאכת שלמה (ערכין סוף"ד)

---

[926] ואמנם האמתחת בנימין שם בתחילה ניסה לבאר דכוונת הב"ח דשתיהן בברייתא, דלשון הברייתא 'הכל רואין והכל כשרין לראות', וזו חכוונה דגבי הדדי תניא. אך שוב הקשה דא"כ חו"ל לגמרא לאתויי תרי דינים, ועוד מה משמעות כפילות הלשון בברייתא.

שהעתיק לשון רש"י כן: ומתניתין דמצריך קרא למילף דשנת עשרים כלמטה. ע"כ. וכ"ה בטורי אבן (ר"ה ל ע"ב). [ובתורה שלמה (ויקרא כז תושב"ע אות כד) העתיקו הגמרא ורש"י בפשיטות כגירסת הב"ח שלפנינו 'שנת דשנת עשרים'. ולא מובן].

קסו. ערכין (כו ע"א) רבי אליעזר אומר לא נכנסין ולא נותנין וכו'. ועי' לעיל (שם כה ע"ב) במשנה דאיכא שלש דעות, רבי יהודה, רבי שמעון ור"א. ומסתבר שהוא רבי אלעזר חבירים, ולא רבי אליעזר רבו של רבם. וכן תיקן השטמ"ק (כו ע"א) חמש פעמים 'רבי אלעזר'. וכן גירסת הרמב"ם (בפיהמ"ש המדויק מכת"י) ורבינו גרשום (שם). ובהגהות הב"ח (אות א) כתוב: רבי אליעזר אומר לא נכנסין ולא נותנין, מ"ט דרבי אליעזר אמר רבא אמר קרא ואם לא יגאל. עכ"ל. ונראה פשוט דאין כוונתו לתקן בדוקא 'רבי אליעזר' ולא 'רבי אלעזר', אלא כוונתו רק לתקן 'מ"ט דר"א אמר רבא' במקום 'אמר רבה מ"ט דר"א'. ויתכן שבמקור היה כתוב 'ר"א' והמעתיק פתח מדעתו 'רבי אליעזר'. ודו"ק.

קסז. ערכין (כח ע"א) מנה"מ דת"ר מכל אשר לו ולא כל אשר לו, מאדם ולא כל אדם, מבהמה ולא כל בהמה, משדה אחוזה ולא כל שדה אחוזה. ע"כ. עי' מה שכתבנו בס"ד בשבט מיהודה (ח"ב סי' ק).

קסח. כריתות (ב ע"ב) כותב רש"י ד"ה אלא שמע מינה כו', ולהכי תנא מניינא לאשמועינן דדוקא הוא ולא תימא רבי היא וסמי מכאן נזיר. עכ"ל. ובהגהות הב"ח (אות א) כותב: רש"י ד"ה אלא ש"מ וכו' וסמי מכאן נזיר ואשמועינן מתניתין דלא תימא הכי, הס"ד [הוא סוף דיבור]. עכ"ל. ולכאורה לא מובן מה בא להגיה. ואם בא להוסיף ברש"י תיבות 'ואשמועינן מתניתין דלא תימא הכי', צריך ביאור לצורך מה, דהא לפני כן כבר פרש"י להדיא 'ולהכי תנא מניינא לאשמועינן דדוקא הוא ולא תימא רבי היא' ! וצ"ע. ובדוחק י"ל אולי דכוונת הב"ח להחליף הגירסא ברש"י, ובמקום המשפט הנ"ל דכתב רש"י, להתחיל ברש"י מיד 'וסמי מכאן נזיר', ואז להמשיך 'ואשמועינן מתניתין דלא תימא הכי', והוא סוף הדיבור. אך אכתי לא הבנתי מה המטרה להגיה כן.

קסט. תמיד (לב ע"ב, רפ"ה) הגהות הב"ח (אות א), מכנה פיהמ"ש לרמב"ם בשם 'מפרש', אך באמת דברי המפרש מסתיימים בפרק שלפנ"כ, ומפרק זה והלאה מועתק פיהמ"ש לרמב"ם, כמש"כ בסוגריים בריש הפרק. וכ"ה בהגהות הב"ח (שם לג ע"א אות א). ועוד בשניהם מוסיף דיבור המתחיל ברמב"ם, אף דדרכו של הרמב"ם שלא תמיד כותב דיבור המתחיל, עי' בפירושו (הערת ידידי הרי"ס נר"ו).

קע. תמיד (לב ע"ב, במשניות) בפיהמ"ש לרמב"ם שם כתב: כבר באתי הלכה זו בגמ' כפורים. עכ"ל. ובהגהות הב"ח (אות ב) תיקן תיבת 'כפורים' לתיבת 'יומא'. ולכאורה התיקון מיותר, כיון שהרמב"ם במקומות רבים מכנה מסכת יומא 'מסכת כפורים' (אמנם בהרבה מקומות גם קורא לה מסכת יומא) (הערת ידידי הריש"ס נר"ו).

קעא. נדה (ג ע"ב) 'והתניא המדלה עשרה דליים מים בזה אחר זה'. ובהגהות הב"ח (שם אות ב) כתב: והתנן וכו'. משנה היא פ"ד דטהרות משנה ד'. עכ"ל. וצ"ע, דהרי התוספות כאן (ד"ה והתניא) והרא"ש והר"ש (על המשנה שם) מאריכים ומבארים להדיא למה הגמ' הביאה דוקא הברייתא הדומה למשנה הנ"ל, ולא את המשנה עצמה. וע" מהר"ם וערוך לנר על התוס'. וכן ציין להקשות בגליונות הקהילות יעקב, וכ"ה ביד אליהו כאן.

קעב. נדה (יד ע"ב) 'מאי אחר? אחר אחר'. ובהגהות הב"ח (שם אות ב) כתב: 'מאי אחר? אחר דאחר'. עכ"ל. ולכאורה צ"ב שהרי המושג 'אחר אחר' נזכר בתלמוד בכמה מקומות (נזיר טו ע"א, ערכין כד ע"ב, נדה כאן, לג ע"ב, לז ע"ב, סז-סח) ובכל מקום בענין ובנושא אחר, ובהגהות הב"ח לא תיקן בשום מקום מהם, וכן רש"י ותוס' וכל הראשונים והאחרונים (בסוגיות הנ"ל, וכן ע" ערוך ערך אחר אחר) גורסים תמיד 'אחר אחר'.

קעג. נדה (לד סוע"א) 'טהורה מדאורייתא טמאה מדרבנן', ובהגהות הב"ח (שם אות א) 'טהורה מדאורייתא וטמאה מדרבנן'. ולכאורה הו"ל לתקן 'טהורה מדאורייתא אבל טמאה מדרבנן', כמו בעמוד הבא שם 'וכי תימא הכא נמי טהורה מדאורייתא אבל טמאה מדרבנן'. וקצת משמע מהלשון 'הכא נמי' דגם בעמוד הקודם יש לגרוס כן, ועכ"פ ודאי שייך לגרוס כן. [ומעין זה מצינו בכמה מקומות, כגון לעיל (כח ע"א) 'אינה חוששת לכל דבר מדאורייתא, אבל מדרבנן חוששת].

קעד. נדה (לו ע"ב) 'זיל צנעיה, ואי לא ציית - גרייה'. הוא סבר גדייה'. ופרש"י 'גרייה' ברי"ש כלומר גרור ומשוך אותו בדברי טעם וראיות שיחזור בו. 'גדייה' הכריחו בשמתא, כמו (דניאל ד) "גודו אילנא". עכ"ל. ובתוס' (ד"ה גדייה) כתבו: פרש"י דרב אסי טעה בין רי"ש לדלי"ת. ואין נראה. אלא נראה דאיהו אמר ליה גדייה בדלי"ת רפה, כלומר משכהו בדברי טעם עד שיחזור, כמו (שמות יב) "משכו" דמתרגמינן 'נגודו', וכמו (ב"ב יג ע"א) 'גוד או איגוד'. והוא סבר גדייה בדגש, כמו 'גודו אילנא'. עכ"ל [וכ"ה בריטב"א בפי' ב, והוסיף שכ"ה 'גוד אחית']. ובמתן בסתר (שם) ביאר משכ"כ תוספות על דברי רש"י 'ואינו נראה', משום דכמו זר נחשב דרב אסי יטעה בין ד' לר'. ובערוך לנר הקשה מה שייך לומר על רש"י לשון 'ואינו נראה', דהא

לפי גירסתו של רש"י כך כתוב בגמרא! ובהגהות הב"ח (שם אות א) פירש פי'
אחר: נ"ל שאפשר לומר שטעותו היה בתיבת 'צנעיה', דאיתא בקידושין (כה
ע"א [ועי"ש ברש"י]) דהוא לשון נידוי, ע"כ היה סובר דאמר ליה שינדיה היינו
שינדוהו. וק"ל. וכן נראה שהוא דעת רש"י, כי רש"י ז"ל לא כתב זה כלל
שטעה בין ר' לד'. עכ"ל. ולא זכיתי להבין איך כתב כן בכוונת רש"י שגרס
להדיא שההבדל בין ר' לד'. ואמנם יד אליהו (שם) כתב שא"א לפרש כן,
שהרי א"כ יש כפילות בין 'צנעיה' ל'גדייה'. גם הריעב"ץ בתחילה כתב
כהיד אליהו הנ"ל, ושוב כתב: אי נמי באמת 'צנעינהו' הוא לשון הרחקה
בכבוד, ואי לא ציית - גרייה או גדייה, דהיינו משכהו בדברים או הכהו,
ורב אסי סבר דהיינו לשון שמתא שהוא כריתה - שם מתה. ע"כ. [ועי"ע
פירושים רבים בסוגיא, והבאתים בס"ד בחוברת יוסף דעת עמ"ס נדה שם, ס"ה שמונה
פירושים. ואכמ"ל].

סימן ו

'ציצית' גימטריא תרי"ג

והמסתעף לענין גימטריא בכתיב מלא

פרק א

מקור הלימוד

"וְהָיָה לָכֶם לְצִיצִת וּרְאִיתֶם אֹתוֹ וּזְכַרְתֶּם אֶת כָּל מִצְוֹת יְהֹוָה וַעֲשִׂיתֶם אֹתָם"
(במדבר טו, לט)

איתא במדרשים (במדב"ר פרשה יח סי' כא, תנחומא פרשת קרח סי' יב[927], מדרש אגדה [בובר] שלח טו לט, בראשית רבתי יז יט, מדרש חסרות ויתרות סי' עג, פסיקתא זוטרתא דלהלן): **ציצית [גימטריא] ת"ר, ח' חוטין וה' קשרים, הרי תרי"ג. עכ"ל.**

והובא בכמעט שִׁשִּׁים רִאשׁוֹנִים: הלכות קצובות (הלכות ציצית עמ' 152, הובא גם באוצר הגאונים סנהדרין פט ע"א סי' אלף סז, ובבית נכות ההלכות תורתן של ראשונים עמ' 21), **תשובות רב נטרונאי גאון** (תורתן של ראשונים [בית נכות ההלכות, הורוויץ] ח"ב עמ' 21), **רב נסים גאון** (חיבור יפה מהישועה פ"ט), **פסיקתא זוטרתא** (לקח טוב, סו"פ שלח, קיג ע"א ובדפו"ח עמ' שנז), **רבינו יהודה בן ברזילי אלברצלוני** (בפירוש לספר יצירה עמ' 110 ובדפו"ח 145), **רש"י** (שבועות כט ע"א ד"ה שקולה, מנחות לט ע"א [ע"פ שטמ"ק והגהות הב"ח שם], שם מג ע"ב ד"ה שקולה, פירוש התורה במדבר טו לט, סידור רש"י סי' תנד, ספר הפרדס סי' לז), **תוספות** (ברכות יח ע"א ד"ה למחר, ב"ב עד ע"א ד"ה פסקי, מנחות לט ע"א ד"ה לא), **דעת זקנים מבעלי התוספות** (במדבר טו לט), **מושב זקנים** (שם), **מחזור ויטרי** (סי' רעח,תקטו-תקטז, ובנדמ"ח ח"ג הלכות אבל עמ' תרסח), **פירוש רבינו חיים פלטיאל** (עה"ת, במדבר שם), **רבינו גרשום** (מנחות מא סוע"ב), **תוספות רבינו יהודה משירליאון** (ברכות יח ע"א, עבו"ז סה ע"ב), **גליון תוספות טוך** (יבמות ה ע"ב), **תשובות**

 במדרש תנחומא המקורי ליתא, וכתב ר"יש בובר (מבוא למדרש תנחומא, נא ע"א אות לד) דקטע זה הועתק בתקופה מאוחרת ממדרש רבה חנ"ל, וניכר לכל מבין דהמקור הוא במדרשו של רבינו משה הדרשן. עכ"ל. ולא זכיתי להבין, שהרי כמה ראשונים (עי' להלן) הביאוהו להדיא בשם מדרש תנחומא, וכנראה היה כן בפניהם. וכן נקט החיד"א (דלהלן) דהמדרש שבידינו הוא מדרש ילמדנו, ואדרבה התנחומא המקורי הוא הוא שלא בידינו, והעידו הראשונים דביה איתא. [וא"כ כאן אינו קשור למש"כ רב היח"יס שליט"א במנוחת שלום (חייח סי' י עמ' רנו) ובכ"ימ, וע"ע בספר תורת שמואל (כהן, פרשת שלח עמ' קיט). וגם אם המדרש רבה חנ"ל הוא העתקה מהמדרש תנחומא, עכ"פ קדום מאד הוא, וגם אם לא יהיה לרבי הושעיא ורבי תנחומא התנאים, הוא לרבי יוחנן או רבה בר נחמני מן האמוראים, וגם אם לא להם ממש עכ"פ ודאי קדום הוא מכל הגאונים והראשונים דלהלן שהרי הביאוהו, ועי' להלן שגם הוא כמעט מפורש בספר הזוהר, ועל כל אלו ועל ששים הראשונים דלהלן יש לקרוא 'אין בודקין מן המזבח ולמעלה'. ואכמ"ל יותר].

ופסקים מאת חכמי אשכנז וצרפת (סי' פא), רבינו מיוחס (עה"ת, במדבר שם), ספר הניר (הל' ציצית עמ' קצב), מהר"ם מרוטנבורג (הל' שמחות סי' ה), רבינו יוסף בכור שור (במדבר שם), הרוקח (סי' שסא, עה"ת במדבר שם עמ' ס, ובסידורו סי' ח), ספר הקנה (ענין ציצית, מט ע"א / מג ע"ב), אור זרוע (סי' תכא), שבלי הלקט (סידורו של ציצית לדעת רש"י עמ' 81/423), רבינו יהונתן הכהן מלוניל (על הלכות קטנות להרי"ף, הל' ציצית יב סוע"ב), ערוגת הבשם (ח"ג עמ' 207), פירושים ופסקים לרבינו אביגדור צרפתי (מבעלי התוספות, פרשת שלח פסק רסח ופסק רעו), עץ חיים (לרבי יעקב חזן מלונדרץ ח"א הל' ציצית סוף"ב עמ' קמח), המאורות (הלכות קטנות הל' ציצית עמ' שע), היראים (סי' יז/תא), סמ"ג (עשין סוס"י כו), סמ"ק (מצוריך, מצוה לב ליקוטים 133), הרא"ש (עה"ת שם, הלכות קטנות הל' ציצית סי' טו, תוספותיו פסחים מ ע"ב ונדה סא ע"ב, פירושו לנדרים כה ע"א), רבינו ירוחם (ני"ט ח"ג קסט ע"ב ובנדמ"ח עמ' תתקמח), המנהיג (הל' ציצית עמ' תרלח בנדמ"ח מכת"י), העיטור (ציצית שער א סוף ח"ב דס"ט ע"ג / סי' תתסז עמ' קסג), ספר גימטריאות לרבינו יהודה החסיד (ענינים שונים, אות כט עמ' כז; פרפראות עה"ת קרח אות יב), נמוק"י (על הלכות קטנות להרי"ף, הל' ציצית יג רע"א), בעל הטורים (עה"ת ובפירושו הארוך שם, ובטור או"ח סי' כד), החזקוני (במדבר שם), רבינו בחיי (במדבר טו לח, כד הקמח ערך ציצית), המרדכי (הלכות קטנות סי' תתקמ), ארבעה קנינים (לרבינו יהודה ב"ר שלמה קנפנטון ממולינא תלמיד הריטב"א, פי"ב סוף עמ' קיג), פסקי הרי"ד (מנחות לט ע"א), פירוש רבינו יהודה עניו [ריבב"ן] (הל' ציצית עמ' תמר), מדרש מאור האפלה (ס"פ שלח עמ' תיט928), מדרש הביאור (סו"פ שלח עמ' שכח, בפירוש השני929), מדרש החפץ (שם עמ' רנז בפירוש הראשון930), ארחות חיים (הל' ציצית סי' לט), הכל בו (סי' כב), החינוך (מצוה שפו), האבודרהם (עמ' מה/קיח), שו"ת הרשב"ש (סי' כו), מנורת המאור (אלנקאוה, עמ' 55/צז), פסקי ריא"ז (בשלטי הגבורים על הרי"ף שם ע"ב בדפיו), שו"ת בנימין זאב (סי' קצה), האברבנאל (סו"פ שלח), מהר"י אבוהב (על הטור שם) והרדב"ז (שו"ת ח"ח מכת"י סי' ג).

פרק ב
קושית הרמב"ן הראשונה ותירוציה

והרמב"ן (במדבר טו לח, ובריש השגותיו לספר המצוות לרמב"ם שורש א) הביא את הדרשא הנ"ל בשם רש"י931, ותמה הרי תיבת 'ציצת' כתובה בתורה חסר יו"ד932,

---

928 כתב דמנין 'ציצית' מלא, והוא גימטריא ת"ר, אך הי"ג לא דרש כני"ל מחמשה קשרים ושמונה חוטים, אלא מי"ג חוליות, עי' להלן.

929 גם כאן כהההערה הקודמת.

930 גם כאן כשתי ההערות הקודמות.

931 כן לשון הרמב"ן (עח"ת שם) בדפוסים שלפנינו 'כתב רש"י'. אך ברמב"ן דפו"ר (רומי, סביבות שנת ר"ימ, עמ' 116) כתוב 'פירשו רז"ל' (נצוין שם בפירוש טוב ירושלים (על הרמב"ן שם, פני ירושלים שם) ובפירוש בית היין שם)], וכן הוא לשון הרמב"ן בהשגותיו על ספר המצוות (שם) 'שנאמרו בזה מדרשים ואסמכתותי.

א״כ אין מניינה אלא תק״ץ ולא ת״ר[933]. עכ״ד. [ולשונו שם 'ראיתי עוד שנאמרו בזה מדרשים ואסמכתות הם תימה בעיני, 'ואיני יודע אם אגדה היא, ומכל מקום אינה מן התורה'].

והחיד״א (ברכ״י או״ח סי' כד ס״ק ב, דבש לפי סי' כט וסי' לח) כתב דקצת קשה על הרמב״ן שלא ראה דהם מדרשים מפורשים, לא אחד ולא שניים, כמפורש במדרש רבה ותנחומא ובפסיקתא [זוטרתי] דלעיל [ובמדרש אגדה ובראשית רבתי כדלעיל], אף דבתנחומא [ילמדנו] שלנו ליתא זאת[934]. וקושית הרמב״ן מתיבת 'ציצת' החסרה יו״ד, כבר הקשו כן בתנחומא ופסיקתא הנ״ל ותירצוהו [וכפי שיבואר להלן]. וכן בשו״ת אהלי תם תמת ישרים (בן יחיא, סי' קעד ד״ה ציצית עמ' שמז) רמז לתמוה בזה על הרמב״ן, עכ״פ מדברי הראשונים, וכתב: וכבר תירצו התוספות וכו', וכן כתבו כל הגדולים ובעלי התוספות וסמ״ג איש לא נפקד שלא כתב זה, והרמב״ן אם דחה דבריהם אפשר שלא נכשרו בעיניו. עכ״ל. גם הרד״ל (על מדרש רבה שם) והמלבי״ם (ארצות החיים סי' יא המאיר לארץ ס״ק פג) העירו על הרמב״ן.

ואכן קושית הרמב״ן הנ״ל כבר מפורשת בתנחומא [שלפנינו] ופסיקתא זוטרתי הנ״ל, ותירצו דכתיב שלש פעמים 'ציצת' בתורה[935], אך פעם אחת מהן כתוב בתוספת ל' ״והיה לכם לציצת״, ל' זו משלימה י' לכל אחד משלשתם[936], כאילו כתוב בכל אחד מהם 'ציצית' בשני יודי״ן[937]. והובאו

---

[932] כ״ה להדיא במסורה הגדולה והקטנה (במדבר שם), דבשלשת המקומות בתורה (בפרשה זו, יצוטטו בהערה לחלן בסמוך) והמקום הרביעי (ביחזקאל ח ג ״וַיִּקָּחֵנִי בְּצִיצַת רֹאשִׁי״, והוא אותו ענין, עי' גמ' מנחות מב ע״א ובמפרשים ביחזקאל שם ובספרי חשרשים) כולם חסרים יו״ד בתרא. וכ״כ הרמ״ה (מסורת סייג לתורה, ערך ציצת) ובמנחת שי (במדבר שם) בשם העתק הללי וספרים מדוייקים. אך הרוקח (במדבר שם, עמ' ס) כתב: שני 'ציצית' מלאים, ואחד 'לציצת' חסר יו״ד. עכ״ל. ועי' מה שכתבנו בס״ד בשבט מיהודה (ח״ב סי' עח 'אינהו בקיאי פרק א עמ' 164, ובפרט שם עמ' 180 מאות סו והלאה) דיש אומרים דלראשונים היתה מסורת שונה, וטפי מסתבר לומר דנקטו כן רק לצורך הדרשא, עיי״ש באורך. וכאן בפרט שיש מדרשים מפורשים (כמפורט לעיל) שמקשים על חסרון היו״ד ומתרצים, וכן בעלי התוספות בכמה מקומות (וכדלעיל), דוחק לומר שהרוקח לא ראם או חלק עליהם בפשיטות.

[933] ועוד הקשה שתי קושיות על רש״י, ויובאו להלן (פרק ג) עם תירוציהן.

[934] עי' בהערה לעיל דבתנחומא שלפנינו איתא, רק העירו דבמקורי ליתא, וזו כוונת החחיד״א, אך הוא דידיה כתב לתרץ דהמדרש שלפנינו הוא 'ילמדנו', והתנחומא האמיתי הוא בידינו, ובו העידו הראשונים דאיתא. [ודלא כריש בובר שם, עי' בהערה לעיל].

[935] ״וְעָשׂוּ לָהֶם צִיצַת עַל כַּנְפֵי בִגְדֵיהֶם לְדֹרֹתָם, וְנָתְנוּ עַל צִיצַת הַכָּנָף פְּתִיל תְּכֵלֶת. וְהָיָה לָכֶם לְצִיצַת״ (במדבר טו לח-לט).

[936] וכתב החחיד״א (דבש לפי מערכת צ סי' כט, פני דוד פרשת משפטים סוס״י יג) דאפשר דנרמזו שלש פעמים תרי״ג בשלש תיבות 'ציצית' כנגד מחשבה דיבור ומעשה, ובשלישית שהיא כנגד המעשה כתוב אות ל' להשלים שלשתן, משום דהכל לפי רוב המעשה, והמחשבה והדיבור תלויות עד המעשה. ורמז זאת דוקא באות למ״ד, שהיא מלשון ילמדנו, שאם לא באה לידו איזו מצוה לקיימה, יוכל לקיימה עי״י לימוד, כדאמרו חז״ל (מנחות קי ע״א) כל העוסק בתורת חטאת כאילו הקריב חטאת וכו'.

הקושיא והתירוץ בהרבה מהראשונים דלעיל [תוס' מנחות שם, המנהיג, העיטור, ר"ח
פלטיאל, הקנה, הרא"ש, סמ"ג, רבינו בחיי, הטור, ר"א צרפתי, החזקוני, מושב זקנים, ארחות חיים, כל בו,
המרדכי, האבודרהם, מנורת המאור, האברבנאל ובנימין זאב]. חלקם הביאו כן בשם המדרש
וחלקם כתבוהו בסתם‎938.

והמרדכי (הלכות קטנות שם) תירץ עוד: כיון דקרינן 'ציצית', אין משיבין על
המדרש. עכ"ל. [וכ"מ בזוהר, ברוקח ובדעת זקנים מבעלי התוס', וכ"כ הרא"ם
והמהר"ל, וכפי שיבואר להלן]. **והחיד"א** (דלעיל‎939, וכן במחב"ר סי' כד ס"ק א) הביא
דבריו, ותמה מה מה הוצרך לעוד תירוץ אחרי שבמדרש להדיא תירצו את
התירוץ הראשון דלעיל‎940. ושוב הביא החיד"א דמצא להאר"י ז"ל [שער
היחודים פט"ו ייחוד טו, פע"ח שער עולם העשיה סוף"ה כט ע"ב בהגהת הרנ"ש] דכתב‎941 'צפונה'‎942

---

⁹³⁷ **ובמדרש אגדה** (בובר, שם) אדרבה מקשה איך אמרנו שׁ'ציצית' גימטריא תי"ר, והרי פעם אחת
כתוב 'לציצית', ויש ל' נוספת שהיא שלשים יתירים! ומתרץ לי' ז' אינה נחשבת לגימטריא
כיון שהיא ל' השימוש ואינה חלק מהתיבה. עכ"ד. הנך רואה תימה לכאורה, דלא זו בלבד דמדרש
זה הבין איפכא משני המדרשים האחרים (תנחומא ופסיקתא זוטרתי), עוד מדקדק באות ל' היתירה ולא
מעיר על אות י' החסרה. ולכאורה היא ראיה לתירוץ המרדכי והמהרי"ל דלהלן שבגימטריא
מחשבים לפי הקריאה, עיי' להלן באריכות, ולכן לא היה קשה למדרש הנ"ל מאומה על חסרון
היו"ד, אדרבה רק על תוספת הלמ"ד, ודו"ק.

⁹³⁸ **והרא"ם** (בפירושו לרש"י במדבר שם) הביא תירוץ זה בשם יש מפרשים', וכתב יאינו נכון בעיני'.
ותמהו הצדה לדרך (לבעל ה'באר שבע', בפירושו לרש"י במדבר שם), שם חדש (על חיראים מצוה יז), מגילת ספר
(קזיס, על הסמ"ג עשין כו, ח ע"ג), החיד"א (ברכ"י סי' כד ס"ק ב) וכבוד חכמים (קנולר, סי"פ שלה) על הרא"ם איך
נעלמו ממנו המדרשים והראשונים שתירצו כן להדיא. והאלשיך (במדבר שם) הקשה בהדיא
על תירוץ זה נ"ג"כ בלי להזכיר שזה מדרש, אלא כתב 'המפרשים'], שהרי כמו זר נחשב שבראיית הציצית
יעלה על זכרון האדם האות זו הנ"ל שתגרום לו להזכר בכל מצוות ה'. ועוד כי מלשון הכתוב
יראה שעל ידי ראיית הענף עצמו שבכנף והחוטים, יהיה הזכרון. עכ"ד. ועי' להלן בביאורו איך
יזכר האדם במצוות ה' ע"י ראיית הציצית.

⁹³⁹ **ועוד עייש** (דבש לפי מערכת ב סי' כא, מערכת פ סי' כ, מערכת ת סי' מב) דציין לזה בקצרה.

⁹⁴⁰ אמנם המרדכי לא הביא את התירוץ הראשון בשם מדרש, אלא בשם רי"י.

⁹⁴¹ **וכן מצינו עוד להאר"י** (שעה"כ דרושי ציצית דרוש ד, פע"ח שער קריא"ש פכ"ו, שער רוח"ק [תיקון יד, יחוד יח, יחוד כז])
שכתב יד"פ כנף בגימטריא ציצית'. וכן מצינו עוד להאר"י (שעה"כ דרושי תפילין דרוש ה, פע"ח שער התפילין
פיי"א) שכתב 'תפילין' בגימטריא 'פסתם', והוא שם קדוש לכוין בו בהנחת התפילין. והריעבי"ץ במור
וקציעה (סי' כה [עמ' נח]) השיג עליו שהרי כותבים 'תפילין' עם יו"ד אחת בלבד. וכתב פתח הדביר (ח"ב
סי' לב קונ"א סי"ק ב"ו, ועיי' סי' רצה סי"ק ב) דנעלם ממנו הזוהר (דלהלן) דבגימטריא אפשר לחשב החיריי"ק
כיו"ד, ושכ"כ מהרח"ו בספר תוצאות חיים (כתיי, סוף דרוש ח סוד התפילין) לכוין שתי כוונות בהנחתן,
האחת גימטריא תקי"ע והשנית גימטריא פסתים (הנ"ל), וביאר בנו מהרש"י (שם [נ"עיע שעהמ"ק שם י ע"ג
ובהגוב"י סי"ק ו]) דהכוונה הראשונה היא גימטריא 'תפלין' ביו"ד אחת, והכוונה השנית היא גימטריא
'תפילין' בשתי יודי"ן (וכדלעיל). הרי לפניך שני אופני הגימטריאות בתורתו של רבינו האר"י החי
ז"ל. וכן רבי חיים הכהן תלמיד מהרח"ו בספר מקור חיים (סי' לב סעי' ח [דפו"י סו ע"א, דפו"ח עמי
קכא/קלט]) כתב לפי דרכו 'תפילין' גימטריא תק"פ, עיין שם, והיינו 'תפילין' מלא בשתי יודי"ן. ואין
ספק דאילו היה רואה הריעבי"ץ שכוונות אלו יצאו מפי רבינו האר"י ז"ל לא היה כותב דהוא טעות
וחסרון ידיעה חלילה. ועיי"ע דברי שלום (להרא"ש מזרחי, שאלה ד, א ע"א-ב). עכ"ד פתה"ד שם. וצוין בשדי
חמד (כללים מערכת ג סי' נ). **ובבית ישי** (פישר, עמ' קפה הערה יט) הוסיף מהאר"י [ספר הליקוטים ויצא כט, עץ הדעת
טוב פרשת מטות] 'מילה' גימטריא יפה, אעי"פ שבתניך תמיד 'מלה' חסר. [ומה שהוסיף מתיבת 'עירובי

גימטריא רל"ב, ואע"פ שתיבת 'צפנה' כתובה[943] חסרה ו'[944], וכ"כ הרמ"ע מפאנו[945] (כנפי יונה ח"ב סי' א כלל כג)[946]. וא"כ קשה להיפך, מדוע הוצרך המדרש לתרץ דהאות ל' משלימה וכו' כנ"ל. וצ"ל דהוא תירוץ טוב יותר מאשר הא דאזלינן בתר הקריאה[947]. עכ"ד.

ובאמת כבר מצאנו רבות כהאי גונא בחז"ל, ואביא בס"ד כמה דוגמאות.

א. בגמרא (ברכות ח ע"א) ובמדרש תנחומא (מקץ סי' י): תניא נמי הכי, תשע מאות ושלשה מיני מיתה נבראו בעולם, שנאמר (תהלים סח כא) "למות תוצאות", 'תוצאות' בגימטריא הכי הוו. ע"כ. אע"פ שבתהלים כתיב 'תצאות', חסר ו' ראשונה. [וי"ל כיון דמצינו לפעמים 'תוצאות' מלא בשני ואו"ן (עי' משלי ד כג, דהי"א ה טז), משא"כ 'ציצת' שתמיד חסר י' שניה וכדלעיל].

ב. במדרש תנחומא (צו סי' יג): "כי אשה כושית לקח" (במדבר יב א), 'כושית'

(שעהי"ך דרוש א דקידוש ליל שבת, שעהי"מ בשלח, פע"ח שער השבת פי"א,ד ועוד) צע"ק, כיון שאינה בתנ"ך, אלא היא לשון חכמים ובארמית].   אמנם מה שכתוב בסידורים (בברכת 'ראה נא בעניינו') דיכוין שתיבת 'גאולה' עולה כמנין הוי"ה במילוי אלפ"ין שהוא שם מ"ה יו"ד הי"א וא"י ה"א [ונזכא בעוד יוסף חי להגרי"ח פרשת בשלח סע"י ח], לא מצאתי לו מקור בכתבי האר"י, וגם אינו כתוב בסידור הרש"ש [הפנני לזה מו"ר הגרח" יי"ם הלל שליט"א], וראיתי להנאמ"ין סי"ט בספרו אסף המזכיר (מערכת ג ערך גאולה א) דכתב דמקורו מהאר"י, והקשה והרי בתנ"ך תמיד 'גְאֻלָּה' כתוב חסר ו'. ומתרץ דלעתיד לבוא תהיה 'גאולה' מלאה עם ו'. עכ"ד, עייש. וצ"ע היכן ראה דמקורו מהאר"י, וגם צ"ע מדוע לא הזכיר את הגמרא והזוהר והראשונים והאר"י דלעיל דבגימטריא אפשר לעשות לפי הכתיב המלא. ועוד דעכ"פ שורש גאולי מצינו בתנ"ך גם מלא, כגון "וּשְׁנַת גְּאוּלַי בָּאָה" (ישעיה סג ד), "יֹּאמְרוּ גְּאוּלֵי ה' " (תהלים קז ב), ועוד.

[942] עם הכולל.

[943] כנראה כוונתו דוקא לתורה, כי בנ"ך היא מוזכרת מאות פעמים 'צפונה' מלאה עם ו'. אלא דלפי"ז לכאורה לאו שמיה מתיא לכאן, דשאני 'ציצת' דמוזכרת רק בתורה [ולא בנ"ך כלל], ותמיד חסרה י'. ודו"יק.

[944] אמנם האר"יי דידיה שם כתב: וזהו אם למקרא, ואם למסורת צפנה', יייה פעמים יי"ה [רכ"יה]. עכ"יל. הרי דכתב להדיא דזהו רק למ"יד יש אם למקרא, ודו"ייק. ועי' להלן. ובסידור הרש"יש [פסוק ישחט אותו חנ"י] כתוב להדיא 'יכוין כאילו היא מלאה בוא"וי.

[945] וז"יל שם: תַּרְבָּה אע"פ שאין לו, כגון ו' מאלקים, וכן חל"ים במספר קטן עולה יי"ה, ועם ו' גימטריא אהייה, חרי"ק עולה וייה במספר קטן, ועם י' עולה יי"ב גימטריא אהיייה במספר קטן. עכ"יל. הרי לך דאפילו בתיבת 'אלקים' שלא מצינו מעולם שיכתבוה עם ו', אפשר להוסיף ו' לגימטריא. ואולי משום דעכ"פ מצינו 'אלוהי' (תהלים יח מז, קמג י, קמה א).

[946] ועפי"ז כתב החידי"א גם בספרו תהילות יוסף (תהלים יח ד) "מהולל" [נונו] גימטריא ימ"ה אדנ"יי עם הכולל, אע"פ שכתוב "מְהֻלָּל" בלי ו', עפמשיי"כ האר"יי הנ"יל דאפשר להחשיב כאילו כתוב עם ו'.

[947] משמע קצת דלא סי"ל כהשדי חמד (כללים מערכת ג סי' נ) דכתב דאולי תירוץ המדרש והראשונים פליג אתירוץ דהמרדכי. ודו"ייק. ועיי"ע בפירוש שמו אברהם (פאלאג'י) על מדרש לקח טוב (פסיקתא זוטרתא שם, אות קעד) דג"יכ משמעותו דתירוץ המרדכי הוא מספיק, כהיסוד שכתב הרמ"יע מפאנו הנ"יל, וכבר אי"צ לתירוץ שהאות ל' מתחלקת וכו'.

בגימטריא 'יפת מראה'. וכ"כ רש"י[948] (במדבר שם). אע"פ שהפסוק כתיב 'כשית' חסר ו'[949]. [וגם כאן י"ל כיון דמצינו בתנ"ך 'כוש' 'כושי' 'כושים' מלא עם ו', משא"כ 'ציצת' שתמיד חסר י' שניה וכדלעיל].

ג. במדרש תנחומא (וילך סי' ב) : "ויטעהו שורק" (ישעיה ה ב) 'שורק' בגימטריא תר"ו, עם שבע מצוות בני נח הרי תרי"ג. ע"כ. אע"פ שבפסוק כתיב 'שרק' חסר ו'[950]. [גם כאן י"ל כיון דמצינו לפעמים 'שורק' מלא עם ו' (עי' שופטים טז ד, ירמיה ב כא), משא"כ 'ציצת' שתמיד חסר י' שניה וכדלעיל].

ד. בספר הזוהר (ח"ג רנה ע"ב) איתא[951] : 'סוּכָּה' (אִית בָּאת ו', בְּסֻכּוֹת חָסֵר ו', דְּאִתְּמַר בָּהּ "בַּסֻּכֹּת תֵּשְׁבוּ שִׁבְעַת יָמִים", אִיהִי אִמָּא אֲבָל סוּכָּה) בָּאת ו', אִיהוּ בְּרָזָא דִּתְרֵין בָּנִין, יְהֹוָה אֲדֹנָי, וְהָכִי סָלִיק סוּכָּ"ה בְּחוּשְׁבָּן יאהדונה"י[952]. עכ"ל[953]. [גם כאן י"ל כיון דמצינו "וַיְהִי בְשָׁלֵם סוּכּוֹ" (תהלים עו ג), אפשר להחשיב הגימטריא עם ו'[954]].

---

[948] אמנם עי' לרב היחי"ס שליט"א בספריו (ברית יעקב סי' ד הערה ו עמי צח, הדר יעקב חי"ב עמי רג) דהקטע במדרש תנחומא שם מועתק מפרשי"י. אך לעניננו אינו גורע, וכדלעיל וכדלהלן.

[949] ומיושבת קושית הדר זקנים (שם) על המדרש הנ"ל, שכתב יולא נהירא, כי כשית חסר וא"ו, אם כן אין הגימטריא מכוון'. [וכן העיר בפירוש זרע אברהם (על הספרי פיסקא צט, לז ע"א)]. וכן תירץ רב היחי"ס שליט"א בספרו הדר יעקב (חי"ו סי' מח עמי קכג). [ועיי' להלן דמצינו לפחות בשלשה מקומות לבעלי התוספות שעושים גימטריאות כאלו.

[950] אמנם יש להעיר מהגמרא (מגילה טו ע"ב) : 'ורמי בר אבא אמר [על בני המן], כולן מאתים ושמונה הוו, שנאמר (אסתר ה יא) יורוב בניוי. [מקשה הגמ'] 'ורובי בגימטריא מאתן וארביסר הוו'! [ומתרצת] א"ר נחמן יורבי כתיב. עכ"ל. הרי דיש לדקדק דוקא כהמסורה ולא כהמקרא. ומעין זה בגמרא (יומא עה ע"ב) : "דק מחספס" (שמות טז יד) דבר שנבלע ברמ"ח אברים [ד'מחספס' גימטריא רמ"ח. שואלת הגמ'] 'מחוספס' טובא הוי! [ומתרצת] א"ר נחמן בר יצחק, 'מחספס' כתיב. עכ"כ. וייל דאפשר לדרוש כהמקרא ואפשר לדרוש כהמסורה, וכל מקום לפי עניגו מה שנראה לרבותינו. ודוי"ק.

[951] ועי' הגהות חשק שלמה (השמטות לריש מסכת סוכה) דהעיר בזה על האר"יי ואיזה ספרי מקובלים, ואישתמיטתיה דהוא בספר הזוהר, וגם עיקר הערתו לא קשיא עי"פ הגמרות והראשונים דלעיל ודלהלן, והעירו עליו בתפארת צבי (שפילמן, על הזוהר חי"ב קכקט ע"ב, עמי נה-נו), בית ישי (פישר, עמי קפה הערה יט) ועוז יעקב (סופר, חי"א סי' ז). וכן השיב בתפארת צבי (שם) על השגת הריעבי"ץ על זוהר זה במטפחת ספרים (עמי לב). [ועי' גם בדרשות נחלת דוד (דרוש י אות ה) ודברי אליהו (תהלים לא) בשם הגר"יא דדרש תיבת 'סוכה' מלאה דוקא, עיי"ש].

[952] ותרגומו : 'סוכה' (יש עם אות ו', 'בסכת' חסר ו', שנאמר בה 'בסכת תשבו שבעת ימים', היא אמא, אבל סוכה) באות ו' היא בסוד של שני בנים יהוה אדני, וכך עולה 'סוכה' בחשבון יאהדונהי.

[953] ועי"פ הזוהר הנ"ל הובאה גימטריא זו בכל ספרי המקובלים. ובפיוט 'סֻכָּה וְלוּלָב לְעַם סְגֻלָּה' [לרבי משה אדהאן, הוזכר בשם חגדולים (מעיי' מעי' מ סי' צז)] זו כוונת המשורר בסוגר 'הַשֵּׁם כְּכָתְבוֹ וְכְּקְרִיאָתוֹ, כְּמִסְפַּר סֵכָּה מִסְפָּרוֹ עָלָהּ. אלא דלפי"ז לכאורה צריך לכתוב 'כְּמִסְפָּר סוּכָּה מִסְפָּרוֹ עָלָהּ. והעירו בזה בשו"ת באר אליהו (כ"י, אוי"ח חי"ב סי' קכא. וכייה בקובץ האשל חי"ע עמי 57) והנאמין סי"ט בהגהות שבסוף מחזור איש מצליח (אות ה) [וכן עשו בפנים שם]. אמנם יש לפלפל בזה, ודוי"ק.

[954] וכ"כ החשק שלמה (דלעיל) ליישב בזה תמיהתו, עיי"ש, אך כבר כתבנו לעיל דעיקר תמיהתו צ"ע.

ה. בתיקוני הזוהר (תי"ח לב סוע"א) איתא: "אבוא בם אודה יה", 'אבוא' איהו
עשר'. [גם כאן י"ל כיון דמצינו יותר פעמים בתנ"ך 'אבוא' מלא עם ו' (עי' בראשית לח טז,
שמות כב כא, ועוד בנ"ך רבים)].

וכן מצאנו בראשונים. כגון בדעת זקנים מבעלי התוספות (בראשית נ כד) כתבו:
"פקוד יפקוד אלהים אתכם" פירוש כמנין 'פקוד' [=ק"ץ] יחסר הבורא מן
הגלות [של ארבע מאות שנים] וכו'. אמנם קשיא לי, כי מצאתי 'פקד' חסר וי"ו.
ונראה דאי אמרינן יש אם למקרא ניחא. עכ"ל. ובפענח רזא (שם) כתב
בפשיטות: חולם של 'פקד' הוא תחת ו' למלאות מספר התיבה ['פקוד']
כמנין 'קץ'. עכ"ל. [וגם כאן י"ל כיון דמצינו בתנ"ך 'אפקוד' וכדומה מלאים עם ו',
משא"כ 'ציצת' שתמיד חסר י' שניה וכדלעיל]. וכן בדעת זקנים מבעלי התוספות
(בראשית מא יד) כתבו: "ויחלף שמלתיו", מכאן רמז למה שאמרו רז"ל (ר"ה יא
ע"א) דבראש השנה יצא מבית האסורים, שהרי "ויחלף שמלותיו" גימטריא
'בחד בתשרי' [926]. וקשיא לי כי מצאתי 'שמלתיו' חסר ו'. אם לא נאמר יש
אם למקרא. עכ"ל. [הנה כאן היא הוכחה ברורה, כי לא מצינו בשום מקום בתנ"ך
'שמלות' עם ו' כלל, ואעפ"כ עשו גימטריא עם ו'. ודו"ק]. וכן בדעת זקנים מבעלי
התוספות (שמות כב טז) כתבו: "כְּמֹהַר הַבְּתוּלֹת", הר"ם אומר 'כמוהר' מלא
עולה 'ר' זוזים' חסר חד [270], ויש אם למקרא. עכ"ל. [גם כאן היא הוכחה
ברורה, כי לא מצינו בשום מקום בתנ"ך 'מוהר' עם ו' כלל, ואעפ"כ עשו גימטריא עם ו'.
ודו"ק][955].

וכן הרוקח (סי' רפג) כתב: 'ארוחת' (משלי טו יז) בגימטריא
'חזרת'. עכ"ד. אע"פ דכתיב שם 'אֲרֻחַת' בלי ו'[956]. [גם כאן היא הוכחה ברורה,
כי לא מצינו בשום מקום בתנ"ך 'ארוחה' או 'ארוחת' (וכל שורש זה) עם ו' כלל, ואעפ"כ עשה
גימטריא עם ו'. ודו"ק]. וכן עיין ברוקח (עה"ת, תולדות כו ה, עמ' רו) שעשה גימטריא
מהפסוק שם וכתב: ותקרא מלאים "וישמר משמרתי מצוותי חוקותי
ותורותי" יש אם למקרא. עכ"ל. [גם כאן הוכחה ברורה, דלא מצינו בתנ"ך 'חוקות'
עם שני וי"ן. אמנם 'מצוות', 'תורות' מצינו (עי' נחמיה ט יג-יד)].

ובבעל הטורים
מצינו כן כמה פעמים[957], עיין למשל בעניננו גופא (במדבר טו לח-לט) שכתב
'ציצת' בגימטריא 'צדקות' וגימטריא 'נשרים', וכן 'וראיתם' גימטריא

---

[955] משלשת מקומות אלו בדעת זקנים מבעלי התוספות יש להעיר קצת עמ"ש בספר הדר זקנים
(שגם הוא לבעלי התוספות) שהובא לעיל בהערה לגבי "אשה כושיתי. ודו"ק.

[956] והובא ביפה ללב (ח"ב סי' תעג סי"ק ו, ועי"ע בדבריו באהע"ז שמות גיטין (שם בעז [סט] ובועז [כב]) וכתב כן: ואע"ג
דכתיב 'ארחתי חסר ו', יאמר נא הגימטריא על פי קריא'ה נאמנה, כמש"כ החיד"א ביוסף תהלות
הנ"ל. עכ"יד. והובא בשדי חמד (כללים מערכת ג אות נ), והוסיף שם דכ"כ החיד"א בחומת אנך (פרשת בא
אות ט) בשם הרוקח (שמות יב ד עמ' נז) "איש לפי אכלו" בגימטריא 'אוכל כזית'. [עכ"יד הרוקח, וממשיך השדי
חמד:] והיינו על כרחך דמחשיב כאילו כתוב 'אוכלו עם ו', דדוחק לומר להיפך דכוונתו בגימטריא
'אכל כזיתי' בלי ו'. עכ"יד. וצע"ק מדוע הוא דוחק, וכן בפירוש הרוקח שלפנינו שם (ב"יב תש"ימ) כתוב
'אכל כזיתי חסר.

[957] וצע"ק שהטור בפירושו הארוך על התורה (סו"יפ שלח) העתיק את הרמב"ן דלעיל בפשיטות.

'ציצית ביום', עי"ש. ועוד כתב (בראשית יט יב) 'פה' בגימטריא 'בועז' [וכ"ה בנחל קדומים (שם) בשם רבינו אפרים, ושם עוד רמז דספר רות הוא פ"ה פסוקים, כמנין 'בועז'], ובתנ"ך כתוב 'בעז'. ועוד כתב (בראשית כח יב) 'סולם' גימטריא 'קול' 'ממון' 'עוני', ובתורה כתוב 'סלם'. ועוד כתב (ויקרא כה יא) 'נידה' גימטריא ס"ט, ובתורה כתוב 'נדה'. ועוד כתב (בראשית כה כב) 'לדרוש' גימטריא 'מן שם בן נח', ובתורה כתוב 'לדרש'. והעיר בזה האד"ת בעטרות אדר (שם עמ' לד)[958]. ועיין מה שכתבנו בס"ד בשבט מיהודה (ח"ב סי' עח עמ' 164 והלאה, ובפרט שם עמ' 168 אות יד [על 'כלת'-'כלות'], ועמ' 183 אות עד [על 'שאל'-'שואל'])[959].

והנה בפשטות כוונת המרדכי הנ"ל בתירוצו, דכל דקרינן באופן מסוים, אפשר להחשיב הגימטריא כאילו כתוב באות של הקריאה. ומשמע דלא תליא בפלוגתא ד'יש אם למקרא' או 'יש אם למסורת', דלענין גימטריא לכו"ע נחשב. וכן משמעות לשון הרוקח (דלעיל) דכתב בסתם 'ויש אם למקרא'. משמע דכאן הוא לכו"ע כן. ודו"ק. וכן כתב להדיא המהר"ל בתירוצו בפירוש גור אריה (על רש"י שם), וז"ל: ואין הגימטריא ניתנת על שם התורה איך כתב בה, אלא שהגימטריא על פי השם של 'ציצית', והוא נקרא בשמו 'ציצית' בשני יודי"ן. ואין אנו צריכין לומר יש אם למקרא[960], דאפילו יש אם למסורת, דהכא שאני, שהדבר הוא בשמו שייקרא בו, והוא יקרא בשם 'ציצית'. עכ"ל[961].

אמנם הרא"ם (על פרש"י במדבר שם) הביא תירוץ זה רק למ"ד יש אם למקרא[962], דכתב שהמדרש הנ"ל סובר דיש אם למקרא. ומשמע דלמ"ד יש אם

---

[958] ולכאורה סותר ד"ז משכ"כ שם (עמ' לט) על בעה"ט (בראשית כז לג), עי' לרב היח"ס שליט"א בספרו עוז יעקב (ח"א סי' ז עמי סא).

[959] וגדולה ביותר מזו מצינו להגר"א (אדרת אליהו דברים לב ח, לג א) שכתב דתיבות 'בני ישראל' מלא הם [גימטריא] תרי"ג, ויו"ד הראשון נעלמת נקודה בהיכלא'. עכ"ד. ועל כרחך כוונתו כאילו כתוב 'בני ישראל' בחיריק מלא, אע"פ שמעולם לא מצינו שיכתבו כן. (ראיה זו מצאתי בס"ד בקובץ המאור [אמסעל, שנה י חוברת א עמ' 24] במכתב ר' ישראל פורט). [אמנם ראיתי שיש מבארים כוונת הגר"א דהגימטריא תרי"ג 'בני ישראל' היא עם האותיות והתיבות (603 ועוד 10), וכ"כ מדנפשיה החיד"א בדבש לפי (מע' ב סי' כו) ומעין זה במראית העין (ב"ב י ע"ב). ודו"ק. אך בדעת הגר"א על כרחך א"א לומר כן, דהא כתב להדיא יו"ד הראשון נעלמת נקודה בהיכלא'].

[960] כצ"ל בלשון המהריל"ל שם, וכפי שתוקן במהדורת מכון ירושלים. וכ"ייכ בשו"ת ישכיל עבדי (ח"ו השמטות, רצג ע"א סי' ב אות א).

[961] עי' בשו"ת ישכיל עבדי (שם אות ג), ולא הבנתי בדיוק את כוונתו.

[962] אמנם בשו"ת אהלי תם תמת ישרים (בן יחיא, סי' קעד ד"ה ציצית עמ' שמח) תמה על דברי רבו הרא"ם, שהרי למ"ד יש אם למקרא לאו למימרא שיהיה שם האות תהיא כתובה בפועל, אלא שאע"פ שהאות חסרה אנו הולכים אחר המקרא ולא אחר הנכתב, א"כ איך נעשה האות ההיא כאילו כתובה ונשלים חמנין! ואם יפרש ש'ציצית' הנקרא הוא הנמנה, ולא הנכתב, והרי אין היו"ד נרגשת במקרא. אלא שיאמר שמכיון שכפי הקריאה צריך שתהיה בכתיבה יו"ד, נמנית גם היו"ד בכלל. וזה דוחק, דארכבה אתרי ריכשי, אקריאה ואכתיבה. ועוד שלא אמרו הם בשום מקום שכיון

למסורת אי אפשר לתרץ כן. ודו״ק[963]. וכן משמע בפירושי התורה לרבינו חיים פלטיאל (במדבר שם) דהקשה הקושיא דלעיל וכתב להדיא ׳ולמ״ד יש אם למסורת מאי איכא למימר׳. מבואר דלמ״ד יש אם למקרא הבין בפשיטות שהתירוץ דנחשב גימטריא. ודו״ק[964].

ולכאורה כך משמע גם בדעת זקנים מבעלי התוספות (דלעיל) דכתבו ׳אי אמרינן יש אם למקרא ניחא׳ וכן ׳אם לא נאמר יש אם למקרא׳ וכן ׳ויש אם למקרא׳. משמע דוקא למ״ד זה. ובדוחק י״ל דכוונתם דרק בגימטריאות אמרינן כן לכו״ע. ודו״ק.

ואור גדול זרח עלינו בלשון הזוהר (ח״ג רכז ע״א)[965] שכמעט מפורש בו כתירוץ המרדכי והמהר״ל, וז״ל: צִיצִית בִּתְרֵין יוֹדִי״ן. וְאִי חָסֵר יוֹ״ד, הָא חִירָק בְּאַתְרֵיהּ, הָכִי סַלְקָא. בְּכָל סִטְרָא בְּאַרְבַּע כַּנְפֵי, צִיצִית וּתְלָת עֲשַׂר חֻלְיָין דְּצִיצִית, אִינּוּן תרי״ג. וְעוֹד, שֵׁשׁ מַעֲלוֹת לַכִּסֵּא, בְּרָזָא דָא וָא״ו, סָלִיק לְחֻשְׁבָּן י״ג, דְּאִתְרְמִיז בִּתְלַת תֵּיבִין, וַיִּסַּע וַיָּבֹא וַיֵּט. דְּאִינּוּן וָהוּ אָנִי וָהוּ. חָמֵשׁ קִשְׁרִין, ה׳ לְכָל סִטְרָא. [וְתַרְגּוּמוֹ: צִיצִית בִּשְׁנֵי יוֹדִי״ן. וְאִם חָסֵר יוֹ״ד, הֲרֵי חִירָק בִּמְקוֹמָהּ, כָּךְ עוֹלֶה. בְּכָל צַד בְּאַרְבַּע כְּנָפוֹת, צִיצִית וּשְׁלֹשׁ עֶשְׂרֵה חֻלְיוֹת הַצִּיצִית הֵם תרי״ג. וְעוֹד שֵׁשׁ מַעֲלוֹת לַכִּסֵּא בְּסוֹד זֶה ׳וָא״ו׳, עוֹלֶה לְחֶשְׁבּוֹן י״ג, שֶׁנִּרְמָז בְּשָׁלֹשׁ תֵּבוֹת ׳וַיִּסַּע, וַיָּבֹא, וַיֵּט׳, שֶׁהֵם ׳וָהוּ אָנִי וָהוּ׳[966], חֲמִשָּׁה קְשָׁרִים, ה׳ לְכָל צַד][967].

שנקראת התיבה כך שצריך שיכתוב כך, אלא שכיון שהוא נקרא כך שיהיה פירושו כפי קריאתו. ועוד שלא מצינו בשום מקום שיאמרו יש אם למקרא ויש אם למסורת אלא היכא דלמקרא יש מובן אחד ולמסורת מובן אחר, כגון ׳בסוכות׳ ׳בסכת׳, ׳קרנות׳ ׳קרנת׳, ׳טוטפות׳ ׳טטפת׳, שזה לשון יחיד וזה לשון רבים, ויוצא חילוף דין מביניהם. ועוד דוגמאות רבות. אבל כאן בין שנקרא ׳ציצית׳ ביו״ד ובין שנקרא ׳ציצת׳ בלא יו״ד, הכל ענין אחד. ואין לך ראיה גדולה מזו על חולשת הטעם הזה אלא ששום אחד מהגדולים לא אמר דבר זה להשלים המנין. עכת״ד. [ועל סוף דבריו ששום אחד מהגדולים לא אמר דבר זה, יש להעיר, דאישתמיטתיה המרדכי הנ״ל בעניננו, והגמרות וראשונים דלעיל על כמה מקומות דומים].

[963] ועי׳ היטב בשו״ת יחוה דעת (ח״ד סי׳ ב בהערה) דהשוה תירוץ המרדכי והרא״ים, ולכאורה לא דק כל כך. גם ציין לתוספות (סנהדרין ד ע״א ד״ה כולהו) דכתבו ׳דכל היכא שמקרא ומסורת לא מכחשי אהדדי דרשינן תרווייהו׳, ולכאורה ג״כ אינה ראיה מוחלטת לכאן דהרי לגימטריא צריך מנין מדויק, ולענין המנין מכחשי. ודו״ק.

[964] ועי׳ בפירוש עיטור ביכורים על בעה״ט (בהקדמה שניה, ב ע״ב).

[965] ובספר כתית למאור (פינסו, שבועות כט ע״א), רבי אברהם חי מוספיא (המכונה ׳אחיים׳, מח״ס תחלה לדוד, בהגהותיו על דבש לפי דלעיל) ובית ארזים (סלוין, חלק הגליונות, על ברכ״י שם) תמהו על החיד״א (דלעיל) שציין לכל המדרשים (דלעיל) ולא לדברי הזוהר הנ״ל המפורשים. [והמנחת שי (במדבר שם) ציין לזוהר הנ״ל ולכל המדרשים].

[966] עי׳ פירושו ברש״י (סוכה מה ע״א ד״ה אני והו), ואכמ״ל.

[967] עי׳ במנחת שי (במדבר שם) שציין בקצרה לכל ראשי המדברים הנ״ל: מדרש רבה ופסיקתא זוטרתא, הזוהר, רש״י וסמ״ג, רמב״ן, בעל הטורים, רא״ים ומהרי״ל.

אמנם אכתי יש להסתפק קצת בכוונת הזוהר, האם החירי"ק הוא במקום
היו"ד משום דכך קורין, וכמש"כ המרדכי והמהר"ל, או אולי כוונתו דעצם
צורת החירי"ק היא כמו יו"ד[968] לכן היא במקומה. ונפק"מ האם חול"ם
יכול להיות במקום ו', דהרי אינו כצורתה. ודו"ק.

ומכל הנ"ל צע"ק על שני בקיאי דורנו, מו"ר הגר"ח קנייבסקי זצ"ל[969]
והגר"א נבנצל שליט"א, שהתכתבו בעניין הגימטריא[970] 'זבולון' - 'חלזון',
שהרי בתנ"ך תמיד כתוב 'זבולן' או 'זבולון' רק עם ו' אחת[971], עיין מה

---

[968] וכמש"כ האר"י (עץ חיים שער ח דרושי הנקודות פ"א), דהנקודות מחולקות לי"ג יודי"ן (צירי 2, סגול 3,
שוא 2, חולם 2, חיריק 1, קבוץ 3, שורק 1) ושני ווי"ן ויו"ד אחת (קמץ, פתח). [ומכאן הוכחה דעושין בקמץ (מתחת
לצורת ו' המאוזנת) נקודה כיו"ד ולא קו כצורת ו' מאונכת].

[969] ממש בעוסקי בשורה זו בפורים ה'תשפ"ב (עם בני חנבון הבח"ח אברהם חי"ו) בהדי פניא דמעלי שבתא,
שמועה שמענו ותרגז בטננו, בשורה קשה מכל, על הלקח מאתנו נזר ישראל שר התורה רבן של כל
בני הגולה הנ"ל, והחלפתי 'שליטי"א' ביזצי"ל, אוי נא לנו כי חטאנו, והי' ירחם על שארית פליטת
עמו ישראל ברחמים.

[970] שכתבו רבינו אפרים (בראשית מט יג), רבינו חיים פלטיאל והדר זקנים (דברים לג יח), פענח רזא
וילקוט האזובי (בראשית מט יג). [וצ"ע שכל אלו לא חוזכרו בדברי הרבנים הנ"ל, אלא כתבוהו בשם בן דורנו,
עיי"ש].

[971] הנה במסורה הגדולה (בראשית מו יד) [ועי"ע מחברת המסורה הגדולה (עמ' 281-282)] ציין תשעה מקומות בתורה
ונביאים שכתוב 'זבולון' עם ו' בתרא בלבד (בראשית ל כ [קריאת חשם ע"י לאה], לה כג, מו יד, לה כג, מו יד, שופטים ד ו,
ח יח, ו לה, ישעיה ח כג), וכן בכתובים [תשעה מקומות: תהלים סח כח, דהי"א ב א, ו מח,סב, יב לד,מא, דהי"ב ד י,יא,יח]
'זבולון' עם ו' בתרא, חוץ ממקום אחד [דהי"א כז יט] וכל השאר בתורה ונביאים 'זבולן' עם ו' קמא
בלבד. עכ"ד. והשאר הם עוד כ"ט מקומות (בראשית מט יג, שמות א ג, במדבר א ט,ל,לא, ב ז [2], ז כד, י טז, כו
כו,כו, לד כה, דברים כז יג, לג יח [2], יהושע יט י,טז, כא ז,לד, שופטים א ל, ד י, ח יד, יב יא,יב [2], יחזקאל מח כו,כז,לג). סך
הכל חיי 'זבולן' ושלשים 'זבולן'. [ואם נוריד שלשת 'הזבולני' (במדבר כו כז, שופטים יב יא,יב) הרי מ"ה מקומות
והם גימטריא 'זבול' (הרמ"ע מפאנו במאמר מאה קשיטה סי' ע)]. ומבואר דליתא בשום מקום 'זבולון' מלא בשני
ווי"ן. וצוינה המסורה במנחת שי (במדבר א ט, שופטים ד ו, שם ח יח, יהושע יט כז, שם לד) וכתב דהיא מכרעת,
ועל נוסחאות אחרות כתב דהן טעות. וכן הרמ"ה (מסורת סייג לתורה, ערך זבלון) כתב כמוה לגבי פסוקי
התורה.   אך במסורה הקטנה מצוין דפעם אחת (שופטים א ל) כתוב 'זבולון' בשני ווי"ן. וכ"כ
הבית שמואל (אהע"ז קונטרס השמות, ערך זבולון) [ע"פ ספר שמות (לרבי שמחה ב"יר גרשון הכהן, ערך זבולון, כה ע"ב)]
דפעם אחת כתוב 'זבולון' בשני ווי"ן, ולכן יש לכתוב כן בגט, כי גם במבטא הוא כאילו מלא בשני
ווי"ן, וכך עדיף לתיקון הקריאה. וכן איתא בירושלמי דכך היה כתוב באפוד [בזה עי' בספר תשובה
מאהבה חנ"ל שהאריכו רק בעניין זה, ועי' בספר שמות שהאריך מאד בעניין זה]. מיהו בדיעבד אם כתב 'זבולן' או
'זבולון' כשר. עכ"ד. [ועי' בספר שמות שם (בשם דמשק אליעזר) דתלה זה גם במבטא האשכנזים (הקדום) שהיו
אומרים 'זבולן' כאילו בשו"א]. ועי"ע טיב גיטין (מרגליות שם). ומהרי"ם בן חביב בעזרת נשים (ערך זבול) ג"כ
כתב בפשיטות דבמקום אחד [הנ"ל] כתוב 'זבולון', אך עכ"פ אזלינן בתר רובא דכתיב 'זבולן' [וכדלעיל]
וכן יש לכתוב בגט אם לא יודעים איך נוהג המגרש לחתום. וכ"כ בטיב גיטין (מרגליות שם) וערוך
השלחן (סי' קכ"ט סע"ז).   ובתנכ"יים שלפנינו, בדפוס ונציה רפ"ה (עמ' 55) ומהדורת ויקורן' כתוב
(שופטים שם) 'זבולון' בשני ווי"ן. אך בכת"י לנינגרד (כתה"י הקדום ביותר של התנ"ך, עמ' 31) ובדפוס ונציה
רע"ח (עמ' 300) ומהדורות 'גינצבורג' ו'ברויאר' (עמ' 70) (ע"פ כתר ארם צובא, המיוחס לנוסחת בן אשר) כתוב
'זבולן' [ועי' מסורת התנ"ך (ראז, ח"א עמ' 796)]. וכן נוהגים לכתוב כיום (כתובה כהלכתה, קונטרס השמות ערך
זבולן).

שהאריכו בזה בספר תשובה מאהבה (מכתבים כא-כב). ולא הזכירו מאומה מכל הנ"ל, ופשוט להו דהוי קושיא, עי"ש. וצ"ע[972].

עוד מצינו בתקוני זוהר (תס"ט, קז ע"א) דיש לצרף ניקוד חירי"ק לגימטריות כמספר אחת עשרה, משום שתיבת 'חִרֶק'[973] בגימטריא קטנה הוא י"א. ולפי זה ג"כ מתורץ דאע"פ שתיבת 'ציצת' היא גימטריא תק"ץ בלבד, נוסיף 'חרק' בגימטריא קטנה והרי הם תר"א, ועם שמונה חוטים וחמשה קשרים הם תרי"ד, שהוא תרי"ג עם הכולל. ונוכל לומר דזו ג"כ כוונת המדרשים והראשונים הנ"ל. ודו"ק.

פרק ג
שאר קושיות הרמב"ן, ותירוציהן

עוד הקשה הרמב"ן (שם) על רש"י (שם): ועוד שהחוטין לדעת בית הלל אינם אלא שלשה (מנחות מא ע"ב), והקשרים מן התורה אינם אלא שנים, כמו שאמרו (שם לט ע"א) שמע מינה קשר העליון דאורייתא וכו'[974]. עכ"ל.

והרא"ם (שם) תירץ קושיות אלו, דמנין החוטים נפסקה ההלכה בסתמא דגמרא (מנחות שם, יבמות ה ע"ב) דנותנים ארבעה חוטים בציצית, לכן אמרו הטעם אליבא דהלכתא. ולגבי מנין הקשרים נאמר הטעם אליבא דהמנהג דעושים חמשה קשרים (מנחות לט ע"ב), אע"פ שמן התורה די בשנים, דאדרבה כל עיקר המנהג לעשות חמשה קשרים הוא כדי להשלים חשבון התרי"ג, לא שהתורה נתכוונה לזה הטעם. עכ"ד[975]. וע"י מעין זה בארצות החיים (להמלבי"ם, סי' כד המאיר לארץ ס"ק ג).

---

[972] והרב המחדיר ידידנו יצ"ו (שם) רק כתב: ונראה שאף שאינו גימטריא גמורה וכו', מ"מ רמז יש בכך. עכ"ל. וצ"ב.

[973] כנראה הסברא להחשיב את התיבה 'חִרֶק' בכתיב חסר לגמרי ללא יו"ד כלל, כיון דאיירי כאן במקומות שהחיריק חסר, ללא יו"ד, כגון החיריק השני בתיבת 'ציצת'. ודו"ק.

[974] וכן הקשו מדנפשייהו באמת ליעקב (קמינצקי, במדבר שם) ובשיעורי רבי משולם דוד הלוי סולוביייצ'יק (מהדורת חרב שפיגל, מנחות לט ע"א עמי שפג). וכבר קדמו שרים, הרמב"ן שהקשה כן, ומהרא"ם ומהרי"ל ועוד דלהלן שמתרצים.

[975] והובא במגן גבורים (סי' כד ס"ק ב), עי' להלן (פרק ה), וכתב דיתכן דגם הרמב"ן השיג על רש"י רק בהא דביאר כן בטעם התורה, דבאמת כוונת הכתוב אינו זה דהא מן התורה די בקשר עליון בלבד. עכ"ד. [ולא זכיתי להבין מה חידושו, דפשיטא דזו השגת הרמב"ן על רש"י איך ביאר טעם זה בכוונת התורה, וזה מה שמתרץ הרא"ם דרש"י התכוין לפי מנהגנו. ועי' להלן (פרק ה)].

והמהר"ל (גור אריה שם) תירץ שתי הקושיות, דלשיטת הגמרא יתווסף למנין ת"ר של גימטריא 'ציצית', הי"ג חוליות שהיו עושים בזמן הגמרא[976] (עי' בפרק הבא), וכ"ה להדיא במדרש הביאור (סו"פ שלח עמ' שכח, בפירוש השני).

והחתם סופר (סו"פ שלח) תירץ[977] את כל קושיות הרמב"ן [כולל הקושיא הראשונה ד'ציצת' כתיב חסר יו"ד בתרא, עי' לעיל פרק ב] דאכן 'ציצת' גימטריא תק"ץ, ונוסיף לבית הלל[978] את שלשת החוטים שהן שזורים לפחות משניים [עי' משנ"ב סי' יא ס"ק יד], יחד שש, כפול ארבע כנפות, הרי כ"ד, עם ארבעה קשרים דמדאורייתא בכל כנף קשר אחד, הרי כ"ח, ועוד מצות ציצית ומצות מילה שבגופו[979], הרי הם שלשים, יחד עם תק"ץ הנ"ל הרי הם תר"ך כמנין תרי"ג מצוות דאורייתא ושבע מצוות מדרבנן.

והאמת ליעקב (קמינצקי, במדבר שם) תירץ הקושיא על החוטים, דאמנם לפי בית הלל יחסרו שניים, וכנגדן נוריד מהתרי"ג את 'אנכי' ו'לא יהיה לך' ששמענום מפי הגבורה, ואין צריכים להם זכרון [עי' מעין זה להלן בפרק הבא בשם בעל הטורים, ובמשנ"כ שם בס"ד].

<h1 style="text-align:center">פרק ד</h1>

<h2 style="text-align:center">פירושים נוספים איך הציצית מזכירה את כל מצוות ה'</h2>

מצינו במפרשים [בפרט המקשים על הביאור הקודם המופיע במדרש] ביאורים נוספים איך הציצית מזכירה את כל מצוות ה'. ונפרטם אחד לאחד בס"ד.

---

[976] אך לא יתרץ את המדרשים וכל הראשונים הנ"ל דכתבו להדיא דהי"ל הם שמונה חוטים וחמשה קשרים. ועי' היטב בגור אריה שם דמצרף תוכ"ד גם סברת הרא"ים הנ"ל דרש"י כתב הגימטריא לפי מה שנהגו בזמנו, והעיקר שיהיה הרמז של תרי"ג, בין אם יהיה מחמשה קשרים ושמונה חוטים, ובין אם יהיה משבע חוליות וששה אוירים או מיי"ג חוליות. ודו"ק.

[977] גם כאן לא יתרץ את המדרשים וכל הראשונים הנ"ל דכתבו להדיא דהי"ג הם שמונה חוטים וחמשה קשרים. ועי' בהערה לעיל.

[978] כן הוא עיקר בגירסת החת"ס, ככתוב ביחתם סופר על התורה, ולא ככתוב בטעות ב'תורת משה', וכבר העיר כן בפירוש שער יוסף (על חת"ס שם), עיי"ש.

[979] כדכתיב "וראיתם אותו", ובזוהר בכמה מקומות (עי' חי"א צד עי"א, חי"ג קפד עי"א) דורש 'אותו' - אות ברית.

א. הרמב"ן (במדבר שם) כתב: הזכרון הוא בחוט התכלת[980], שרומז למדה הכוללת הכל[981] [=היסוד[982]] שהיא בכל והיא תכלית הכל, ולכן אמר "וזכרתם את **כל**", שהיא מצות השם, וזהו שאמרו (מנחות מג ע"ב) מפני שהתכלת דומה לים וים דומה לרקיע ורקיע דומה לכסא הכבוד וכו', והדמיון בשם[983], גם הגוון 'תכלית' המראות, כי ברחוקם יראו כולם כגוון ההוא, ולפיכך נקרא תכלת. עכ"ל. וכעיקר דבריו כבר מבואר בזוהר (סו"פ שלח, קעה ע"א), עי"ש.

ב. בדעת זקנים מבעלי התוספות (במדבר שם) כתבו: ועוד שמעתי שיש שעושין חוליות וכריכות עד שעולין כל החוליות והכריכות והחוטין והקשרים מן כל ארבע ציציות תרי"ג. עכ"ל. וכ"כ בפירוש הרא"ש (עה"ת שם, בפירוש הראשון). ובספר דבר השנה (ועקנין, שם) פירש כוונתם בשני דרכים. האחד: שמונה חוטים [8], שמונתם שזורים כפול שמונה [72], מ"ה חוליות כנגד שם מ"ה [יו"ד ה"א וא"ו ה"א] [117], ט"ו חוליות [132], י"ב קשרים [144], שמונה קשרים של קצות החוטים [152], הכנף עצמו [153], כפול ארבע כנפות הטלית [612] עם הטלית עצמה [613], הרי תרי"ג.

ג. דרך השני שמבאר דבר השנה (הנ"ל) בכוונת דעת זקנים מבעלי התוספות (הנ"ל): שמונה חוטים [8], שמונתם שזורים כפול שמונה [72], ל"ט כריכות [111], י"ג חוליות [124], ה' קשרים [129], ד' אוירים [133], שמונה קשרים של קצות החוטים [141], י"ב גודלים אורך הטלית [153], כפול ארבע כנפות הטלית [612] עם הטלית עצמה [613], הרי תרי"ג.

ד. במדרש משנת רבי אליעזר (פרשה יד אות יז), מדרש אגדה (בובר, סו"פ בראשית), המחזור ויטרי (סי' תקע עמ' 635), המנהיג (הל' ציצית עמ' תרלח, בפירוש השני), מדרש הגדול (סו"פ שלח עמ' שסב) והתשב"ץ (הקטן, סי' רסח) כותבים דשמונה חוטים כפול ארבע כנפות, הן ל"ב, וזה רומז לכל התורה, שמתחילה באות ב' ["בראשית"] ומסתיימת באות ל' ["לעיני כל ישראל"].

---

[980] ובפירוש מנחם ציון (על הרמב"ן שם) וטוב ירושלים (פני ירושלים שם) כתבו דיתכן דגם רש"י [וכל הראשונים דלעיל ע"פ המדרשים] מודים לזה, רק פירשו פירושם על הזמן הזה דליכא תכלת. ועי' להלן (פרק ח) בדברי המגן גבורים.

[981] עי' ברמב"ן (בראשית כד א) באריכות.

[982] היסוד נקרא 'כלי' מכמה טעמים. א. הוא כולל את הספירות שמעליו. ב. בכל ספירה מעליו יש י"ס פרטיות, א"כ חג"ת נ"יה הן חמישים ספירות, גימטריא 'כלי', והם נכללים ביסוד. ג. היסוד כולל חמשה חסדים (הכלולים מיי"ס, גימטריא 'כלי') וחמש גבורות (כנ"ל).

[983] ביאר הריקאנטי (סו"פ שלח) דמרכז תיבת 'תכלתי' היא 'כלי'.

ה. **הרא"ש** (על התורה, שם בפירוש השני) כותב: ועוד שמעתי שיש בכל הכריכות
והחוליות והקשרים והחוטין רמ"ח כמנין אבריו של אדם[984], ודוק ותשכח
אם בעל מספר אתה: ד' [פעמים] ט"ל [עולה] קנ"ו, ה' קשרים ד' חוליות
וח' חוטין הרי כאן כ"ג[985], אם כן תמנה ד' פעמים כ"ג ותמצא החשבון
מכוון[986]. עכ"ל.

ו. **הריב"א** (על התורה, במדבר שם), **הטור** (סי' כד) **והרא"ם** (במדבר שם) כתבו: כאדם
המזהיר לחבירו על ענין אחד, שקושר קשר באזורו לסימן שלא ישכח, כך
הקב"ה צוה לעשות ציצית לסימן זכירה לכל מצותיו.

ז. **בעל הטורים** (סו"פ שלח[987]) כותב: "כל מצות ה' " עולה [גימטריא] תרי"ב,
ר'אנכי'[988] ו'לא יהיה לך' מפי הגבורה שמענום. עכ"ד[989]. והקשה היפה ללב
(סי' כד ס"ק ג) מהגמרא (מכות כג סע"ב) דכתבה 'תורה' בגימטריא תרי"א, ו'אנכי'
ו'לא יהיה לך' מפי הגבורה שמענום. ולבעל הטורים יהיו תרי"ד ! וע"ק
דהיה יכול הבעל הטורים לומר בפשיטות ד"כל מצות ה' " בגימטריא עם
הכולל תרי"ג ! ובספר פרפרת אליעזר (סו"פ בחוקתי) מתרץ קושיא בתרא
דכשנחתינן למנין מדויק, כגון הכא שצריך להגיע לתרי"ג, לא שייך לומר
'עם הכולל'. ולכן בעל הטורים גם בסוף פרשת בחוקתי כתב דתיבת 'מצות'
במילוי [מ"ם צד"י ו'ו תי"ו] עולה תרי"ב, בגימטריא 'תלמידי חכמים', ולא
כתב שהוא גימטריא עם הכולל תרי"ג. וצ"ב בעיקר סברת בעל
הטורים ד'אנכי' ו'לא יהיה לך' מפי הגבורה שמענום, מדוע דמשום כך לא
נמנם יחד עם שאר מצות התורה בזכירה שע"י הציצית. וכתב מהדיר בעל
הטורים (שוהם ויקר שם הערה 47) דאולי כיון דשמענום מפי הגבורה לעולם לא

---

[984] וכנראה כוונתו דכיון דרמ"ח אברים הם כנגד רמ"ח מצוות עשה, אי"כ ע"יי שמכוון כנגד רמ"ח
הרי הוא זוכר את כל מצוות ח'. ודוי"ק.

[985] צי"ע, דהן יי"ז ולא כ"ג. [וכן תמה מהדיר פירוש מצרף לכסף על בעל הטורים (שם, כסף צרוף הערות 15/18)].
וכנראה חסר כאן ו', כגון ו' אוירים וכדומה. ודוי"ק. ומהדיר ספר ערכי חרמים (מערכת צ עמי רלז) כתב
דצי"ל יי קשרים [במקום ח', וכ"כ בשפתי כהן (עה"ת סו"פ שלח) יי קשרים, עפמש"כ חבי"י סי' סד ושרי"ע סי' כד סעי' ה
להסתכל וליטול שני ציצות שלפניו שיש בהם יי קשרים] ועוד כנף הציצית, הרי ו', וכעת הן כ"ד. עכ"ד. ודוי"ק.

[986] ד' פעמים כ"ג הן צ"ב, ועוד קנ"ו דלעיל הרי רמ"ח.

[987] בבעל הטורים (שוהם יקר, ריינין) מופיע קטע זה לעיל מיניה (פסוק לב) בסוף פרשת המקושש.

[988] בבעל הטורים (שוהם יקר, ריינין) כותב המהדיר (שם הערה 47) דבדפו"יי ליתא בבעל הטורים 'אנכי,
אלא רק 'לא יהיה לך מפי הגבורה שמענו'. ובמצורף לכסף (על בעל הטורים שם) כתב דהני תרי כחד
חשיבי להו [כמו שדרשו במכילתא (יתרו כ) מהפסוק (תהלים סב יב) "אחת דבר אלהים שתים זו שמעתי", והובא
ברש"י (ריב"ן מכות שם כד רעי"א)]. ועוד דשיטת בח"ג ד'אנכי' לא נמנית במנין המצוות [עי' בביאור הגרי"פ
פערלא לרסי"ג חי"א עב עיי"א והלאה], ואכמ"ל.

[989] בשלחן לחם הפנים (סי' כד ס"ק ב) צירף דעת בעל הטורים לאבודרהם ואלשיך דלהלן. וצי"ע, דהא
שונים דבריהם וכמבואר להלן.

נשכחם, וכן איתא במדרש (שיהש"ר פ"א סי' טו): רבי יהודה אומר, בשעה
ששמעו ישראל "אנכי ה' אלהיך" נתקע תלמוד תורה בלבם והיו למדים
ולא היו משכחין, באו אצל משה ואמרו משה רבינו תעשה את פרוזביון
שליח בינותינו, שנאמר "דבר אתה עמנו ונשמעה [וגו'] ועתה למה נמות",
ומה הנייה יש באבידה שלנו, חזרו להיות למדים ושוכחים. עכ"ל המדרש,
ועי"ש עוד. ומהדיר אמת ליעקב (קמינצקי, במדבר שם הערה 19) כתב לבאר
עפמש"כ הרמב"ם במורה הנבוכים (ח"ב פל"ג) ש'אנכי' ו'לא יהיה לך' הן
מצוות שכליות כל כך עד שלא הוצרך משה רבינו לצוותם עלינו, עי"ש.

ח. **האבודרהם** (עמ' מה/קיח, בפירוש הראשון) כותב דתיבות "כל מצות ה' " הן
גימטריא תרי"ב, ועוד מצות ציצית בעצמה, הן תרי"ג. וכ"כ **האלשיך** (במדבר
שם, בפירוש הראשון). וכ"כ **במשך חכמה** (שם) בסתם[990].

ט. **במדרש הביאור** (ס"פ שלח עמ' שכח, בפירוש הראשון) **ובמדרש החפץ** (שם עמ' רנז,
בפירוש השני) כתבו דתיבת 'לציצת' כפי שכתובה בתורה היא גימטריא תר"ך,
גימטריא תרי"ג ועוד ז' מצוות בני נח, שהרואה את הציצית נזכר בכל
התרי"ג מצוות דאורייתא והשבע מצוות מדרבנן. וכ"כ **מדנפשיה היפה
ללב** (סי' כד ס"ק ג) [אך במקום 'שבע מצוות בני נח', כתב 'שבע מצוות מדרבנן'. ולכאורה
כן מסתבר טפי, שהרי שבע מצוות בני נח ליהודים כלולות בתרי"ג מצוות[991], ודו"ק].

י. **במדרש מאור האפלה** (ס"פ שלח עמ' תיט), **מדרש הביאור** (שם עמ' שכח, בפירוש
השני), **מדרש החפץ** (שם עמ' רנז, בפירוש הראשון) **והמהר"ל מפראג** (גור אריה במדבר שם)
כתבו דאיתא בגמרא (מנחות לט ע"א) דמנין החוליות הפוחת לא יפחת משבע
כנגד שבעה רקיעים, והמוסיף אל יוסיף משלש עשרה כנגד שבעה רקיעים
וששה אוירים שביניהם. א"כ נוסיף על השש מאות של גימטריא 'ציצית',
את השלש עשרה הנ"ל, כלומר של י"ג חוליות שאין מוסיפין עליהם, או
של ז' חוליות עם ו' אוירים ביניהם שהם ג'כ י"ג.

יא. **מהר"ם ז"** גבאי בספר תולעת יעקב (סוד הציצית, עמ' יח/ ו ע"ד/ ח ע"א/ יא ע"ב)
כתב, דיש ל"ב נתיבות, ובכל נתיב חלק טוב ורע, יחד ס"ד, ובכל אחד יש
עשר ספירות, יחד תר"ם, נוריד כ"ז אותיות התורה, הרי תרי"ג. ובציצית
שיש בה ל"ב חוטים, נזכרים בל"ב נתיבות ובחשבון הנ"ל ובכך נזכרים
בתרי"ג מצוות ה'.

---

990 וכ"כ מצרף לכסף (על בעל הטורים שם) ועוד הרבה ממחברי זמננו מדעתם [נרובם מציעים זאת כהשלמה
לבעל הטורים דלעיל שכתב חגימטריא תרי"ב, עי' לעיל], ואישתמיטתייהו דברי האבודרהם והאלשיך.

991 עי' אריכות בזה למהרי"י ענגיל בבית האוצר (חי"א ח ע"א), יפה ללב (ח"ב סי' א ס"ק טו [קכא]), תורת
יעקב (סופר, וזאת הברכה עמ' תריג), חוקר לב (על יפה ללב שם אות קי).

יב. האלשיך (שם, בפירוש השני) כתב, דראשי תיבות של "כל מצות ה' " הוא כמ"י, גימטריא ע', וגם הציצית יש בה מנין ע' [4]: ארבעה חוטים [5], הכנף, חמשה קשרים [10], שמונה חוטים [18], י"ג חוליות [31], ל"ט כריכות [70]. וכך כשיראה את הציצית יזכר בתיבות "כל מצות ה' ", ויזכר בעצם כל מצוות ה'.

יג. המהרש"א (מנחות מג ע"ב) כתב ע"פ הגמרא (שם לעיל מיניה) 'ראה מצוה זו וזכור מצוה אחרת התלויה בו, ואיזו זו קרית שמע, דתנן מאימתי קורין את שמע בשחרית משיכיר בין תכלת ללבן', ועפ"ז מובן שהציצית מזכירה לו את כל מצוות ה', כי קריאת שמע היא נקראת כל מצות ה', שיש בה עיקר האמונה וקבלת מלכות שמים ואחדותו יתברך. וע"פ מש"כ בגמרא (סוף מכות) תרי"ג מצות הן כו' בא חבקוק והעמידן על אחת שנאמר "וצדיק באמונתו יחיה", נמצא כשנזהר בקרי"ש שמפורש בה כלל אמונה זוכר את כלל המצוות כולן.

יד—טו. בספר פנים יפות (לרפ"ה בעל ההפלאה והמקנה, סו"פ שלח) כתב דתיבת 'כנף' גימטריא ק"ן, וארבע כנפות הן גימטריא ת"ר, ועוד 'תכלת' בגימטריא קטנה י"ג, הרי יחד תרי"ג. או אם נחשב 'ציצת' גימטריא תק"ץ, נוסיף 'חוט' [כמש"כ בגמ' (סוטה יז ע"א) בזכות שאמר אברהם "אם מחוט..." זכה לחוט של תכלת] בגימטריא קטנה כ"ג, הרי יחד תרי"ג.

טז. בספר כבוד התורה (לרנוביץ, סו"פ שלח) כתב דתיבת 'ציצת' כמו שהיא כתובה בתורה היא גימטריא תק"ץ, ובגימטריא קטנה 'ציצת' היא כ"ג, וביחד הן תרי"ג, וכך ייזכר בכל מצוות ה'.

יז—יט. עי' לעיל (פרק ב) פירושי מדרש הביאור, המהר"ל, החת"ס ואמת ליעקב.

פרק ה
הערת הבית יוסף על הטור ותירוציה

איתא בגמרא (מנחות מג ע"ב): תניא אידך, "וראיתם אותו וזכרתם את כל מצות ה' ", שקולה מצוה זו כנגד כל המצוות כולן. ותניא אידך, "וראיתם אותו וזכרתם ועשיתם", ראיה מביאה לידי זכירה, זכירה מביאה לידי עשיה וכו'. עכ"ל. ופרש"י (שם): שקולה מצוה זו, מדכתיב "את כל מצות", ועוד דציצית בגימטריא ת"ר וה' קשרים וח' חוטין הרי תרי"ג. עכ"ל.

והטור (סי' כד) כתב: גדולה מצות ציצית ששקולה כנגד כל המצות, דכתיב
"וראיתם אותו וזכרתם את כל מצות ה' ", ציצית עולה ת"ר וח' חוטין וה'
קשרים י"ג הרי תרי"ג. עכ"ל. וניכר שהעתיק את דברי הגמרא עם רש"י,
אך השמיט תיבת 'ועוד'. והעיר על זה הבית יוסף (שם), וכתב: ודברי רבינו
[הטור] משתמעי שהכל ענין אחד, וצריך לומר שרבינו השמיט מלת 'ועוד'
שלא במתכוין. עכ"ל. והועתק גם בפרישה (שם ס"ק ג).

והב"ח (שם אות ג) כתב אדרבה, דהטור השמיט בכוונה תיבת 'ועוד', כי הבין
שהיא ט"ס ברש"י, שהרי לא מחמת שהציצית בגימטריא תרי"ג היא תהיה
שקולה כנגד כל המצות, אלא שזה שהיא בגימטריא כך זה גורם לזכרון
שיעלה על מחשבתו לזכור את כל מצות ה'. ודלא כמש"כ הבית יוסף.
עכ"ד.[992]

גם היפה ללב (סי' כד ס"ק ג) כתב דאישתמטתיה למרן הב"י דברי רש"י (שבועות
כט ע"א) דכתב: שקולה מצות ציצית ככל המצות, דכתיב "וזכרתם את כל
מצות ה' ", גימטריא שלה שש מאות ושמונה חוטין וחמשה קשרים הרי
י"ג. עכ"ל. הרי שרש"י בעצמו לא גרס 'ועוד', וכתב דהכל ביאור אחד,
כמש"כ הטור. [ומה שציין היפה ללב לרש"י על הרי"ף (הלכות ציצית, יב סוע"ב) דכתב כן
ג"כ, לאו שמיה מתיא, דהיא העתקה מרש"י בשבועות שם. וכן העיר עליו בשלחן לחם
הפנים (שם סוס"ק ב). וא"כ מש"כ היפה ללב דהטור סבר דסמי חדא (דרש"י במנחות מג הנ"ל)
מקמיה תרתי (רש"י בשבועות ועל הרי"ף), אינו מדויק. אך היה יכול לציין לרש"י (מנחות לט הנ"ל)
ובפירוש התורה (דלעיל) ובסידור רש"י (סי' תנד) ובספר הפרדס (סי' לז) דמשמעותם ג"כ דהכל
פירוש אחד. וכ"כ בשלחן לחם הפנים (שם), והוסיף דמשמעות רוב הראשונים (דלעיל בריש
הסימן) שהעתיקו דברי רש"י שהביאוהו כטעם אחד בלבד. ודו"ק].

אמנם הרא"ם (דלעיל, במדבר שם) כתב להדיא דרש"י בגמרא (מנחות שם) כתב שני
טעמים, הראשון לעיקר הדין מן התורה שהיה די בשני קשרים, והשני
לאחר דתקנו חז"ל דעבדינן חמשה קשרים. וכוונת הפירוש הראשון הוא
על דרך הסימן בלבד, כאדם שקושר אצבעו בחוט כדי שיזכור דבר לעשותו
[וכ"כ ריב"א עה"ת שם והטור סי' כד], כן על דרך הסימן יזכירו הציצית שצריך לעשות
מצות ה'. ובפירוש החומש כתב רש"י רק את הפירוש השני שהוא לאחר
התקנה, מפני שהוא מורה יותר מהוראת הסימן בלבד כדלעיל. עכ"ד.
והובא בקצרה במגן גבורים (סי' כד ס"ק ב), וכתב דכן משמע מלשון רש"י

---

[992] ועיי' היטב לרבינו בחיי בכד הקמח (ערך ציצית) שכתב: ונכנסו בזה על דרך גימטריא... וידוע לכל
משכיל כי המתבונן בעיקרה יראה שהיא שקולה כנגד כל המצות, וימצא כי שם שורש כל
המצות, וסמכו קבלתם וידיעתם אל הגימטריא כדי שתהא הגימטריא מופת ועדות על הקבלה
שבידם, כי הקבלה עיקר, וגימטריאות אינן אלא פרפראות לחכמה. עכ"ל. ודו"ק.

(מנחות לט ע"ב ד"ה מין כנף) דכתב 'והאידנא', עי"ש, ולפ"ז י"ל דרש"י (מנחות מג ע"ב שם) אמנם חילקם לשני פירושים כי לפני התקנה יש לבאר בתורה את הטעם הראשון בלבד, אך הטור כבר איחד את שני הפירושים, דאחרי שתקנו חז"ל חמשה קשרים אפשר לבאר הכל בטעמא דקרא עצמו. עכ"ד[993]. ומעין זה כתב בספר חסדי דוד (צימטבורים, אר"ח סי' יא, סח ע"א-ב)[994].

וכן סייעתא לגירסא שברש"י (מנחות מג שם) 'ועוד', היא מלשון האור זרוע (סי' תכא) והתוספות רא"ש (נדה סא ע"ב) ותוספות רבינו יהודה משירליאון (ברכות יח ע"א) שכתבו: גבי ציצית מפני שהיא חשובה וגדולה ושקולה כנגד כל המצוות כדאיתא במנחות, וגם ציצית עם ח' חוטין וה' קשרים עולין תרי"ג. עכ"ל.

גם הרא"ש שרעבי (נכד הרש"ש) בספרו דברי שלום (חלק הדרוש, סי' ל, דפו"ח עמ' קע) הצדיק את הבנת הב"י, וכתב על הב"ח דכנראה ח"ו אשתמיט מיניה הפסיקתא [זוטרתא] (סר"פ שלח, דלעיל ריש הסימן) דלשונו: "וראיתם אותו וזכרתם את כל מצות ה' ", מגיד שכל המקיים מצות ציצית כאילו קיים כל התורה כולה, וכן מנין ציצית תרי"ג, ציצית ת"ר ושמונה חוטין וחמשה קשרים וכו'. עכ"ל המדרש. הרי דהם שני דברים, וזו כוונת רש"י בכותבו 'ועוד', כלומר שהגמרא לא אמרה אלא ששקולה כנגד כל המצוות, ועוד יש טעם נוסף כמש"כ בפסיקתא דעולה תרי"ג לומר שהמקיים אותה כאילו קיים כל המצוות. וכן איתא בספרי (סר"פ שלח פיסקא ט) דכל המקיים מצות ציצית מעלים עליו כאילו קיים כל המצוות. עכ"ד הדברי שלום.

---

[993] ולפי"ז י"ל מה שהרמב"ן (עי' לעיל ריש הסימן) הקשה על רש"י הוא משום דהבין דיש בו טעם אחד, כלומר מבאר טעם בתורה ע"פ גימטרית תרי"ג, לכן הקשה איך שייך לומר כן בתורה. אך באמת רש"י כתב שני טעמים, וטעם הגימטריא הוא רק לפי המנהג בזמננו. ודו"ק.

[994] וביאר שם דלפי"ז מובן מדוע השו"ע השמיט הא דגדולה מצות ציצית ששקולה כנגד כל המצוות, והרי הוא דינא דגמרא, ונפסק גם ברמב"ם (הל' ציצית פי"ג הי"ב) ובטור הנ"ל, ומדוע השמיטה השו"ע, רק כתב (סי' כד סעי' ו) דהזהיר במצות ציצית זוכה ורואה פני שכינה. ותירץ לפי הנ"ל, כיון דהשו"ע לשיטתו בב"י דהם הנ"ל שני טעמים, והענין דשקולה כנגד כל המצוות הוא רק בזמן התורה שהיה תכלת. ולכן גם לקמיה (סי' כה סעי' א) כתב דאחרי הטלית יניח תפילין משום מעלין בקודש, והשמיט טעמא דהנמוק"י דשקולה כנגד כל המצוות.

סימן ז
ליקוטים על פרשות השבוע והמועדים
פרשת ויצא

פרשת ויצא סתומה

הקדמה

669 פרשיות בתורה, 290 פתוחות, 379 סתומות. (רמב"ם חל' ס"ת פ"ח ח"יד אחרי חמנין בספר דברים ע"פ ספר בן אשר).
ולא נמנו תחילות החומשים (כס"ימ שם פ"ח רח"יד), איתם: 674 פרשיות, 295 פתוחות.
וסימנך "יבא דודי לגנו" [=53 פרשות חשבע, ועי' שבט מיהודה ח"ב סי' יג עמ' 25] ויאכל פרי [=290 פתוחות] מגדיו".
"או אסרה אסר על נפשה בשבעה" [=379 סתומות], יחד "לא תחסר" (עח"יכ) כל בה", וכן "המביט לארץ ותרעד".
בעל הטורים (סוף התורה): 290 = על פי הוו"יה יחנו. 669 = גמטריאות
בניהו ברכותיב: יצירה במילוי = יו"ד צד"יי יו"ד ריי"ש ה"יי = תרס"ט. לכן כל פרשה דלא פסקיה משה לא פסקינן.
ארץ טוב עצי עדן: מלכות שהיא כנגד ב"ן, רנ"ב אברים ושסי"ה גידין = תרי"ז עם ב"ן = תרס"ט
הגר"א: מילוי דמילוי דס"ג = יו"ד ואי"ן דלי"ת ה"יי יו"ד ואי"ו אלי"ף ואי"ו ה"יי יו"ד = תרע"ד
נוריד מתרע"ד את נ"ד ראשי הפרשות = כת"ר, הן תרי"ג עם ז' מצוות דרבנן.

ובעניין הארבע שורות ריקות שבין חומש לחומש, ע"י תוס' (גיטין ב רע"ב) וספרשים, והיוצא מדבריהם:

ר"ע בשם רב תח"י ורב סעליה, תום' חכמי מנגליה: הגט נקרא "ספר כריתות", לכן כותבים אותו י"ב שורות, -

כנגד שלשת ההפסקים שבין ארבעה חומשי ספר תורה, דבכ"א ריוח ארבע שורות.

והריוח שבין במדבר לדברים לא קחשיב, דדברים הוי חזרה אדלעיל ['דאינו אלא חזור ושונה מה שלמעלה'].

ורקשה אדרבה בספר דברים נאמר דין 'כריתות' דלא נזכר בספרים הקודמים (גרש ירחים).

ויש בספר דברים דברים כמאתיים מצוות שאינן בספרים הקודמים (דברות משה הערה).

וי"ל דארבעה חומשים הראשונים נאמרו ע"י השכינה מפיו של משה (שכינה מדברת מתוך גרונו),

אך משנה תורה נאמר ע"י משה בעצמו [וכ"כ רמב"ן ואה"ח ריש דברים].
וחמ"כ במדבר [ריש דברים] דמשה דמשה נתרפאה לשונו באמירת אלה דברים. דמתחילח חוכרח לחיות כבד פח שיראו כולם ששכינה מדברת מתוך גרונו, -
אך ספר דברים שחוא נעמה אמר, א"צ לחיות כבד פה.
וכ"כ בגמ' מגילה לא כו"ב דמפסיקין בקללות דמשנה תורה, כי משה אמר, ואין מפסיקין בקללות דתורת כהנים כי מפי הקב"ה נאמרה.
ע"י מהר"ל (תפארת ישראל פמ"ג) ומסנ"ב (פובח יהז).

ועמ"ז מובן וחא ד'משה כתב ספרו ופרשת בלעם' (ב"ב ע"א עיא), דפרשת בלעם היא שחיא בספר במדבר, נאמרה ע"י משה ולא ע"י השכינה מתוך פיו של משה.
ע"ש הגר"לם אחל יעקב בדברים, כלי גולה.

וכן מצינו (ברכות כא ע"ב, יבמ"ת ד ע"יא) דאף מ"ד דלא דריש סמוכין בעלמא, במשנה תורה דריש דדיש,
ופי' ראב"ן (לד) דכל התודה נאמרה מפי הגבורה ואין מוקדם ומאוחר, אך משה סידר משנה תורה אחד פרשה רק לחידש.

ורקשה, דממ"נ אם לא חשיב הפסק, לא חיו צריכים גם ד' שורות כלל, ואם הצריכו ד' שורות סימן דחשיב הפסק?
וי"ל דבעניין שורות הפסק בין עניינים השייכים, כגון בין שלשה החומשים שאמרם הקב"ה, כן גם ספר כריתות
כורת בין איש ואשה שהיו שייכים זל"ז. אך ההפסק בין עניינים השייכים זה ההפסק בין דברי ה' לאמירת משה וכדלעיל,
ולא דמי דוקא להפסק בן השוים מעיקרן כאיש ואשתו. ולשון תוספות 'חזור ושונה מה שלמעלה' יש לבאר כנ"ל,
דמשה חזר ושנה מה שקיבל מהקב"ה, וישראל לא שמעו מפי הקב"ה ממש (בס"יד בדיו"ל).

חדושי מנשי בשם במרלכי בשם מהר"ס בשם ה"ר אברהם מענגל: כפירוש הקודם, אך אפשר להחשיב כל ארבעת הריווחים
שבין חמישה חומשי תורה. כי בכל ריו'ח מונים רק ג' שורות, דשורה אחת צריך ממילא להפריד בשביל פרשה פתוחה.
א"כ השורה הראשונה היא מדין צורת הפרשה ולא מדין הפסק (ר"יש רוזובסקי יג).
אך צ"ב מדוע שלא תועיל אחת משלש שורות ההפסק לדין צורת הפרשה (רבי' רווח נרי"ו). וי"ל (עי' שערי שמועות).

הרמב"ם ע"פ ספר בן אשר (שם) בתוך מנין הפרשיות: ויחי עשו, ויחי כי זקן יצחק, ויצא יעקב, שלשתן סתומות.
הנחמ"י (שם מ): מה שכותובים מקצת נקדנין שתי פרשיות בתורה דלית פיסקא בין פיסקיהן ויצא ויחי, לא כיוונו, כי בתחילת ויצא יש פרשה כאשר כתב
בעמוד, וכן איתא בב"ר ביוזי יעקב מפני מה פרשה זו סתומה מפני שנסתמו עיניהם מכובד חנלות וכו' וחרבה מעמים
דורשים על זה. וכן איתא במדרש תנחומא וכן כתב רש"י. ואילו בויצא לא הזכירו מזה כלום. וכן בדקתי בספרי אספמיא אשר יצא לחם שם במעלותם
ומצאתי נ"ב שיש לחיות פרשה בבאן, ואין לפקפק בהם:
(א) מקטים מפני שפרשה זו סתומה פרשת ויצא שפרשה זו בתחילת פרשת ויצא גם בתחילת פרשת ויצא מפני שאינה תתחלת פרשה אע"פ שאנו מפקסקים בה, לא לא היתה פרשה במסדר של ג' שנים [וצ"ל דדיודי היתה].
בוח הספר בראשית יש פרשיות ויצא יעקב ויחי יעקב סתומ' הרמוזים ליס"וד הספר
וכן בילקוט ראובני (ריש ויחי בשם ספר התמונה): לימ"וד שהם הנשמות סתומ' ולכן צריכים ישראל לקיום המצות כדי
שישגיח חשם וישפיע על הארץ (סמונה):

ספר התמונה לפנינו (תמונה ג הקדמת, שם אות ע): פ' ויצא יעקב ובפ' ויחי פרשיות סתומות ובסודותן חתומות נגד ספר ואלה שמות...
בסוד ויצא יעקב ויחי יעקב ראש וסוף נעשמות, ונעיחם סתומין.
וכב"י חבשיר בספר לחם הפנים (ויו"ד סי' רמ"ע סעי' ב בתנחא) שני ספרי תורה כאלו שראה. וז"ל:
[וכ"ע בית לחם יהודה (שם סי"ק ג) בשם שור'ת הנ"ב], אך העיד שער'י אפרים (דלחקן)
דהעתיק מלחם הפנים, וסעת לחשוב דהובא שם אפרים דצומם שם בלחם הפנים לפנ"כ.
אך בספר שער'י אפרים (פרבליות, פתחי שערים וד'ח חלק עליו (משום דלחלן) וכתב דאפילו באמצע ה
ובפרם אם שמו לב לכך מיד עוד לפני תחחלת הקריאה.
ושב"כ תרא"ם (ריש ויחי) דשונה 'סתימ' פרשת ויחי מ'סתימת' פרשת ויצא, -
שבכמוח יש פרשיות רבות, עי' לחלן.
ובמספר פחד יצחק (ערך ס"תם) חיקל ברייות ג' אותיות בצירוף שיטה ר"ת דנחשב חפסק פרשה.
והמאירי בקרית ספר (פרשת ויצא) הביא את שתי הדיעות:

פרשה א' ויצא יעקב עד סוף הסדר, וכרוב הספרים אין כו
שום ריוח של פרשה כלל לף בכלל הפרשה שלמעלה מנגה אבל כספר
מדווקין סימוניו עלוו יש שם ריוח פרשה שלא שחיו סתומה כשאר פרשיות
סתומות. וכן מצאתי כי בחון מדווין הרבה פבחק כו'ה הלשון ויצא יעקב
סתומה כנגו החחרית הסתומות ולא סתומה לגניר, כנמקום חמקום מלא'

אך בתום' עה"ת (ב) מקשים הרי יש הרבה פרשות סתומות בתורה, ומפרטים: ויגש וארא בשלח תצוה ויקה"פ שמיני בלק ואתהנן ראה שופטים כי תצא. ותירצו דהכוונה דכל הפרשה סתומה שאין בה פרשות לא פתוחה ולא סתומה עד סדר וישלח, משא"כ בכל התורה כולה. [הרי 3 סוגי 'סתומה': 1. כפשוטו, זה מצינו הרבה. 2. בלי שום ריוח, חה רק ויחי (ובקצת ספרים [מוטעים] גם ויצא). 3. שאין בתוכה פרשות כלל, וכתבו תוס' שויצא יחידית].

ובאמת בספר מסורת המסורה לר' אליהו בחור (מאמר ר) מביא שני ענינים נפרדים על ויצא:

ומזה קראו נ"כ למקום חלוק סכין פרסה לפרסה פיסקא כמו סתחרו
ג' פרשיות כתורה דניא כהון פסקא כרישא והם וינח ויחי וג' פרשיות
תורה דלית בהין פסקא כאמצע כפרשה והם וילא ומקן וכן ישפסקא

ולבאורה א"כ קושיה עצומה איך כתבו תום' שסוג 3 זה רק בויצא, הרי מצינו כן גם בפרשת מקץ!
ובבלק עד "וישב ישראל בשטים", אמנם זה לא קשיא. —

ועי' מג"א בפתיחה לסי' רפב דוחה את הסוברים (ע"פ זוה"ק, עי"ש) שחייבים להפסיק בפתוחה או סתומה שהרי בפרשות ויצא ובלק אין, —
ותקנו מחצה"ש ויד אפרים ומקור חיים ושיורי לקט זמקץ' במקום זבלק'].

<table>
<tr><td>אור תורה (לונזאנו):</td><td>מכתב מאליהו (שם, רבי אליהו ב"ר עזריאל מוילנא):</td></tr>
</table>

וכ"כ בקצרה במנחת ש"ד (ריש ויצא וריש מקץ) אחרי שהביא תני (תנין) איתא הויצא היא כוויחי.
והנה תירוץ על תום' שהזכירו רק פרשת ויצא, יש ליישב נפלא ביותר לפמש"כ התחקוני דבויצא יש את שניהם, סוג 1 וסוג 3, וז"ל:

למה פרשה זו סתומה וגם לא תמצא בכל הסדר שום פרשה.

טעמים לויצא:

מושב זקנים, פענח רזא א': דרך ת"ח שרוצים ליקח אשה, שמביאים אליהם האשה והממון והבית, וכאן הוצרך יעקב שלא כדרכו לחפש האשה ולעבוד להביא הממון.

תוס' עה"ת א', ריב"א, הרוקח א': לפי שלא גילה דרכו כי פחד מעשו.

פענח רזא ב': מפני שהיה צריך לברוח, כדכתיב "ויברח יעקב שדה ארם".

בעל הטורים (צירוף שני חפירושים חני"ל): יש אומרים שפרשה זו סתומה, והטעם לפי שיצא במתר וברח בהחבא.
[יש לדון האם 'יש אומרים' קאי אהא דפרשה זו סתומה, או על הטעם. ודו"ק].
ולפי טעמים אלו מובן מדוע דוקא כאן אמרו חז"ל פנה זיוה פנה הודה פנה הדרה, - משום דברח בהחבא ולפתע הרגישו שנעלם.

תוס' עה"ת ב': כי כבר ביאר מקודם (סוף פרשת תולדות) "וַיִּשְׁלַח יִצְחָק אֶת יַעֲקֹב וַיֵּלֶךְ פַּדֶּנָה אֲרָם אֶל לָבָן בֶּן בְּתוּאֵל הָאֲרַמִּי... וַיִּשְׁמַע יַעֲקֹב אֶל אָבִיו וְאֶל אִמּוֹ וַיֵּלֶךְ פַּדֶּנָה אֲרָם".

תוס' עה"ת ג': "וילך" עם כוונה לחזור [תיבת 'וילך' מתאימה גם להלוך וגם לחזור], "ויצא" בלי כוונה לחזור.
[תיבת 'ויצא' אינה מתאימה לחזור, אלא לחלוך. אך צ"ב מדוע כאן לא היה בדעתו לחזור, כגון אחרי מות עשו וכדו', משום כיבד אביו ואמו. ועוד איך נרמז אין כוונתו לחזור בסתימת הפרשה. אמנם זה י"ל דריוח יש בו מקום גם לחזור, וסתום מרמז שאין מקום לחזור. חדו"ק].

תוס' עה"ת ד', הרוקח ב', רבינו אפרים: לפי שהיה סתום ונטמן בבית עבר י"ד שנה.

תוס' עה"ת ה' (מהרח ב"מ): לומר שיצא חלק ונסתם חלק. [כנראה כוונתו שיצא חלק, כלומר שנקרא 'חלק' "ואנכי איש חלק", ונסתם הקלף חלק לפני תחילת הפרשה. ויתכן כוונתו דהוצרך יעקב להמרות חלוקתו].

שפת אמת (תרי"ן): כי לא הסיח דעתו כל עוד שהיה בחו"ל. [אך לשונו 'כי לא יש סדר כזה בתורה זולת פרשת ויצא', צ"ע ממה נפשך או ויחי או מקץ, ואולי כוונתו כהחחקוני]. בית ישראל (וישלח תשי"אא) והוריש כוח זה לבניו.

שפת אמת (תרנ"ד): כל תהלוכות שלו היו בהסתר גדול, שהיה זה כהכנה לנלות ישראל [ולשונו 'שאין כן בבל הג"ן סדרים' צ"ע כנ"ל, וי"ל כנ"ל].
פי' חזון למועד: שאין לנו שום יציאה מהגלות והכל סתום חתום ואין לנו על מי להשען אלא על אבינו שבשמים. ומעין זה כתב בסטר הברית על התורה, והחסיף שלכן אין נבואה שורה בחו"ל.

אריה שאג (מצאנז): משום שהלפו עליו העשרים שנה כימים אחדים [כמו שעברו עלי במסביר שנה תמימה].

הגר"ח שמואלביץ: כתוב בחז"ל דהתורה ניתנה בפרשות פתוחה וסתומה כדי להתבונן בין פרשה ופרשה, אך כאן צריך לראות את הרצף שהכל לטובה עד שחוזר לבית אביו.

בית ישראל (תשי"ז): היה הסתר פנים כל שנים אלו.
[כנראה יש סוד עמוק בפתיחת וסיום הפרשה בפגישות יעקב עם מלאכים. הנוצרים עשו כהבנתם הדלה והפרקים מתחילים בסוף תולדות ומסתיימים לפני סיום ויצא].

ספר משנה כסף (לרבינו יוסף אבן כספין) לא חבנתי כ"כ דבריו, וז"ל:
(י) אנשי כנסת הנדולה שחלקו התורה לסדרים לשבועות השנה, לא ראו מקום ראוי לעשות בו התחלת סדר כמו זה המקום לסבות רבות, אין צריך פירוש, עם שמרם שיעור הסדרים שלא יהיה האחד ארוך מאד והאחד קצר מאד, כי לא מחכמה יהיה זה. אמנם היות ואת הפרשה סתומה, היה בעבו" שהיה קשה בעיניהם לעשות בזה פרשה והפסקה, להיותו ביאור אל וילך מדינה ארם שקדים זכרו, עם היותו הכריחו לעשות בזה פרשה, לבן אחזו בזה ונם מזה לא הניחו ידיהם, ומונו הדבר מחובר שני הסבים ר"ל פרשה וסתומה. ובכלל כי כל ענין התורה הוא חקוי מציאות השם בטבעי העולם:

פרשת ויגש

"וּבְנֵי רְאוּבֵן חֲנוֹךְ וּפַלּוּא וְחֶצְרֹן וְכַרְמִי". (מו, ט)

הרי שיש לראובן ארבעה בנים. ויש להקשות, דלעיל (מב לז) אמר ראובן ליעקב "את שני בני תמית", האם התכוין על שנים מסויימים מתוך הארבעה, ומה הענין בכלל דוקא להמית שני בנים.

ונאמרו בזה כמה פירושים.

רמב"ן, בכור שור, רבינו בחיי, מהר"י חלוה: התכוין שאם בנימין לא יחזור, ראובן כנגד זה ישלם כפל כביכול, וילקחו לו שני בנים.

ותיבת 'תמית' פירושה:

אבן עזרא: תעניש, או שמדבר להשם 'תמית' אותם.

חזור: תמית המגפה.

הריב"א: תמיתם המיתה.

הריב"א, חזר זקנים, הכתב והקבלה: לא תתן להם נחלה בארץ, ועני חשוב כמת. וזמש"כ "יחי ראובן ואל ימות" שהיתה נחלתו גדולה משל אחיו.

הספורנו: בקללה.

המלבי"ם: תמיתם החטאה שלי.

לכן תרגם אונקלוס 'תמית' ולא 'תקטול'. והמיוחס ליונתן תרגם 'תקטול בשמתא'.

תוספות השלם, בעל הטורים: קללת חכם אפילו על תנאי מתקיימת (מכות יא ע"א), ולכן מתו דתן ואבירם שהם מבני בניו. [ואולי גם הוא נתכוין לזה וניבא ולא ידע מה ניבא, כי בני בנים הרי הם כבנים]. דפעמים בתנ"ך תיבת 'תמית', כאן ובאיוב (ה ב) "וּפֹתֶה תָּמִית קִנְאָה", ונאמר על עדת קרח שנאמר בהם קנאה "ויקנאו למשה במחנה" (תהלים קו טז).

[לכן כתוב "ויאמר ראובן אל אביו לאמר", 'לאמר' כאן פירושו שלא אמר במפורש את מיתת בניו, אלא היה מובן מאמירתו כן (אור החיים)].

תוספות השלם: "שני בני תמית" ראשי תיבות 'שבת', כמו שמחלל שבת חייב מיתה, גם כשלא מכבד הורים, ג"ש "וכבדתו מעשות דרכיך" "כבד את אביך".

אור החיים: לא רצה להפסיד פריה ורביה [לפי בית שמאי], לכן משאיר לעצמו שני בנים. גם לא רוצה להפסיד לעוה"ב, ולכן לא אמר כמו יהודה "וחטאתי לאבי כל הימים". ולכן יעקב לא קיבל עצתו, וקיבל עצת יהודה שאמר "וחטאתי לאבי כל הימים"!

המשיך, שפתי כהן: ראובן התחייב להשיב גם את שמעון, לכן אם לא ישיב את שמעון ובנימין, ימותו שני בניו. ולכן אומר ראובן "אם לא אביאנו אליך... ואני אשיבנו אליך", 'אביאנו' על שמעון שכבר שם, 'אשיבנו' על בנימין שאני לוקח ומשיב.

שפתי כהן: [יעקב כבר נרגע ממיתת יוסף], ואומר לאחים שאם ימות בנימין יחזור וייזכר במיתת יוסף וכאילו מתו שניהם ביום אחד, אומר לו ראובן כנגד זה את שני בני תמית.

לדברי דוד (להט"ז), **חת"ס** (שו"ת או"ח רח), **תורה תמימה: לא** שימותו, אלא שלא ייהפכו לשני שבטים לענין נחלה בא"י [כמו שבסוף קיבל יוסף שיהיו מנשה ואפרים שני שבטים. ולא ידע ראובן שכבר נלקח ממנו]. וכמש"כ "ויהושע בן נון וכלב בן יפונה חיו..." ופירשה הגמרא (ב"ב קיח ע"ב) דקיבלו נחלה, הרי דקבלת נחלה קרויה חיים.

וזמש"כ במדרש שענה לו יעקב 'בכור שוטה, בניך הם ולא בני'.

נחלת יעקב: כלומר חלק הבכורה נובע ממני, ואם לא יהיה יוסף בכור (שהוא בכור במחשבה כי חשב על רחל וכו'), יהיה ראובן בכור (שהוא בכור במעשה, "ראשית אוני"), ויהיו בניו שני שבטים על כרחו.

חת"ס (שו"ת שם): לא קורין בתמיהה 'ולא בני', אלא אדרבה בניחותא, כלומר כבר העברתי הבכורה ליוסף ואין שני בניך מיועדים כלל להבחר לשבטים.

חת"ס (תורת משה): יעקב ענה לו ממה נפשך, אם כוונתך שלא תטול את חלק הבכורה בשני בניך כנ"ל - בכור שוטה אתה, כלומר ממילא כבר אינך נוטל, כבכור שוטה (ב"ב קכו ע"ב), כי נתתיה ליוסף. ואם כוונתך להורגם ממש, וכי בניך הם ולא בני?! בתמיהה!

ולכאורה קשה על כל הנ"ל מהמדרש (ב"ר פב ד) והובא ברש"י (שם מח ד) דכשאמר יעקב בחוליו ליוסף "ונתתיך לקהל עמים", רק אז חילק את יוסף לשני שבטים מנשה ואפרים. ודו"ק.

פי' רב שמואל בר חפני: שני בניו הגדולים, כי הקטנים עדיין לא נולדו, ואח"כ נולדו תאומים או משתי נשים (כי אין זמן עד הירידה למצרים שיוולדו שני בנים כדרכם).

בני בנים (הנקין ח"ג): שני בניו הקטנים, אבל שני בניו הגדולים הם ברשות עצמם ואינו יכול לתתם.

בנין ליון החדשות (קעד), **פרדס יוסף, מזניס לתורה:** כנ"ל, דבעוון נדרים בנים קטנים מתים (שבת לב ע"ב).

[וכ"כ התוספות והרוקח עה"ת: 'שמעון בנימן' (618) גימטריא 'חצרן כרמי'].

דובל ישרים (פאפע): ע"פ המדרש (ב"ר צב ד/ז) "כי עלית משכבי אביך" הן בלהה וזלפה, הרי שבא על בלהה וזלפה, ואם לפי פשוטו, אולי נולדו מהן שני בניו הגדולים.

מעין בית השואבה (שוואב)**:** ראובן חשב שמתו ער ואונן ליהודה משום קפידת אביו עליו שלא שמר על יוסף, לכן אומר שאם לא ישמור על בנימין גם שני בניו ימותו.

נר מצוה בפסוקי התורה (קוק)**:** וזהו שאמרה תמר ליהודה "אם תתן ערבון עד שלחך", כלומר צריך לתת ערבון נוסף עד שלחך את בנימין, ולכן אח"כ יהודה אומר "אנכי אערבנו" כלומר כבר שכלתי את שני בני ואני מוסיף ערבון וכו'.

פשט וההגיון במקרא (מנורה)**:** עונש לאב ע"י לקיחת שני בניו מצינו גם במיתת שני בני אהרן, שני בני עלי, שני בני אבימלך ונעמי, [ואולי שני בני רבי מאיר וברוריה].

מהרי"ל דיסקין, הובא בטוב ירושלים (לרב"ץ יאדלר, עמ' שכח) **הובא בדמשק אליעזר** (רלב"ג, עמ' רל)**:** יעקב קנה מעשו את הבכורה, ובמקום לתת לראובן נתן ליוסף שהוא בכור לאמו, כשאין יוסף יכול לתתה לבנימין, אך אם גם בנימין ימות היא חייבת לחזור לראובן, א"כ לכאורה ראובן צריך לרצות שבנימין ירד למצרים וימות ח"ו, לכן אומר ראובן שהוא מותר על חלק הבכורה [ע"כ גם כתב בפנים יפות]. כך : לשם קלות החשבון נאמר שארץ ישראל היא ששים חלקים, ואם יוסף מת הרי יש לחלקה ל-11 חלקים, כל שבט יקבל 5 חלקים, וראובן הבכור 10 חלקים. לראובן יש 4 בנים, כל בן שלו יקבל 2 חלקים, והבכור שלו (חנוך) 4 חלקים. כשאומר ראובן "את שני בני תמית" כלומר תקח את החלק של שני בני הגדולים, כלומר 6 חלקים. ותחלק אותם שוב לכל השבטים, יש 10 שבטים חוץ מראובן, כל שבט יקבל חצי חלק, וראובן הבכור יקבל חלק אחד. נמצא ראובן יש לו 5 חלקים, ולכל שבט 5 וחצי חלקים, הרי שראובן לא יקבל את חלק הבכורה, [ואף הפסיד מעט].

דברי טובה (טאוב)**:** באמת כל הבנים היו בספק, לכן בפרשת ויגש כתוב "חנוך ופלוא וחצרון וכרמי", אך כיון שיעקב לא קיבל הצעתו, בפרשת וארא כתוב "חנוך ופלוא חצרון וכרמי", וכן בדהי"א (ה ג). [שם כתב באופן שונה, ואנחנו הפכנו שיתייישבו הדברים טפי לעניי"ד].

פרשת בשלח

מלחמת עמלק

הרא"ש (חולין פ"ז סי' לג), **הר"ן** (שם לו ע"ב בדפי"ו) **והטור** (יו"ד סי' ק) **מביאים יש אומרים** [עי' ירושלמי תרומות פ"י ה"ה, הר"ש תרומות שם מ"ח, הגהת שערי דורא מא א; כ ג בשם אור זרוע, רשב"א בתורת הבית הארוך ד א (יד ע"ג) ובתשובה ח"א סי' רע ראא תכו תמג תרעה תתכא] **שבריה בטלה בתשע מאות וששים.**

ומבארים הב"ח (שם אות ג) **בשם מהרש"ל** (יש"ש חולין פ"ז סי' מח) **והפרישה** (שם ס"ק ב) **בשמו** (איסור והיתר י כ ג): **משום דזהו ט"ז פעמים ס', וכן מצינו במשנה בתרומות** (פ"י מ"ח) **דדג טמא איכא מ"ד דמתבטל בתשע מאות וששים, ואיכא מ"ד בשש עשרה.**

וכתב הדרישה (שם) [עי' מבוא שערים על שערי דורא שם מ] **מצאתי** רמז לזה, 'בריה' גימטריא רי"ז, ובא"ת ב"ש 'בריא' הוא 'שגמת' [תשמ"ג], והנה רי"ז ועוד תשמ"ג הם תתק"ס. וזו גימטריא של הבל, שהרי בא"ת ב"ש כתב 'בריא' באל"ף, ובגימטריא כתב 'בריה' בה"א, וגם האומרה לא נתכוין אלא לרמז וזכר בעלמא. ולזכר בעלמא הול"ל שפיר טפי, 'בריה' עם המילוי 'בית ריש יוד הי' גימטריא תתקנ"ז ועם ד' אותיות הרי תתקס"א, כלומר שמתבטל בתתקס"א כולל השרץ עצמו.

והבני יששכר (אדר, מאמר ג דרוש ו) **כתב:** העניין בשש עשרה דוקא, הוא כנגד ארבעה יסודות שכל אחד כלול מארבע [עסמ"ב שבעסמ"ב], א"כ צריך שישים כנגד כל היסודות לענפיהם. עכ"ד. ומעין זה כתב בתולדות יעקב יוסף (פרשת משפטים על "ובשר בשדה טרפה").

והנה ממלחמת עמלק שהיתה בשנה הראשונה לצאת בני ישראל ממצרים, עד מעשה המן, עברו תתק"ס שנה, והחשבון כך: ת"פ שנה עד בניית ביהמ"ק, ת"י שנים ימי ביהמ"ק, ע' שנות הגלות. ואף שאחשורוש טעה במנין השבעים שנה, אך בנין ביהמ"ק בימי שלמה ארך שבע שנים. ובזה יובן שבמתן תורה כפה עליהם הר כגיגית, כי הם היו בבחינת קטן בלא דעת שצריך כפייה, ובזמן אחשורוש הדור קבלוה מרצון כי כבר הם גדול שיש לו דעת. ולכן אמרה הגמרא על זה (שבת פח ע"א) מכאן 'מודעה רבה לאורייתא' וכו', כלומר 'מודעה' מלשון 'דעה'.

 וביאר המגלה עמוקות (אופן רמז) דלכן יש לחוטא לטבול במקוה להטהר, דמקוה יש בה תתק"ס לוגין [ארבעים סאה, כל סאה ששה קבין, וכל קב ארבעה לוגין. 40 כפול 4

כפול 6 = 960]. וכתב אמרי נועם ועטרת ישועה, דזהו גימטריא 'מקבץ נדחי עמו ישראל' עם הכולל (961).

וכתב הבני יששכר (שם) דלכן קרא הרמב"ם ברוח קדשו (הל' מקואות פי"א הי"ב) למקוה 'מי הדעת'. [עי' בני יששכר שם דהעתיק 'מימי הדעת', ולכן עשה גימטריא 'המקוה טהרה ומימי הדעת' = תתק"ס. וצ"ע].

ועפ"ז כתב הריעב"ץ בלחם שמים (מקואות פ"ג מ"ד) מקור לביטול בתתק"ס, דהא איתא במשנה (מקואות שם) דשלשה לוגין מים שאובים הפוסלים את המקוה, 'מכלי אחד משנים ומשלשה מצטרפין, ומארבעה אין מצטרפין', ועל כרחך היינו טעמא דעד שלשה כלים יתכן שיהיה בכל כלי לוג כלי אחד ולא יתבטל בשיעור מקוה, אך מארבעה יש פחות מלוג ובטל בתתק"ס לוגין שהם ארבעים סאה.

וביאר המגלה עמוקות (שם) כיון שאין אדם עובר עבירה אא"כ נכנסה בו רוח שטות [סוטה ג ע"א], שנחסרה דעתו. ולכן יש בחודש אלול עד יוה"כ ארבעים יום שבהם תתק"ס שעות.

וזהו מה שכתוב במגילה "ומרדכי ידע את כל אשר נעשה", שכעת נשלמה הדעת בעם ישראל והמן מסיים את מעשה עמלק. ואסתר עונה "כל עבדי המלך וגו' יודעים". ומרדכי עונה "ומי יודע" וגו'.

והנה בספר סדר הדורות כתב דיציאת מצרים היתה בשנת ב"א תמ"ח, ונס פורים היה בשנת ג"א ת"ה, והמן נתלה לפנ"כ בפסח, א"כ הרי הם תתקנ"ו שנים, ולא תתק"ס! [וכתב באמרי נועם ועטרת ישועה דסימנך "מימינו אש דת למו", גימטריא ג"א ת"ד. ואז קבלו את התורה מרצון, וזמש"כ **"מימינו אש דת"**, שקבלו התורה ע"י מרדכי איש ימיני].

ומתירוצו של הבני יששכר דבנין ביהמ"ק ארך שבע שנים משמע דסבר דמונים הת"ק שנים דביהמ"ק מיום סיום בנייתו. אך אינו כן, דבספר סדר הדורות כתב דהתחיל להבנות בשנת ג"א תתקכ"ח, והם ת"פ שנים לצאת בני ישראל מארץ מצרים, ונחנך בח' בתשרי שנת ב"א תתקל"ה, ונחרב בשנת ג"א של"ח, כלומר ת"י שנים להתחלת בנייתו.

ובאמת תמה בספר סדר הדורות (שנת ג"א שצ"ט) על הרוקח דכתב דמשאמר משה "כתב זאת זכרון" עד לקיחת אסתר לבית המלך היו תתקנ"ה שנים, ולחשבוננו (שנלקחה ג"א שצ"ט) הם תתקנ"א שנים. עכ"ד.

ועכ"פ לדעת הרוקח אם נוסיף חמש שנים שהיו מלקיחת אסתר עד מפלת המן, הרי בדיוק תתק"ס שנה. וכ"כ בספר אמרי נועם ועטרת ישועה, והובא בטהרת יו"ט (חי"ג אות ק ס"ק סד).

ומצאתי בס"ד את דברי הרוקח הנ"ל, והם בספרו שערי בינה על מגילת אסתר (ט כט), והובאו גם בספר מנות הלוי (אסתר ג ח), ואלו דבריו: "ושים באזני יהושע כי מחה אמחה" גימטריא תתקנ"ד, כך שנים יש מיום שנאמר למשה "כתב זאת זכרון בספר" עד שנה שנלקחה אסתר למלך אחשורוש. והחשבון: מ' שנים דמדבר, תת"ן שנים היו בארץ ישראל, נ"ב שנים לא עבר איש ביהודה, שנה אחת דדריוש המדי, ה' שנים לכורש הפרסי, ז' שנים דאחשורוש עד שנלקחה אסתר, הרי תתקנ"ה שנים. עכ"ד. [עי' בזה בגמרא (מגילה יא ע"ב), ודו"ק].

וצ"ע דפתח בתתקנ"ד וסיים בתתקנ"ה. וי"ל.

[ובספר אמרי נועם ועטרת ישועה כתב, סימנך 'אש מים רוח עפר' גימטריא תתקנ"ה].

וממשיך, דזהו "כי מחה אמחה את זכר עמלק מתחת השמים", 'השמים' גימטריא תתקנ"ה [מ' דמנצפ"ך גי' ת"רן]. כלומר עוד תתקנ"ה שנים תמחה שמו. וכן "ותשא חסד לפניו" גימטריא תתקנ"ה, דלצורך זה נשאה חן בעיניו.

ובספר פרסומי ניסא (וייס) ואוצר המנוצר כתבו ד"והימים האלה נזכרים ונעשים" בגימטריא תתקנ"ה, וכן "יעשו עץ גבה חמשים" גימטריא תתקנ"ד, וע"ה"כ תתקנ"ה.

ובס"ד מצאתי (ע"י המחשב), תתקנ"ד גימטריא פסוק שלם "למטה אפרים הושע בן נון", ולכן דוקא יהושע נבחר להלחם בעמלק. ומעניין דג"כ גימטריא פסוק שלם "מה יתאונן אדם חי גבר על חטָאו" (כך כתוב בפסוק חסר י'). וידוע דעמלק הם שורש החטא. ושים לב דכמו שחסר י' בפסוק דלעיל שאח"כ נקרא שמו 'יהושע', גם כאן חסר י' מתיבת 'חטָאו'.

עוד מצאתי בס"ד, דהנה תתקנ"ה גימטריא פסוק שלם "כי יהודה גבר באֶחיו ולנגיד ממנו, והבכורה ליוסף" (דהי"א ה ב). ולכן דוקא יהושע שהוא משבט יוסף נבחר להלחם בעמלק.

וכתב בספר צמח דוד (בן הבני יששכר, סוף הספר עמ' רסט), דהנה 'דעת' נרמז על 'טהרות' [עי' שבת לא ע"א], וגם 'סוכה' היא מצוה שנכנסים עם כל הגוף, כמו

מקוה, לכן בסוכה כתוב "למען ידעו דורתיכם" והוא גימטריא תתק"ס. [ואף דבפסוק כתוב 'דרתיכם' בלי וא"ו, י"ל כדדרשינן 'ציצית' גימטריא ת"ר (עי' אריכות גדולה בזה בס"ד לעיל סימן ו)].

ולפ"ז מובן גם מש"כ מגלה עמוקות (שם) דמהלך ארץ ישראל ארבעים יום [= ארבע מאות פרסה]. שהרי גם לא"י נכנסים בכל הגוף, כנודע הרמז בשם הגר"א "ויהי בשלם סוכה ומעונתו בציון".

ורומז המגלה עמוקות (שם) לפסוק "ויתן להם ארצות גויים... בעבור ישמרו חקיו ותורותיו ינצורו", כלומר נתן להם את ארץ ישראל שהיא מ' יום בעבור התורה שניתנה במ' יום. ולכן גם תיבת 'מתניתין' גימטריא תתק"ס, כי היא תורה שבעל פה. עכ"ד.

ובספר נתן פריו כתב דזה נרמז במשנה (מקואות פ"ח מ"א) 'ארץ ישראל טהורה ומקואותיה טהורים', ששניהם גימטריא תתק"ס.

ואמר לי הגרב"ח רווח שליט"א, דהנה 'דעת' במילוי [דל"ת עי"ן תי"ו] גימטריא תתק"פ, והם תתק"ס ועוד ט"ז (דלעיל) ועוד ד' (דלעיל).

ומצאתי בספר יסוד יוסף שכתב: מ"ה וב"ן גי' צ"ז, כלומר צ"ו עם הכולל, וכיון דבכל אחד יש עשר ספירות הרי תתק"ס.

עוד מצאתי בס"ד בספר דורש טוב לעמו (רש"ט שטרן, שבת שובה עמ' פו) דכתב ש'דעת' מלא גימטריא תתק"ע, לרמז על תתק"ס ועוד תוספת קדושה. עכ"ד. [וצ"ב כוונתו 'תוספת קדושה'. ואולי כוונתו דאות ת' מלאה היא 'ת"ו', אך חסר ד', ועוד דבדרך כלל כותבים 'תי"ו'. ועוד מדוע תוספת קדושה הוי דוקא י'. וצ"ע. ואולי כוונת לעשר ספירות].

ובספר אוצר החיים (מקאמארנא, פרשת מסעי) כתב בשם הבעש"ט: 'דעת' במילוי [דל"ת עי"ן תי"ו] גימטריא תתק"ס, והם גימטריא "ה' צבאות מלא כל הארץ כבודו". עכ"ד. פי' שרק בורא עולם יכול לתת דעת.

וה' יאיר עינינו במאור תורתו.

פרשת ויקהל

"וְהַנְּשִׂאִם הֵבִיאוּ אֵת אַבְנֵי הַשֹּׁהַם וְאֵת אַבְנֵי הַמִּלֻּאִים לָאֵפוֹד וְלַחֹשֶׁן".
(לה, כז)

איתא בגמרא (יומא עה ע"א) : "והנשאם הביאו את אבני השהם", תנא, נשיאים ממש, וכן הוא אומר (משלי כה יד) "נְשִׂיאִים וְרוּחַ וְגֶשֶׁם אָיִן".

ופרש"י (שם) : נשיאים ממש, עננים היו[995].

והקשה המהרש"א (שם) : וקצת קשה לישנא דקאמר 'נשיאים ממש', למה מיקרי זה השם מלשון עבים טפי 'ממש', דבכמה כתובים נאמר 'נשיאים' [על נשיאי שבטים וכדו'], ו'נשיא' מלשון 'רב'.

ולכאורה היא קושיא עצומה, מדוע הגמרא קוראת לעננים 'נשיאים ממש', מדוע ראשי שבטים אינם נקראים 'נשיאים ממש'. והמהרש"א בענוותנותו כתב 'וקצת קשה'.

עוד הקשה רבי יאשיהו פינטו (הרי"ף על עין יעקב, שם) מדוע לא הביאה הגמרא כסיעתא את הפסוק (תהלים קלה ז) "מַעֲלֶה נְשִׂאִים מִקְצֵה הָאָרֶץ, בְּרָקִים לַמָּטָר עָשָׂה, מוֹצֵא רוּחַ מֵאוֹצְרוֹתָיו"[996]. [ומעין זה (ירמיה י יג) "לְקוֹל תִּתּוֹ הֲמוֹן מַיִם בַּשָּׁמַיִם, וַיַּעֲלֶה נְשִׂאִים מִקְצֵה [הָ]אָרֶץ, בְּרָקִים לַמָּטָר עָשָׂה, וַיּוֹצֵא רוּחַ מֵאֹצְרֹתָיו". וכן (שם נא טז) "לְקוֹל תִּתּוֹ הֲמוֹן מַיִם בַּשָּׁמַיִם, וַיַּעַל נְשִׂאִים מִקְצֵה אָרֶץ, בְּרָקִים לַמָּטָר עָשָׂה, וַיּוֹצֵא רוּחַ מֵאֹצְרֹתָיו"].

ונאמרו תירוצים במפרשים [לקושית המהרש"א, ורובם יתרצו גם את קושית הריא"ף וכדלהלן] :

---

[995] הנה איתא בגמרא שם לפני כן : "והם הביאו אליו עוד נדבה בבקר בבקר" (שמות לו ג), מאי 'בבקר בבקר', א"ר שמואל בר נחמני א"ר יונתן, מִדְּבַר שירד להם בבקר בבקר, מלמד שירדו להם לישראל אבנים טובות ומרגליות עם המן. "והנשאם הביאו את אבני השהם", תנא, נשיאים ממש וכו'. עכ"ל הגמרא. ובמדרש (שמו"ר פל"ג סי' ח, וכ"ה במדרש הגדול ובמדרש הביאור) מובא מעין זה בקצרה, ושם הגירסא 'וכן הוא אומר והנשאם הביאו', הרי שדרשו הא דהנשיאים הביאו מהא דירדו עם המן אבנים טובות ומרגליות, ובפשטות הכוונה שכמו שהמן ירד מן השמים, ירדו עמו גם אבנים טובות ומרגליות מן השמים, ומחמת זה דרשה הגמרא 'נשיאים ממש', ופרש"י 'עננים היו'. וכן בהגהות הב"ח (שם אות ד) גורס **שנאמר** והנשאם הביאו...'. ודו"ק. [ועי' לעיל (סי' ד) בדבר הגהות הב"ח, וכאן יש לו סייעתא לחדיא מהמדרש שכתב 'וכן הוא אומר'.] וכן מתבאר בצרור המור (פרשת ויקהל) שכתב : ובמדרש הנעלם אמרו כי אבני השוהם ואבני המלואים ירדו עם המן מן השמים, וזהו "והנשיאים הביאו את אבני השוהם", כדא דאת אמר "נשיאים ורוח וגשם אין", וכן מוזכר במסכת יומא. עכ"ל. ונהי דבמדרש הנעלם (בזוהר) לא מצאנו כדבריו, אך במדרשים הנ"ל כתוב כן, ועל זה כותב דכן מוזכר במסכת יומא, כלומר שהיא גופא דאבני השהם ואבני המילואים ירדו מן השמים עם המן, הוא הכוונה ש"הנשיאים הביאו" כלומר העננים, כדכתיב "נשיאים ורוח וגו'. ודו"ק.

[996] אך עי' בהערה להלן (על תירוץ גנזי ירושלים), דיש במדרשים ובראשונים דאכן גרסו שהראיה היא מהפסוק "מעלה נשיאים מקצה הארץ".

מהבת איתן, מיי הים, עץ יוסף, עיון מנחם: מה שנקראו ראשי השבטים וכדומה 'נשיאים', זהו עצמו מלשון 'נשיאים' עננים, וזה מחמת כמה סיבות: **א.** שניהם מתרוממים ונגדלים (משמעות הרד"ק בספר השרשים ערך נשא, עמ' תנד). אמנם עיקר מקור השם הוא לעננים, שהם נישאים ממטה למעלה בפועל ממש, משא"כ האדם המתואר כנשיא אינו נישא ממטה למעלה בפועל, שהרי הוא עומד כל הזמן על הקרקע, רק הוא מתרומם רוחנית (איי הים, עץ יוסף). **ב.** כמו שהעננים מתהווים מן האדים העולים מן הארץ ושוב נותנים מטר על פני האדמה[997], כך הנשיאים מקבלים את כוחם מבני דורם ושוב משפיעים עליהם (עיון מנחם). **ג.** משום שכַּלים והולכים[998] (אהבת איתן).

שערי אורה (ברגמן, שמות שם), **די באר** (מן, שם), **שמן רחם:** 'נשיאים' ממש פירוש גם עננים וגם ראשי השבטים, כלומר שהעננים הביאו את אבני השהם לנשיאים ראשי השבטים, והם הביאום למלאכת המשכן. וכמו שתרגם המיוחס ליונתן (שם) להדיא: וענני שמיא אזלין לפישון, ודליין מתמן ית אבני בורלות חילא וית אבני אשלמותא, לשקעא באיפודא ובחושנא, ומחתן יתהון באנפי מדברא, אזלין רברבני ישראל ומייתן יתהון לצרוך עיבידתא. עכ"ל.

ולכן הביאה הגמרא דוקא את הפסוק "נשיאים ורוח וגשם אין", להראות שאין הגשם בא מכח עצמו, אלא מכח העננים, כמו כן הנשיאים ראשי השבטים לא הביאו את האבנים מכח עצמם אלא מכח העננים. ['נשיאים' גימטריא 'וגשם אין' עה"כ (טנא פירות העמל)].

עיון יעקב: 'נשיאים ממש' הכוונה שיכלו במהרה, כמו שדרשו חז"ל על ישמעאל דכתיב ביה (בראשית יז כ, שם כה טז) שיוליד "שנים עשר נשיאים", ודרשו (ב"ר פמ"ז סי' ה, רש"י בראשית שם) 'כעננים יכלו'. וכן יהיה בבית המקדש הראשון ובבית המקדש השני, משא"כ בית המקדש השלישי יהיה הכל ע"י הקב"ה ויתקיים לעולם ועד.

טנא פירות העמל: על אליהו הנביא כתוב (מ"א יז ו) "וְהָעֹרְבִים מְבִיאִים לוֹ לֶחֶם וּבָשָׂר בַּבֹּקֶר וְלֶחֶם וּבָשָׂר בָּעָרֶב", ואיתא בגמרא (חולין ה ע"א) 'מאי עורבים, אמר רבינא עורבים ממש'. ובא לאפוקי דלא תימא אנשים ששמם

---

[997] ואולי יש לפרש בס"ד, דכמו שהעננים אין להם כח עצמי, אלא נתהוו מחום השמש, וכעת הם מכסים את יוצרתם השמש מפני הבריות ומורידים גשם כביכול מעצמם, כך הנשיאים ראשי השבטים שכל תורתם והוייתם היא מהבורא יתברך, משפיעים כעת את מה שקבלו לתלמידיהם כביכול מעצמם. ודו"ק.

[998] יתכן כוונתו דכמו שהעננים לא נשארים לעולם בשמים, ולא לשם כך נבראו, אלא הם מורידים הגשם ומתכלים, כן הנשיאים ראשי השבטים לא נתמנו למעמדם בסתם, אלא להשפיע ולתת לשבטים ולתלמידיהם, וכשיסיימו את תפקידם ירדו מגדולתם וכדו'.

עורב או שם מקומם, כדמקשה הגמרא (שם) מיד 'ודלמא תרי גברי דהוי שמייהו עורבים, כדכתיב (שופטים ז כה) "וַיִּלְכְּדוּ שְׁנֵי שָׂרֵי מִדְיָן אֶת עֹרֵב וְאֶת זְאֵב, וַיַּהַרְגוּ אֶת עוֹרֵב בְּצוּר עוֹרֵב", עי"ש, אלא קמ"ל דהיו עורבים ממש שהם העופות 'עורבים' במהותם, ולא אנשים שרק שמם וכינוים כן. הוא הדין בגמרא דידן 'נשיאים ממש', הכוונה לא אנשים שרק תפקידם ותוארם וכינוים 'נשיאים', אלא עננים, שהם בעצמותם 'נשיאים'.

שבעים פנים לתורה: ראשי שבטים נקראים 'נשיאים' רק מלשון רבים של 'נשיא', כלומר עיקר שמו 'נשיא', רק ברבים הם 'נשיאים'. וכוונת הגמרא 'נשיאים ממש' לעננים, ששמם נשיאים לא משום שהם רבים של 'נשיא', שהרי לא מצינו שענן נקרא 'נשיא', רק עננים נקראו 'נשיאים', כלומר שמם עצמם הוא 'נשיאים' לא מחמת הטיית רבים.

[ולפ"ז מובן מדוע הביאה הגמרא דוקא את הפסוק "נשיאים ורוח וגשם אין", דשם כתוב 'גשם' ו'רוח' בלשון יחיד, ולא 'גשמים' ו'רוחות', ואעפ"כ כתוב 'נשיאים' בלשון רבים כי זה עצם כינויים לא מחמת הטיית רבים, דאין להם שם ליחיד כלל (הג"ר משה גבאי שליט"א[999]).]

מלאכתי [ורמז לזה בטנא פירות העמל]: 'נשיאים ממש' פירושו כתיבה זו ממש, מלאה בשני יודי"ן, ובלי ה"א הידיעה, דאינה מופיעה בתנ"ך על ראשי שבטים[1000], אלא על עננים, בפסוק "נְשִׂיאִים וְרוּחַ וְגֶשֶׁם אָיִן". עכ"ד. [אך צ"ע מהפסוק (דהי"א ד לח) "אֵלֶּה הַבָּאִים בְּשֵׁמוֹת נְשִׂיאִים בְּמִשְׁפְּחוֹתָם". וי"ל בדוחק גדול דהתם בלאו הכי לא איירי בנשיאי שבטים, אלא בנשיאי משפחות, עי' מלבי"ם שם.]

ולכן לא הביאה הגמרא את הפסוק (תהלים קלה ז) "מַעֲלֶה נְשִׂאִים מִקְצֵה הָאָרֶץ" וגו', כי רצתה להביא דוגמא דוקא ל'נשיאים' בשני יודי"ן.

גנזי ירושלים (ורטהיימר, הערת המהדיר עמ' קפג הע' 226): כוונת הגמרא 'נשאים ממש' בחסרון יו"ד ראשונה, שהכוונה לעננים, לאפוקי 'נשיאם' בחסרון יו"ד שניה שהכוונה לראשי השבטים, ולא חסר בשום מקום יו"ד הראשונה זולת 'וְהַנְּשָׂאִם'[1001]. ולכן גירסת רס"ג (בפירושו לשיה"ש ג ו, נדפס בגנזי ירושלים שם)[1002]

---

[999] ואע"פ שגם בפסוק "מעלה נשיאים מקצה הארץ ברקים למטר עשה", כתוב 'ארץ' ו'מטר' בלשון יחיד, אך עכ"פ כתוב גם 'ברקים' בלשון רבים שבו שייך גם לשון יחיד, כדכתיב בכמה מקומות, כגון (שמואל ב כב טו) "וַיִּשְׁלַח חִצִּים וַיְפִיצֵם, בָּרָק וַיָּהֹם". ודו"ק.

[1000] דעל ראשי השבטים כתוב תמיד עם ה"א הידיעה (עי' שמות לד לא; במדבר ז ג; שם שם י; שם יד; שם כז ב; שם לו א; יהושע ט יח,יט,כא; שם יז ד; שם כב לב; דהי"א ד לח; שם ז מ) או עכ"פ 'נְשָׂאִים' חסר יו"ד ראשונה (יהושע כב יד) או 'נְשִׂאִם' חסר יו"ד שניה (בראשית יז כ; שם כה טז). אך צע"ג מפסוק אחד (דהי"א ד לח) "אֵלֶּה הַבָּאִים בְּשֵׁמוֹת נְשִׂיאִים בְּמִשְׁפְּחוֹתָם", וכפי שאכתוב למעלה. ועי"ש דכתבנו יישוב דחוק לזה.

[1001] כן לשון המחדיר הנ"ל שם 'אבל נשיאים לתואר נשיא לא חסר בשום מקום יו"ד הראשונה, זולת והנשאם הביאו לדרשה'. ודבריו צע"ג, שהרי מצינו בחמישה מקומות: "וְכָל הַנְּשָׂאִים בָּעֵדָה" (שמות לד לא), "עֲגָלָה עַל שְׁנֵי הַנְּשָׂאִם" (במדבר ז ג), "וַיַּקְרִיבוּ הַנְּשָׂאִים" (שם ז), "לִפְנֵי מֹשֶׁה וְלִפְנֵי

דהגמרא הביאה ראיה מהפסוק "מעלה נשאים מקצה הארץ", שהיא חסרה יו"ד ראשונה. עכ"ד. אך הם מוקשים ונסתרים מפסוקים מפורשים כפי שבארנו בהערה כאן לעיל.

תורה תמימה (שם אות כ): בכל מקום שנזכרו הנשיאים בתורה באו בתוספת שם תואר 'נשיאי ישראל', 'נשיאי העדה', 'נשיאי המטות', 'נשיאי האבות', וכאן בא השם 'נשיאים' בסתם. [וזו הכוונה 'נשיאים ממש']. עכ"ד. [ולכאורה צע"ג, שהרי גם מופיעים פעמים רבות בסתם בשם 'נשיאים', וציינתים בהערות דלעיל. ובדוחק י"ל דכוונתו כהפירוש הבא דלהלן].

התילוש (אדלמאן, על שמו"ר פל"ג סי' ח): הנשיאים ראשי השבטים לא נתמנו אלא אחרי הקמת המשכן, כשנחלקו השבטים לחנייתם ולדגליהם, ולכן לא תמצא את התואר 'נשיאים' בסתם עד אחרי הקמת המשכן, אבל לפני כן 'נשיאי העדה' (שמות טז כב; שם לד לא), וכיון שכאן בא השם 'נשיאים' בסתם "והנשיאים הביאו", הכוונה לנשיאים ממש, כלומר לנשיאים סתם שבינתיים עד כאן שם זה שייך רק על ענינים.

בארות המים: הרי מבואר בגמרא (יומא שם) לפני כן דעם המן ירדו לישראל אבנים טובות ומרגליות, וא"כ לא רק הנשיאים ראשי השבטים יכלו להביא

הַנְּשִׂאִים" (שם לו א), "וְנֶעֶשְׂרָה נְשָׂאִים עָמּוֹ" (יהושע כב יד). בכל אלה 'נשאים' חסר יו"ד ראשונה והכוונה לתואר נשיא של ראש שבט. אמנם כנגדם בארבעה מקומות 'כתוב נשיאם' מלא יו"ד ראשונה וחסר בשניה, הלא המה: "שְׁנֵים עָשָׂר נְשִׂיאִם יוֹלִיד" (בראשית יז כ), "שְׁנֵים עָשָׂר נְשִׂיאִם לְאֻמֹּתָם" (שם כח טז), "וַיַּקְרִיבוּ הַנְּשִׂיאִם אֶת קָרְבָּנָם" (במדבר ז י), "וְלִפְנֵי הַנְּשִׂיאִם וְכָל הָעֵדָה" (שם כז ב). ואם כן מה שכתב דלא מצינו לתואר נשיא בחסרון יו"ד הראשונה, אינו נכון כלל. ואין לומר דכוונתו לאו דוקא בחסרון יו"ד הראשונה, אלא בחסרון שני היודי"ן, - דהא זה מצינו כלל לא לזה ולא לזה, אלא כאן בלבד "וְהַנְּשָׂאִם הֵבִיאוּ", והיא גופא הדיון מהו פשוטו של מקרא זה, בעננים או בראשי שבטים. וצ"ע. ובעיקר מה שהבאנו דבחמישה מקומות כתוב 'נשאים' ובארבעה מקומות 'נשיאם', הנה בתורה עצמה הם ארבעה וארבעה, כי אחד מהחמישה דלעיל הוא ביהושע. ולפי זה לא זכיתי להבין את דברי המסורה הגדולה (בראשית יז כ) והרמ"ה (מסורת סייג לתורה ערך נשא), והובאו בקצרה במנחת שי (במדבר ז י, וע"ע שמות לה כז), דכל המקומות בתורה כתוב נשאים' חוץ מארבעה דכתוב 'נשיאם', וחוץ מאחד שכתוב 'נשיאים' (במדבר י יד) ואחד שכתוב 'נשאם' (כאן). עכ"ד. וצ"ב מה שייך לומר דכולם וכו' חוץ מארבעה, והרי הם בדיוק ארבעה מול ארבעה. והי יאיר עיני. עוד כתב במסורה הגדולה (שם) והובא בקצרה במנחת שי (יהושע יז ד, שם כב יד), דבני"ך כולם 'נשיאים' מלא בשני יודי"ן חוץ מארבעה, ומונה את האחד שהבאנו לעיל ביהושע, ועוד שלשה שלגבי העננים, וכתובים למעלה. ומדכללם יחד משמע קצת דמפרש דהם מאותו שורש ומאותו ענין, וכמו שתירצו לעיל המפרשים בתירוץ הראשון, עיי"ש ודו"ק].

1002 וכן הוא במדרש הביאור (שמות שם, עמ' תצז) ובמדרש אגדה (בובר, שמות שם). וכן משמע קצת ברבינו בחיי (שמות שם) שכתב: וזהו לשון "והנשיאים הביאו", מלשון "מעלה נשיאים מקצה הארץ". עכ"ל. ובדומה לזה בתוספות השלם על התורה (שם אות ג). וכן משמע קצת בבעל הטורים (שם) דכתב: "והנשיאים הביאו" תרגום ירושלמי דענניא איתיא, מלשון "מעלה נשיאים". עכ"ל. ודו"ק. וע"י פירוש ר"י נחמיאש (משלי שם, וע"ע בפירושו ירמיה יג) דכתב: 'נשיאים' הם העננים, נקראים כן בעבור הנשאם מעל הארץ, כמה דאת אמר "מעלה נשיאים מקצה הארץ". עכ"ל. ומעין זה באבן עזרא כת"י (נדפס בתורת חיים, שם).

את אבני השהם, אלא גם כל ישראל, ואז יש לדרוש "והנשיאים הביאו" על כל איש אשר **נשאו** לבו, לכן באה הגמרא ומביאה דבריתא תנא 'נשיאים ממש', כלומר לא מלשון כל מי שנשאו לבו, אלא נשיאים ממש כלומר עננים, ופליגא אמאן דאמר דירדו עם המן.

עיונים בדברי חז"ל ובלשונם (ארנטרוי, עמ' נא) **תי' ח':** כשאומרים 'ממש' הכוונה דוקא למשמעות הנדירה יותר והמחודשת. כדמצינו (ב"ר פע"ה סי' ד) 'מלאכים ממש', אע"פ שברוב ככל המקומות בתנ"ך שכתוב 'מלאכים' הכוונה לשלוחים בני אדם, וזהו חידוש דמדובר במלאכים ממש[1003]. ה"ה כאן 'נשיאים ממש' הכוונה לעננים, שהוא הפירוש הנדיר והמחודש.

עיונים בדברי חז"ל ובלשונם (שם) [ובכרמז בטנא פירות העמל] **תי' ב':** כוונת הגמרא אזיל לסיפא דהפסוק "נְשִׂיאִים וְרוּחַ וְגֶשֶׁם אָיִן, אִישׁ מִתְהַלֵּל בְּמַתַּת שָׁקֶר"[1004], ופרש"י: כאשר יהיה תוחלת שוא כשהשמים מתקשרים בעבים והרוח מנשבת ואדם מצפה שיבא גשם ולא בא והם מצטערים וכלות עיניהם, כך איש מתפאר לומר כך וכך צדקה אתן ליד גבאי והוא משקר וכלות עיני עניים למתנתו ואינה באה. עכ"ל. וכן כוונת הגמרא, דאע"פ שפשט הפסוק "נשיאים ורוח וגשם אין" כוונתו על עננים, אך המשך הפסוק רומז על הנשיאים ראשי השבטים, שנתעצלו בהבאת נדבתם כמבואר במדרש (תנחומא פקודי סי' יא). ולכן לא הביאה את הפסוק "מעלה נשיאים מקצה הארץ" וכנ"ל.

נפש יוסף: 'עננים ממש' בא לאפוקי 'ענני בוקר' דכתיב (הושע ו ד) "וְחַסְדְּכֶם כַּעֲנַן בֹּקֶר" ודרשה הגמרא (ברכות נט ע"א) הני ענני דצפרא לית בהו משא. ע"כ. לכן אמר כאן 'נשיאים ממש', שעננים שיש בהם ממש הבאים במשך היום הם הביאו את אבני השהם, ולא ע= ענני הבקר.

[1003] וצריך עיון ובדיקה בשאר מקומות בתלמוד, ומושג זה 'ממש' מופיע מאות מקומות [כגון במסכתות ברכות ושבת לבד 'לפני מטתי ממש' 'ארמית ממש' 'בשעת שכיבה ממש' 'הדרת ממש' 'יאותו ממש' 'חיים ממש' 'אחריה ממש' 'חצות ממש' 'פני מזרח ממש' 'תוכו ממש' 'יבש ממש' 'כבודו ממש' 'מקום קרוב ממש' 'דקה ממש], **ועוד חזון למועד**.

[1004] וכן הביא הדקדוקי סופרים (יומא שם, סוף אות ט) מאחד כתבי היד דאיתא ביה להדיא בגמרא המשך הפסוק 'איש מתהלל במתת שקרי כנ"ל.

פרשת פקודי

לח (כד) כָּל הַזָּהָב הֶעָשׂוּי לַמְּלָאכָה בְּכֹל מְלֶאכֶת הַקֹּדֶשׁ וְגו': (כה) וַיְהִי מֵאַת כִּכַּר הַכֶּסֶף לָצֶקֶת אֵת אַדְנֵי הַקֹּדֶשׁ וְאֵת אַדְנֵי הַפָּרֹכֶת וְגו': (כח) וְאֶת הָאֶלֶף וּשְׁבַע הַמֵּאוֹת וַחֲמִשָּׁה וְשִׁבְעִים עָשָׂה וָוִים לָעַמּוּדִים וְצִפָּה רָאשֵׁיהֶם וְחִשַּׁק אֹתָם: (כט) וּנְחֹשֶׁת הַתְּנוּפָה וְגו': (ל) וַיַּעַשׂ בָּהּ אֶת אַדְנֵי פֶּתַח אֹהֶל מוֹעֵד וְאֵת מִזְבַּח הַנְּחֹשֶׁת וְאֶת מִכְבַּר הַנְּחֹשֶׁת אֲשֶׁר לוֹ וְאֵת כָּל כְּלֵי הַמִּזְבֵּחַ: (לא) וְאֶת אַדְנֵי הֶחָצֵר סָבִיב וְאֶת אַדְנֵי שַׁעַר הֶחָצֵר וְאֵת כָּל יִתְדֹת הַמִּשְׁכָּן וְאֶת כָּל יִתְדֹת הֶחָצֵר סָבִיב: לט (א) וּמִן הַתְּכֵלֶת וְהָאַרְגָּמָן וְתוֹלַעַת הַשָּׁנִי עָשׂוּ בִגְדֵי שְׂרָד וְגו':

הרס"ג (לח כד, בפירושו הארוך) הקשה מדוע נזכר רק מה עשו עם הכסף (פסוקים כז-כח) [ועם הנחושת (פסוקים ל-לא) ועם התכלת והארגמן ותולעת השני (פסוק א)], ולא מוזכר מה עשו עם הזהב?

[ואכן מובא בגמ' (בכורות ה ע"א) ובמדרש (תנחומא פקודי סי' ז, שמו"ר פנ"א סי' ו) שהלעיזו על משה שלקח לעצמו מתרומות המשכן וכו'[1005]].

והמפרשים תירצו תירוצים רבים:

לס"ג: הזהב אין צריך לפרט, דהחשבון פשוט, לפי המנורה שהיא במשקל ככר, והארון גודלו כך וכך וכל קרש גודלו כך וכך והשלחן כך וכך וכו'.

והקשה האבן עזרא, הרי הארון והקרשים והשלחן היו רק מצופים זהב, ולא הכלי עצמו מזהב, וכיצד נשער ציפויים.

אבן עזרא תי' א, לבוש האורה (בלשון השואל): כתוב "כסף הכפורים", לכן דוקא על הכסף שניתן בחובה גמורה דמחצית השקל רצו לדעת לאן הלך, שיידעו שנתכפר להם [עוון העגל], אך הזהב שניתן בתרומה לא ביקשו פירוט. [אך הקשה לבוש האורה א"כ מדוע פירט מה עשו בנחושת].

<hr>

[1005] וטענתם היתה שהרי משה רבינו לא התעסק בביזת הים, אלא עסק בארונו של יוסף, כדאיתא בגמרא (סוטה יג ע"א), א"כ ידעו שלא התעשר כמותם. ולפתע מאז שהתחיל על בניית המשכן וקיבל תרומותיהם הוא התעשר, והיו בטוחים דהתעשר מכך, אך לא ידעו (או לא רצו לדעת) שהתעשר מפסולתן של לוחות כמשייך בגמרא (נדרים לח ע"א), וזה אכן היה מעשיית הלוחות השניים שהורידן במוצאי יום הכיפורים בדיוק באותו יום שהודיע על בניית המשכן, כמבואר במדרש (במדבר פי"א סי' י).

[לכן משה לא הביא כלום למלאכת המשכן, כי הוא היחיד שלא היתה לו שום שייכות לחטא העגל. וכשהלעיזו עליו, א"ל הקב"ה חייך שרק אתה מצליח להקימו].

אבן עזרא תי' ב, דעת זקנים מבעלי התוספות, רמב"ן, החזקוני: לא נעשה כלי שלם מזהב לבד המנורה שמפורש בה "ככר זהב טהור תעשה אותה", וסכום ציפויים אי אפשר למדוד.

רמב"ן תי' ב: חלק מהזהב (ציפוי הקרשים והבריחים) ניתן לאיתמר, וחלק לאלעזר (הארון, הכפורת, המנורה, השלחן ומזבח הזהב), וכאן נזכרה רק פקודת איתמר (עי' לח כא) ולא פקודת אלעזר.

הרוקח, תוספות (השלם עה"ת): לא רצה לפרט את הזהב, שלא יתביישו אלו שלא נתנו זהב.

רבינו מפריס: כיון שמהזהב נעשה העגל, לא רצה להאריך בו.

לבוש האורה: הכסף והנחושת רוכזו במספר כלים מועט, ויכלו לפורטם (כמש"כ בפסוק). אך הזהב היה מפוזר בהרבה מאד כלים, כמעט בכל כלי ובכל בגד, ולא היה יכול לפורטם (ואם היה מפרטם היתה אריכות גדולה מאד), סמך על כך שכיון שמפוזר כל כך הרבה לא יחשדוהו.

תולדות יצחק[1006], לדה לדרך ושפתי כהן תי' א: נותני הזהב העשירים באמת לא מבקשים דין וחשבון, רק נותני הכסף והנחושת העניים[1007] מבקשים דין וחשבון[1008].

תולדות יצחק, לדה לדרך ושפתי כהן תי' ב: הזהב היה ניכר לעיני כל שלא יספיק לכל הכלים, שהכפורת שקלה הרבה [טפח וחצי עובי, אמה וחצי

[1006] אחרונים רבים הביאו תירוץ זה בשם 'תפארת יהונתן', ולא מצאתי שם מאומה. וראיתי לאחד שכתב דכנראה הם ראו במקורות 'תי"י', ופתחו בטעות ל'תפארת יהונתן' במקום 'תולדות יצחקי.

[1007] ומעין זה אך בכיוון אחר קצת, שמעתי בשם הג"ר ראובן קרלנשטיין זצ"ל, דהרי הדין וחשבון הוגש מפני ליצני הדור שהלעיזו על משה שכביכול לקח מתרומות בני ישראל, וכדלעיל, וא"כ המלעיזים האלו בודאי לא תרמו זהב, אלא רק נחושת ואולי קצת כסף, לכן הדין וחשבון הוגש רק על הכסף והנחושת, וא"צ להגיש על הזהב.

[1008] ומי אנכי כי אבוא אחרי מאן מלכי רבנן הנ"ל, אך לענ"ד אפשר גם לפרש בהיפך, ושבעים פנים לתורה, דמצוי בעולמנו שלעשירים אסור להביא דין וחשבון מדוקדק, כי יתחילו לדקדק למה הוצאת כך ולמה הוצאת כך, אפשר ביותר זול וכו', לכן צריך לומר להם 'תודה' ותו לא. אך העניים רק רוצים לראות שתרומתם הגיע לידי שימוש, ואינם מתערבים בשיקולים של המקבלים, לכן אומרים להם לאן הלכה תרומתם ואיך הגיעה ליעדה. ודו"ק.

רוחב, ואמתים וחצי אורך], והארונות, והפעמונים וכו' והמנורה [ככר1009], והציפויים לכל הקרשים והכלים וכו', והספיק דרך נס ניכר וא"צ לתת דין וחשבון.

שפתי כהן תי' ג: כיון דתרומת כסף ונחושת פחותים, לכן פירט בהם הכתוב כדי לומר שהם חביבים לפני הקב"ה יותר ממביא זהב. [משמע דגם בזהב מסר משה דין וחשבון, רק לא נכתב בתורה].

כלי יקר תי' א, משך חכמה: הפסוק פתח "אלה פקודי... עבודת הלויים", וזה שייך על עצם המשכן שהוא מהכסף והנחושת, וכבר סיפר על בניית המשכן (לעיל לו ח - לח כ). אך הזהב הלך גם לבגדי הכהונה, ועדיין לא סיפר כלל על עשייתם (עד להלן לט ב-לא), לכן לא כתב מה עשו בו.

כלי יקר תי' ב: אחרי שהגיש דין וחשבון על הכסף והנחושת, ויצאה בת קול על "ואת האלף ושבע המאות..." כמבואר במדרש (שמו"ר פנ"א סי' ו) "בכל ביתי נאמן הוא", כבר האמינוהו ולא רצו לשמוע דין וחשבון על הזהב1010.

נפס הר"ס שפירא: כיון שנתנו זהב לעגל ולא בקשו דין וחשבון מאהרן, לא נתן להם משה גם דין וחשבון על זהב המשכן.

העמק דבר: את כל הכלים שקלו כדי לדעת משקלם, אך כלי הזהב אסור לשקול, משום שנקראו 'מלאכת הקודש' כדכתיב (לח כד) "כל הזהב העשוי למלאכה בכל מלאכת הקודש, ויהי זהב התנופה" וגו'.

יש מתרצים: כדי שיהיה דבר סמוי מן העין ותשרה בו הברכה ויתרבה, משא"כ הכסף והנחושת שהם פחות חשובים ויותר מצויים, א"צ לדאוג להם שיתרבו.

1009 ככר = ששים מנה, מנה = 480 גרם (א"כ הככר 28.8 ק"ג, ולמיטב הידיעה היום אכן לא די בזה למנורה מקשה זהב בגובה אמה וחצי).

1010 זה הוסיף הכלי יקר לתרץ אחרי שהקשה על התירוץ הקודם דעכ"פ אחרי שעשו את בגדי הכהונה הו"יל לתת דין וחשבון על הזהב.

פרשת האזינו

"וַיָּבֹא מֹשֶׁה וַיְדַבֵּר אֶת כָּל דִּבְרֵי הַשִּׁירָה הַזֹּאת בְּאָזְנֵי הָעָם הוּא וְהוֹשֵׁעַ בִּן נוּן"
(לב מד)

וקשה, כיצד נקרא כאן 'הושע בן נון', והרי כבר החליף משה את שמו ל'יהושע'! ומתרצים:

ספרי (האזינו פיסקא כט): ללמדך צדקו של יהושע, שומע אני שצפה דעתו עליו משנתמנה ברשות, ת"ל "הוא והושע בן נון", הושע בצדקו, אע"פ שנתמנה פרנס על הצבור, הוא הושע בצדקו. כיו"ב אתה אומר "ויוסף היה במצרים", וכי אין אנו יודעים שיוסף היה במצרים. אלא להודיעך צדקו של יוסף, "יוסף היה רועה את צאן אחיו", ואע"פ שנעשה מלך במצרים הרי הוא בצדקו. כיו"ב אתה אומר "ודוד הוא הקטן", וכי אין אנו יודעים שדוד הוא הקטן, אלא להודיעך צדקו של דוד, "ודוד (היה רועה) [וגו'] את צאן אביו", ואע"פ שנעשה מלך על ישראל, הוא דוד בקוטנו.

רש"י, רבינו בחיי: לומר שלא זחה דעתו עליו, שאע"פ שניתנה לו גדולה, השפיל עצמו כאשר מתחלתו.

[ונראה דמקורם מהספרי הנ"ל, וצע"ק מה ציין כאן הרא"ם 'אבל בספרי שנו בלשון אחר', והעתיק לשון הספרי. ואולי י"ל דבספרי מבואר שהוא בצדקו כבראשונה, וברש"י מבואר שלא התגאה, ותרי מילי נינהו. ודו"ק].

אבן עזרא: זה שמו שהיו כל ישראל יודעין אותו, כי מי ידע שכנה שמו משה יהושע, כי אם קריאי מועד לבדם. ודרך הדרש ידועה.

[אך צ"ע מדוע רק כאן כינהו בשם שהיו כל ישראל יודעים אותו, ולעיל בכל המקומות כתוב שמו כפי שקראו משה].

ר"י בכור שור, החזקוני: לפי שכשנעשה משרת משה קרא אותו יהושע, כי כן [דרך] השרים והמלכים שמשנים שם משרתיהם וקורא לו שם כרצונו, כמו שקרא פרעה להבדיל ליוסף 'צפנת פענח', ונבוכדנצר לדניאל 'בלטשצר' ולחנניה מישאל ועזריה 'שדרך מישך ועבד נגו', עכשיו מודיע קרא שאינו משרת, כי נעשה מלך, ושב לשמו הראשון, וקראו הושע.

[וכתב החזקוני: ומ"מ בכל המקרא [שאח"כ, כגון בספר יהושע וכו'] קורהו יהושע, שהורגל בו כבר].

בעלי התוספות והרמ"ש עה"ת: לפי שכשהיה רבו קיים, היה נכון
לקרותו בשם שקראו רבו, ובכאן קורהו בשמו, ומ"מ בכל מקום קורהו
יהושע לפי שהורגל בכך.

[ויש להבדיל כוונתם מר"י בכור שור והחזקוני, דהתוס' והרא"ש רק אומרים משום שכעת
רבו לא קיים, ולא כתבו משום דקראו רק כשם שקורין למשרתיהם, ודו"ק].

מור החיים: תוספת היו"ד היא ליקר וגדולה וכו', וכשהשלום הכתוב הסיר
היו"ד, על דרך אומרו (ישעיה י טו) "היתפאר הגרזן על החוצב בו".

כלי יקר: לפי שלא קראו יהושע כי אם על שם 'יה יושיעך מעצת מרגלים',
וכל זמן שאחד מן אותו דור היה קיים היה נקרא בשם יהושע, וכאשר תם
כל הדור ההוא לא היה מקום לתפלה זו, וחזר וקראו הושע.

[וצע"ק א"כ מדוע נקרא 'יהושע' בספר יהושע].

העמק דבר: כבר כהה אור משה ולא היתה שכינה מדברת מתוך גרונו, על
כן כשבא לבאר היה יהושע עוזרו בשליחות משה כדי להבין ולהשכיל לכל
העם, לכן כתוב כאן 'הושע' ולא 'יהושע', שלא עשה זאת מחמת שהוא
יהושע רבן של ישראל, רק מחמת שהוא תלמיד משה רבינו שנקרא הושע.

כתב סופר: כי שם זה נתן לו לרמז 'יה יושיעך מעצת מרגלים', והיינו
שצריך סעד לתומכו, אבל אחז"ל (אבות פ"ה מי"ח) 'כל המזכה את הרבים אין
חטא בא על ידו', ולכן עתה שנכנס יהושע תחת משה להיות מנהיג ישראל
תו לא היה צריך לסעד, והיינו הוא והושע בן נון.

[וצע"ק א"כ מדוע נקרא 'יהושע' בספר יהושע וכנ"ל].

לוית חן מור יקרות: כי האות י' נוספה לו משמה של 'שרי' שהוחלפה
בשם 'שרה'. והנה נקראה בשם 'שרי' בגיל פ"ט, ונפטרה בגיל קכ"ז, הרי
שנקראה כך ל"ח שנה, א"כ האות י' הפסידה ל"ח שנה. לכן ניתנה ליהושע
רק לל"ח שנה, מהשנה השניה לצאת בנ"י ממצרים, עד השנה הארבעים,
וכעת חזר להיות שמו 'הושע'... [כמובן דזה דרך דרוש בלבד, שהרי בארץ ישראל
נקרא אח"כ כל הזמן 'יהושע'. ואולי י"ל ג"כ דרך דרוש, דכיון שמשה קרא לו 'יהושע',
היה צריך משה להחזיר את הי' לפני מותו, אך אחרי מות משה כבר אין קפידא שייקרא
כך].

פורים

איתא בגמרא (מגילה יב ע"ב), "והקרוב אליו כרשנא שתר אדמתא תרשיש...", אמר רבי לוי, כל פסוק זה על שום קרבנות נאמר, 'כרשנא' אמרו מלאכי השרת לפני הקב"ה רבש"ע כלום הקריבו לפניך כרים בני שנה כדרך שהקריבו ישראל לפניך. 'שתר' כלום הקריבו לפניך שני תורין. 'אדמתא' כלום בנו לפניך מזבח אדמה. 'תרשיש' כלום שימשו לפניך בבגדי כהונה דכתיב בהו "תרשיש ושהם וישפה". 'מרס' כלום מירסו בדם לפניך. 'מרסנא' כלום מירסו במנחות לפניך. 'ממוכן' כלום הכינו שלחן לפניך.

ופרש"י: 'והקרוב' מלשון קרבנות. והרוקח (על מגילת אסתר שם) כתב דתיבת 'והקרב' חסר וא"ו, לשון 'וְהַקְרֵב'. ועוד שבא לדרשא, דלא כתוב וא"ו לפני האחרון כפי הדקדוק. ומהרש"א (שם) פירש, דהול"ל 'והקרובים אליו' לשון רבים, דהא איירי בשבעה שרים.

[ובמנות הלוי (למהר"ש אלקבץ שם) כתב דפשט הכתוב כיון דכל אחד מהם היה קרוב למלך בפני עצמו. והביא בשם אחד מחכמי הדור דכיון דנאמר על קיבוץ הדברים שייך לכותבו בלשון יחיד, כדמצינו (שמות לה כג) "וכל אשר נמצא אתו תכלת וארגמן...". ועד מוכחש הוא, דכוונת הפסוק שם כל אשר נמצא אתו תכלת או ארגמן או תולעת שני וכו', משא"כ כאן כל השבעה קרובים אליו. עכ"ד.

ובהתעוררות תשובה (שיר מעון) פירש דנאמר לשון יחיד משום דכל אחד היה קרוב כחבירו, דישבו בחצי גורן, וזהו "רואי פני המלך" דראו כולם את פני המלך בשוה, כדאחז"ל (סנהדרין פ"ח, וע"ע רמב"ם סנהדרין פ"א ה"ג) על הסנהדרין].

ועי' ילקוט שמעוני (רמז תתרנא) דיש דעה שאח"כ כעס עליהם שנתנו לו עצה להרוג את ושתי, והרג אותם, שהרי אינם נזכרים אח"כ עוד, ומאת ה' היתה זאת להם כיון שנתנו עצה לבטל הבנין לפיכך נגזר עליהם הרג.

וכתב בבן יהוידע דלפי שגם ושתי עיכבה את בנית ביהמ"ק והקרבת הקרבנות [כדאיתא במדרש (אסתר ה ב), שאמרה מה שהחריבו אבותי אתה מבקש לבנות], לכן דוקא השרים הנ"ל הרמוזים כנגד הקרבנות יעצו להורגה.

והקשה בבניהו (שם) מדוע נרמז ממוכן דוקא בשלחן. ותירץ [והוסיף בזה הרב ברוך רוזנבלום שליט"א] דהוא היה ראש המדברים, וזה היה ביום השביעי, והוא השר

השביעי, והשלחן הוא היחידי מכל הנ"ל שייחודו דוקא ביום השביעי, שעורכים עליו לחם הפנים. גם ושתי נענשה דוקא בשבת, כי היתה משתעבדת בבנות ישראל בבזיון ביום השבת.

עוד כתב הרוקח (שם) וכ"כ רבי משה ב"ר שלמה אלקבץ במנות הלוי (שם בשם דודו רבי יהושע אלקבץ) דבפרשת אמור כתובים כל החגים, ונרמזו גם חנוכה [בפסוק "ויקחו אליך שמן זית זך... להעלות נר תמיד... יערוך אותו אהרן... על המנורה הטהורה..."], וגם פורים [בפסוק "ואפית אותה שתים עשרה חלות... ביום השבת ביום השבת יערכנו לפני ה' תמיד"].

וביאר החתם סופר, דלפמש"כ לעיל מובן שפיר, דממוכן כנגד לחם הפנים. [וע"ע להלן].

עוד ביאר ע"פ הגמרא (ברכות נה ע"א) 'בזמן שביהמ"ק קיים קרבנו של אדם מכפר עליו, עכשו שלחנו של אדם מכפר עליו'. ובזמן ההוא לא היה ביהמ"ק, קפץ ממוכן [שכנגד השלחן] בראש לפני הקודמים לו [שכנגד הקרבנות].

ולפמש"כ במדרש הנ"ל דהרג את שבעת השרים א"כ המן אינו ממוכן, ופליגא אגמרא שם דאמרה המן זה ממוכן ! ותירץ הגר"ח קנייבסקי זצ"ל דכיון דשינה את שמו הצליח להמלט ולא הכירוהו ושוב חזר בשינוי לבית המלך.

ובמדרש (אסת"ר פ"ד סי' ב) לפני שהביא כהגמרא הנ"ל דורש הפסוק כך: 'כרשנא' שהיה ממונה על הכרשינין, 'שתר' שהיה ממונה על היין, 'אדמתא' שהיה ממונה על אטנם שבארץ, 'תרשיש' היה ממונה על הבית, 'מרס' שהיה ממרס את העופות, 'מרסנא' זה היה ממרס את הסלתות, 'ממוכן' זה היה האיספקסיטון שבכולם שהיתה אשתו מתקנת להן כל מה שהיו צריכין. ואז מביא המדרש שאמרו מלאכי השרת לקב"ה, אם תשמע בקולם מי יקריב לפניך כרים בני שנה ושני תורים וכו'. [ויש שינוי אחד, שעל ממוכן דורש 'מי מכין לפניך את המזבח'. וצ"ל דשאני מ'אדמתא' דהתם מי בונה מזבח. ובמדרש שם דורש את ממוכן מפסוק (עזרא ג ג) "ויכינו המזבח על מכונותיו". אמנם במנות הלוי שם כתב בנו ר' משה דיתכן דכוונת הפסוק על השלחן, אך המשך הפסוק "ויעלו עליו עולות", וצ"ע]. ואז עונה להם הקב"ה: 'כרשנא' בוזק אני לפניהם כרשינין ומשירן מן העולם, 'שתר' משקה אני להם כוס של תרעלה, 'אדמתא תרשיש' מתיר אני דמן כמים [ד'תרשיש' לשון ים (יפה ענף)], 'מרס מרסנא ממוכן' ממרס אני מסרס וממעך את נפשם בתוך מעיהם.

ובמדרש אחר (פנים אחרים, לקח טוב ועוד) איתא: 'כרשנא' מאפריקי, 'שתר' מהודו, 'אדמתא' מאדום, 'תרשיש' מתרשיש, 'מרס מרסנא ממוכן' מירושלים ממקום שבני ישראל ממרסין בדם וממקום שמכינים לחם הפנים.

וכתב המהרש"א (שם) [והקדימו ר' משה בנו של מהר"ש אלקבץ במנות הלוי שם]: תחילה הביא קרבנות העשיר, כרשנא כרים בני שנה. ואח"כ קרבנות העני, שתר שתי תורים. אח"כ מקום הקרבתם, אדמתא מזבח אדמה. אח"כ המקריב, תרשיש כהן גדול. אח"כ הזאת הדם שע"י כל הכהנים, והמנחות שהם של דלי דלות, ואח"כ ענין לחם הפנים [שאינו קרבנות ממש].

והוסיף ר' משה אלקבץ: גם שהיה השלחן עיקר החטא שנהנו מסעודתו של אותו רשע, והתשועה באה ע"י שישבו אחשורוש והמן ליד השלחן, ולכן נוהגת סעודת פורים.

והנה לפמש"כ הרוקח וחת"ס דכל המועדים בפרשת אמור, ופורים נרמז בפרשת לחם הפנים. הנה סמוך לפרשת לחם הפנים שם מעשה המקלל, ודרשו חז"ל מהסמיכות שלגלג על לחם הפנים. ואיתא במדרש (ב"ר יט ב, אסת"ר ט ג, ילקו"ש כו ותתרנ"ו) "ויאמר אל האשה אף כי אמר אלהים", אמר רבי חנינא בן סנסן, ארבעה הן שפתחו באף ונאבדו באף, ואלו הן, נחש ושר האופים ועדת קורח והמן. נחש "אף כי אמר אלהים", שר האופים "אף אני בחלומי", עדת קרח "אף לא אל ארץ", המן "אף לא הביאה אסתר".

[ובילקו"ש (רמז תתרנו) משמע שנצלבו דוקא, ורצ"ל דעדת קרח לאו דוקא נצלבו כנודע. אך על קרח עצמו איתא בגמרא (סנהדרין קי ע"א) פלוגתא אי לא היה לא מהבלועים ולא מהשרופים, או מהבלועים והשרופים].

ובמגלה עמוקות (תרומה דרוש לה אות ז) כתב דנרמזו בתיבת 'קנאה', קרח נחש אופה המן, שפגמו בעולמות אבי"ע, כל אחד בעולם אחד, ונרמזו בפסוק "**אויבי** בנפש יקיפו עלי". ואפיק 'נחש' ועייל 'נוצרי', כי כל ארבעה אלו משורש הנחש [ורמז לזה בהמן מצינו בגמרא (חולין קלט ע"ב) המן מן התורה מנין שנאמר "המן העץ" וגו'], בבחינת "כי קללת אלהים תלוי", לכן נתלו. וזה מה שאומר שר המשקים "אותי השיב על כני ואותו תלה" [רמז ל'אותו האיש'].

והנה במסורה הגדולה מונה דיש שני מקומות בתנ"ך 'והנה שלשה', והם "והנה שלשה אנשים נצבים עליו" באברהם, ו"והנה שלשה סלי חורי על ראשי" בשר האופים.

ובתורת שלום (וישב אות קנג) קישר בין הארבעה, שר האופים היה ביום השלישי, ושלשה סלי חורי על ראשו, ועל המן נאמר ״צומו עלי ואל תאכלו ואל תשתו שלשת ימים״, והנוצרי המציא אמונת השילוש. [נוצ״ב בעדת קורח].

עוד ציין לספר סור מרע ועשה טוב (מהדו״ח עמ' קמב) ד״והנחש היה ערום״, 'ערום' גימטריא יש״ו. וזה הקשר בין שר האופים 'והנה שלשה סלי חורי' ל'והנה שלשה אנשים', כי שר האופים התגלגל אח״כ בשלשה אנשים כנ״ל, קרח המן ויש״ו. וכ״כ אגרא דכלה (פרשת וישב) אך לא כתב את קרח, אלא שלשה אנשים הם שר האופים והמן ויש״ו, ושלשתם נתלו.

וכ״כ בספר חזון ישעיה (יונגרייז פרשת וישב, כז ע״ב) בשם זקנו רבי מאיר אלמאש בשם כתבי האר״י, ושלפ״ז מובן מש״כ בתרגום שני (אסתר ז י) שרצה המן להכנס במחיצתו של בן פנדירא.

ושם (אמור אות קא) הוסיף ללמוד מהפסוק ״כי אז יעשן אף ה' באיש ההוא״, מי הם הארבעה שפתחו ב'אף', 'איש ההוא', 'איש ה'' גימטריא יש״ו, 'הוא' ראשי תיבות המן אופה וקרח. וציין לפירוש דן ידין על ספר קרניים (מאמר ג) דנרמז שם יש״ו בראשי תיבות ״ונוקב שם יומת״ [דהוא גלגול המקלל].

ועוד בפירוש דן ידין (שם מאמר ט) שאותה הקליפה היא כנגד יוסף, שהוא בגימטריא און גליון.

[וכ״כ בספרו ליקוטי שושנים (ליקוט כ) והובא בניצוצי שמשון (תהלים א) ושזו כוונת הזוהר חדש (עח ע״ד) שדרשו על הפסוק ״לא כן הרשעים כי אם כמוץ אשר תדפנו רוח״ – 'דא אורייתא דילהון'. כלומר כיון ש'כמוץ' גימטריא 'און גליון'. וזמש״כ (תהלים קמד ח) ״אשר פיהם דבר שוא וימינם ימין שקר״ ובתרגום 'אורייתא דילהון אורייתא דשיקרא', כוונתו משום ד'ויminם' גימטריא 'און גליון'. והוא גם גימטריא 'ציון' וגימטריא 'כוס יין', כי [ציון ו]כוס יין מבטלו.

והמהדיר שם ציין לגמ' (שבת קטז סוע״א, בחסרונות הש״ס מחמת הצנזורא) דר' מאיר כינה תורתם 'און גליון', ור' יוחנן כינהו 'עון גליון'. ולר' יוחנן יש לדרוש ד'כי אם כמוץ' גימטריא 'עון גליון' עם שתי התיבות].

ולפ״ז מובן דפרשת המקלל נאמרה מיד אחר פרשת לחם הפנים דהיא כנגד פורים בפרשת אמור כמבואר לעיל. וכן נאמר בה ״ולקחת סלת ואפית אתה״, כנגד שר האופים הגלגול הראשון. ובפרשת המגדף נאמר ״ויצא בן אשה ישראלית״, גימטריא 'נחש', כי הם משורש הנחש כנ״ל.

[צע"ק דא"כ הם כבר לא ארבעה אלא חמישה, עם המקלל. ובאמת בדן ידין שם לא נזכר להדיא דהוא גלגול המקלל, רק כתב הראשי תיבות 'ונקב שם יומת'].

ובילקוט ראובני (פרשת וישב) כתב בשם גליא רזא, דשר האופים הוא גלגול קין, ושלשה סלי חורי הוא רמז שביטל קרבנות, 'חרי' אותיות 'ריח', 'סלי' גימטריא ק' כנגד מאה נרות שביטל.

חג מתן תורה

-א-

הקשה המג"א (ר"ס תצד) איך אומרים בשבועות 'זמן מתן תורתנו', הרי אנו פוסקים (שו"ע יו"ד סי' קצו סעי' יא) כרבי יוסי דהפולטת ש"ז טמאה ג"י מעל"ע, ולדבריו (שבת פו ע"ב) ניתנה תורה בז' בסיון! וי"ל:

מג"א: הרמב"ם פסק דפולטת ש"ז טמאה ג' עונות בלבד, א"כ י"ל דכך עיקר ההלכה וכך נקבע חג השבועות, והא דפסקינן דפולטת ש"ז טמאה ג"י מעל"ע הוא חומרא בעלמא.

פרי חדש וחק יעקב (שם ס"ק א): 'זמן מתן תורתנו' הוא מדין יום חמישים של ספירת העומר, ולא קשור כלל לתאריך, וכשקדשו ע"פ הראיה אם יצא גם ניסן וגם אייר חסרים, יצא חג שבועות בה' בסיון (וכ"כ הריב"ש סי' צו) ואע"פ שלשום דעה לא היה בו מתן תורה.

פנ"י (שם ד"ה אמר), **כרתי ופלתי** (תפא"י קצו ו), **שפת אמת** (שבת פז ע"ב): אזלינן כהירושלמי (פ"ט ה"ג) שלמד דפולטת ש"ז ממתינה ג"י מעל"ע מהיקש (ויקרא טו לב) זב לפולטת, ולא ממתן תורה.

מהר"ל (תפא"י כז), **חת"ס** (שו"ת יו"ד קעח), **עניו"ט** (מב): כוונתנו באומרנו 'זמן מתן תורתנו', לולא הוסיף משה רבינו יום אחד מדעתו. דקדושת החג היא מצד הקב"ה שרצה לתתה בו' בסיון.

ורמש"כ (שבת פח ע"א, עבו"ז ג ע"א) "ויהי ערב ויהי בקר יום השישי" התנה הקב"ה עם מעשה בראשית, אם יקבלו ישראל תורה מוטב, ואם לאו אחזיר אתכם לתהו ובהו. ופרש"י (בראשית א לא) 'השישי, השישי המיוחד, השישי בסיון שניתנה בו תורה'. הרי דלכו"ע היתה תורה ראויה לינתן בו' בסיון.

[וכ"כ תוס' (עבו"ז ג ע"א) לייישב דרשת 'יום השישי' הנ"ל למ"ד בז' בסיון נתנה תורה.

עוד תירצו דהוי יום השישי לדיבור משה, וביום ר"ח לא דבר עמהם משום חולשא דאורחא, כמש"כ הגמ' (שבת פו סרע"ב).

ובמצפה איתן ובן אריה (שם) תירצו דמ"ד בז' נתנה תורה יסבור כהתנחומא (בראשית סי' א) דהדרשא לא כדפרש"י 'השישי בסיון', אלא מהה"א המיותרת הרומזת שיקבלו חמשה חומשי תורה].

[ולכן אמרינן 'מתן תורה' ולא 'יקבלת התורה', כי יום 'מתן תורה' הוא היום שרצה הקב"ה לתתה, ו'קבלת התורה' הוא היום שקבלנו בפועל (דעת כהן שו"ת יו"ד פ)].

-ב-

עוד הביא המג"א (שם) קושית הרמ"ע מפאנו (מאמר חקור דין ח"ב פט"ו), וכן הקשה המהרש"א (עירוז ג ע"א), הא מסקנת הגמ' (שם) דלכו"ע ניתנה תורה בשבת, ויצאו ממצרים ביום חמישי [שבת פז ע"ב], א"כ היה מתן תורה יום החמישים ואחד לספירה, ומדוע אנו עושים ביום החמישים? וי"ל:

ליב"ש (צו): עד מתן תורה עצמו עדיין לא נצטוו במועדים, וגם לא הקריבו עומר עד כניסתם לארץ ישראל, ולא נקבע היום החמישים אלא אחרי שנצטוו במועדים והקריבו עומר.

רמ"ע מפאנו: בא לרמוז על יו"ט שני דגלויות. [שהרי מתן תורה היה בחו"ל].

וקשה א"כ מדוע ניתנה תורה רק ביום החמשים ואחד, הרי גם בחוץ לארץ עושים שני ימים ולא רק את היום השני (חק יעקב)!

וי"ל דכנגד היום הראשון נחגג בכל שנה, וזכר ליום השני נתן ה' את התורה ביום החמישים ואחד (מנחת יצחק ח"ז סי' לו).

ועי"ל כוונת הרמ"ע דבא להראות איך היה כח לחכמים לתקן יום אחד מדעתם, שהוא היום השני, לכן נתן הקב"ה את התורה ביום השני (שפתי חיים מועדים ח"ג פט).

מהרש"א: עם ישראל הגיע לתכלית ההכנה ביום החמשים, ונתנו לו תורה יום החמישים ואחד, וכיון דצריך 'יראתו קודמת לחכמתו', קבע לנו הקב"ה את החג ביום החמשים [בחינת היראתו] ולא ביום החמשים ואחד [בחינת החכמתו].

מג"א: זו הכוונה דמשה הוסיף יום אחד מדעתו. [כלומר ועי"ז ניתנה התורה ביום החמשים ואחד, אך מראש כבר נקבע בתורה שחג השבועות יהיה ביום החמישים].

באר היטב: לפ"ז מיושב מדוע א"ר יוסף 'אי לאו האי יומא', ולא אמר 'אי לאו שקבלנו את התורה', וגם מדוע אמר (שם) 'כמה יוסף איכא בשוקא' ולא אמר טפי דהעולם לא היה קיים כי אם לא בריתי יומם ולילה וכו'. אלא על כרחך כנ"ל דלא התכוין אם לא היה ניתנת התורה כלל, אלא אם היתה ניתנת ביום החמישים, אז לא היתה יראתו קודמת לחכמתו ולא היה שוה כלום.

מנחת חינוך (שט ב): אזלינן לפי הדעה (כריתת סדר עולם פ"ה, הובא בגמ' שבת פח ע"א) דיצאו ממצרים ביום שישי, וא"כ שבת היה יום חמישים לספירה.

-ג-

הסגולה הנפלאה וההבטחה למי שיהיה ער כל הלילה בליל חג השבועות

[ח ע״א: רַבִּי שִׁמְעוֹן הֲוָה יָתִיב וְלָעֵי בְּאוֹרַיְיתָא בְּלֵילְיָא דְּכַלָּה אִתְחַבְּרַת בְּבַעְלָהּ. דְּתָנִינָן כָּל אִנּוּן חַבְרַיָּיא דִּבְנֵי הֵיכָלָא דְּכַלָּה אִצְטְרִיכוּ בְּהַהִיא לֵילְיָא דְּכַלָּה אִזְדַּמְּנַת לְמֶהֱוֵי לְיוֹמָא אַחֲרָא גּוֹ חוּפָּה בְּבַעְלָהּ לְמֶהֱוֵי עִמָּהּ כָּל הַהוּא לֵילְיָא, וּלְמֶחֱדֵי עִמָּהּ בְּתִקּוּנָהָא דְּאִיהִי אִתְתַּקְּנַת לְמִלְעֵי בְּאוֹרַיְיתָא מִתּוֹרָה לִנְבִיאִים וּמִנְּבִיאִים לִכְתוּבִים וּבְמִדְרָשׁוֹת דִּקְרָאֵי וּבְרָזֵי דְחָכְמְתָא. בְּגִין דְּאִלֵּין אִנּוּן תִּיקּוּנִין דִּילַהּ וְתַכְשִׁיטַהָא. וְאִיהִי וְעוּלֶמְתָהָא עָאלַת וְקַיְימַת עַל רֵישַׁיְיהוֹן וְאִתְתַּקְּנַת בְּהוּ וְחָדַת בְּהוּ כָּל הַהוּא לֵילְיָא. וּלְיוֹמָא אַחֲרָא לָא עָאלַת לַחוּפָּה אֶלָּא בַּהֲדַיְיהוּ. וְאִלֵּין אִקְרוּן בְּנֵי חוּפְּתָא. וְכֵיוָן דְּעָאלַת לְחוּפְּתָא קוּדְשָׁא בְּרִיךְ הוּא שָׁאִיל עֲלַיְיהוּ וּמְבָרֵךְ לוֹן וּמְעַטֵּר לוֹן בְּעִטְרַיְיהָא דְּכַלָּה. זַכָּאָה חוּלָקֵהוֹן: וַהֲוָה רַבִּי שִׁמְעוֹן וְכָלְּהוּ חַבְרַיָּיא (בְּהֲדֵיהּ) מְרַנְּנִין בְּרַנָּה דְּאוֹרַיְיתָא וּמְחַדְּשָׁן מִלִּין דְּאוֹרַיְיתָא כָּל חַד וְחַד מִנַּיְיהוּ. וַהֲוָה חָדֵי רַבִּי שִׁמְעוֹן וְכָל שְׁאָר חַבְרַיָּיא. אָמַר לוֹן רַבִּי שִׁמְעוֹן, בָּנַי זַכָּאָה חוּלָקְכוֹן בְּגִין דְּלִמְחָר לָא תֵּיעוּל כַּלָּה לַחוּפָּה אֶלָּא בַּהֲדַיְיכוּ. בְּגִין דְּכֻלְּהוּ דִּמְתַקְּנִין תִּקּוּנָהָא בְּהַאי לֵילְיָא וְחָדָאן בָּהּ כֻּלְּהוּ יְהוֹן רְשִׁימִין וּכְתִיבִין בְּסִפְרָא דְּדָכְרָנַיָּא וְקוּדְשָׁא בְּרִיךְ הוּא מְבָרֵךְ לוֹן בְּשִׁבְעִין בִּרְכָאן וְעִטְרִין דְּעָלְמָא עִלָּאָה:

ט ע״א: וִיקָרָא מִכָּאן וּלְהָלְאָה כְּמָה דְּאָמַר זַכָּאָה חוּלָקֵהּ. תִּיבוּ יַקִּירִין תִּיבוּ וּנְחַדֵּשׁ תִּקּוּן דְּכַלָּה בְּהַאי לֵילְיָא. דְּכָל מָאן דְּאִשְׁתַּתַּף בַּהֲדָהּ בְּהַאי לֵילְיָא יְהֵא נָטִיר עֵילָא וְתַתָּא כָּל הַהִיא שַׁתָּא וְיַפִּיק שַׁתָּא בִּשְׁלָם. עֲלַיְיהוּ כְּתִיב (תהלים לה) חוֹנֶה מַלְאַךְ יְיָ סָבִיב לִירֵאָיו וַיְחַלְּצֵם טַעֲמוּ וּרְאוּ כִּי טוֹב יְיָ:

אמור צו ע״ב – צח ע״א: תָּא חֲזֵי, כָּל בַּר נָשׁ דְּלָא מָנֵי מִגּוֹ חוּשְׁבְּנָא דָּא, אִינּוּן שֶׁבַע שַׁבָּתוֹת תְּמִימוֹת, לְמִזְכֵּי לְדַכְיוּתָא דָּא. לָא אִקְרֵי טָהוֹר, וְלָאו בִּכְלָלָא דְּטָהוֹר הוּא. וְלָאו הוּא כְּדַאי לְמֶהֱוֵי לֵיהּ חוּלָקָא בְּאוֹרַיְיתָא, וּמָאן דְּמָטֵי טָהוֹר לְהַאי יוֹמָא, וְחוּשְׁבְּנָא לָא אִתְאֲבִיד מִנֵּיהּ, כַּד מָטֵי לְהַאי לֵילְיָא, לִבְעֵי לֵיהּ לְמִלְעֵי בְּאוֹרַיְיתָא, וּלְאִתְחַבְּרָא בָּהּ, וּלְנַטְרָא דַּכְיוּ עִלָּאָה, דְּמָטֵי עֲלֵיהּ בְּהַהוּא לֵילְיָא, וְאִתְדְּכֵי: וְאוֹלִיפְנָא, דְּאוֹרַיְיתָא דְּבָעֵי לֵיהּ לְמִלְעֵי בְּהַאי לֵילְיָא, אוֹרַיְיתָא דְּבַעַל פֶּה, בְּגִין דְּיִתְדְּכוּן (ס״א דיתדבק) כַּחֲדָא, מִמַּבּוּעָא דְּנַחֲלָא עֲמִיקָא. לְבָתַר, בְּהַאי יוֹמָא, לֵיתֵי תּוֹרָה שֶׁבִּכְתָב, וְיִתְחַבַּר (ס״א בהו) בָּהּ, וְיִשְׁתַּכְחוּן כַּחֲדָא בְּזִוּוּגָא חַד לְעֵילָא. כְּדֵין מַכְרִיזֵי עֲלֵיהּ וְאַמְרֵי (ישעיה נט) וַאֲנִי זֹאת בְּרִיתִי אוֹתָם אָמַר יְיָ׳ רוּחִי אֲשֶׁר עָלֶיךָ וּדְבָרַי אֲשֶׁר שַׂמְתִּי בְּפִיךָ וְגוֹ׳: וְעַל דָּא, חֲסִידֵי קַדְמָאֵי לָא הֲווֹ נָיְימֵי בְּהַאי לֵילְיָא, וַהֲווֹ לָעָאן בְּאוֹרַיְיתָא, וְאַמְרֵי, נֵיתֵי לְאַחֲסָנָא יְרוּתָא קַדִּישָׁא, לָן, וְלִבְנָן, בִּתְרֵין עָלְמִין. וְהַהוּא לֵילְיָא כְּנֶסֶת יִשְׂרָאֵל אִתְעֲטָּרָא עֲלַיְיהוּ, וְאַתְיָיא לְאִזְדַּוְּוגָא בֵּיהּ בְּמַלְכָּא, וְתַרְוַויְיהוּ מִתְעַטְּרֵי עַל רֵישַׁיְיהוּ, דְּאִינּוּן דְּזַכָּאן לְהָכִי:

רַבִּי שִׁמְעוֹן הָכִי אָמַר, בְּשַׁעֲתָא דְּמִתְכַּנְּשֵׁי חַבְרַיָּיא בְּהַאי לֵילְיָא לְגַבֵּיהּ, נֵיתֵי לְתַקְּנָא תַּכְשִׁיטֵי כַלָּה, בְּגִין דְּתִשְׁתְּכַח לְמָחָר בְּתַכְשִׁיטָהָא, וְתִקּוּנָהָא, לְגַבֵּי מַלְכָּא כַּדְקָא יָאוּת. זַכָּאָה חוּלָקֵיהוֹן דְּחַבְרַיָּיא, כַּד יִתְבַּע מַלְכָּא לְמַטְרוֹנִיתָא, מָאן תַּקִּין תַּכְשִׁיטָהָא, וְאַנְהִיר עִטְרָהָא, וְשַׁוִּי תִקּוּנָהָא. וְלֵית לָךְ בְּעָלְמָא, מָאן דְּיָדַע לְתַקְּנָא תַּכְשִׁיטֵי כַלָּה, אֶלָּא חַבְרַיָּיא, זַכָּאָה חוּלָקֵיהוֹן בְּעָלְמָא דֵּין וּבְעָלְמָא דְּאָתֵי :].

ולא עוד אלא שצריך האדם שלא לישן בלילה הזאת כלל ולהיות כל הלילה נעורים ועוסקים בתורה, כנזכר באורך בהקדמת ספר הזוהר בפ' בראשית ובפ' אמור. ודע כי כל מי שלא ישן בלילה הזאת כלל אפי' רגע אחד ויהיה עוסק בתורה כל הלילה מובטח לו שישלים שנתו ולא יארע לו שום נזק בשנה ההיא וכמ"ש הרשב"י בהקדמ' בראשית' וכו' ולא עוד אלא שהוראת חיי האדם בשנה ההיא תלויה בענין זה כי כי אם לא ישן כלל ודאי שלא ימות בשנה ההיא ודי בזה. ולכן פשט המנהג הזה בישראל לעסוק בתורה כל ליל חג השבועות ואמנם הענין הוא זה כי ע"י היותם עוסקים בתורה כל הלילה הם ממשיכים את הכתר הנז' בז"א שהוא בחי' דיקנא דא"א שז"א עולה עד שם כנז':

והובא באליהו זוטא (סי' תצד ס"ק ג) ובאר היטב (שם ס"ק ז) ומשנ"ב (שם ס"ק א) וכה"ח (שם ס"ק ו).

ובכנף רננים מעשה חושב לר"א אזולאי (הדימון הי"ז) הוסיף: אפילו יש אלף גזרות כולן נקרעין.

וכתב הבן איש חי (ש"א במדבר סעי' ג) דדוקא כשלא דיבר שיחה בטלה.

מור החמה: אפשר שהוא מעת לעת עד שבועות הבא, ואפשר שהוא עד ראש השנה הבא, כלומר ויצא שאר השנה בשלום.

שמן ששון (על שעה"כ שם אות י): נסתפק בזה, ונראה שהוא שנה תמימה, שבחינת הזמנים עד שבועות, שהרי כל תיקון זה שאנו עוסקים בלילה הזה הוא לבחינת הזמנים והוא המגן.

מקדש מלך: 'כי בזכות לימוד ליל שבועות ייטב להם כל השנה... והטעם שביום שבועות נעשה הזיווג המובחר שבכל המועדים והוא שורש לכל אותה שנה עד בוא שבועות אחר'.

שער יששכר (סיון, מאמר חג הביכורים אות כא): [חידוש עצום] נודע שיש עוד זמן לתקן עד הוש"ר – שמיני עצרת – חנוכה[1011]. הוא ממשיך עד פסח ושבועות, ואז השנה של הביצוע היא עד שבועות הבא.

[1011] ונרמז בפסוק (בראשית לח כד) "ויהי כמשלש חדשים [=כ"ה בכסלו], ויוגד ליהודה [=ה', אותיות חוי"ה ועד ד' האותיות] זנתה תמר כלתך [=ישראל]... הוציאוה ותשרף [=הוצאה לפועל]... הכר נא... החותמת [=כח"ג, חנוכה]

רמה חיים: לכאורה לשון הזוהר 'ההיא שתא' משמע רק עד ראש השנה. אמנם י"ל כפילות לשון הזוהר 'יהא נטיר עילא ותתא כל ההיא שתא, ויפיק שתא בשלם', גם לסיים השנה עד ר"ה, וגם שנה שלמה מעת לעת.

שו"ת מוסרי גפן (ח"ח עמ' רנד): לשון שעה"כ שלא יישן אפי' רגע אחד — היינו רק לכתחילה, וזה קשה לקיים, וקבלנו דדיו שלא יישן שיתין נשמי, ואז מובטח שישלים השנה עד שבועות הבא, דאף שהשנה נגמרת בר"ה ואז דנים אותו מחדש, מ"מ מה שהיה ער בשבועות יועיל לו לדין לר"ה ובזכות זה יוסיפו לו ימים עכ"פ עד שבועות הבא. [עכ"ל. וצע"ג].

אבי לצדיק (מאמרי סיון מג אות ט): פסוק לפני מתן תורה "אַתֶּם רְאִיתֶם אֲשֶׁר עָשִׂיתִי לְמִצְרָיִם וָאֶשָּׂא אֶתְכֶם עַל כַּנְפֵי נְשָׁרִים וָאָבִא אֶתְכֶם אֵלָי". השוה ליציאה ממצרים, ושם נשאם על כנפי נשרים ושמר עליהם מכל רע [כנשר השומר על גוזליו וכו'], גם הלימוד בזה הלילה ישמור אתכם מכל נזק. וכן הפסוק "וּקְרָאתֶם [את התיקון דלהלן] בְּעֶצֶם הַיּוֹם הַזֶּה מִקְרָא קֹדֶשׁ [התיקון המורכב מפסוקים] יִהְיֶה לָכֶם [לטובתכם, לאריכות ימיכם] כָּל מְלֶאכֶת עֲבֹדָה לֹא תַעֲשׂוּ חֻקַּת עוֹלָם בְּכָל מוֹשְׁבֹתֵיכֶם לְדֹרֹתֵיכֶם". אז מגיע לכם.

מנחה חדשה (תצד א) **בשם גנזי יוסף:** איתא בירושלמי 'עצרת תהיה לכם', וכוונתה שהלימוד בעצרת יעשה לכם חיים. ו'עצרת' רומז שתעצרו עצמכם משינה.

יס שמחה: כתוב בנועם אלימלך (פרשת כי תצא, כי יקרא קן צפור) איך צדיק מבטל גזירות שנגזרו, כי כתוב "בדבר ה' שמים נעשו", דעל ידי עסק התורה וחידושי תורה של הצדיק בורא שמים חדשים שבהם אין את הגזרות שנגזרו. כמו כן כאן כתוב בירושלמי (ר"ה פ"ד ה"ח) מפני מה לא כתוב "לחטאת" בקרבן שבועות, משום שהתורה מכפרת. והובא בבעה"ט ובחזקוני. ה"ה ע"י עסק התורה בלילה זוכה לכפרת עוונות ולהיות בריה חדשה, וממילא לא היה בגזר דין של ר"ה אם ח"ו נגזר עליו למות.

זרעם חיים: [דרך רמז] 'טועמיה חיים זכו', מי שטועם מעט ממאכלי שבת כתוב במחזור ויטרי בשם הירושלמי שמאריך לו ימיו ושנותיו. ה"ה הכא שקורא התיקון שהוא דרך טעימה מכל התורה כולה, מעט מזה ומעט מזה

והמטה [=משה רבינו, חגי התורה] והפתילים [=טבעת, פורים חזרו בתשובה]... צדקה ממני כי על כן לא נתתיה לשלה [=שילה המשיח, לבן חטאו] (ע"פ בת עין פרשת וישב, ועוד).

וכו' [כנודע מעשה המגיד מדובנא והגר"א], זוכה שישלים שנתו וכו', על דרך 'טועמיה חיים זכו'.

דברי שלום (עפג'ין ח"ח): ר"ה תיקון חיצוניות העולמות (גוף), ופסח ועצרת פנימיות העולמות (נשמה), בעצרת התיקון ע"י נידוד שינה, ומושך חיים לעצמו מפנימיות העולמות.

עוד הביא בשם קובץ שער[י] הישיבה (שבועות תשנ"ח דף יד) בשם הג"ר דוד אויערבך בשם אביו הגרחי"ל דזוכה לגילוי אליהו, וכן היה אצל הדיין מפאפא, עי"ש.

שלום ירושלם (רבי שלום מזרחי עדני, תלמיד-תלמידי הרש"ש, מח"ס סוכת שלום עמ"ס ב"ק, עמ' קפ): איכא למידק דמאי רבותה דלילה הזאת הא איכא נמי לילי כוותה כגון ליל הושענא רבה וכיוצא. ברם אנא נפשאי אימא בה מילתא חדתא במאי דזכינא ויהבו לי מן שמיא והוא בהקדים איזה הקדמות וכו'. [מכאן בקיצור:] ידוע שאריך אנפין רומז לאלפים, אבא ואמא מאות, וזעיר אנפין עשרות. לכן א"א הוא כזקן דיקנא חיורא, בחג השבועות מעלים את ז"א לא"א, א"א אין לו כסות לעיניו ולא גבות משום דכתיב "הנה לא ינום ולא יישן שומר ישראל", וכבר נודע בכ"מ דישראל נקראים בנים לזו"ן. ובמדרש איתא שבקריעת ים סוף נראה לנו כאיש בחור איש מלחמה יעיר קנאה כנגד המצרים בזקן שחור, ובמתן תורה נראה כאיש זקן מופלג בזקן לבן. וכיון דבשבועות עולה ז"א אל א"א, נעשה כמוהו ולא שייכת בו השינה כלל, ושייכת בו הזקנה (כמו שידוע מצד הטבע כי לא תמצא הפלגת שינה אלא בבחורים ולא בזקנים, od"ל). ומי שידמה לו בחוסר שינה יזכה לאריכות ימים.

בס"ד כדי"ל: לפמש"כ בספרים דהוי יום הדין לרוחניות שבשנה הבאה, י"ל שרואים את תוכניותיו ומובטח שלא ימנער בעדו.

אין לדבר סוף

וצ"ב א"כ אדם שיעשה זאת כל שנה לא ימות לעולם?!

[ויש מקשים כן על הבטחת האר"י דהנזהר מחמץ מפסח מובטח לו שלא יחטא כל השנה, דא"כ לא יחטא לעולם[1012]!

1012 כ"כ הבאר היטב (סי' תמז סוס"ק א) בשם האריז"ל, דהנזהר בחמץ במשהו בפסח, מובטח לו שלא יחטא כל השנה. והקשה הנחלת משה (גיטין ז ע"א) והרי הקב"ה לא יביא תקלה ע"י צדיקים (כמבואר בגמ' שם), א"כ ודאי לא יכשלו בחמץ במשהו בפסח, א"כ לא יכשלו בשום עבירה כל השנה! ובהצבלת חשרון הביא דרעק"א השיב בקטנותו שיתכן שיכשלוהו באכילת חצי שיעור [כלומר פחות מכזית, ואין עליו שם אכילה, והקב"ה הבטיח רק על מידי דאכילה, כמבאר בתוס' שם]. ועיי"ל שחמץ נקרא אינו אסור מחמת עצמו אלא הזמן גורם, ותוס' (גיטין שם) כתבו דעל זה לא נאמר שאין הקב"ה מביא תקלה ע"י

צדיקים (שואל ומשיב מהדו"ג ח"ד סי' יא ובדברי שאול חולין ליקוטים לדף ח, שו"ת תירוש ויצהר סי' לט, שו"ת ערוגת הבושם סי' קלח בריש דבריו). ועיי"ל דכוונת האר"י על נזהר ממשהו חמץ, אפי' ע"י תערובת, ועל זה אין הבטחה דאין הקב"ה מביא תקלה ע"י צדיקים (דברי שאול חולין לז ודלעיל, שו"ת ערוגת הבשם סי' קלח). [ומבאר תנחלת משה, משום דמן התורה גם בחמץ מין במינו בטל ברוב, ובשאינו מינו בשישים, רק חכמים גזרו על חמץ בכל שהו משום דהוי דבר שיש לו מתירים, והנח טעם איסור דבר שיש לו מתירין הוא משום דעד שתאכלנו באיסור תאכלנו בהיתר, וא"כ הוי איסור גברא ולא חפצא, ועל זה אין את החבטחה, וכמש"כ התוס' דלעיל. עכ"ד. אמנם מש"כ דטעם איסור חמץ במשהו הוא משום דבר שיש לו מתירין, אינו לכו"ע, דנחלקו בזה הראשונים וי"א דהטעם משום חומרת התורה 'בל יראה', ואכמ"ל בזה]. **ועיי"ל שכוונת האר"י** גם מי שנזהר בבל יראה ובל ימצא, וזהו אינו איסור אכילה ואין על זה הבטחה לצדיקים שלא יכשלו (דברי תורה מונקאטש חי"ב סי' קלד). [אמנם שוב הביא שם (חי"ו סי' פ) דהעירורהו מלשון הזוהר (דלהלן) 'וכל מאכלים ומשקים כולהו נטורין', משמע דוקא מאכלים ומשקים [שאוכל ושותה] ולא בבל יראה. עכ"ד. וייל בזה, ודו"ק]. אך קשה איך חטאו ישראל בחטא העגל, הרי אותה שנה העידה התורה "כי לא חמץ"! וייל דהבטחת האר"י רק להנצל ממאכלות אסורות (שו"ת תירוש ויצהר שם)! ולכאורה ייל בפשיטות דהאריז"ל הבטיח כן למי שינזהר' ולא למי שינצל ע"י שמים בלי השתדלות. ועוד דעיקר הקושיה צ"ב, מה קשה אם לא יכשלו בשום עבירה כל השנה? וודאי כוונתם להקשות דהכתיב "אדם אין צדיק בארץ אשר יעשה טוב ולא יחטא". וא"כ שיקשו כן גם בלי הגמ' דידן, על עצם הבטחת האר"י למי שיזהר בחמץ בפסח. ועל כרחך דאין ההבטחה ברורה שלא יחטא כלל ועיקר, אלא שמן השמים יעזרוהו ביותר שלא יחטא, אך עדיין הכל תלוי בו. וכ"כ החוזה מלובלין (זכרון זאת, סו"פ משפטים): ודאי יש בחירה, כי אם מיירי באדם שאינו רוצה לחטוא, הוא לו לתועלת. עכ"ל.

ובדרך אגב, בכח"ח (שם סי"ק ב) הביא את דברי הבאר היטב, וכתב: וכעת לא מצאתי כתוב כן בכתבי האר"י ז"ל אשר בידינו, כי אם בספר משנת חסידים (מסכת ניסן פ"ג אוי' ד). עכ"ל. אמנם גם במשנת חסידים (שם) לא כתב 'מובטח' אלא: והשומר פסח מחמץ כהלכתו ויחמיר בו בכל החמרות שמחמירים המחמירים, יועיל לנפשו מאד כל השנה. עכ"ל. וכ"כ באמרי פינחס (מקוריץ, ענייני פסח סי' קעב): והיה הרב מקפיד על הבאר היטב שהעתיק בשם האר"י ז"ל מובטח שלא יחטא וכו', כי איך אדם מובטח מחחטא, ובכתבים לא כתוב רק לא יועיל וכו'. עכ"ל. ועי"ע בכח"ח (שם) שהביא מהזוה"ק (כי תצא רפב ע"יב) דאיתא שם: נְבְזִמְנָא דְשֶׁלְּיט עֲלַיְיהוּ לֵיל שְׁמוּרִים, כַּלְּהוּ צְרִיכִים לְמֶחֱזֵי שְׁמוּרִים וּנְטוּרִים מֶחֱמֶץ וּשְׂאוֹר בְּכָל שֶׁהוּא, וְכָל מַאֲכְלִים וּמַשְׁקִים (סי"א מאני דפסחא) כַּלְּהוּ נְטוּרִין]. וּמַאן דְּנָטֵיר לוֹן מֵחֲמֵץ וּשְׂאוֹר, גּוֹפֵיהּ אִיהוּ נָטִיר מִיֵּצֶר הָרַע לְתַתָּא, וְנִשְׁמָתֵיהּ לְעֵילָא. וְאִתְּמַר בֵּיהּ "לֹא יָגוּרְךָ רָע". בְּגִין דְּהָא אִתְעֲבֵיד גּוּפֵיהּ קֹדֶשׁ, וְנִשְׁמָתֵיהּ קֹדֶשׁ קֳדָשִׁים, וְאִתְּמַר בְּיֵצֶר הָרַע "וְכָל זָר לֹא יֹאכַל קֹדֶשׁ" "וְהַזָּר הַקָּרֵב יוּמָת". עכ"כ. ובמקדש מלך (על הזוהר דלהלן) כתב בשם חמדת ימים: משם בארה כאשר קיבלנו מפי גבורת אור המופלא האר"י ז"ל כי כל האיש השומר פסח כהלכתו אין שולט בו יצר הרע. עכ"ל. וכך לשון החמדת ימים (פסח פ"ב אוי' יא): כי כל הזהיר ומחמיר עליו ביותר הרי זה משובח וניקה מפשע רב ואת הצפוני ירחיק מעליו, כאשר קיבלנו מפי גבורת אור המופלא האר"י זלה"ה כי כל האיש השומר פסח כהלכתו על קל על חמור שהחמירו בו המחמירים לא יעדר דבר, ימצא עזר כנגדו ואין שלטון שאור שבעיסה ירתחנו וחדל מעשות הפשע. עכ"ל. ובמחברת הקודש (למהרנ"ש, שער יציאת מצרים) כתוב: מצאתי כתוב, כל השומר פסח כראוי בכל עניינו הוא תועלת לנפש לכל השנה, והחברים היו מחמירים כמנהג האשכנזים. עכ"ל. והחיד"א בדבש לפי (מעי' ח סי' יח) הביא משי"כ הבאר היטב 'כן כתבו גורי האר"י, והוסיף רמז לזה דעל ידי "ושמרתם את המצות" תזכו ל"ושמרתם את המצוות". [והחוזה מלובלין בספר זכרון זאת (סוף דרושי פסח, לפני פרשת צו, ועי"ע סו"פ משפטים) דרש הפסוק "את חג המצות תשמור, שבעת ימים תאכל מצות כאשר צויתיך, למועד חודש האביב כי בו יצאת ממצרים, ולא יראו פני ריקם", כך: "את חג המצות תשמור", את כל המצוות, איך, אם "שבעת ימים תאכל מצות" שתקפיד על כל דיני פסח, אז "כאשר צויתיך" תובטח בקיום כל המצוות עד לשנה הבאה, לכן כתוב "למועד חודש האביב" ולא "במועד", והבטחה זו היא בזכות "כי בו יצאת ממצרים" שהועילה לצאת ממ"ט שערי טומאה, כ"ש שתועיל להנצל מהחטא, "ולא יראו פני ריקם" אך בקיום מצוות עשה עדיין צריך לפעול, ולא די שלא יחטא. עכ"ד]. עוד יש לדייק בלשון החיד"א בספרו מורה באצבע (סי' ז אות קצו) שכתב רק 'כתבו זי"ל, ולשונו 'יבטח שתעלה לו שנה טובה'. ובהערת מו"ר עמודי הוראה (שם) דהחיד"א דקדק ולא כתב זאת בשם האר"י, דלא נמצא בכתביו האמיתיים. עכ"ל. וצעי"ק מלשון החיד"א בדבש לפי הנ"ל. ואולי ייל דגם שם דקדק לכתוב 'גורי האר"י'. אמנם בלב דוד (פי"ל) כתב החיד"א בפשיטות: וכתב רבינו האר"י ז"ל דהנזהר ממשהו חמץ בפסח, מובטח לו שלא יחטא כל

אך התם שאני, דלגבי חטאים דהכל בידי שמים חוץ מיראת שמים רק יעזרו לו שלא יכשל, אך אם יגרור עצמו לעבירה ודאי יכשל, - אך הכא לגבי מיתה דאינו בידי האדם אלא בידי שמים, אם מבטיחים - מבטיחים.

ועוד דהתם ההבטחה רק לנזהר מחמץ, ואולי לא נזהר כראוי, אך לא לישון ולא לדבר דברי חולין כל אחד יכול ויודע בעצמו שלא נכשל !]

וי"ל משמים יפריעוהו כמו לדוד המלך (שבת ל ע"ב) [שהיה בחג השבועות עצמו ! ואיתא שם דאמר שלמה 'אבא מת ומוטל בחמה', משמע דמת ביום, והיה ער לילה לפנ"כ].

ואולי אין ההבטחה אלא שלא ימות קודם זמנו, כההיא (חגיגה ד ע"ב) דיש נספה בלא משפט.

א"נ יסייעוהו מן השמים שלא יכשל בעבירות הגורמות לאדם למות קודם זמנו, וכן יזכוהו לחזור בתשובה על עבירות אלו אם כבר עשאן.

ואולי יש לדייק הלשון 'ישלים שנתו', כלומר השנה שהוקצב לו, ולא סתם ישלים שנה בכל גונא [קונטרס 'חג השבועות' (שכטר)].

הוספות

בקובץ יתד המאיר (תשובת הג"ר זבולון המבורגר) דאם ראה את חבירו נרדם כבר הפסיד ההבטחה ואין לו מה להעיר לו, רק כדי שימשיך ללמוד.

השנה. עכ"ל. וצ"ע. [ועע"ש במורה באצבע (אות קמז) דהמשיך : וצריך ליתן דעתו ולעיין בעניני החג הקדוש הזה השייכים לנפש, ומן השמים בראות טוב כוונתו יסייעוהו, וגמירי הבא ליטהר מסייעין אותו, וכתיב (תהלים פד יב) "לא ימנע טוב להולכים בתמים", ולכן צריך שיכין עצמו ולבו לעשות כל הבא מידון]. והחתי"ס (שו"ת חיה חו"מ סי' קצו) כתב : והנזהר ממשהו נמלט מכל חטא ועון כל השנה כולה. עכ"ל. וההפלאה (פנים יפות, שמות יג י) דקדק וכתב בשם האר"יי כלשון המשנת חסידים 'יועיל לנפשו', והפנה לגמ' (סוטה כא ע"א) מצוה בעידנא דעסיק בה מגנא ומצלא [ופרש"יי: מיצר הרע שלא יכשילנו] לחטא. ועוד הוסיף : והמצוה הזאת הוא מאיר עיני הנשמה להשמר מן החטא כל השנה. וזהו שאמר "ושמרת את החוקה הזאת", שהוא לשון 'קיום', שהמצוה הזאת מתקיימת באדם מימים ימימה, כדפרש"יי משנה לשנה. עכ"ל. ועוד כתב (שם דברים ו כד) : "לטוב לנו כל הימים"... רמז למש"כ האר"יי ז"ל שהנזהר מחמץ מגן עליו מן החטא כל השנה, והיינו דאף שאחז"ל בשאר מצות בעידנא דעסיק בה מגנא ומצלא, מעלת מצוה זו יותר, שמתקיימת משנה לשנה כמש"יי 'ימים ימימה", וכן כאן כתיב "לטוב לנו כל הימים", פירוש כל השנה. עכ"ל. ובבית שמואל אחרון (לרבי שמואל אב"ד פוזנא, סו"פ ויקרא) פירש עפ"ז שמו של ניסן 'חודש האביב' = אב יי"ב, שהוא אב לכל יי"ב החדשים, דמי שנזהר בו מחמץ הוא מובטח שלא יחטא כל השנה. וזמש"יי "ראשון הוא לכם לחדשי השנה", שהוא ישפיע על כל השנה. ובזה יובן המדרש (איכה רבתי א כח) "גלתה יהודה מעוני" על שאכלו חמץ בפסח [ולא לחם עוני]. עכ"ל המדרש. כלומר אע"פ שבגמרא (יומא ט ע"ב) כתוב בגלל עבו"ז שפיכות דמים וגילוי עריות, אך אם היו שומרים פסח לא היו חוטאים בשלש העבירות החמורות ובכל התורה. ובשו"ת אדמו"ר הזקן (בעל התניא, סי' ו) כתב : ומ"מ אין למחות בהמון העם המקילים וכו', אבל לפמש"כ האר"יי ז"ל להחמיר כל החומרות בפסח, פשיטא דיש להחמיר וכו'. עכ"ל, עיי"ש הענין. ויש שהפנו לשעה"יכ (דרושי פסח דרוש ד) כתוב : והנה כיון שנעשה השימור הזה בשבעת ימי הפסח ונתבטלה אחיזת החיצונים בלאה, היא נשמרת מאליה מכאן ואילך כל ימות השנה ואין חשש בעמדה בחוץ כנודע. עכ"ל. [אך נראה דאינו קשור, דלא איירי אלא בפרצוף לאה העומדת מחוץ לזו"ן כנודע, דהיא נשמרת מאליה אחרי שבעת ימי הפסח וכו'. ודו"ק].

ובחמדת ימים (נז סע"ג) איתא: וכתב הרב ז"ל ששלש סגולות נמצאות בלימוד הזה, האחד אשר כבר בארנו (נו סע"ד) שזוכה לבנים ובני בנים עוסקים בתורה כמש"כ בזוהר (צח ע"א) כדין מכריזי עליה ואמרין "ואני זאת בריתי אותם אמר ה' רוחי אשר עליך" וגו'. והשניה אשר הוא בטוח להוציא שנתו בחיים והשלום. והשלישית מה שכתוב בספר התיקונין (תיקון ב) כי הלומד בלילה הזאת פועל צדק עם השכינה ועם ישראל להוציא אותם מגלות החיל הזה. ואמר הרב שהתיקון האמיתי לפגם הראות אשר פגם בעיינין עילאין הוא בהתנודד שינה מעינים בשני לילות אלו, בעצרת ובהושענא רבה, ויפטר מהמלאך המשבר את עיני האדם בקבר. והאיש הירא יתן כל אלה אל לבו, ויתלהב נפשו באהבת ה', ובתורתו יהגה תמיד כל הלילה, ולא יהיה מעלה עשן אפילו כל שהוא, כי אז יעשן אף ה' וגורם כיבוי למעשה הטובה ומה גם למעלה. עכ"ל.